Wolfgang Stein
Vorratsschädlinge und Hausungeziefer

Hans Merkel

Vorratsschädlinge und Hausungeziefer

Biologie, Ökologie, Gegenmaßnahmen

Prof. Dr. Wolfgang Stein
Institut für Phytopathologie
und Angewandte Zoologie – Vorratsschutz
der Justus-Liebig-Universität Gießen

186 Abbildungen
84 Tabellen

E.U.
VERLAG
EUGEN
ULMER

Die Zeichnungen der Schädlinge wurden
von Frau Hannelore Gerneth, Wiesbaden,
nach Originalen angefertigt.

CIP-Kurztitelaufnahme der Deutschen Bibliothek

Stein, Wolfgang:
Vorratsschädlinge und Hausungeziefer : Biologie,
Ökologie, Gegenmaßnahmen / Wolfgang Stein. –
Stuttgart : Ulmer, 1986.
ISBN 3-8001-3066-1

Wollgrasweg 41, 7000 Stuttgart 70 (Hohenheim)
Printed in Germany
Einbandgestaltung: Alfred Krugmann, Freiberg
Satz: Fotosatz Jovanović, Neuhaus
Druck und Bindung: Friedrich Pustet, Regensburg

Vorwort

Der steile Anstieg der Bevölkerungszahl auf der Erde drängt das Problem der ausreichenden Ernährung des Menschen immer stärker in den Vordergrund. Lebensmittel pflanzlicher und tierischer Herkunft müssen in weit größerer Menge und verbesserter Qualität bereitgestellt werden, wenn in den nächsten Jahrzehnten Hungerkatastrophen verhindert werden sollen.

In der Kette zwischen Erzeugung und Verbrauch hat der Vorratsschutz eine entscheidende Aufgabe. Noch immer treten bei der Vorratshaltung hohe Verluste auf, verursacht durch unzureichende Lagerbedingungen, ungenügende Schutzmaßnahmen und eine weit verbreitete Unkenntnis aller damit verbundenen Zusammenhänge.

Die tierischen Schädlinge sind an diesen Verlusten in einem hohen Maße beteiligt. Dieses Buch soll deshalb dazu beitragen, das Wissen über die Grundlagen des Vorratsschutzes gegen Tiere zu vertiefen, Zusammenhänge aufzuzeigen, Anleitungen zu verbessertem Schutz zu geben, dem Praktiker Anhaltspunkte für Lagerhaltung und Bekämpfung zu liefern und dem Studenten die Grundlagen des Vorratsschutzes zu vermitteln.

Im gleichen Bereich wie die echten Vorratsschädlinge leben auch Ungezieferarten. Zwischen beiden Gruppen gibt es deshalb laufend Übergänge, so daß der Vorratsschützer in der Praxis mit beiden konfrontiert wird. Es erschien deshalb sinnvoll, auch Vorkommen, Biologie, Verhalten, Ökologie, Bedeutung und Bekämpfung des Hausungeziefers mit aufzunehmen.

Im Rahmen eines vorgegebenen Umfanges ist es naturgemäß nicht möglich, alle Teilgebiete erschöpfend zu behandeln. Die Bewertung und damit der eingeräumte Umfang einzelner Kapitel ist sicher durch die individuelle Betrachtung von Seiten des Verfassers geprägt. Es wurde versucht, einmal den praktischen Belangen gerecht zu werden, zum andern aber auch Grundlagenkenntnisse zu vermitteln und Zukunftsperspektiven aufzuzeigen. Dies erfordert sicher in manchen Fällen einige Kompromisse.

Ohne die hilfreiche Unterstützung von Spezialisten verschiedener Gebiete konnte dieses Ziel selbstverständlich nicht erreicht werden. So sei für eine kritische Durchsicht einzelner Teile des Manuskriptes den Herren Dr. L. Benzing, Laudenbach, Prof. Dr. E. Muskat, Gießen, Prof. Dr. E. L. Sattler, Gießen, und Prof. Dr. H. Schmutterer, Gießen, gedankt. Tiermaterial für die Erstellung der Zeichnungen des speziellen Teiles wurde dankenswerterweise von folgenden Firmen zur Verfügung gestellt: Degesch GmbH, Frankfurt, Detia Freyberg GmbH, Laudenbach, Desowag-Bayer Holzschutz GmbH, Krefeld, und Bayer AG, Leverkusen, sowie von Herrn Dr. J. Zuska, Prag. Neben den beiden erstgenannten Firmen ermöglichten auch die Firmen Gebrüder Bühler AG, Uzwil, und W. Frowein GmbH, Albstadt, die Wiedergabe von Werkfotos.

Meiner langjährigen Mitarbeiterin, Frau H. Gerneth, Wiesbaden, gilt mein Dank für die sachverständige und sorgfältige Anfertigung der Federzeichnungen der Schädlinge.

Der Verlag unterstützte alle Wünsche zur Gestaltung des Buches. Herrn R. Ulmer und seinen Mitarbeitern sei deshalb aufrichtig Dank gesagt.

Schließlich möchte ich allen jenen unbekannten und ungenannten Studenten danken, die in Vorlesungen, Seminaren und auf Exkursionen während vieler Jahre durch interessierte Fragen nicht unwesentlich zum Gesamtkonzept des vorliegenden Buches beigetragen haben.

Gießen, März 1985 Wolfgang Stein

Inhaltsverzeichnis

Spezieller Teil

Allgemeiner Teil

1 Vorratsschädlinge

1.1 Gebiet des Vorratsschutzes

Eine Erklärung des Begriffes Vorratsschutz erscheint zunächst einmal recht einfach: Schutz von Lebensmittelvorräten. Hier erhebt sich aber sofort die Frage, was Vorräte sind. Es reicht nicht aus, sich damit zu begnügen, nur jene Lebensmittel als Vorräte zu betrachten, die langfristig im Großlager, im Handel oder im Haushalt „vorrätig" gehalten werden. Vielmehr sind hierunter alle Substanzen zu verstehen, die für den Verzehr geeignet sind und in irgendeiner Form bestimmte Zeit oder beliebig lange aufbewahrt werden.

Es ist auch nicht zulässig, zwischen Produkten zu unterscheiden, die für die Ernährung des Menschen und für die der Tiere bestimmt sind. Vorratsschädlinge machen diese Unterschiede auch nicht. Kommen sie im Tierfutter vor, so können sie jederzeit auf Lebensmittel des Menschen überwandern. Schon aus diesem Grunde müssen alle Produkte, die für Tiere bestimmt sind, im gleichen Maße frei von Schädlingen sein wie hochwertige Lebensmittel des Menschen.

Man kann somit definieren:

Vorräte sind für die Ernährung von Menschen oder Tieren bestimmte Produkte in der Zeit zwischen Ernte, Schlachtung oder Herstellung und Verzehr.

Vorratsschutz ist also eine direkte Fortsetzung des Pflanzenschutzes bzw. einer hygienegerechten Haustierhaltung, umfaßt darüber hinaus aber auch den Schutz anderer Nahrungsprodukte, wie geerntete wildwachsende Früchte, Wildbret, Fische usw.

Entsprechend dieser weitgefaßten Definition des Vorrates muß auch im Interesse eines kontinuierlichen Schutzes der Vorräte der Begriff des Vorratslagers umfassend sein. Der Vorratsschutz muß sich nicht nur um Lebensmittel- oder Vorratslager bei Erzeuger, Groß- und Kleinhändler oder in den Haushaltungen kümmern, er muß sein Augenmerk auch auf die Transportmittel richten, mit denen Vorräte von Ort zu Ort geschafft werden, vor allem dann, wenn sie längere Zeit unterwegs sind, wie dies z. B. bei Schiffen meist der Fall ist. „Lager" in diesem Sinne sind also auch Schiffe, LKW, Container, Eisenbahnwaggons oder Flugzeuge.

Mit dem Schutz der Vorräte ist aber in der Regel das Gebiet des Vorratsschutzes noch nicht erschöpft. Aus verschiedenen Gründen beschäftigt sich der Vorratsschutz in aller Welt auch mit anderen Tieren, die mit dem Menschen in eine enge, von letzterem negativ beurteilte, Beziehung treten können: mit Textil- und Holzschädlingen, Lästlingen, Hausungeziefer und gelegentlich sogar mit Parasiten, blutsaugenden Arthropoden oder anderen Gesundheitsschädlingen.

Dies liegt einmal daran, daß die verschiedenen Tiergruppen örtlich gemeinsam vorkommen können, oft aber auch daran, daß einzelne Arten in verschiedener Weise agieren. So gibt es Materialschädlinge, die auch als Vorratsschädlinge auftreten (z. B. Speckkäfer), Lästlinge können sich auch in Vorräten entwickeln (z. B. Fliegen) oder Ungeziefer kann an Vorräten vorkommen (z. B. Schaben oder Silberfischchen). In der Praxis müssen somit alle genannten Gebiete von einer Person betreut werden.

In diesem Sinne ist Vorratsschutz also eine Wissenschaft, die sich praktisch mit allen Tieren beschäftigt, die im engeren Lebensbereich des Menschen negativ in Erscheinung treten. Der Schwerpunkt liegt aber zweifellos auf dem Gebiet des Schutzes der Lebens- und Futtermittel.

Schließlich muß erwähnt werden, daß sich das Gebiet des Vorratsschutzes gegen tierische Schädlinge oft nicht von dem trennen läßt, das sich mit der Gefährdung der Vorräte durch Mikroorganismen befaßt (manchmal auch als Vorratshaltung bezeichnet). Eine Trennung ist sachlich eigentlich auch nicht gerechtfertigt und geschieht allgemein deshalb, weil es sich um Teilgebiete handelt, die jeweils nur von Spezialisten bearbeitet werden können.

1.2 Aufgaben des Vorratsschutzes

Dem Gebiet entsprechend, das vom Vorratsschutz betreut werden muß, sind die Aufgaben, die ihm zufallen, sehr umfangreich und verschiedenartig.

Im wesentlichen konzentrieren sie sich auf zwei Ziele:

1. Verhinderung eines Befalles der Vorräte durch Schädlinge.
2. Bekämpfung von Schädlingen, wenn ein Befall eingetreten ist.

Um diese Aufgaben zu erfüllen, müssen verschiedene Arbeiten durchgeführt werden, die kurz charakterisiert werden sollen:

Kontrolle von Vorräten bei der Einlagerung und der Einfuhr: Diese Maßnahme hat den Zweck, vorbeugend die Einschleppung von Schädlingen zu vermeiden, damit nur gesunde Vorräte gelagert werden.

Überwachung von Vorräten bei der Lagerung: Da ein nachträgliches Einschleppen oder ein aktives Einwandern von Schädlingen in lagernde Vorräte jederzeit möglich ist, müssen diese Produkte laufend überwacht werden. Es besteht sonst die Gefahr, daß sich Befallsherde bilden, in denen bei entsprechend günstigen Bedingungen Massenvermehrungen stattfinden, die wiederum zu einer Verseuchung des gesamten Lagers führen können.

Werden derartige Herde im Anfangsstadium ihrer Bildung erkannt, so lassen sich frühzeitig Gegenmaßnahmen einleiten und weitere Schäden vermeiden.

In diesem Zusammenhang ist auch eine ständige Verbesserung der oft noch recht unzureichenden Nachweismethoden für Schädlinge als Aufgabe des Vorratsschutzes zu nennen.

Bestimmung vorkommender Schädlinge: Hat ein Befall stattgefunden, so müssen die vorkommenden Schädlinge einwandfrei ermittelt werden, damit aus der Kenntnis ihrer Biologie heraus Gegenmaßnahmen sinnvoll eingeleitet werden können.

Da die Vorratsschädlinge in der Regel sehr klein sind, kann eine Bestimmung manchmal für den Praktiker schwierig werden. Erleichtert wird das Problem aber dadurch, daß es einmal nur eine recht begrenzte Zahl von Arten ist, die häufig vorkommen und stärkere Populationsdichten entwickeln und zum anderen dadurch, daß gute Bestimmungsbücher vorhanden sind (z. B. WEIDNER 1982).

Ermittlung der Befallsstärke: Im Vorratsschutz sollte, wie später noch öfter erläutert wird, eine Schädlingsfreiheit der Vorräte angestrebt werden, so daß im Grunde genommen eine vorhandene Befallsstärke von untergeordneter Bedeutung ist. In manchen Fällen, z. B. bei der Einfuhr, bei der Bewertung von befallenen Futtervorräten oder bei der Beurteilung eines Befallsverlaufes, ist es aber nötig, vergleichbare Werte über die Befallsstärke zu erhalten. Entsprechende einheitliche Methoden zu ihrer Bestimmung müssen deshalb ausgearbeitet und sinnvoll angewendet werden.

Durchführung von Bekämpfungsmaßnahmen und deren Überwachung: Zweifellos dürfte dies die häufigste Aufgabe sein, die im Rahmen des Vorratsschutzes zu bewältigen ist. Die große Zahl von Bekämpfungsmethoden, ihre sachgemäße Anwendung und das Berücksichtigen der vielen mit ihnen in Verbindung stehenden Probleme erfordern umfangreiche Kenntnisse, die sich auf Methoden, Geräte und Bekämpfungsmittel beziehen, die aber auch ein fundiertes Wissen über Biologie und Ökologie der Schadtiere voraussetzen.

Entwicklung neuer Bekämpfungsmaßnahmen: Eine fortlaufende Verbesserung der Bekämpfungsmaßnahmen ist eine wichtige Aufgabe des Vorratsschutzes. Es gilt dabei nicht nur, die Wirksamkeit vorhandener Methoden zu erhöhen, sondern auch in zunehmendem Maße hygienische und toxikologische Gesichtspunkte zu berücksichtigen. Wichtige Erkenntnisse auf diesen Gebieten müssen für den Vorratsschutz ausgewertet werden, alternative Bekämpfungsmethoden, die in der Lage sind, die Anwendung warmblütertoxischer Substanzen einzuschränken, müssen erprobt werden. Sicher ist deren Leistungsfähigkeit bisher begrenzt, aber auch kleine Schritte sind hier schon zu begrüßen.

Verbesserung der Lager und der Lagerbedingungen: Der Vorratsschutz muß in Zusammenarbeit mit den Technikern versuchen, durch Verbesserung der Bedingungen im Lager und der Lager selbst die Befalls- und Entwicklungsbedingungen für die Schädlinge zu verschlechtern und die Durchführung von Bekämpfungsmaßnahmen zu erleichtern.

Ausarbeitung prophylaktischer Methoden: Im Vorratsschutz gilt wie in der Präventivmedizin, daß Vorbeugen besser als Heilen ist. Prophylaktische Maßnahmen, die einen Befall von Vorräten durch Schädlinge verhindern können, spielen deshalb im modernen Vorratsschutz eine äußerst wichtige Rolle.

Untersuchungen über die Brauchbarkeit von Verpackungen: Bei den mannigfaltigen Aufgaben, welche die Verpackung eines Nahrungsmittels hat, wird ihre Funktion als Schutz gegen Schadorganismen leider oft viel zu wenig berücksichtigt. Laufende Verbesserungen auf diesem Gebiet könnten manchen Befall, vor allem im späteren Stadium der Lagerung – nämlich im Haushalt – verhindern.

Beratung: Unkenntnisse über Vorratsschutz und Vorratsschädlinge sind in erschreckendem Maße bei den Personen, die mit Vorräten zu tun haben – und das sind eigentlich alle Menschen – verbreitet. Eine Verbesserung dieser Situation ist nur durch eine Aufklärung möglich, wobei die größte Schwierigkeit zweifellos darin liegt, daß diese Beratung auch die Adressaten erreicht. Sicher werden die schon bestehenden Möglichkeiten (z. B. die verschiedenen Einrichtungen der Verbraucherberatung) viel zu wenig ausgenutzt. Eine Unterstützung dieser Bestrebungen ist eine wichtige Aufgabe, die dem Vorratsschutz zukommt, denn mancher Schaden könnte durch genauere Sachkenntnis verhindert werden.

Nicht unwesentlich ist es auch, daß durch eine Verbesserung der Allgemeinkenntnisse der Bevölkerung über die Welt gerade der kleinen Tiere die (manchmal begründete, meist aber sicher nicht gerechtfertigte) Angst vor Spinnen, Insekten, Mäusen und anderen Tieren beseitigt werden könnte. Manche psychischen Störungen, hervorgerufen durch Ekel vor „Ungeziefer", könnten vermieden werden. Man denke nur an die Fälle von „Insektenwahn", in denen die Angst vor – häufig überhaupt nicht vorhandenen – Insekten zu neurotischen Erkrankungen führt.

Eine solche „Umerziehung durch Beratung" muß schon in der Schule beginnen, aber auch die Erwachsenen sollten bereit sein noch zu lernen.

Ein Vorratsschutz, der personell und technisch in der Lage ist, all diesen aufgezeigten Aufgaben gerecht zu werden, kann einen wichtigen Beitrag zur Verbesserung der Ernährungslage in der Welt leisten.

1.3 Historisches

Sieht man von relativ wenigen Tierarten ab, die Vorräte anlegen, auf die sie in ungünstigen Zeiten zurückgreifen (z. B. Hamster, Murmeltiere, einige Vögel, Bienen), so ist die Vorratshaltung eine typisch menschliche Erfindung.

Dem geringen entwicklungsgeschichtlichen Alter des Menschen entsprechend ist somit auch die Historie der Vorratshaltung und noch mehr des Vorratsschutzes jungen Datums.

Im frühen Zeitalter der Menschwerdung durchstreiften Familien oder Horden (Sippen) ihren Lebensraum. Der Mangel an Transportmitteln erlaubte es ihnen nicht, umfangreichere Vorräte mitzuführen. Sie waren weitgehend auf den täglichen Erwerb von Nahrung angewiesen. Nur für länger anhaltende Notzeiten, z. B. die Wintermonate in den gemäßigten Zonen, mußten, so gut es ging, Vorräte angelegt werden. Aber das waren gerade auch die Zeiten, in denen die meisten schädlichen Tiere, vor allem die Insekten, inaktiv waren.

Erst als der Mensch seßhaft wurde, einzelne Hütten, später Dörfer und schließlich (vor etwa 10000 Jahren) größere Städte baute und es zur Arbeitsteilung kam, begann er auch Vorräte anzulegen.

Die recht primitive Aufbewahrung der Nahrung förderte sicher eine starke und permanente Vermehrung von Tieren, deren ökologische Valenz und deren Nahrungsspektrum ihnen das Leben in den Vorräten, aber auch in den Abfällen, ermöglichten. Bis dahin freilebende Tiere gingen eine mehr oder weniger enge Bindung an den Menschen ein (s. Synanthropie): es traten die ersten Vorratsschädlinge auf. Der Vorgang dieser Anpassung ist auch heute noch nicht abgeschlossen, wie das Auftreten neuer Schädlinge immer wieder zeigt (s. Tab. 3).

Durch den aufkommenden Handel, durch Völkerwanderungen und Kriegszüge begann die Verschleppung von Vorratsschädlingen über ihre natürlichen Verbreitungsgrenzen hinaus. Die Verbesserung der Wohnkultur mit Schaffung eigener, von der Witterung unabhängiger Wohnbedingungen sorgte dafür, daß sich diese Vorratsschädlinge auch im Einschleppungsgebiet ganzjährig halten und oft auch vermehren konnten. Schließlich wurde die Zahl der schädlichen Arten dadurch vermehrt, daß sich durch eine Erweiterung des Nahrungsspektrums von Mensch und Haustier neue Formen den Menschen anschließen konnten.

Der Mensch hatte einen Lebensraum geschaffen, der zahlreichen Tierarten, besonders den formenreichen und anpassungsfähigen Insekten, optimale Ernährungs- und abiotische Bedingungen bot.

Die nachstehende Übersicht mag noch einmal die Beziehungen zwischen der Lebensweise des Menschen und der der Vorratsschädlinge verdeutlichen.

Lebensweise des Menschen	Lebensweise der Vorratsschädlinge
Umherziehende Familien, Sippen oder Horden.	Auftreten von Abfallfressern an weggeworfenen Nahrungsresten.
Längeres Leben in Höhlen und primitiven Unterkünften, erste Vorratshaltung	Ansammlung von Tieren an den regelmäßigeren und größeren Abfallhaufen und kurzfristig gelagerten Vorräten.
Bau von Dörfern und Städten. Anlage von Vorratslagern unter primitiven Bedingungen. Entstehung größerer permanenter Abfallansammlungen.	Starkes Auftreten von Schädlingen und Beginn der Anpassung an den Menschen (Entwicklung der echten Synanthropie).
Handel, Völkerwanderung, Kriegszüge.	Verbreitung über das natürliche Areal hinaus.
Verbesserung der Wohnkultur und damit der abiotischen Bedingungen (vor allem der Temperatur) in den Räumlichkeiten.	Dauernder Aufenthalt und Vermehrung im Lebensraum des Menschen möglich.
Verbesserung der Verkehrsmittel und -verbindungen (schnelle Überbrückung langer Strecken).	Weltweite Verbreitung ermöglicht.

Es ist naturgemäß schwierig, einen Nachweis zu führen, wann zum ersten Mal echte Schädlinge an Vorräten des Menschen aufgetreten sind. Einige Funde aus ägyptischen Grabbeigaben oder von Mumien direkt geben Anhaltspunkte, doch ist klar, daß schon vor dieser Zeit entsprechend dem oben Gesagten Vorräte befallen waren. In Tab. 1 sind einige Schädlinge mit ihrem Funddatum aufgeführt.

Tab. 1. Funde von Vorrats- und Materialschädlingen im Alten Ägypten (nach verschiedenen Literaturangaben)

2900 v. Chr.	*Sitophilus* sp.
2600	*Dermestes frischii*
2500	*Tribolium* spp.
2300	*Sitophilus granarius*
2049	*Stegobium paniceum*
1345	*Gibbium psylloides*
	Lasioderma serricorne
	Oryzaephilus surinamensis
	Rhizopertha dominica
	Tribolium castaneum
1235	*Necrobia rufipes*

Aus Europa sind Schädlinge, die heute wichtig sind, erst viel später belegt, sofern sie nicht aus der einheimischen Fauna stammen. Man kann wohl damit rechnen, daß eine Reihe von ihnen mit dem Vorstoß der Römer eingeschleppt wurde, auch wenn konkrete Daten erst aus viel späteren Zeiten vorliegen. Einige Erstmeldungen aus Europa sind in der Tab. 2 aufgeführt.

Tab. 2. Erstmeldungen von Vorratsschädlingen aus Europa (nach verschiedenen Literaturangaben)

vor 1568	*Sitophilus granarius*	Deutschland
1750	*Sitotroga cerealella*	Frankreich
1828	*Monomorium pharaonis*	London
1837	*Niptus hololeucus*	England
1877	*Ephestia kuehniella*	Sachsen
1892	*Ptinus tectus*	England
1914	*Trogoderma granarium*	England

Auch heute ist der Prozeß noch nicht abgeschlossen, der zu Veränderungen in der Schädlingsfauna der Vorräte führt. Neue Schädlinge

Tab. 3. Neufunde von Vorrats- und Materialschädlingen in jüngster Vergangenheit (nach verschiedenen Literaturangaben)

Art	Jahr	Land	Produkt oder Fundort
Reesa vespulae	ab 1960	Nordeuropa	Museen, Wohnungen, Getreide
Tribolium destructor	1973	Slowakei	?
Trogoderma angustum	ab 1970	Deutschland, Niederlande	in Wohnungen
Trogoderma variabile	1977	England	Getreideprodukte
Latheticus oryzae	1979	Niederlande	Tapioka
Tyrophagus gallegoi	1980	Spanien	Mehl
Dermestes leechi	1980	Schottland	Knochenmehl
Bruchidius tonkineus	1980	DDR	Bohnen
Lardoglyphus angelinae	1982	USA	Trockenfisch

treten auf, neue Produkte werden befallen oder neue Gebiete werden durch einzelne Arten erschlossen. Tab. 3 führt einige dieser Neufunde aus der jüngeren Vergangenheit auf.

1.4 Entstehung neuer Arten

Die Zeit, in welcher der Mensch Vorratshaltung betreibt, ist entwicklungsgeschichtlich zu kurz, um eine eigene, nur in Vorräten vorkommende Fauna mit neuen Arten entstehen zu lassen. Noch stammt diese Tierwelt aus den Quellen natürlicher Lebensräume (s. Abschnitt Herkunft der Vorratsschädlinge).

Es sind aber Anzeichen vorhanden, daß sich solch eine Artbildung in Zukunft vollziehen kann und wird. Genetisch bedingte Veränderungen führen bei sicher allen Vorratsschädlingen zur Ausbildung von Rassen, den Vorstufen neuer Arten. Diese Rassen unterscheiden sich in ihrer ökologischen Valenz, ihrem Nahrungsspektrum, in morphologischen Merkmalen (z. B. die Flugunfähigkeit bei Stämmen von *Sitophilus oryzae*), Verhalten (z. B. Flug, Vorkommen in verschiedenen Tiefen der Vorräte), Resistenz gegenüber Pestiziden und anderen Merkmalen.

Ein möglicher erster Schritt zur Ausbildung neuer Rassen und damit in weiterer Zukunft vielleicht auch von neuen Arten ist durch eine nahrungsbedingte Isolierung gegeben. Es treten immer wieder Anzeichen auf, daß Weibchen das Substrat bei der Eiablage bevorzugen, in dem sie sich selbst entwickelt haben. Bekannt ist diese Erscheinung z. B. bei *Oryzaephilus surinamensis*, *Ephestia elutella* und *Drosophila*-Arten. Auf diese Weise kann es schließlich zu einer Nahrungsspezialisierung kommen, die unter normalen Umständen eine Vermischung mit anderen Stämmen ausschließt.

Die Ursachen dieser Erscheinung sind noch praktisch unbekannt (Geruch?), wie überhaupt diese ganze Frage noch einer genaueren Untersuchung bedarf.

Bei genügend langer Isolierung entstandener Rassen kann die Abänderung so weit gehen, daß eine Kreuzung mit der Ausgangsart nicht mehr möglich ist: der erste Schritt zur Ausbildung neuer Arten ist getan.

Die Folge ist aber auch eine unbedingte Abhängigkeit vom Menschen und seinem Lebensraum. Bekannte Beispiele für solche Erscheinung sind die Fliegen *Musca domestica* (Stubenfliege) in den gemäßigten Breiten und *Drosophila melanogaster* (Essigfliege), die man praktisch nur noch in unmittelbarer Nähe menschlicher Lebensstätten antrifft.

Wohl noch nicht abgeschlossene evolutive Veränderungen zeigen sich z. B. auch in der Artengruppe *Sitophilus oryzae – zeamais – sasakii*. *S. zeamais* wurde früher als eine Variante von *S. oryzae* betrachtet, heute aber eindeutig als eine eigene Art. Andererseits sollen in Japan Kreuzungen sogar mit fruchtbaren F_1-Generationen möglich gewesen sein. Auch der Komplex *oryzae – sasakii* ist sicher noch nicht eindeutig aufgeklärt.

Etwas weiter gegangen ist die Differenzierung schon bei der Mehlmilbe, was wegen der hohen Anzahl von Generationen pro Jahr auch verständlich ist. Bis etwa 1960 nahm man an, daß diese Milbe als *Acarus siro* sowohl im Freiland als auch im Lager vorkommen kann. Es stellte sich dann

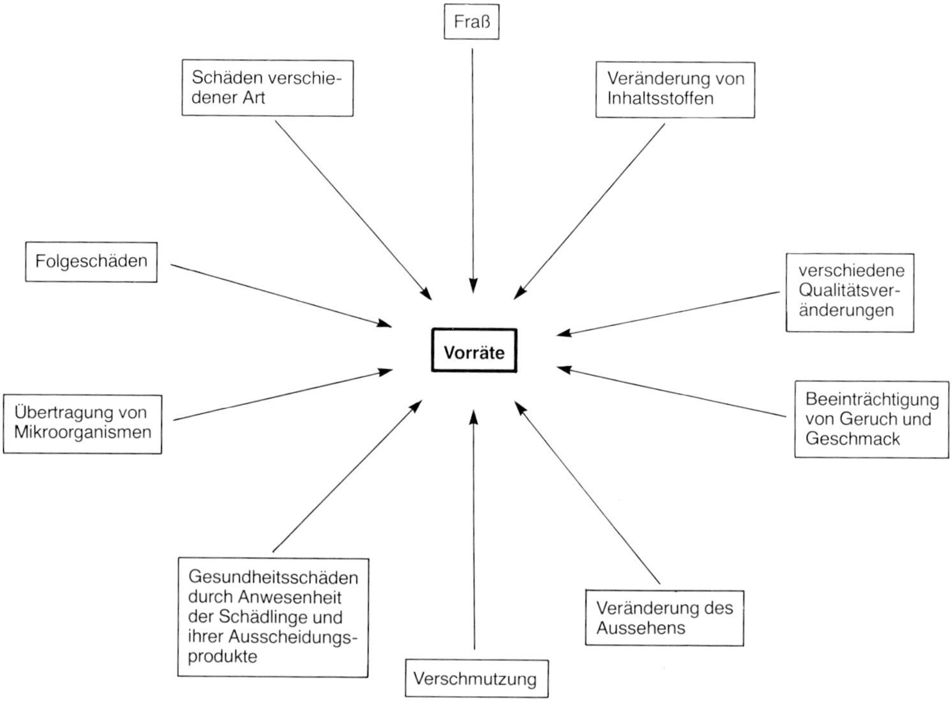

Abb. 1. Die Möglichkeiten einer Beeinträchtigung von Vorräten durch tierische Schädlinge.

aber heraus, daß es sich um 2 (oder sogar 3) Arten handelt, wovon *A. farris* im Freiland, *A. siro* aber nur in Vorräten auftritt.

Insgesamt zeigt sich also, daß durch Anpassung an den spezifischen Lebensraum Vorratslager – menschliche Behausung eine Artbildung eingeleitet werden kann, deren Manifestierung aber erst nach längeren Zeiten deutlich wird.

1.5 Schäden durch Vorratsschädlinge

Die Möglichkeit einer Beeinträchtigung von Vorratsgütern durch tierische Schädlinge ist recht groß. Es ist deshalb zweckmäßig, zunächst einmal die verschiedenen Schadarten aufzuzählen, bevor das Ausmaß der Schäden diskutiert wird.

1.5.1 Art der Schäden

Die Schädigung von Vorräten durch Tiere kann direkt (z. B. Fraß, Verunreinigung) oder indirekt (Folgeschäden, z. B. durch übertragene Mikroorganismen) erfolgen. Die einzelnen Varianten sollen nachfolgend behandelt werden. Vorratsschädlinge können aber auch als Lästlinge und Materialschädlinge in Erscheinung treten. Diese Problematik wird im Teil „Hausungeziefer" berücksichtigt.

Einzelne Schadarten können verschiedene Auswirkungen haben und deshalb in mehreren Abschnitten erwähnt sein.

Das Schema in Abb. 1 mag den Überblick über die Schadmöglichkeiten erleichtern.

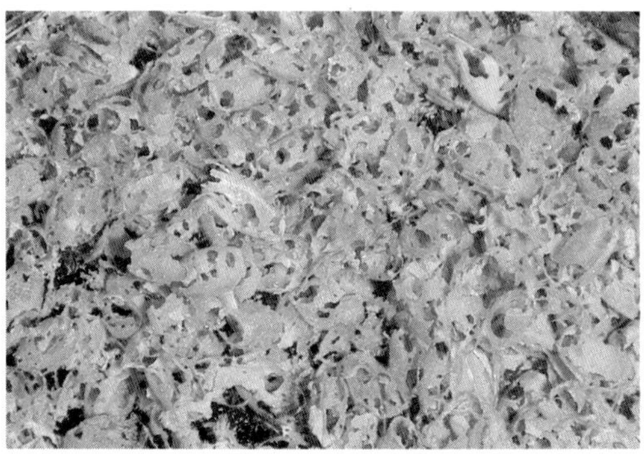

Abb. 2. Fraßschaden an Weizen durch den Getreidekapuziner, *Rhizopertha dominica* (Aufn. STEIN).

Fraßschäden (Abb. 2)
Echte Vorratsschädlinge sind in der Lage, sich von Vorratsgütern zu ernähren und somit als Konkurrenten für den Menschen an diesen Resourcen aufzutreten.

Während Nagetiere das ganze Leben lang Fraßschäden anrichten können, konzentriert sich bei Milben und vor allem bei Insekten die Fraßtätigkeit im wesentlichen auf die Wachstumsphase, das heißt auf die Larvenperiode. Viele erwachsene Tiere nehmen zwar auch noch Nahrung zu sich, doch gibt es eine Reihe von wichtigen Vorratsschädlingen, die im Imaginalstadium nur noch von den durch die Larve angelegten Nahrungsreserven leben (z. B. die verschiedenen Mottenarten, aber auch Käfer wie *Trogoderma granarium* oder *Stegobium paniceum*) (vgl. hierzu auch die Aufstellung auf Seite 62).

Einige Schädlinge fressen selektiv an bestimmten Nahrungsmitteln. So zerstören Mehlmilben, *Oryzaephilus surinamensis* oder *Tenebrioides mauritanicus*, bei Getreide im wesentlichen zunächst einmal den Keimling, bevor sie dann auch den Mehlkörper angreifen. Daher kommt es, daß trotz relativ geringer Gewichtsverluste die Schäden erheblich sein können, wenn ein intakter Keimling für die Weiterverarbeitung des Getreides notwendig ist, wie z. B. bei Saatgut oder bei Braugerste. Derartiger Keimlingsfraß hat daneben noch eine erhebliche Beeinträchtigung der Nahrungsqualität zur Folge (s. nächster Abschnitt).

Bei Saatgut kommt aber auch dem Fraß an den Kotyledonen insofern Bedeutung zu, als dem Keimling weniger Nährstoff zur Verfügung steht, er kleiner bleibt und anfälliger für ungünstige Wachstumsbedingungen werden kann.

Schließlich wird bei selektivem Fraß an Getreide auch das Verhältnis der einzelnen Kornfraktionen (Endosperm, Schale, Keimling) verändert, was im Hinblick auf Backqualität oder Futterwert eine Rolle spielen kann.

Veränderungen von Inhaltsstoffen
Quantitative Verluste durch Fraß von Vorratsschädlingen sind zwar recht auffällig, doch ist man längst davon abgekommen, sie als alleinigen Maßstab für eine Beurteilung des Schadens einzusetzen. Das Qualitätsbewußtsein – die Erkenntnis, daß bestimmte essentielle Verbindungen in der Nahrung entscheidend für ihre Bewertung sind – führte dazu, Vorratsschädlinge auch unter diesem Aspekt zu betrachten.

In verschiedenen Untersuchungen konnten inzwischen qualitative Veränderungen an Vorräten als Folge eines Befalles durch Tiere festgestellt werden. Wodurch die qualitativen Einbußen verursacht werden, ist letztlich gleichgültig; entscheidend ist die Tatsache, daß sie auftreten. Verantwortlich für sie können einmal die oben schon genannten Selektivschädigungen sein, dann Förderung der Einflüsse von Mikroorganismen oder auch Ausscheidungen von abbauenden Fermenten durch die Schädlinge.

Häufig werden z. B. folgende Veränderungen beobachtet:
- Abnahme des Vitamingehaltes (besonders des Thiamins),
- Reduktion von essentiellen Aminosäuren, teilweise bis zu 50 % (Beispiel in Tab. 4),
- Zunahme der freien Fettsäuren (Ranzigwerden).

Tab. 4. Reduktion essentieller Aminosäuren nach Befall von Weizen durch *Sitophilus oryzae* (nach FRANCIS and ADAMS 1980)

Aminosäure	Reduktion gegenüber der ungeschädigten Kontrolle (%)
Lysin	7,4
Isoleucin	14,3
Valin	15,6
Threonin	16,7
Leucin	18,7

Die Veränderung von Inhaltsstoffen des Weizens nach einem Befall durch *Sitotroga cerealella* zeigt Abb. 3.

Andere Qualitätsänderungen
Auf die Reduktion der Keimfähigkeiten bei Saatgut und Braugerste wurde bereits hingewiesen. Eine andere wichtige Veränderung der Qualität liegt vor, wenn die Backeigenschaften von Mehl nach einem Schädlingsbefall beeinträchtigt sind. Volumen, Aroma, Krumenfarbe, Geruch und Geschmack des Brotes können so negativ verändert werden, daß ein Verbrauch für den Menschen praktisch unmöglich wird.

An solchen Backqualitätseinbußen können neben Vorratsschädlingen auch Freilandschädlinge die Schuld haben, wenn sie bereits vor der Ernte das reifende Getreide befallen (z. B. bekannt für Wanzen oder Gallmücken).

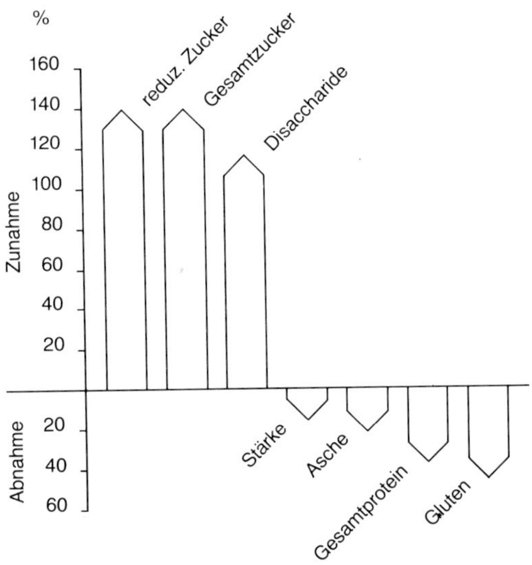

Abb. 3. Die Änderung verschiedener Inhaltsstoffe von Weizen nach einem Befall durch *Sitotroga cerealella* (nach EL-DESSOUKI und EL-KIFL 1976).

Beeinträchtigung von Geruch und Geschmack

Nach einem Befall können durch Veränderungen der organoleptischen Eigenschaften, wie Geruch oder Geschmack, Lebensmittel für den Menschen (und oft auch für Tiere) unbrauchbar werden, was also einem Totalverlust gleichkommt. Bedingt wird dies durch Ausscheidungen (s. Abschnitt Verschmutzungen) oder durch Veränderungen von Inhaltsstoffen (z. B. Ranzigwerden).

Veränderung des Aussehens

Fraßlöcher und Bohrgänge in Hülsenfrüchten (durch Samenkäfer) (Abb. 4) oder in Gebäck (durch Brotkäfer) (Abb. 5) machen solche Produkte unappetitlich und führen zu ihrer Vernichtung durch den Verbraucher, auch wenn die Masse nur geringfügig verändert ist.

Abb. 4. Schlupflöcher des Speisebohnenkäfers, *Acanthoscelides obtectus* (Aufn. STEIN).

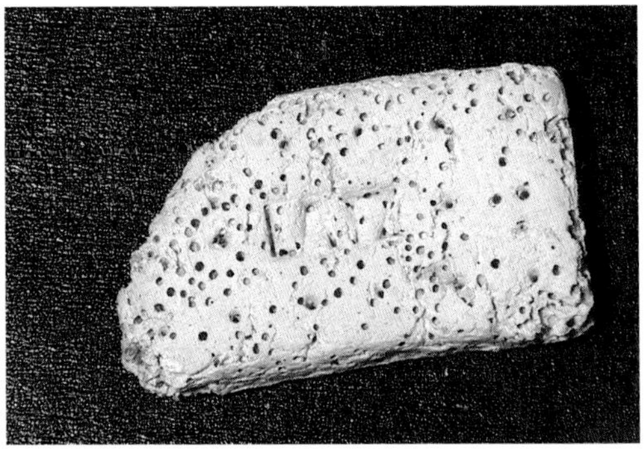

Abb. 5. Schlupflöcher des Brotkäfers, *Stegobium paniceum*, in Hundekuchen (Aufn. STEIN).

Verschmutzungen

Die in Vorräten vorkommenden Schädlinge können Verschmutzungen hinterlassen, welche die Lebensmittel ungenießbar machen. Solche Verschmutzungen sind z. B.:

- Exkremente (Kot, Urin) (Abb. 6 und 7)
- Sekrete (Spinnfäden) (Abb. 8)
- Larven- und Puppenhäute
- tote Tiere
- Nagetierhaare.

Derartige Fremdstoffe können sich durch Veränderungen von Aussehen, Geschmack oder Geruch des Lebensmittels negativ bemerkbar machen oder sogar echte Gefahren für die Gesundheit von Mensch und Haustier darstellen.

Als Beispiel für die Auswirkung von Ausscheidungen auf die Genießbarkeit von Lebensmitteln soll in Abb. 9 das Ergebnis eines Testes mit Mais und Weizenmehl dargestellt werden. Die Vorräte waren durch *Sitophilus oryzae* bzw. *Tribolium castaneum* befallen. Durch Anreicherung ihres Ausscheidungsproduktes Harnsäure machten beide Schädlinge die Lebensmittel im Laufe der Lagerdauer ungenießbar.

Spinnfäden werden vor allem von den Raupen der vorratsschädigenden Motten ausgeschieden. Sie überziehen die Vorräte oft mit einem dichten Gespinst, in dem dann noch Verschmutzungen, tote Insekten, Fraßteilchen u. a. Substanzen eingeschlossen sind und das Vorratsgut so unansehnlich machen, daß es in den meisten Fällen vollständig vernichtet werden muß.

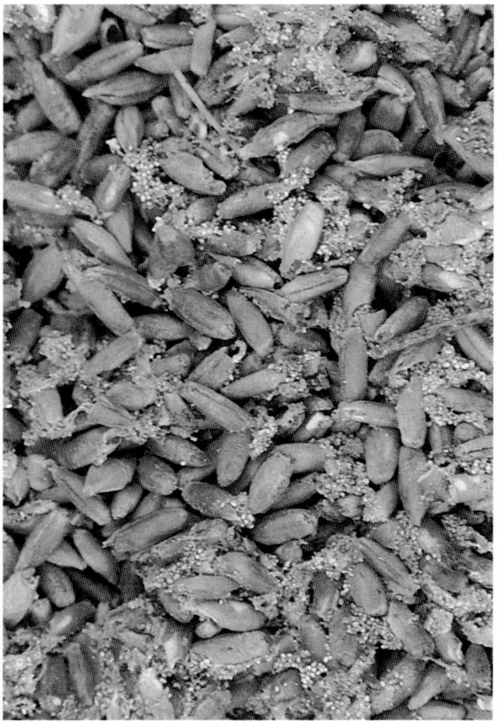

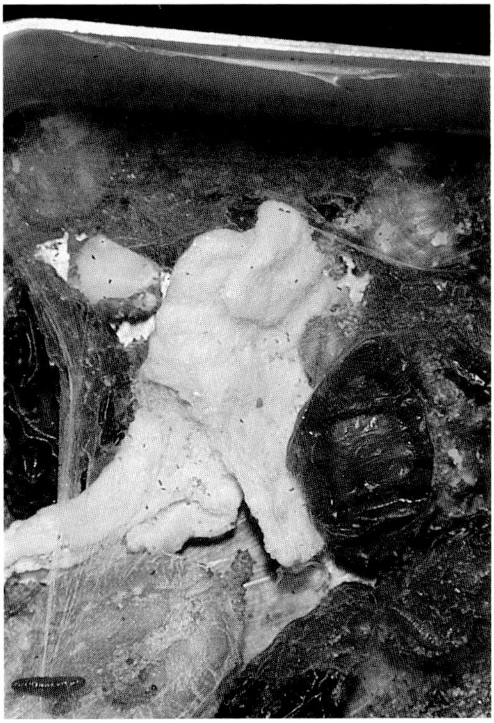

Das gleiche gilt auch für Häutungsreste und tote Insekten. Kaum eine Hausfrau wird Mehl, Grieß, Nudeln, Schokolade oder andere Lebensmittel weiterverwerten, in denen sie solche Verschmutzungen gefunden hat.

In vermahlenen Gütern, wie Mehl, ist es oft schwierig, die Reste von Vorratsschädlingen nachzuweisen. Durch einen normalen Mahlprozeß kann z. B. ein 2-4 mm großer Käfer (*Sitophilus, Tribolium*) in 1–3000 Fragmente zerlegt werden. Die Reinheit eines Produktes, und damit seine Verwertbarkeit als Lebensmittel, muß in diesen Fällen durch eine mikroskopische Untersuchung festgestellt werden (s. auch Abschnitt Nachweismethoden).

Abb. 6. Verunreinigung von Haselnüssen durch den Kot der Larven der Dörrobstmotte, *Plodia interpunctella* (Aufn. STEIN).

Abb. 7. Verunreinigung von Gerste durch den Kot der Larven der Kornmotte, *Nemapogon granellus* (Aufn. STEIN).

Abb. 8. Verunreinigung von Mischobst durch Spinnfäden der Larven der Dörrobstmotte, *Plodia interpunctella* (Aufn. STEIN).

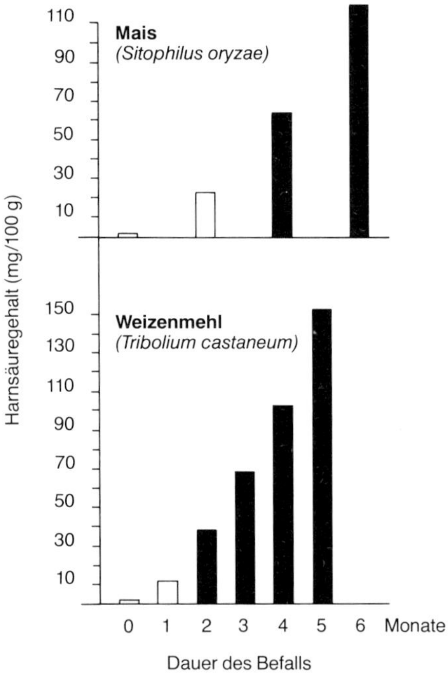

Abb. 9. Die Auswirkung eines Befalles von Vorratsschädlingen auf Harnsäuregehalt und Genießbarkeit von Vorräten in Abhängigkeit von der Befallsdauer. Weiße Säulen: Produkt noch genießbar, schwarze Säulen: Produkt ungenießbar (nach SWAMINATHAN 1977).

In ähnlicher Weise werden auch Nagetierhaare, deren Anwesenheit auch auf Verschmutzungen durch Kot und Urin dieser Tiere schließen läßt, nachgewiesen.

Insgesamt kann gesagt werden, daß auch schon ein geringer Grad von Verschmutzung durch Vorratsschädlinge wegen der damit verbundenen Assoziationen zur totalen Vernichtung der befallenen Güter führen wird. Allerdings ist aber auch bekannt, daß je nach Notlage und Mentalität des Verbrauchers der Schwellenwert für eine Ablehnung manchmal sehr hoch sein kann. Eine solche Einstellung kann aber, wie im nächsten Abschnitt dargelegt, recht gefährlich sein.

Gesundheitliche Schäden durch Anwesenheit von Vorratsschädlingen und ihren Ausscheidungsprodukten

Am bedeutendsten in der Palette der Schäden durch Vorratsschädlinge sind zweifellos Veränderungen bei den Vorräten, welche bei einem Verzehr der Produkte negative Auswirkungen auf die Gesundheit von Mensch und Haustier haben.

Grundsätzlich kann man wohl davon ausgehen, daß befallene Vorräte Fremdstoffe enthalten, die mit Sicherheit nicht förderlich für die Gesundheit von Mensch und Haustier sind. Es gilt allerdings auch hier wie bei Giften, daß der Grad des Vorkommens entscheidend ist.

Einige Beispiele für Gesundheitsschäden durch Vorratsschädlinge sind in Tab. 5 zusammengestellt. Es geht aus ihr hervor, daß von leichten Störungen bis zum Tod alle Grade einer Schädigung auftreten können. Nicht aufgeführt sind in der Aufstellung mögliche kanzerogene Schäden, welche durch Ausscheidungen vor allem von Dermestiden und Schaben bewirkt werden sollen. Von diesen Tieren werden Chinone sezerniert, die im Experiment Tumore an Mäusen hervorgerufen haben und die außerdem noch giftig sind. Eine endgültige Klärung steht aber noch aus, und so fehlen Chinone bisher in den Listen der tatsächlichen oder potentiellen Kanzerogene. Sicher ist nur, daß durch diese Chinone Beeinträchtigungen von Geruch und Geschmack der Lebensmittel hervorgerufen werden.

Tab. 5. Durch Vorratsschädlinge hervorgerufene Gesundheitsschäden (nach verschiedenen Literaturangaben)

Vorratsschädling	Gesundheitsschäden
Plodia interpunctella	Dermatitis
Sitotroga cerealella	Allergien der Atmungsorgane
Dermestes spp.	Hautreizung, Conjunctivitis
Necrobia rufipes	Dermatitis
Sitophilus spp.	Allergien an Augen und Atmungsorganen
Tribolium castaneum	Cytoplasmatische Vakuolisierung und Fettinfiltration (Ratte)
Trogoderma sp.	Hautreizung, Conjunctivitis
Piophila casei	Darmerkrankungen
Milben div. spp.	Katarrhe, Koliken, Tod (Pferd)
	Verwerfen, Tod (Schwein)
	Darmerkrankungen, Hautausschlag, Verkalben (Rind)
	reduziertes Gewicht, gesteigerte Resorption von Foeten (Maus)

Tab. 6. Grenzwerte für die Verunreinigung von Lebensmitteln mit Insektenbruchstücken, Nagetierhaaren und Exkrementen in den USA (Auszug aus der Liste „Food Defect Action Levels" der Food and Drug Administration, USA. FDA 1982)

Schokolade	∅ über 60 Insektenbruchstücke/100 g (aus 6 Proben) oder 1 Probe mit mehr als 90 Insektenbruchstücken ∅ über 1,0 Nagerhaare/100 g oder 1 Probe mit mehr als 3 Nagerhaaren
Kakao-Bohnen	über 4 % mit Insektenbefall unter Einschluß der geschädigten Bohnen tierische Exkremente überschreiten 10 mg/lb
Kakao-Pulver	∅ über 75 Insektenbruchstücke/50 g oder 1 Probe mit mehr als 125 Insektenbruchstücken ∅ über 2 Nagerhaare/50 g (aus mindestens 6 Proben) oder 1 Probe mit mehr als 4 Nagerhaaren
Maismehl	∅ 1 oder mehr ganze Insekten/50 g oder ∅ über 25 Insektenbruchstücke/25 g ∅ 1 Nagerhaar/25 g oder ∅ 1 Nagerexkrementbruchstück/50 g
Weizen	∅ 32 durch Insekten geschädigte Körner/100 g ∅ 9 mg Nagerkot/kg
Weizenmehl	∅ über 50 Insektenbruchstücke/50 g ∅ über 1 Nagerhaar/50 g

Wegen der potentiellen Gesundheitsgefährdung durch befallene Nahrungsmittel hat zum Beispiel die Food and Drug Administration (FDA) der USA „Food Defect Action Levels" herausgegeben. Wenn diese Werte (Tab. 6 gibt einige Beispiele) überschritten werden, leitet die FDA gesetzmäßige Schritte ein, um das betreffende Produkt aus dem Handel zu ziehen.

In der Bundesrepublik Deutschland gibt es eine derartige quantifizierte Gesetzesgrundlage nicht, doch kann im Falle einer Verunreinigung durch Insekten jederzeit das Lebensmittel- und Bedarfsgegenständegesetz angewendet werden, um das betreffende Produkt aus dem Handel zu ziehen und den Verbraucher vor Schäden zu schützen.

Übertragung von Mikroorganismen durch Vorratsschädlinge

Vorratsschädlinge können als Überträger (Vektoren) von Mikroorganismen auftreten. Sie nehmen dabei vorratsschädigende oder pathogene Keime von Exkrementen, Aas, in Zersetzung befindlichen oder kontaminierten Lebensmitteln oder anderen hygienisch bedenklichen Substraten auf und transportieren sie innerlich (im Darm) oder äußerlich auf gesunde Nahrungsprodukte oder auf Menschen und Haustiere direkt.

Auf diese Weise verunreinigte Nahrung ist oft ein ausgezeichnetes Nährmedium für die übertragenen Mikroorganismen. Durch eine Vermehrung von Pathogenen, z. B. Salmonellen, kann so das für eine Auslösung einer Krankheit notwendige Infektionspotential überschritten werden, und der Genuß der befallenen Nahrungsmittel führt dann zu gesundheitlichen Schäden. Den Vorgang schildert das Schema in Abb. 10.

Eine einmalige Aufnahme von Mikroorganismen reicht meist aus, den Vorratsschädling für mehrere Wochen infektiös zu machen. Als Beispiel seien in Tab. 7 Anfangs- und Endkontamination von zwei Fliegenarten genannt.

Die wichtigsten Vektoren unter den Vorratsschädlingen sind Fliegen, Schaben, Ameisen, Wespen und Ratten, aber auch Käfer und Milben wurden als Überträger nachgewiesen.

Übertragen werden Viren, Rickettsien, Bakterien, Pilze, Protozoen, Wurmeier und andere tierische Parasiten oder deren Entwicklungsstadien. Die Anzahl der nachgewiesenen Erreger ist so groß, daß auf eine Aufzählung aller bekannt gewordenen Fälle hier verzichtet werden muß. Einige Beispiele sind in Tab. 8 aufgeführt. Eine Aufstellung der wichtigsten an Getreide gefundenen Pilze findet sich in Tab. 22.

Folgeschäden

Schädlinge, die ein Vorratsgut neu befallen (Primärschädlinge), können verschiedenartige Folgeschäden verursachen. Zunächst einmal ermöglichen sie eventuell anderen Tieren die Ansiedlung, indem sie den Vorrat durch ihre Fraßtätigkeit

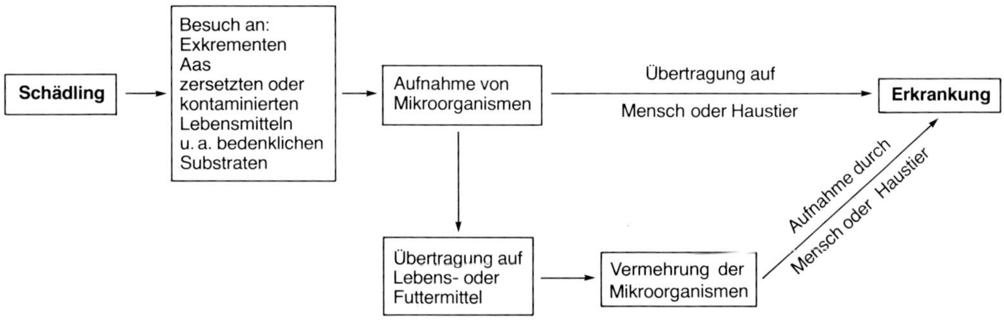

Abb. 10. Die Infektionskette Schädling–Mensch (oder Haustier) bei der Übertragung von Mikroorganismen.

Tab. 7. Anzahl der Mikroorganismen an zwei Fliegenarten unmittelbar nach Aufnahme der Keime und am Lebensende (nach Buss 1974 und Ghanem 1976)

Fliegenart	Keimart	∅ Anzahl Keime/Fliege nach der Kontamination	am Lebensende (Tage)
Drosophila	*Staphylococcus aureus*	426600	133 (7 Tage)
melanogaster	*Bacillus megatherium*	119000	274 (7 Tage)
	Penicillium frequentans	23460	41 (10 Tage)
Lucilia	*Escherichia coli*	15900	190 (28 Tage)
sericata	*Proteus vulgaris*	16300	130 (28 Tage)
	Pseudomonas aeruginosa	18900	1100 (21 Tage)
	Streptococcus faecalis	17300	200 (28 Tage)

Tab. 8. Einige wichtige durch Vorratsschädlinge nachgewiesenermaßen übertragene Krankheiten und Krankheitserreger (nach zahlreichen Literaturangaben)

Ratte:	Tollwut	Amöbenruhr
	Fleckfieber	Toxoplasmose
	Milzbrand	Trichinose
	Pest	Lungenegel
	Salmonella spp.	Bilharziose
	Schweinerotlauf	Milbendermatitis
	Leptospiren	
Wespen:	*Salmonella* spp.	*Streptococcus* spp.
	Klebsiella spp.	
Fliegen und Schaben:	Polio-Viren	
	Typhus-, Dysenterie- u. a. Bazillen	
	Salmonella spp.	
	Streptococcus spp.	
	Staphylococcus spp.	
	Klebsiella spp.	
	Escherichia coli	
	Entamöben	

verändern. Z. B. sind manche Vorratsschädlinge nicht in der Lage, gesunde Getreidekörner anzufressen. In diesen Fällen bedarf es der vorherigen Schädigung durch Primärschädlinge. Eine Aufstellung der wichtigsten Primär- und Sekundärschädlinge zeigt Tab. 19.

Folgeschäden können auch durch Mikroorganismen hervorgerufen werden, die sich nach einer primären Veränderung von Vorräten durch Tiere ansiedeln und dann vermehren. Ein Spezialfall davon ist die Beschädigung von Samen im Vorratslager, wodurch nach der Aussaat für bodenbürtige Krankheitserreger Eindringmöglichkeiten geschaffen werden.

Primärschädlinge können die abiotischen Bedingungen in einem Vorrat so verändern, daß für andere Organismen günstige Bedingungen geschaffen werden. So können sich manche Pilze, aber auch Milbenarten, erst dann ansiedeln, wenn durch Primärschädlinge die Feuchtigkeit stark erhöht wird. (Näheres hierüber im Abschnitt Hot spots.)

Sehr umfangreiche Folgeverluste können auftreten, wenn durch Tiere Verpackungen beschädigt werden und der Inhalt bei Lagerung oder Tansport verlorengeht. Als Primärschädlinge kommen dabei nicht nur Vorratsschädlinge in Frage, sondern auch Materialschädlinge (z. B. textil- oder holzzerstörende Arten bei entsprechenden Verpackungen) oder Hausungeziefer (wie Silberfischchen, Termiten, Schaben oder Mäuse), die nur die Verpackung oder sogar nur Teile von ihr (wie Leimstoffe) angreifen.

Verschiedene andere Schäden

Vorratsschädlinge können auch in anderer Weise Schäden und Störungen anrichten, die mit Lebensmitteln direkt nichts zu tun haben.

So kann in einem Mühlenbetrieb der Arbeitsablauf durch die Spinntätigkeit von Mehlmotten *(Ephestia kuehniella)* erheblich gestört werden, weil Engstellen im Transportsystem verstopft sind. Sogar Kurzschlüsse, hervorgerufen durch Spinnfäden und anschließender Kondenswasserbildung, sind bekannt geworden. Siebgaze werden durch die Larven von *E. kuehniella*, aber auch durch andere Vorratsschädlinge zerfressen.

Materialien verschiedener Art können durch die Larven einer ganzen Reihe von Vorratsschädlingen bei der Herstellung von Verpuppungsorten angenagt und damit entwertet werden.

Schließlich sei noch auf die – psychologisch bedingten – Schäden hingewiesen, die einem Hersteller von Lebensmitteln dadurch zugefügt werden, daß seine Ware einmal von Schädlingen befallen gewesen war. Ein Käufer, der dies festgestellt hat, wird mit Sicherheit in absehbarer Zukunft die Produkte der Konkurrenz kaufen, auch wenn den Hersteller am Vorkommen der Schädlinge gar keine Schuld trifft.

Die hier aufgeführten Beispiele über die Schadtätigkeit haben wohl deutlich gemacht, daß Vorratsschädlinge in sehr mannigfaltiger Weise schädlich werden können. Der nächste Abschnitt soll sich nun mit dem Ausmaß dieser Zerstörung befassen.

1.5.2 Umfang der Schäden

1.5.2.1 Faktoren, welche das Ausmaß der Schäden beeinflussen können

Bevor die mögliche Höhe der Schäden erörtert wird, soll auf einige Punkte hingewiesen werden, die für die Höhe des Schadens bestimmend sein können.

Vorratsgut: Art und ökonomischer Wert des Vorrates bestimmen im wesentlichen Maße die Höhe des Schadens. Frißt eine Maus 5 g Weizen, so beträgt der Verlust eben diese 5 g. Nagt sie aber 5 g Fruchtfleisch aus einem Apfel, so bedeutet das praktisch einen Verlust von etwa 150 g, weil der ganze angebissene Apfel wertlos geworden ist. Frißt die Maus nun aber 5 g Haferflocken, so sind zwar auch nur 5 g verloren, wegen des höheren Handelspreises der Haferflocken ist der Verlust aber wesentlich größer als bei Weizen.

Auch der Bedarf eines Schädlings hängt oft von der Art der Nahrung ab. So frißt ein Weibchen von *Sitophilus oryzae* etwa 1,5- bis 2mal so viel Weizen wie Gerste.

Schädlingsart: Verschiedene Schädlinge können unterschiedlichen Nahrungsbedarf haben, auch wenn sie annähernd gleich groß sind. Weibchen fressen gewöhnlich mehr als die meist etwas kleineren Männchen.

Manche Arten zerstören mehr Vorräte als sie fressen. So hinterläßt z. B. *Rhizopertha dominica* eine große Menge zernagter Getreidereste. Der Selektivfraß bestimmter Arten kann zu erheblichen Einbußen führen, auch wenn die meßbaren Gewichtsverluste nicht hoch sind. Die Larve von *Cryptolestes ferrugineus* verbraucht nur etwa 3,7 % eines Weizenkornes, zerstört dabei aber den ganzen Keimling. Für Saatgut und Braugerste bedeutet das einen Totalverlust. Auch kann die Zusammensetzung des Restes verändert sein, wenn z. B. der nicht gefressene Spelzenanteil bei befallener Gerste stark zunimmt.

Auch Schädlingskombinationen sind für das Ausmaß eines Schadens oft von Bedeutung, besonders, wenn dabei in Verbindung mit Primärschädlingen die schon erwähnten Sekundärschädlinge auftreten, die alleine einen kaum meßbaren Schaden anrichten würden.

Lagerbedingungen: Das Ausmaß eines Schadens wird entscheidend durch die abiotischen Bedingungen bestimmt, die im Lager herrschen. Vor allem sorgen hohe Temperaturen für eine Steigerung der Fraßaktivität, aber auch die relative Luftfeuchtigkeit kann einen wichtigen Einfluß haben. (Siehe auch die Abschnitte Ökologische Bedingungen im Lager und Einfluß ökologischer Faktoren auf die Vorratsschädlinge.)

Aus diesem Grunde spielen in gemäßigten Breiten auch die Jahreszeiten für die Schadenshöhe eine Rolle. Bei gleicher Populationsdichte wird der Schaden in den günstigen Sommermonaten größer sein als im Winter. In tropischen und subtropischen Gebieten können praktisch das ganze Jahr über optimale Bedingungen herrschen und die Verluste deshalb besonders groß sein.

Lagerdauer: Je länger Vorräte unter Bedingungen lagern, bei denen Schädlinge aktiv sein können, um so größer werden selbstverständlich die Verluste sein. Dies gilt besonders dann, wenn sich eine neue Generation entwickeln kann und die Populationsdichte so in kurzer Zeit sprunghaft erhöht wird.

An einem Beispiel soll aufgezeigt werden, wie aus verschiedenen Gründen Probleme im Vorratsschutz auftauchen, hohe Verluste entstehen und die Bedeutung eines Schädlings sich ändern kann: Neben 17 anderen Arten vermehrte sich *Tribolium castaneum* in Jugoslawien ab 1962 besonders stark an lagernden Sonnenblumenkernen. Die von STOJANOVIC et al. analysierten Fälle ergaben eine Kette von Gründen, die in Abb. 11 im einzelnen in ihrem Zusammenhang dargestellt werden.

Zusammenfassend kann gesagt werden, daß die Höhe eines Schadens durch eine Reihe von Komponenten bestimmt wird, und daß dadurch ein starkes Schwanken möglich ist.

1.5.2.2 Tatsächliches Ausmaß der Verluste

Die Schädlichkeit von Vorratsschädlingen (und damit gleichzeitig die Bedeutung des Vorratsschutzes) ließe sich am leichtesten beweisen, wenn man mit konkreten Zahlen belegen könnte, was pro Jahr durch Tiere an Vorräten vernichtet wird. Leider ist es völlig illusorisch, hier auch nur annähernd richtige Werte anzugeben. So findet man denn auch Angaben, die besagen, daß zwi-

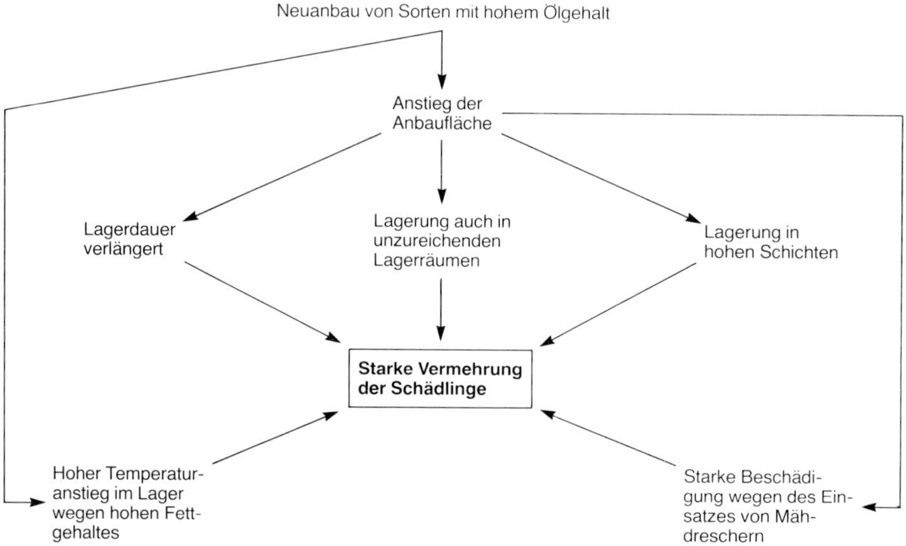

Abb. 11. Die Gründe für das massenhafte Auftreten von *Tribolium castaneum* und anderen Vorratsschädlingen an Sonnenblumensamen in Jugoslawien (nach STOJANOVIC et al. 1971).

schen 5 und 30 % aller geernteten Produkte noch durch Vorratsschädlinge vernichtet werden, ein Spielraum also, der absolut unbefriedigend ist.

Angaben über Verluste im Weltmaßstab sind besonders fragwürdig, weil zwischen den einzelnen Ländern erhebliche Unterschiede bestehen. In wirtschaftlich hoch entwickelten Staaten ist es theoretisch relativ einfach, optimale Lagerbedingungen zu erreichen; in ärmeren Ländern ist dies meist nicht möglich. Hinzukommt, daß gerade diese Länder in Klimaregionen liegen, in denen Massenvermehrungen von Schädlingen besonders leicht vorkommen können.

Es gibt eine Reihe von Gründen, weswegen genauere Zahlen praktisch unmöglich ermittelt werden können. Zunächst einmal sind gar nicht alle Vorräte erfaßbar. Vorratshaltung wird schließlich nicht nur in staatlich angelegten und kontrollierten Großlagern betrieben, sondern wesentlich mehr Vorräte liegen in kleinen Mengen bei Groß- und Kleinhändlern, in Restaurants, Krankenhäusern, Heimen und schließlich in den vielen Privathäusern. Diese Mengen und die auftretenden Schäden sind aber völlig unbekannt und können deshalb in keiner Statistik auftauchen.

Eine Andeutung der hier auftretenden Verluste wird deutlich, wenn man auf Mülldeponien die beschädigten und fortgeworfenen Lebensmittel sieht, oder wenn man in der Praxis der Beratung feststellt, wieviele vernichtet werden oder vernichtet werden müssen, weil sie im Haushalt durch Schädlinge befallen sind.

Erhöht werden diese Verluste vor allem dadurch, daß im Haushalt zunehmend preisgünstige Großmengen gelagert werden, die dann – wie die Praxis zeigt – aus Ekel vor Tieren meist komplett fortgeworfen werden, auch wenn nur ein kleiner Teil von ihnen Schädlingsbefall aufweist.

Völlig unbekannt sind auch die Schäden, die in bäuerlichen Betrieben an den dort gelagerten Getreide- und Futtermitteln auftreten. Hier findet man besonders häufig Mehrfachbefall durch verschiedene Arten, wobei das Auftreten von Sekundärschädlingen, wie Schimmelkäfern, andeutet, wie intensiv die Vernichtung fortgeschritten ist.

Ebenfalls nicht erfaßt werden in der Schadensstatistik solche Verluste, die durch Qualitätsveränderungen als Folge eines Befalles hervorgerufen werden.

Selbst wenn Angaben über Gewichtsverluste vorliegen, sind sie oft sehr ungenau. Da eine sorgfältige, alle Fehlerquellen ausschaltende Analyse in der Praxis der normalen Vorratshaltung gar nicht möglich ist, werden Gewichtskontrollen (z. B. bei der Auslagerung) für Fraßverluste meist viel zu geringe Werte ergeben. Im Extremfall kann ein Schaden eventuell gar nicht erfaßt werden, weil durch Wasseraufnahme des Vorratsgutes, Wasserausscheidungen der Schädlinge, Häutungsreste, Leichen und Exkremente der Schädlinge und durch die noch lebenden Tiere Fraßverluste kompensiert werden können.

An einem einfachen Beispiel soll gezeigt werden, wie schon alleine durch die Anwesenheit frisch geschlüpfter Käfer die Werte verfälscht werden. In diesem Versuch wurde nach 6 Monaten das Restgewicht des durch *Sitophilus granarius* geschädigten Weizens einmal mit und einmal ohne die geschlüpften Käfer ermittelt. Wie aus Abb. 12 zu ersehen ist, betrug der Anteil der Käfer am Restgewicht immerhin 8,5 %. Unberücksichtigt blieben dabei Häutungsreste und Ausscheidungen. Weiterhin zeigte die Auswertung, daß zwar nur etwa 50 % des Weizens fehlte, daß aber 95 % aller Körner an- oder ausgefressen waren.

Diese letzten Zahlen weisen auf eine weitere Unzulänglichkeit der Angaben von Gewichtsverlusten hin. Eine Vernichtung von 10 % bedeutet nämlich nicht, daß die restlichen 90 % eines Vorratsgutes für den Weiterverbrauch erhalten bleiben, sondern sehr oft einen Totalverlust darstellen. Unter normalen Umständen wird eine so geschädigte Ware weder subjektiv (psychisches Empfinden des Verbrauchers) noch objektiv (Ver-

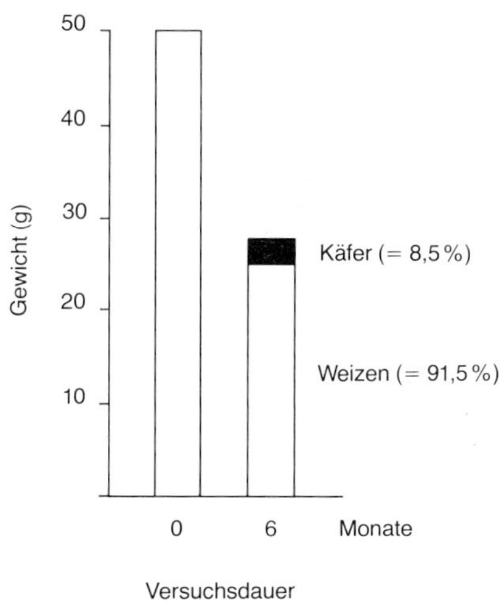

Abb. 12. Der Anteil der geschlüpften Käfer am Restgewicht eines durch *Sitophilus granarius* befallenen Weizens (STEIN unveröff.).

Tab. 9. Verluste bei der Lagerung von Vorräten in verschiedenen tropischen und subtropischen Gebieten

Produkt	Gebiet	Lagerdauer (Monate)	Verluste (%)	Autor
Mais	Kenya	12	4,9	DE LIMA 1979
	Afrika	4	10	FAO 1977
	Afrika	6	23	FAO 1977
	Afrika	7	9–22	FAO 1977
	Afrika	6	35	FAO 1977
	Afrika	7	8–15	FAO 1977
	Afrika	12	28	FAO 1977
Paddy	Asien	6	10	FAO 1977
	Asien	3–6	15	FAO 1977
Getreide	Südamerika	?	25–50	HALL 1970
Sorghum	Kongo	12	50	HALL 1970
Leguminosen	Südamerika	?	25–50	HALL 1970
Bohnen	Kongo	12	20	HALL 1970
Erdnüsse	Sudan	15	27,3	PILTZ 1977
	Kongo	12	15	HALL 1970

bot durch Gesetze oder Verordnungen) als Nahrungsmittel für den Menschen Verwendung finden können. Selbst die Verwertung solcher befallener Produkte als Viehfutter kann problematisch sein, wie im Abschnitt Gesundheitsgefährdung gesagt wurde.

Diese angeführten Beispiele zeigen eindringlich, daß alle Angaben von Verlusten im Weltmaßstab so ungenau sind, daß mit ihnen kaum eine Aussage zu machen ist.

Nur sehr wenige konkrete Angaben (verglichen mit der gesamten Vorratsmenge) liegen vor. Ihre Verwertbarkeit ist zudem noch zweifelhaft, wie weiter unten gezeigt werden soll. Aus zusammenfassenden Berichten, wie z. B. denen der FAO, geht eindeutig hervor, daß die Verluste je nach Vorratsgut und Land außerordentlich schwanken. Um eine Vorstellung der Größenordnungen zu geben, sind in der Tab. 9 einige Beispiele angeführt. Mehr als eine Vorstellung können und sollen sie aber auch nicht erbringen. Sie zeigen allerdings eindeutig die Bedeutung des Vorratsschutzes, denn gerade in den hier angeführten Gebieten ist die Sicherung der Ernährung der dortigen Bevölkerung die vorrangige Aufgabe für die ganze Welt.

Quantitativ meßbare Verluste können durch Vorratsschädlinge auch indirekt entstehen. So sind nachgewiesenermaßen Milchleistung und Fleischansatz bei Haustieren reduziert, wenn diese durch Fliegen stark belästigt werden. Verluste bis zu 14 % sind bekannt geworden. (Die Höhe der Beeinträchtigung scheint aber sehr von der Haltung der Tiere abzuhängen, da in einigen Fällen bei guter Aufstallung und Fütterung keine negativen Einflüsse festzustellen waren.)

Zu den durch Vorratsschädlinge verursachten wirtschaftlichen Schäden müssen schließlich auch noch alle jene Ausgaben hinzugerechnet werden, die erforderlich sind, einen Befall der Vorräte zu verhindern (s. prophylaktische Maßnahmen) oder einen eingetretenen Befall zu bekämpfen (s. Bekämpfungsmaßnahmen). Sie können ganz erheblich sein, da die im Pflanzenschutz übliche Kosten-Nutzen-Analyse (wirtschaftliche Schadensschwelle) keine Anwendung finden kann (s. nächsten Abschnitt).

1.5.2.3 Problem der Schadensschwelle im Vorratsschutz

Im Pflanzenschutz gibt es einen Grenzwert, bei dem sich der wirtschaftliche Schaden durch einen Organismus an einer Pflanze und die finanziellen Aufwendungen für eine erforderliche Bekämpfung die Waage halten: die sogenannte Schadensschwelle. Ist der zu erwartende Schaden geringer als die notwendigen Ausgaben für die Bekämpfung, so ist letztere nicht lohnend. Die Beachtung dieser Schadensschwelle hilft also einmal Geld zu sparen, zum anderen ist die mögliche Reduktion des Einsatzes von Pestiziden eine umweltfreundliche Maßnahme.

Kann dieses begrüßenswerte Prinzip nun auch

im Vorratsschutz angewendet werden? Diese Frage muß eindeutig verneint werden. Einige in diesem Zusammenhang wichtige Unterschiede zwischen Pflanzenschutz und Vorratsschutz sollen in der nachfolgenden Aufstellung angegeben werden.

Pflanzenschutz	Vorratsschutz
Ein Schaden kann im Laufe des Wachstums der Pflanze eventuell kompensiert werden.	Ein Schaden kann nie mehr kompensiert werden. Im Lager ist nur eine Reduktion der vorhandenen Substanz möglich.
Nicht abgetötete Schädlinge haben später wegen der Reife und Ernte der Produkte meist keine weitere Möglichkeit zu Schädigung und Vermehrung.	Nicht abgetötete Schädlinge können weiterhin Schaden anrichten und sich vermehren, solange die Vorräte gelagert werden.
Beschädigte Produkte verbleiben meist auf dem Felde und bewirken keine Herabsetzung der Qualität der restlichen Ware.	Beschädigte Produkte verbleiben im Vorratsgut und setzen dessen Qualität herab.
Die Gefahr der Verbreitung der Restpopulation ist relativ unbedeutend.	Eine Gefahr der Verschleppung der Restpopulation in andere Vorratslager ist groß.
Die Restpopulation kann eventuell durch natürlicherweise vorkommende Gegenspieler weitgehend vernichtet werden.	Natürliche Gegenspieler haben bei der Tilgung von Restpopulationen praktisch keine Bedeutung.

Selbst wenn es gelingt, durch geeignete Methoden die Vermehrung einer Vorratsschädlingspopulation zu unterbinden, können die überlebenden Tiere bewirken, daß Vorratsgüter unverwendbar sind. Die entsprechenden Gesetze würden eine Verwertung als Lebensmittel unmöglich machen.

Die latenten Gefahren sind insgesamt viel zu groß, um einen gewissen Schädlingsbestand zu tolerieren:

- Durch die Möglichkeit einer Verschleppung können neue Vorräte infestiert werden.
- Auch ein geringer Schaden kann Sekundärschädlingen günstige Lebensbedingungen schaffen und so den Schaden auf andere Organismen verlagern.
- Durch besonders günstige Entwicklungsbedingungen können lokal und praktisch während des ganzen Jahres Massenvermehrungen entstehen.

Insgesamt zeigt sich somit, daß das Ansetzen einer Schadensschwelle im Vorratsschutz ein zu großes Risiko darstellt. Deshalb muß Schädlingsfreiheit angestrebt werden. Sie kann durch geeignete Bekämpfungsmaßnahmen erreicht werden, doch sind dabei auch negative Nebenerscheinungen vorhanden, wie Gefährdung anderer Organismen, Verbleiben der abgetöteten Schädlinge im Vorratsgut und finanzielle Aufwendungen. Die zweite Möglichkeit ist eine Prophylaxe: Verhinderung eines Befalles durch vorbeugende Maßnahmen. Die Möglichkeiten und Wege dazu werden später besprochen.

1.6 Systematik, Entwicklung und kurze Charakteristik der wichtigsten Vorratsschädlingsgruppen

Auf eine eingehende Darstellung der in der Überschrift genannten Punkte muß hier verzichtet werden. Sie kann in den einschlägigen allgemeinen und speziellen Lehrbüchern der Zoologie nachgelesen werden. Es sollen hier lediglich einige Angaben gemacht werden, die für die praktischen Belange des Vorratsschutzes notwendig sind.

1.6.1 Systematik der wichtigsten Schädlinge

Obwohl eine recht große Anzahl von Tierarten als Vorratsschädlinge bekannt ist, gehören die wichtigsten von ihnen nur zu wenigen systematischen Gruppen. Diese sind:

Spinnentiere (Arachnida)
  Milben (Acari)
Insekten (Hexapoda)
  Schaben (Blattaria)

Hautflügler (Hymenoptera)
Schmetterlinge (Lepidoptera)
Käfer (Coleoptera)
Fliegen (Diptera)
Säugetiere (Mammalia)
Nager (Rodentia)

Weitere Gruppen mit Vorratsschädlingen und Lästlingen sind die Schnecken (Gastropoda), Urinsekten (mit den Zygentoma), Staub- und Bücherläuse (Psocoptera) und andere. Eine komplette Aufzählung der systematischen Einheiten mit Vorratsschädlingen findet sich in dem Bestimmungsbuch von WEIDNER (1982).

1.6.2. Entwicklung der wichtigsten Gruppen

Von Bedeutung sind in diesem Zusammenhang nur die Entwicklungsgänge von Milben und Insekten, da bei ihnen auch oder nur die nicht ausgewachsenen Stadien Schaden anrichten und deshalb dem Praktiker bekannt sein müssen.

Bei den **Milben** schlüpft aus dem Ei die Larve (auch Nymphe genannt), die beim Heranwachsen wegen ihres mehr oder weniger starren Chitinpanzers Häutungen einschieben muß. Das Endstadium ist dann das erwachsene, fortpflanzungsfähige Tier, die Adulte. (Ausführlicher wird auf diese Entwicklung und die dabei auftretenden Abweichungen im Speziellen Teil bei den Milben eingegangen.)

Auch die **Insekten** haben einen nur sehr wenig dehnungsfähigen Chitinpanzer, der bei wachstumsbedingten Häutungen abgestreift und erneuert werden muß. Dabei kann man hauptsächlich zwei voneinander abweichende Entwicklungstypen unterscheiden, die durch das Fehlen oder Vorhandensein eines Ruhestadiums (Puppe) charakterisiert sind. Die möglichen Stadien sind:

Ei: In ihm findet die Embryonalentwicklung statt. Aus dem Ei schlüpft dann ein zum selbständigen Leben fähiges Individuum, die Larve. Die Eier werden fast immer abgelegt, bei einigen Fliegen kann aber z. B. die Entwicklung schon im Muttertier ablaufen, so daß fertige oder fast fertige Larven abgesetzt werden.

Larve: Während der Larvenzeit nimmt das Insekt Nahrung auf. In dieser Phase wächst das Tier und führt die oben beschriebenen Häutungen durch. Dieses Stadium ist es auch, das normalerweise die größten Schäden an den Vorräten anrichtet. Am Ende des letzten Larvenstadiums kann die Häutung zur Puppe erfolgen oder es bildet sich – wie unten beschrieben – sofort das erwachsene Insekt aus.

Larven können, wie die Imagines, sehr verschiedenartig gestaltet sein. Abb. 13 zeigt einige Formen der Vorratsschädlinge.

Puppe: In diesem Stadium findet eine vollständige Umwandlung des Insektes statt. Bis auf wenige Zellkomplexe werden die Organe der Larven aufgelöst und neu zu denen des fertigen Insektes wieder aufgebaut.

Die Puppe nimmt keinerlei Nahrung zu sich, richtet demnach auch keinen Schaden an.

Die drei wichtigsten bei den Vorratsschädlingen vorkommenden Puppentypen zeigt Abb. 14.

Imago: Aus der Puppe schlüpft nach vollzogener Umwandlung das fertige Insekt bzw. es entsteht aus dem letzten Larvenstadium. Manchmal

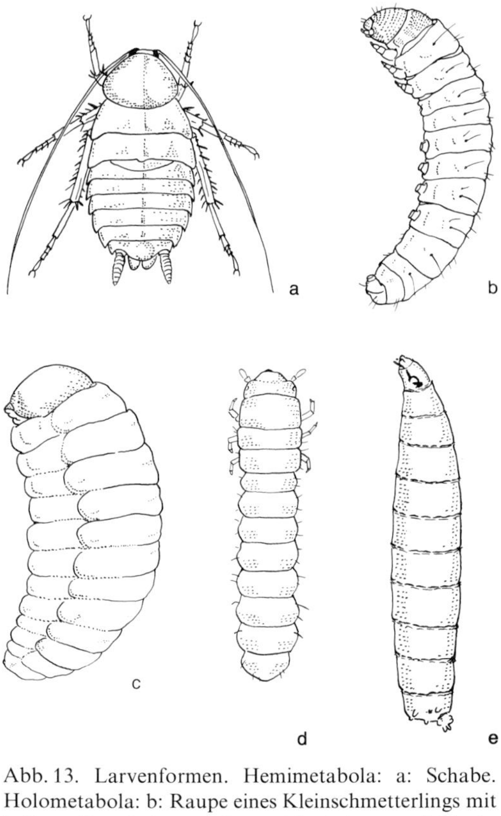

Abb. 13. Larvenformen. Hemimetabola: a: Schabe. Holometabola: b: Raupe eines Kleinschmetterlings mit 3 Paar Brustbeinen, 4 Paar Afterbeinen und Nachschieber. c: beinlose Larve eines Käfers. d: Käferlarve mit 3 Paar Beinen. e: kopf- und fußlose Fliegenlarve (Made) (Zeichnung H. GERNETH).

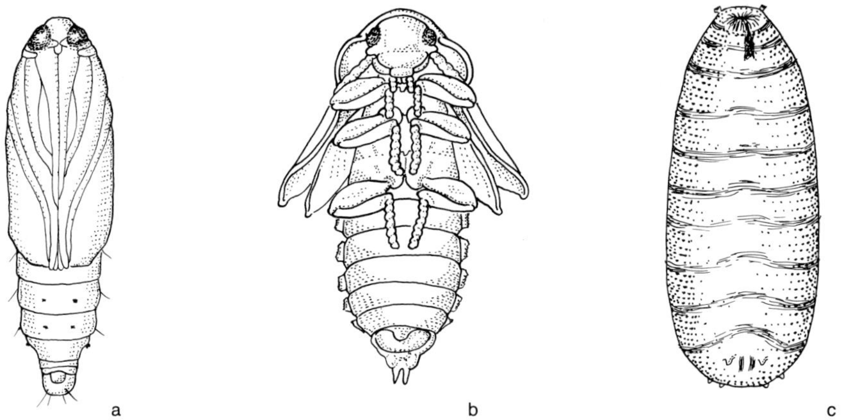

Abb. 14. Puppenformen. a: Gliederpuppe (Pupa obtecta, Schmetterling); b: freie Puppe (Pupa libera, Käfer). c: Tönnchenpuppe (Pupa coarctata, Fliege) (Zeichnung H. GERNETH).

nimmt dieses Stadium keine Nahrung mehr zu sich und lebt dann von den Reserven, welche die Larve angelegt hat. Unter den Vorratsschädlingen gilt dies z. B. für die Motten, aber auch einige Käfer gehören in diese Gruppe. (Eine Aufstellung s. Seite 62.) Frißt die Imago dagegen noch, so können auch durch dieses Stadium erhebliche Schäden angerichtet werden. Die wichtigste Aufgabe des adulten (erwachsenen) Insektes ist aber die Fortpflanzung, wodurch eine neue Generation entwickelt und der Fortbestand der Art gesichert wird. Beispiele für die wichtigsten größeren systematischen Einheiten finden sich in den Abbildungen der nachfolgenden Kurzbeschreibungen.

Die zwei genannten Entwicklungsgänge sind folgende:

Unvollkommene Umwandlung (Hemimetabolie)

Ei – Larven – Imago
(Beispiel: Schaben)

Vollkommene Umwandlung (Holometabolie)

Ei – Larven – Puppe – Imago
(Beispiele: Schmetterlinge, Käfer, Fliegen, Hautflügler).

1.6.3 Kurze Beschreibung wichtiger Gruppen mit Vorratsschädlingen

Milben (Abb. 15)
Die hier interessierenden Arten haben im erwachsenen Zustand 4 Paar Beine (Unterschied zu den Insekten!) und besitzen wegen der Verschmelzung von Kopf, Brust und Hinterleib eine ungegliederte Körpergestalt. Die Vorratsschädlinge unter ihnen sind sehr klein und erreichen maximal eine Körperlänge von etwa 1 mm.

Insekten:
Diese artenreichste Gruppe des ganzen Tierreiches überhaupt ist durch die Gliederung des Körpers der erwachsenen Tiere in die Hauptabschnitte

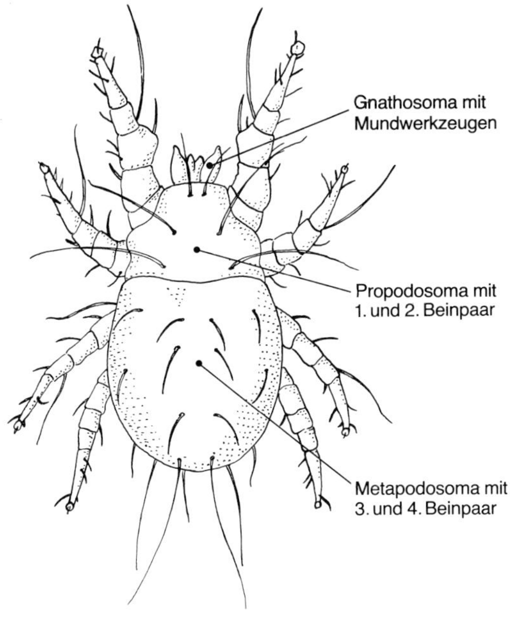

Abb. 15. Aufbau einer Milbe (Zeichnung H. GERNETH).

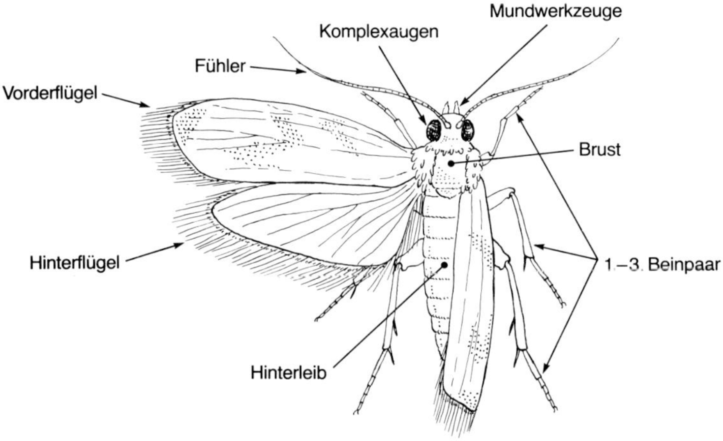

Abb. 16. Aufbau eines Insektes (Zeichnung H. GERNETH).

Kopf, Brust und Hinterleib gekennzeichnet (Abb. 16). Am Kopf befinden sich die Mundwerkzeuge und wichtige Sinnesorgane (Augen, Antennen). Die Brust besteht aus drei Teilen, die alle je 1 Paar Beine tragen. Am 2. und 3. Teil kann sich je 1 Paar Flügel befinden, doch ist eine Reduktion möglich (z. B. Ameisen, Fliegen). Bei den Urinsekten, zu denen z. B. das Silberfischchen (Abb. 120) gehört, fehlen die Flügel primär völlig. Der Hinterleib der Insekten ist wesentlich gleichförmiger gestaltet als Kopf und Brust, zeigt aber manchmal einige Anhänge.

Nachfolgend sollen einige für den Vorratsschutz wichtige systematische Einheiten kurz charakterisiert werden. Weitere Einzelheiten können bei den im Speziellen Teil beschriebenen Vertretern nachgelesen werden.

Schaben (Blattaria) (Abb. 17): Stark chitinisierte, mehr oder weniger braun gefärbte Insekten mit langen Fühlern, unterschiedlich entwickelten Flügeln und Anhängen des Hinterleibes (Cerci). Die Arten sind relativ groß (durchschnittlich 1–4 cm). Sie haben in ihrer Entwicklung keine Puppe (Hemimetabola) und unterscheiden sich dadurch von den folgenden Gruppen.

Hautflügler (Hymenoptera) (Abb. 18): Auch diese Arten sind ähnlich wie die Schaben stark chitinisiert, bräunlich oder gelblich gefärbt und besitzen als namengebendes Charakteristikum 2 Paar

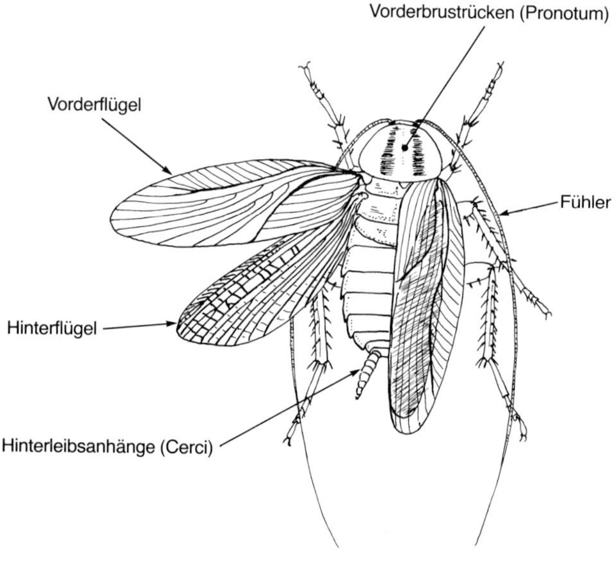

Abb. 17. Aufbau einer Schabe (Zeichnung H. GERNETH).

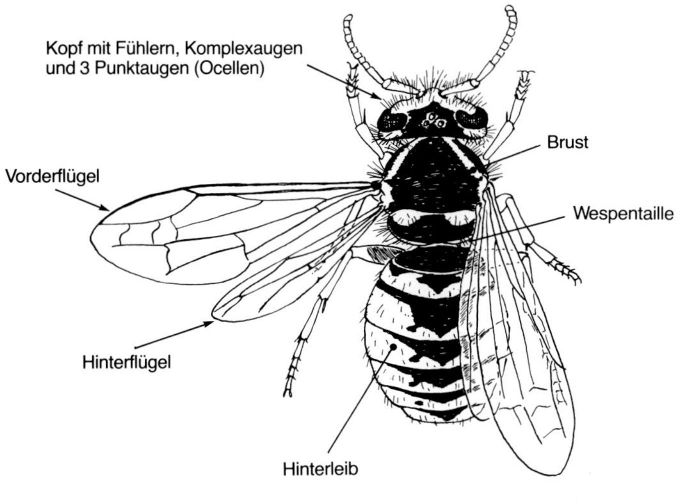

Abb. 18. Aufbau eines Hautflüglers (Zeichnung H. GERNETH).

durchsichtige, aber reich mit dunklen Adern versehene Flügel. Diese können allerdings bei den auch zu den Hautflüglern gehörenden Ameisen dauernd (Arbeiterinnen) oder den größten Teil des Lebens (Geschlechtstiere) fehlen. Eine „Wespentaille“ (dünne Stelle zwischen dem 1. und 2. Hinterleibsegment) ist bei den im Vorratsschutz interessierenden Wespen und Ameisen vorhanden.

Schmetterlinge (Lepidoptera) (Abb. 16): Diese Insekten, gekennzeichnet durch ihre schuppenbesetzten Flügel, sind im Vorratsschutz mit einer Reihe von wichtigen Arten aus der Gruppe der Kleinschmetterlinge (Motten) vertreten. Diese Formen sind charakterisiert durch relativ schmale Flügel, die eine Spannweite von etwa 20–30 mm haben. Schädlich sind die Larven (Raupen, s. Abb. 13). Dagegen können die erwachsenen Falter mit ihrem Saugrüssel höchstens noch flüssige Substanzen (Wasser, Zuckerwasser) aufnehmen.

Käfer (Coleoptera) (Abb. 19): Der Chitinpanzer ist bei den erwachsenen Tieren allgemein sehr stark ausgebildet. Die Vorderflügel sind zu den typischen Deckflügeln (Elytren) umgewandelt, welche die Hinterflügel schützen. Letztere ermöglichen den Flug der Käfer. Sie können auch manchmal fehlen, so daß diese Arten nicht mehr flugfähig sind. Die Färbung ist sehr unterschiedlich, doch herrschen bei den Vorratsschädlingen braune Töne vor.

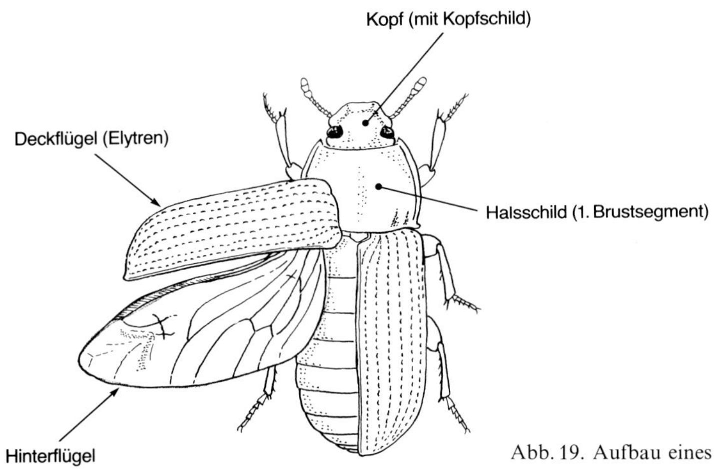

Abb. 19. Aufbau eines Käfers (Zeichnung H. GERNETH).

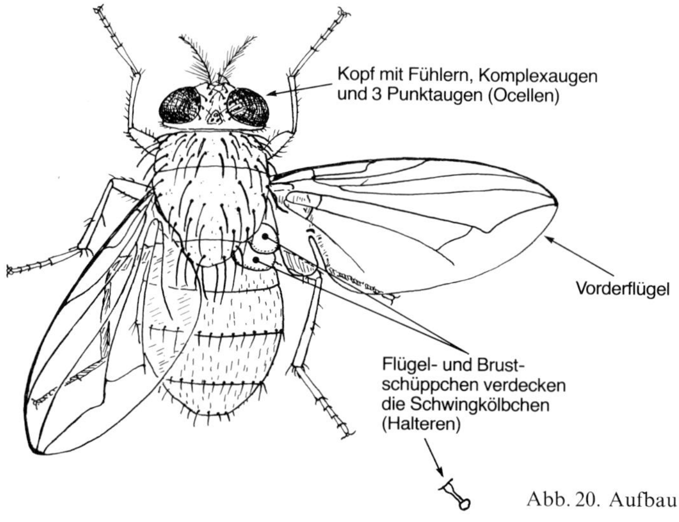

Abb. 20. Aufbau einer Fliege (Zeichnung H. GERNETH).

Mit wenigen Ausnahmen (z. B. Mehlkäfer *Tenebrio molitor*) sind die Vorratsschädlinge unter den Käfern kleine Arten (meist etwa 2–4 mm).

Die Larven sind je nach Käferfamilie unterschiedlich gebaut. (Beispiele im Speziellen Teil.) Meist richten die Larven und Imagines Schäden an Vorratsgütern an, doch kann es auch vorkommen, daß die erwachsenen Tiere nicht mehr fressen (s. Aufstellung Seite 62).

Fliegen (Diptera) (Abb. 20): Die artenreiche systematische Einheit ist dadurch gekennzeichnet, daß die Hinterflügel zu den sogenannten Schwingkölbchen (Halteren) mit flugstabilisierenden Eigenschaften reduziert sind. Die im Vorratsschutz wichtigen Arten entsprechen im Typus meist der bekannten Stubenfliege.

Die Larven sind sogenannte Maden (s. Abb. 13), welche kopf- und beinlos sind. Schaden wird durch Larven und Imagines, wenn auch in unterschiedlicher Weise, angerichtet.

Nagetiere (Rodentia):
Diese Ordnung der Säugetiere ist in erster Linie durch die Ausbildung des Gebisses charakterisiert. Normalerweise setzt sich ein Gebiß aus Schneide-, Eck-, Vormahl- und Mahlzähnen zusammen. Durch das Fehlen der Eck- und Vormahlzähne ist bei den Nagern eine Lücke entstanden (Abb. 21). Auch die Ausbildung der verbliebenen Schneidezähne ist typisch. Sie erlaubt den Tieren das Nagen an härteren Gegenständen. Die wurzellosen, und deshalb ständig nachwachsenden Zähne haben vorne eine harte Schmelzauflage, die sich weniger abnutzt als die hintere weiche Partie und so für eine fortwährende Schärfe sorgt.

Ratten und Mäuse sind Vertreter dieser Gruppe, die im Vorratsschutz Bedeutung haben.

1.7 Eigenschaften von Vorratsschädlingen

Die große Zahl von Vorratsschädlingen bedingt es, daß unter ihnen sehr unterschiedliche Typen vorkommen, die in Morphologie, Physiologie, Ökologie und Verhalten voneinander differieren.

Sie alle haben zwei entscheidende Gemeinsamkeiten: die Vorratsgüter als Nahrung und das Vorratslager als Lebensraum. Beide Komponen-

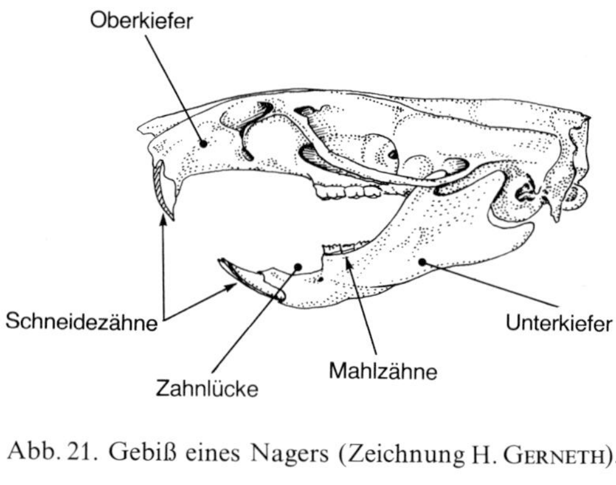

Abb. 21. Gebiß eines Nagers (Zeichnung H. GERNETH).

Tab. 10. Durchschnittliche Körpermaße einiger wichtiger Vorratsschädlinge (Imagines) (nach STEIN, unveröff.)

Art	Länge	größte Breite	Höhe
Acanthoscelides obtectus	3,2 mm	1,9 mm	1,6 mm
Cryptolestes ferrugineus	1,9 mm	0,5 mm	0,2 mm
Lasioderma serricorne	2,7 mm	1,3 mm	0,9 mm
Oryzaephilus surinamensis	2,7 mm	0,7 mm	0,5 mm
Rhizopertha dominica	2,6 mm	0,9 mm	0,8 mm
Sitophilus granarius	3,6 mm	1,1 mm	0,9 mm
S.oryzae	3,2 mm	0,9 mm	0,8 mm
Stegobium paniceum	2,5 mm	1,1 mm	0,8 mm
Tribolium castaneum	3,1 mm	1,1 mm	0,6 mm
T.confusum	3,6 mm	1,1 mm	0,8 mm
Trogoderma granarium	2,6 mm	1,6 mm	1,1 mm

ten wirken nun aber selektiv auf die Fauna ein, die sich hier halten und vermehren kann. Auf lange Sicht wird, wie schon früher dargelegt, dies zur Ausbildung neuer Arten führen. Gegenwärtig ist diese Phase aber allenfalls eingeleitet, so daß eine selbständige Vorratsfauna noch nicht existiert oder bestenfalls in Anfängen zu erkennen ist. Tiere, die als Vorratsschädlinge fungieren wollen, stammen somit aus dem vorhandenen Artenbestand; sie müssen aber die Selektionsfilter Vorratsgut und Vorratslager passieren, um an diese angepaßt zu sein.

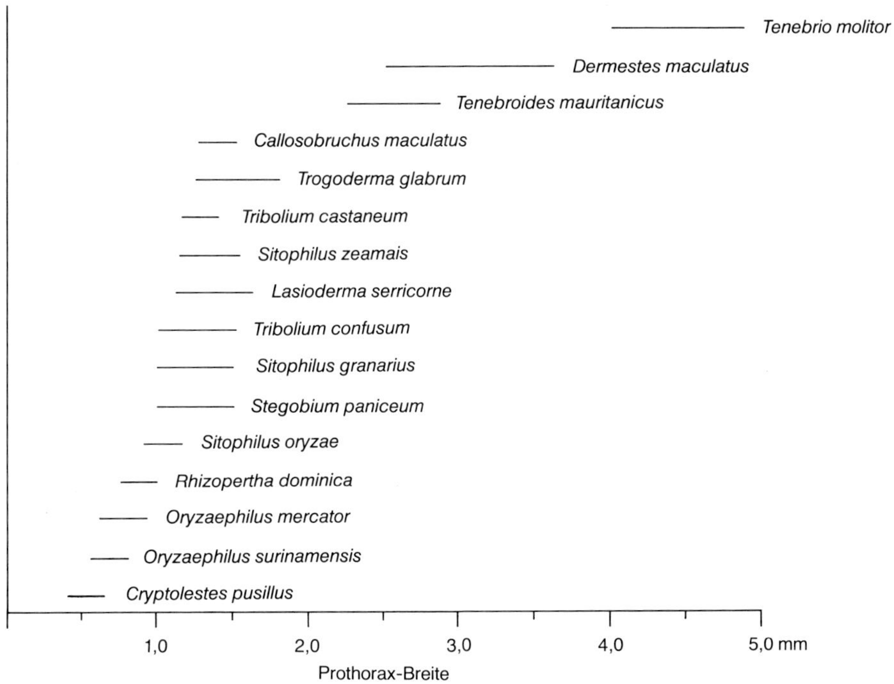

Abb. 22. Die Prothorax(= Vorderbrust-)breiten verschiedener Vorratsschädlinge (nach CLINE und HIGHLAND 1981).

Nachstehend sollen einige Eigenschaften genannt und behandelt werden, die bei vielen Vorratsschädlingen vorhanden sind.

Größe und Gestalt: Die meisten Vorratsschädlinge sind klein, schmal und flach. Tab. 10 gibt die Körpermaße für einige der wichtigsten vorratsschädlichen Käfer an. Milben sind noch wesentlich kleiner und die vorkommenden Motten sind als Larven und Falter sehr schmal.

Die Körperform erlaubt es den Schädlingen, sich zwischen dicht lagernden Vorräten zu bewegen und enge Ritzen und Spalten aufzusuchen. Außerdem ist eine leichte und unbemerkte Verschleppung ermöglicht, was in ihrer weltweiten Verbreitung ihren Ausdruck findet.

Für das Durchdringungsvermögen (z. B. durch Löcher in der Verpackung) und das Eindringen in Spalten (Verbergen) sind vor allem Körperhöhe und Körperbreite entscheidend. Die Breiten – ausgedrückt in Breite der Vorderbrust – für eine Anzahl von Vorratsschädlingen sind in der Abb. 22 dargestellt. Weibchen sind im allgemeinen etwas breiter als die Männchen, doch gibt es auch Ausnahmen. Es kann allenfalls für Angehörige einer Population gelten, die unter den gleichen Ernährungsbedingungen leben.

Manche Insekten, besonders die Larven der Dermestiden, besitzen Klammerhaare, die eine große Bedeutung bei der passiven Ausbreitung durch Verschleppung von Lager zu Lager haben.

Ernährungsformen: Zwei grundverschiedene Ernährungsformen treten bei den Vorratsschädlingen auf, die aber beide ihre Selektionsvorteile haben: Polyphagie und Nahrungsspezialisation.

Polyphage Arten sind in der Lage, das in vielen Lagern wechselnde Angebot verschiedenartiger Vorräte auszunutzen. Dadurch ist ihr Überleben in Zeiten gesichert, in denen die Hauptnahrung nicht vorhanden ist. Besonders häufig treten deshalb polyphage Arten in Lebensmittellagern und Küchen auf, wo z. B. die Dörrobstmotte, eine Art mit einem sehr großen Nahrungsspektrum, einer der wichtigsten Schädlinge ist.

Oligophage Arten wiederum haben mit ihrer ausgesprochenen Nahrungsspezialisation ökologische und trophische Nischen erobert, in denen sie fast konkurrenzlos leben. Sie können sich dadurch diese Eingrenzung erlauben und trotzdem hohe Populationen aufbauen. Allerdings können ihre Populationen dann leicht ausgelöscht werden, wenn die von ihnen beanspruchte Nahrung nicht zur Verfügung steht, weil ihnen ein Ausweichen auf Ersatznahrung nicht möglich ist. In diese Gruppe gehören vor allem die im Innern von Samen (also besonders in Getreidekörnern) lebenden *Sitophilus*-Arten und die Getreidemotte *Sitotroga cerealella*. Unter den Materialschädlingen sind hier z. B. die keratinfressenden Wollschädlinge zu nennen.

Hungervermögen: Vorratslager können oft längere Zeit leer stehen, oder bei Nahrungsspezialisten kann die erforderliche Nahrung vorübergehend fehlen. Schädlinge, die ein ausgeprägtes Hungervermögen besitzen, haben einen wichtigen Vorteil gegenüber solchen Arten, die ständig Nahrung brauchen.

Einige Angaben über das Hungervermögen von Vorratsschädlingen sind in Tab. 11 zusammengestellt. Die Werte gelten für normale Temperaturen. Bei tiefen Temperaturen unterhalb des Aktivitätspunktes sind noch wesentlich längere Zeiten möglich. Selbstverständlich sind die angegebenen Zeiten nicht als absolut zu betrachten.

Tab. 11. Hungervermögen einiger Vorratsschädlinge

Art	Stadium	Hungerzeit	Autor
Milben (div. spp.)	Hypopus	2 Jahre	Zacher 1940b
Silberfischchen (div. spp.)	Imago	319 Tage	Back 1946
Blattella germanica	Imago (♀)	40 Tage	Bollow 1962
Cryptolestes ferrugineus	Imago	17 Tage	Rilett 1949
Dermestes maculatus	Population	120 Tage	Skierska 1976
Lasioderma serricorne	Larven	10 Tage	Zacher 1932
Niptus hololeucus	Imago	30–60 Tage	Zacher 1936
Oryzaephilus surinamensis	Imago	63 Tage	Lergenmüller 1958
Rhizopertha dominica	ältere Larve	24 Tage	Khare 1966

Tab. 12. Lebensdauer einiger Vorratsschädlinge (Imagines)

Art	beobachtete Dauer	Autor
Alphitobius diaperinus	> 2 Jahre, 7 Monate	BAHR, P. (mündl. Mitt.)
Gibbium psylloides	40–50 Wochen	HOWE und BURGES 1952
Lepisma saccharina	> 4 Jahre, 11 Monate	LAIBACH 1952
Necrobia rufipes	> 1 Jahr	JANISCH 1926
Niptus hololeucus	9 Monate	BOLLOW 1962
Oryzaephilus surinamensis	bis zu 3 Jahren	LERGENMÜLLER 1958
Ptinus fur	einige Monate	HOWE und BURGES 1951
Rhizopertha dominica	390 Tage	BAHR, I. 1975

Es sind – aus Einzelversuchen stammend – Zufallswerte, die deshalb nur geeignet sind, die Fähigkeit einer Art, ohne Nahrung zu leben, zu umschreiben.

Eine weitere Möglichkeit, nahrungsfreie Perioden zu überbrücken, ist bei manchen Insekten-Arten durch Einschaltung einer Entwicklungsruhe (Diapause) möglich. Auch nicht-fressende Stadien (Ei, Puppe) können bei ungünstigen Ernährungsbedingungen für das Überleben einer Population sorgen.

Eine Überbrückung von Zeiten, in denen die eigentliche Nahrung fehlt, ist bei vielen Vorratsschädlingen auch dadurch möglich, daß sie zum Kannibalismus, zum räuberischen Verhalten oder zum Fraß toter Insekten übergehen. Bekannt ist dies z. B. bei Schaben, *Tenebrioides mauritanicus*, *Oryzaephilus surinamensis*, *Cryptolestes* spp., *Stegobium paniceum*, *Trogoderma* spp., *Tribolium* spp. und anderen Arten.

Ganzjährige Fortpflanzung: Im Gegensatz zu vielen Tierarten des Freilandes sind die Vorratsschädlinge meist zu einer kontinuierlichen Fortentwicklung fähig, solange die Bedingungen dies erlauben. Die Zahl der Generationen pro Jahr hängt somit in erster Linie von der Temperatur ab. Bei einigen Arten kann man allerdings im Winter auch unter konstanten Bedingungen eines Zuchtraumes gewisse Verzögerungen feststellen, die auf einen abgeschwächten, inneren Rhythmus schließen lassen (z. B. bei *Plodia interpunctella*, *Tribolium* spp., verschiedenen Fliegen).

Lange Lebensdauer: Trotz der geringen Größe der meisten Vorratsschädlinge treten bei vielen Arten überraschend lange Lebensdauern auf. Tab. 12 gibt einige Beispiele.

Tolerierung einer hohen Populationsdichte: Normalerweise setzen bei anomalen Steigerungen der Populationsdichte von Tieren regulierende Faktoren ein, welche die Individuenzahl reduzieren und somit wieder auf eine normale Dichte führen. Zweifellos wirken diese Regulative bei Vorratsschädlingen auch, doch weisen diese Arten meist eine gewisse Toleranz gegenüber erhöhten Dichten auf, wie aus dem Massenvorkommen auf kleinstem Raum, z. B. in einem stark befallenen Getreidelager, zu ersehen ist. Der Kornkäfer kann sich hier beispielsweise bis zum letzten intakten Weizenkorn vermehren und die Imagines können dann oft in zentimeterhohen Schichten lange am Leben bleiben.

Temperaturtoleranz: Obwohl die meisten Vorratsschädlinge aus wärmeren Ländern stammen, ist ihre Toleranz gegenüber tiefen Temperaturen oft erstaunlich. Diese außerordentlichen physiologischen Leistungen sind meist zwar auf ein bestimmtes Stadium beschränkt, doch ist dies für das Überleben einer Population ohne generelle Bedeutung. In Tab. 13 sind einige Beispiele für Kältetoleranz eingetragen. Überraschenderweise kann der Khaprakäfer (*Trogoderma granarium*) tiefste Temperaturen ertragen, obwohl sein Entwicklungsoptimum mit etwa 35 °C ein Extrem nach der anderen Seite hin darstellt.

Ein Vergleich der Angaben verschiedener Autoren kann erhebliche Unterschiede ergeben. Dies ist dadurch bedingt, daß die Kältetoleranz sehr stark von verschiedenen Faktoren abhängt, wie Stamm, physiologischem Zustand des Tieres, Präadaptation, Nahrung oder Stadium, und selbst innerhalb eines Stadiums kann es Phasen unterschiedlicher Empfindlichkeit geben.

Die Toleranz gegenüber höheren Temperaturen ist auf Werte um etwa 40–45 °C begrenzt, weil hier irreversible Schädigungen (z. B. durch Koagulation des Eiweißes) beginnen.

Tab. 13. Toleranz von Minustemperaturen bei einigen wichtigen Vorratsschädlingen

Art und Stadium*	Temperatur °C	Überlebensdauer	Autor
Milben			
Acarus siro (Ad)	−18	7 Tage	SINHA 1964a
Glycyphagus destructor (Ad)	−18	> 7 Tage	SINHA 1964a
Schmetterlinge			
Ephestia elutella (E)	− 4	4 Tage	ZACHER 1940a
E.elutella (L)	− 4	14 Tage	ZACHER 1940a
E.elutella, (diapausier. L)	− 2	40 Tage	SOLOMON und ADAMSON 1955
Ephestia kuehniella (E)	− 4,7	10 Tage	FOERSTER 1939
E.kuehniella (L)	− 7	15 Tage	MATHLEIN 1961
E.kuehniella (L)	−10	5 Tage	MATHLEIN 1961
E.kuehniella (P)	− 7	12 Tage	MATHLEIN 1961
Nemapogon granellus (L)	−18	17 Stunden	ZACHER 1940a
Käfer			
Cryptolestes ferrugineus (I)	− 5,5	15 Tage	MATHLEIN 1961
Dermestes lardarius (I)	− 3	24 Stunden	SOLOMON und ADAMSON 1955
Oryzaephilus surinamensis (I)	− 5,5	10 Tage	MATHLEIN 1961
Ptinus tectus (I, L)	− 1,5	2 Tage	MADEL 1937
P.tectus (I)	− 5	30 Tage	MATHLEIN 1961
Rhizopertha dominica (I)	− 1,5	10 Tage	MATHLEIN 1961
Sitophilus granarius (E, I)	−15	19 Stunden	MACELJSKI und KORUNIĆ 1973
S.granarius (L)	−15	11 Stunden	MACELJSKI und KORUNIĆ 1973
S.granarius (P)	−15	13–16 Stunden	MACELJSKI und KORUNIĆ 1973
S.oryzae (E, I)	−15	3,7 Stunden	MACELJSKI und KORUNIĆ 1973
S.oryzae (L)	−15	7,7 Stunden	MACELJSKI und KORUNIĆ 1973
S.oryzae (P)	−15	2 Stunden	MACELJSKI und KORUNIĆ 1973
S.zeamais (E)	−15	24 Stunden	MACELJSKI und KORUNIĆ 1973
S.zeamais (L, P, I)	−15	16 Stunden	MACELJSKI und KORUNIĆ 1973
Trogoderma granarium (L)	− 2	180 Tage	MATHLEIN 1961
T.granarium (L)	− 5,5	90 Tage	MATHLEIN 1961
T.granarium (L)	−10	30 Tage	MATHLEIN 1961
T.granarium (L)	−19	10 Tage	MATHLEIN 1961

* E = Ei, L = Larve, P = Puppe, I = Imago, Ad = Adulte

Trockenheitstoleranz: Grundlage einer guten Vorratshaltung ist ein trockenes Lager. Schädlinge, die hier leben wollen, müssen primär in der Lage sein, geringe Luft- und Substratfeuchtigkeiten auszuhalten. (Durch Eigenproduktion von Wasser auf Grund der Lebenstätigkeit kann die Feuchtigkeit sekundär ansteigen, doch geschieht dies erst bei höheren Populationsdichten.)

Der Wasserbedarf der Tiere kann aus der Nahrung gedeckt werden. Durch Ausscheidung geht nicht sehr viel Wasser verloren, da es im Enddarm wieder resorbiert werden kann (Cryptonephrie).

Wenn somit viele Arten in der Lage sind, sich bei Werten der relativen Luftfeuchtigkeit von 30 % und weniger und entsprechenden Feuchtigkeitswerten der Nahrung zu entwickeln und zu überleben, so ist es doch weit verbreitet, daß eine Aufnahme von Wasser die Fruchtbarkeit erhöht und die Lebensdauer verlängert.

Lichtscheuheit: Die meisten Vorratsschädlinge sind ausgesprochene Lichtflüchter. Die negative Phototaxis führt sie in das Innere der Vorräte, wo sie deshalb verborgen und somit geschützt vor ungünstigen Umwelteinflüssen leben können. Oft

ist eine positive Phototaxis nur für eine kurze Lebensphase entwickelt, z. B. bei frisch geschlüpften Tieren vor der Kopulation.
Nur ein ganz geringer Prozentsatz der Population ist deshalb normalerweise an der Oberfläche sichtbar, was bei Befallsbeurteilungen berücksichtigt werden muß.

Kontaktbedürfnis: Vorratsschädlinge haben meist ein ausgeprägtes Bedürfnis nach allseitigem Kontakt, was ihnen das Leben in den engen Zwischenräumen der Vorräte ermöglicht. Ein weiterer Vorteil dieses Verhaltens liegt im Aufsuchen von engen Verstecken, in denen sie gut geschützt ungünstige Zeiten überleben können.

Eigenschaften der Ratten: Auch bei den Ratten, den wichtigsten Schädlingen unter den Säugetieren, kann man Eigenschaften feststellen, die sie als Vorratsschädlinge geeignet machen: ihre Polyphagie und ihr Lernvermögen. Letzteres erlaubt es ihnen z. B., weite und komplizierte Wege zwischen den Bauen und den Nahrungsorten zurückzulegen, was ihnen beispielsweise in Gebäuden Vorteile verschafft.

Die hier aufgeführten Eigenschaften, deren Vorhandensein begünstigend auf die Eignung als Vorratsschädling wirkt, führen zu einer Auslese, die nur relativ wenigen Arten (verglichen mit der Gesamtzahl der existierenden Tierarten) ein dauerndes Leben in Vorräten erlaubt. Diese wenigen Arten können dann aber – entsprechend der Thienemannschen Grundregel – meist eine hohe Populationsdichte entwickeln. Der Aufbau vielgliedriger Lebensgemeinschaften ist dadurch schon von vornherein ausgeschaltet.

1.8 Herkunft der Schädlinge

Wie schon mehrfach betont, kann man in heutiger Zeit noch nicht von einer eigenständigen, nur dem Lebensraum Vorratslager angehörenden Fauna sprechen. Die dort vorkommenden Tiere müssen also ihren Ursprung in anderen, natürlichen Biotopen haben, die annähernd die gleichen oder doch ähnliche Bedingungen aufweisen wie die Vorratslager.

Die leichte Verschleppbarkeit der Vorratsschädlinge (s. Abschnitt Befallsmöglichkeiten), begünstigt durch die heutigen Verkehrsmittel und den weltweiten Warenaustausch, erschwert aber manchmal eine genauere Analyse der Herkunft, da sich eingeschleppte Arten eventuell erst in geschichtlich junger Zeit in bestimmten Gebieten eingebürgert haben, hier also im Freiland vorkommen, aber im Grunde nicht zur einheimischen Fauna gehören. Oft sind Meldungen über Freilandfunde auch nur Zufälle, weil sich eingeschleppte Schädlinge von einem Lager ausgebreitet haben und sich noch eine gewisse Zeit im Freiland, meist an geschützten Orten, wie hinter Baumrinde oder in der Laubstreu, halten können.

Grundsätzlich ist also zwischen einheimischen und eingeschleppten Vorratsschädlingen zu unterscheiden, doch gilt diese Einteilung nur in Bezug auf ein bestimmtes, tiergeographisch abgegrenztes Gebiet. Vorratsschädlinge, die in Mitteleuropa als eingeschleppt gelten müssen, können im Mittelmeergebiet z. B. bereits Freilandformen sein. Besonders in tropischen und subtropischen Zonen kann es vorkommen, daß eine Art sowohl im Freiland als auch in Vorräten als Schädling in Erscheinung tritt (z. B. *Sitotroga cerealella*, *Sitophilus oryzae*, *Rhizopertha dominica* u. a.).

Es soll zunächst einmal untersucht werden, welche natürlich vorkommenden Lebensräume Quellen für Vorratsschädlinge darstellen, bevor die Schädlingsfauna Mitteleuropas einer Analyse hinsichtlich ihres Ursprungs unterzogen wird.

1.8.1 Natürliche Lebensräume der Vorratsschädlinge

Es gibt eine Reihe von Lebensstätten, deren autochthone (eigenständige) Fauna wegen ihrer Anpassung an diese Orte eine Präadaptation für das Vorkommen in Vorratslagern mit sich bringt. In erster Linie wird dies trophische Gründe haben, doch können auch abiotische Bedingungen eine Rolle spielen.

In Abb. 23 sind die wichtigsten Quellen zusammengestellt. Es ist ihr zu entnehmen, daß der Mensch durch die Schaffung besonderer anthropogener Einrichtungen noch dazu beitragen kann, den Übergang Freiland – Vorratsgut zu begünstigen.

Teilweise geht der Weg von der natürlichen Quelle zu den Vorräten über Materialien des Menschen, die zunächst befallen werden. Hier sind in erster Linie jene Arten zu nennen, die an Pelzen, Fellen oder Häuten auftreten und dann Fleisch- und Wurstwaren befallen (z. B. Speckkäfer und andere Dermestiden).

In Tab. 14 werden einige Beispiele für die einzelnen Freilandquellen genannt. Aufgeführt

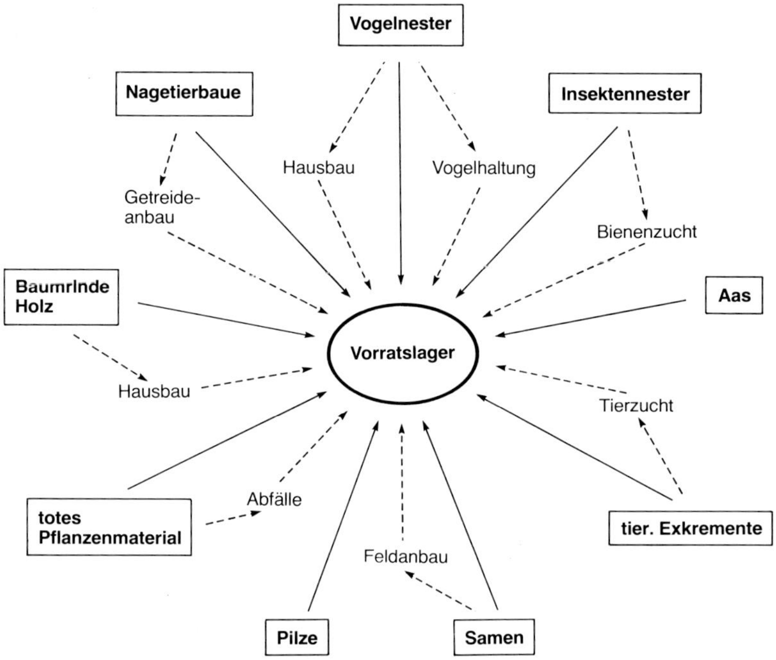

Abb. 23. Die Beziehungen zwischen Freilandvorkommen und Vorräten bei tierischen Schädlingen.

Tab. 14. Funde von Vorratsschädlingen, Materialschädlingen und Hausungezieferarten in natürlichen Lebensräumen*

Art	Nagetierbaue	Vogelnester	Insektennester	Aas	Samen	Pilze	totes Pflanzenmaterial	Holz, Mulm, Baumrinde
Milben								
Glycyphagus domesticus		×						
Tyrophagus sp.			×			×		
Wohnungsfischchen								
Lepisma saccharina		×					×	
Schaben								
Blatta orientalis							×	
Blattella germanica							×	
Periplaneta americana							×	
Bücherläuse								
Liposcelis sp.							×	
Käfer								
Acanthoscelides obtectus					×			
Alphitobius diaperinus						×		

Art	Nagetierbaue	Vogelnester	Insektennester	Aas	Samen	Pilze	totes Pflanzenmaterial	Holz, Mulm, Baumrinde
Alphitobius sp.						×		
Anthrenus spp.		×	×	×				
Attagenus spp.		×	×	×				
Callosobruchus maculatus					×			
Carpophilus spp.		×					×	
Cryptolestes ferrugineus								×
Cryptolestes sp.								×
Cryptophagus spp.	×	×	×			×		
Dermestes lardarius		×	×					
Dermestes spp.		×	×	×				
Enicmus minutus		×				×		
Lasioderma serricorne								×
Necrobia rufipes		×						
Niptus hololeucus			×					
Nitidula sp.				×				
Oryzaephilus mercator								×
O.surinamensis		×			×			
Ptinus fur		×						
P.tectus		×						
Ptinus sp.		×	×					
Rhizopertha dominica								×
Sitophilus granarius					×			
S.oryzae					×			
Stegobium paniceum		×	×					×
Tenebrio molitor		×	×					×
Tenebrio sp.		×						
Tenebrioides mauritanicus		×						
Tribolium castaneum					×			×
T.confusum			×					×
Trogoderma spp.			×					
Schmetterlinge								
Ephestia cautella					×		×	
E.elutella		×					×	
E.kuehniella		×	×				×	
Hofmannophila pseudospretella		×						
Plodia interpunctella							×	
Sitotroga cerealella					×			
Tinea pellionella		×						
Tineola bisselliella		×		×				
Fliegen								
div. brachycere synanthrope Fliegen		×						
Drosophila spp.							×	
Piophila casei				×				

* Literatur: Buckland 1981, Hockin 1979, Joubert 1966, Krall 1981, Linsley 1944, Otzen und Schaefer 1980, Popendiker 1956, Uhlmann 1937, Weidner 1952, Zacher 1922.

sind in dieser Aufstellung und Einteilung von den Materialschädlingen nur solche, die auch an Vorräten vorkommen. Reine Textilschädlinge sind besonders in Vogelnestern anzutreffen, Holzschädlinge in lebenden oder abgestorbenen Bäumen.

1.8.2 Vorratsschädlinge aus der Fauna Mitteleuropas

Die Masse der Vorratsschädlinge stammt zweifellos aus tropischen und subtropischen Gebieten (s. nächsten Abschnitt). Der Beitrag der einheimischen Fauna Mitteleuropas zum Vorratsschädlingsspektrum ist deshalb relativ gering. Ihn genau zu bestimmen ist heute praktisch nicht mehr möglich, da mit Sicherheit nur selten gesagt werden kann, ob ein Schädling hier wirklich seine Heimat hat. Eine Einschleppung kann durchaus schon vor vielen Jahrhunderten erfolgt und die Art hier eingebürgert sein, weil ihre ökologischen Valenzen ein Leben unter mitteleuropäischen Klimabedingungen erlaubten. So könnte z. B. die Wanderratte als „einheimisch" gelten, weil sie überall in der freien Natur vorkommt. Trotzdem stammt sie aus dem asiatischen Raum und ist erst vor ein paar Jahrhunderten in Europa eingeschleppt worden.

In diesem Zusammenhang sei der Begriff „Einbürgerung" in dem hier gebrauchten Sinne erläutert, da er gerade im Zusammenhang mit Vorratsschädlingen oft in abweichender Form benutzt wird. Einbürgern heißt, in die heimische Fauna vollwertig aufnehmen. Das bedeutet aber, daß eine Art auch in der Lage sein muß, sich unter den gegebenen Freilandverhältnissen ganzjährig zu halten und auf Dauer neue Generationen zu produzieren. Die Tatsache, daß Vorratsschädlinge dies im Vorratslager können, ist kein Grund, sie als eingebürgert zu betrachten. (Für diese Art der „Einbürgerung" hat WEIDNER den einschränkenden Begriff „synanthrop eingebürgert" geprägt.) In dem hier gebrauchten Sinne ist also die Wanderratte eingebürgert, nicht aber zum Beispiel der Kornkäfer (*Sitophilus granarius*), auch wenn er in vielen Getreidelagern dauernd vorkommen kann. Als einheimisch – bestimmt oder mit allem Vorbehalt – oder früh eingebürgert können beispielsweise folgende an Vorräten auftretende Schädlinge angesehen werden:

Anthrenus spp.
Attagenus spp.
Dermestes lardarius
Ephestia elutella
Hofmannophila pseudospretella
Nemapogon spp.
Nitidula bipunctata
Piophila casei
Ptinus spp.
Tenebrio molitor

1.8.3 Freilandfunde von Vorratsschädlingen in Mitteleuropa

Wenn die meisten Vorratsschädlinge somit nicht aus der einheimischen Fauna stammen, so können sie doch teilweise in der freien Natur gefunden werden. Es muß aber nicht immer eine Einbürgerung vorliegen, es kann auch oft vorkommen, daß sie aus Vorratslagern entwichen sind und sich nun mehr oder weniger lange Zeiten im Freien halten können. In Tab. 15 sind einige Freilandfunde solcher Schädlinge zusammengestellt.

1.8.4 Gleichzeitiges Auftreten von Schädlingen an Kulrurpflanzen und im Vorratslager

Einige Vorratsschädlinge sind in der Lage, nicht nur Vorräte in den Lagerräumen zu befallen, sondern sich schon an adaequaten Produkten auf dem Felde zu entwickeln. Nach dem bereits Gesagten ist es selbstverständlich, daß dies in der

Tab. 15. Freilandfunde von eingeschleppten Vorratsschädlingen in Mitteleuropa

Art	Land	Habitat	Autor
Cryptolestes ferrugineus	England	Baumrinde	BUCKLAND 1981
Oryzaephilus surinamensis	England	Pilze	BUCKLAND 1981
Stegobium paniceum	England	Vogelnester	WEIDNER 1963–1966
Tenebrioides mauritanicus	England	Vogelnester	BUCKLAND 1981
Tribolium castaneum	Frankreich	Laubstreu	BUCKLAND 1981
Tribolium confusum	?	Baumrinde	UHLMANN 1938

Tab. 16. An Freilandkulturen und im Vorratslager auftretende Schädlinge

Art	Gebiet	Kultur	Autor
Acanthoscelides obtectus	verschiedene Gebiete	Bohnen	u. a. BACK 1941
Callosobruchus maculatus	USA	Bohnen	BACK 1941
Lasioderma serricorne	Vorderer Orient	Tabak	FROWEIN 1957
Phthorimaea operculella	Marokko	Kartoffeln	THAL 1977
Sitophilus oryzae	tropische u. subtropische Region	Mais und anderes Getreide	WOODROFFE 1952, 1961
	Japan	Weizen	KIRITANI et al. 1957
Sitophilus zeamais	Indien	Mais	SINGH et al. 1978
Sitotroga cerealella	S-Frankreich	Mais	STOCKEL 1967
	S-Afrika	Sorghum	JOUBERT 1966
	Ägypten	Weizen	EL-DESSOUKI und EL-KIFL 1976
	Indien	Mais, Paddy	SINGH et al. 1978

Hauptsache in den wärmeren Ländern der Fall ist. Einige Beispiele sind in der Tab. 16 aufgeführt.

Da Vorratsschädlinge in erster Linie oder ausschließlich an erntereifen Produkten vorkommen, läßt sich ihr häufiges Auftreten in Vorratslagern leicht erklären. Auf dem Felde steht das befallbare Pflanzenstadium aber nur eine kurzr Zeit zur Verfügung. Der Entwicklungszyklus ist oft bei der Ernte noch nicht abgeschlossen, so daß die Schädlinge mit dem Gut in das Lager transportiert werden und hier ihre Entwicklung abschließen können. Bei günstigen Bedingungen ist es ihnen auch möglich, weitere Generationen auszubilden, was auf dem Felde nicht möglich wäre.

Die im Freiland zur Erhaltung einer Art unbedingt notwendige Synchronisation zwischen Entwicklungsstadium der Pflanze und Phänologie eines Schädlings ist durch den vorzeitigen Abbruch der Reife durch den Menschen (Ernte) gestört. Bei der Vorratshaltung ist diese Synchronisation hingegen überflüssig geworden, weil das für den Befall notwendige Stadium der Pflanze ständig zur Verfügung steht.

Moderne Anbautechniken mit früher Saat und früher Ernte (z. B. bei Getreide mit Mähdreschern) werden auch in Zukunft zu einer weiteren Reduktion des Vorkommens von vorratsschädigenden Arten im Freiland führen.

1.8.5 Herkunftsländer eingeschleppter Vorratsschädlinge

Durch Handel und Verkehr sind in den letzten Jahrhunderten Vorrats- und Materialschädlinge weltweit verbreitet worden. Dieser Umstand macht es verständlich, daß es in den meisten Fällen heute nicht mehr möglich ist, die Urheimat dieser Kosmopoliten anzugeben. Eine Aufstellung einigermaßen gesicherter Herkünfte enthält Tab. 17.

Wie aus ihr hervorgeht, sind in erster Linie wohl Gebiete in Klein- und Mittelasien als Ursprungsländer der Vorratsfauna zu betrachten. Sicher ist dies kein Zufall, denn in diesen Gebieten gab es auch die ersten größeren Siedlungen des Menschen; hier wurde also auch die erste systematische Vorratshaltung betrieben. Auch viele Kulturpflanzen haben hier ihre Heimat. Nach Erschließung der Land- und Seewege konnten dann von hier aus nicht nur die Güter, sondern auch die Schädlinge in alle Welt transportiert werden, zumal dann auch in kälteren Regionen durch Verbesserung der Lagermethoden die abiotischen Bedingungen geschaffen wurden, welche diesen Schädlingen aus wärmeren Gebieten ein Überleben ermöglichten.

1.9 Befallsmöglichkeiten

Aus manchen Punkten des bisher Gesagten geht hervor, daß Schädlinge einen Vorrat auf verschiedene Weise befallen können. Die wichtigsten Wege hierzu sind in Abb. 24 dargestellt.

Grundsätzlich gibt es zwei Möglichkeiten: die aktive Einwanderung und die passive Einschleppung. Die zweite Variante ist zweifellos die wichtigere, doch kann auch das aktive Eindringen, besonders in warmen Ländern, lokal und vor allem bei bestimmten Arten von großer Bedeutung sein.

Tab. 17. Heimatgebiete wichtiger Vorratsschädlinge (nach FABER 1962, WEIDNER 1952, 1958, 1963–1966)

Art	Heimat
Acanthoscelides obtectus	Süd- und Nordamerika
Acheta domesticus	Nordafrika, Westasien
Blatta orientalis	Krimregion
Blattella germanica	Mittelrußland
Ephestia kuehniella	Zentralamerika
Lepisma saccharina	Ostasien
Monomorium pharaonis	Ostindien
Niptus hololeucus	Kleinasien
Oryzaephilus mercator	Mittelasien
O.surinamensis	Mittelasien
Periplaneta americana	tropisches Westafrika
Ptinus tectus	Australien, Tasmanien
Rhizopertha dominica	Indien
Sitophilus granarius	Nordindien
S.oryzae	Süd- oder Zentralasien
Tribolium castaneum	Mittelasien
T.confusum	Mittelasien
Trogoderma granarium	Indien

1.9.1 Aktive Einwanderung

Den Vorratsschädlingen stehen im Prinzip zwei Möglichkeiten offen, aktiv Vorräte zu befallen: durch Flug oder durch Fußwanderung.

Manche Vorratsschädlinge unter den Insekten haben voll ausgebildete Flügel und sind mehr oder weniger gute Flieger. Andere wiederum fliegen nur selten, obwohl sie anatomisch dazu in der Lage wären. Eine weitere Gruppe ist dagegen nicht mehr zum Fliegen in der Lage, weil ihre Flügel sekundär zurückgebildet sind. (Der Vollständigkeit halber sei erwähnt, daß Urinsekten, wie unter den Vorratsschädlingen das Silberfischchen, nie Flügel besessen haben.)

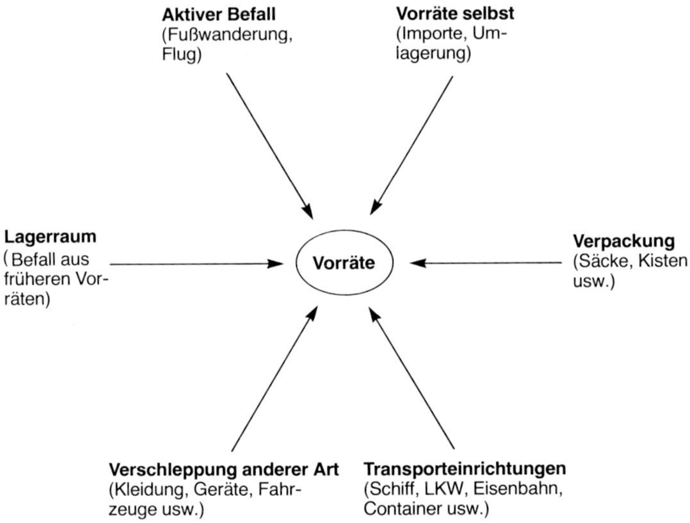

Abb. 24. Die Möglichkeiten eines Befalles von Vorräten durch tierische Schädlinge.

Tab. 18. Flug und Flugvermögen bei einigen wichtigen vorratsschädigenden Käfern

Fliegende Arten

Acanthoscelides obtectus	*Necrobia rufipes*
Ahasverus advena	*Oryzaephilus surinamensis* (?)
Anthrenus spp.	*Rhizopertha dominica*
Attagenus spp.	*Sitophilus oryzae*
Araecerus fasciculatus	*Stegobium paniceum*
Carpophilus hemipterus	*Tenebrio molitor*
Cryptophagus sp.	*Tenebrioides mauritanicus*
Cryptolestes ferrugineus und spp.	*Tribolium* spp.
Dermestes spp.	*Typhaea stercoraria*
Lasioderma serricorne	

Arten mit entwickelten Flügeln, die aber kaum oder nicht fliegen

Alphitobius diaperinus	*Trogoderma granarium*

Arten ohne Flügel

Gibbium psylloides	*Sitophilus granarius*
Niptus hololeucus	

Fluginsekten, die auch regelmäßig ihre Flügel zur aktiven Ausbreitung benutzen, sind unter den Vorratsschädlingen zunächst einmal die Kleinschmetterlinge, wie *Ephestia* spp., *Plodia interpunctella, Sitotroga cerealella, Corcyra cephalonica, Hofmannophila pseudospretella* oder *Nemapogon granellus*. Aber auch eine Reihe von Käfern gehört dazu, während andere nur selten fliegen oder eine Reduktion der Hinterflügel (die für den Flug verantwortlich sind) aufweisen. Tab. 18 gibt einen Überblick über Flug und Flugvermögen bei einigen wichtigen vorratsschädigenden Käfern.

Von den anderen hier interessierenden Insekten wären noch die Schaben zu nennen. *Blattella germanica*, die Deutsche Schabe, besitzt zwar voll entwickelte Flügel, fliegt aber wahrscheinlich nie (vielleicht von kurzen Flugsprüngen von hohen Punkten aus abgesehen). Auch die Orientalische Schabe *(Blatta orientalis)* fliegt nicht. Die Braunbandschabe *(Supella longipalpa)* ist dagegen ein aktiver Flieger, und auch die Amerikanische Schabe *(Periplaneta americana)* wurde im Freien fliegend beobachtet.

Sehr gute Flieger sind selbstverständlich auch die vielen Fliegenarten und die Wespen.

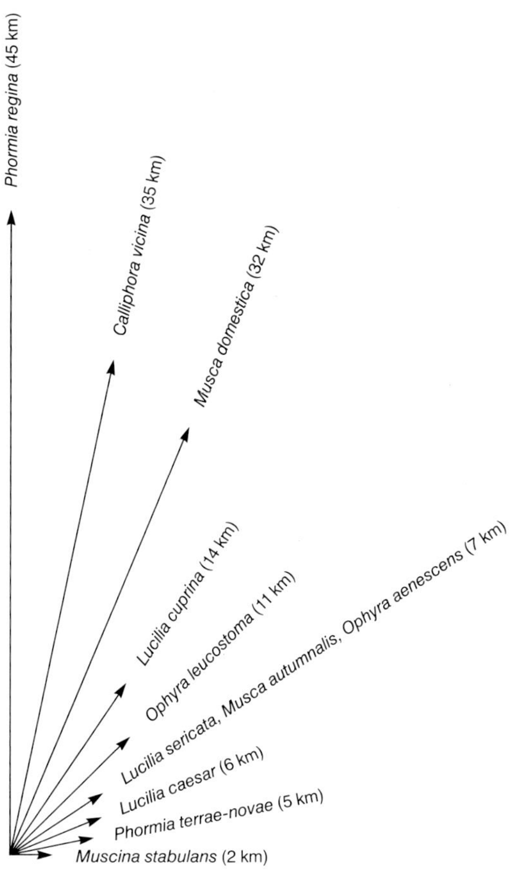

Abb. 25. Nachgewiesene Ausbreitungsentfernungen von synanthropen Fliegen (nach verschiedenen Literaturangaben).

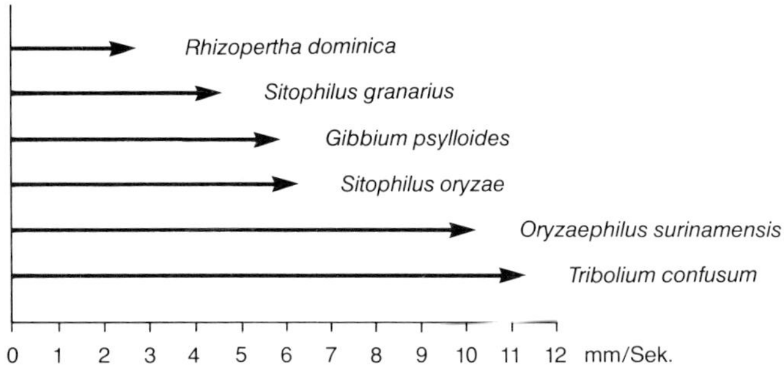

Abb. 26. Die Laufgeschwindigkeit einiger Vorratsschädlinge (20 °C, Durchschnitt von 20 Tieren/Art) (STEIN unveröff.).

Die Hauptflugzeiten von Vorratsschädlingen sind in der Regel die Dämmerungs- und Nachtstunden.

Die Flugleistungen der fliegenden Vorratsschädlinge sind recht unterschiedlich. Bei den Käfern kann man davon ausgehen, daß die überbrückten Entfernungen relativ unbedeutend sind. Freilandbeobachtungen lassen darauf schließen, daß bestenfalls einige hundert Meter zurückgelegt werden.

Auch die Motten können kaum als gute und ausdauernde Flieger bezeichnet werden. Allerdings kann bei ihrer im Verhältnis zum Körper großen Flügelfläche die Unterstützung durch den Wind eine große Rolle spielen, und sie können über weite Strecken hinweg transportiert werden.

Kilometermäßig legen die Fliegen pro Tag große Entfernungen zurück, doch ist die tatsächliche Strecke in der Geraden in der Regel relativ gering, da die Tiere meist in einem kleineren Gebiet umherfliegen. Immerhin sind aber bei Markierungen schon Ausbreitungen über einige Kilometer nachgewiesen worden, wie Abb. 25 zeigt.

Die andere Form der aktiven Ausbreitung, die zum Befall von Vorräten führen kann, ist die der Fußwanderung. Bei der geringen Größe der vorratsschädigenden Insekten ist von vornherein klar, daß sie räumlich nur von sehr geringer Bedeutung sein kann. Während ein Flug geradlinig durch die Luft erfolgen kann, ist bei einer Fußwanderung zudem auch noch der Raumwiderstand, also die Unebenheiten des Bodens, senkrechte Wände und dergleichen, zu berücksichtigen. Eine gewisse Vorstellung von der Laufgeschwindigkeit geben die von sechs Schädlingen gemessenen Werte in Abb. 26.

Von gewisser Wichtigkeit und Effektivität ist die Ausbreitung durch Laufen aber bei den Nagetieren, insbesondere den Ratten. Die Besiedlung neuer Lebensräume oder alter – auch großflächiger – nach Bekämpfungsaktionen erfolgt meist recht schnell.

Im Gegensatz zu den Ratten sind die Insekten als wechselwarme Tiere bei jeder Form der Ausbreitung, sei es durch Flug oder zu Fuß, entscheidend von den Außenbedingungen abhängig. Besonders die Temperatur spielt eine maßgebliche Rolle. Werte um oder über 25 °C sind in den meisten Fällen für einen Flug erforderlich. So ist es verständlich, daß die aktive Ausbreitung vor allem in jenen Ländern eine Bedeutung hat, in denen häufig über längere Perioden hinweg günstige Bedingungen herrschen. Hier können dann auch eventuell etwas größere Entfernungen, z. B. vom Lager zum Feld oder umgekehrt, zurückgelegt werden.

In den Breiten mit kühler Witterung wird Flug und Fußwanderung nur auf geringen Entfernungen seine Bedeutung haben. So z. B. in Lagerkomplexen, wie in Häfen oder landwirtschaftlichen Betrieben, wo eine Wanderung von einem Lager ins andere möglich ist. Da die Aktivität der Insekten durch Störungen besonders gefördert wird, ist eine Abwanderung aus befalllenen Gütern (und damit Neubefall von anderen) vor allem beim Be-, Ent- und Umladen zu beobachten. Oft hat man dies z. B. beim Entladen von Schiffen bei sonnigem Wetter festgestellt. Ein bekanntes Beispiel hierfür ist der Flug des Koprakäfers (*Necrobia rufipes*).

Aktiver Befall auf kleinstem Raum liegt auch vor, wenn sich Vorratsschädlinge innerhalb einer Partie ausbreiten, oder wenn in einem Lager mit Vorräten verschiedener Herkunft eine einzige befallene Partie die übrigen verseuchen kann. Die letztgenannte Art der aktiven Ausbreitung spielt im privaten Haushalt eine Rolle, wo viele verschiedenartige Produkte unmittelbar nebeneinander lagern.

1.9.2 Vorgang der aktiven Ausbreitung

Jeder aktive Befall eines Vorratsgutes kann – vom Schädling her betrachtet – in zwei Phasen aufgeteilt werden: Die Abwanderung vom Ausgangsprodukt und die Zuwanderung zum neuen Vorrat. Entscheidend für diesen Prozeß ist notwendigerweise eine Umstellung im Tier, denn – gleichbleibende Qualität vorausgesetzt – wirkt ein Vorrat einmal abstoßend (Abwanderung) und einmal anlockend (Befall).

Abb. 27 soll veranschaulichen, welche Vorgänge hierbei normalerweise stattfinden.

Zunächst einmal muß die Abwanderung vom Ausgangsprodukt gesichert sein. Das ist aber nur möglich, wenn dieses eine Repellenz (ein Abstoßen) auf das Tier ausübt. Bliebe die Attraktivität erhalten, bliebe auch der Vorratsschädling gewissermaßen im Bannkreis des Vorrates gefangen. Da normalerweise die Eigenschaften eines Vorrates gleich bleiben (s. aber unten), muß diese Veränderung im Schädling selbst vor sich gehen. Dies geschieht in der Expansionsphase, die jedes Lebewesen im Laufe seiner normalen Entwicklung durchmacht und den biologischen Zweck der Ausbreitung der Art hat.

In dieser Expansionsphase kehren sich die normalen Verhaltensweisen der Tiere um: Die Reaktion dem Licht gegenüber wird positiv, das

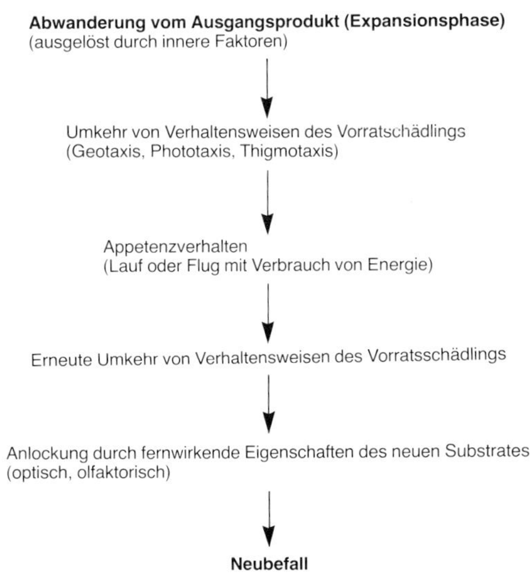

Abb. 27. Die Vorgänge bei einem aktiven Befall eines Vorratsgutes durch Schädlinge (Normalfall).

Kontaktbedürfnis wird zumindest stark reduziert und bei Flug muß auch die Reaktion auf die Erdanziehung (Geotaxis) umschlagen. Zur gleichen Zeit muß die „Haltewirkung" der chemischen Reize der Nahrung außer Kraft gesetzt werden.

Das Resultat ist, daß sich die Tiere vom Ausgangspunkt befreien können.

Es folgt nun eine Appetenzphase, in welcher der Schädling von einer inneren Unruhe befallen wird: die Fußwanderung oder der Flug treten ein. Das Ende dieser Phase wird durch Veränderungen im Innern des Tieres eingeleitet. Physiologische Prozesse, z. B. der Verbrauch von Energie, sorgen für einen erneuten Umschlag der Stimmung. Geotaxis, Phototaxis und Thigmotaxis gehen wieder in ihren normalen Zustand zurück und fernwirkende Eigenschaften der Vorräte bekommen bestimmenden Charakter für das Verhalten des Schädlings. Optische und chemische Ausstrahlungen des Gutes wirken attraktiv und damit ist der Neubefall gesichert.

Nach dem Erreichen der neuen Nahrung können nun verschiedene Verhaltensweisen ausgelöst werden. Hierbei wirken Arrestantien und Fraßstimulantien einer adaequaten, d. h. zusagenden Nahrung auf den Ankömmling ein und lösen den Beginn des Freßvorganges aus.

In anderen Fällen, in denen die eingewanderten Tiere keine Nahrung zu sich nehmen, wie dies bei einer Reihe von Vorratsschädlingen aus der Gruppe der Insekten vorkommt, wirkt der neubefallene Vorrat als Eiablagestimulans und sorgt für die Ausbildung einer neuen Generation.

Der hier geschilderte Ablauf stellt einen Normal- (vielleicht auch Ideal-) Fall dar, der durch eine Reihe von Faktoren beeinflußt werden kann.

Da gibt es zunächst einmal die zahlreichen Möglichkeiten, daß die Abwanderung positiv beeinflußt oder sogar ausgelöst werden kann. Als wichtigste seien genannt:

- Nahrungsknappheit,
- Verschlechterung der Nahrungsqualität durch eigene Ausscheidungen oder durch Fremdorganismen (z. B. Pilze oder Bakterien),
- Verschlechterung der abiotischen Bedingungen (z. B. Temperaturanstieg in den „Hot spots", Austrocknen u. dgl.),
- Störungen (z. B. Transport, Umpacken der Ware).

Weiterhin wirkt die andere Grundeigenschaft lebender Organismen, die Fortpflanzung, modifizierend auf das Verhalten der Schädlinge. Das

Suchen nach dem anderen Geschlecht führt zu ähnlichem Appetenzverhalten wie es oben für den Faktor Nahrung geschildert wurde.

Die Attraktivität der Nahrung kann durch Außenfaktoren verändert werden. Es ist z. B. bekannt, daß manche Pilze, wie *Aspergillus-*, *Penicillium-* oder *Nigrospora-*Arten, einen positiven Einfluß auf die Anlockung haben. Auch veränderte abiotische Faktoren können attraktiv wirken. So reagieren z. B. Milben, die in Vorräten vorkommen, auf sehr geringe Änderungen der Feuchtigkeit. Ferner können Temperaturdifferenzen von Tieren wahrgenommen werden und eventuell zur Anlockung führen.

1.9.3 Passive Verschleppung

Aus dem oben Gesagten geht hervor, daß der aktiven Ausbreitung von Vorratsschädlingen nur eine räumlich begrenzte Bedeutung zukommt. Wichtiger ist der passive Transport, durch den die Tiere in neue Lebensräume gebracht werden. Hierbei spielt der Mensch mit seinen Einrichtungen zweifellos die größte Rolle. Die Verfrachtung mit dem Wasser (hydrochorer Transport) hat im Vorratsschutz sicher nur eine zufallsbedingte Bedeutung (z. B. Besiedlung von Inseln durch Ratten). Auch der Wind (anemochore Ausbreitung) kann allenfalls sehr kleine Vorratsschädlinge (wie Milben) transportieren oder den Flug bei der aktiven Ausbreitung unterstützen. Milben werden gelegentlich durch andere Tiere transportiert (Phoresie).

Die Möglichkeit, daß Vorratsschädlinge über große Entfernungen verschleppt werden können, führt dazu, daß die wichtigsten Arten im Laufe der Zeit zu Kosmopoliten geworden sind. Auf diese Tatsache wurde schon hingewiesen. Mit Sicherheit ist dieser Vorgang nicht abgeschlossen (s. Tab. 3), so daß der Überwachung verschickter Güter, der Quarantäne, eine besondere Bedeutung zukommt (s. Abschnitt Quarantäne).

Für einen effektiven Abschluß einer Verschleppung, das heißt also der Ansiedlung eines Schädlings in einem anderen Vorratslager, ist es nicht erforderlich, daß eine große Anzahl von Tieren transportiert wird. Theoretisch genügt ein einziges befruchtetes Weibchen, um eine neue Population aufzubauen. Diese Möglichkeit setzt allerdings voraus, daß die befallenen Vorräte über lange Zeit und ohne ausreichende Überwachung lagern, weil sich nur so mehrere Generationen hintereinander ausbilden können.

Begünstigend für die passive Verschleppung ist eine Reihe von Eigenschaften, die bei Vorratsschädlingen oft vorkommen. Als wichtigste seien genannt:

- geringe Größe,
- Tendenz zum Verbergen,
- Vorhandensein von Klammervorrichtungen (z. B. die Pfeilhaare bei Dermestiden-Larven),
- Hungervermögen,
- Unterbrechung der Entwicklung (Diapause),
- Polyphagie (Überleben während des Transportes auch an weniger geeigneter Nahrung),
- Widerstandsfähigkeit gegenüber ungünstigen abiotischen Bedingungen während des Transportes.

Zwischen der passiven Verschleppung und der aktiven Ausbreitung gibt es viele Verbindungen. So tritt nach einer lokal begrenzten Einschleppung die aktive Besiedlung der Vorräte in Aktion. Oft sorgt auch die Wandertätigkeit der Schädlinge dafür, daß die geeigneten Transportmittel überhaupt erreicht werden.

Die Aktivität spielt auch bei einem Sonderfall eine Rolle, der bei der Behandlung von Beispielen über die passive Verschleppung von Vorratsschädlingen jetzt als erstes behandelt werden soll.

Der leere Lagerraum als Befallsquelle

Dies ist insofern ein Sonderfall, als hier nicht der Schädling zum Vorrat gebracht wird, sondern das Umgekehrte der Fall ist. Nach dem Ausräumen eines Lagers können von einem vorausgegangenen Befall noch Schädlinge in Verstecken leben, wobei die Existenz solcher Restpopulationen durch Nahrungsreste an diesen Orten, z. B. in Doppelböden eingerieseltes Getreide, auch über lange Zeit gewährleistet sein kann. Bei der Einlagerung von gesunden Vorräten kann dann durch aktive Einwanderung der noch im Raum vorhandenen Schädlinge ein Befall gestartet werden.

Verschleppung mit dem Vorrat selbst

Diese Art des passiven Transportes ist zweifellos die häufigste und wichtigste Form. Sie spielt nicht nur im internationalen Handel eine große Rolle – was auch vor allen Dingen zur Neueinschleppung bisher nicht vorkommender Schädlinge führen kann – sondern auch bei der Verschleppung von Schädlingen innerhalb eines Landes. Durch die Umlagerung befallener Ware von einem Lager in ein anderes kann das Vorkommen einer Art wesentlich ausgedehnt werden. Ein weiterer

Grund für eine gründliche Kontrolle aller transportierten Vorratsgüter.

Verschleppung durch Transportmittel

Große Bedeutung für das hier behandelte Problem haben Einrichtungen, mit denen befallene Ware transportiert worden war. Sie können noch lange als eine Quelle für die Infestation von gesunden Gütern fungieren. In erster Linie sind hier Schiffe zu nennen, in denen die Produkte oft wochenlang liegen können und die besonders viele Verstecke für Schädlinge aufweisen. Ferner kann in den modernen Transportmitteln, den Containern, eine große Gefahr liegen. Einmal enthalten sie oft verschiedenartige Sendungen unterschiedlicher Herkunft auf kleinem Raum, und zum anderen birgt der besondere Vorteil eines Transportes vom Absender direkt zum Empfänger über verschiedene Beförderungsmöglichkeiten LKW – Schiff – Eisenbahn die Gefahr einer völlig fehlenden oder nur unzureichenden Zwischenkontrolle in sich.

Aber auch andere Transportmittel, wie Eisenbahnwaggons, LKW und Flugzeuge, können Vorratsschädlinge, sogar in sehr kurzer Zeit, über weite Entfernungen verschleppen. Einen derartig schnellen Transport können eventuell sogar solche Arten oder Stadien überleben, die gegenüber Nahrungsmangel oder abiotischen Faktoren sehr empfindlich sind.

Zum Transport von Vorratsschädlingen durch Verkehrsmittel müssen auch jene Fälle gerechnet werden, in denen Fliegen mit Müllautos von den Deponien bei der Rückfahrt in die Wohngebiete mitgenommen werden und sich dort ansiedeln.

Verschleppung mit Verpackungen und ähnlichen Materialien

Materialien verschiedener Art, die mit befallenen Vorräten in Kontakt gekommen waren, können Vorratsschädlinge beherbergen und sie so verschleppen. Zu diesen Dingen zählen z. B. Verpackungen aller Art, Ballaststoffe, Puffermaterialien, wie Holzwolle, Glaswolle und Schaumstoffe, oder Paletten. Das Kontaktbedürfnis der Vorratsschädlinge, ihr Verbergeverhalten oder die Suche nach geeigneten Verpuppungsorten veranlassen die Schädlinge, solche Stoffe aufzusuchen.

Wie bedeutend diese Möglichkeit der Verschleppung ist, zeigt ein Beispiel aus England. In Mehlsäcken, die an Benutzer vermietet wurden, konnten insgesamt 16 Insektenarten festgestellt werden, und mehr als ein Viertel aller Säcke wies einen Befall auf. Es ist leicht vorzustellen, daß durch diese immer wieder verwendete Verpackung zahlreiche neue Befallsherde geschaffen werden können.

Die moderne Art der Verpackung mit Einwegsäcken aus Papier und Plastik ist sicher geeignet, den passiven Transport von Vorratsschädlingen einzudämmen, sofern die Verpackung nach dem Benutzen vernichtet wird. Allerdings werden im innerbetrieblichen Bereich auch diese Verpackungsmaterialien oftmals wiederverwendet und können so zu einer ständigen Infestationsquelle werden.

Sicher kann man sich noch verschiedene andere Möglichkeiten des passiven Transportes von Vorratsschädlingen vorstellen, z. B. durch Fahrzeuge und Geräte aller Art oder durch die Kleidung des Menschen, der in kurzen Abständen befallene und gesunde Lager aufsucht. Die oben angeführten Beispiele mögen aber genügen, die Gefahren aufzuzeigen, so daß Anlaß genug ist, diesem Problem größte Aufmerksamkeit zu widmen.

1.10 Zusammensetzung der Vorratsschädlingsfauna

In den vorangegangenen Abschnitten wurde dargelegt, auf welche Weise Schädlinge in Vorratsgüter hineingelangen können. Nunmehr soll untersucht werden, ob es gewisse Gesetzmäßigkeiten gibt, die zur Ausbildung einer bestimmten Fauna der Vorräte führen, denn nicht jede eingeschleppte oder aktiv eingewanderte Art muß notgedrungen auch zur Entwicklung einer permanenten Population in der Lage sein.

Der normale Fall ist es wohl zweifellos, daß nur eine einzige Art ein Vorratsgut befällt. In solchen Monokulturen sind besonders häufig Massenvermehrungen möglich, da interspezifische Konkurrenzerscheinungen fehlen und sich intraspezifische Beziehungen erst spät herausbilden. Andererseits kann es gelegentlich vorkommen, daß verschiedene Arten gleichzeitig oder nacheinander einen Vorrat befallen, ohne daß es primär Beziehungen zwischen ihrem Auftreten gibt. Es sind aber auch andere Fälle möglich. Auf sie soll hier eingegangen werden.

1.10.1 Primär- und Sekundärschädlinge

Im Abschnitt „Art der Schäden" war bereits darauf hingewiesen worden, daß manche Schädlinge (aber auch Mikroorganismen) erst dann in Erscheinung treten oder treten können, wenn andere die Nahrung so verändert haben, daß auch sie in der Lage sind, an ihr zu fressen.

Die Ausdrücke Primär- und Sekundärschädlinge werden vor allem im Zusammenhang mit Getreide als Nahrung gebraucht. Sekundärschädlinge sollen dabei nur dann in der Lage sein, intakte Körner zu befressen, wenn Primärschädlinge sie bereits geschädigt haben. Wichtige Vorratsschädlinge beider Gruppen sind in Tab. 19 aufgelistet.

Eine solche Einteilung ist aber zweifellos nicht absolut, weil in der Praxis nie die oben genannten Bedingungen erfüllt sind. So tritt immer ein gewisser Prozentsatz Bruchgetreide auf, der einen Primärbefall durch Sekundärschädlinge erlaubt. Ferner bieten auch viele äußerlich scheinbar gesunde Körner mit feinen Rissen in der harten Außenschale Schädlingen einen Angriffspunkt, die wirklich intakte Körner nicht befressen können. Man kann sich durch Anfärben der Körner (z. B. mit Eosin) leicht davon überzeugen, wieviele schadhafte, mikroskopisch feine Stellen die meisten Samen aufweisen.

Schließlich können sich Sekundärschädlinge selbst den Zugang zu intakten Körnern bahnen, indem sie ihren Fraß am relativ weichen Keimling beginnen und von hier – unter Umgehung der harten Schale – den Mehlkörper erreichen (z. B. Milben, *Cryptolestes ferrugineus*, *Tenebrioides mauritanicus*). Auf diese Weise gibt es einen echten Übergang zwischen Primär- und Sekundärschädlingen. Bei *Rhizopertha dominica* ist die junge Larve nicht in der Lage, gesunde Körner an allen Stellen anzufressen, sondern muß den Weg über den Embryo oder Bruchstellen suchen. Die älteren Larven sind dann allerdings als echte Primärschädlinge zu betrachten.

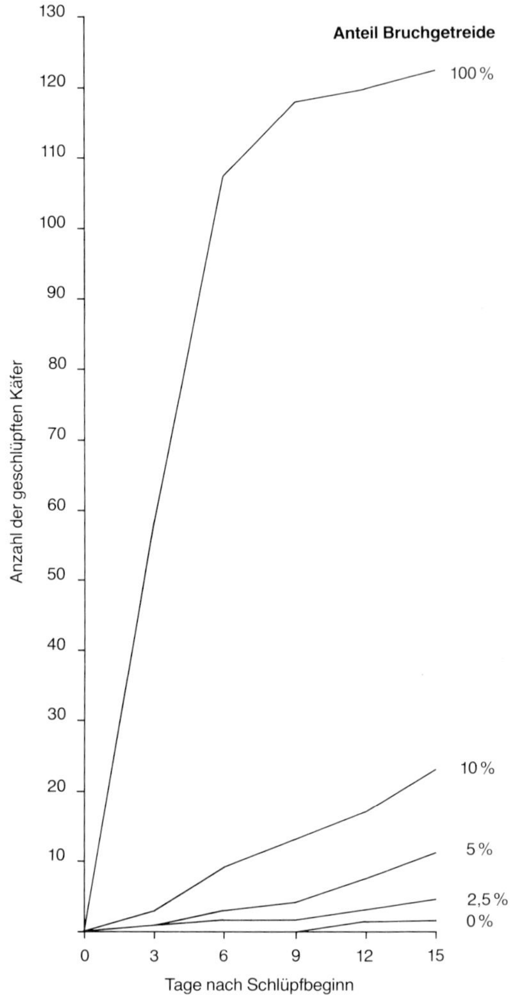

Abb. 28. Schlüpfverlauf und Gesamtzahl der Imagines von *Tribolium confusum* bei verschiedenem Anteil von Bruchweizen (nach ECKEL 1981).

Tab. 19. Sogenannte Primär- und Sekundärschädlinge ganzer Getreidekörner

Primärschädlinge	Sekundärschädlinge
Nemapogon granellus	*Cryptolestes ferrugineus*
Rhizopertha dominica	Milben, div. spp.
Sitophilus granarius	*Oryzaephilus surinamensis*
S.oryzae	*Tenebrio molitor*
S.zeamais	*Tenebrioides mauritanicus*
Sitotroga cerealella	*Tribolium castaneum*
Trogoderma granarium	*T.confusum*

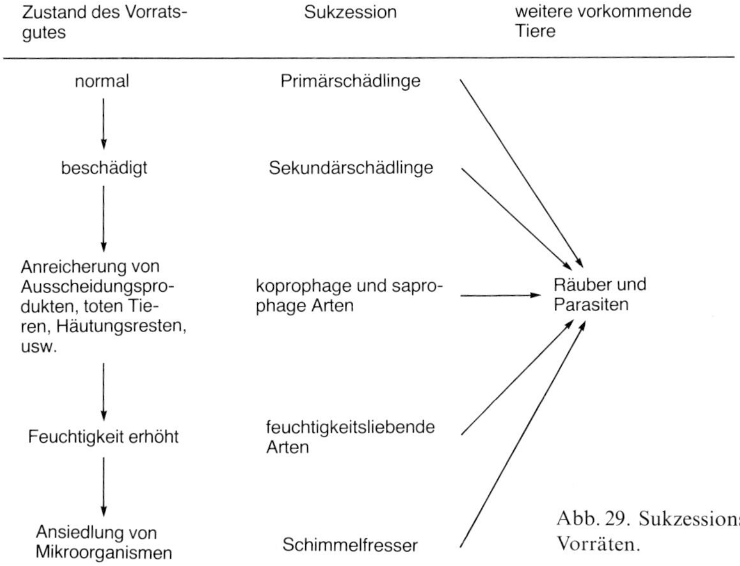

Abb. 29. Sukzessionsverlauf bei einem Befall von Vorräten.

Wenn die Einteilung in beide Schädlingsgruppen somit, absolut gesehen, keine Berechtigung hat, so sind aber zweifellos die sogenannten Sekundärschädlinge stark begünstigt, wenn Primärschädlinge schon vorhanden sind, oder wenn eine Getreidepartie größere Mengen von Bruchgetreide enthält, was bei dem heute bevorzugten Einsatz von Mähdreschern besonders häufig vorkommt.

Den Einfluß des Anteils von Bruchgetreide auf die Entwicklung einer Population von *Tribolium confusum* verdeutlicht Abb. 28.

1.10.2 Sukzessionen

Entwickelt sich im Freiland ein neuer Lebensraum, so treten im Laufe der verschiedenen Entwicklungsphasen mehr oder weniger regelmäßige Artenkombinationen in der Fauna auf: die Sukzessionen.

In gewissem Sinne ist ein befallenes Vorratsgut auch solch ein sich verändernder Lebensraum, in dem vor allem die dort vorkommenden Organismen die Veränderungen bewirken, weil das eingelagerte Gut alleine sich kaum noch verändern würde.

So kann man auch bei längere Zeit befallenen Vorräten eine Aufeinanderfolge von Arten feststellen. Diese Sukzessionen sind teilweise bedingt durch die Anwesenheit der Tiere selbst, teilweise durch die von ihnen hervorgerufenen Veränderungen des Lebensraumes. In Abb. 29 sind die wichtigsten Veränderungen zusammengestellt.

Im gleichen Maße, wie sich die Vorräte ändern, verschlechtern sich auch die Lebensbedingungen für die ursprünglichen Vorratsschädlinge. Zunächst treten feuchtigkeitsliebende Formen, wie Milben, stärker in Erscheinung. Sind die Vorräte dann in den Zustand des Verschimmelns übergegangen, so finden verschiedene Arten eine Lebensmöglichkeit, die ausschließlich oder hauptsächlich von Pilzen leben (z. B. Schimmelkäfer, Staubläuse). Schließlich ist das Vorratsgut so total verändert, daß die reinen Vorratsschädlinge restlos verdrängt werden.

Parallel zu diesen möglichen Folgegesellschaften können noch die jeweils dazugehörigen Räuber und Parasiten im Vorratsgut auftreten und die Anzahl der Arten erhöhen.

Auch unter den Primärschädlingen kann bei gleichzeitigem Vorkommen ein gewisser sukzessionsähnlicher Befallsverlauf eintreten, indem manche Arten schnell verschwinden, andere erst spät ein Maximum der Entwicklung erreichen.

Der geschilderte Sukzessionsverlauf ist selbstverständlich nicht generell gegeben. Die Populationsdichte der Primär- und Sekundärschädlinge kann, z. B. bei ungünstigen Außenbedingungen, so niedrig bleiben, daß sich die abiotischen Verhältnisse kaum ändern und deshalb feuchtigkeitsliebende Formen nicht auftreten, auch Schimmelfresser bleiben dann aus. Räuber und Parasiten

Tab. 20. Hauptschadgebiete einiger Vorratsschädlinge

Art	Gebiet und Bedingungen
Oryzaephilus mercator	mehr in warmen Gebieten
O.surinamensis	auch in gemäßigten Zonen
Phthorimaea operculella	in Gebieten mit Durchschnittstemperaturen über 15 °C
Rhizopertha dominica	feucht-warme Länder der Tropen zwischen 40° Nord und 40° Süd
Sitophilus granarius	gemäßigte Zonen
S.oryzae	Tropen und Subtropen
Tribolium castaneum	heiß-trockene und heiß-feuchte Gebiete
T.confusum	gemäßigte Zonen
Trogoderma granarium	Tropen und Subtropen, wenn die Temperaturen lange Zeit über 25 °C liegen

finden nicht immer den Weg in die Befallsherde hinein, wie überhaupt die Zusammensetzung der Fauna eines Vorratslagers – wie aus dem Abschnitt Befallsmöglichkeiten hervorgeht – weitgehend dem Zufall überlassen ist.

Das Auftreten von Sukzessionen setzt schließlich eine ungestörte Entwicklung der Fauna voraus. Diese ist selbstverständlich in einem normalen Vorratslager nicht denkbar. Spätestens nach dem Auftreten der Primärschädlinge muß der Entwicklungsprozeß durch Gegenmaßnahmen unterbrochen werden. Allerdings zeigt die Praxis, daß an vergessenen und deshalb nicht überwachten Vorräten (besonders Futtermitteln) solche Abläufe auftreten können. In der Endphase stirbt dann zwar die Fauna ab, wenn das Substrat als Nahrung völlig unbrauchbar geworden ist, doch bis dahin bilden solche Herde eine wichtige Infestationsquelle.

1.10.3 Geographische Unterschiede

Es wurde wiederholt gesagt, daß alle wichtigen Schädlinge heute wegen der leichten Verschleppungsmöglichkeiten auf der ganzen Welt auftreten können. Die unterschiedlichen Ansprüche der einzelnen Arten an abiotische und trophische Bedingungen führen aber doch dazu, daß manche in bestimmten geographischen Gebieten bevorzugt vorkommen oder in anderen nur relativ selten in Erscheinung treten oder nur geringe Bedeutung erlangen.

Tab. 20 zeigt für einige wichtige Arten die Hauptschadgebiete.

Weidner (1978) nennt für einzelne Regionen folgende Hauptschädlinge:

- Semiaride Länder: *Lasioderma serricorne*, *Sitotroga cerealella*, *Tribolium castaneum*
- Feuchtwarme Tiefländer: *Corcyra cephalonica*, *Rhizopertha dominica*, *Sitophilus oryzae*
- Mediterrane Länder: *Ephestia cautella*, *Sitophilus granarius*
- Feuchte Tropenländer: *Sitophilus zeamais*, *Sitotroga cerealella*
- Länder mit mittelhoher Feuchtigkeit: *Oryzaephilus surinamensis*, *Sitophilus granarius*, *Tribolium* spp.
- Länder mit feuchten, kurzen Sommern: *Cryptolestes ferrugineus*
- Länder mit feuchten, langen Sommern: *Tenebrioides mauritanicus*

Selbst innerhalb eines Landes können Unterschiede im Vorkommen von Vorratsschädlingen auftreten. Sie sind einerseits klimaabhängig, z. B. durch Bindung an maritime Gebiete, wie es bei *Hofmannophila pseudospretella* beobachtet werden kann, andererseits sind sie zufallsbedingt. So treten manche Arten hauptsächlich nur in der Nähe von Seehäfen häufiger in Erscheinung, weil sie dort regelmäßig eingeschleppt werden, sich im Binnenland aber nicht länger halten können. Als Beispiele hierfür seien *Rhizopertha dominica*, *Nemapogon granellus und Tribolium castaneum* genannt, doch zeigen die Untersuchungen von Weidner und Mitarbeitern, daß z. B. im Hamburger Gebiet eine noch weit größere Anzahl von Arten vorkommt, die im Binnenland nicht oder nur selten nachgewiesen werden. Für diese Arten weichen die normalerweise herrschenden Lebensbedingungen soweit vom Optimum ab, daß eine weiträumige Verschleppung kaum möglich ist.

Es zeigt sich somit, daß die meisten Vorratsschädlinge zwar überall auf der Welt vorkommen können, daß die Schwerpunkte des Auftretens aber – neben den durch die Verzehrgewohnheiten bedingten Unterschieden in der Art der lagernden Vorräte – durch die Verschiedenheit der klimatischen Verhältnisse gesetzt werden.

1.11 Ökologische Bedingungen im Vorratslager

Hat ein Befall eines lagernden Vorratsgutes stattgefunden, so hängt die weitere Entwicklungsmöglichkeit der Schädlinge von den Bedingungen ab, die am Befallsort herrschen. Bevor nun der Einfluß dieser Bedingungen auf die einzelnen Individuen und auf die sich aufbauende Population geschildert wird, soll zunächst auf die ökologischen Verhältnisse im Lager eingegangen werden. Dabei kann es selbstverständlich nicht Gegenstand dieser Ausführungen sein, die optimalen Lagerbedingungen für die einzelnen Vorräte herauszustellen. Dies muß speziellen Lehrbüchern über diese Technik entnommen werden.

Im Vergleich zu den abiotischen Verhältnissen des umgebenden Freilandes sind die Bedingungen in einem Lagerraum meist günstiger für die Fauna: Die jahres- und tageszeitlichen Schwankungen sind nicht so ausgeprägt, die Extremwerte (nach oben und unten) sind in der Regel wesentlich abgepufferter. Dadurch wird es vielen Tierarten eben auch ermöglicht, in Vorratsräumen zu leben, die im gleichen geographischen Gebiet im Freiland ganzjährig nicht existieren könnten.

Nachfolgend sollen nun die wichtigsten Bedingungen eines Lagers kurz skizziert werden. Dabei haben die einzelnen Faktoren (abiotische, aber auch trophische) für das Leben der Vorratsschädlinge eine durchaus unterschiedliche Bedeutung, wie im nächsten Abschnitt (Einfluß abiotischer Faktoren) aufgezeigt wird. Auch ist es problematisch, einzelne Faktoren völlig voneinander zu trennen. So gibt es z. B. einen engen direkten Zusammenhang zwischen der Temperatur und der relativen Luftfeuchtigkeit. Daraus resultiert, daß auch ein Vorratslager als ein Ökosystem zu betrachten ist mit dem komplizierten Zusammenspiel der einzelnen Faktoren.

Temperatur

In dem nachfolgenden Abschnitt wird eingehender dargelegt werden, daß die Temperatur der wichtigste abiotische Faktor für die Entwicklung und Aktivität der Vorratsschädlinge ist. Hier sei nur gesagt, daß ein Anstieg der Temperatur bis zu einem Optimum beschleunigend auf die Entwicklung der Tiere einwirkt und somit im Endeffekt über eine größere Generationszahl einen Anstieg der Populationsdichte und damit der Schädigung herbeiführt.

Da die Temperatur in einem mehr oder weniger geschlossenen Raum meist höher liegt als in dem umgebenden Freiland (ausgenommen vielleicht in den heißen Mittagsstunden, in denen die Wände in der anderen Richtung isolierend wirken), bedeutet das, daß in einem Vorratslager vorkommende wechselwarme Tiere (also besonders Insekten und Milben) gegenüber den Freilandtieren im Vorteil sind. Dies ist vor allem dann wichtig, wenn die Temperaturen absinken und in Bereiche gelangen, in denen eine Aktivität oder gar ein Überleben von Tieren normalerweise begrenzt ist, also hauptsächlich in den Wintermonaten in den Gebieten mit gemäßigtem Klima. In heißen Ländern können umgekehrt bei ungehemmter Sonneneinstrahlung auf ein ungenügend isoliertes Lager höhere Temperaturen auftreten, die ebenso negative Einflüsse haben.

Doch nicht nur die jahreszeitlichen Schwankungen sind in einem Lagerraum geringer als im Freiland, auch schon die tageszeitlichen sind abgepuffert, so daß sich kalte Nächte weniger negativ bemerkbar machen.

Wenn schon in einem ungeheizten Vorratsraum die Temperaturen bis zu 10 °C höher liegen als im Freiland, so steigt diese Differenz noch viel stärker an, wenn die Räume geheizt sind, wie dies in Haushaltungen, Restaurationsbetrieben, Geschäften und dergleichen fast der Normalfall ist. In solchen zentralbeheizten Räumen herrschen selbst in den Wintermonaten in Kellern meistens Temperaturen, die über dem Entwicklungsnullpunkt (s. Seite 55) von Insekten liegen. Derartige Vorratslager erlauben somit den Schädlingen eine ganzjährige Entwicklung (vgl. hierzu die Werte in Abb. 54).

Meist ist ein Lagerraum aber im Hinblick auf die Temperaturen kein einheitliches Gebilde. So gibt es dort eventuell Ritzen, Spalten, Doppelwände und -böden sowie andere geschützte Stellen, an denen die Temperaturen z. B. in kalten Perioden höher liegen als im normalen Luftraum. Hierdurch kann es geschehen, daß Vorratsschädlinge überleben oder sich sogar vermehren können, auch wenn dies auf Grund der allgemeinen Lagertemperaturen eigentlich nicht zu erwarten wäre.

Schließlich können lokal in einem Vorratsraum durch verschiedene Einrichtungen erhebliche Temperaturunterschiede auftreten. Wärmeausstrahlende Maschinen erhöhen die Temperatur, was besonders wichtig ist, wenn dies an unzugänglichen Stellen geschieht, wo sich eventuell Dauerherde von Schädlingen bilden können. In den Maschinen selbst treten hohe Temperaturen auf, die in Verbindung mit toten Räumen und dort abgelagerten Nahrungsresten ebenfalls permanente Quellen für eine Verseuchung liefern können. In Mühlenbetrieben mit den verschiedenen Sieb-, Mahl- und Transporteinrichtungen können diese lokalen Erwärmungen beispielsweise eine große Rolle spielen. Eine andere Wärmequelle in Lagern stellen durchlaufende Heißwasserrohre dar.

Umgekehrt kann es Stellen mit erniedrigten Temperaturen geben, die im Zusammenhang mit dem dadurch bewirkten Ansteigen der relativen Luftfeuchtigkeit (s. nächsten Abschnitt) ebenfalls sehr wichtig sind. Temperaturerniedrigung wird z. B. erwirkt durch Kaltwasserleitungen, Fenster und Türen, besonders wenn sie undicht sind und hier ein permanenter Luftstrom auftritt.

Bisher wurde nur der leere Lagerraum betrachtet. Eine wesentliche Bedeutung im Temperaturhaushalt eines Vorratslagers kommt aber auch den dort lagernden Vorräten zu.

Allgemein können Vorräte als schlechte Wärmeleiter gelten, so daß ein Temperaturausgleich nur langsam vonstattengeht. Bei kleinen Mengen von Vorräten wird sich zwar in kurzer Zeit ihre Temperatur an die der Umgebung angleichen, doch sind bei größeren Mengen, z. B. in großen Getreidelagern, die Temperaturdifferenzen innerhalb des Gutes manchmal sehr groß.

Bei großen Schütthöhen (mehrere Meter) herrscht in den tieferen Zonen meist das ganze Jahr über eine Temperaturkonstanz, die im wesentlichen von der Einlagerungstemperatur abhängig ist. So konnten in einem Fall im Getreide, das im September mit + 32 °C eingelagert worden war, im Februar des nächsten Jahres noch Werte von über 23 °C gemessen werden.

Die heute wegen der hohen Feuchtigkeit des Getreides bei der Ernte mit dem Mähdrescher oft notwendige Trocknung birgt also die Gefahr in sich, daß bei unzureichender Abkühlung vor der Einlagerung den ganzen Winter über (auch in sehr kalten Wintern) Temperaturen im Getreide herrschen, die eine Vermehrung von Schädlingen erlauben. Wenigstens kann dies bei tieferen und zentraleren Schichten der Fall sein.

Umgekehrt erwärmen sich im Frühjahr bei einem Anstieg der Außentemperaturen die oberen und seitlichen Partien eines Vorrates schneller als die zentralen.

Messungen von Bahr (1978) zeigten, wie die Art des Lagerraumes den Temperaturverlauf beeinflußt. Er ermittelte folgende Werte in Getreidelagern im Winter:

Lagerhalle (1–1,5 m Schütthöhe):	4–12 °C (meist 10 °C)
Schüttboden (0,7–1,5 m Schütthöhe):	0–10 °C
Kleinsilo:	nicht unter 7 °C
Großsilo (1000-t-Zellen):	10–15 °C

Die Temperaturkonstanz im Winter hat aber auch einen günstigen Nebeneffekt: Begasungen, die normalerweise nicht unter 10 °C durchgeführt werden sollen, können somit auch in der kalten Jahreszeit oft stattfinden, selbst wenn Minustemperaturen herrschen, da die Temperatur des zu begasenden Gutes entscheidend ist.

Schließlich kann die Temperatur im Vorratsgut auch noch durch Prozesse, die zur Selbsterhitzung führen, beeinflußt werden. Hieran sind Mikroorganismen und Insekten beteiligt. Gefährdet sind vor allem Getreide, Leguminosen und Ölsaaten. Im Abschnitt „Hot spots“ wird auf dieses Problem näher eingegangen.

Feuchtigkeit

Von den abiotischen Faktoren ist neben der Temperatur die Feuchtigkeit von großer Bedeutung für die Lagerhaltung. Dabei kann man im Prinzip zwischen der relativen Luftfeuchte und der Substratfeuchte unterscheiden, doch sind die Beziehungen zwischen ihnen sehr eng, da sich bei längerer Lagerung ein Gleichgewicht einstellt (s. unten). Ferner ist die relative Luftfeuchte direkt abhängig von der Temperatur. Bei konstanter Wassermenge im Luftraum ist sie bei hohen Temperaturen niedrig, bei tiefen Temperaturen dagegen hoch. Dies kann so weit gehen, daß die 100 %-Grenze erreicht wird und sich Kondenswasser bildet, das wiederum direkt auf den Wassergehalt des Vorrats einwirkt.

An einigen Beispielen sollen die Wechselbeziehungen zwischen der relativen Luftfeuchte und der Substratfeuchte aufgezeigt werden. In Abb. 30 sind Werte für Getreide, ölhaltige Produkte und ein Trockenobst eingetragen. Es ergibt sich, daß Getreide bei gleicher relativer Luftfeuchtigkeit einen viel höheren Wassergehalt besitzt als die untersuchten Erdnüsse und die Leinsaat. Bei den Sultaninen liegen die Werte dagegen teilweise

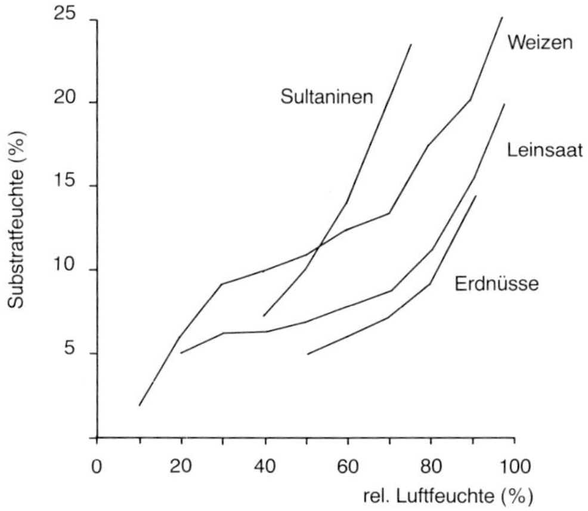

Abb. 30. Die Relation zwischen Luftfeuchte und Substratfeuchte bei verschiedenen Vorratsgütern (nach BROWN 1938, HYDE 1965, 1966).

beträchtlich über denen des Getreides. Im übrigen zeigt ein Vergleich verschiedener Angaben aus der Literatur, daß Unterschiede auftreten können, die wohl in erster Linie sortenbedingt sind.

Normalerweise soll ein Lagerraum trocken sein, damit vor allem den Mikroorganismen (Pilzen und Bakterien) die Grundlage für eine Vermehrung entzogen wird. Eine relative Luftfeuchtigkeit von etwa 50 bis 60 % sollte erreicht werden, weil ab 70 % mit dem Wachstum von Schimmelpilzen zu rechnen ist. Dadurch ist nicht nur eine Schädigung des Vorratsgutes direkt gegeben, sondern es besteht auch die Gefahr der Bildung von „Hot spots".

Auch bestimmte Eigenschaften der Vorräte können vom Feuchtigkeitsgehalt abhängen. BURREL (o. J.) bestimmte die Keimfähigkeit von Gerste in Abhängigkeit vom Feuchtigkeitsgehalt und von der Temperatur. Aus der Aufstellung in Tab. 21 geht hervor, daß ein Abfall der Keimung auf 95 % (= äußerste Grenze für die Verwertbarkeit als Braugerste) bei hohem Feuchtigkeitsgehalt während der Lagerung schon sehr schnell erfolgt, und daß dann auch bei niedrigen Temperaturen die brauchbare Lagerfrist relativ kurz ist. Eine sorgfältige, schonende Trocknung ist bei längerer Lagerung unter normalen Bedingungen absolut erforderlich.

Die Feuchtigkeit in einem Vorratslager kann auf verschiedene Weise beeinflußt werden. Einmal kann selbstverständlich der Feuchtigkeitsgehalt des Vorratsgutes schon bei der Einlagerung sehr hoch liegen, so daß in abgeschlossenen Räumen kaum eine nachträgliche Reduzierung eintritt. Erschwert wird das Abtrocknen im Lager auch dadurch, daß aus ökonomischen Gründen oder bei sehr guten Ernten und dadurch bedingtem zeitweisen Mangel an geeigneten Lagerräumen Vorratsgüter in sehr hohen Schichten gelagert werden.

In diesen Fällen kann durch sorgfältiges Trocknen vor dem Einbringen Abhilfe geschaffen werden. Auf die Gefahr der zu feuchten Einlagerung bei Mähdrusch von Getreide wurde schon hingewiesen. Feuchtigkeitsgehalte von über 17 % sind dabei keine Seltenheit.

Erfolgt die Trocknung erst später im Lager, so muß darauf geachtet werden, daß die eingeleitete warme Luft nicht zu hohe relative Luftfeuchtig-

Tab. 21. Die maximalen Lagerperioden für Gerste (in Wochen) bei verschiedenen Feuchtigkeitsgehalten und Temperaturen. Angegeben ist die Zeit bis zu einem Abfall der Keimungsrate auf 95 % (nach BURRELL o. J.)

Feuchtigkeitsgehalt	mögliche Lagerperiode (in Wochen)* 0 °C	5 °C	10 °C	15 °C	20 °C	25 °C	30 °C	35 °C
14 %	+	+	+	50	35	20	10	5
16 %	+	+	50	21	15	6	4	1,5
18 %	+	50	23	10	6	2,5	1,5	–
20 %	+	25	8	4	2	1	–	–
22 %	37	7	2,5	1,5	1	–	–	–
24 %	24	2	1	–	–	–	–	–

* – = Lagerperiode kürzer als 1 Woche
+ = Lagerperiode länger als 1 Jahr

keitswerte aufweist, da sonst auch hierbei die Gefahr der Kondenswasserbildung gegeben ist.

Aber auch trocken eingelagertes Vorratsgut kann nachträglich Feuchtigkeit aufnehmen. Wird kalte Ware in warme Räume eingebracht, so kühlt sich die Luft – vor allem in den Zwischenräumen – ab und Kondenswasserbildung ist möglich. Feuchte Böden und Wände sowie undichte Dächer liefern genügend Wasser, um Vorräte zu schädigen. Räume mit solchen Mängeln sind als Vorratslager völlig ungeeignet und bedürfen baulicher Umgestaltungen.

Durch die im Abschnitt Temperatur schon erwähnten lokalen Abkühlungen (Zugluft, kalte Leitungsrohre u. ä.) treten eventuell Erhöhungen der relativen Luftfeuchtigkeit und dementsprechend ein Anstieg der Substratfeuchte ein. Das gleiche ist der Fall, wenn Vorräte von außen her abkühlen. Bei Kondenswasserbildung können Unterschiede im Feuchtigkeitsgehalt einer Getreidepartie bis zu 8 % auftreten.

Schließlich wird durch Vorratsschädlinge im normalen Stoffwechsel Wasser produziert. Kommt es dadurch zur Ansiedlung von Pilzen und Milben, so bilden sich leicht die später zu besprechenden „Hot spots“. Aus diesen warmen und feuchten Stellen strömt die erwärmte und deshalb spezifisch leichtere Luft nach oben, kühlt sich in den Oberflächenschichten ab und erhöht hier die Feuchtigkeit. Das Auskeimen von Samen (z. B. von Getreide) an diesen Stellen kann die Folge sein (Bildung „Grüner Inseln“) (s. Abb. 31).

Licht

Der Faktor hat im Lager eine weit geringere Bedeutung als Temperatur und Feuchtigkeit.

Oft ist es im Lager dunkel oder doch dämmerig. Lichtscheue Arten werden deshalb erst nach Einschalten einer künstlichen Beleuchtung gezwungen, Verstecke aufzusuchen. Für eine Befallsermittlung (z. B. bei dem Auftreten von Schaben) kann dieses Verhalten verwertbar sein, setzt aber ein schnelles Handeln voraus.

In ständig hellen Lagerräumen werden Vorratsschädlinge wegen ihres negativ-phototaktischen Verhaltens tiefer in die Vorräte eindringen. Dies ist bei einer Kontrolle oder bei der Ermittlung von Befallsstärken zu berücksichtigen.

Lichtquellen wirken andererseits auf manche Tiere, wenigstens in bestimmten Lebensphasen, attraktiv. Der Anflug von Käfern oder Schmetterlingen ist allgemein bekannt. Eine Erstbesiedlung von Vorräten kann deswegen durch eine Lichtquelle bewirkt werden. Dies gilt auch für eine Reihe von Materialschädlingen, die z. B. bei warmem Wetter durch geöffnete Fenster in Wohnungen einfliegen können.

Zusammensetzung der Atmosphäre

Der Anteil der natürlicherweise in der Luft vorkommenden Gase kann bei bestimmten Lagerformen durchaus entscheidend beeinflußt werden (CA-Lagerung, CA = controlled atmosphere). Auf diese Tatsache wird im Abschnitt über die Neutralgase noch ausführlich eingegangen.

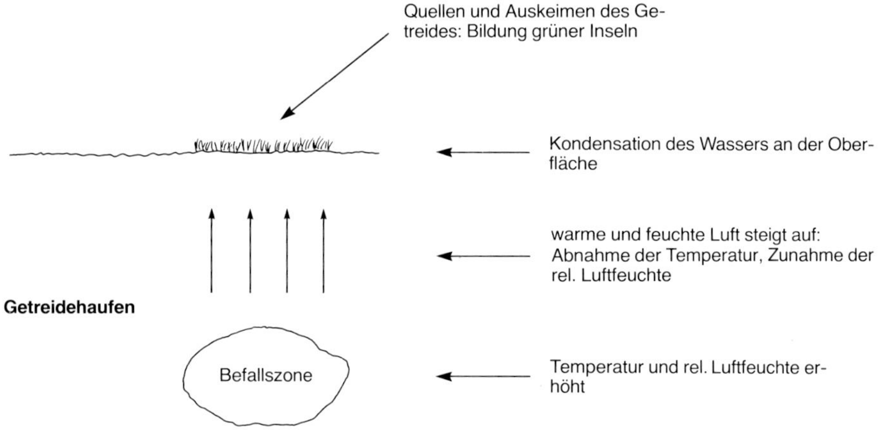

Abb. 31. Die Ausbildung Grüner Inseln bei einem starken Befall von Getreide durch Vorratsschädlinge.

Hier soll nur bemerkt werden, daß durch die Atmungstätigkeit lebender Vorräte, vor allem aber durch die vorkommenden Organismen, Kohlendioxid- und Sauerstoffgehalte nachdrücklich verändert werden können. Der Normalfall ist ein Anstieg des Kohlendioxids und eine Abnahme des Sauerstoffs. Besonders bei hohen Schichten und unzureichender Luftbewegung kann es in Bodennähe zu einem starken Anstieg der Kohlendioxid-Konzentration kommen, da dieses Gas spezifisch schwerer ist als Luft. Alle betroffenen Lebensprozesse können dadurch erheblich beeinträchtigt werden.

Trophische Faktoren

Vorratslager sind zur Aufbewahrung von Nahrungsprodukten bestimmt und enthalten somit logischerweise in der Regel das für Vorratsschädlinge notwendige Futter. Quantitative Probleme stellen somit in diesem Zusammenhang nur eine Ausnahme dar.

So können Perioden auftreten, in denen ein Lager zeitweise leer ist, z. B. zwischen Räumung und neuer Ernteeinlagerung. Sodann kann auch ein gefülltes Lager subjektiv „leer“ für einen Schädling sein, nämlich dann, wenn es sich um einen Nahrungsspezialisten handelt und seine adaequate Nahrung nicht vorhanden ist. Dies ist möglich, wenn er einen Wechsel des Lagergutes überlebt hat, oder wenn er in ein Lager mit nicht zusagendem Futterangebot eingeschleppt worden ist.

Wie Vorratsschädlinge solche Zeiten überleben, wurde bereits auf Seite 32 gesagt.

Nahrungsknappheit, die durch Vermehrung von Schädlingen eintritt, spielt im Massenwechsel der Tiere zwar eine Rolle, kann hier aber ausgeschaltet werden, da solche verseuchten Vorräte, in denen das Phänomen auftreten kann, für Mensch und Tier nicht mehr verwertbar sind und deshalb mit Vorratshaltung nichts mehr zu tun haben.

Quantitative Futterprobleme haben insgesamt also nur eine untergeordnete Bedeutung, können allerdings manchmal zur Ausrottung von Populationen führen.

Weiterreichende Einflüsse haben wahrscheinlich qualitative Nahrungsfaktoren, obwohl hierüber noch recht wenig bekannt ist. Inhaltsstoffe, aber auch Konsistenz und Struktureigenschaften der Nahrung können Einfluß auf die Vorratsschädlinge haben.

Der ganze Komplex der Nahrungsphysiologie kann hier nicht behandelt werden, dazu muß auf

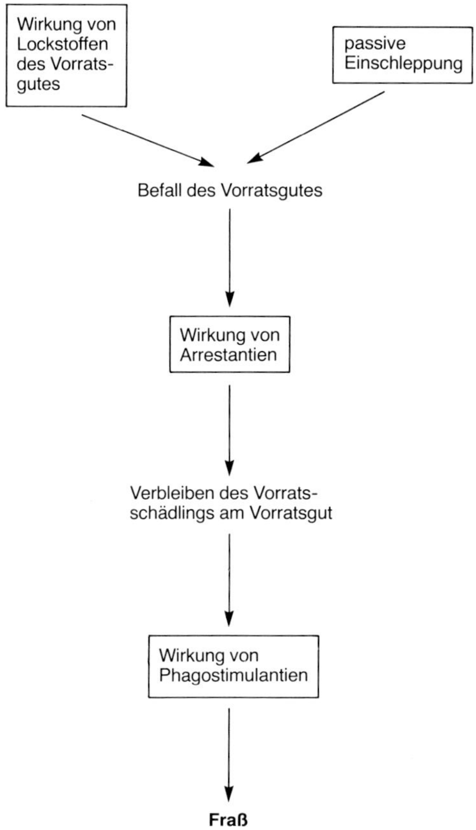

Abb. 32. Der Einfluß der Nahrungsqualität auf das Verhalten von Vorratsschädlingen.

die Spezialliteratur verwiesen werden. Einige wichtige Punkte sollen aber erwähnt werden.

Komponenten der Nahrung (s. hierzu Abb. 32), die eine Anlockung von Schädlingen bewirken, haben bei Freilandarten eine große Bedeutung, spielen im Vorratslager aber meist eine untergeordnete Rolle, da die aktive Zuwanderung nicht so häufig vorkommt und die passive Einschleppung die Notwendigkeit ihrer Existenz umgeht. Derartige Lockstoffe müssen flüchtig sein, damit ihre Wirkung über größere Entfernung erfolgen kann. Ihre chemische Konstitution kann entsprechend der Vielzahl der Nahrungsprodukte sehr unterschiedlich sein. Für die Anlockung von *Oryzaephilus surinamensis* durch Haferflocken erwiesen sich zum Beispiel Fett- und Triglyceride als wirksam. Bei *Tribolium castaneum* und Weizen rief der Geruch des Keimlings eine stärkere Reaktion hervor als der des Endosperms.

Als nächstes treten andere Stoffe in Aktion, welche die Schädlinge an der Nahrung festhalten (sogenannte Arrestantien). Sie sind nichtflüchtige Substanzen (z. B. Salze, Lipide, Zucker, Fettsäuren mit 12 bis 18 C-Atomen).

Eine weitere Gruppe von Nahrungsstoffen bewirkt dann den eigentlichen Fraß, die sogenannten Phagostimulantien (z. B. einige Mono- und Disaccharide).

Voraussetzung für den Fraßbeginn ist allerdings, daß keine fraßabschreckenden Substanzen in der Nahrung vorhanden sind. Solch eine repellente Wirkung ist z. B. von einigen kurzkettigen Fettsäuren (mit 5 bis 10 C-Atomen) bekannt, aber auch Ionen, wie K^+ und Na^+ können den Effekt haben.

Es gibt somit einige Bedingungen, die von einer Nahrung erfüllt sein müssen, wenn sie für Vorratsschädlinge ein gut geeignetes Medium darstellen soll. Dabei ist aber noch zu berücksichtigen, daß selbst zwischen Partien ein- und desselben Lebensmittels Unterschiede in der Eignung bestehen können. Auf derartige Sortenunterschiede, bedingt durch Abwesenheit oder Vorhandensein bestimmter Inhaltsstoffe oder Strukturen, wird später noch einmal ausführlicher einzugehen sein (s. Abschnitt Resistenzzüchtung).

Während der Lagerung eines Gutes kann es zu Veränderungen kommen, welche Attraktivität und trophischen Wert eines Substrates für Vorratsschädlinge beeinflussen. Im einfachsten Falle handelt es sich dabei um Änderungen im Wasserhaushalt eines Gutes, auf die oben bereits hingewiesen wurde. Komplizierter sind schon physiologische Vorgänge, durch welche die stoffliche Zusammensetzung eines Produktes verändert wird. Dabei braucht der Ernährungswert für den Menschen nicht einmal beeinträchtigt zu sein.

Gerade dieser ganze Komplex ist noch weitgehend unbekannt. Erste Ergebnisse erzielten Kanaujia und Levinson (1981). Im Vergleich zu frisch geerntetem Weizen ergaben sich nach einjähriger Lagerung folgende Unterschiede bei einem Befall durch *Sitophilus granarius:*

Arrestanz und Fraßdauer:	verlängert
Eiablagegruben:	vermehrt
Anzahl der abgelegten Eier:	erhöht

Die Autoren nehmen an, daß eine Anreicherung bestimmter Stoffe, wie freier Fettsäuren, Fraß und Eiablage stimuliert.

Eine weitere Veränderung der Vorräte während der Lagerung kann durch Auskeimung oder Ansiedlung von Mikroorganismen herbeigeführt werden. Besonders Pilze befallen entweder bei der Ernte schon einen Vorrat oder werden später eingeschleppt. Eine Liste der in lagerndem Getreide gefundenen Pilze in Tab. 22 zeigt die wichtigsten Arten.

Zu den Feldpilzen, die bereits auf dem Felde die Körner befallen, gehören z. B. *Alternaria*, *Cladosporium*, *Helminthosporium*, *Fusarium* oder *Pullularia*. Lagerpilze, die erst später hinzukommen, sind z. B. *Penicillium*, *Aspergillus* oder *Geotrichum*.

Tab. 22. Einige häufig an lagerndem Getreide auftretende Pilze (nach Pixton et al. 1964, Sinha und Wallace 1966 u. a.)

Absidia spp.	*Geotrichum* spp.
Alternaria spp.	*Helminthosporium sativum* (= *Drechslera sorokiniana*)
A.tenuis	*H.teres* (= *Drechslera teres*)
Aspergillus spp.	*H.avenae* (= *Drechslera avenae*)
A.candidus	*Hormodendrum cladosporioides*
A.flavus	*Mucor sphaerosporus*
A.glaucus	*Nigrospora sphaerica*
A.niger	*Papularia* spp.
Botrytis spp.	*Penicillium* spp.
Candida-Hefen	*Phoma* spp.
Cephalosporium spp.	*Pullularia* spp. (= *Aureobasidium* spp.)
Chaetomium spp.	*Rhizopus* spp.
Cladosporium spp.	*Stemphylium* spp.
Curvularia tetramera	*Syncephalastrum* spp.
Fusarium spp.	

Die Feuchtigkeitsansprüche der Pilze sind unterschiedlich, wie die in Abb. 33 eingetragenen Grenzwerte für einige wichtige Arten der Gattung *Aspergillus* erkennen lassen.

In besonders feuchten Partien treten auch Bakterien auf. Sie haben aber für Vorratsschädlinge kaum eine Bedeutung. Dagegen können Pilze als Nahrung für manche Arten eine Rolle spielen. Auf sie muß deshalb unter dem Aspekt der Entwicklung im nachfolgenden Abschnitt noch eingegangen werden.

Biotische Faktoren

Mit den eben unter den trophischen Bedingungen eines Lagers genannten Mikroorganismen wurde schon auf die biotische Komponente hingewiesen. Diese Faktorengruppe hat gegenüber den abiotischen und trophischen allerdings im Vorratsschutz im allgemeinen nur eine relativ geringe Bedeutung. Räuber, Parasiten und Krankheitserreger treten meist nur in geringer Artenzahl in Erscheinung. Einige werden später genannt (s. Abschnitt Biologische Bekämpfung). Mit zunehmender Populationsdichte von Schädlingen gewinnen dagegen intra- und interspezifische Beziehungen eine große Rolle. Auch auf diesen Komplex muß deshalb noch eingegangen werden (s. Seite 69).

1.12 Einfluß ökologischer Faktoren auf Vorratsschädlinge

Hat eine passive oder aktive Besiedlung eines Vorrates stattgefunden, so sind die Tiere fortan den ökologischen Bedingungen des neuen Lebensraumes unterworfen. Von ihnen wird Entwicklung, sonstige Lebenstätigkeiten und Lebensdauer des einzelnen Individuums und – über längere Zeiträume betrachtet – auch der ganzen Population beeinflußt.

Die Bedeutung der einzelnen abiotischen, biotischen und trophischen Faktoren kann sehr unterschiedlich sein. In der Regel wird der Faktor die größte Bedeutung haben, der am meisten dem Pessimum einer bestimmten Schädlingsart genähert ist. Doch sind auch Kompensationsmöglichkeiten in der Weise gegeben, daß negative Bedingungen hinsichtlich eines Faktors durch besonders günstige eines anderen, wenigstens zum Teil, ausgeglichen werden können. Dies ist z. B. im begrenzten Rahmen bei Temperatur und Feuchtigkeit der Fall.

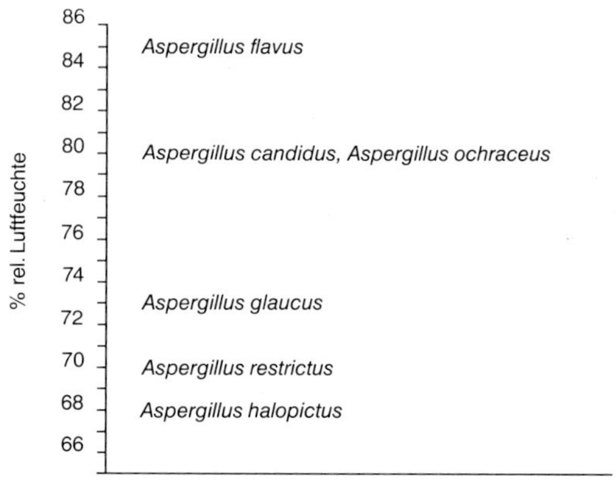

Abb. 33. Grenzwerte der relativen Luftfeuchte für das Wachstum einiger in Getreide vorkommender Pilze der Gattung *Aspergillus* (Angaben gelten für 26 bis 30 °C) (nach CALDERON 1981).

Dem Ziel dieses Buches entsprechend können die aut-, dem- und synökologischen Aspekte dieses ganzen Komplexes hier nur andeutungsweise dargestellt werden. Zum tiefergreifenden Studium sei auf die ökologischen Lehrbücher verwiesen.

In den folgenden Abschnitten sind jeweils nur immer einige demonstrierende Beispiele genannt. Weitere Einzelwerte finden sich im Speziellen Teil bei den verschiedenen Arten.

1.12.1 Abiotische Faktoren

Temperatur

Von den abiotischen Faktoren kommt der Temperatur zweifellos die größte Bedeutung zu. Die Schädlinge aus den Gruppen der Milben und Insekten sind wechselwarme Tiere, deren gesamte Lebensvorgänge von Außentemperaturen abhängig sind. Entwicklung, Aktivität, Lebensdauer, Nachkommenzahl und andere Kriterien des Lebens werden bei ihnen durch die Temperaturen bestimmt. Zwischen einem unteren und einem oberen Letalpunkt liegt dabei irgendwo das Optimum. Es kann für die einzelnen Lebensäußerungen eine durchaus verschiedene Lage haben.

Als Beispiel ist in Abb. 34 eine Kurve für die Entwicklung einer Art dargestellt. Sie entspricht einer verschobenen Glockenkurve mit einem langsamen Anstieg, einem Optimum und einem schnellen Abfall. Unterhalb eines bestimmten Punktes, dem Entwicklungsnullpunkt, kann sich das Individuum nicht weiterentwickeln, es muß aber nicht sofort absterben. Der Tab. 23 sind die

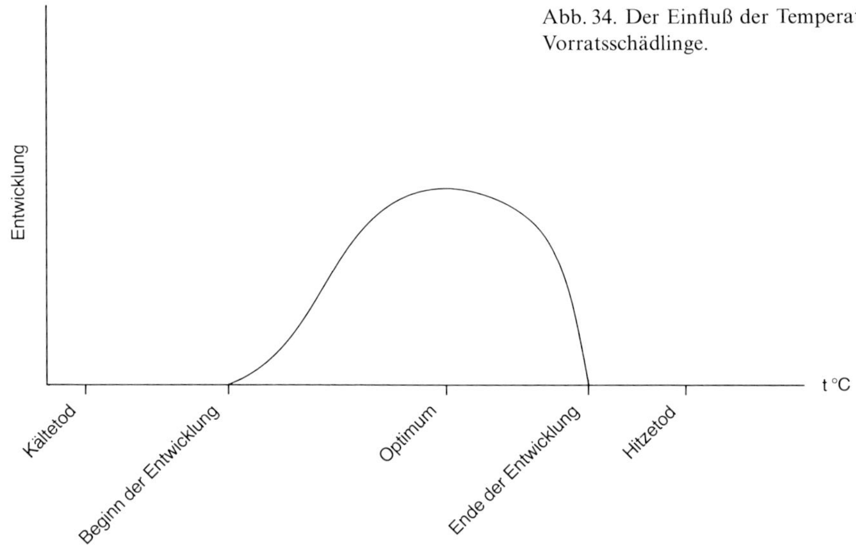

Abb. 34. Der Einfluß der Temperatur auf Vorratsschädlinge.

Entwicklungsnullpunkte für einige wichtige Vorratsschädlinge zu entnehmen.

Entsprechend ihrer Herkunft aus wärmeren Ländern haben die meisten Vorratsschädlinge einen relativ hohen Entwicklungsnullpunkt. Im Hinblick auf Schäden ist dies natürlich vorteilhaft, bedeutet es doch, daß manche Großschädlinge schon bei verhältnismäßig gut erreichbaren Lagertemperaturen ihre Entwicklung und damit ihre Schädlichkeit einstellen.

Tab. 23. Entwicklungsnullpunkte einiger Vorratsschädlinge (nach verschiedenen Literaturangaben)

Milben	
Acarus siro	3–5 °C
Käfer	
Acanthoscelides obtectus	9,5 °C
Alphitobius diaperinus	15 °C
Necrobia rufipes	20 °C
Oryzaephilus mercator	20 °C
O.surinamensis	14 °C
Rhizopertha dominica	12 °C, 18–20 °C*
Sitophilus granarius	10 °C
Trogoderma granarium	20 °C
Schmetterlinge	
Ephestia cautella	14 °C
E.kuehniella	8 °C, 10–12 °C*
Phthorimaea operculella	10 °C
Plodia interpunctella	10 °C, 16–17 °C*
Sitotroga cerealella	10 °C

* Für diese Arten finden sich in der Literatur unterschiedliche Angaben

Überschreiten die Temperaturen diesen Punkt, so beginnt die Entwicklung. Zunächst sehr langsam, was man sich bei den sogenannten „Sicherheitstemperaturen“ zunutze macht (s. Seite 130), die man bei der Lagertemperatur anstreben kann, um während einer Dauer von 100 Tagen das Erreichen einer neuen Generation zu vermeiden.

Steigen die Temperaturen noch weiter an, so wird schließlich im Optimum die Entwicklung am schnellsten durchlaufen. Einige Beispiele für Optima sind in Abb. 35 eingezeichnet. Sie sind als Durchschnittswerte für die gesamte Entwicklung zu betrachten. Zwischen den Werten für die einzelnen Stadien kann es dabei Unterschiede geben. So sind Optimumtemperaturen bei *Ephestia kuehniella* für die Eier 31 °C, die Larven 25 °C und die Puppen 28 °C.

Steigen die Temperaturen über das Optimum hinaus – was auch im Vorratslager gelegentlich vorkommen kann, z. B. bei ungenügender Abkühlung nach einer Trocknung oder in Hot spots – so wird die Entwicklung wieder verzögert, bis sie schließlich ganz zum Stillstand kommt. Bald danach tritt der Hitzetod des Individuums ein, der vor allem durch eine Denaturierung der Eiweißsubstanzen hervorgerufen wird. Dies geschieht normalerweise in einem Temperaturbereich zwischen 42 und 45 °C.

Der Begriff Optimum ist hier nur im Hinblick auf die Entwicklungsgeschwindigkeit zu verstehen. In bezug auf die Vermehrungsfähigkeit einer Art kann das Optimum an einer ganz anderen Stelle der Temperaturskala liegen, nämlich dann, wenn die Mortalitätsrate der Entwicklungsstadien bei einer anderen Temperatur den günstigsten Wert hat. So kann es sein, daß im Entwicklungsoptimum die Mortalität relativ hoch ist. Trotz der schnellen Generationsfolge kann deshalb der Anstieg der Populationsdichte bei diesem Wert geringer sein als bei Temperaturen, bei denen die Entwicklung langsamer abläuft, ein hoher Prozentsatz der Tiere aber am Leben bleibt.

Die Temperaturen im unteren Bereich der Kurve werden von den meisten Vorratsschädlingen viel besser ertragen, auch wenn sie aus wärmeren Gebieten stammen. Sogar Minustemperaturen werden häufig toleriert, doch gibt es gerade hierbei erhebliche Unterschiede zwischen den einzelnen Stadien einer Art. Die Toleranz gegenüber tiefen Temperaturen ist für die Möglichkeit einer Überwinterung in Gebieten gemäßigten Klimas von großer Bedeutung. Aus den Angaben in Tab. 13 geht hervor, daß ein Überleben auch in ungeheizten Räumen für viele Arten möglich ist. So kann selbst in Scheunen oder auf Dachböden nicht damit gerechnet werden, daß im Winter alle Schädlinge restlos abgetötet werden. Bei einer Bewertung der Überwinterungsmöglichkeit von Vorratsschädlingen in einem Gebiet mit kälteren Wintern sollte man deshalb die generelle Fähigkeit einer Art zum Überleben betrachten und berücksichtigen, daß es für den Wiederaufbau einer Population im folgenden Frühjahr oft genügt, wenn nur ein bestimmtes Stadium und hier eventuell auch nur besonders prädestinierte Individuen überleben. Man kann aber, wie die Werte aus Tabelle 13 deutlich machen, selbst bei sehr wärmeliebenden Arten, wie *Trogoderma granarium*, nicht damit rechnen, daß sie allein durch den Temperaturabfall vernichtet werden. Winter mit sehr stark schwankenden Temperaturen sind im Hinblick auf eine Abtötung wesentlich günstiger als solche mit lang anhaltender konstanter Kälte.

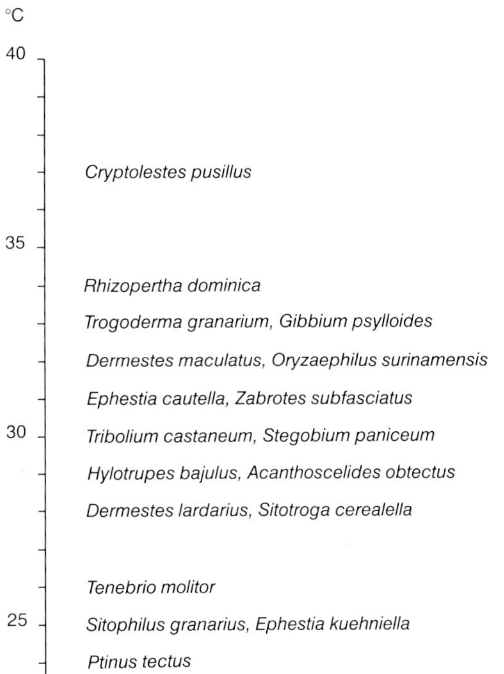

Abb. 35. Die Entwicklungsoptima verschiedener Vorrats- und Materialschädlinge (nach verschiedenen Literaturangaben).

Die Summe der Dauer der einzelnen Stadien liefert die Entwicklungsdauer einer ganzen Generation. Um die Unterschiedlichkeit ihrer Länge aufzuzeigen, sind in Tab. 24 einige vergleichbare Werte zusammengestellt. In der Praxis des Lagerraumes ist die Dauer allerdings normalerweise wesentlich länger, da durch niedrige Temperaturen Verzögerungen in der Entwicklung hervorgerufen werden. In einem unbeheizten Lager kann man bei den meisten der wichtigen Schädlinge mit 1–2 Generationen, in einem beheizten (z. B. in Wohnungen) mit 3–4 pro Jahr rechnen. Außerdem wird die Entwicklungsdauer einer Generation in sehr starkem Maße von der Nahrung, aber auch anderen Faktoren (wie Stamm, relative Luftfeuchtigkeit u. a.) beeinflußt. Bei nicht optimalem Futter kann sie um das Zwei- bis Dreifache verlängert sein.

Da auch Verhaltensweisen, wie Kopulation, Eiablage, Reaktion auf abiotische Reize oder Wanderneigung, durch die Temperatur entscheidend beeinflußt werden, kann abschließend noch einmal gesagt werden, daß diesem Faktor im Vorratslager mit Sicherheit die größte Bedeutung zukommt. Alle Maßnahmen, die geeignet sind,

Tab. 24. Generationsdauer einiger wichtiger Vorratsschädlinge bei konstant 25°C

Art	Entwicklungsdauer in Tagen	Autor
Käfer		
Cryptolestes ferrugineus	27	FREEMAN 1952
Sitophilus granarius	35	SWATONEK 1975
S.oryzae	38	KHARE und AGRAWAL 1970
Cryptolestes minutus	41	FREEMAN 1952
Alphitobius diaperinus	48	SWATONEK 1970
Stegobium paniceum	48	WEIDNER 1979
Dermestes lardarius	48	COOMBS 1978
Oryzaephilus surinamensis	50	LERGENMÜLLER 1958
Lasioderma serricorne	50	HOWE 1957
Rhizopertha dominica	65	HOWE 1950
Caryedon serratus	70	CALDERON et al. 1967
Gibbium psylloides	72	HOWE und BURGES 1952
Niptus hololeucus	96	HOWE und BURGES 1952
Schmetterlinge		
Sitotroga cerealella	29	KLEIN 1930
Plodia interpunctella	35	TZANAKAKIS 1959
Ephestia cautella	36	BELL 1975
E.kuehniella	43	BELL 1975
E.elutella	45	BELL 1975

die Lagertemperatur zu senken, verzögern die verschiedenen Aktivitäten von Schädlingen und reduzieren den Schaden. Im Abschnitt über physikalische Bekämpfung sollen Wege aufgezeigt werden, wie dies erreicht werden kann.

Feuchtigkeit

Die Feuchtigkeit hat zweifellos in dem Bereich, den sie in einem Vorratslager normalerweise erreicht, einen geringeren Einfluß als die Temperatur auf die Entwicklung von Schädlingen und damit den Schaden. Vernachlässigt werden darf ihre Bedeutung allerdings nicht.

Auch im Hinblick auf die Feuchtigkeit (relative Luftfeuchtigkeit oder Substratfeuchtigkeit) gibt es bei den Vorratsschädlingen eine Optimumkurve. Geringe Feuchtigkeit wirkt allerdings meistens stärker hemmend auf die Lebenstätigkeit als hohe. Hierbei spielt besonders die schon erwähnte Relation zwischen relativer Luftfeuchtigkeit und Substratfeuchtigkeit eine Rolle (s. Abb. 30). Im Bereich sehr hoher Feuchtigkeiten (über 70 % r. F.) kommt es meist zu einer Komplizierung der Beziehungen wegen des Auftretens von Schimmelpilzen.

Einige Punkte sollen anschließend erwähnt werden, in denen die Feuchtigkeit eine Bedeutung als ökologischer Faktor hat.

So kann eine geringe Substratfeuchte eine Nahrung für Vorratsschädlinge ungeeignet machen, weil sie einfach für die Mundwerkzeuge der Insekten zu hart ist. Ein Feuchtigkeitsgehalt des Getreides von 12 % ist für viele Schädlinge meist die untere Grenze für ihre Entwicklung (z. B. für *Sitophilus*-Arten oder *Sitotroga cerealella*). *Rhizopertha dominica* soll sich dagegen noch bei 8 % entwickeln können.

Ein Beispiel ist in Abb. 36 dargestellt. Sie zeigt die Beziehung zwischen dem Wassergehalt von Bohnen und der Fähigkeit der Larven von *Acanthoscelides obtectus* in sie einzudringen und demonstriert, daß eine hohe Feuchtigkeit wesentlich begünstigender wirkt.

Die Beeinflussung der Entwicklungsgeschwindigkeit durch die rel. Luftfeuchte sei am Beispiel der Mehlmotte *(Ephestia kuehniella)* aufgezeigt. Im Bereich von 0 bis 75 % ist die Entwicklung der Eier bei 25°C nicht wesentlich unterschiedlich: von 6 Tagen bei 0 % bis 4,7 Tagen bei 75 % ist eine geringe kontinuierliche Abnahme zu verzeichnen.

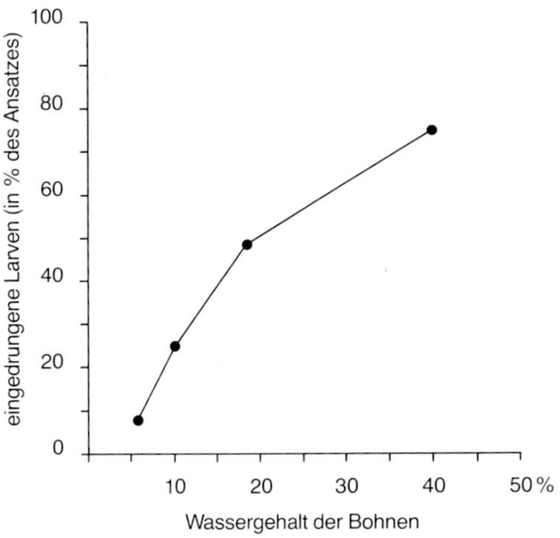

Abb. 36. Der Einfluß des Wassergehaltes von Bohnen *(Phaseolus)* auf den Befall durch *Acanthoscelides obtectus* (nach THIERY 1982).

Dagegen wird die Larvenentwicklung beträchtlich beeinflußt, wie dies in Abb. 37 veranschaulicht wird: Einer maximalen Dauer von 161,5 Tagen bei 0 % r. F. steht die kürzeste Entwicklungsdauer von 59,6 Tagen bei 75 % entgegen. Ähnliche Daten liegen auch für andere Vorratsschädlinge vor (wie z. B. *Stegobium paniceum*, *Oryzaephilus surinamensis* oder *Cryptolestes ferrugineus*). Manche Arten können sich allerdings nicht mehr bei geringen Luftfeuchtigkeiten entwickeln. So ist bei *Alphitobius diaperinus* 20 % r. F. die untere Grenze, bei *Bruchus rufimanus* 50 %.

Einen negativen Effekt kann geringe Feuchtigkeit auch durch Beeinflussung der Fertilität und Förderung von Mißbildungen haben, wie z. B. bei *Ephestia kuehniella* nachgewiesen werden konnte.

Im Hinblick auf den Massenwechsel der Vorratsschädlinge ist nicht nur entscheidend, ob und wie schnell sich eine Art bei einer vorliegenden Feuchtigkeit entwickeln kann, sondern auch, wie hoch die Mortalität unter diesen Bedingungen ist. Wie bei der Temperatur müssen die Optima für beide Kriterien durchaus nicht identisch sein. Eine langsamere Entwicklung kann eventuell durch eine geringere Sterblichkeit ausgeglichen werden und dadurch doch zu einer hohen Populationsdichte führen.

Auch bei den erwachsenen Schädlingen kann die Feuchtigkeit Lebensvorgänge beeinflussen. Insbesondere sind hier die Lebensdauer und die Fruchtbarkeit zu nennen. Als echte Vorratsschädlinge sind die meisten Arten zwar an niedrige Feuchtigkeiten und Wassermangel adaptiert, doch wirkt sich die Aufnahme von Wasser in der Regel positiv aus. Während Arten, die auch noch als erwachsenes Insekt fressen, ihren Wasserhaushalt durch Verbrennen der Nahrung (manchmal nur teilweise) regenerieren können, fördert die Aufnahme von Wasser durch Trinken vor allem bei nichtfressenden Arten, wie z. B. den Kleinschmetterlingen, Eizahl und Lebensdauer.

Der Einfluß der Feuchtigkeit auf diese beiden wichtigen Faktoren in der Populationsentwicklung von Vorratsschädlingen sei an zwei Beispielen demonstriert. Abb. 38 zeigt, daß die Lebensdauer, angegeben als die Absterbezeit für 50 % der Versuchstiere, mit steigender relativer Luftfeuchtigkeit beträchtlich verlängert wird.

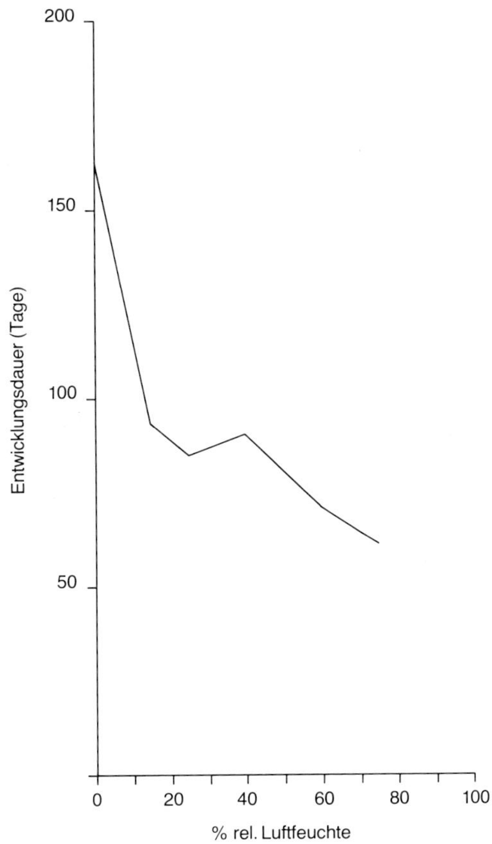

Abb. 37. Die Beeinflussung der Entwicklungsgeschwindigkeit der Larven von *Ephestia kuehniella* durch die relative Luftfeuchte (25 °C, Weizenmehl) (nach JACOB und COX 1977).

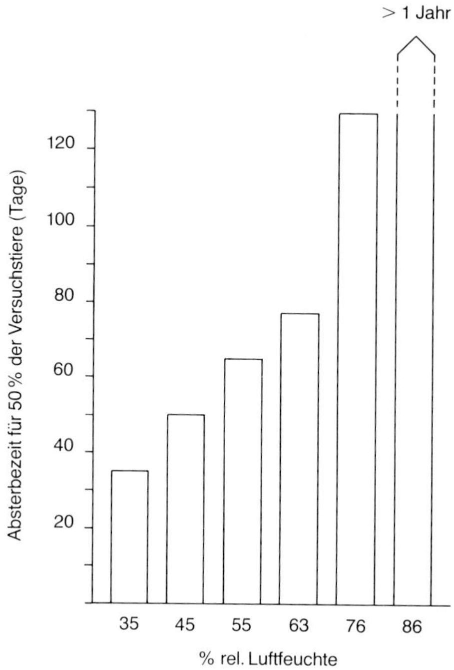

Abb. 38. Der Einfluß der relativen Luftfeuchte auf die Lebensdauer der Imagines von *Alphitobius diaperinus* (nach Swatonek 1970).

Wie unterschiedlich einzelne Schädlinge reagieren, wird aus den Kurven für die Lebensdauer hungernder Imagines in Abb. 39 deutlich. Allgemein ergibt sich aber die lebensverlängernde Wirkung mittlerer und hoher Luftfeuchtigkeiten.

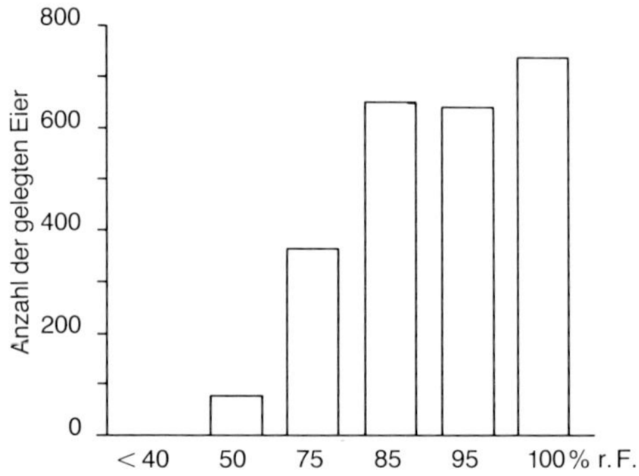

Abb. 40. Der Einfluß der relativen Luftfeuchte auf die Anzahl der abgelegten Eier bei *Sitophilus granarius* (nach Schulze 1937).

Abb. 40 demonstriert die Auswirkung der Feuchtigkeit auf die Eiablage bei *Sitophilus granarius*. Die Unterschiede sind selbst bei relativ geringem Anstieg der Feuchtigkeit sehr groß.

Zum Schluß der Betrachtungen über die Bedeutung des ökologischen Faktors Feuchtigkeit für Vorratsschädlinge soll noch auf eine Gruppe von Schadorganismen besonders hingewiesen werden, bei der die Feuchtigkeit eine sicherlich noch größere Bedeutung hat als die Temperatur: die Milben. Sie sind einmal sehr klein, haben damit also eine proportional zum Körpervolumen große Oberfläche, und sind zum andern dünnhäutig. Wasserverluste können deshalb bei ihnen schnell eintreten. Es ist daher nicht verwunderlich, daß sie nur dort optimal existieren können, wo hohe Feuchtigkeit herrscht.

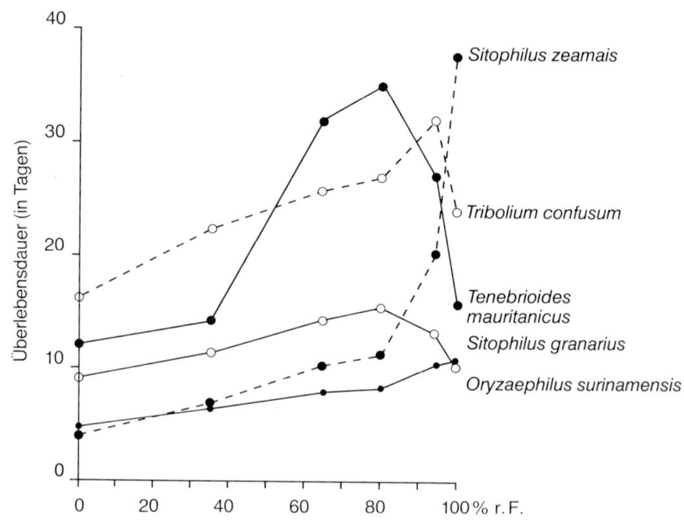

Abb. 39. Der Einfluß der relativen Luftfeuchte auf die Lebensdauer verschiedener Vorratsschädlinge (nach Khan 1983).

So werden z. B. für die Mehl-, die Trockenobst- und die Kopramilbe etwa 60 % r. F. als untere Grenze für eine Entwicklung angegeben.

Besonders interessant sind die Beziehungen bei der Mehlmilbe *(Acarus siro)*, die von KNÜLLE (1961) herausgearbeitet worden sind:

Optimaler r. F.-Bereich: 75–85 %
wahrnehmbare Differenz in der r. F.
< 75 % r. F. 0,1 %
75–85 % r. F. 6,5–7,5 %
> 85 % r. F. 0,25 %

Feuchtigkeiten unterhalb und oberhalb des optimalen Bereiches werden also sehr schnell und genau wahrgenommen. Dadurch wird das Tier veranlaßt – wenn möglich – in den optimalen Bereich zurückzukehren. Verbunden mit einer kurzen Generationsdauer sind die Milben so in der Lage, an ökologisch günstigen Stellen eines Vorratslagers auch auf kleinem Raum schnell hohe Populationsdichten zu erreichen.

Licht

Von den drei wichtigsten abiotischen Faktoren hat das Licht sicher die geringste Bedeutung für die Entwicklung und das Verhalten von Vorratsschädlingen. Einige Punkte müssen hier aber doch erwähnt werden.

So kann das Licht bei dem Zusammenfinden der Geschlechter eine Rolle spielen, wenn die Tiere in dieser Lebensphase positiv-phototaktisch reagieren und sich an der Oberfläche von Vorratsgütern einfinden.

Die Flugaktivität fliegender Arten, z. B. der verschiedenen Mottenarten, wird meist durch das Licht gesteuert, da der Flug nur in bestimmten Lux-Bereichen stattfindet. Vornehmlich die Abenddämmerung ist hier auslösend, während hohe Luxwerte normalerweise hemmend wirken.

Anthrenus-Arten reagieren nach dem Schlüpfen der Imagines positiv-phototaktisch. Dies führt sie von ihren Entwicklungsorten in Wohnungen hinaus ins Freiland, wo sie an Blüten einen Reifungsfraß durchführen. Bei Reifen der Gonaden kehrt sich dann das phototaktische Verhalten wieder um, und die Käfer fliegen zur Eiablage in die dunklen Räume zurück.

Auch bei frisch geschlüpften Larven ist eine negative Phototaxis bekannt. Durch solche Reaktionsweise gelangen z. B. Larven von *Lasioderma serricorne* (Tabakkäfer) oder viele Fliegenlarven vom Schlüpfort sehr schnell in die Nahrung hinein und sind vor dem Angriff negativ wirkender Umweltfaktoren (Feinde, Austrocknung u. a.) weitgehend geschützt.

Einen direkten Einfluß auf die Entwicklung kann das Licht nur bei oberflächlich vorkommenden Arten haben, da im Innern der Vorräte schon einige Zentimeter unterhalb der Oberfläche praktisch absolute Dunkelheit herrscht. Eine sehr große Bedeutung kann das Licht (zusammen mit anderen Faktoren, wie Temperatur und Populationsdichte) bei der Diapause genannten Entwicklungshemmung haben. Bei der Dörrobstmotte *Plodia interpunctella* induziert z. B. eine geringe Lichtstärke in Verbindung mit einer kritischen Photoperiode den Übergang bei Larven in diese Entwicklungsruhe. Ebenso kann das Licht mit langen Photoperioden an der Beendigung der Diapause beteiligt sein. Ähnlich ist es bei *Ephestia elutella.*

Andere abiotische Faktoren

Neben den drei abgehandelten Hauptfaktoren haben andere entweder einen wesentlich geringeren Einfluß auf Leben, Verhalten und Entwicklung der Vorratsschädlinge, oder von ihrer Bedeutung ist noch recht wenig bekannt. Letzteres gilt z. B. für die erdmagnetische Strahlung. Positive Reaktion in dieser Beziehung wurde u. a. bei Termiten, Schaben, Fliegen, Wespen und dem Hausbock festgestellt.

Eine bekanntermaßen bedeutendere Rolle spielen die natürlicherweise vorkommenden atmosphärischen Gase, die bei einer erheblichen Veränderung ihrer normalen Konzentrationen sehr negativ auf die Tiere einwirken können. Solch starke Veränderungen treten aber bestenfalls in den bodennahen Schichten schlecht gelüfteter Lager auf, z. B. durch starken Anstieg der Kohlendioxid-Konzentration und gleichzeitiger Abnahme der Sauerstoff-Konzentration. Im Abschnitt über den Einsatz inerter Gase wird über ihre Wirkung noch Näheres gesagt.

1.12.2 Trophische Faktoren

Allgemeines

Im Kapitel über die Lagerbedingungen wurde schon darauf hingewiesen, daß ein Fehlen von Nahrung im Vorratslager eine Ausnahme darstellt, und daß die Schädlinge einige Möglichkeiten besitzen, nahrungsfreie Perioden zu überstehen (Hungervermögen, Diapause, Stadien ohne Nahrungsaufnahmen, wie Ei und Puppe). Für die

Entwicklung einer Population sind solche Pessimumzeiten selbstverständlich von entscheidender Bedeutung, doch stellen sie gewissermaßen einen Unglücksfall dar. Aus diesem Grunde soll hier nur noch etwas über den Einfluß der Qualität der Nahrung und das Verhalten der Tiere bezüglich Nahrungsaufnahme gesagt werden.

Obwohl jeder lebende Organismus für den Betriebs- und Baustoffwechsel Energie benötigt, die bei den heterotrophen Tieren aus der aufgenommenen Nahrung gewonnen werden muß, gibt es unter den vorratsschädigenden Insekten eine Reihe von Arten, bei denen die erwachsenen Tiere nicht mehr fressen. Sie müssen aber ihren Energiebedarf aus körpereigenen Substanzen decken, die sie im Laufe der Larvenentwicklung aufgebaut haben. Dieser Vorrat reicht natürlich nur eine begrenzte Zeit, besonders bei den Weibchen, weil sie davon auch noch die verhältnismäßig großen Eier produzieren müssen. So ist es verständlich, daß die Imagines dieser Arten nur eine geringe Lebensdauer haben.

Folgende Vorratsschädlinge z. B. nehmen im Imaginalstadium keine Nahrung mehr zu sich, wenn man von gelegentlichem Trinken bei Vorhandensein von Wasser absieht:

Acanthoscelides obtectus
Lasioderma serricorne (?)
Stegobium paniceum
Trogoderma granarium
Ephestia spp.
Hofmannophila pseudospretella
Nemapogon granellus
Plodia interpunctella
Phthorimaea operculella
Sitotroga cerealella

Fressen beide Stadien, also Larven und Imago, so nehmen sie, wenn sie zusammen vorkommen, meist dieselbe Nahrung auf. Es gibt aber einige Ausnahmen. So leben z. B. die Larven von *Anthrenus*- und *Attagenus*-Arten an tierischen Produkten, während die Imagines Nektar und Pollen benötigen.

Hinsichtlich der Nahrungsauswahl sind viele Schädlinge entweder auf tierische oder pflanzliche Produkte spezialisiert, doch gibt es auch nicht wenige, die beide Quellen ausnutzen können. Dies gilt streng genommen allerdings nur dann, wenn sie die Möglichkeit der Wahl haben. In der Not, so z. B. auch in Laboratoriumsexperimenten, können sie eventuell auch andere Nahrung aufnehmen oder sich sogar an ihr entwickeln. Tab. 25

Tab. 25. Die Nahrungspräferenz einiger Vorratsschädlinge unter normalen Bedingungen (Imagines und/oder Larven)

Pflanzliche Nahrung	
Bruchidae spp.	*Corcyra cephalonica*
Cryptolestes spp.	*Ephestia* spp.
Gnathocerus cornutus	*Nemapogon granellus*
Oryzaephilus spp.	*Sitotroga cerealella*
Rhizopertha dominica	
Sitophilus spp.	
Tribolium spp.	
Tierische Nahrung	
Dermestes spp.	*Piophila casei*
Pflanzliche und tierische Nahrung	
Alphitobius diaperinus	*Hofmannophila pseudospretella*
Gibbium psylloides	*Plodia interpunctella*
Lasioderma serricorne	
Necrobia rufipes	
Niptus hololeucus	
Ptinus spp.	
Stegobium paniceum	
Tenebrio molitor	
Tenebrioides mauritanicus	
Trogoderma granarium	

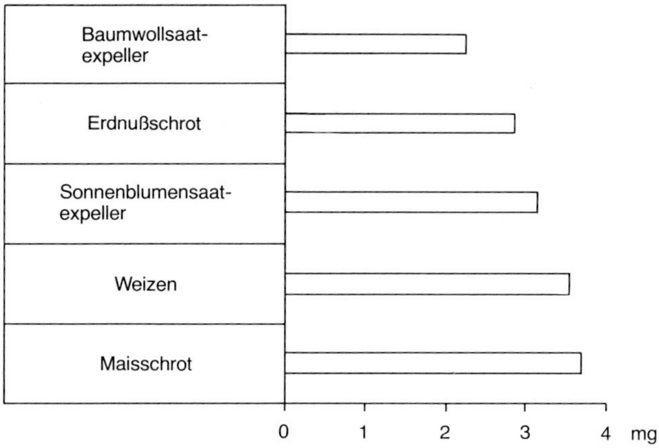

Abb. 41. Der Einfluß der Nahrung auf das Gewicht der Larven von *Trogoderma granarium* (nach EL LAKWAH 1978a).

nennt einige Beispiele für die drei möglichen Gruppen.

In der Zusammenstellung werden Kannibalismus und räuberisches Verhalten, wie es bei einer Reihe von Vorratsschädlingen mit pflanzlicher Nahrung vorkommt, nicht gewertet. Solch ein Verhalten ist beispielsweise von folgenden Vorratsschädlingen bekannt, wobei manchmal vielleicht auch nur tote Insekten gefressen werden:

Cryptolestes ferrugineus
C. minutus
Dermestes spp.
Ephestia cautella
E. kuehniella
Forficula auricularia
Gnathocerus cornutus
Lasioderma serricorne
Necrobia rufipes
Tenebrioides mauritanicus
Tribolium spp.

Ernährungsphysiologisch ist dieses Verhalten positiv zu bewerten, da hierbei wichtige Verbindungen, wie z. B. Sterole, aufgenommen werden.

Innerhalb des Nahrungsspektrums einer Art haben aber nun nicht alle Produkte eine gleiche Wertigkeit. Die bessere oder schlechtere Eignung des Futters drückt sich in der Wirkung auf verschiedene Leistungen der Tiere aus, von denen einige nachfolgend behandelt werden sollen.

So kann das Gewicht und die Größe von Larven und Imagines beeinflußt werden. EL-LAKWAH (1978) fand Unterschiede im Gewicht der Larven von *Trogoderma granarium* je nach Futter zwischen 2,2 und 3,65 mg (s. Abb. 41).

Verschiedene Getreidesorten hatten nach ANDERSEN (1938) einen Einfluß auf Länge und Gewicht der Imagines von *Sitophilus granarius*, wobei die Unterschiede im Gewicht doch sehr bedeutend sind, wie aus Tab. 26 hervorgeht.

Tab. 26. Länge und Gewicht von *Sitophilus granarius* nach Aufzucht an verschiedenen Getreidesorten (nach ANDERSEN 1938)

Aufzuchtmedium	Länge (mm)	Gewicht (mg)
Hafer	3,28	2,05
Roggen	3,50	2,79
Weizen	3,54	2,89
Gerste (ohne Spelzen)	3,56	3,04

Die Größe eines Insektes hat aber nun wiederum einen Einfluß auf die Eizahl und damit auf die Populationsentwicklung. Am Beispiel von *Hofmannophila pseudospretella* soll dies in Abb. 42 belegt werden. Abb. 43 zeigt dann, wie stark die Eizahl in Abhängigkeit von der Nahrung schwanken kann, dargelegt an Ergebnissen mit *Oryzaephilus mercator* und fünf verschiedenen Futterarten.

Es ist somit nicht immer leicht, den direkten Einfluß der Nahrung und den indirekten über die Größe der sich an ihr entwickelnden Individuen zu trennen.

Nach JOSHI (1975) schwanken die Zahl der Eier, die Entwicklungsdauer der Larven und Puppen und die Mortalität der Larven bei *Oryzaephilus mercator* in weiten Grenzen, wenn die Aufzucht an verschiedenen Substraten erfolgt (Tab. 27).

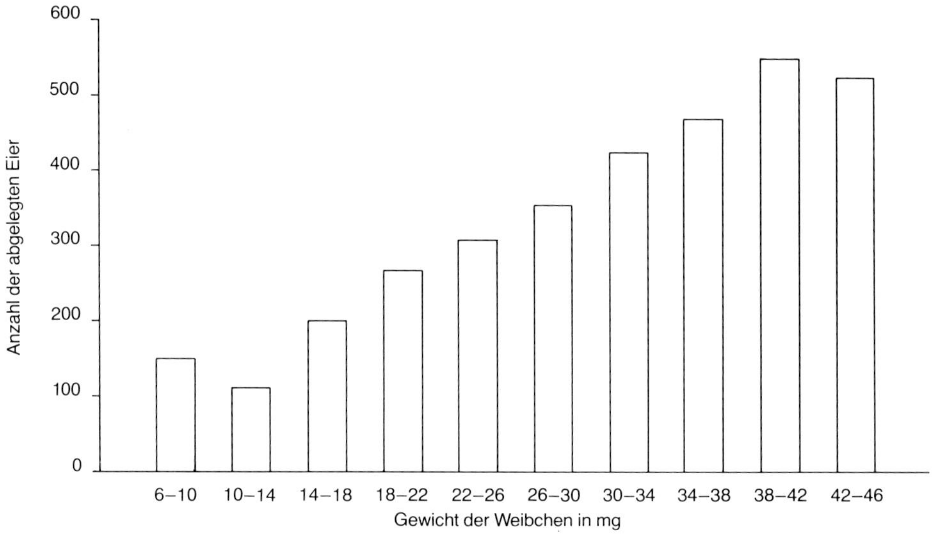

Abb. 42. Der Zusammenhang zwischen dem Gewicht der Weibchen von *Hofmannophila pseudospretella* und der Zahl der abgelegten Eier (25 °C, 75 % r. F.) (nach WOODROFFE 1951).

Für den Vorratsschutz hat der geschilderte Einfluß der Nahrung auf die Schädlinge die praktische Bedeutung, daß sich manche Schädlinge an bestimmten Produkten besonders stark vermehren, während an anderen der Schaden durch die gleiche Art gering bleibt oder eine eingeschleppte Population sogar ausstirbt, wenn die Nahrung nicht geeignet ist.

Dies soll am Beispiel der Entwicklung von *Trogoderma granarium* in Abb. 44 dargestellt werden. Je 30 Larven wurden zu jedem Futter zugesetzt und die Zahl der lebenden Tiere nach 100 Tagen gezählt. An geeigneten Produkten war

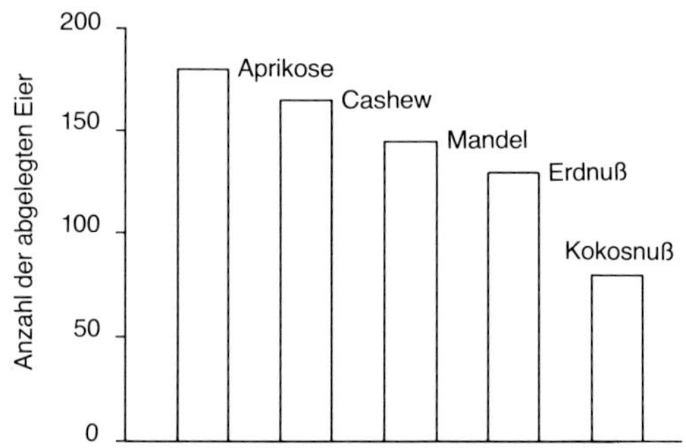

Abb. 43. Der Einfluß der Nahrung auf die Anzahl der Eier von *Oryzaephilus mercator* (nach JOSHI 1975).

Tab. 27. Der Einfluß der Nahrung auf verschiedene Lebenserscheinungen von *Oryzaephilus mercator* (nach JOSHI 1975)

Nahrung	durchschnittliche Anzahl der Eier/♀	Entwicklungszeit der Larven	Mortalität der Larven	Dauer des Puppenstadiums
Aprikose	181,9	22,7 Tage	11,9 %	6,7 Tage
Cashew	167,5	23,4 Tage	13,3 %	5,5 Tage
Mandel	145,0	28,3 Tage	7,8 %	7,2 Tage
Erdnuß	131,8	25,2 Tage	44,1 %	7,3 Tage
Kokos	79,9	24,3 Tage	15,9 %	6,2 Tage
Feige	—	29,5 Tage	75,6 %	6,3 Tage
Dattel	—	33,7 Tage	91,9 %	7,2 Tage
Rosine	—	34,3 Tage	94,4 %	7,3 Tage

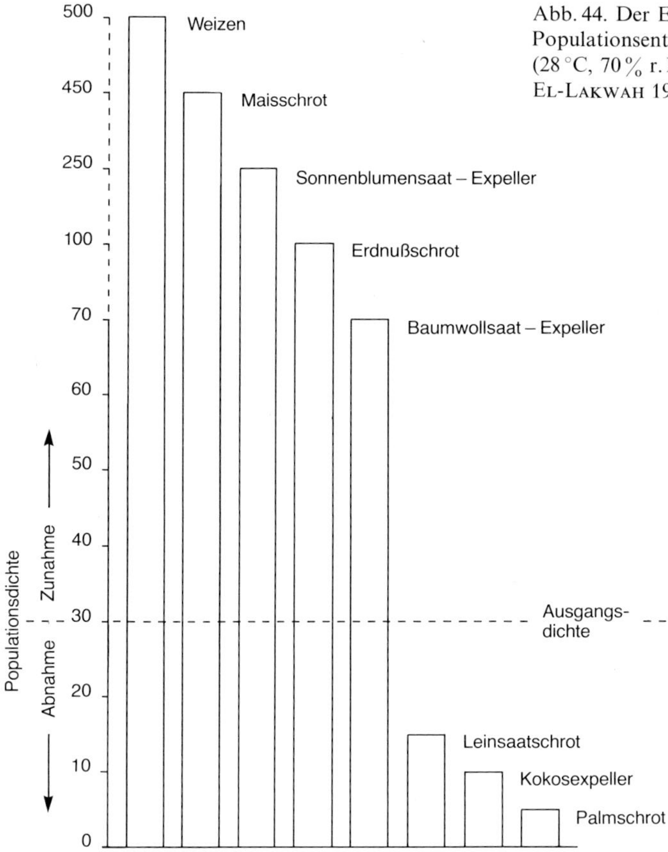

Abb. 44. Der Einfluß der Nahrung auf die Populationsentwicklung von *Trogoderma granarium* (28 °C, 70% r.F., Kontrolle nach 100 Tagen) (nach EL-LAKWAH 1978a).

eine starke Vermehrung erfolgt, an anderen stagnierte die Populationsdichte oder nahm sogar ab.

Es ist aber nicht nur die Zusammensetzung der Nahrung, die Einfluß auf die Entwicklung von Vorratsschädlingen hat, auch die Konsistenz kann entscheidend sein. Manche Getreideschädlinge können sich nicht an völlig intakten Körnern entwickeln (s. Seite 45), andere sind nicht in der Lage, ihre Entwicklung an gemahlenen Produkten zu vollenden, wie die *Sitophilus*-Arten. *Oryzaephilus mercator* wiederum zieht schrotförmige Produkte pulverförmigen vor. Manche Fliegenarten können sich an Hartkäse nur dann vermehren, wenn ihm Wasser zugesetzt wird und sich die Konsistenz so ändert.

Pilze als Nahrung für Vorratsschädlinge

Im Abschnitt über die Lagerbedingungen war schon darauf hingewiesen worden, daß unter bestimmten ungünstigen Bedingungen Pilze verschiedener Gattungen an Vorräten auftreten können (s. Tab. 22).

Kommen nun zusammen mit diesen Pilzen auch tierische Schädlinge in den Lebensmitteln vor, so können erstere eventuell als zusätzliche Nahrung für die Insekten und Milben Bedeutung erlangen. In manchen Fällen ist sogar eine Entwicklung ganzer Generationen an Pilzen möglich. Bakterien und Actinomyceten scheinen dagegen keine Bedeutung für die Schädlinge zu haben.

Die positive Wirkung der Pilze auf die Schädlinge läßt sich zum Teil wohl dadurch erklären, daß Enzyme der Mikroorganismen (z. B. Diastase) den Aufschluß der Nahrung begünstigen.

Der Fraß der Schädlinge an Pilzen kann so intensiv sein, daß deren Wachstum stark begrenzt wird. Umgekehrt fungieren die Tiere aber auch als Vektoren, welche Sporen oder Hyphen in unbefallene Vorräte übertragen.

In Tab. 28 sind einige Beispiele über die Bezie-

Tab. 28. Beziehungen zwischen Pilzen des lagernden Getreides und verschiedenen Vorratsschädlingen (nach SINHA 1964b, 1965, 1966, 1971)

	Acarus siro	*Cryptolestes ferrugineus*	*Oryzaephilus mercator*	*Rhizopertha dominica*	*Sitophilus granarius*	*Tribolium castaneum*	*Tribolium confusum*
Absidia orchidis	FE	E	E	F	F	F	EF
Alternaria tenuis (= *A.alternata*)	FE	E	E	F	F	FE	FE
Aspergillus flavus	FE	O	E	O	O	F	F
A.fumigatus	O	O	O	O	O	F	F
A.niger	O	O	O	O	F	O	O
A.ochraceus	FE	O	O	O	O	O	O
A.versicolor	FE	O	O	O	O	F	F
Chaetomium funicola	F	O	E	F	O	F	F
Curvularia tetramera	FE	E	E	F	FE	FE	FE
Fusarium moniliforme	FE	E	E	F	F	FE	F
Helminthosporium sativum (= *Cochliobolus sativus* = *Drechslera sorokiniana*)	O	E	E	F	F	FE	F
Hormodendrum cladosporioides (= *Cladosporium c.*)	FE	O	E	F	F	FE	FE
Mucor silvaticus	FE	O	E	F	F	F	F
M.sphaerosporus	FE	E	E	F	F	FE	FE
Nigrospora sphaerica	FE	E	E	F	FE	FE	FE
Penicillium cyclopium	FE	E	E	F	O	F	F
P.funiculosum	F	O	E	O	O	F	F
P.terrestre	FE	O	O	O	O	F	F
Rhizopus arrhizius	—	O	E	F	O	F	F
R.nigricans (= *R.stolonifera*)	FE	—	—	—	—	—	—
Scopulariopsis brevicaulis	FE	O	E	O	F	FE	F
Stemphylium botryosum	FE	E	E	F	F	F	FE
Streptomyces griseus	O	O	O	O	O	O	O
Trichoderma viride	F	O	E	F	F	F	F
Trichothecium roseum	FE	E	E	O	F	F	F

E = Entwicklung, F = Fraß, O = weder Fraß noch Entwicklung, — = nicht untersucht

hungen zwischen Pilzen und Vorratsschädlingen aufgeführt. Über weitere Fälle muß im Abschnitt „Hot spots" noch eingegangen werden.

Symbionten

Im Innern einer Reihe von Vorratsschädlingen sind Mikroorganismen nachgewiesen, die im Zusammenhang mit ernährungsphysiologischen Fragen eine Bedeutung haben. Bekannt sind solche Symbionten z. B. bei *Sitophilus* spp., *Oryzaephilus surinamensis*, *Stegobium paniceum*, *Rhizopertha dominica* und vielen Schaben, aber sicher ist diese Gruppe noch weit größer.

Die symbiontischen Mikroorganismen (meist wohl Bakterien, aber manchmal auch Pilze und Hefen oder noch nicht erkannte Formen) können in den normalen Teilen der Insekten, wie Hämolymphe, Fettkörper, Gonaden, vorkommen oder auch in speziellen Organen, den Mycetomen.

Diese speziellen Einrichtungen haben fast immer hinsichtlich ihrer Lage eine Beziehung zum Darmtrakt, besonders dem Mitteldarm. Dies läßt schon darauf schließen, daß sie für die Verdauung der aufgenommenen Nahrung eine Bedeutung haben.

Eingriffe, mit denen man die symbiontischen Mikroorganismen ausschalten kann, ohne die sie beherbergenden Tiere nachweislich zu schädigen, beweisen auch diese Annahme. Eine Ausschaltung ist auf verschiedene Weise möglich. Eine Übersicht ist in der Aufstellung in Tab. 29 gegeben. Eine Bekämpfung der Schädlinge durch die

Tab. 29. Möglichkeiten und Beispiele zur Ausschaltung von Symbionten vorratsschädigender Insekten

Methode	Insekt	Autor
Thermisch		
4 °C	*Oryzaephilus surinamensis*	HUGER 1956
35 °C	*Sitophilus granarius*	SCHNEIDER 1956
35 °C	*Sitophilus oryzae*	SCHNEIDER 1956
38 °C	*Rhizopertha dominica*	HUGER 1956
39 °C	*Blattella germanica*	BROOKS und RICHARDS 1955
Chemisch		
Chloramin + Alkohol	*Stegobium paniceum*	KOCH 1933
Penicillin	*Sitophilus oryzae*	BAKER und LUM 1973
Aureomycin	*Sitophilus oryzae*	BAKER und LUM 1973
	Rhizopertha dominica	HUGER 1956
	Oryzaephilus surinamensis	HUGER 1956
Terramycin	*Rhizopertha dominica*	HUGER 1956
	Oryzaephilus surinamensis	HUGER 1956

Vernichtung ist denkbar, in der Praxis aber noch ohne Bedeutung.

Von Symbionten befreite Insekten (sogenannte aposymbionte Insekten) geben nun Hinweise auf die Bedeutung der Mikroorganismen für den sie beherbergenden Wirt. Folgende Erscheinungen können beobachtet werden, die oft Hungersymptomen ähneln:

- reduzierte Fruchtbarkeit,
- verzögerte Entwicklung,
- höhere Mortalität,
- langsameres Schlüpfen der Imagines,
- verzögerte Ausfärbung.

Durch Zugabe bestimmter essentieller Stoffe zur Nahrung, wie Hefen, Vitaminen der B-Gruppe, Sterolen, können die geschilderten Ausfallserscheinungen aufgehoben werden.

Die Weitergabe der Symbionten auf die Nachkommenschaft kann auf verschiedene Weise gesichert werden. Im wesentlichen dürfte wohl der Weg über Eier oder Spermien (bei der Kopulation) beschritten werden, doch existieren hierüber noch sehr widersprüchliche Ansichten. Vermutlich sind zur Sicherung der Infektion der Nachkommen wohl meist mehrere Wege gangbar.

Die Symbionten ermöglichen also den Wirten auch Substrate auszunutzen, in denen gewisse Substanzen fehlen oder in nicht verwertbarer Form vorkommen. Die Mikroorganismen synthetisieren dann entweder diese Verbindungen oder schließen andere durch adaequate Enzyme auf, so daß der Wirt sie aufnehmen kann. Als Gegenleistung – jede Symbiose ist zum gegenseitigen Nutzen da – liefert das Tier den Mikroorganismen Lebensraum, Weiterverbreitung und lebensnotwendige Stoffe.

1.12.3 Biotische Faktoren

Im Abschnitt trophische Faktoren wurden schon wiederholt lebende Komponenten erwähnt, die für Vorratsschädlinge eine Bedeutung haben: Pilze als Nahrung, Mikroorganismen als Symbionten und Artgenossen oder andere Tiere als Nahrung (Kannibalismus, Räubertum).

Die Beziehungen von Vorratsschädlingen zu anderen Lebewesen sind aber wesentlich vielschichtiger wie die folgenden Abschnitte zeigen. Sie sind meist negativer Art, können aber auch für das Einzeltier oder eine ganze Population positive Aspekte haben.

Räuber, Parasiten, Krankheitserreger

Im Rahmen des Massenwechsels einer Tierart können die in der Überschrift genannten drei Gruppen von Gegenspielern eine sehr große Bedeutung erlangen. Die negativen Einflüsse auf ein Individuum, die in den meisten Fällen mit seinem Tod enden, wirken sich in ihrer Summe auf die Populationsdichte aus und können so ein wichtiges Regulativ sein. In seiner extremen Form kann es sogar zur Ausrottung ganzer Populationen führen.

Deshalb können diese biotischen Faktoren aktiv zur Vernichtung von Vorratsschädlingen eingesetzt werden. Über diese Möglichkeiten und ihre Grenzen wird im Abschnitt Biologische Bekämpfung noch ausführlicher eingegangen. Es sollen deshalb hier nur einige allgemeine Ausführungen gemacht werden.

Räuber sind Tierarten, die eine lebende Beute fangen und sie ganz oder teilweise verzehren. Bei ihnen überwiegt also die carnivore Lebensweise, was nicht ausschließt, daß sie auch gelegentlich Pflanzenmaterial aufnehmen. Einige Arten können deswegen fakultativ auch Vorratsschädlinge werden oder umgekehrt, Vorratsschädlinge können manchmal auch räuberisch leben, wie z. B. *Cryptolestes ferrugineus* oder *Tenebrioides mauritanicus*.

Die Auswirkung von Räubern auf eine Population von Vorratsschädlingen kann zumindest dichtebegrenzend sein. Zu einer Ausrottung eines Befalles wird es wohl nur sehr selten kommen, da eine Abnahme der Beute rückwirkend auf die Dichte des Räubers wirkt und ihn vor allem zum Abwandern veranlaßt. Außerdem erschwert die verborgene Lebensweise der meisten Vorratsschädlinge das Aufspüren der Beute, so daß auch dadurch ihre Überlebenschance wächst. Schließlich müssen die Räuber klein sein, um den Schädlingen folgen zu können. Dies reduziert natürlich auch ihre Fangkapazität und begrenzt ihre Wirksamkeit.

Als Räuber sind in erster Linie zu nennen: räuberische Milben, welche andere Milben, aber auch Eier oder Larven von Insekten angreifen. Beispiele sind *Seiulus* spp., *Pediculoides* spp., *Cheyletus* spp.. Ferner seien räuberische Wanzen genannt, besonders *Xylocoris flavipes* und *Leptocoris campestris* oder Käfer (*Thaneroclerus buqueti*). Auch Staubläuse können Eier angreifen, z. B. die Art *Liposcelis bostrychophilus*. Nagetiere (Ratten und Mäuse) haben schließlich Vögel und andere Säugetiere als Feinde, im Bereich des Menschen somit hauptsächlich Katzen und gelegentlich Hunde.

Parasiten sind Organismen, die sich in oder auf ihren Wirten entwickeln, diesen die für ihren eigenen Betriebs- und Baustoffwechsel notwendigen Substanzen entziehen und sie dadurch schädigen. Diese Schädigung geht in der Regel langsam und synchron mit der Entwicklung des Parasiten vor sich, da durch einen plötzlichen Tod des Wirtes und der sich anschließenden Zersetzung seines Körpers die Nahrungsgrundlage für den Parasiten zumindest verschlechtert würde. Nach Ende der Entwicklung des Parasiten tritt aber bei kleinen Wirten, wie Insekten, dann doch meist der Tod ein. (Diese Parasiten werden auch als Parasitoide bezeichnet.) Größere Tiere, wie unter den Vorratsschädlingen die Nager, können dagegen zeitlebens Parasiten (echte Parasiten) beherbergen, ohne in ihrer Aktivität und Leistungsfähigkeit wesentlich beeinträchtigt zu sein.

Parasitoide – im hier gebräuchlichen Sinne werden Mikroorganismen verschiedener Art als Krankheitserreger betrachtet – gehören fast ausschließlich zur Insektenordnung der Hymenopteren, sofern sie sich auf Kosten von vorratsschädigenden Insekten entwickeln. Sie werden als Schlupfwespen bezeichnet und gehören hauptsächlich zu den Familien Braconidae, Ichneumonidae und Pteromalidae. Wichtige Arten sind: *Idechthis canescens* (Grav.) (= *Nemeritis c.*), *Bracon hebetor* Say (= *Microbracon h.*), *Spalangia endius* Walker und *Nasonia vitripennis* (Walker). Befallen werden unter den Vorratsschädlingen vor allem die Motten. Die Entwicklung der Parasitoiden findet in erster Linie in den Larven und Puppen statt. Je nach Parasitoidenart entwickeln sich nur einzelne oder mehrere Individuen in einem Wirt.

Bei vorratsschädigenden Säugetieren treten noch Parasiten aus anderen zoologischen Einheiten auf, so z. B. Fliegen, die sich in den Hautpartien entwickeln können und hier Wunden hervorrufen, aber auch bereits bestehende Wunden besiedeln können (Myiasis-Erreger). Zu ihnen gehören z. B. die sich sonst an Aas oder anderen tierischen Produkten entwickelnden Goldfliegen der Gattung *Lucilia*, vor allem *L. sericata*. Im Darm und anderen Organen von Säugetieren leben verschiedene Endoparasiten, besonders parasitäre Würmer. Ein solcher Befall führt meist nicht, wie bei den Insekten, zu einem Absterben des Wirtes, kann aber seine allgemeine Aktivität und damit auch die Nachkommenzahl erniedrigen. Blutsaugende Ektoparasiten aus verschiedenen Insektengruppen haben einen ähnlichen Effekt, können daneben aber auch noch als Überträger von Krankheiten fungieren und so auch für den Menschen Bedeutung erlangen (bekanntes Beispiel ist der Rattenfloh *Xenopsylla cheopsis* Rothschild, der das Pestbakterium *Bacillus pestis* überträgt).

Zu den Krankheitserregern gehören vor allem Viren, Rickettsien, Bakterien und Pilze. Ferner haben einzellige Tiere (Protozoen) eine gewisse

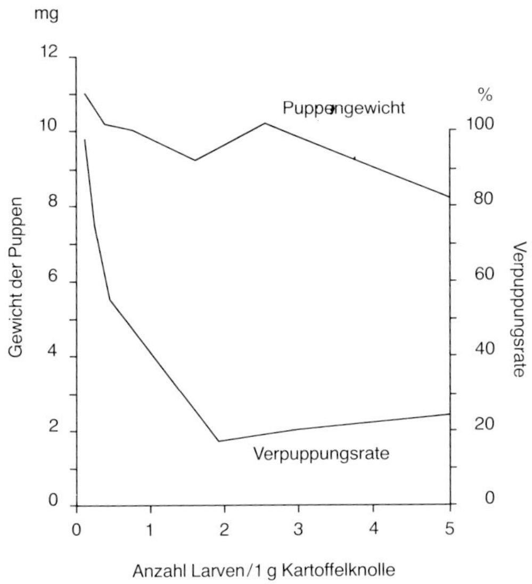

Abb. 45. Die Auswirkung einer steigenden Populationsdichte auf Puppengewicht und Verpuppungsrate bei *Phthorimaea operculella* (nach BRODDRYK 1971).

Bedeutung, wozu in erster Linie Sporozoen (besonders Mikrosporidien) gehören. Meist geht die Wirkung dieser verschiedenen Erreger vom Darmsystem aus, in das sie zusammen mit der Nahrung gelangen. Abgestorbene Tiere sind oft vollständig ausgefüllt mit den infektiösen Stadien, was zu einer leichten Ansteckung gesunder Individuen und zu einer seuchenhaften Ausbreitung der Krankheit führt. Es ist deshalb nicht verwunderlich, daß diesen Gegenspielern bei der Reduzierung von Vorratsschädlingen aus der Gruppe der Insekten eine Bedeutung zukommen kann.

Nagetiere können selbstverständlich auch, wie alle Säugetiere, von Krankheiten befallen werden. Manche von ihnen sind nicht nagerspezifisch und können deshalb eventuell auch für den Menschen pathogen sein, was besonders bei latenter Infektion der Wirte gefährlich sein kann (eine Gefahr, die bei Insektenkrankheiten nicht oder wahrscheinlich nicht gegeben ist).

Intra- und interspezifische Konkurrenz
Zwischen den Individuen einer Art (intraspezifisch) oder verschiedenen Schädlingsarten (interspezifisch) können Beziehungen auftreten, welche die Entwicklung von Einzeltieren und Populationen beeinflussen. Diese Beziehungen haben meist den Effekt, daß ein zu starkes Anwachsen der Populationsdichte verhindert wird. Für das einzelne Individuum ist die Wirkung also meist negativ, für die Erhaltung der ganzen Population aber positiv, da die Requisiten, wie Nahrung oder Verpuppungsort, optimaler genutzt werden können.

Der negative Effekt einer zu hohen Populationsdichte sei an einigen Beispielen demonstriert. Abb. 45 zeigt die Auswirkung unterschiedlicher Populationsdichten auf Puppengewicht und Verpuppungsrate bei der Kartoffelmotte *Phthorimaea operculella*. Beide Parameter nehmen mit steigender Dichte ab. Daß aber das Gewicht eines Weibchens für die Anzahl der abgelegten Eier wichtig ist, wurde schon in Abb. 42 verdeutlicht.

Die Vielschichtigkeit der Beeinflussung durch interspezifische Konkurrenz soll am Beispiel der Goldfliege *Lucilia sericata* dargestellt werden (s. Tab. 30). Eine hohe Dichte hat demnach zahlreiche negative Effekte, so daß eine allgemeine Reduktion der Populationsdichte die Folge ist.

Bei *Cryptolestes ferrugineus* nahm bei steigender Dichte die Zahl der Eier ab, ebenso die

Tab. 30. Einfluß unterschiedlicher Populationsdichte während der Entwicklung von *Lucilia sericata* auf verschiedene Parameter (Zucht an Pferdefleisch) (nach SHAHEN 1982)

Kriterium	Anzahl der angesetzten Larven (l_1) 50	100	150	200
Verpuppungsrate (%)	98	94	86	79
Trockengewicht der ♀♀ (mg)	11,7	10,6	10,0	8,2
Anzahl der Ovariolen	384	368	295	216
Präovipositionsdauer (Tage)	5–6	5–6	9–10	9–10
Anzahl der abgelegten Eier (∅)	698	658	302	511
Lebensdauer der ♀♀ (für 50% der Tiere)	26	27	20	11

Lebensdauer. Die Entwicklungsdauer war stark angestiegen und die Mortalität bis über 90 % erhöht.

Der Kannibalismus, die Tatsache also, daß Tiere ihre eigenen Artgenossen bzw. deren verschiedene Entwicklungsstadien fressen, wurde schon im Abschnitt über die Ernährung erwähnt. Ihm kommt aber auch eine regulative Wirkung bei zu hoher Populationsdichte zu. Biologisch sinnvoll ist dabei, daß oft Eier bevorzugt gefressen werden, weil dann ein Nahrungskonsum durch das vernichtete Individuum von vornherein ausgeschaltet wird. Bei *Tribolium*-Arten hat man auch festgestellt, daß die Männchen stärker die Puppen, die Weibchen dagegen die Eier fressen, was als eine sinnvolle Aufteilung des Nahrungsrequisites „eigene Artgenossen" angesehen werden kann.

Die Entwicklung kann bei hoher Dichte verzögert ablaufen, wie bei *Cryptolestes ferrugineus* festgestellt wurde, sie kann aber auch für eine gewisse Zeit völlig eingestellt werden, wie dies bei der schon früher erwähnten Diapause der Fall ist. Beide Formen der Anpassung haben das Resultat, daß die Gefahr, ein bestimmtes Requisit könne ins Pessimum geraten, über einen längeren Zeitraum verteilt und damit verringert wird. So kann die Diapause nicht nur durch ungünstige abiotische Faktoren oder durch den Genotyp ausgelöst werden, sondern auch durch eine zu hohe Populationsdichte (crowding). Besonders bei vorratsschädigenden Motten ist dies zu beobachten, wie z. B. bei *Ephestia cautella* oder *Plodia interpunctella*. Der Prozentsatz diapausierender Larven kann bei hoher Dichte auf über 70 % ansteigen.

Aber nicht nur bei Insekten spielen intraspezifische Beziehungen eine wichtige Rolle für die Entwicklung der Individuen und der Population, auch bei den vorratsschädigenden Nagern ist dies bekannt. Auf Grund der höheren Entwicklungsstufe dieser Tiere sind die Zusammenhänge aber noch wesentlich komplizierter. Rangordnungs- und Revierkämpfe oder Vertreiben populationsfremder Eindringlinge sind Möglichkeiten, eine Übervermehrung und damit physischen und psychischen Streß zu vermeiden.

Die Beziehungen zwischen Individuen einer Schädlingsart müssen nicht immer negativ sein. So entwickeln sich beispielsweise Fleischfliegenlarven besser, wenn eine gewisse Anzahl beisammen ist, weil dann die Konzentration der ausgeschiedenen Verdauungsfermente höher ist und die Temperatur im Fleisch bis zu einem optimalen Bereich ansteigt. Oberhalb einer gewissen Dichte treten dann allerdings recht bald die oben skizzierten Konkurrenzerscheinungen in Aktion.

Zu den aufgezeigten Beziehungen kommt es nun aber auch auf der interspezifischen Ebene, d. h. zwischen Individuen verschiedener Schädlingsarten, die am gleichen Ort vorkommen. Seltener ist dabei sicher ein Kampf um das Requisit Raum. Er ist möglich, wenn Arten zwar an verschiedenen Vorräten, die sich in einem Lager befinden, auftreten, aber gleiche Verpuppungsorte aufsuchen, z. B. bei Kleinschmetterlingen. Gelegentlich – wenn auch wohl seltener als oft angenommen – kann es zwischen Haus- und Wanderratten zu einer Raumkonkurrenz kommen. Normalerweise dürften allerdings die unterschiedlichen ökologischen Ansprüche der beiden Arten eine Trennung bewirken.

Häufiger kommt es zu interspezifischer Konkurrenz bei gemeinsamem Vorkommen am gleichen Vorratsgut. Dabei kann sogar die Ausschaltung einer Art möglich sein. Z. B. wird *Sitotroga cerealella* stark beeinträchtigt bei einem gemeinsamen Vorkommen mit *Sitophilus zeamais*. Kopulation und Eiablage der Getreidemotte werden reduziert, die Larven abgetötet. Ähnlich führt ein gemeinsames Vorkommen von *Rhizopertha dominica*, *Tribolium castaneum* und *Sitophilus oryzae* an Weizen zur Ausrottung der letztgenannten Art, und bei einer Konkurrenz zwischen *Cryptolestes ferrugineus*, *Tribolium castaneum* und *Oryzaephilus surinamensis* konnte der Getreideplattkäfer nicht überleben. (Weitere Beispiele wurden im Abschnitt Sukzessionen erwähnt.)

Auch bei fleischfressenden Fliegenlarven wirkt sich die interspezifische Konkurrenz deutlich aus. Treten z. B. *Lucilia sericata* und *Phormia terraenovae* in größerer Zahl gemeinsam auf, so erweist sich die *Lucilia*-Art als überlegen. Bei *Phormia* sind Verpuppungsrate, Schlüpfrate, Trockengewicht der Imagines, Anzahl der Ovariolen und der Eier sowie die Lebensdauer der Fliegen negativ beeinträchtigt.

1.12.4 Hot spots

Sind abiotische und trophische Bedingungen besonders günstig, so kann es zu Massenvermehrungen von Schädlingen kommen. In bestimmten Vorratsgütern, vor allem in Getreide, aber auch in Leguminosen und anderen Samen, treten an diesen Stellen Temperaturerhöhungen auf, wel-

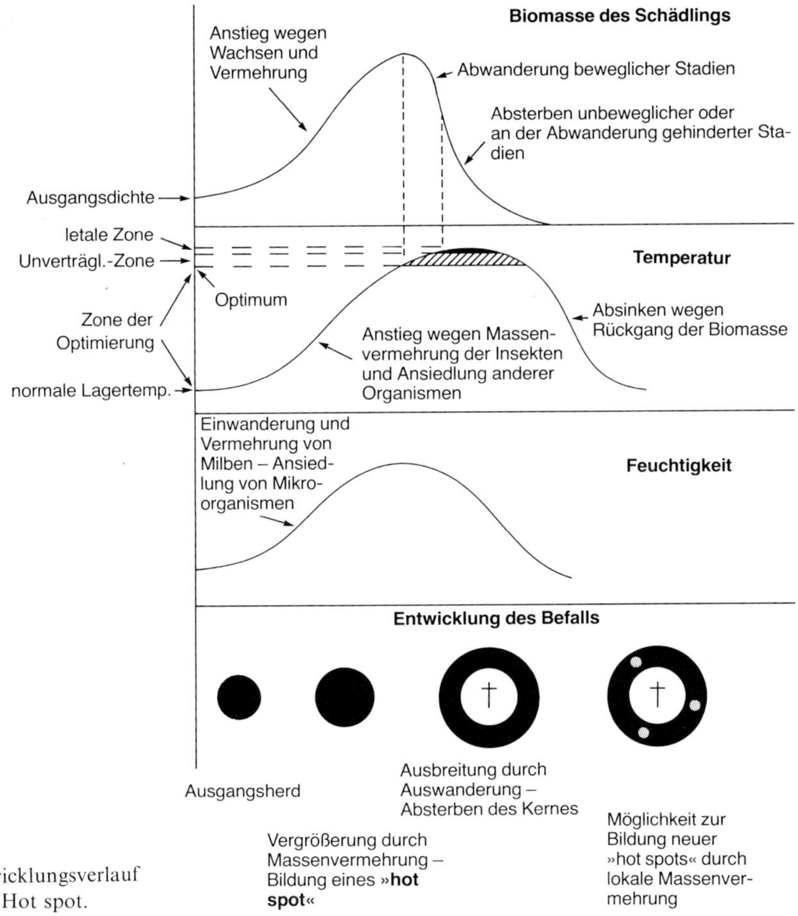

Abb. 46.
Der Entwicklungsverlauf in einem Hot spot.

che dieser Befallsform den englischen Namen „hot spot" (heiße Stelle) gegeben haben. Dieses lokale Wärmeauftreten rührt daher, daß durch die Tätigkeit der Insekten mehr Wärme produziert als abgeleitet wird (besonders Getreide ist ein schlechter Wärmeleiter). Sind Insekten alleine an diesen Hot spots beteiligt, so erreichen die Temperaturen Werte von 40 bis 45 °C; treten Mikroorganismen stärker auf, so können die Temperaturen noch höher steigen (auf 55 °C oder mehr).

In der Entwicklung eines Hot spot kann man verschiedene Phasen unterscheiden, die durch Änderung der Temperatur, der Feuchtigkeit, der auftretenden Organismen und der Biomasse gekennzeichnet sind. Der Verlauf ist in Abb. 46 dargestellt.

Phase 1: Ausgangsbefall. Es liegt eine normale, niedrige Populationsdichte des Schädlings vor. Die Biomasse ist relativ gering, Temperatur und Feuchtigkeit sind nur unwesentlich verändert.

Phase 2: Durch eine günstige Konstellation der Bedingungen setzt eine lokale Massenvermehrung ein. Die Biomasse steigt durch Wachsen der Larven und Zunahme der Populationsdichte an. Die in diesem Stadium der Entwicklung sich bildende Wärme und Feuchtigkeit können nicht mehr im gleichen Maße abgeführt werden. Die Werte für beide Faktoren sind im Bereich des Befallsherdes erhöht. Es bildet sich ein „Hot spot" aus.

Phase 3: Durch den Anstieg der Feuchtigkeit werden die Entwicklungsbedingungen auch für andere Schadorganismen verbessert. Insbesondere siedeln sich jetzt Pilze und Milben in dem Herd an. Dadurch wird der Anstieg von Temperatur und Feuchtigkeit weiter beschleunigt. Die Entwicklungsbedingungen werden immer besser und erreichen schließlich das Optimum. Die Biomasse steigt weiter.

Phase 4: Das Entwicklungsoptimum ist überschritten. Die Temperaturen sind so hoch angestiegen, daß sie für die vorkommenden Tiere zunehmend unverträglich werden. Stadien, die zum Abwandern in der Lage sind, verlassen den Hot spot und dringen in die umgebenden Vorräte ein.

Phase 5: Die Temperatur hat letale Werte erreicht (absolut gesehen sind dies etwa 45 °C für die meisten Vorratsschädlinge). Stadien, die nicht auswandern können, sterben ab. Hierzu gehören Eier und Puppen, aber auch Larven und frisch geschlüpfte Imagines, die sich im Innern von Getreidekörnern befinden. Der Kern des Herdes ist ausgestorben, Temperatur und Feuchtigkeit sinken wieder ab, weil keine Energie und Ausscheidungsprodukte mehr frei werden.

Phase 6: Durch die Abwanderung der beweglichen Stadien hat sich eine neue Befallszone konzentrisch um den alten, abgestorbenen Hot spot gebildet: die Schadstelle hat sich ausgebreitet. Bei guten Bedingungen können sich in ihr wieder neue Hot spots ausbilden.

Abgesehen von den Schäden, welche normalerweise bei einem starken Befall auftreten, sind noch weitere bei Hot spots bekannt:

- Durch die hohen Temperaturen ist der Abbau wichtiger Stoffe, wie Vitamine, gesteigert.
- Der Gehalt an freien Fettsäuren kann zunehmen.
- Die Keimfähigkeit nimmt ab (wichtig bei Saatgut und Braugetreide).
- Mahl- und Backqualität können beeinträchtigt sein.
- Durch Verklumpen kann der Fluß von Getreide beim Entladen eines Lagers erheblich behindert sein.
- Entstehen „Grüner Inseln" an der Oberfläche durch Auskeimen des Getreides als Folge von Kondenswasserbildung (s. Abb. 31). Hier Ansiedlung von Bakterien und Pilzen.

Für die Bildung von Hot spots sind eine Reihe von Vorratsschädlingen verantwortlich, wie Tab. 31 zeigt. In ihr sind ferner Sekundärorganismen genannt, die sich als Folge der eingetretenen Veränderungen in einem Herd ansiedeln können. Es sind dies Pilze, Milben und Insekten, die entweder höhere Feuchtigkeit benötigen oder als Pilzfresser, Parasiten bzw. Räuber ihr Auskommen finden.

Insgesamt kann somit ein Hot spot die Ausbildung einer artenreichen Lebensgemeinschaft bewirken, deren Existenzdauer von der Geschwindigkeit der Veränderungsprozesse abhängig ist. Die Artenvielfalt wiederum ist eine Funktion der mit den Vorräten eingebrachten Organismen

Tab. 31. Beispiele für Organismen, die in einem von Insekten gebildeten Hot spot auftreten können

Verursacher	
Cryptolestes spp.	*Sitophilus oryzae*
Oryzaephilus surinamensis	*Sitotroga cerealella*
Rhizoperta dominica	*Tribolium castaneum*
Sitophilus granarius	*Tribolium confusum*
Einwandernde Milben	
Androlaelaps spp.	verschiedene andere Gamasina-Vertreter
Kleemannia spp.	
Mit dem Vorratsgut eingebrachte Pilze	
Alternaria tenuis	*Hormodendrum* spp.
Cladosporium spp.	u. a.
Helminthosporium (Drechslera) spp.	
Lagerpilze	
Absidia spp.	*Penicillium* spp.
Aspergillus spp.	u. a.
Pilzfressende Insekten	
Ahasverus advena	Psocidae spp.
Cryptophagus spp.	

(Vorratsschädlinge, „seed-born"-Pilze) und der Einwanderungsmöglichkeit von Sekundärorganismen aus der Umgebung des lagernden Gutes.

Die wirtschaftliche Bedeutung der Hot spots liegt einmal darin, daß in ihnen selbst durch Massenvorkommen der Schädlinge, Tierleichen und Ausscheidungsprodukte die Vorräte restlos unbrauchbar gemacht werden und zum anderen darin, daß ihre Umgebung von einem hohen Schädlingspotential befallen werden kann.

Die frühzeitige Entdeckung eines entstehenden Hot spot ist also von größter Wichtigkeit. Auf die geeigneten Untersuchungsmethoden wird im folgenden Abschnitt eingegangen.

1.13 Methoden zum Nachweis von Vorratsschädlingen

Wie schon im Abschnitt Eigenschaften erwähnt, sind die meisten Vorratsschädlinge ausgesprochene Lichtflüchter. Eine oberflächliche Betrachtung der Vorräte wird deshalb in den meisten Fällen nicht genügen, das Vorkommen von Schädlingen festzustellen. Hinzu kommt, daß eine Reihe von wichtigen Schädlingen sich in die Vorräte einbohren und ihre Anwesenheit von außen praktisch nicht festzustellen ist. Schließlich ist es oft erforderlich, auch Reste von Schädlingen und deren Ausscheidungsprodukte nachzuweisen, um den Reinheitsgrad von Lebensmitteln zu ermitteln.

Es muß deshalb Methoden geben, mit denen man die Anwesenheit von Schädlingen, ihren Resten und Verunreinigungen in Vorräten, aber auch in Lagern quantitativ und qualitativ ermitteln und somit bewerten kann.

Eine Einheitsmethode kann es dabei nicht geben. Vielmehr müssen je nach den Umständen verschiedenartige Nachweistechniken eingesetzt werden. Art und Auswahl der Methoden richtet sich im wesentlichen nach folgenden Kriterien:

- Schädlingsart
- Lebensweise des Schädlings
- Art des Vorratsgutes
- Art der Verpackung
- Art der Lagerung
- Art des Lagerraumes.

Im selben Grade, wie diese Faktoren variabel sind, muß auch ein Prüfer in Auswahl, Anwendung und eventuell Neuentwicklung von angepaßten Methoden beweglich sein.

Die nachfolgende kurze Beschreibung von bekannten Methoden kann deshalb schon nicht erschöpfend sein und manchmal nur Anregungen für die Entwicklung von Ad-Hoc-Verfahren geben. Außerdem sind wohl alle angeführten Methoden noch keineswegs ideal, so daß laufend Verbesserungen möglich und anzustreben sind.

Zunächst seien einige Verfahren beschrieben, die zur allgemeinen Feststellung von Schädlingsbefall dienen, sodann spezielle Methoden für einen Innenbefall von Samen und für verschiedene Schädlinge.

1.13.1 Allgemeine Methoden zum Nachweis von freilebenden Insekten

Zu dieser Gruppe gehören einige Verfahren, die relativ einfach sind und deswegen in der Praxis auch am häufigsten angewandt werden. Andere benötigen mehr oder weniger aufwendige Geräte und sind nur dort angebracht, wo laufend größere Mengen von Vorratsgütern überwacht werden müssen.

Absuchen von Räumen und Vorräten

Die reine Beobachtung, ob Insekten an Wänden, Decken, Fußböden, an Säcken, Kartons und dergleichen oder auf den Vorräten selbst vorkommen, setzt voraus, daß die Insekten trotz ihrer Lichtscheuheit und ihres Verbergeverhaltens frei vorkommen. Bei einem starken Befall werden immer einige Tiere zu sehen sein. Besonders trifft dies auf Falter der verschiedenen Mottenarten zu, die tagsüber vornehmlich an senkrechten Wänden in Ruhestellung sitzen, aber auch wandernde Raupen sind leicht zu entdecken. Man kann mit einem einfachen Überblick zum Beispiel auch Puppenkokons oder Spinnfäden von Mottenraupen feststellen, die auf einen Befall des gelagerten Vorrates hindeuten.

Absieben

Haben die Vorräte eine Beschaffenheit, die ein Sieben zuläßt, so kann man mit dieser einfachen Methode leicht Vorratsgüter und freilebende Schädlinge trennen.

Je nachdem, ob die zu erwartenden Tiere größer oder kleiner als das zu untersuchende Produkt sind, wählt man die Maschenweite des Siebes. Bei Getreide und ähnlichen Gütern leistet ein Käfersieb mit 2 mm Maschenweite gute Dienste. Die meisten Schädlinge fallen wegen ihrer geringen Körpergröße hindurch und können auf einer hellen Unterlage leicht erkannt werden. Bei Mehl, Grieß und ähnlichen Produkten sind fein-

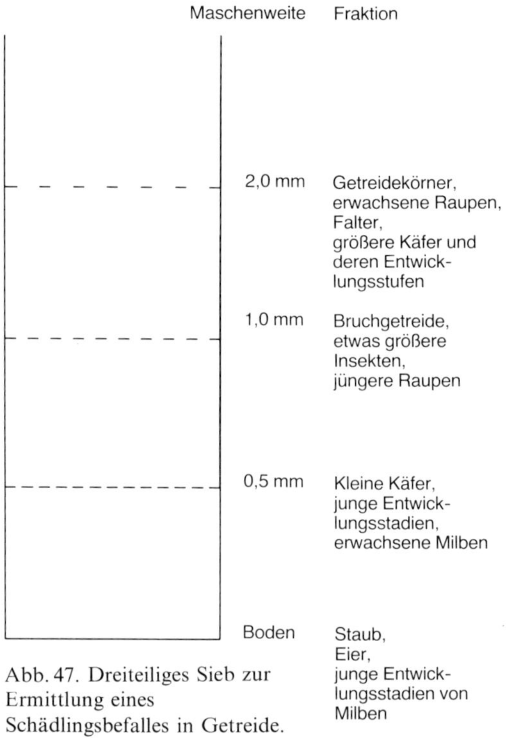

Abb. 47. Dreiteiliges Sieb zur Ermittlung eines Schädlingsbefalles in Getreide.

maschige Siebe einzusetzen, so daß die Vorratsschädlinge zurückbleiben.

Bewährt hat sich auch ein dreiteiliges Sieb mit Maschenweiten von 2,5–1,0 und 0,5 mm. Abb. 47 veranschaulicht, daß hiermit eine übersichtliche Fraktionierung verschiedener Schädlinge und ihrer Stadien möglich ist.

Verwendet man standardisierte Mengen an Vorratsgütern, so lassen sich mit dieser Methode auch quantitative Aussagen, z. B. über die Entwicklung einer Population, machen. Auch Erfolgskontrollen nach Bekämpfungsmaßnahmen bringen bei diesem Siebverfahren gute Resultate, da eine Anreicherung der Schädlinge stattfindet und so ein umfangreiches Tiermaterial überprüft werden kann.

Es ist deshalb nicht verwunderlich, daß dieses einfache Verfahren besonders häufig angewandt wird, so z. B. auch bei Untersuchungen von Importen, bei denen es auf eine schnelle Beurteilung der kontrollierten Ware ankommt.

Anlage und Kontrolle von Verstecken

Die Eigenheit der meisten Käfer, enge Spalten als Verstecke aufzusuchen, kann man sich auch im Rahmen der Untersuchungsmethodik zu Nutze machen. Entweder sucht man natürlicherweise vorhandene Verstecke ab, wie sie sich z. B. hinter Fußleisten, unter Fußbodenbrettern, in Balkenspalten, Zwischenwänden, in Sacknähten usw. befinden, oder man bringt künstliche Verstecke an. Wellpappe eignet sich hierfür besonders gut (s. auch Abb. 49).

Wählt man für diese Verstecke eine einheitliche Größe und kontrolliert sie regelmäßig, so kann man auch diese Methode für quantitative Aussagen und Angaben über den Massenwechsel der Schädlinge verwenden.

Fallen

Die Fallenmethode ist nicht nur zum Fang von Ratten und Mäusen geeignet, wo sie schon lange verwendet wird und den Charakter einer Bekämpfungsmaßnahme annimmt, sondern auch zum Nachweis von Insekten.

Die eben erwähnten künstlichen Verstecke sind letztlich auch nichts anderes als Fallen. Man kann ihre Effektivität dadurch steigern, daß man ein anlockendes Ködermittel einsetzt, so wie dies mit Speck oder Käse bei Mäusebefall schon lange gehandhabt wird.

Moderne Ködermittel sind die Insektenpheromone. (Wegen ihrer grundsätzlichen Bedeutung im Vorratsschutz wird auf sie im Abschnitt Attraktantien noch ausführlich eingegangen.) Erwähnt seien hier nur Leimfallen, die zum Fang fliegender Schädlinge, also vor allem der verschiedenen Mottenarten, dienen. Eine Möglichkeit einer solchen Falle zeigt die Abb. 48. Pheromonbeköderte Wellpappfallen wurden zum Fang des Khapra-Käfers entwickelt (Abb. 49). Sie werden auf die zu kontrollierenden Vorräte gelegt und locken Imagines und Larven gleichermaßen an, da sie einmal die Wirkung eines Versteckes, zum anderen die einer geruchlich attraktiven Falle haben.

Mit solchen Fallen lassen sich Erstauftreten und Verlauf des Massenwechsels der beköderten Arten gut verfolgen.

Auch zum Fang von Käfern, die im Innern von Getreidehaufen vorkommen, wurden Fallen entwickelt. Sie werden wie Sonden (s. unten) in den Getreidehaufen eingeführt und bestehen – vereinfacht geschildert – aus einer durchlöcherten Metallbüchse, die im Innern ein Glas enthält. Käfer, die aus dem umgebenden Getreide durch die Löcher in die Falle eindringen, gelangen in das Glas und können so später ausgewertet werden.

Abb. 48. Pheromonbeköderter Leimfänger zur Ermittlung des Vorkommens von Kleinschmetterlingen in Vorratslagern (Aufn. Vorratsschutz GmbH, Laudenbach).

Abb. 49. Pheromonbeköderte Falle zum Fang von *Trogoderma granarium* (Fa. Vorratsschutz GmbH) (Aufn. STEIN).

Abb. 50. Probenahme mit Sauggerät aus tieferen Getreideschichten (Aufn. Vorratsschutz GmbH, Laudenbach).

Sonden

Die oben schon erwähnten Sonden dienen dazu, Proben aus tieferen Schichten eines Vorrates, z. B. aus Getreidepartien, zu entnehmen. Da sie in das Gut eingeführt werden müssen, können sie also nur bei solchen Gütern verwendet werden, die durchdringbar sind. Die Sonden entnehmen in den vorgesehenen Tiefen Proben mitsamt den darin befindlichen Schädlingen, die nach dem Herausziehen bestimmt und gezählt werden können.

Durch eine große Anzahl von Probenahmen gleicher Volumina kann man ein recht genaues dreidimensionales Bild über das Schädlingsauftreten erhalten.

Probenahmen aus verschiedenen Tiefen lassen sich auch mit staubsaugerähnlichen Geräten bewerkstelligen, wie es Abb. 50 zeigt.

Bewegen der Vorräte

Die meisten Schädlinge reagieren auf Störungen mit gesteigerter Aktivität. Dadurch gelangen Tiere aus den Vorräten oft an die Oberfläche und werden so sichtbar. Einfache Möglichkeiten, dieses Ziel zu erreichen, sind z. B. Umschaufeln loser Ware oder Umlagerung von Säcken.

Einsatz von Licht und Wärme

Die negative Phototaxis der Vorratsschädlinge kann man auch zum Nachweis ausnutzen. Breitet man Vorräte in einer flachen Schicht aus und bestrahlt sie von der Seite, so wandern bewegliche Stadien der Schädlinge zur lichtabgewandten Seite aus. Bestrahlt man Substrate, die auf einem Sieb liegen, mit einer relativ starken Birne von oben, so wandern die Schädlinge wegen der Lichteinwirkung, aber auch wegen der zunehmenden Erwärmung, nach unten aus, gelangen durch das Sieb und können in einem untergestellten Gefäß aufgefangen werden.

Abb. 51. Nachweis eines Befalles in tieferen Getreideschichten durch Temperaturmessung (Aufn. Vorratsschutz GmbH, Laudenbach).

Kontrolle von Maschinen

In Mühlen oder anderen lebensmittelverarbeitenden Betrieben sammeln sich in toten Winkeln u. ä. Stellen von Maschinen oft Nahrungsreste an, die dann bei den meist erhöhten Temperaturen eine Ansiedlung und permanente Vermehrung von Schädlingen bewirken können. Bei einer regelmäßigen Kontrolle solcher Stellen läßt sich häufig leicht ein Befall erkennen.

Temperaturmessungen

Im Abschnitt „Hot spots" wurde eingehend dargelegt, daß sich bei einem stärkeren Befall im Innern verschiedener Vorräte durch tierische Schädlinge die Temperatur des Gutes erhöhen kann. Man kann deshalb diesen Anstieg auch für eine Nachweismethode ausnutzen (Abb. 51), wobei allerdings zu berücksichtigen ist, daß auch durch Mikroorganismen Temperaturerhöhungen bewirkt werden können. Ein direkter Nachweis des Schädlings muß sich also der Temperaturmessung anschließen, wenn erhöhte Werte gemessen werden.

Die Temperaturerhöhung kann mit Einstichthermometern verschiedener Länge ermittelt werden. Da es wichtig ist, auch schon kleine Herde zu erfassen, sollten die Teststellen in allen drei Dimensionen möglichst nahe beieinander liegen. Eine kontinuierliche Überwachung durch eingebaute Meßfühler und Übertragung der Ergebnisse auf Schreiber ist zwar arbeitstechnisch einfach, aber in Anschaffung, Installation und Wartung teuer. Außerdem ist die Zahl der Meßstellen begrenzt, während man mit Stichthermometern die Partien zwar mit wesentlich mehr Zeitaufwand, dafür aber genauer durchmessen kann.

Kohlendioxid-Messungen

Durch die Atemtätigkeit von Vorratsschädlingen entsteht bei gleichzeitigem Verbrauch von Sauerstoff Kohlendioxid (CO_2). Ein Anstieg seiner Werte bedeutet dementsprechend fast stets das Vorkommen von Tieren, da die Atmung des lebenden Getreides (wo solche Messungen hauptsächlich vorgenommen werden) so gering ist, daß diese CO_2-Produktion vernachlässigt werden kann.

Eine Anwendung des Kohlendioxid-Meßverfahrens hat aber verschiedene Nachteile. Einmal sind auch hier die Unkosten hoch (Prüfröhrchen, die immer nur einmal benutzt werden können, Infrarot-Analysatoren). Sodann verteilt sich das gebildete CO_2 vom Entstehungsort aus schneller, als das bei Wärme wegen der schlechten Wärmeleitfähigkeit des Getreides der Fall ist. (Da knapp 40 % des Volumens von lagerndem Getreide Luft sind, kann dieser Gasaustausch relativ schnell erfolgen.) Schließlich ist CO_2 schwerer als Luft und sammelt sich deshalb in den tieferen Schichten an. Eine genaue Lokalisation des Bildungsortes, also des Schädlingsherdes, ist somit ohne großen Meßaufwand recht schwierig.

Bei Innenbefall von Getreide, also z. B. durch Kornkäfer oder Getreidemotten, haben Infrarot-Detektoren, die bei Temperaturen oberhalb des absoluten Nullpunktes ansprechen, bessere Resultate geliefert als herkömmliche Verfahren. Man wird auf diesem Gebiet also die zukünftige Entwicklung praxisgerechter Geräte abwarten müssen.

Erkennen von Insektenbruchstücken und Verunreinigungen

Reste von Insekten können als Folge von Mahlprozessen oder des Zerreibens von toten, ausgetrockneten Tieren in vielen Vorräten vorkommen. Zur Bestimmung des Reinheitsgrades von Lebensmitteln und damit ihrer Verwertbarkeit ist die Identifizierung solcher Reste notwendig.

Optisch lassen sie sich oft unter dem Mikroskop an ihrer Struktur erkennen: Oberflächenskulpturierungen, Haarausbildungen, gefärbte oder glänzende Chitinstücke, Reste von gegliederten Beinen und Antennen, häutige Flügelteile, eventuell mit Resten von Adern, Flügelschuppen von Faltern und dgl. mehr.

Unterstützen kann man diese mikroskopische Methode noch durch eine selektive Anfärbung der Insektenreste, z. B. mit Kristallviolett (0,025 %ig).

Eine Anreicherung der Insektenbruchstücke ist durch Ausschwemmen (Flotation) aus dem Vorratsgut mit Paraffinöl, Benzin, Eisennitratlösung oder anderen Flüssigkeiten und anschließendem Filtrieren möglich.

Verunreinigungen von Vorratsgütern durch ausgeschiedene Harnsäure (s. Abb. 9) lassen sich durch Bestimmung dieser Substanzen auf chemischem Wege nachweisen.

Nachweis von Insekteneiern

Frei im Vorratsgut abgelegte Eier können oft mit bloßem Auge gesehen werden, besonders wenn sie in Gruppen deponiert oder gefärbt sind, wie dies z. B. bei älteren Eiern der Getreidemotte (*Sitotroga cerealella*) der Fall ist. Viele Eier sind aber sehr klein. Kommen sie z. B. einzeln im Mehl vor oder sind sie mit einer Schicht aus Staub und Nahrungsresten umgeben, kann ihre Identifizierung, auch unter dem Mikroskop, problematisch werden. Hier kann eine Anfärbung mit einer n/10 Jod-Lösung (nach vorherigem Waschen mit Alkohol und 5 %Schwefelsäure) nützlich sein.

1.13.2 Spezielle Methoden zum Nachweis eines Innenbefalles in Getreidekörnern und Leguminosen

Sind Vorratsschädlinge in das Innere von Samen eingedrungen, so ist ihr Nachweis oft schwierig, und die oben angeführten Methoden führen zu keinen eindeutigen Ergebnissen. Hier muß der Einsatz von speziellen Verfahren weiterhelfen. Trotz einer Vielzahl von entwickelten Methoden ist der Nachweis eines Innenbefalls aber noch, besonders unter dem Aspekt der Praxis, unbefriedigend.

Aufschneiden von Körnern

Oft ist immer noch das Aufschneiden einer größeren Anzahl von Körnern ein zwar zeitraubender, aber doch sicherer Weg. Daß dabei frisch abgelegte Eier der *Sitophilus*-Arten oder eingedrungene Junglarven von anderen Vorratsschädlingen (z. B. von *Sitotroga cerealella*) übersehen werden können, ist sicher nur bei quantitativen Untersuchungen von Interesse. Fast immer kommen auch ältere Stadien vor, die in durchgetrennten Getreidekörnern kaum übersehen werden können.

Das Verfahren hat darüber hinaus den Vorteil, daß lebende und tote Tiere getrennt werden können, was z. B. bei einer Erfolgskontrolle nach einer Begasung nützlich ist.

Ein vorheriges Einweichen erleichtert das Aufschneiden der Körner, beeinträchtigt aber eventuell die Ermittlung lebender Stadien, weil viele von ihnen durch den Wässerungsprozeß absterben.

Aufschwemm-Methode

In Verbindung mit der eben genannten Untersuchungsmethode ist dieses Verfahren sicher das einfachste und qualitativ zugleich sicherste.

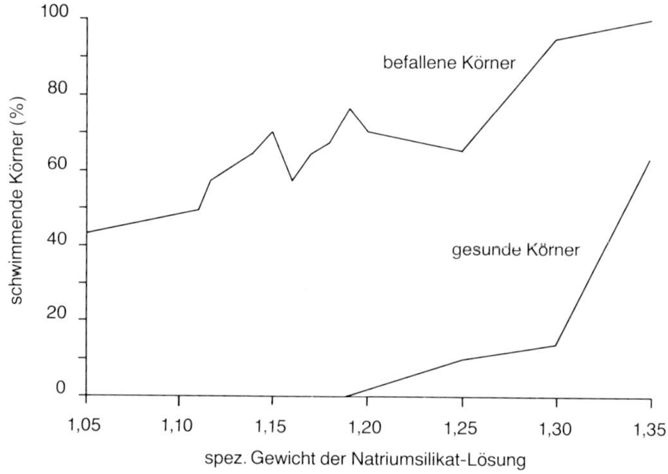

Abb. 52. Die Beziehungen zwischen dem spezifischen Gewicht einer Flüssigkeit und dem Aufschwimmen von befallenen und gesunden Getreidekörnern (Weizen, 12% Feuchtigkeit) (nach White 1956).

Man macht sich dabei die Tatsache zu Nutze, daß innen ausgefressene Getreide- und Leguminosenkörner wegen des Eindringens von Luft spezifisch leichter sind als gesunde. Gibt man eine Probe von Getreide mit Innenbefall in eine Flüssigkeit mit einem spezifischen Gewicht, das zwischen dem gesunder und befallener Körner liegt, so trennen sich beide Gruppen: die intakten Körner sinken zu Boden, die befallenen schwimmen auf der Flüssigkeit. Als trennendes Substrat verwendet man z. B. Alkohol, Petroleum, Eisennitrat- oder Natriumsilikatlösung. Wasser ist auch verwendbar, liefert aber weniger gute Resultate.

Die Abhängigkeit des Aufschwemmens befallener und unbefallener Körner vom spezifischen Gewicht der Flüssigkeit zeigt Abb. 52. Eine Trennflüssigkeit vom spezifischen Gewicht etwa 1,16 ist danach am besten geeignet. Der Nachteil dieser Methode ist, daß frisch befallene Körner nicht erfaßt werden können, weil sie sich von unbefallenen im spezifischen Gewicht noch nicht wesentlich unterscheiden. Um diesen Fehler kleiner zu machen, kann man eine schwerere Flüssigkeit (z. B. Chloroform-Kerosin-Gemisch, spez. Gew. 1,3) mit einer leichteren (Natriumsilikat-Lösung, spez. Gew. 1,16) überschichten. An der Grenze zwischen beiden sammeln sich dann die frisch befallenen Körner an.

In der Praxis ist sicher meist die Schwemmprobe mit dem immer leicht zu beschaffenden Wasser ausreichend.

Zum Schluß sei erwähnt, daß durch die Windsichtung (seitliches Anblasen eines Getreidestromes oder im Steigsichter) auch eine gewisse Abtrennung der spezifisch leichteren Körner erfolgen kann. Allerdings ist diese Methode relativ ungenau.

Anfärben des Eiablagepfropfes von Sitophilus spp.
Die Entwicklung von *Sitophilus*-Arten vollzieht sich im Innern von Getreidekörnern. Die Eier werden in das Korn hineingelegt. Dazu frißt das Weibchen einen kurzen Gang ins Innere, legt das Ei hinein und verschließt die Öffnung mit einem ausgeschiedenen Sekretpfropf, der erhärtet und die Öffnung praktisch unsichtbar macht.

Da sich Eiablagepfropf und Getreidekorn in ihrer chemischen Zusammensetzung unterscheiden, ist es theoretisch möglich, durch Selektivfärbung das Insektensekret sichtbar zu machen. Praktisch ist dieses Verfahren allerdings umstritten, da durch Farbanlagerung auf der Oberfläche des Getreidekornes, besonders an beschädigten Stellen, unklare Resultate erzielt werden.

Vor allem trifft dies für die ältere Methode zu, bei der als Farbstoff Säurefuchsin verwendet wurde. (Methode: 0,5 g Säurefuchsin + 50 ml Eisessig + 950 ml Wasser ansetzen, Körner einige Minuten in warmem Wasser quellen lassen, 2–3 Min. anfärben, waschen und unter dem Stereomikroskop auf dunkelrot gefärbte Eiablagepfropfe untersuchen.)

Ähnlich sind die Resultate bei der Anwendung von Jod-Jodkalium-Lösung (2 g Kaliumjodid + 1 g Jod in Wasser lösen, auf 300 ml auffüllen, zur Probe auf das Dreifache verdünnen, Körner 10–15 Min. anfärben und mit Wasser nachspülen; der

Eiablagepfropf wird schwarz) und mit Gentianaviolett (50 ml 95%igen Alkohol mit 40 Tropfen einer 1%igen Gentianaviolettlösung versetzen, eingeweichte Körner 2 Min. lang anfärben und waschen; der Eiablagepfropf ist rot).

Für die etwas bessere Färbung mit dem Alkaloid Berberinsulfat ist es erforderlich, eine Ultraviolett-Quelle (3660 Å) zur Verfügung zu haben (Methode: 2%ige wäßrige Lösung von Berberinsulfat, Körner 1 Min. anfärben; der Eiablagepfropf fluoresziert stark gelb bis gelborange). Bei den Alkaloiden Chelidonium-Extrakt und Thioflavin tritt eine orangegelbe bzw. hellblaue Fluoreszenz auf, bei Primulin eine hellblaue.

Insgesamt gesehen sind diese Färbemethoden relativ umständlich, wenig exakt und somit für einen Praxistest kaum anwendbar.

Aufhellen der Körner

Durch eine Behandlung der Samen mit Natronlauge kann man das Pflanzengewebe aufhellen, so daß die im Innern befindlichen Stadien der Vorratsschädlinge sichtbar werden.

Die Körner werden dazu für 10 Min. in einer 10%igen NaOH-Lösung gekocht, mit Wasser gründlich nachgewaschen und bei schwacher Vergrößerung unter dem Stereomikroskop untersucht. Brauchbare Ergebnisse kann man allerdings nur bei den stärker chitinisierten älteren Larven, den Puppen und frisch geschlüpften Käfern erzielen.

Auch dieses Verfahren ist relativ umständlich und wegen des Hantierens mit der ätzenden Natronlauge nicht ungefährlich.

Auszählen von Verpuppungsfenstern

Die ausgewachsenen Larven der Getreidemotte *Sitotroga cerealella* und der Bruchiden fressen vor der Verpuppung einen Gang, der bis unmittelbar unter die Außenschale des Getreide- bzw. Leguminosensamens führt. Diese Gänge können von außen durch die stehengebliebenen Fenster als kreisrunde, dunkle Flecken gesehen werden. Bei bereits geschlüpften Imagines befindet sich hier ein Loch (Abb. 4).

Eine Kontrolle der Samen auf einen Befall ist also dann leicht möglich, wenn schon verpuppungsreife Stadien vorliegen. Bei einem frühen Befall muß diese Methode versagen. Eine Kontrolle durch Aufschneiden der Körner sollte in jedem Fall erfolgen.

Röntgen-Methode

Vom Verfahren her ist die Röntgenuntersuchung eine elegante und saubere Lösung. Eine Vorbereitung der Körner ist nicht erforderlich; die Resultate können auf dem Bild eingehend betrachtet werden, und die einzelnen Entwicklungsstadien sind gut zu unterscheiden. (Es kann z. B. durch eine Aufnahmefolge die gesamte Entwicklung in einem einzigen Korn vom Ei bis zum schlüpffertigen Käfer untersucht werden.)

Problematisch ist allerdings, daß lebende von toten Stadien nicht zu unterscheiden sind, was aber bei anderen Verfahren auch nicht immer möglich ist. Ferner sind die Aufnahmegeräte teuer und beim Filmmaterial können Probleme auftreten. Sehr feinkörnige Filme mit Sofortentwicklung bringen dieses Verfahren vielleicht dort wieder in den Vordergrund, wo ständig Getreideuntersuchungen durchgeführt werden müssen.

Akustische Kontrolle

Auch die relativ kleinen Insekten in den Körnern produzieren Geräusche. Mit geeigneten technischen Einrichtungen (empfindliche Mikrophone und Verstärker) können diese Geräusche hörbar gemacht werden. Dabei können zwei Typen unterschieden werden: Geräusche von niedriger Frequenz (wahrscheinlich Bewegungen) und solche von hoher (wohl Fraß). Störend sind bei diesem Verfahren allerdings die Hintergrundgeräusche, hervorgerufen durch das Arbeiten des Getreides im Lager. Selbstverständlich ist eine Entdeckung von Ruhestadien (Eiern und Puppen) auf diese Weise nicht möglich. Vielleicht kann diese Methode bei Verbesserung der Technik einmal in der Praxis häufiger angewendet werden.

Weitere Methoden zum Nachweis von Innenbefall

Es hat noch eine Reihe von Versuchen gegeben, andere Verfahren zum Nachweis der Schädlinge im Innern der Getreide- und Legiuminosensamen zu entwickeln, da alle bisher genannten mit einer gewissen Fehlerquote behaftet sind. Für diese neuen Methoden macht man sich hauptsächlich moderne physikalische Erkenntnisse zunutze. Das besagt aber schon, daß mehr oder weniger komplizierte Geräte benötigt werden, wodurch die Anwendung in der Praxis schon von vornherein begrenzt wird.

Ob das eine oder andere Verfahren trotzdem in Zukunft eine Einsatzmöglichkeit findet, ist meist unwahrscheinlich, muß aber abgewartet werden.

Folgende Methoden seien genannt: Ultraschall (ca. 100 mHz, unterschiedliche Geschwindigkeit in tierischen und pflanzlichen Geweben) photoakustische Spektroskopie, pyroelectric Vidicon, nuklearmagnetische Resonanz.

Bei einem anderen Verfahren werden Getreidekörner zwischen zwei Rollen zerquetscht, wovon eine mit ninhydrin-präpariertem Filterpapier bespannt ist. Durch die Körperflüssigkeit der zerdrückten Insekten bilden sich auf dem Papier purpurne Flecken. Eine Nachweisgenauigkeit bis zu 90 % bei älteren Larven wurde mit diesem Ashman-Limon-Infestation-Detector erreicht.

1.13.3 Methoden zum Nachweis von Milben

Milben liegen wegen ihrer geringen Größe oft an der unteren Grenze der Sichtbarkeit. Besonders in mehlartigen Produkten können sie deshalb leicht übersehen werden. Darum werden spezielle Methoden benötigt, um einen Befall zu erkennen.

Bei grobkörnigen Produkten, wie Getreide, kann man die Milben durch Schütteln in einem Glaszylinder, bei mehlartigen durch Ausstreichen auf einer Glasplatte zum Auswandern veranlassen. Bei einem stärkeren Befall sind Tiere dann, eventuell unter Zuhilfenahme einer Lupe, leicht zu identifizieren.

Bei niedrigem Befall ist ein Anreicherungsverfahren angebracht. Hierzu kann man die zu untersuchende Probe 5 Minuten in 25 %igem Alkohol auf 65 °C erhitzen. In einem Gemisch von Kerosin und 1,2,3,4-Tetrahydronaphthalin können dann Milben (aber auch Insektenbruchstücke) vom Pflanzengewebe getrennt werden. Bei einer Dichte von 1000 – 2000 Milben/kg Getreide soll die Genauigkeit des Erfassens 70–75 % betragen.

1.13.4 Ermittlung von Verunreinigungen durch Nagetiere

Der Reinheitsgrad eines Vorrates kann bei einem Nagetierbefall erheblich unter Verschmutzung leiden. Urin, Kot und Haare verbleiben auch nach dem Abzug oder der Beseitigung von Ratten und Mäusen in dem Gut und können so bis in die verarbeiteten Lebensmittel gelangen. Da solche Produkte für den menschlichen Genuß unbrauchbar geworden sind, muß es Nachweismethoden für die genannten Verunreinigungen geben.

Urin kann mit Hilfe des Urease-Bromthymolblau-Testes nachgewiesen werden (Blaufärbung eines mit beiden Lösungen getränkten Filterpapiers durch Urin).

Im Kot treten fast immer auch Haare auf, die beim Lecken des Felles von den Tieren aufgenommen werden. Sie können unter dem Mikroskop identifiziert werden. Vom Mehl werden solche Kotreste durch Abtrennung mittels Chloroform und Tetrachlorkohlenstoff isoliert. Die Haare haben meist nur eine Länge von weniger als 8 mm. Längere Haare stammen dann aus einem direkten Kontakt der Tiere mit dem befallenen Nahrungsmittel.

Nagetierhaare alleine können aus Getreide und Getreideprodukten durch Ausschütteln einer wässrigen Suspension mit geeigneten Ölen (z. B. Paraffinöl) isoliert werden. Nach Abfiltrieren aus der Ölphase erfolgt dann wieder die mikroskopische Analyse.

Für andere Nahrungsprodukte, wie kandierte Früchte, Rosinen, Marmelade, Konfitüre, Sirup, Gewürze, Zucker oder Salze geben Hansen et al. (1971) folgendes Verfahren an (vereinfacht dargestellt; Einzelheiten im Original):

1. Produkt in Wasser erhitzen,
2. im Scheidetrichter mit flüssigem Paraffin ausschütteln,
3. Paraffin und Wasser trennen,
4. Paraffinschicht mit Petroläther versetzen,
5. Abfiltrieren über Saugflasche,
6. Trocknen,
7. zum Aufhellen bei 45 °C mit Paraffin versetzen,
8. 10 Minuten im Trockenschrank bei 45 °C halten,
9. Auszählen unter dem Mikroskop.

Ratten und Mäusehaare lassen sich von anderen Haaren oder Kunststoffborsten von Bürsten durch ihren Aufbau unterscheiden: äußere Schicht und Innenteil mit zelliger Struktur.

2 Hausungeziefer

Für den Begriff Hausungeziefer ist es schwierig, eine genaue Definition zu geben. Hierher gehören nämlich nicht nur solche Tiere, die – wie Material- und Vorratsschädlinge – einen erkennbaren Schaden anrichten, sondern auch solche, die psychisches Unwohlsein bewirken. Und gerade hier sind die individuellen Unterschiede zwischen den einzelnen Menschen sehr groß. Sieht der eine in einem eingeflogenen Marienkäfer z. B. einen gern gesehenen Gast oder sogar Glücksbringer, so betrachtet ein anderer ihn als eine auszurottende Wohnungsplage. Das Wort ekelerregend taucht sehr häufig auf (s. auch die Ausführungen über Insektenwahn auf Seite 85) und von vielen werden gerade noch Haustiere als tragbar angesehen. Solche überempfindlichen Menschen können nun aber nicht Maßstab für Ausführungen über Hausungeziefer sein, da es sonst nicht möglich wäre, Abgrenzungen zu treffen. Es sollen deshalb hier nur solche Tiere als Hausungeziefer betrachtet werden, die

- in menschlichen Behausungen vorkommen und hier materielle Schäden anrichten oder
- als ein Zeichen allgemeiner unhygienischer Situation betrachtet werden müssen oder
- die auch für einen normalen Menschen als unzumutbar gelten müssen.

Zu ihnen zählen also auch die schon behandelten Vorrats- und Materialschädlinge, wenn sie außerhalb der eigentlichen Vorratshaltung auftreten.

Tab. 32 mag einmal anhand eines Überblickes aus der praktischen Beratung eines gewissen Zeitraumes aufzeigen, welche Tiere zur Bestim-

Tab. 32. Beispiele für das Auftreten von Hausungeziefer. Fälle aus der praktischen Beratung (in Klammern: Häufigkeit der Ermittlung) (Stein unveröff.)

Tausendfüßer (Myriapoda)
Diplopoda sp. (1)
Milben (Acari)
div. spp. (7)
Wohnungsfischchen (Zygentoma)
Lepisma saccharina (10)
Ohrwürmer (Dermaptera)
Forficula auricularia (1)
Schaben (Blattaria)
Blattella germanica (6)
Supella longipalpa (2)
Staubläuse (Psocoptera)
Liposcelis spp. (19)
Wanzen (Heteroptera)
Pyrrhocoris apterus (1)
Rhaphigaster nebulosa (1)
Hautflügler (Hymenoptera)
Lasius brunneus (2)
Lasius niger (1)
Monomorium pharaonis (1)
Käfer (Coleoptera)
Ahasverus advena (2)
Alphitobius diaperinus (4)
Anthicus floralis (1)
Anthrenus spp. (10)
Attagenus pellio (1)
Barypeithes pellucidus (1)
Cryptolestes sp. (1)
Dermestes sp. (2)
Enicmus minutus (2)
Gibbium psylloides (2)
Gnathocerus cornutus (1)
Hylotrupes bajulus (1)
Lathridius bergrothi (1)
Mycetaea hirta (1)
Niptus hololeucus (5)
Ptinus spp. (3)
Sitophilus granarius (3)
Sitophilus oryzae (1)
Sphaericus gibbioides (1)
Stegobium paniceum (15)
Tenebrio molitor (11)
Tribolium spp. (5)
Typhaea stercorea (1)
Schmetterlinge (Lepidoptera)
Ephestia elutella (1)
Nemapogon granellus (1)
Plodia interpunctella (2)
Fliegen (Diptera)
Crataerina pallida (1)
Scatops notata (1)
Thaumatomyia notata (1)
Tipula-Larven (1)
Flöhe (Siphonaptera)
Ctenocephalides felis (1)
Vogelflöhe spp. (1)

mung vorgelegt wurden und somit den Bewohnern als Ungeziefer auffielen. Es handelt sich dabei natürlich um eine, örtlich und zeitlich bedingt, willkürliche Zusammenstellung, die in manchen Jahren und in anderen geographischen Gebieten völlig anders aussehen kann.

Im großen und ganzen kann gesagt werden, daß die Menschen hinsichtlich ihrer Forderung an die Lebensqualität ihrer Wohnungen immer anspruchsvoller werden, und daß damit auch das Problem Hausungeziefer immer dringlicher wird.

Es wird sich aber auch zeigen, daß der Begriff Wohnung – und damit auch der des Hausungeziefers – nicht zu eng ausgelegt werden darf. Der Mensch hat durch die steigende Freizeit- und Erholungsaktivität seinen Wohnbereich nämlich erheblich erweitert. Auch hier treffen die Interessen von Mensch und Tier aufeinander, auch hier tritt Ungeziefer im oben definierten Sinne auf. Es wird also dieser ganze Problemkreis mit angeschnitten werden müssen.

Schließlich kann man auch die Haustierhaltung nicht völlig ausklammern, da viele Gemeinsamkeiten in den Beziehungen zu freilebenden Tieren bestehen und außerdem der Mensch gerade durch die Nähe von Haustieren stark beeinträchtigt werden kann.

2.1 Beziehungen des Hausungeziefers zum Menschen

Es wurde oben schon angedeutet, daß es objektiv sehr schwierig ist, den Begriff Hausungeziefer zu umreißen. Noch problematischer ist es, die Beziehungen zum Menschen festzulegen, denn hier spielt nicht nur die Reaktion des Menschen eine Rolle, sondern auch noch das Verhalten des Tieres. Seine Bindung an den Menschen kann nämlich sehr unterschiedlich sein. Sie kann variieren in Abhängigkeit von

- Jahreszeit
- geographischer Breite, und damit Klima,
- Geschlecht des Tieres.

Beispiele hierfür werden in den folgenden Abschnitten angeführt. Hier sei nur schon darauf hingewiesen, daß Unterschiede in der Reaktion von Populationen großräumig zur Isolierung, zur Ausbildung von Rassen und schließlich sogar – wenn die Zeitspanne der Isolation groß genug ist – zur Entstehung neuer Arten führen kann, die besonders eng an den Menschen angepaßt sind. Der Grad solcher Anpassung soll im folgenden Abschnitt diskutiert werden.

2.1.1 Synanthropie

Unter Synanthropie versteht man das Zusammenleben von wildlebenden Tieren mit dem Menschen. Der Grad dieser Beziehungen und damit der Abhängigkeit kann sehr unterschiedlich sein. Manche Tiere haben sich in dem relativ kurzen geschichtlichen Zeitraum, in dem der Mensch eine eigene Umwelt gestaltet hat, weitgehend an den Menschen angepaßt und sind mehr oder weniger stark abhängig von ihm geworden, andere wiederum leben unabhängig, sind aber durchaus in der Lage, im Lebensbereich des Menschen vorzukommen und die besonderen Bedingungen zu nutzen. Es handelt sich bei diesen beiden Gruppen um obligat bzw. fakultativ synanthrope Arten. Eine dritte Artengruppe schließlich, die Asynanthropen, meidet die Nähe des Menschen.

Mit besonderem Blick auf die Fliegen haben Gregor und Povolný (1958) folgende Einteilung der synanthropischen Beziehungen vorgenommen:

1. Eusynanthrope: Sie verbringen den größten Teil ihres Lebens in unmittelbarer Nähe des Menschen und seiner Einrichtungen und können sich hier auch entwickeln.
2. Hemisynanthrope: Sie leben normalerweise in der freien Natur, können aber auch wie die Eusynanthropen an den Menschen und seine Einrichtungen angepaßt sein.
3. Asynanthrope: Dies sind die übrigen Fliegenarten, die keine Bindung an den Menschen, weder obligat noch fakultativ, zeigen.
4. Synbovile Arten: Sie entwickeln sich in Exkrementen von Wiederkäuern und Huftieren (im Stall oder auf der Weide).
5. Myiasiserreger: Diese Fliegen leben in Wunden oder Körperteilen von Menschen und Haustieren.

Nuorteva (1963) stellte einen Synanthropie-Index auf, der auf der Basis von Fängen in dichten Siedlungen (a), in isoliert stehenden Häusern (b) und in der freien Natur (c) beruht. Nach der Formel

$$\frac{2a + b - 2c}{2}$$

erhält man Indices von + 100 (absolute Bindung an Siedlungen des Menschen) bis −100 (absolutes

Meiden der Siedlungen). Es ergibt sich daraus, daß selbst innerhalb der gleichen Gattung manche Arten sehr eng an den Menschen gebunden sind und dementsprechend häufig als Ungeziefer in Erscheinung treten und manche nur selten oder fast gar nicht, weil sie fernab von menschlichen Lebensstätten vorkommen. Bei einem Eindringen des Menschen in die Natur (Freizeit- und Erholung) können aber auch diese Arten in zunehmendem Maße zu Ungeziefer werden.

Welche Einteilung man auch immer vornimmt, man muß sich darüber im klaren sein, daß sie bei vielen Arten keine Allgemeingültigkeit besitzt. Einige Beispiele mögen dies verdeutlichen.

Abhängigkeit von der Jahreszeit: Manche Arten dringen während der sommerlichen Aktivitätsperiode in die Häuser ein, fehlen hier aber in den anderen Zeiten. Genannt seien Wespen und Ameisen. Andere suchen bei Eintritt kälterer Jahreszeiten die Behausungen des Menschen auf, um hier zu überwintern. Bekannt ist dies z. B. bei Fliegen, Mücken, Grillen, Mäusen.

Abhängigkeit von der geographischen Breite und damit vom Klima: Beispiele dafür, daß sich Tiere der gleichen Art z. B. in Nordeuropa im Hinblick auf die Synanthropie anders verhalten als in Südeuropa, gibt es besonders bei den Fliegen. Es zeigt sich dabei, daß viele Arten in kälteren Klimagebieten eine engere Bindung an den Menschen aufweisen als in wärmeren Zonen. Entscheidend hierfür sind sicher die im Verhältnis zum Freiland günstigeren ökoklimatischen Bedingungen, die den Arten in ungünstigen Gebieten eine längere Aktivitätszeit erlauben.

Abhängigkeit vom Geschlecht: Die Bindung an den Menschen kann bei Männchen und Weibchen unterschiedlich sein. So dringen im Herbst vornehmlich die Männchen der Kleinen Stubenfliege *(Fannia canicularis)* in die Häuser ein, und im Winter dort anzutreffende Mücken sind fast ausschließlich Weibchen.

Das Hausungeziefer nun kann aus allen oben genannten Gruppen stammen. Die obligaten Synanthropen sind durch ihre Bindung an den Menschen ohnehin hierzu zu rechnen. Bekannte Arten sind z. B. die Stubenfliege *(Musca domestica)*, die Essigfliege *(Drosophila melanogaster)*, die Hausmaus *(Mus musculus)* und die Hausratte *(Rattus rattus)*.

Bei den fakultativen Synanthropen werden nur diejenigen Populationen zu Ungeziefer, die in der Nähe der Häuser auftreten, z. B. Ameisen oder Wespen. Entfernter lebende Gemeinschaften können wegen ihrer begrenzten Aktionsradien nicht in die Häuser eindringen.

Asynanthrope können auch zu Ungeziefer werden. So locken helle Häuser oder Lichtquellen viele Insekten an, die dann gelegentlich auch in die Häuser selbst eindringen können. Meist gehen sie hier bald zu Grunde, weil sie keine Nahrung finden oder ihnen die Bedingungen allgemein nicht zusagen. Bekannte Beispiele sind pflanzensaugende Insekten, besonders Wanzen oder die Halmfliege, die in großer Zahl eindringen kann.

Schließlich kann man auch Fälle von fakultativer Synanthropie im Freiland finden, wenn der Mensch in den Lebensraum der Tiere eindringt und hier von ihnen aufgesucht wird. Es ist dabei weniger an Parasiten, wie Stechmücken oder Stechfliegen gedacht, sondern an jene Tiere, die nur lästig werden. Ein bekanntes Beispiel ist die Fliege *Hydrotaea irritans*, die den Menschen anfliegt, um an Augen, Mund oder Nase Feuchtigkeit aufzunehmen. Weitere Beispiele sind Marienkäfer und Rapsglanzkäfer, die z. B. an Meeresstränden oder in anderen Gebieten in großer Zahl auftreten und lästig werden können.

Es ist also für eine Synanthropie, für ein Zusammenleben mit dem Menschen, im Hinblick auf das Ungeziefer durchaus nicht notwendig, daß sich die Tiere lange oder gar dauernd im Bereich des Menschen aufhalten und sich hier fortpflanzen. Es genügt vielmehr, daß der Tatbestand des physischen oder psychischen Lästigwerdens erfüllt ist, um ein Tier als Ungeziefer zu klassifizieren. Daß dieser Tatbestand oft von der Mentalität des Menschen abhängt, wurde eingangs schon gesagt.

2.1.2 Beeinträchtigungen des Menschen durch Ungeziefer

Die negativen Einflüsse des Ungeziefers auf den Menschen können psychischer, aber auch materieller Art sein. Sie reichen von einfachen Belästigungen bis zu ernsten Erkrankungen einerseits und Zerstörungen von Vorräten und Materialien andererseits.

Störungen einfacher Art, die bei ständiger Wiederholung äußerst lästig werden können, sind z. B. der Anflug von Fliegen auf den Menschen. Eine einzige Fliege in einem Raum genügt oft, um das Leben oder nur die Mittagsruhe zu stören. Ähnliche Reaktionen rufen Fluggeräusche von Mücken oder Wespen hervor oder der kontinuierliche Gesang einer Grille in den Nachtstunden.

Bedenklich wird die Situation vor allem dann, wenn diese Lästlinge in großer Zahl oder permanent in Häusern auftreten und die Einwohner praktisch bei jedem Schritt mit – im Grunde harmlosen – Tieren konfrontiert werden.

Hygienisch problematisch sind solche Lästlinge, wenn sie als Überträger von Mikroorganismen fungieren können und dadurch Krankheiten auslösen oder Vernichtungen von Lebensmitteln herbeiführen. Ein solcher Transport von Bakterien, Pilzen und anderen Erregern ist z. B. bei Fliegen, Schaben, Wespen und Ameisen bekannt. (Siehe hierzu auch die Angaben im Speziellen Teil bei den einzelnen Tierarten und in Tab. 7 und 8.)

Der nächste Schritt der Schädigung ist dadurch gegeben, daß das Ungeziefer den Menschen angreift und ihm körperliche Schäden zufügt. Stiche oder Bisse von Mücken, Wespen oder Haustierparasiten sind nicht nur schmerzhaft, sondern können auch ernsthafte Erkrankungen zur Folge haben.

Zur Gruppe der Krankheiten gehören auch die Fälle von Myiasis. Dabei treten vor allem Insekten (besonders Fliegenlarven) in bereits bestehenden Wunden oder in bestimmten Körperabschnitten (Enddarm, Vagina) auf. Ein Heilprozeß kann dadurch erschwert werden. (Siehe hierzu aber auch den Abschnitt über die Nützlichkeit der Vorratsschädlinge und des Hausungeziefers.)

Manches Hausungeziefer kann auch durch abgegebene körpereigene Stoffe unangenehm werden, wie z. B. die Schaben.

Ungeziefer richtet aber auch materielle Schäden an. Verschmutzung durch Fliegenkot an Lampen ist sicher nicht schön, aber meist relativ leicht zu beseitigen. Problematischer wird die Angelegenheit aber, wenn z. B. wertvolle Gemälde verunreinigt werden.

In Lebensmitteln, Möbeln, Textilien, Pelzen, Fellen oder Häuten auftretende Schädlinge werden im Haus zweifellos auch als Ungeziefer betrachtet; sie gehören im Rahmen dieser Darstellung aber in den Vorrats- und Materialschutzteil. Diese Tiere können aber auch zu Ungeziefer werden, wenn sie ihre eigentlichen Lebensräume verlassen und in allen Teilen einer Wohnung auftreten. Viele von ihnen können dabei Schäden anrichten, die über das Normale hinausgehen. Alle möglichen Materialien können auf der Suche nach geeigneten Verpuppungsorten oder nach dem Schlüpfen aus den Puppen beim Hindurchbohren der Imagines zerstört werden. Tapeten, Bücher oder Kunstdrucke können durch sonst harmloses Ungeziefer beschädigt werden; Mäuse zernagen auf der Suche nach Material für den Nestbau Papier und Textilien.

Da Hausungeziefer, allgemein gesprochen und aus der Sicht des Menschen, Tiere in der falschen

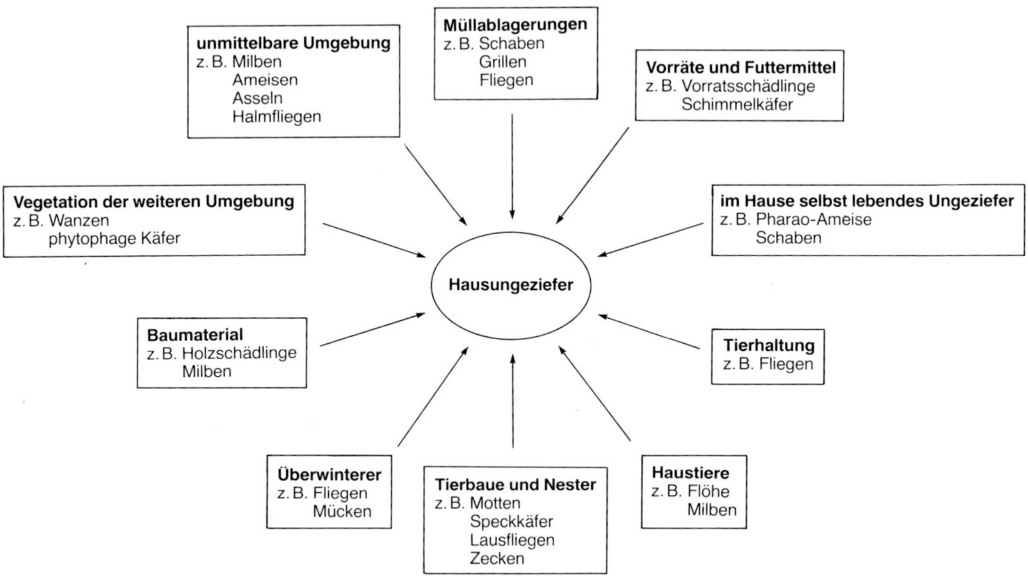

Abb. 53. Die Herkunft des Hausungeziefers (mit Beispielen).

Umgebung sind, wird oft der Schluß gezogen, daß ihr Vorkommen nur dann möglich ist, wenn diese Umgebung, also das Haus oder die Wohnung, nicht ordentlich gepflegt ist. Dieser Schluß ist oft durchaus falsch, wie die genannten Beispiele deutlich machen. Er führt aber, besonders bei Hausfrauen, oft zu einem Schuldgefühl mit schweren psychologischen Störungen. Vergrößert wird diese Belastung durch eine weit verbreitete Angst vor Tieren aller Art.

Diese aus der Unkenntnis stammende Angst ist – wenigstens in den gemäßigten Gebieten – bei den in Häusern auftretenden Tieren fast stets unbegründet, wenngleich eine gewisse Vorsicht bei manchen Tieren, z. B. Wespen, am Platze ist. Diese Angst endet aber im Extremfalle in einem schon krankhaften Zustand, der als „Insektenwahn" bekannt ist. Er führt nicht nur oft zu schweren psychischen Störungen, sondern auch zu echten Erkrankungen wie Allergien. Die betreffenden Personen sehen in allen möglichen, undefinierbaren Partikeln Insekten, die sie verfolgen. Juckreiz tritt bei ihnen auf, ohne daß überhaupt ein Tier in ihrer Umgebung vorkommt, das solch eine Erscheinung hervorrufen könnte. Tatsächlich gefundene, völlig harmlose Insekten oder Reste von solchen vergrößern die Wahnvorstellungen. Hilfe ist in diesen Fällen sehr schwierig, weil eben nichts als Ursache vorhanden ist, was beseitigt werden kann. Selbst Ärzte und Psychologen stehen hier oft vor unlösbaren Problemen. Die beste Gegenmaßnahme ist vorbeugender Natur: Verbesserung der Kenntnisse über die Tierwelt. Nur so kann der Einzelne entscheiden (oder die Erklärung eines konsultierten Experten verstehen), ob ein Ungeziefer wirklich problematisch oder harmlos ist.

In jedem Fall kann man aber sagen, daß Ungeziefer nicht in ein Haus gehört und daß deswegen Gegenmaßnahmen getroffen werden müssen. Allerdings müssen diese Gegenmaßnahmen den Umständen angepaßt sein. Wegen eines Silberfischchens im Bad braucht man nicht die ganze Wohnung mit Insektiziden zu behandeln.

2.2 Herkunft des Ungeziefers

Im vorangegangenen Abschnitt waren schon einige Quellen genannt, aus denen das Hausungeziefer stammen kann. In der Abb. 53 sind nun zusammenfassend die wichtigsten Herkünfte aufgeführt. Die dabei genannten Tiere oder Tiergruppen sind nur Beispiele. Eine ausführliche Darstellung der Ungezieferfauna findet sich im Speziellen Teil.

Sehr wichtige Quellen sind zweifellos Abfälle verschiedener Art. Hierher gehören einmal die Müllablagerungen, sei es in Abfalleimern, sei es auf großen Mülldeponien. Durch ihre geruchliche Attraktivität locken sie sehr viele Tiere an und bieten ihnen – sofern sie lange genug existieren und solange entsprechende abiotische Bedingungen herrschen – ausgezeichnete Vermehrungsmöglichkeiten, da sie meist einen hohen Anteil an organischer Substanz als trophische Grundlage enthalten.

Von diesen Abfallablagerungen wandern regelmäßig Tiere in die Umgebung ab. Ihre Zahl wird bei Massenvermehrungen wegen des entstehenden Populationsdruckes stark ansteigen. Die meisten von ihnen sind wärmeliebende Formen; sie finden deshalb im Hause besonders zusagende Bedingungen und dringen oft in großer Zahl ein. Fliegen können dabei durch Flug weitere Strecken zurücklegen als die laufenden oder mit kleinen Flugsprüngen sich fortbewegenden Schaben und Grillen. Es treten in solchen Abfallablagerungen aber auch noch zahlreiche andere Arten auf wie Asseln, Speckkäfer, Ohrwürmer, Ratten und Mäuse, die in nicht allzu weit entfernte Häuser der Umgebung eindringen können.

Nicht so artenreich ist die Fauna von Stallungen und Freilandgehegen der Tierhaltung. Aus dieser Quelle gelangen vor allem Fliegen, die von Exkrementen angelockt werden und sich in ihnen entwickeln können, in die Häuser der Nachbarschaft. Aber auch parasitär lebende Fliegen, wie Bremsen oder Wadenstecher, können gelegentlich als Hausungeziefer auftreten.

Durch die Tierhaltung im Hause selbst (Hunde, Katzen, Vögel) können einige Ungezieferarten eingeschleppt werden, die z. T. recht unangenehm sind. Am bekanntesten sind meist die Flöhe von Katzen und Hunden, die sich in einem Haus an sehr vielen Orten in organischen Resten entwickeln und auch als erwachsene Flöhe den Menschen befallen können, ohne sich allerdings längere Zeit hier halten zu können. Auch Heimvögel können Parasiten, z. B. Milben, haben, die als Ungeziefer betrachtet werden müssen.

Wildlebende Säugetiere und Vögel, die ihre Bauten in Häusern oder in der Nähe errichten, können sehr wichtige Lieferanten von Ungeziefer sein. Besonders in Vogelnestern (von Sperlingen, Tauben, Mauerseglern oder Schwalben) finden sich viele Parasiten und von organischen Resten lebende Arten, die in die Häuser eindringen können. Materialschädlinge, wie Textil- und tierische Produkte angreifende Insekten, aber auch parasitäre Lausfliegen, Zecken und andere Arten, gehören hierzu.

Als Überwinterer dringen viele Insekten und Spinnentiere in Häuser ein, weil dort günstige Bedingungen herrschen. Fliegen und Mücken wurden schon genannt, es gibt aber noch viele andere Arten, deren Zahl von der Umgebung des Hauses abhängt. Oft sind sie harmlos und werden kaum als Ungeziefer wahrgenommen, weil sie dunkle, versteckte Orte aufsuchen. Manche von ihnen werden zudem auch nur selten als Ungeziefer betrachtet, wie z. B. in ungeheizten Räumen vorkommende Tagfalter (Pfauenauge, Kleiner Fuchs). Spinnen, Asseln oder die genannten Mücken und Fliegen werden aber mit Sicherheit meist als unangenehm empfunden.

Vorratsschädlinge, sofern sie nur an Lebensmitteln vorkommen, sollen in diesem Zusammenhang nicht als Hausungeziefer betrachtet werden, obwohl sie es natürlich sind. Aber sehr häufig bleiben sie nicht auf die Vorräte beschränkt, sondern treten in allen Räumen eines Hauses auf. Klein und daher schlecht zu erkennen, rufen sie bei vielen Menschen Assoziationen mit Gesundheitsschädlingen, wie Flöhe, Wanzen, Läuse, hervor und beeinträchtigen dementsprechend oft entscheidend die Lebensqualität einer Wohnung.

Ein Auswandern von Vorratsschädlingen findet vor allem statt, wenn Massenvermehrungen eingetreten sind. Dies ist besonders häufig dann der Fall, wenn Vorräte oder Futtermittel vergessen irgendwo lagern. In diesem Zustand sind die Produkte zudem auch noch oft verschimmelt, so daß die reine Vorratsschädlingsfauna durch andere Arten, wie z. B. Schimmelfresser, bereichert ist. Diese treten dann im Haus vor allem an feuchten Orten als Ungeziefer auf.

Baumaterial kann auch dazu beitragen, daß Ungeziefer vorkommt. Balken, die vorher nicht ordnungsgemäß gegen Insektenbefall behandelt wurden, können Larven von Holzschädlingen enthalten, aus denen sich – oft erst nach Jahren – fertige Insekten entwickeln, die sich dann ausbohren und im Haus in Erscheinung treten.

In Neubauten können sich manchmal enorme Mengen von Milben bemerkbar machen, die sich in Isoliermaterialien organischen Ursprungs entwickelt haben. Da sie empfindlich gegen Austrocknung sind, gehen die Populationen bald ein. Dämm- und Füllstoffe in Altbauten sind ebenfalls oft Quellen von Hausungeziefer. Eingebaut in Doppelwände und Fußböden ermöglichen sie Insekten wie *Niptus hololeucus*, *Gibbium psylloides*, Schimmel- oder anderen Käfern, eine gute Entwicklungsmöglichkeit und können eventuell zum ständigen Vorkommen von Ungeziefer führen.

Manche Tierarten nisten sich in Häusern ein, ohne daß sie direkt als Vorrats- oder Materialschädlinge zu bezeichnen sind. Sie leben einzeln oder in Kolonien, gehen im Haus auf Nahrungssuche und können so unangenehm in Erscheinung treten. Als Beispiele seien Schaben und Ameisen genannt.

Aus der unmittelbaren Umgebung eines Hauses stammen viele Lästlinge, die zufällig oder gezielt in Wohnräume eindringen. Ameisen legen oft Straßen an, die von ihren Nestern im Freiland quer durch Räume hindurch zu Futterquellen führen. Milben, die sich in unmittelbar an das Haus anschließenden Rasen entwickelt haben, wandern in bestimmten Lebensphasen oft in größerer Zahl in Häuser ein. Halmfliegen, besonders *Thaumatomyia notata*, entwickeln sich wie die genannten Milben an Gräsern. Im Herbst, in geringem Maße auch im Frühjahr, fliegen sie an bestimmten Orten in meist großen Schwärmen in besonders exponierte Häuser ein.

Darüber hinaus können viele andere Tiere aus Lebensräumen, die unmittelbar an Häuser angrenzen, zu Ungeziefer werden. Asseln, Schnecken, Ohrwürmer, Laufkäfer, Spinnen, Tausend- und Hundertfüßer gehören zu dieser Gruppe, die hauptsächlich in ebenerdigen Räumen zu finden ist.

An Pflanzen des Freilandes entwickeln sich sehr viele Insekten, die auch über größere Entfernung hinweg durch Flug in die Häuser eindringen können. Sie werden meist durch das Licht oder helle Hausflächen angelockt und können in Räumen mit geöffneten Fenstern oder auf Terrassen und Balkons sehr lästig werden, zumal oft unter ihnen auch relativ große Formen zu finden sind, wie z. B. Wanzen oder Käfer.

Manche der genannten Ungezieferquellen können durch geeignete Bekämpfungs- oder Gegenmaßnahmen ausgeschaltet werden. Manchmal läßt sich ein Eindringen in Häuser nur reduzieren, aber nicht völlig abstellen, und gelegentlich erhebt sich die Frage, ob eine Toleranz bestimmter Lästlinge nicht angebracht ist, wenn man dadurch gewisse Annehmlichkeiten nicht aufzugeben braucht.

Wenn der Mensch direkt physisch beeinträchtigt wird durch das Vorkommen von Ungeziefer (z. B. bei Krankheitsüberträgern), ist die Durchführung von Gegenmaßnahmen keine Frage. In anderen Fällen, in denen es sich wirklich nur um Lästlinge handelt, ist Art und Umfang der Reaktion des Menschen letztlich der Mentalität des Einzelnen überlassen.

2.3 Das Haus als Lebensraum des Ungeziefers

Der Mensch ist auf Grund seines Körperbaus und seiner physiologischen Leistungen a priori nicht in der Lage, alle Teile der Erde zu besiedeln. Erst seine zivilisatorischen Errungenschaften ermöglichen es ihm, auch in kälteren Gebieten dauernd zu wohnen. Die wichtigste Komponente dabei ist das Haus mit allen seinen Einrichtungen. Hierdurch hat der Mensch sich einen eigenständigen Lebensraum mit einem eigenen Klima geschaffen, das er unabhängig von der Außenwitterung mit Hilfe von technischen Geräten durch Variation von Temperatur, Feuchtigkeit und Licht so einstellen kann, wie er es wünscht.

Tiere, die sich ihm anschließen, müssen in der Lage sein, sich auch diesen Bedingungen anzupassen. Oder umgekehrt, Tiere, die in der Lage sind, diese Bedingungen zu tolerieren, können diesen Lebensraum für sich neu erschließen.

Diese Anpassung muß bei den Arten, die sich in Häusern permanent entwickeln wollen (also den echten Vorrats- und Materialschädlingen), vollständig sein. Bei dem Hausungeziefer ist das nicht unbedingt erforderlich, da es meistens das Haus nur temporär aufsucht und – wenn dies die Umstände erlauben – wieder verläßt, wenn die Bedingungen die Toleranzgrenzen überschreiten. Diese Grenzen können durch abiotische und trophische Faktoren gegeben sein, aber auch durch das Verhalten, z. B. durch Suche von Eiablageorten, Schwarmflüge usw.

Ob der Aufenthalt nun permanent oder temporär ist: in jedem Fall muß sich das Hausungeziefer während der Zeit seines Aufenthaltes in Räumen den dort herrschenden Bedingungen anpassen.

2.3.1 Ökologische Bedingungen

Ein Haus mit mehreren Räumen ist wegen der unterschiedlichen Nutzung der einzelnen Teile keine ökologische Einheit. Eine weitere Differenzierung tritt bei mehrstöckigen Häusern in der Vertikalen ein, wodurch vor allem die abiotischen Bedingungen beeinflußt werden, dadurch aber auch gewisse trophische Angebote, wie noch gezeigt wird.

Im jahreszeitlichen Ablauf sind die Unterschiede naturgemäß im Winter besonders groß, weil einmal mehr künstliche Eingriffe in das Hausklima vorgenommen werden und zum andern durch Schließen von Fenstern und Türen der Austausch mit der Umgebung eines Hauses, der im Sommer weitgehend das Klima eines Gebäudes bestimmt, abgedrosselt ist.

2.3.1.1 Abiotische Bedingungen

Temperatur, Feuchtigkeit und Beleuchtung eines Raumes hängen sehr stark von seiner Nutzung ab. Wenn hier im einzelnen auch die besonderen Einrichtungen und die individuellen Ansprüche der Benutzer variierend wirken können, so gibt es doch charakteristische Züge im speziellen Raumklima, die nachfolgend kurz skizziert werden sollen.

Keller: In älteren Häusern mit Etagen- oder Zimmerheizung sind die Kellerräume meist feucht und kühl. Die Temperaturen liegen etwa um 10 – 12 °C, die relative Luftfeuchtigkeit bei 70 – 80 %. Die Schwankungen im Jahr sind wegen der Isolierwirkung der umgebenden Erde gering.

Anders ist die Situation in zentralbeheizten Häusern. Die im Keller installierte Heizung sorgt für einen Anstieg der Temperaturen und einen gleichzeitigen Rückgang der relativen Luftfeuchtigkeit. Bei Außenbedingungen um 0 °C wurden Werte von 16 – 17 °C und 55 – 60 % r. F. gemessen.

Normalerweise herrscht im Keller Dunkelheit, die nur kurzfristig durch Einschalten der künstlichen Beleuchtung unterbrochen wird.

Küche: Temperatur und relative Luftfeuchtigkeit unterliegen in einer normalen Küche entsprechend ihrer nur zeitweiligen Benutzung zum Kochen von Speisen größeren Schwankungen. Die Temperaturen liegen aber im allgemeinen etwas höher als in anderen Räumen, die relative Luftfeuchtigkeit kann kurzfristig sehr hohe Werte erreichen. Tagesschwankungen um 30 % sind keine Seltenheit. An Kaltwasserrohren kann sich Kondenswasser bilden, an anderen, geschützten Stellen sind die r. F.-Werte manchmal dauernd sehr hoch.

Der normale Tagesgang der Beleuchtung wird

in den meisten Küchen durch Zusatzbeleuchtung nur geringfügig verlängert.

Wohnzimmer: Im allgemeinen werden die Temperaturen hier relativ hoch liegen (20–22 °C) und auch konstant sein, wobei es allenfalls in den Nachtstunden zu einem Absinken (nach Messungen im Winter bei abgestellter Heizung auf etwa 17 – 18 °C) kommen kann. Die r. F.-Verhältnisse können dagegen recht unterschiedlich sein. In zentralbeheizten Räumen sind 35–40 % möglich, doch gibt es normalerweise eine Reihe von Feuchtigkeitsquellen, die ein Ansteigen auf 50–60 % bewirken, z. B. Luftbefeuchter, Zimmerspringbrunnen, Aquarien oder Zimmerpflanzen.

Die Lichtbedingungen sind ebenfalls gegenüber den anderen Hausteilen verändert: der normale Tagesgang wird durch den Aufenthalt am Abend nicht unwesentlich verlängert. Hellzeiten (mit allerdings wechselnden Lux-Werten) von 15 bis 16 Stunden das ganze Jahr über sind wohl in den meisten Häusern anzutreffen.

Schlafzimmer: In den üblicherweise nicht oder nur wenig beheizten Schlafräumen dürften die Temperaturen (abgesehen von heißen Sommertagen) kaum Werte von 20 °C übersteigen. Meistens liegen sie in einem Bereich zwischen 14 und 16 °C. Die Feuchtigkeit ist stets gering. Der tägliche Lichtgang ist normal oder – im Sommer – sogar noch etwas reduziert.

Bad: Die Temperaturen sind hier meist normal mit Werten um 20 °C. Extremwerte erreicht dagegen die relative Luftfeuchtigkeit. Dies kann an kalten Wasserrohren, an Außenwänden und an Stellen mit geringer Ventilation zur Bildung von Kondenswasser führen.

Dachboden: Auf unbeheizten Dachböden wird – in Abhängigkeit von der Isolierung – hinsichtlich der Temperatur ein abgepufferter Gang der Außenbedingungen vorliegen. Im Winter können dabei häufig auch Minustemperaturen erreicht werden. Im Sommer kann es allerdings bei langer Sonnenscheindauer zu einer starken Aufheizung mit hohen Temperaturen und niedrigen Feuchtigkeitswerten kommen.

Die Lux-Werte sind im allgemeinen wegen kleiner Fensteröffnungen niedrig.

Neben diesen im Wohnhaus allgemein existierenden Räumen gibt es noch andere Örtlichkeiten, die für Wohnungsungeziefer von großer Bedeutung sein können. Genannt seien nur Wasch- und Bügelräume oder Müllverbrennungsanlagen. Die Temperaturen sind hier meist sehr günstig für die Tiere und auch die Feuchtigkeit liegt hoch.

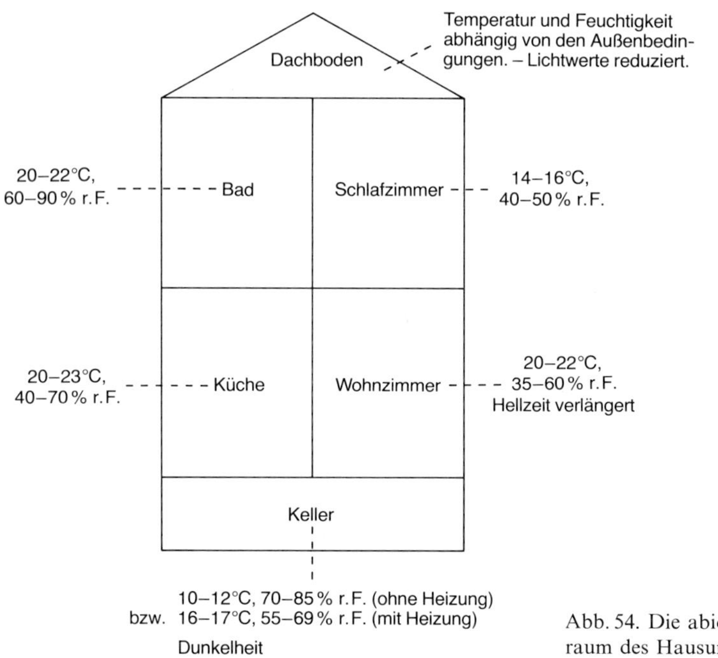

Abb. 54. Die abiotischen Bedingungen im Lebensraum des Hausungeziefers.

Von besonderer Bedeutung für das Vorkommen von Tieren sind auch verschiedene gewerbliche Betriebe, wie Bäckereien, Metzgereien oder Wäschereien.

Eine zusammenfassende Darstellung der abiotischen Bedingungen zeigt Abb. 54, wie sie sich aus Messungen ergeben haben. Dabei ist es selbstverständlich, daß durch die fast unendliche Variationsmöglichkeit in Bauweise, Verhalten der Bewohner und Nutzungsweise der Räume viele Abweichungen möglich sind. Grundlegend werden sie allerdings den Lebensraum für Ungeziefer nicht verändern, allenfalls modifizieren.

Bewertet man die abiotischen Bedingungen eines Hauses im Hinblick auf das Leben und die Entwicklungsmöglichkeit von Hausungeziefer, so kann man feststellen, daß die Werte fast überall oberhalb der Bedingungen liegen, die als Pessimum zu bezeichnen sind. Die hauptsächlich maßgebenden Temperaturen bewegen sich fast das ganze Jahr über (sieht man vielleicht von ungeheizten Dachböden im Winter ab) oberhalb der Aktivitätsgrenze und fast immer auch oberhalb des Entwicklungsnullpunktes der meisten Arten.

In manchen Räumen wird sogar nahezu das Optimum erreicht. In anderen wiederum kann – immer natürlich vorausgesetzt, daß die notwendige Nahrung vorhanden ist – die Entwicklung so langsam ablaufen, daß im Jahr kaum eine Generation vollendet wird.

Die günstigen Temperaturen haben zur Folge, daß sich in Häusern Arten halten können, die im Freiland nicht ständig auftreten. Es ist dies dieselbe Erscheinung, die auch schon bei den Vorratsschädlingen erwähnt wurde.

Da die Temperaturen günstig sind, haben die übrigen abiotischen Faktoren meist nur eine variierende Wirkung. Trockenheits- und feuchtigkeitsliebende Arten finden im Haus wegen der großen Spannen der auftretenden Feuchtigkeit eine Lebensmöglichkeit, und ähnlich ist es mit lichtliebenden und -meidenden Formen.

Es ist deshalb nicht verwunderlich, daß der Artenkreis des Hausungeziefers recht groß sein kann, wobei allerdings oft die zur Verfügung stehende Nahrung als limitierender Faktor eine Rolle spielen kann. Dies gilt wenigstens für jene Arten, die sich längere Zeit im Haus halten wollen.

2.3.1.2 Bauliche Bedingungen

In einem engen Verhältnis zu den abiotischen Bedingungen stehen die baulichen Verhältnisse eines Hauses. Auf sie kann in diesem Zusammenhang nur insofern eingegangen werden, als sie für das Leben des Hausungeziefers von besonderer Bedeutung sind. Auf einige Punkte wurde schon in vorangegangenen Abschnitten hingewiesen.

So haben Doppelwände und -fußböden für viele Lästlinge die Funktion eines ausgezeichneten, geschützten Lebensraumes, sofern sie zugänglich sind. Aber das ist meist kein Problem für die relativ kleinen Tiere, die sich nicht nur durch enge Spalten hindurchzwängen, sondern Zugänge erweitern oder sie eventuell selbst herstellen können.

Besonders wichtig sind solche doppelwandigen Gebäudeteile, wenn sie mit organischen Materialien zur Dämmung von Schall und Temperatur aufgefüllt sind, wie dies vor allem in älteren Häusern möglich ist. Heu, Stroh, Häcksel, Reisspelzen und andere gute isolierende Substanzen sind als Futter für manche Tiere oder als Nährböden für Pilze (von denen dann wieder andere Tiere leben können) gut geeignet.

Moderne Isoliermaterialien (Glaswolle, Steinwolle, Schaumstoffe) haben in neu erbauten oder alten renovierten Häusern die Vermehrungsmöglichkeiten stark eingeschränkt, doch bleiben diese Wände und Decken auch weiterhin ausgezeichnete Verstecke.

Verbergemöglichkeiten gibt es überhaupt im Haus zahlreich. Unter Fußbodendielen, hinter Leisten und Schaltbrettern, schweren Möbeln und Einbauschränken, unter Teppichböden und an ähnlichen Orten kann sich das Ungeziefer – dämmerungs- und nachtaktive Tiere vor allem in den Tagesstunden – verbergen. Ameisen legen hier ihre Nester an und belaufen von dort aus das ganze Haus. Diese unzugänglichen Stellen werden selten oder gar nicht gereinigt, so daß sich hier auch organische Substanzen, die als Nahrung dienen können, ansammeln. Zudem sind diese Orte auch bei Bekämpfungsaktionen gar nicht oder nur schwer zu erreichen.

Bei Neubau oder bei Einrichtung von Häusern sollte deswegen auf solche Stellen geachtet werden. In vielen Fällen lassen sie sich zweifellos vermeiden.

Eine besondere Bedeutung kommt den Schächten zu, in denen in mehrstöckigen Häusern Leitungen für die Ver- und Entsorgung der einzelnen Etagen verlegt sind. Sie bilden einen hervorragenden Verbindungsweg für Ungeziefer aller Art, z. B. besonders für Schaben, Ameisen, aber auch Ratten und Mäuse, die auf diese Weise ein ganzes

Haus besiedeln können. Auch bei der täglichen Nahrungssuche werden sie von ihnen benutzt. Begünstigend ist noch, daß in diesen Schächten meist auch die Rohre für Heizung und Warmwasser verlaufen, so daß die dort herrschenden Temperaturen Tag und Nacht für eine gesteigerte Aktivität günstig sind.

Zum Schluß dieser Betrachtungen über die Gestaltung von Häusern sei noch kurz auf die Anstriche der Außenwände hingewiesen. Sie haben für die Anlockung von Tieren aus der Umgebung eine nicht zu unterschätzende Bedeutung. Freistehende, hell gestrichene Häuser, besonders vor einem dunklen Hintergrund (z. B. Wald) sind außerordentlich anziehend. Anfliegende Insekten dringen oft in die Häuser ein und können sich hier als Ungeziefer einnisten oder wenigstens kurzfristig aufhalten. Gedeckte Farben oder Verkleidungen können manches Problem, das später oft und lange das Wohnen negativ beeinträchtigt, vermeiden.

2.3.1.3 Trophische Faktoren

Das Innere eines Hauses bietet für Tiere ein umfangreiches Nahrungsspektrum an, das weit über das hinausgeht, was als Lebensmittel für den Menschen in Frage kommt.

Einen Überblick über die wichtigsten Quellen gibt die Abb. 55. Auf Vorräte, Textilien und Materialien tierischer Herkunft (Pelze, Felle, Häute, präparierte Tiere) wurde schon hingewiesen. An Zimmerpflanzen können sich zahlreiche phytophage Insekten und Milben in Massen entwickeln und dann eventuell sehr lästig werden. Auch in oder an der Blumenerde treten manche Tiere, wie Springschwänze (Collembolen) oder Trauermücken (Bibioniden), oft in großer Zahl auf.

Baumaterial bildet die Nahrungsgrundlage vor allem für Holzschädlinge, aber auch die schon erwähnten Füllmaterialien lassen die Entwicklung von zahlreichen Lästlingen zu.

Zu den verschiedenen organischen Stoffen gehören z. B. Papier, Bucheinbände, Tapetenkleister, an denen verschiedene Arten, z. B. Silberfischchen und Staubläuse, leben.

Unter Detritus sind organische Reste zu verstehen, die als mehr oder weniger feiner Staub auftreten oder sich an wenig zugänglichen Stellen im Laufe der Zeit ansammeln. Sie bilden vor allem für kleine und kleinste Tiere eine geeignete

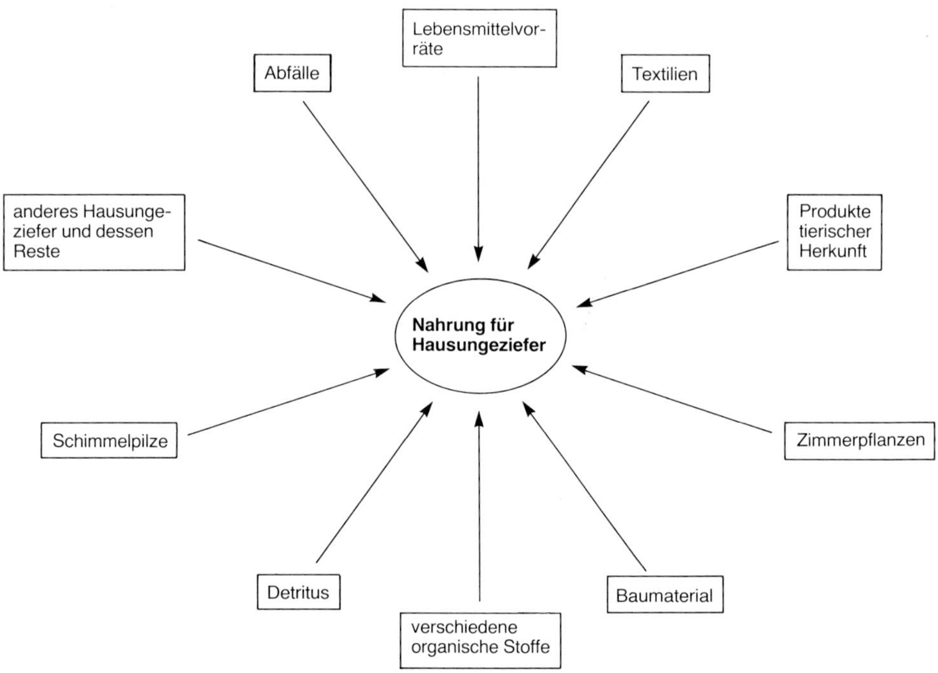

Abb. 55. Das Nahrungsspektrum des Hausungeziefers.

Nahrungsgrundlage. Wichtig sind in diesem Zusammenhang vor allem die Staubmilben, die sogar im Staub von Schlafzimmern trotz der allgemeinen ungünstigen abiotischen Bedingungen in erheblichen Mengen auftreten können, besonders unter den Betten. Schimmelpilze siedeln sich überall dort an, wo ständig eine hohe Feuchtigkeit herrscht und ein gewisses Minimum an organischen Substraten vorhanden ist. Im Keller, in Küchen und Badezimmern, aber auch in anderen Räumen mit feuchten Wänden, kann sich an zahlreichen Stellen leicht ein Pilzrasen bilden, der dann eine Nahrungsgrundlage für eine relativ große Anzahl von Tieren bildet (z. B. Milben, Staubläuse, Silberfischchen, Schimmel- und Moderkäfer).

Schließlich sind unsachgemäß, d. h. zu lange und an unzugänglichen Stellen deponierte Abfälle Anlockungsquellen für viele Tiere, zu denen neben Fliegen, Wespen oder Schaben auch Säugetiere wie Mäuse und Ratten gehören. Besonders lästig können in Küchen, aber auch in Wohnzimmern, Essigfliegen der Gattung *Drosophila* werden, die sich an Obst, das in Zersetzung übergegangen ist, oft in großen Mengen und in kurzer Zeit entwickeln.

Zum Schluß sei aber noch das Ungeziefer selbst als Nahrungsquelle angegeben, denn im Gefolge seiner Ansiedlung treten verschiedene andere Tiere auf, die von ihm leben: Räuber und Parasiten. Eigentlich sollte man die Anwesenheit dieser Nützlinge begrüßen, da sie mithelfen, das Ungeziefer zu vertilgen. Aber auch bei ihnen handelt es sich um Tiere am falschen Ort, und sicher erhöht ein Raum voller Spinngewebe nicht das Wohlbefinden der Bewohner.

Wenn somit die Palette der angebotenen Nahrung in einem Haus groß ist, so ist es auch nicht verwunderlich, daß die Artenzahl des Hausungeziefers sehr hoch sein kann.

2.3.2 Verteilungsmuster des Ungeziefers im Hause

Ein Haus kann wegen seiner spezifischen Bedingungen zwar als ein eigenständiger Lebensraum betrachtet werden – ihm kommt also durchaus Biotopcharakter zu – die in ihm lebende Fauna ist in ihrer artlichen Zusammensetzung aber doch mehr oder weniger vom Zufall abhängig. Sie wird einmal bestimmt durch die Einschleppung mit Vorräten und Materialien, zum anderen durch den Tierbestand der näheren Umgebung.

Für ihn wirkt das Haus wie ein Filter, der nur solche Arten durchläßt, die verhaltensmäßig und physiologisch an die besonderen Bedingungen angepaßt sind. Allerdings ist dieser Filter sehr oft porös, weil eine große Anzahl von Tieren eindringen kann, die im Hause keine geeigneten Verhältnisse vorfinden und deshalb wieder abwandern oder früher oder später absterben, ohne sich fortgepflanzt zu haben.

Bevor ein Überblick über das wichtigste Hausungeziefer und seine Verteilung im Hause gegeben wird, sollen zunächst noch einmal die Komponenten zusammengefaßt werden, die für die Zusammensetzung der Hausungezieferfauna verantwortlich sind und modifizierend wirken.

Außerhalb des Hauses:

Wälder	Wasserläufe	Stallungen
Gärten	Seen	Tiergehege
Parkanlagen	Abfall-ablagerungen	gewerbliche Betriebe

Am Haus:

Vogelnester	Abfallablagerungen
Stallungen	

Im Haus:

gewerbliche Betriebe (Großküchen, Bäckereien, Wäschereien)
Tierhaltung (Haustiere, Ställe, Taubenschläge)

Durch die ökologischen Ansprüche der Tiere einerseits und die abiotischen, trophischen und baulichen Bedingungen andererseits kommt es zu einer Verteilung der eingedrungenen Arten innerhalb des Hauses. Manche Arten mit einer breiten ökologischen Valenz können dabei mehr oder weniger gleichmäßig im ganzen Haus verteilt sein, andere findet man nur in eng umgrenzten Strukturteilen dieses Lebensraumes Haus.

Tab. 33 nennt einige wichtige und häufig wiederkehrende Arten. Insgesamt kann man wohl damit rechnen, daß mehrere hundert Ungezieferarten in die Häuser eindringen und hier lästig werden können. Eine regelmäßige Artenkombination mit dem Erreichen eines gewissen Endstadiums in der Artenzusammensetzung, wie sie in Freilandbiotopen gleicher Struktur möglich ist, wird man bei der Ungezieferfauna eines Hauses nicht erwarten können. Hier spielen, mehr noch als in Freilandbiotopen, die Zufälle bei der Besiedlung eine Rolle.

Für die Praxis der Ungezieferbekämpfung bedeutet das aber die Möglichkeit, ständig vor neue Probleme mit neuen Ungezieferarten gestellt zu sein.

Tab. 33. Beispiele für die Ungezieferfauna verschiedener Teile eines Hauses

Keller
Asseln: *(Oniscus, Porcellio)*
Milben: verschiedene Arten
Insekten: Springschwänze (Collembola, versch. Arten)
Wohnungsfischchen *(Lepismodes inquilinus, Lepisma saccharina)*
Schaben (versch. Arten)
Grillen *(Acheta domesticus)*
Staubläuse (versch. Arten)
Ameisen *(Monomorium pharaonis* u.a. Arten)
Käfer (Totenkäfer, Gierkäfer, Diebskäfer, Laufkäfer, Moderkäfer, Schimmelkäfer mit versch. Arten)
Fliegen (versch. Mücken-Arten und brachycere Fliegen-Arten)
Schnecken: Kellerschnecke *(Limax flavus)*

Küche
Vorratsschädlinge im engeren Sinne (versch. Arten)
Staubläuse
Schaben
Wespen
Ameisen
Fliegen (z. B. *Drosophila* spp., versch. brachycere Arten)

Wohnzimmer
Materialschädlinge im engeren Sinne
Pflanzenschädlinge (versch. Arten)

Schlafzimmer
Materialschädlinge im engeren Sinne (versch. Arten)
Staubmilben
Staubläuse

Bad
Staubläuse
Silberfischchen *(Lepisma saccharina)*

Dachboden
Holzschädlinge (versch. Arten)
Materialschädlinge (z. B. *Dermestes* spp., Pelzmotte *Tinea pellionella)*
Diebskäfer
Moderkäfer
Schimmelkäfer

2.4 Veränderung der Ungezieferfauna im Laufe der Zeit

Die Zusammensetzung der Ungezieferfauna eines Hauses ist im wesentlichen – sieht man von der passiven Einschleppung mancher Arten ab – durch zwei Komponenten geprägt:
1. Artenangebot der Umgebung
2. Selektionsdruck des Hauses.

Beide Komponenten wurden in den letzten Jahrzehnten durch Veränderungen so beeinflußt, daß damit auch die Ungezieferfauna oft verändert wurde. An einigen Beispielen soll dies geschildert werden.

Tab. 34 zeigt die wichtigsten Veränderungen in der Umgebung der Wohnhäuser und die daraus resultierende Umgestaltung der Ungezieferfauna. Viele dieser Veränderungen führen zweifellos zu einer Arten- und Individuenreduktion, andere wiederum fördern das Auftreten von Tieren in den Häusern und müssen gewissermaßen als Preis für eine verbesserte Umwelt des Menschen in Kauf genommen werden.

Die Bebauung der Fläche durch Häuser, Plätze, Straßen, Parkplätze usw. führt zu einer kontinuierlichen Abnahme der offenen Bodenoberfläche. Da diese aber in den gemäßigten Gebieten fast stets in irgendeiner Weise bewachsen ist, nehmen dadurch auch die Tierarten ab, die an Pflanzen auftreten und gelegentlich in die Wohnungen eindringen. Diese Abnahme wird vor allem in den Zentren der Städte auffallend sein, sofern nicht in ihrer Nähe durch die Anlage von Grünflächen (Grünzüge, Parks, Gärten, Straßenbäume) ein gewisser Ausgleich geschaffen wird.

In solchen Grünanlagen haben Wasserflächen einen besonderen erholungsfördernden Wert. Man muß deshalb damit rechnen, daß manche im und am Wasser lebende Tiere verstärkt in anliegende Häuser eindringen können, z. B. überwinternde Mücken.

Die Erweiterung der Stadtfläche und die immer höher werdenden Häuser vergrößern die sonnenstrahlenaufnehmende und damit wärmespeichernde Oberfläche. Bei gleichzeitiger Verbesserung der Heizung innerhalb der Häuser kommt es so zu einer ständig zunehmenden Aufheizung der Städte, wodurch nun wiederum manche wärmeliebende Tierarten verbesserte Lebensbedingungen antreffen. Die Zunahme von Schaben und bestimmten Fliegenarten (z. B. der eingeschleppten Deponiefliege *Ophyra aenescens*) ist hierfür mit Sicherheit ein Hinweis.

Tab. 34. Tendenzen der Veränderungen in der Umgebung von Wohnhäusern im Laufe der Zeit und ihr Einfluß auf die Ungezieferfauna des Hauses

Komponenten der Umgebung	Veränderungstendenz	Auswirkung auf das Hausungeziefer
Stadtgebiet insgesamt	Vergrößerung der bebauten Fläche	Im Stadtzentrum Abnahme der vegetationsgebundenen Arten
	Neuanlage von Grünanlagen und Teichen	In der Nähe Zunahme der vegetations- und wassergebundenen Arten
	Aufheizung des Stadtgebietes durch Verbesserung der Heizungen und Vergrößerung der sonnenwärmespeichernden Steinflächen	Zunahme wärmeliebender Arten
Stadtrandsiedlungen	Eindringen in die Natur	Zunahme der vegetationsgebundenen Arten
Hausbau	Zunahme der Höhe	Abnahme der erdbodengebundenen Arten in den oberen Stockwerken
	Ebenerdige Bungalows	Zunahme der erdbodengebundenen Arten
Abfallagerung in den Städten	Größere und dichter schließende Behälter. Überfüllung und damit Erreichbarkeit für Tiere nimmt ab	Abnahme der Abfallfauna
Mülldeponien	Deponien werden geordnet, abgedeckt oder befestigt	Abnahme der Abfallfauna
Haltung von Nutztieren	Abnahme in geschlossenen Ortschaften	Abnahme der Stallfauna

Die Tendenz, naturnähere Wohnanlagen von besonderer Qualität zu schaffen, führt dazu, daß in diesen Randbezirken der Ortschaften auch die vegetationsgebundenen Tierarten wieder stärker in der Ungezieferfauna der Wohnung in Erscheinung treten. Auf diese Frage muß im Abschnitt über Freizeit- und Erholungsgebiete noch näher eingegangen werden.

Es wurde schon darauf hingewiesen, daß viele an der Erdoberfläche lebende Tierarten in ebenerdige Wohnräume zufällig oder gezielt eindringen können. Mit Zunahme der Zahl der Stockwerke in den modernen Hochhäusern wird in den höher gelegenen Etagen ihr Anteil an der Ungezieferfauna abnehmen. Andererseits muß aber bei der Bungalow-Bauweise bei besonders großen Türen und Fenstern mit einem verstärkten Eindringen gerechnet werden.

Ein besonderes Problem im Hinblick auf Ungezieferplagen bildet schon seit altersher die Abfallaufbewahrung in der Nähe der Häuser. Die regelmäßige Abfuhr ein- oder zweimal pro Woche hat zweifellos schon dafür gesorgt, daß das Auftreten von Ungeziefer aus dieser Quelle stark abgenommen hat. Eine Vergrößerung der Abfallbehälter bei gleichbleibender Zahl der Leerungen führt zu einem Rückgang der überfüllten Tonnen, die letztlich für Anlockung und Entwicklung von Fliegen und anderen Tieren verantwortlich sind (s. Abb. 56).

Auch die Endablagerung der Abfälle hat sich im Laufe der letzten Jahrzehnte ständig verbessert. Bei den heute üblichen geordneten Deponien, dem wichtigsten Verfahren, ist bei ordnungsgemäßer Abdeckung oder Verdichtung nur noch ein Bruchteil von Fliegen, Schaben, Grillen oder Ratten zu erwarten im Vergleich zu den Deponien alten Types mit Vorkopfablagerung, keiner Verdichtung und sehr später Abdeckung.

Schließlich sei als Umweltveränderung unter

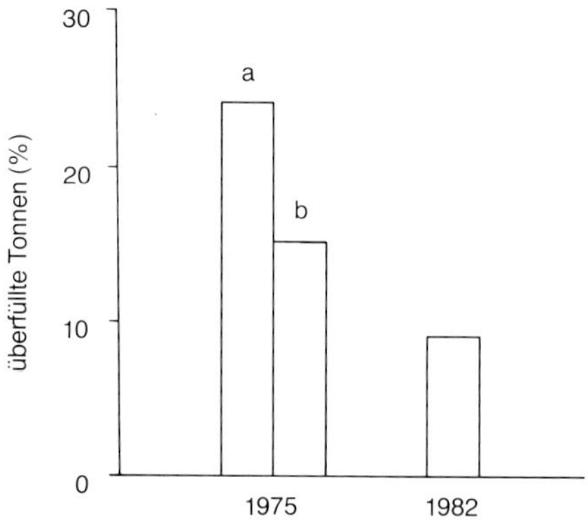

Abb. 56. Der Rückgang der Überfüllung von Mülltonnen in einem Stadtgebiet nach Verwendung größerer Behälter. a = 1 Leerung/Woche, b = 2 Leerungen/Woche (nach STEIN 1983).

dem Aspekt der Ungezieferproduktion noch der Rückgang der Nutztierhaltung erwähnt. Früher waren innerhalb der geschlossenen Siedlungen Pferde-, Hühner- und Kaninchenställe häufig. Fliegenplagen in den angrenzenden Häusern waren deshalb der Normalfall. Der Rückgang dieser Tierhaltung hat zweifellos den bedeutendsten Anteil daran, daß heute in größeren Ortschaften Fliegen, einschließlich der an Menschen gebundenen Stubenfliege, normalerweise zu relativ seltenem Ungeziefer geworden sind.

Ähnlich wie im Freien haben sich auch in den Häusern selbst im Laufe der Jahrzehnte Veränderungen vollzogen, welche das Auftreten von Hausungeziefer in zum Teil starkem Maße beeinflußt haben. Die wichtigsten von ihnen sind mit ihren Auswirkungen in der Tab. 35 zusammengefaßt.

Die meisten Veränderungen haben zweifellos zu einer Verbesserung der gesamten Situation geführt, aber durch einige konnte auch die Ungezieferfauna gefördert oder wenigstens doch umgeschichtet werden.

Einige spezielle Beispiele zu den Veränderungen seien noch genannt, wie sie hauptsächlich von WEIDNER (1963–1966) zusammengestellt wurden.

Tab. 35. Veränderungen der Bedingungen im Haus im Laufe der Zeit und ihr Einfluß auf die Ungezieferfauna

Veränderungen der Bedingungen	Auswirkungen auf die Ungezieferfauna
Verbessserung der allgemeinen Wohnungshygiene	Reduktion oder Ausschaltung der meisten Ungezieferarten
Verbesserung der Vorratshaltung	Rückgang der Vorratsschädlinge
Verwendung von Kunstfasern	Rückgang der Textilschädlinge
Verbesserung der Heizungen und Verlängerung der Heizperioden	Abwanderung von feuchtigkeitsliebenden Arten Einwanderung von wärmeliebenden Arten Ganzjährige Aktivität und Vermehrung vieler Arten
Verbesserung der Lichtverhältnisse durch größere Fenster und stärkere Lampen	Abnahme von lichtflüchtenden Arten oder doch Verdrängung aus manchen Räumen
Veränderung der Baustoffe (z. B. Beton, Kunststoff und Eisen statt Holz; Ersatz von organischen Füllstoffen durch Glasfasern u. a. künstliche Isolierstoffe)	Rückgang von Materialschädlingen und Vertilgern von toten Pflanzenstoffen
Wiederbezug alter Bauern- und Fachwerkhäuser	Verstärktes Auftreten zahlreicher Arten
Veränderung der Bauweise (Massivbau statt Doppelwände und -böden, Ausbau von Dachböden)	Reduktion der Verbergemöglichkeiten
Rückgang der Beweglichkeit mancher Einrichtungsgegenstände (festliegende Teppichböden, Einbaumöbel)	Verbesserung der Verbergemöglichkeiten
Verbesserung der Methoden zum dauerhaften Schutz von Holz und Textilien	Rückgang der Materialschädlinge
Verstärkte Haustierhaltung	Stärkeres Auftreten von Parasiten und Lästlingen der Haustiere

Bauholzfauna: Statt Eichenholz wird in zunehmendem Maße Nadelholz verwendet. Anstelle des Klopfkäfers *(Xestobium rufovillosum)* tritt der Hausbockkäfer *(Hylotrupes bajulus)* in zunehmendem Maße auf.

Kleidermotte/Pelzmotte: Durch den Rückgang der Feuchtigkeit in Häusern wegen der verbesserten Heizungsmethoden wurde die feuchtigkeitsliebende Pelzmotte *(Tinea pellionella)* benachteiligt. Die Kleidermotte *(Tineola bisselliella)* konnte aber wegen der eingetretenen Veränderungen der abiotischen Bedingungen stärker in Erscheinung treten. Die Zahl der Generationen pro Jahr stieg von 2 bei Ofenheizung auf 4 und mehr bei Zentralheizung.

Wollkrautblütenkäfer (Anthrenus verbasci): Dieser Textilschädling, der nicht wie verwandte Arten das Haus als Imago verlassen muß, um im Freien Pollen zu fressen, kann sich unter großen Teppichen, die nur noch mit dem Staubsauger gereinigt und nicht mehr zum Klopfen aufgenommen werden, ungestört entwickeln.

Diese Beispiele mögen genügen, um aufzuzeigen, daß das Ungezieferproblem in einem ständigen Wandel ist und daß trotz allgemeiner Verbesserungen der hygienischen Bedingungen keineswegs eine Befreiung von ungewünschten Arten eingetreten ist.

Sicher wirkt das steigende Bewußtsein für Lebensqualität noch sensibilisierend in der Einstellung des Menschen dem Hausungeziefer gegenüber. Früher nahmen die Menschen zweifellos oft die Anwesenheit von Ungeziefer als etwas Unabänderliches hin. Heute kennt man dagegen wirksame Bekämpfungsmaßnahmen und ist umso entsetzter, wenn trotzdem immer wieder Tiere im Haus auftreten, die hier nicht hingehören.

2.5 Auftreten von Ungeziefer in Freizeit- und Erholungsgebieten

Mit zunehmender Verstädterung wächst bei vielen Menschen der Drang, wenigstens zeitweilig ein naturnäheres Leben führen zu können. Ermöglicht wird dieses Bestreben durch steigendes Einkommen und verbesserte Verkehrsbedingungen.

Das „Zurück-zur-Natur“ ist aber nur selten wörtlich zu nehmen, denn auf die ganzen mühsam erworbenen Fortschritte der Zivilisation soll auch am Wochenende und im Urlaub nicht verzichtet werden. Das Endergebnis ist: Ein großer Teil der städtischen Problematik tritt auch in den neu entstandenen Freizeit- und Erholungsgebieten auf.

Es ist nicht Gegenstand dieser Darlegungen, auf alle Beziehungen zwischen Mensch und Tier einzugehen, die in diesen Gebieten auftreten können. Der ganze Komplex soll nur unter dem Aspekt des Hausungeziefers beleuchtet werden.

Von den Wohnmöglichkeiten in Freizeit- und Erholungsgebieten haben Zelte und Wohnwagen nur einen temporären Charakter. Das Ungeziefer, mit dem der Mensch hier konfrontiert wird, kommt meist zufällig aus der nächsten Nähe in den Aufenthaltsbereich und hängt damit stark von den Verhältnissen in der Umgebung ab.

Mehr Gesetzmäßigkeiten liegen dagegen bei Wochenendhäusern vor, welche auch meist das Bild eines Freizeit- und Erholungsgebietes bestimmen. Abb. 57 soll aufzeigen, wie die Ungezieferfauna solcher Wochenendhäuser gefördert werden kann.

Insgesamt muß gesagt werden, daß in den naturnahen Lebensräumen die Probleme im Prinzip die gleichen sind wie in den städtischen Wohnungen, vermehrt allerdings durch die unmittelbare Nähe vieler Tierarten, die in einer Stadt fehlen. Bedenkt man außerdem, daß in solchen Gebieten, vor allem bedingt durch die zeitweilige Konzentration von vielen Menschen auf kleinem Raum, die hygienischen Verhältnisse oft sehr zu wünschen übrig lassen (Tab. 36 demonstriert dies am Beispiel der Fliegenkontamination mit dem Fäkalindikator *Escherichia coli commune*), so wird klar, daß das Hausungeziefer auch hier seine negativen Einflüsse ausübt.

Tab. 36. Verunreinigung von synanthropen Fliegen mit dem Fäkalindikator *Escherichia coli commune* in einem Freizeit- und Erholungsbegiet (nach Buss 1977)

Strukturteil des Gebietes	Verunreinigung mit *E. coli commune* (% aller Fliegen)
Wochenendhausgebiet	41,4
Kioske	29,6
Campingplätze	28,8
Gastwirtschaften	23,8
Promenaden	20,3
Liegewiesen	19,0

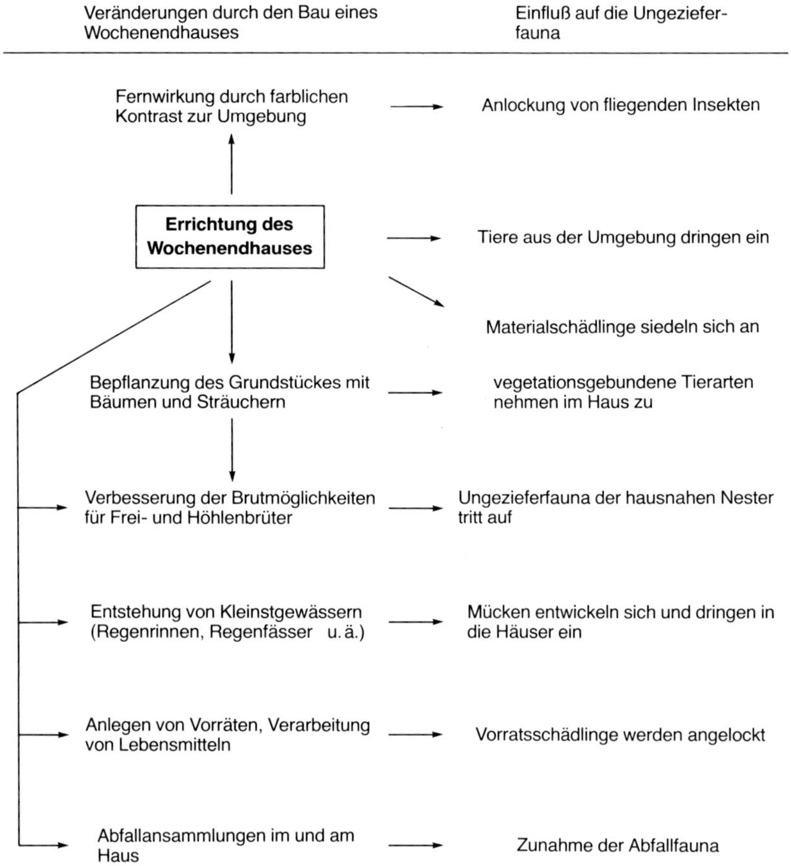

Abb. 57. Die Ausbildung der Ungezieferfauna in einem Wochenendhaus.

Der Mensch ist also überall dort, wo er sich aufhält, von Ungeziefer und Lästlingen umgeben. Oft kann man lernen, mit ihnen zu leben, oft kann das Ungeziefer aber auch unerträglich lästig oder sogar zu einer Gefährdung für die Gesundheit werden. Gegenmaßnahmen mit dem Ziel der Ausschaltung oder Vernichtung sind dann nicht nur angebracht, sondern eine Notwendigkeit.

Solche Gegenmaßnahmen, gleichermaßen gegen Vorratsschädlinge und Hausungeziefer anwendbar, sollen deshalb den letzten Abschnitt des allgemeinen Teiles dieses Buches bilden.

Doch zuvor muß noch etwas über jene Fälle gesagt werden, in denen Vorratsschädlinge und Hausungeziefer ganz offensichtlich für den Menschen von Nutzen sind.

3 Nützlichkeit von Vorratsschädlingen und Hausungeziefer

A priori gibt es keine nützlichen, schädlichen oder indifferenten Tiere. Jede Art ist mit ihrer eigenen Lebensweise eingepaßt in ihren Lebensraum. Dabei treten aber auch Beziehungen zu anderen Tieren auf, und erst aus der Sicht dieser anderen Tiere bekommt nun die betreffende Art einen positiven, negativen oder neutralen Aspekt, wird zum Nützling, Schädling oder zur indifferenten Art.

Tab. 37. Positive Beziehungen zwischen Vorratsschädlingen und Hausungeziefer und dem Menschen

- Nutritive Beziehungen
  - Verbesserung der Nahrung
  - Verwendung direkt als Nahrung
  - Futter für Schlachttiere
  - Futter für Tierhaltung im Haushalt und Laboratorium
- Freizeit
  - Köder beim Angeln
- Medizin
  - Drogen- und Arzneimittel
  - Wundbehandlung
- Mordaufklärung
  - Altersbestimmung von Leichen
- Kult und Religion
  - Amulette und Totemtiere
- Vorkommen in der Natur
  - Verbesserung der Hygieneverhältnisse durch Beseitigung von tierischen und pflanzlichen Resten
  - Bestäubung von Blüten
- Wissenschaft
  - Vererbungslehre
  - verschiedene Experimente in Wissenschaft und Unterricht
  - Kreuzungsversuche bei blühenden Pflanzen

Nicht anders ist es, wenn der Mensch die Lebewesen seiner Umgebung katalogisiert. Tiere, die ihm (echten oder vermeintlichen) Schaden zufügen, betrachtet er als Schädlinge und bekämpft sie. Tiere, die ihm Vorteile erbringen können, werden als Nützlinge von ihm geschützt.

Daß aus dieser Einstellung heraus die hier behandelten Arten als Schädlinge eingestuft werden, ist sicher einleuchtend. Ein Tier, das Vorräte des Menschen vernichtet, seine Gegenstände schädigt, ihm psychisches Unwohlsein verursacht oder ihn gar krank macht, muß er – auch objektiv gesehen – als Schädling betrachten.

Nun kommt es aber gar nicht so selten vor, daß sich die Einstellung des Menschen zu solchen „Schädlingen“ umkehrt, weil er Nutzen aus ihnen ziehen kann. Auf diese Fälle soll hier eingegangen werden. Eine zusammenfassende Aufstellung findet sich in Tab. 37.

Manchmal wurden oder werden Schädlinge zur Bereitung von Nahrungsmitteln des Menschen verwendet. Erinnert sei an den Altenburger Käse, der erst durch die Anwesenheit von Käsemilben (*Tyrolichus casei* Oudemans) sein richtiges Aroma erhielt, oder an Fliegenmaden, die ein Stück Fleisch bei Eingeborenen Afrikas und früher auch Chinas zum Genuß machten.

Fliegenmaden alleine wurden in verschiedenen Teilen Nord-, Mittel- und Südamerikas gegessen, teilweise, nachdem Mehl aus ihnen hergestellt wurde, teilweise auch in komplettem Zustand.

Es ist schwierig zu ermitteln, wo solche Eßgebräuche heute noch vorkommen. Sicher sind sie in vielen Teilen der Welt Vergangenheit geworden; es besteht aber wohl kaum ein Zweifel, daß mancherorts neben Termiten, Heuschrecken und Schmetterlingsraupen auch heute noch Fliegenmaden als eine Delikatesse betrachtet werden.

In mehr präparierten Formen treten Vorratsschädlinge und Hausungeziefer als Drogen und Arzneimittel in Erscheinung. Zu ihnen gehören Asseln, Grillen, Termiten, Ameisen, verschiedene Käfer, Fliegen und Nagetiere.

Etwas verständlicher wird es für einen Mitteleuropäer des 20. Jahrhunderts, daß man Proteinlücken in bestimmten Ländern dadurch schließen will, daß man das sicher nicht sehr appetitliche Eiweiß von Ungeziefer in wertvolles Protein von Schlachttieren umwandelt. Bekannt ist zum Beispiel das Verfüttern von getrockneten und gemahlenen Fliegenmaden an Hühner, aber auch Maikäfer, Ameisen, Essigfliegen oder Wachsmotten werden hierfür verwendet.

Räuberisch lebende Tiere werden in Haushaltungen oder Laboratorien bekanntermaßen sehr häufig mit Larven des Mehlkäfers („Mehlwürmer“) oder Ameisenpuppen gefüttert.

Als Köder beim Fischfang werden Fliegenmaden, manchmal gefärbt, eingesetzt.

Fliegen und Fliegenmaden sind es auch, die als Amulette eine Rolle spielten (Babylonien) und als Glücksbringer bei Eingeborenenstämmen noch Bedeutung haben.

Bis in die jüngste Vergangenheit hinein – nachweislich bis zum 2. Weltkrieg, aber in manchen Gegenden vielleicht auch heute noch – wurden Fliegenmaden, besonders solche der Gattung *Lucilia*, zur Behandlung von tiefen Wunden eingesetzt. Die Maden (steril verwendet) fressen einmal zerfallendes Gewebe, verändern aber andererseits das Milieu der Wunde durch pH-Erhöhung und Bildung gewisser Substanzen (Allantoin, proteolytische Enzyme, Lipasen, Collagenasen) so, daß Wundbakterien, wie Staphylokokken und Streptokokken, ihr Wachstum einstellen. Bekannt war in den 30er Jahren dieses

Jahrhunderts vor allem die Behandlung von Knochenmarkentzündungen. Die Entwicklung der Antibiotika hat allerdings diese nützliche Verwendung von Ungeziefer eingeschränkt.

In der Gerichtsmedizin nimmt dagegen die Bedeutung der Fliegen (besonders der Calliphoriden) mit der Erweiterung der Kenntnisse über ihre Biologie zu. Die Artenzusammensetzung und die Sukzessionen der Fliegenfauna an menschlichen Leichen können Aufschluß geben über die seit dem Tod verstrichene Zeit oder die ursprüngliche Lage eines Ermordeten (Auftreten von sonnen- oder schattenliebenden Arten).

Dieser Hinweis führt zu den wohl nützlichsten Eigenschaften von Ungeziefer: zur Beseitigung von abgestorbenen tierischen und pflanzlichen Geweben. Vor allem bei der Beseitigung von Tierleichen und Tierexkrementen in der Natur spielen Fliegen und Dermestiden eine große und gar nicht zu überschätzende Rolle. Hier ist ja auch der ursprüngliche Lebensraum jener Schädlinge, die an den Lebensmitteln und Materialien tierischer Herkunft auftreten können.

Aber auch auf einem ganz anderen Sektor hat der Mensch sich die Eigenschaften von sonst schädlichen Fliegen zunutze gemacht: bei der experimentellen Bestäubung von Pflanzen. Die bekanntesten Beispiele hierfür sind Versuche mit eingekäfigten Calliphoriden an Zwiebeln, Möhren, Kohl und Erdbeeren, bei denen eine Pollenübertragung von Hand sehr schwierig ist. Welche Bedeutung Fliegen oder auch blumenbesuchende Käfer (z. B. *Anthrenus*- und *Attagenus*-Arten) in der freien Natur als Bestäuber haben, ist noch völlig offen.

Diese Bestäubungsversuche leiten direkt über zu einem Nutzen, den der Mensch aus Vorratsschädlingen und Hausungeziefer zieht: der Verwendung in wissenschaftlichen Experimenten. Aus der Genetik sind *Drosophila* oder *Ephestia* ebensowenig wegzudenken wie viele andere Vorratsschädlinge aus der Ökologie, der Populationsgenetik, den Massenwechselversuchen oder Untersuchungen über Wirksubstanzen (z. B. Pheromone, Repellentstoffe usw.), um nur einige wissenschaftliche Zweige zu nennen.

Auch bei Demonstrationsversuchen im Unterricht haben Vorratsschädlinge und Ungeziefer wegen der leichten Züchtbarkeit auf kleinem Raum, der schnellen Generationsfolge und der hohen Nachkommenschaft eine nicht mehr wegzudenkende Stelle eingenommen.

Alles in allem ein Grund, auch diese nützliche Seite der Schadorganismen zu würdigen.

4 Maßnahmen gegen Vorratsschädlinge und Hausungeziefer

Aus allem, was bisher gesagt worden ist, muß die Konsequenz gezogen werden, daß Gegenmaßnahmen erforderlich sind, um den Menschen, seine Haustiere und seinen Lebensraum vor den schädlichen Einwirkungen der Vorratsschädlinge und des Hausungeziefers zu schützen.

Was auch immer an Gegenmaßnahmen ergriffen werden soll, sie stehen unter dem einschränkenden Kriterium, daß sie in unmittelbarer Nähe des Menschen zur Wirkung kommen sollen. Das heißt, sie müssen so durchgeführt werden, daß eine Beeinträchtigung oder gar Gefährdung des Menschen, aber auch seiner Haustiere und der Gegenstände des täglichen Lebens, nicht eintritt.

Wegen dieser unabdingbaren Voraussetzung werden Maßnahmen gegen Vorratsschädlinge (und Materialschädlinge gleichermaßen) und Hausungeziefer besonders schwierig.

Eine große Fülle von Techniken wurde im Laufe der Zeit entwickelt, die Schadorganismen fernzuhalten oder zu vernichten. Viele dieser Methoden scheitern daran, daß sie wirtschaftlich nicht tragbar sind. Es ist deshalb nicht unproblematisch, eine Darstellung der wichtigsten Gegenmaßnahmen geben zu wollen. Manche werden nur sehr begrenzt anwendbar sein, manche klingen vielleicht sehr theoretisch, weil die tägliche Praxis andere Bedingungen schafft.

Es muß deshalb notgedrungen so sein, daß die nachfolgend aufgeführten Gegenmaßnahmen in manchen Fällen zweifellos nur die Möglichkeiten aufzeigen können, die eventuell zur Verfügung stehen oder die noch entwicklungsfähig sind.

Viele andere haben sich aber bewährt und sind wichtige Faktoren im Bemühen, Vorratsschädlinge und Hausungeziefer dort auszuschalten, wo sie nicht hingehören, nämlich im Lebensbereich des Menschen.

Im Prinzip lassen sich die Gegenmaßnahmen in zwei Gruppen einteilen:

1. Vorbeugende Schutzmaßnahmen
2. Bekämpfungsmaßnahmen.

Im ersten Fall soll das Eindringen von Schadorganismen verhindert werden, im zweiten ist der Schädling bereits aufgetreten und muß beseitigt werden. Oft greifen beide Maßnahmen ineinander über, z. B. wenn es darum geht, durch ein Vorbeugen, also prophylaktisch, die Vermehrung von bereits vorhandenen Schadorganismen zu verhindern. Dieses Ziel haben vor allem die zu besprechenden Methoden der biologischen und physikalischen Maßnahmen.

Bei ihnen muß aber wieder auf das hingewiesen werden, was im Abschnitt über das Problem der Schadensschwelle bei Vorratsschädlingen schon gesagt wurde. Hierdurch wird ihre Bedeutung in starkem Maße eingeschränkt.

Unter diesem Aspekt hat die chemische Bekämpfung mit dem Ziel der Ausrottung der Schädlinge am Anwendungsort zweifellos die größte Bedeutung und muß entsprechend ausführlich behandelt werden. Sie ist leider ein unverzichtbares Übel, dessen Einschränkung leichter zu fordern als praktisch durchzusetzen ist.

Ein Weg dorthin kann in einer Verbesserung der vorbeugenden Maßnahmen zu suchen sein. Auf sie soll deswegen zunächst eingegangen werden.

4.1 Prophylaktische Schutzmaßnahmen

Im Vorratsschutz gilt wie in der Medizin der Grundsatz, daß Vorbeugen besser ist als Heilen. Es ist sicher oft einfacher, einen Befall der Güter zu verhindern als nachträglich zu bekämpfen und dann auch noch die abgetöteten Schädlinge von den Vorräten zu trennen, was aus hygienischen Gründen erwünscht oder aus gesetzlichen erforderlich ist.

Unter den vorbeugenden Maßnahmen gibt es eine Reihe von einfachen und praktisch kostenlosen, andere können relativ teuer sein. Letztere dem praktischen Vorratshalter zu empfehlen, wird sicher oft schwierig sein, weil sich die Frage nach der Amortisierung nicht beantworten läßt. Wie könnte es nämlich möglich sein zu beweisen, daß ein Befall nicht stattgefunden hat, weil man diese oder jene vorbeugende Maßnahme ergriffen hat?

Hier liegt eine wichtige Aufgabe der im Vorratsschutz Tätigen, den Lagerhalter zu überzeugen, daß eine empfohlene Maßnahme sinnvoll ist. Wie die Erfahrung lehrt, ein sicher nicht leichtes Unterfangen, aber im Zuge der Suche nach Alternativen zum chemischen Vorratsschutz notwendig.

Vorbeugende Maßnahmen bieten, auch das muß klar herausgestellt werden, keine 100%ige Sicherheit, einen Befall von Vorräten zu verhindern. Dafür sind die Wege, wie Schädlinge zu den Gütern kommen, viel zu zahlreich. Aber die Beachtung der wichtigsten Grundregeln kann in hohem Maße dazu beitragen, die Schädigungen gering zu halten.

Prophylaxe kann hauptsächlich an drei Punkten ansetzen:

1. Bei der Herrichtung des Vorratslagers.
2. Bei der Einlagerung der Vorräte.
3. Bei der Lagerung der Vorräte.

Daneben kommt der Verpackung vieler Vorräte eine besondere Bedeutung zu, ebenso wie der äußerst wichtigen Maßnahme der Quarantäneüberwachung bei der Einfuhr. Wegen der eigenen Problematik sollen beide Gebiete in besonderen Abschnitten behandelt werden.

Viele der hier anzusprechenden Maßnahmen gelten gleichermaßen für Vorratsschädlinge und Hausungeziefer. Darüber hinaus gibt es einige Möglichkeiten, das Eindringen von unerwünschten Tieren in das Haus und ihre dortige Ansiedlung zu vermeiden. Auch sie sollen in einem besonderen Abschnitt zusammengefaßt werden.

4.1.1 Vorbeugende Maßnahmen bei der Gestaltung und Vorbereitung des Lagers

Ein gutes Vorratslager muß eine Reihe von Anforderungen erfüllen, die aus verschiedenen Blickpunkten der Lagerung gestellt werden. Es ist nicht verwunderlich, wenn es bei diesen Wünschen oft gegensätzliche Meinungen gibt, so daß ein Lager im Endeffekt meist einen Kompromiß darstellt.

Zunächst einmal sollte es selbstverständlich Bedingungen aufweisen, die für das vorgesehene Lagergut optimal sind. Diesem Optimum kann man vielleicht ziemlich nahekommen, wenn nur ein einziges Gut gelagert wird. Problematisch wird es aber, wenn viele verschiedenartige Produkte in einem Raum deponiert werden müssen, wie es z. B. bei Groß- und Kleinhändlern oder in Haushaltungen der Fall ist.

Sodann müssen ökonomische Gesichtspunkte bei Bau und Betrieb eines Lagers berücksichtigt werden. Es ist leicht, eine große Anzahl von Einrichtungen für eine Lagerhaltung vorzuschlagen. Wenn sie finanziell nicht tragbar sind, bleiben sie Illusionen.

Ein stark frequentiertes Lager muß gut zu erreichen sein. Das gilt sowohl verkehrsmäßig als auch hinsichtlich der Lage im Haus.

Das Innere eines Lagerraumes muß übersichtlich sein, damit auch eine große Anzahl verschiedener Produkte gut erreichbar ist.

Schließlich hat der Vorratsschutz eine Reihe von Forderungen anzumelden. Soweit sie den Schutz gegen tierische Schädlinge betreffen, sollen sie hier behandelt werden. Auf die anderen oben genannten Punkte einzugehen, kann nicht Gegenstand dieses Buches sein.

Die Anforderungen des Vorratsschutzes an ein Lager ergeben sich aus dem, was bisher schon in den verschiedenen Abschnitten als begünstigend für Vorratsschädlinge angeführt worden ist. In einem guten Lager muß also versucht werden, die Bedingungen so zu gestalten, daß sie für Vorratsschädlinge ungünstig sind.

Ein Schema mag verdeutlichen, wo in einem Lager positive Ansätze für einen vorbeugenden Vorratsschutz möglich sind (Abb. 58).

Die besten abiotischen Bedingungen gehen aus dem hervor, was früher über den Einfluß der verschiedenen Faktoren auf die Schädlinge gesagt worden ist. Niedrige Temperaturen und geringe Luftfeuchtigkeit sind anzustreben. Ohne größeren apparativen Aufwand ist dies im gewissen Grade durch eine gute Lüftung möglich, welche die Stagnation warmer und feuchter Luft verhindern soll. In kleineren Lagern mag dies weitgehend durch entsprechende Belüftungsanlagen (Ventilatoren) möglich sein. In größeren und permanent benutzten Anlagen (z. B. zur ständigen Lagerung von Getreide) kann ein Kühlsystem wirtschaftlich sein. (Siehe hierzu auch den Abschnitt über die physikalische Bekämpfung.)

Fenster und Türen spielen als natürlicherweise vorhandene Öffnungen bei Lüftung und Kühlung eine Rolle. Sie sollen aber andererseits so konstruiert sein, daß sie jederzeit ohne größeren Aufwand dicht abgeschlossen werden können, denn im Falle eines Auftretens von Schädlingen muß sehr oft begast werden. Haben Fenster und Türen bereits entsprechende Dichtungen, so kann umständliches Abdichten – was obendrein wegen

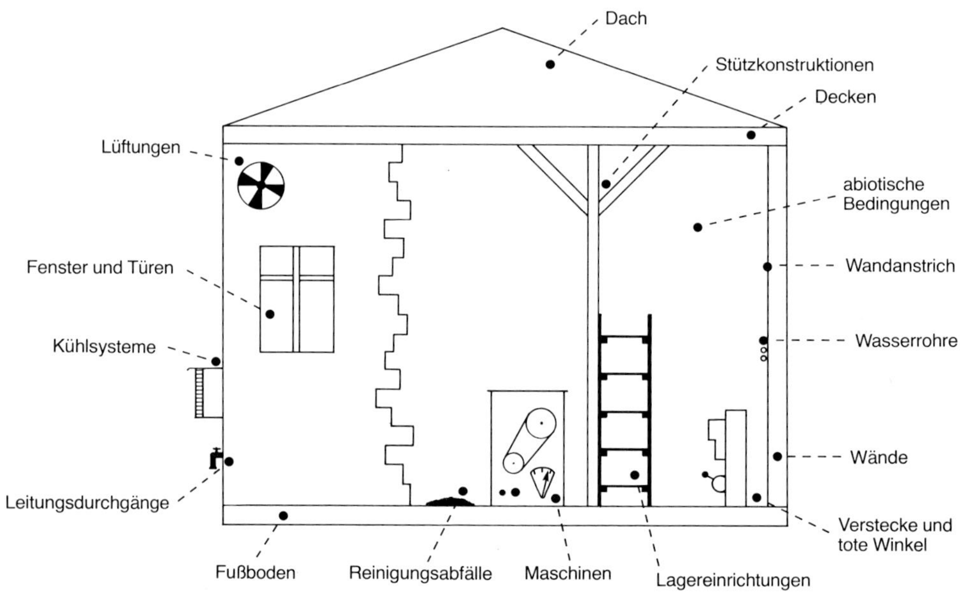

Abb. 58. Ansatzpunkte für allgemeine vorbeugende Schutzmaßnahmen gegen Vorratsschädlinge im Lager.

des Arbeitsaufwandes teuer ist – vermieden werden. Schließlich muß daran gedacht werden, daß offenstehende Fenster eine Einflugmöglichkeit für Insekten, wie Fliegen und Kleinschmetterlinge, bieten. Wo diese Gefahr besteht, z. B. bei Lagerung von Getreide, Getreideprodukten, Trockenfrüchten, Fleisch- und Fischwaren und anderen geruchlich stark attraktiv wirkenden Gütern, sollte ein Abschluß der Fenster mit einer Kunststoffgaze (Maschenweite je nach zu erwartenden Schädlingen 1–2 mm) vorgenommen werden. Abnehmbare Rahmen erlauben in Zeiten, in denen kein Einflug zu erwarten ist, eine bessere Belüftung des Raumes.

Wo die Gefahr besteht, daß Ratten oder Mäuse eindringen können, müssen entsprechend starke Eisengitter zum Abschluß von Öffnungen verwendet werden.

Sind Leitungen verschiedener Art durch Wände, Böden oder Decken hindurchzulegen, so ist unbedingt darauf zu achten, daß diese Durchgänge gut abgedichtet werden, damit seitlich keine Freiräume bleiben, die das Eindringen von Schädlingen erlauben.

Im Innern von Vorratsräumen verlaufende Kalt- oder Warmwasserrohre sollten gut isoliert werden. An kalten Rohren kann sich Kondenswasser bilden, durch warme wird das Vorratsgut in unerwünschter und die Entwicklung von Schädlingen fördernder Weise erwärmt.

Das Dach eines Vorratslagers muß so beschaffen sein, daß ein Eindringen von Niederschlägen absolut unmöglich ist. Andernfalls wäre ein Schimmeln der Ware, auch bei noch so guter Lüftung, eine unweigerliche Folge.

Eine ähnliche Aufgabe haben die Wände zu erfüllen, die einen Raum gegen umgebendes Erdreich abschließen. Eine einwandfreie Isolation ist hierfür Voraussetzung.

Wände müssen aber auch noch anderen Bedingungen gerecht werden. Besonders in Bodennähe müssen sie unbeschädigt sein, damit von außen keine Mäuse und Ratten eindringen können. Von der Konstruktion her sollten sie massiv sein. Doppelwände, wie sie z. B. bei der Sandwich-Bauweise verwendet werden, bieten immer die Gefahr, daß Spalten und Risse auftreten, wodurch den kleinen Vorratsschädlingen ausgezeichnete Verstecke geschaffen werden. Bei losen Vorräten besteht dabei auch immer noch die Möglichkeit, daß sie zwischen die beiden Wandteile einrieseln und so die Bildung von verborgenen Schädlingsherden erlauben.

Das gleiche gilt für Doppeldecken und -fußböden. Notwendigerweise zwischen den einzelnen Elementen vorhandene Dehnungsfugen sollten mit einer Masse abgedichtet werden, welche den Schädlingen ein Durchdringen unmöglich macht. Schaumstoffe, Glaswolle und ähnliche Substanzen sind hier völlig fehl am Platze und schaffen sogar noch zusätzliche Versteckmöglichkeiten. Besser sind dicht abschließende Silikonpasten.

In älteren Lagerräumen mit hohlen Wänden und Decken sind zwischen die beiden Elemente als Isoliermasse häufig noch Stroh, Häcksel, Heu, Spelzen oder ähnliche organische Substanzen eingefüllt. Diese Materialien können von zahlreichen Schädlingen und Lästlingen als Nahrungs- und Brutsubstrat genutzt werden und so eine Quelle permanenter Verseuchung der Vorräte bilden. Ein Ersatz dieser Stoffe durch moderne Isolationsprodukte mag im Augenblick vielleicht umständlich und teuer erscheinen, kann auf die Dauer gesehen aber nur Vorteile bringen.

Im übrigen sind in jedem Falle massive Betondecken und -wände den Doppelkonstruktionen – wenigstens aus der Sicht des Vorratsschutzes – vorzuziehen. Ein Anstrich mit dicht abschließenden Kautschuk- oder Plastikfarben erfüllt nicht nur den Zweck, poröse Stellen gegen das Eindringen von Schädlingen abzudichten, sondern sorgt im Falle einer notwendigen Begasung auch noch für ein besseres Konstanthalten der Gaskonzentration, da ein Entweichen von Giftmolekülen unmöglich ist oder doch erschwert wird. Ganz allgemein gilt es als ein wichtiges Gebot, in einem Lagerraum Verstecke aller Art zu vermeiden. Fußbodendielen, Scheuerleisten, lose anmontierte Schalttafeln, aufgehängte Arbeitsvorschriften usw. bilden hervorragende Verbergemöglichkeiten nicht nur für kleinste Schädlinge, sondern auch für größere, wie z.B. Schaben.

An solchen unzulänglichen Stellen häuft sich darüber hinaus im Laufe der Zeit Unrat an, dessen organischer Bestandteil zahlreichen Schädlingen und Lästlingen Nahrungs- und Vermehrungsmöglichkeiten bietet. Bei der Errichtung eines Vorratslagers muß deshalb darauf geachtet werden, daß keine toten Räume entstehen, die beim normalen Reinigungsprozeß nicht erfaßt werden. Hinter Maschinen, Stellagen, Regalen usw. muß so viel Platz gelassen werden, daß er einmal als Unterschlupf keinen Anreiz bieten und zum andern leicht gereinigt werden kann, z. B. durch Staubsaugen oder Preßluft.

Die bei Reinigungsaktionen in Vorratslagern angefallenen Abfälle dürfen nicht wie normaler Müll behandelt werden, sondern müssen sofort verbrannt werden. Sollten sich in ihnen nämlich Schädlinge befinden, so können diese sonst wieder auswandern und so zu einer Erweiterung des Befalls führen. Besondere Aufmerksamkeit im Lager muß den dort evtl. aufgestellten Maschinen gewidmet werden. Sie können an unzähligen Stellen Ablagerungen von organischen Resten enthalten, in denen sich dann permanente Herde von Vorratsschädlingen ausbilden können. Da die Temperaturen in solchen arbeitenden Maschinen meist höher liegen als in der Umgebung, sind zudem die Vermehrungsbedingungen für Schädlinge verbessert. Im Zuge der regelmäßig durchzuführenden Reinigungsaktionen in einem Lager müssen deshalb auch die Maschinen gründlich gesäubert werden. Ein teilweises Auseinanderbauen dabei mag zwar im Augenblick umständlich und zeitraubend sein, kann aber eventuell auf die Dauer gesehen großen Schaden verhindern. Am besten ist es natürlich, wenn notwendige Maschinen außerhalb eines Vorratslagers installiert werden können. Man verhindert dadurch den eben genannten Effekt der Herdbildung, produziert keine zusätzliche Wärme im Lager und erleichtert wesentlich Reinigungs- und Bekämpfungsaktionen. Außerdem ist jede Maßnahme, welche ein Lager übersichtlicher gestaltet, zu begrüßen.
Dies gilt besonders auch für die Lagereinrichtungen, die in den meisten Fällen notwendig sind. Nur wenige Güter können direkt auf den Boden geschüttet werden. Meistens braucht man Regale, Ablagen, Stellagen oder ähnliche Einrichtungen. Sie sollten nach unten und zur Wand einen Freiraum haben, um so eine bessere Lüftung zu gewährleisten und die laufende Reinigung zu ermöglichen. Die Güter sollten hier übersichtlich und nach Sorten getrennt gelagert werden können, damit eine Befallskontrolle leicht durchgeführt werden kann.

Es sollte unbedingt daran gedacht werden, solche Lagereinrichtungen aus Metall herzustellen. Leichtmetallrohre oder lackierte Stahlregale lassen sich einmal viel besser reinigen und bieten Schädlingen keine Möglichkeiten, sich hier bei der Anfertigung von Puppenwiegen einzunagen, wie das bei Holz immer wieder beobachtet werden kann.

Dies gilt auch für Stützkonstruktionen, die vor allem in älteren Lagerräumen noch aus Holz sein können. Sie sind wegen ihrer oft rissigen Oberfläche besonders als Verstecke geeignet und nur schwer zu säubern. Eisenträger sind deshalb unbedingt vorzuziehen. Bei chemisch behandelten Hölzern muß außerdem noch als nachteilig empfunden werden, daß Vorräte bei einem direkten Kontakt mit ihnen Substanzen aufnehmen können. Dies kann, wenigstens in den Grenzschichten, zu Rückstandsbildungen führen. (Selbstverständlich gilt dies auch für andere Materialien, die, z. B. mit Insektiziden, behandelt worden sind.)

Es zeigt sich also, daß es sehr viele Möglichkeiten gibt, ein Lager, auch ein behelfsmäßiges, prophylaktisch so herzurichten, daß mancher Befall durch Schädlinge verhindert oder eine einmal stattgefundene Verseuchung in Grenzen gehalten oder sogar wieder ausgerottet werden kann. Für kommerzielle Dauerlager bieten sich natürlich noch andere Verbesserungen an, die vor allem bei der Getreidelagerung von großem Vorteil sein können. Hierzu gehören Belüftungs-, Kühlungs- und Begasungsanlagen oder eine pneumatische Fördereinrichtung zur gelegentlichen Umlagerung des Getreides.

Selbstverständlich sind in diesem Falle fertige Silos verschiedener Größe mit installierten Kreislaufanlagen für Belüftung und Begasung das beste und auf die Dauer gesehen zweifellos auch das billigste. Die Vielfalt der Konstruktionen, bei der der Vorratsschutz mit Sicherheit eine bestimmende Rolle spielt, verbietet hier ein ausführliches Eingehen. Es muß deshalb auf die Spezialliteratur verwiesen werden.

Probleme besonderer Art treten bei Lagern in tropischen Gebieten auf. Sie sind nicht nur dadurch gegeben, daß die Einhaltung der optimalen abiotischen Bedingungen besonders schwierig ist, sondern auch dadurch, daß die technischen Möglichkeiten oft sehr begrenzt sind. Dies gilt besonders für die Vorratshaltung auf der Ebene der einzelnen Bauern oder eines Dorfes. Wirksame Hilfe kann dadurch geleistet werden, daß man versucht, mit den effektiv vorhandenen Materialien und Fertigkeiten der Bevölkerung Vorratslager zu schaffen, die realisierbar sind. Dadurch ergibt sich eine Vielzahl von Variationsmöglichkeiten (besonders präparierte Lagergruben, gemauerte oder aus Ton hergestellte Kleinsilos mit eventuell angeschlossenen Trocknungsvorrichtungen usw.), so daß hier nicht der Platz ist, auf sie näher einzugehen, zumal nicht nur umfangreiche Hilfsprogramme zur Verbesserung der Situation durchgeführt werden, sondern auch ein ausreichendes Schrifttum darüber existiert (z. B. HALL 1970). Auch auf diesem Gebiet gilt aber das oberste Gebot, Vorratslager so zu gestalten, daß ein Optimum an vorbeugendem Schutz gewährleistet werden kann.

Zum Schluß des Themas Prophylaxe im Lager noch ein paar Worte über die häusliche Vorratshaltung. In den meisten Haushaltungen werden die Vorräte hauptsächlich in der Küche aufbewahrt, sofern sie sich nicht nur zur Lagerung in Kühlschränken und Gefriertruhen eignen. Sicher ist die Küche wegen der dort herrschenden Temperatur- und Feuchtigkeitsbedingungen eine der ungünstigsten Stellen im ganzen Hause, aber aus praktikablen Gründen wird sich an diesem Lagerverfahren wohl nicht so schnell etwas ändern lassen. Mit den in diesem Kapitel angeführten prophylaktischen Methoden wird man kaum viel anfangen können. Allein der Hinweis auf Beseitigung von Verstecken, gute Belüftung der Lager, Beseitigung von Unrat an normalerweise unzugänglichen Stellen und Verschließen von Fenstern und Türen mit Gaze, wo dies besonders notwendig ist, kann gewisse Möglichkeiten der Vorbeugung liefern. Die wichtigste Rolle im Rahmen dieser Verhütung spielt hier zweifellos die Verpackung, so daß auf den entsprechenden Abschnitt verwiesen werden muß.

Etwas bessere Maßnahmen lassen sich dort treffen, wo Vorräte in besonderen Räumen gelagert werden können. Leider werden solche Speisekammern im modernen Wohnungsbau heute kaum noch errichtet. Werden sie richtig eingeplant (Lage nach Osten oder Westen, durch Gaze abgedichtete Fenster, kein durchgehender Kamin, keine Fußleisten, glatte Metallregale, gut zu reinigende Wände, Decken und Fußböden), so kann hierdurch sehr viel an Vorsorge getroffen werden. Allerdings wird man auch dann ohne gute Verpackung und Aufbewahrungsbehälter nicht auskommen.

4.1.2 Vorbeugende Maßnahmen bei der Einlagerung von Vorräten

Ist bei der Einrichtung und Gestaltung des Lagers alles getan worden, um Vorräte vorbeugend gegen Schädlinge zu schützen, so kommt es nun darauf an, letztere nicht mit den Vorräten selbst einzuschleppen. Dies ist natürlich nur mit einer ständigen und gründlichen Kontrolle aller einzulagernden Produkte möglich. Wenige eingeschleppte Stadien können genügen, einen Massenbefall einzuleiten. Aus diesem Grunde ist es erforderlich, auch kleinste Partien zu kontrollieren. Die Verfahren für diese Überwachung sind im Abschnitt Nachweismethoden ausführlich dargestellt worden.

Werden Schädlinge gefunden, so ist entweder die Einlagerung zu unterlassen, oder es muß durch geeignete Bekämpfungsmaßnahmen dafür gesorgt werden, daß wenigstens keine lebenden Stadien mehr in den Vorratsraum gelangen.

Bei häufiger Einlagerung großer Partien kann es sein, daß eine Untersuchung auf Schädlingsbefall wegen möglicher Fehlerquellen unzureichend, arbeitstechnisch nicht durchführbar oder unwirtschaftlich ist. Dann kann eine vorbeugende Zwangspassage durch Entseuchungsschleusen, z. B. durch Begasungskammern, angebracht sein.

In manchen Fällen wird es möglich oder nötig sein, das einzulagernde Gut so zu konditionieren, daß eingeschleppte Schädlinge keine oder nur schlechte Vermehrungsbedingungen antreffen.

Tab. 38. Duldbare Feuchtigkeitsgehalte verschiedener Vorratsgüter für eine Lagerung bei 27 °C (nach HALL 1970)

Produkt	Feuchtigkeitsgehalt (%)	Produkt	Feuchtigkeitsgehalt (%)
Hirse	16,0	Reis	13,0
Paddy	15,0	Baumwollsamen	10,0
Cowpea	15,0	Erdnüsse	7,0
Bohnen	15,0	Kakao-Bohnen	7,0
Mais	13,5	Copra	7,0
Weizen	13,5	Palmkerne	5,0
Sorghum	13,5		

Vor allem gilt dies für Getreide, aber auch für andere Produkte, die in großer Menge oder in hohen Schichten frei gelagert werden.

Es wurde schon darauf hingewiesen, daß der Feuchtigkeitsgehalt eine entscheidende Rolle spielen kann, da die meisten Schädlinge erst oberhalb einer bestimmten Grenze in der Lage sind, die Vorräte zu befallen. Tab. 38 zeigt eine Aufstellung von gerade noch tolerierbaren Feuchtigkeitsgehalten für verschiedene Produkte. Die genannten Werte werden bei einer relativen Luftfeuchtigkeit von 70 % bei 27 °C erreicht.

Am Beispiel des auf Schüttböden gelagerten Getreides soll erläutert werden, was bei der Einlagerung im Hinblick auf eine Vorbeugung gegen Schädlingsbefall getan werden kann.

Trocknung: Herabsetzung des Feuchtigkeitsgehaltes auf die oben angegebenen Werte, was besonders bei der Mähdreschererntе notwendig sein kann.

Abkühlung: Da Getreide ein schlechter Wärmeleiter ist, bleibt die Temperatur, mit der eingelagert wurde, besonders in tieferen Schichten sehr lange erhalten. Es ist also notwendig, daß das Getreide bei der Einbringung ins Lager möglichst kühl ist, damit die Entwicklung eventuell eingedrungener Schädlinge nicht wesentlich begünstigt wird. Besonders nach einer vorangegangenen Trocknung ist eine Rückkühlung erforderlich.

Reinigung: Einmal kann durch eine gründliche Reinigung des Getreides vor der Einlagerung ein Besatz mit Schädlingen reduziert werden, zum anderen kann dadurch die Luftzirkulation zwischen den Getreidekörnern wesentlich verbessert werden: Durch einen hohen Anteil an Staub, Fremdsamen, Erde usw. kann das Luftvolumen im Getreidehaufen, das normalerweise etwa 30–40 % beträgt, erheblich reduziert werden, wodurch die Ableitung von Wärme und Feuchtigkeit stark beeinträchtigt wird. Auch sind feine organische Reste wegen ihrer großen Oberfläche und der stärkeren Sorption für Feuchtigkeit besonders geeignete Nährböden für Mikroorganismen.

Schütthöhe: Auskühlung, Austrocknung und Überwachung des lagernden Getreides werden erleichtert, wenn die Schütthöhe nicht allzu hoch ist. Diese Forderung wird in der Praxis aber meist im Widerstreit mit Fragen der Raumausnutzung und damit der Wirtschaftlichkeit stehen. Bei größeren Schichthöhen muß die Überwachung (Temperaturmessung, Feuchtigkeitsmessung, Probenahme zur Kontrolle von Schädlingsbefall) ganz besonders sorgfältig sein.

Freiraum: Oberhalb des lagernden Getreides sollte in jedem Fall so viel Platz bleiben, daß ein Begehen der Getreidescheibe wenigstens in gebückter Haltung möglich ist. Dadurch werden Kontrollen und eventuelle Bekämpfungsmaßnahmen durchführbar.

Oberflächenbehandlung: Falls die Gefahr eines Befalles durch Motten (Getreide-, Korn-, Mehl- oder Dörrobstmotte) besteht, wird eine vorbeugende Behandlung der Oberflächenschichten des Getreides mit dafür zugelassenen Präparaten zweckmäßig sein.

Chemische Behandlung vor der Einlagerung: Eine derartige Behandlung ist nur mit sehr wenigen Präparaten erlaubt. (Es laufen allerdings viele Arbeiten, wenig giftige insektizide Substanzen aufzufinden, die vorbeugend einen Schutz bei Befall bieten können.) Bei solch einer Behandlung handelt es sich auch um eine vorbeugende Maßnahme, doch sollte auf sie nur in seltenen Fällen zurückgegriffen werden. Das Ziel einer Prophylaxe ist es schließlich, einen Schädlingsbefall ohne Anwendung von Insektiziden zu verhindern.

Eine chemische Behandlung ist nicht nur bei Getreide möglich. Das Schwefeln von Trockenobst ist genauso gegen Vorratsschädlinge wirksam wie das Einsalzen von Trockenfisch. Der Einsatz von Schädlingsbekämpfungsmitteln ist bei solchen Produkten allerdings noch problematischer, weil vor dem Verzehr Reinigungsmaßnahmen weitgehend unterbleiben.

Ähnlich wie auf dem Getreideschüttboden sind auch bei anderen Lagermethoden prophylaktische Maßnahmen bei der Einlagerung möglich. Bei der Vorratshaltung in Silos (Getreide, Getreideprodukte, Futtermittel) sind sie sogar besonders notwendig, weil später eine Befallsermittlung wegen der schlechten Erreichbarkeit der eingelagerten Produkte sehr erschwert ist. Als eine vorbeugende Methode, die in Zukunft vielleicht an Bedeutung gewinnt, könnte in gasdichten Silos, aus denen nicht laufend entnommen wird, die Lagerung in einer Kohlendioxid- oder Stickstoff-Atmosphäre genannt werden.

Zusammengefaßt kann gesagt werden, daß immer dann, wenn Vorräte in ein Lager eingebracht werden sollen, eine gründliche Kontrolle und Vorbereitung der Güter der beste vorbeugende Schutz ist. Dies gilt für das Großlager, es gilt aber auch für die Vorratshaltung im privaten Haushalt.

4.1.3 Vorbeugende Maßnahmen während und nach der Lagerung

Eine noch so gute Überprüfung der einzulagernden Vorräte kann nicht verhindern, daß später evtl. doch Schädlinge auf den vielen schon genannten Wegen ins Lager gelangen können. Dann kann prophylaktisch nur noch erreicht werden, daß der Befall nicht zu einer Massenvermehrung oder einer Daueransiedlung führt. Einmal ist hierzu eine ständige Überwachung notwendig, um schon den Erstbefall möglichst umgehend zu erfassen und weiteren Schaden zu verhindern. Zum anderen helfen die für das leere Lager genannten Maßnahmen, einen Befall einzudämmen.

Besonders solche Vorräte müssen sorgfältig kontrolliert werden, die längere Zeit lagern. Neben den vom Staat angelegten Großlagern für Krisenzeiten (mit einer eingeplanten Lagerdauer von mehreren Jahren) sind dies in landwirtschaftlichen Betrieben vor allen Dingen kleine Reste von Futtermitteln, im Haushalt besonders angebrochene Packungen solcher Produkte, die nicht häufig verwendet werden (Nüsse, Mandeln, Trockenobst usw.).

Im übrigen empfiehlt es sich selbstverständlich – nicht nur aus Gründen der Erhaltung des Nährwertes eines Nahrungsmittels – Vorräte möglichst bald zu verbrauchen. Massenvermehrungen von Schädlingen können dadurch frühzeitig unterbunden werden.

Für den leer gewordenen Lagerraum und die einzulagernden neuen Waren gilt dann wieder die ganze Palette der genannten prophylaktischen Maßnahmen. Vor allem muß das Lager sorgfältig gesäubert werden, Schäden im Boden, in Decken und Wänden ausgebessert und – falls Schädlinge aufgetreten waren – Bekämpfungsmaßnahmen durchgeführt werden, die damit im Hinblick auf später einzulagernde Vorräte auch einen vorbeugenden Charakter haben.

4.1.4 Verpackung

Die Verpackung der Nahrungsprodukte hat eine Reihe von Aufgaben zu erfüllen. Sie soll

- einen verlustfreien Transport der Produkte ermöglichen,
- verbrauchergerechte Verkaufsmengen bereitstellen,
- als Werbe- und Informationsträger dienen,
- nach Möglichkeit einen Blick auf die verpackte Ware erlauben,
- einen Schutz vor Qualitätsveränderungen, wie Aroma- oder Farbverluste, Austrocknen oder Feuchtwerden, bieten,
- eine Aufbewahrung nicht vollständig verbrauchter Lebensmittel ermöglichen
- und schließlich das verpackte Gut vor schädlichen Außeneinflüssen schützen.

Zu diesen letztgenannten Außeneinflüssen zählen nun auch die Vorratsschädlinge. Somit hat die Verpackung auch eine extrem wichtige Bedeutung im vorbeugenden Vorratsschutz.

Sicher dürfte es kaum möglich sein, ein Verpackungsmaterial zu finden, das allen genannten Ansprüchen in optimaler Weise gerecht werden kann. Es ist aber Aufgabe der Verpackungsindustrie, an den Verbesserungen zu arbeiten, um das Ziel zu erreichen. Hier sollen nur die Punkte erörtert werden, die für Fragen des Vorratsschutzes wichtig sind.

Für die Verpackung von Lebensmitteln werden hauptsächlich folgende Materialien verwendet:

- Papier (einfach oder in mehreren Lagen),
- Kunststoffolien (eine große Zahl von verschiedenen chemischen Verbindungen),
- Metallfolien (vor allem Aluminium und Zinn),
- Verbundfolien (Papier, Kunststoff, Metall in verschiedenen Kombinationen),
- Behälter aus Holz, Metall, Pappe, Glas, Keramik und Kunststoff.

Alle diese Stoffe haben unter Berücksichtigung der oben angeführten Aufgaben der Verpackung ihre spezifischen Vorteile. Unter dem Aspekt des Vorratsschutzes können aber nur relativ wenige und auch diese nur unter bestimmten Voraussetzungen den gestellten Anforderungen gerecht werden. Hierauf wird in den einzelnen Abschnitten einzugehen sein.

Den Befall verpackter Lebensmittel durch Vorratsschädlinge kann die Verpackung auf verschiedene Weise verhindern:

1. **Mechanischer Schutz.** Das Material muß dabei einmal so fest sein, daß ein Zerstören durch Schädlinge nicht möglich ist. Dabei kann natürlich nur an Insekten und ähnliche kleine Tiere gedacht werden, denn eine generelle Forderung nach Ratten- und Mäusesicherheit würde zu weit führen. Zum andern sollte durch die Verpackung aber auch eine mechanische

Sperre in der Weise geliefert werden, daß sich auch noch so kleine Tiere nicht hindurchzwängen können.

2. **Aromadichte.** Nur in seltenen Fällen werden Vorratsschädlinge versuchen, ohne einen vom verpackten Lebensmittel ausgesandten Reiz in eine Verpackung einzudringen. Meist wird von dem Gut eine geruchliche, vom Schädling als positiv wahrgenommene Komponente ausgehen, welche das Tier veranlaßt, die Verpackung einmal aufzusuchen und dann, dem Konzentrationsgradienten folgend, durch die Verpackung hindurch das Lebensmittel zu befallen. Ein Verpackungsmaterial, das die Aromamoleküle am Austritt hindert und somit eine Anlockung der Vorratsschädlinge vermeidet, ist sicher aus der Sicht des Vorratsschutzes hervorragend für den Abschluß von Nahrungsgütern geeignet. (Eine optische Orientierung der Schädlinge hat nur eine untergeordnete Bedeutung.)
3. **Abstoßende Wirkung.** Kann eine Verpackung keine absolute Aromadichte gewähren, so gibt es noch die Möglichkeit, daß die attraktive Wirkung des Lebensmittels überlagert wird durch eine abstoßende (repellente) Wirkung der Verpackung. Die Tiere fühlen sich also in dem Falle stärker abgestoßen als angelockt und werden das verpackte Gut meiden.
4. **Abtötende Wirkung.** Ein Verpackungsmaterial, das theoretisch keinen Schutz bieten könnte, weil es mechanisch nicht wirksam genug ist und keinen abstoßenden Effekt hat, kann evtl. abtötend wirken, so daß die Schädlinge vor Erreichen des Lebensmittels (und nach Möglichkeit auch vor einer Zerstörung der Verpackung) vernichtet werden.

Diese vier Punkte sollen in ihrer praktischen Realisierbarkeit nun näher beleuchtet werden.

4.1.4.1 Mechanischer Schutz

Die Aufgabe, Schädlinge abzuhalten, kann eine Verpackung alleine nur dann erfüllen, wenn sie stabil genug ist, den Angriffen des Schädlings standzuhalten. Da die Vorratsschädlinge nicht über die Möglichkeit verfügen, das Verpackungsmaterial chemisch anzugreifen, gibt es für sie nur zwei Wege, den mechanischen Schutz zu durchbrechen: einmal durch Hindurchzwängen durch undichte Stellen in der Verpackung und zum andern durch Zerstörung des Materials durch Fraß. Man unterscheidet dementsprechend zwischen *Invasion* und *Penetration* und bezeichnet die Schädlinge als Invasoren bzw. Penetratoren.

Zu einem Eindringen über Löcher, undichte Stellen in den Verschlüssen, Falzstellen oder Klebestellen sind praktisch alle normalen Vorratsschädlinge in der Lage, sofern sie klein genug sind. Die erforderlichen Öffnungen können bei bestimmten Schädlingen so klein sein, daß sie an der Grenze der Sichtbarkeit liegen. So können die Eilarven der Mehlmotte *(Ephestia kuehniella)* oder des Getreideplattkäfers *(Oryzaephilus surinamensis)* Öffnungen mit einem Durchmesser von 0,1 bis 0,2 mm durchdringen. (Vgl. hierzu auch die Angaben in Abb. 22 und Tab. 10.)

Im allgemeinen ist es aber wohl so, daß Eilarven verschiedener Vorratsschädlinge nicht in der Lage sind, durch Poren hindurchzudringen, die kleiner als ihr Kopfkapseldurchmesser sind. Dies ergaben jedenfalls Untersuchungen mit Cellophan-Folie (40 µm Stärke).

Das Durchfressen von Verpackungsmaterial ist schon schwieriger und nicht allen Vorratsschädlingen möglich. Voraussetzung dafür ist, daß die Mundwerkzeuge ausreichend kräftig entwickelt sind, was besonders bei manchen Junglarven nicht der Fall ist. Begünstigt wird das Durchbeißen, wenn im Verpackungsmaterial Angriffspunkte, wie rauhe Stellen, Falten, Knicke u. ä. vorhanden sind, und wenn die Schädlinge eine Möglichkeit haben, sich abzustützen, wodurch ein Abrutschen der Kiefer erschwert wird.

Schädlinge, welche die Voraussetzung für eine Penetration haben, sind z. B.:
1. *Lasioderma serricorne* (Imagines)
2. *Rhizopertha dominica* (Imagines)
3. *Stegobium paniceum* (Imagines)
4. *Sitophilus* spp. (Imagines)
5. *Tenebrioides mauritanicus* (Larven)
6. *Plodia interpunctella* (größere Larven)

Die *Tribolium*-Arten nehmen eine Mittelstellung ein zwischen den Penetratoren und den Invasoren.

Selbstverständlich hängt die Fähigkeit, Verpackungsmaterial zu durchfressen, nicht nur von den Schädlingen ab, sondern auch vom Material und seiner Stärke. Es ist hier nicht die Möglichkeit gegeben, auf all die vielen Varianten einzugehen, die durch Material, Stärke und Schädlingsart bedingt sind. Ein paar Beispiele müssen genügen. Im übrigen sei zur Vertiefung auf eine Monographie zu diesem Thema verwiesen (SCHMIDT 1980).

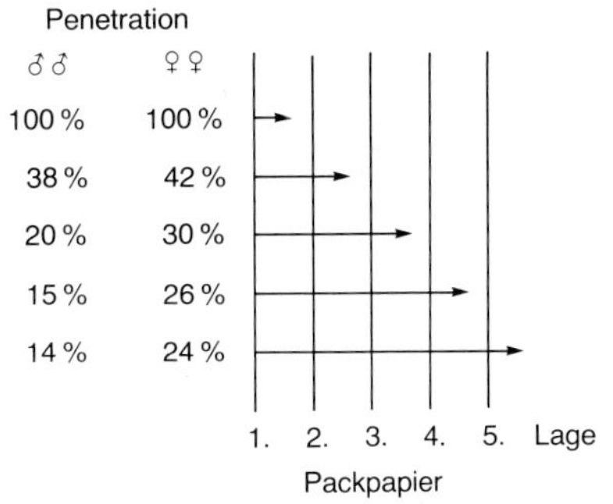

Abb. 59. Durchdringung von Packpapierlagen (81 g/m^2) durch die Imagines von *Rhizopertha dominica* (27 °C, 55 % r. F.) (nach Cline und Highland 1977).

Papier

Einfaches Papier ist meist nur ein ungenügender Schutz von Lebensmitteln. Mehrfache Lagen von stärkerem Packpapier bieten dagegen bei Penetratoren schon einen besseren Schutz. So gingen z. B. in Versuchen mit Imagines von *Rhizopertha dominica* bei den Weibchen nur 24 % der begonnenen Löcher durch 5 Packpapierschichten hindurch, bei den Männchen waren es sogar nur 13 %. Zweifellos ist der Energieaufwand bei einem Durchdringen aller 5 Schichten sehr groß (s. Abb. 59). – Allerdings ist Packpapier meist so steif, daß Invasoren an den Verschlußstellen oft leichtes Spiel haben.

Textilverpackung, wie Mehl- und Zuckersäcke, bieten den kleinen Vorratsschädlingen und besonders ihren frühen Entwicklungsstadien praktisch kein Hindernis. Sie können demnach auch nicht als Schutz vor Befall betrachtet werden.

Kunststoffolien spielen im Verpackungswesen aus vielen Gründen heute die Hauptrolle. Es ist deshalb nicht verwunderlich, daß gerade über ihre Eignung auch unter dem Aspekt des Vorratsschutzes gegen Tiere zahlreiche Ergebnisse vorliegen. Eine zusammenfassende Wiedergabe der Befunde aus umfangreichen Untersuchungen von Schmidt (1981) in Tab. 39 muß deshalb genügen, die Vielschichtigkeit dieses Problems, aber auch die zur Zeit bestmöglichen Lösungen aufzuzeigen.

Man erkennt aus der Aufstellung, daß beträchtliche Unterschiede in der Zerstörungskraft der einzelnen Schädlinge bestehen, daß die Kunststoffe in der Widerstandsfähigkeit gegen

Tab. 39. Widerstandsfähigkeit verschiedener Kunststoffolien gegen Vorratsschädlinge (nach Schmidt 1981)

Folie	Beschädigungsgrad*			
	Rhizopertha dominica (Imagines)	*Stegobium paniceum* (Imagines)	*Tribolium castaneum* (Imagines)	*Plodia interpunctella* (Larven)
Hartpolyvinylchlorid (ungereckt, weiß, 0,06 mm)	+	+	+	+
Hart-PVC (gereckt, weiß, 0,06 mm)	–	+	+	±
Hart-PVC (ungereckt, farblos, 0,06 mm)	–	±	+	–
Weich-PVC (0,06 mm)	–	±	+	–
Polypropylen (0,03 mm)	–	+	+	–
Polyester (0,05 mm)	–	+	+	+
Polystyrol (0,05 mm)	–	±	+	±
Polyethylen (niedere Dichte, 0,05 mm)	–	–	–	–
Zelluloseazetat (0,05 mm)	–	–	±	–
Polyacrylnitril (0,05 mm)	–	±	+	±

* + = keine Probe durchfressen
± = bis zu 10 % der Proben durchfressen
– = mehr als 10 % der Proben durchfressen

Insektenfraß stark differieren, und daß die Verarbeitungsart einer bestimmten Folie einen deutlichen Einfluß hierauf hat.

Metallfolien spielen im modernen Verpackungswesen, besonders auch im Haushalt, eine große Rolle. In erster Linie sind hier Aluminiumfolien zu nennen. Sie sind relativ preisgünstig, erlauben einen lichtdichten Abschluß der Ware und sind im ungeknickten Zustand relativ stabil, was auch in bezug auf Wasserdurchlässigkeit und damit Frischhaltewirkung von Bedeutung ist.

Ihre Stabilität hängt allerdings sehr von der Dicke ab. Weiche Alu-Folien sind gegen ein Durchdringen durch Bohnenkäfer z. B. erst oberhalb einer Dicke von 0,025 mm widerstandsfähig, gehärtete schon ab 0,015–0,018 mm.

Der Wert der Aluminiumfolien wird dadurch gemindert, daß sie an Knickstellen leicht brechen und deshalb sogar Invasoren den Durchtritt ermöglichen. So wies eine allgemein käufliche Haushaltsaluminiumfolie bei einmaligem Gebrauch bereits 4,4–7,4 Löcher/100 cm^2 auf, die groß genug waren, Larven und teilweise sogar Imagines von Vorratsschädlingen das Durchwandern zu ermöglichen.Schwachstellen bei Metallfolien sind z. B. auch solche Stellen, an denen Herstellungsdatum und andere Angaben eingeprägt worden sind.

Ein absoluter Schutz ist somit auch durch die Metallfolien nicht gegeben.

Verbundfolien. Bei diesem Folientyp werden zwei oder mehr Einzelfolien gleichen oder unterschiedlichen Materials fest miteinander verbunden. Man versucht durch diese Kombination die Vorteile der einzelnen Folien miteinander zu verbinden, z. B. die Festigkeit der Metallfolie mit der Elastizität der Kunststoffolie. Bekannte Kombinationen sind z. B.:

Papier/Kunststoff
Kunststoff/Aluminium
Kunststoff/Aluminium/Kunststoff
Papier/Kunststoff/Kunststoff
Papier/Aluminium/Kunststoff
Papier/Kunststoff/Aluminium/Kunststoff

Dabei gibt es wiederum bei Papier und Kunststoffen Variationsmöglichkeiten durch unterschiedliche Folienarten, so daß insgesamt eine große Anzahl von Verbundfolien existiert.

Ihre Widerstandsfähigkeit gegen Vorratsschädlinge ist abhängig von den einzelnen verwendeten Folien und besonders von der Folie, welche als erste dem Angriff des Schädlings ausgesetzt ist. Daneben spielt natürlich auch wiederum Art und Stadium des Schädlings eine Rolle, wobei auch hier die Imagines von *Rhizopertha dominica* als besonders aggressiv zu gelten haben.

Ohne auf Einzelheiten eingehen zu können, muß gesagt werden, daß Verbundfolien zwar in vielen Fällen einen recht guten Abschluß vor allem gegen Invasoren bieten, daß aber ein absoluter Schutz gegen Vorratsschädlinge nur in den seltensten Fällen gegeben ist.

Behälter aus verschiedenen Stoffen. Dickwandige, formstabile Behälter sind – wenigstens als Verpackung verkaufsfertiger Ware – aus räumlichen und finanziellen Gründen nur selten verwendbar. Ihre Bedeutung haben sie aber zweifellos bei der Aufbewahrung von angebrochenen Vorräten, besonders also im Haushalt.

Es gibt eine Reihe von Stoffen, die – manchmal nur bei ausreichender Dicke – vom Material her einen kompletten Schutz der verpackten Ware bieten können: Glas, Keramik, Kunststoff oder Metall. Andere, wie Pappe oder Holz, können aber auch in größerer Stärke von manchen Schädlingen durchfressen werden.

Für alle Behälter gilt aber, daß die Verschlüsse die entscheidenden Schwachstellen darstellen, durch die evtl. sogar Invasoren mit sehr schwachen Mundwerkzeugen hindurchdringen können. Allerdings kann hier durch Verwendung von Abdichtungen, z. B. aus Gummi oder Weichplastik, relativ gut Abhilfe geschaffen werden, jedoch wird sich dadurch der Preis solcher Aufbewahrungsbehälter noch zusätzlich erhöhen, so daß sie als Massenverpackungsartikel kaum eine Bedeutung erlangen können.

4.1.4.2 Aromadichte

Ein Schutz von Vorräten gegen Schädlinge kann dadurch herbeigeführt werden, daß man das Austreten von wirksamen Locksubstanzen durch Einsatz einer entsprechenden dichten Verpackung verhindert. Glas, Kunststoff oder Metalle in unterschiedlicher Dicke wären hierzu geeignete Materialien. Abgesehen davon, daß auch hier die Verschlüsse wieder als undichte Schwachstellen gelten müssen, sind ökonomische Gründe im wesentlichen für einen weit verbreiteten Einsatz hinderlich.

Man wird solch ein Verpackungsmaterial nur bei Lebensmitteln einsetzen, bei denen ein

Aromaverlust eine Qualitätsminderung bedeutet, z. B. bei Kaffee, Tee, Gewürzen. Die Verwendung völlig aromadichter Verpackungen zum Schutze vor Vorratsschädlingen wird mit Sicherheit bei der Lagerung kleiner Partien, z. B. im Haushalt, eine Rolle spielen.

4.1.4.3 Abstoßende Wirkung

Wenn es schon nicht gelingt, den Austritt von anlockenden Stoffen aus der Verpackung zu verhindern, so muß es doch theoretisch möglich sein, diesen Lockstoffen Substanzen gegenüberzustellen, die auf Vorratsschädlinge stärker abstoßend als die Lockstoffe anziehend wirken. Derartige Verbindungen werden Repellentien genannt. Man hat eine Reihe von repellent wirkenden Substanzen auf ihre Brauchbarkeit als Imprägnierungsmittel für Verpackungsmaterial untersucht. Einige von ihnen haben eine durchaus gute Wirksamkeit gezeigt, wie z. B. Diethyltoluamid, Dimethylphthalat, Rotenon, Pyrethrum oder Pyrethroide.

Es sind auch Substanzen bekannt, die fraßhemmend wirken. Sie treten – im Gegensatz zu den eben genannten Repellentien mit Fernwirkung – also erst dann in Aktion, wenn ein unmittelbarer Kontakt des Schädlings mit dem Verpackungsmaterial schon stattgefunden hat. Verbindungen mit solcher Wirkung sind z. B. L(+)c- und D(−)c-Mandelsäure, Mandelsäureethylester und Rotenon.

Bei allen Mitteln mit abstoßenden Schutzeffekten treten allerdings mehrere Nachteile auf, die bisher ihrer praktischen Anwendung im Wege stehen:

1. Die abstoßende Wirkung betrifft nicht alle Vorratsschädlinge im gleichen Maße.
2. Die Oberflächenbehandlung von Lebensmittelverpackungen ist aus hygienischen und toxikologischen Gründen nicht unbedenklich.
3. Lebensmittel in nicht behandelten Verpackungen werden bei gemeinsamer Lagerung mit behandelten von den abgeschreckten Schädlingen bevorzugt aufgesucht.

Insgesamt dürfte der Einsatz von Stoffen mit abstoßender Wirkung im Verpackungswesen in absehbarer Zeit noch keine Bedeutung erlangen.

4.1.4.4 Abtötende Wirkung

Theoretisch ist auch eine Behandlung des Verpackungsmaterials mit insektizid wirkenden Substanzen möglich, wobei also Vorratsschädlinge abgetötet werden sollen, bevor sie in das Gut eingedrungen sind. Als wirksam haben sich verschiedene Insektizide wie Dichlorvos, Malathion oder Pyrethrum erwiesen, die wenigstens für ein paar Monate verpackte Ware gegen Befall schützen konnten.

Bei dem Einsatz solcher Gifte gelten aber noch mehr die schon angesprochenen hygienischen und toxikologischen Bedenken. Einmal kann es durch Übergang in die verpackte Nahrung – besonders wenn sie fetthaltig ist – zu Rückstandsproblemen kommen, zum andern ist eine Gefährdung des Personals, das mit behandelten Verpackungen umgehen muß, auf die Dauer nicht auszuschließen.

Das Rückstandsproblem läßt sich vielleicht durch die Verwendung von Verbundfolien reduzieren, bei denen eine Schicht als Barriere für das Insektizid wirkt. Auch eine Oberflächenbehandlung (coating) von Papier hat sich dabei bewährt. Doch dürfte insgesamt dem Einsatz von Insektiziden aus hygienischen Gründen keine große Bedeutung zukommen.

Auch der schon seit vielen Jahren propagierte Einsatz von Silicagel oder ähnlichen Neutralstoffen als Behandlungsmittel von Verpackungen hat aus gesundheitsgefährdenden Gründen keinen Eingang in die Praxis gefunden.

4.1.4.5 Verpackung als Nahrung und Lebensraum

Eine Verpackung hat unter dem Aspekt des Vorratsschutzes nicht nur eine vorbeugende Schutzfunktion, sondern kann sogar das umhüllte Lebensmittel negativ beeinträchtigen, indem sie selbst Lästlinge und Ungeziefer anzieht, die dann wiederum das Nahrungsgut verunreinigen und damit ungenießbar machen. Das Lebensmittel selbst spielt dabei eine untergeordnete oder gar keine Rolle.

So können Verpackungen aus Papier und Pappe Zelluloseverdauern, wie Termiten, als Nahrung dienen. Im Gewebe von Säcken entwickeln sich Textilschädlinge, im Kork können manche Kleinschmetterlinge leben, Verpackungsbehälter aus Holz ermöglichen – besonders wenn sie aus dickeren Brettern bestehen – eine Entwicklung von Holzschädlingen.

In diesem Zusammenhang sei auf das Beispiel einer Holzwespe aus der Gattung *Sirex* hingewiesen, die um 1920 mit Kisten aus Europa nach

Neuseeland und Tasmanien verschleppt wurde und dort zu einem bedeutenden Freilandschädling geworden ist. Die Folge waren scharfe Vorschriften hinsichtlich der Einfuhr von Holzverpackungen in den australischen Raum (Behandlung von Kisten, Containern u. ä. Behältern).

Häufig sind es aber nicht die Verpackungsmaterialien selbst, die als Nahrung für die Materialschädlinge und für das Ungeziefer dienen, sondern bestimmte Zusatzstoffe, die zum Beispiel zum Verleimen von Tüten und Papiersäcken dienen. Solche Leime auf der Basis von Casein oder Stärke dienen Termiten, Silberfischchen und anderen Tieren als Nahrung.

Alle genannten Gruppen zerstören die Verpackung, wodurch Folgeverluste entstehen; sie sterben evtl. in den angrenzenden Nahrungsmitteln ab oder hinterlassen Häutungsreste und Exkremente.

Die gleiche negative Wirkung haben völlig indifferente Tierarten, welche Verpackungen als Verstecke oder zur Verpuppung aufsuchen. Besonders im letzteren Falle kommt es häufig zu Zerstörungen, weil in die Verpackung Höhlungen gefressen werden oder zernagtes Material zum Bau von Puppenkokons verwendet wird.

Die Verpackung muß also in Bezug zu Fragen des Vorratsschutzes unter verschiedenen Gesichtspunkten gesehen werden. Eine zusammenfassende Darstellung des ganzen Komplexes soll noch einmal in Abb. 60 gegeben werden.

4.1.5 Quarantäne

In vorangegangenen Abschnitten wurden wiederholt Verfahren angesprochen, die das Eindringen von Vorratsschädlingen in das Gut oder das Lager verhindern sollen: Gazeabschluß an Fenstern, Kontrolle bei der Einlagerung, Oberflächenbehandlung mit abtötenden Mitteln oder Einschließen von Lebensmitteln in Verpackungsmaterial.

Das gleiche Ziel hat die Quarantäne im Vorratsschutz, nur in einem viel größeren Maßstab: Sie soll das Einschleppen von Schädlingen mit importierten Gütern in ein ganzes Land verhindern. Theoretisch würde das bedeuten:

- jede einzuführende Ware, die Vorratsschädlinge enthalten kann, muß an
- jeder Stelle, an der sie über die Grenze gelangen kann, auf
- jeden möglichen Vorratsschädling untersucht werden.

In der Praxis gibt es allerdings Einschränkungen, wie noch gezeigt wird.

Im Abschnitt Herkunft der Schädlinge wurde dargelegt, daß die meisten in Mitteleuropa vorkommenden Vorratsschädlinge nicht aus der einheimischen Fauna stammen, sondern besonders aus wärmeren Ländern eingeschleppt werden. Der rege Warenaustausch zwischen allen Teilen der Welt, verbunden mit kurzen Transportzeiten, hat zwar schon dazu geführt, daß die wichtigsten Vorratsschädlinge auf der ganzen Welt verbreitet

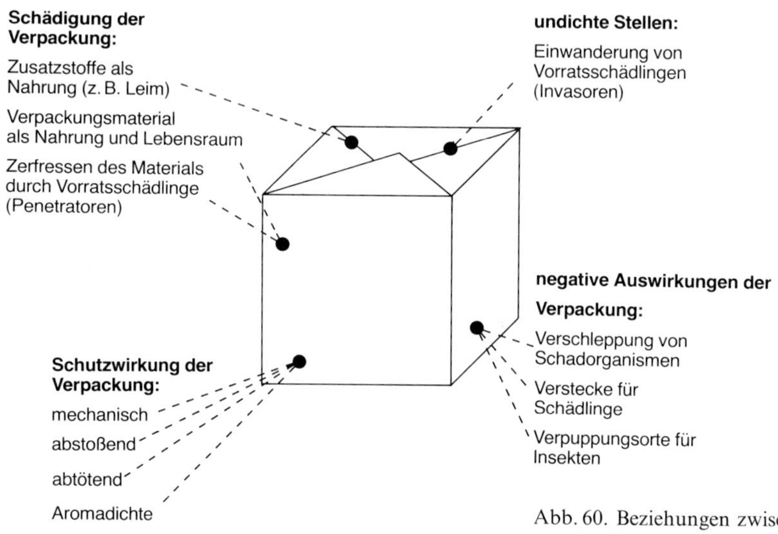

Abb. 60. Beziehungen zwischen Verpackung und Fragen des Vorratsschutzes.

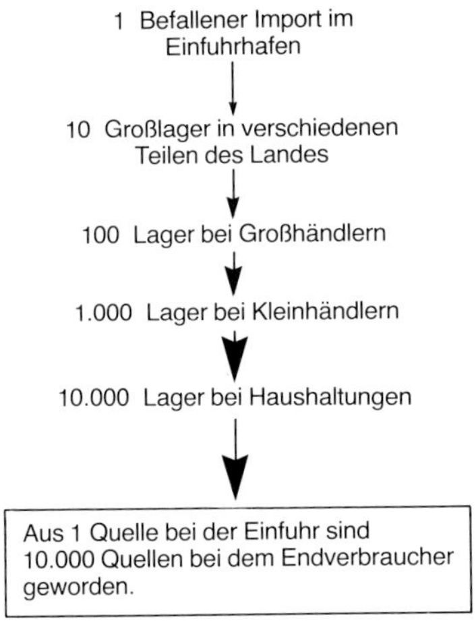

Abb. 61. Die Verbreitung eines befallenen Importes nach ungenügender Kontrolle bei der Einfuhr (Verteilungsfaktor innerhalb der Kette = 10).

Tab. 40. Ermittlungen über den Befall exportfertiger Getreidepartien mit Vorratsschädlingen in Häfen der USA (nach Storey et al. 1982)

Vorratsschädlinge	Befall in % der untersuchten Proben	
	Mais	Weizen
Acarus siro	30,0	0,0
Cryptolestes spp.	9,7	7,5
Oryzaephilus surinamensis	0,1	0,3
Rhizopertha dominica	0,3	5,6
Sitophilus spp.	14,4	7,7
Tenebrioides mauritanicus	0,2	0,0
Tribolium spp.	0,3	0,4
Trogoderma spp.	0,0	0,1
Ephestia cautella	0,2	0,1
E. kuehniella	0,2	0,0
Sitotroga cerealella	0,2	0,0

sind, jedoch ist das Vorkommen in den Fremdländern auf wenige Stellen begrenzt, eben auf die befallenen Vorratslager. Jede Neueinschleppung bedeutet aber Schaffung einer neuen Quelle, die weitere Ausbreitung bewirken kann, so daß schließlich ein Land vollkommen von Befallsstellen überzogen ist. Aus den Primärquellen, den mit Schädlingen besetzten Importen, können Sekundär-, Tertiär- usw. Quellen werden, je nachdem wie weit eine befallene Ware verteilt wird.

Eine Vorstellung hiervon gibt Abb. 61. Hierbei wird davon ausgegangen, daß im Laufe der Verteilungskette nur jeweils zehn andere Stellen mit dem befallenen Gut, z. B. Trockenobst, Nüssen oder Mandeln, beliefert werden.

Es ist also außerordentlich wichtig, die Primärquelle auszuschalten. Und diese Aufgabe hat die Überwachung der Importe im Rahmen der Quarantänemaßnahmen. Eine Überwachung der (passiven) Einschleppung von Schädlingen ist an den Grenzen noch möglich, weil hier ohnehin jedes einzuführende Gut erfaßt wird. Im Innern eines Landes ist die Kontrolle der Verschleppung unmöglich.

Die Erfassung von Vorratsschädlingen an den Landesgrenzen hat aber noch eine weitere Bedeutung: die Ausschaltung von insektizidresistenten Stämmen von Vorratsschädlingen. In vielen Exportländern ist der Einsatz von Insektiziden im Vorratsschutz wesentlich häufiger als in Ländern mit guten Lagereinrichtungen und gemäßigtem Klima, wie es zum Beispiel in der Bundesrepublik der Fall ist. Je häufiger aber Pestizide verwendet werden, umso größer ist die Gefahr der Ausbildung resistenter Stämme (s. Abschnitt Resistenz) und damit auch deren Verschleppung in die Importländer. Dadurch kann aber hier evtl. eine Bekämpfung der Schädlinge ebenfalls zu einem Problem werden.

So war zum Beispiel schon 1969/70 in Importen der Bundesrepublik bei *Tribolium castaneum* folgende Insektizidresistenz festgestellt worden:

11 von 13 eingeschleppten Stämmen waren resistent gegen Lindan,
15 von 17 Stämmen gegen Malathion.

Die sich daraus ergebenden Probleme für eine erfolgreiche Bekämpfung in dem Importland lassen sich wohl leicht erkennen.

Theoretisch am einfachsten wäre es sicherlich dafür zu sorgen, daß in den Exportländern schädlingsfreie Güter verladen werden. In der Praxis ist dies aber eine Illusion und könnte darüber hinaus auch keine befallsfreie Ankunft im Einfuhrland garantieren.

Einmal sind in vielen ausführenden Ländern die Voraussetzungen für eine absolute schädlingsfreie Verladung nicht gegeben, sei es, daß die Kontrollen unzureichend sind, sei es, daß in provisorischen Zwischenlagern jederzeit ein Neubefall eintreten kann.

Ein gutes Beispiel dafür, wie schwierig sich ein schädlingsfreier Export gestaltet, mögen Zahlen aus den USA aus den letzten Jahren zeigen. 1977 und 1978 wurden 2058 Weizen- und 2383 Mais-

Tab. 41. Liste der durch die Pflanzenbeschau erfaßten Importgüter (nach Anlage 10 der Pflanzenbeschauverordnung vom 15. März 1982)

Getreide		
Gerste	Mohrenhirse	(auch geschält, geschliffen, geschrotet,
Hafer	Roggen	gequetscht, entspelzt oder gestutzt)
Mais	Weizen	
Reis, gebrochen		
Wurzelknollen von Maniok, auch getrocknet, zerkleinert oder als Pellets		
Erdnuß, mit oder ohne Hülse, auch zerkleinert		
Kleie und andere Rückstände vom Sichten, Mahlen oder von anderen Bearbeitungen von Getreide oder Hülsenfrüchten		
Rückstände der Stärkeherstellung aus Maniok, auch als Pellets		
Ölkuchen und andere Rückstände der Gewinnung pflanzlicher Öle, auch zerkleinert, außer Öldraß		

proben in 79 Exporthäfen untersucht. 17,9 % der Weizen- und 22,4 % der Maisproben waren dabei mit Vorratsschädlingen befallen, die im einzelnen in Tab. 40 aufgeführt sind. Die Resultate dieser Untersuchungen machen es dringend erforderlich, daß die Kontrollen vor dem Export verschärft und die Untersuchungsmethoden verbessert werden.

Zum anderen – und hierauf wurde im Abschnitt Befallsmöglichkeiten schon hingewiesen – kann das nachträgliche Eindringen von Vorratsschädlingen in die Güter während des Transportes erfolgen, wenn die Einrichtungen nicht frei von Schädlingen waren. Bei einem mehrwöchigen Verbleib in einem noch aus früheren Zeiten verseuchten Schiff kann z. B. nicht nur ein Befall, sondern evtl. sogar noch eine Vermehrung stattfinden. Eine noch so sorgfältige Kontrolle oder sogar Bekämpfung vor dem Verladen kann dadurch zunichte gemacht werden.

Maßnahmen im Rahmen der Quarantäneüberwachung müssen also an allen Stellen ergriffen werden, an denen Güter über die Landesgrenze kommen, wenn sich ein Staat schützen will. Von der Menge der eingeführten Güter her gesehen stehen hier zweifellos die Seehäfen an erster Stelle, gefolgt von den Güterbahnhöfen.

Aber auch auf Flughäfen und an Straßengrenzübergängen muß eine Kontrolle durchgeführt werden, wobei allerdings Vorratsgüter im Vergleich zu anderen überwachungspflichtigen Waren (z. B. Schnittblumen, Baumschulmaterial usw.) eine geringere Rolle spielen.

4.1.5.1 Überwachte Güter

Von der großen Anzahl von Produkten, die importiert werden, erscheinen nur relativ wenige auf der Liste der Pflanzenerzeugnisse, die nach § 11 der Pflanzenbeschauverordnung an den Einlaßstellen untersucht werden können, wenn ein Anhaltspunkt für einen Befall besteht. Diese Produkte sind in Tab. 41 aufgeführt.

Tab. 42. Befall von eingeführten Pflanzenprodukten, die nicht in der Pflanzenbeschauverordnung erfaßt werden (nach PILTZ 1976)

Kakaobohnen	
Ahasverus advena	*Dermestes ater*
Araecerus fasciculatus	*Ephestia cautella*
Carpophilus dimidiatus	*Necrobia rufipes*
Corcyra cephalonica	*Tribolium castaneum*
Rohkaffee	
Araecerus fasciculatus	*Necrobia rufipes*
Carpophilus obsoletus	*Oryzaephilus mercator*
Dermestes ater	*Tribolium castaneum*
Lasioderma serricorne	
Haselnüsse	
Ephestia cautella	*Plodia interpunctella*
Paralispa gularis	
Mandeln	
Carpophilus dimidiatus	*Plodia interpunctella*
C. obsoletus	*Tribolium castaneum*
Oryzaephilus mercator	
Trockenobst	
Oryzaephilus mercator	*Tribolium castaneum*
Gewürze	
Ahasverus advena	*Oryzaephilus mercator*
Carpophilus obsoletus	*Plodia interpunctella*
Ephestia cautella	*Tenebrioides mauritanicus*
Lasioderma serricorne	*Tribolium castaneum*
Teigwaren	
Sitophilus oryzae	

Es wird also nur eine zahlen- (nicht gewicht-) mäßig kleine Gruppe von Produkten einer Kontrolle an den Grenzen unterworfen, während andere Güter nicht erfaßt werden, z. B. Trockenobst, Nüsse, Mandeln, Rohkakao, Rohtabak u. ä. Wie bedenklich dies aus der Sicht des Vorratsschutzes ist, mag ein Auszug aus einer Liste von Piltz (1976) zeigen, in der eingeführte, aber nicht in der Pflanzenbeschauverordnung genannte Produkte aufgeführt sind, die aus anderen als Quarantänegründen untersucht wurden (Tab. 42).

Für die Herdbildung, die durch die Überwachung an den Grenzen verhindert werden soll, sind die in Tab. 42 angeführten Produkte genauso von Bedeutung wie die in der Pflanzenbeschauverordnung genannten. Vielleicht sogar noch wichtiger, weil sie meist in kleinere Partien aufgeteilt und zudem mit anderen Lebensmitteln zusammen gelagert werden, was bei polyphagen Vorratsschädlingen eine große Gefahr für das ganze Lager bedeutet.

Es ist also nur logisch, wenn – wie in manchen anderen Ländern – eine Kontrolle aller Einfuhrgüter, also auch der Produkte tierischer Herkunft, zu fordern ist, sollen Quarantänemaßnahmen überhaupt einen Sinn haben.

4.1.5.2 Überwachte Vorratsschädlinge

In der Pflanzenbeschauverordnung sind auch die zu erfassenden Vorratsschädlinge genannt (Tab. 43). Auch diese Liste ist wieder sehr lückenhaft. So fehlen in ihr z. B. eine ganze Reihe von eminent wichtigen Vorratsschädlingen, wie *Ephestia* spp., *Plodia interpunctella*, *Lasioderma serricorne*, *Necrobia rufipes* oder *Stegobium paniceum*. Die Samenkäfer (Bruchidae) wurden erst vor einigen Jahren aus der Liste gestrichen. Wie ein Vergleich mit den in Tab. 42 aufgeführten Funden zeigt, werden aber auch die genannten Arten mit Importen eingeschleppt, so daß im Prinzip hier das gleiche gilt, was schon bei den überwachten Gütern gesagt wurde.

Tab. 43. Liste der durch die Pflanzenbeschauverordnung erfaßten Vorratsschädlinge (nach Anlagen 2 und 11 der Pflanzenbeschauverordnung vom 15. März 1982)

Cryptolestes spp.	*Sitotroga cerealella*
Oryzaephilus mercator	*Tenebrioides mauritanicus*
O. surinamensis	*Tribolium castaneum*
Rhizopertha dominica	*T. confusum*
Sitophilus granarius	*Trogoderma granarium*
S. oryzae	*Phthorimaea operculella*
S. zeamais	

Tab. 44. Bei der Pflanzenbeschau an den Grenzen der Bundesrepublik Deutschland am häufigsten auftretende Vorratsschädlinge (nach Wohlgemuth und Reichmuth 1977)

Produkt	Vorratsschädlinge (in der Reihenfolge der Häufigkeit)
Getreide	*Sitophilus granarius* *Oryzaephilus surinamensis* *Tribolium castaneum* *Sitophilus oryzae* *Cryptolestes* spp.
Expeller	*Tribolium castaneum* *Oryzaephilus mercator* *Tribolium confusum* *Cryptolestes* spp. *Tenebrioides mauritanicus*
Erdnüsse	*Tribolium castaneum* *Oryzaephilus mercator*
Maniok	*Tribolium castaneum* *Oryzaephilus mercator*
Bruchreis	*Tribolium castaneum*

Eine Sonderstellung unter den in Tab. 43 aufgeführten Schädlingen nimmt in der Quarantäne der Khaprakäfer *(Trogoderma granarium)* ein. Auf ihn muß im folgenden Abschnitt noch eingegangen werden.

Tab. 44 gibt einen Überblick über die bei der Pflanzenbeschau in der Bundesrepublik Deutschland an den verschiedenen untersuchten Produkten am häufigsten auftretenden Schädlingsarten. Danach kommt, quantitativ gesehen, den polyphagen *Tribolium*-Arten die größte Bedeutung zu. Bei Getreide ist allerdings der Nahrungsspezialist *Sitophilus granarius* die häufigste Art.

4.1.5.3 Schutz- und Gegenmaßnahmen

Hat eine Untersuchung an der Grenze ankommender und zu kontrollierender Pflanzenprodukte einen Befall mit den in Tab. 43 genannten Schädlingen ergeben, so kann die zuständige Behörde nach § 11 der Pflanzenbeschauverordnung Gegenmaßnahmen anordnen. Dabei können folgende Auflagen erteilt werden:

1. Entseuchung,
2. Verarbeitung oder
3. Wiederausfuhr des befallenen Gutes.

Bei der Entseuchung handelt es sich praktisch immer um eine Begasung. Schiffe werden aus Sicherheitsgründen dabei vorher meist entladen und die Begasung in Schuten (motorlosen Stahlkähnen) in einem abgelegenen Teil des Hafens vorgenommen. Container oder Eisenbahnwaggons können nach vorheriger Abdichtung direkt begast werden.

Eine Begasung muß immer dann durchgeführt werden, wenn im beanstandeten Gut der Khaprakäfer gefunden wird. Er verdankt dies der besonderen Bedeutung, die man ihm im Hinblick auf eine mögliche, dauerhafte Ansiedlung in Vorratslagern gemäßigter Zonen beimißt.

Die sofortige Verarbeitung wird angeordnet, damit ein vorkommender geringer Befall nicht durch eine längere Lagerung verstärkt werden kann und durch die Art der Verarbeitung der Produkte gewährleistet ist, daß die wenigen vorhandenen Schädlinge keine gesundheitlichen Probleme verursachen.

Die Wiederausfuhr, d. h. also die Zurückweisung des gesamten Importproduktes, ist das extremste Mittel zur Verhütung einer Einschleppung von Quarantäneschädlingen. Zur Erteilung dieser Auflage kommt es nur in ganz seltenen Fällen.

Daneben besteht allerdings noch die Möglichkeit, daß trotz eines Befalles keine Auflagen erteilt werden und das Kriterium der „Geringfügigkeit" angewendet wird. Maßgebend für diese Beurteilung ist allerdings, daß das weitere Schicksal des Importgutes eine Vermehrung der wenigen vorhandenen Schädlinge ausschließt.

Die Verantwortlichen des Quarantänedienstes haben also – sieht man vom Vorkommen des Khaprakäfers ab – einen Ermessensspielraum bei der Erteilung von Auflagen. Sie müssen sehr flexibel sein und eine Reihe von Punkten berücksichtigen, wenn sie praxisgerechte Entscheidungen treffen wollen.

So kann bei der Beurteilung – neben der Befallsstärke – noch der Verwendungszweck der Ware eine Rolle spielen. Dabei sind vor allem die bis zum Verzehr der Produkte noch zu durchlaufenden Reinigungs- und Verarbeitungsprozesse entscheidend.

Der vorgesehene Lagerort kann maßgebend sein. Die an ihm zu erwartenden ökologischen Bedingungen entscheiden nämlich über die Möglichkeiten einer Weitervermehrung vorhandener Schädlinge.

Im Abschnitt über die Entwicklung der Schädlingspopulationen wurde schon auf die saisonbedingten Unterschiede in der Geschwindigkeit der Ausbildung neuer Generationen hingewiesen. So spielt auch die Einfuhrzeit eine Rolle. Bei einer

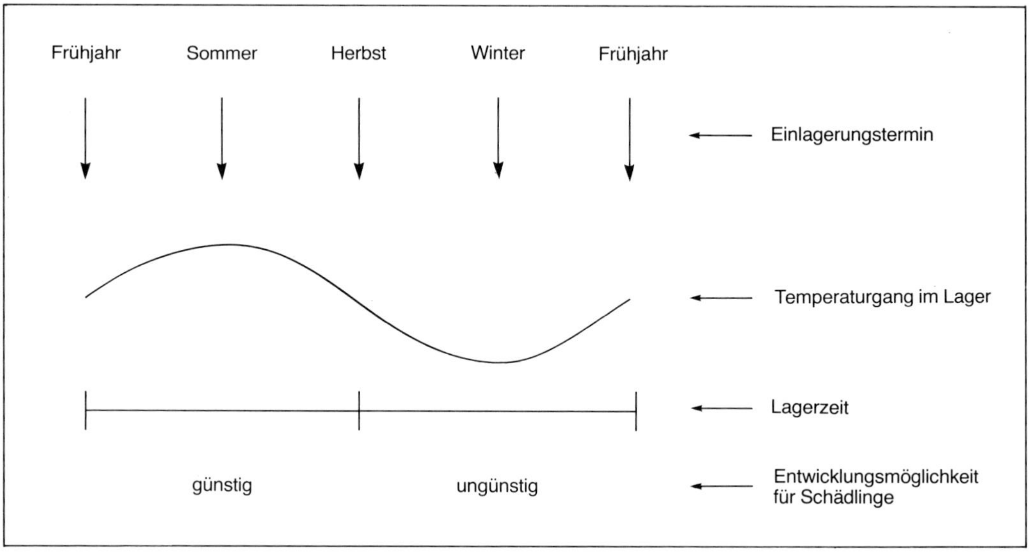

Abb. 62. Die Beziehungen zwischen Einlagerungstermin und Entwicklungsmöglichkeit für Schädlinge.

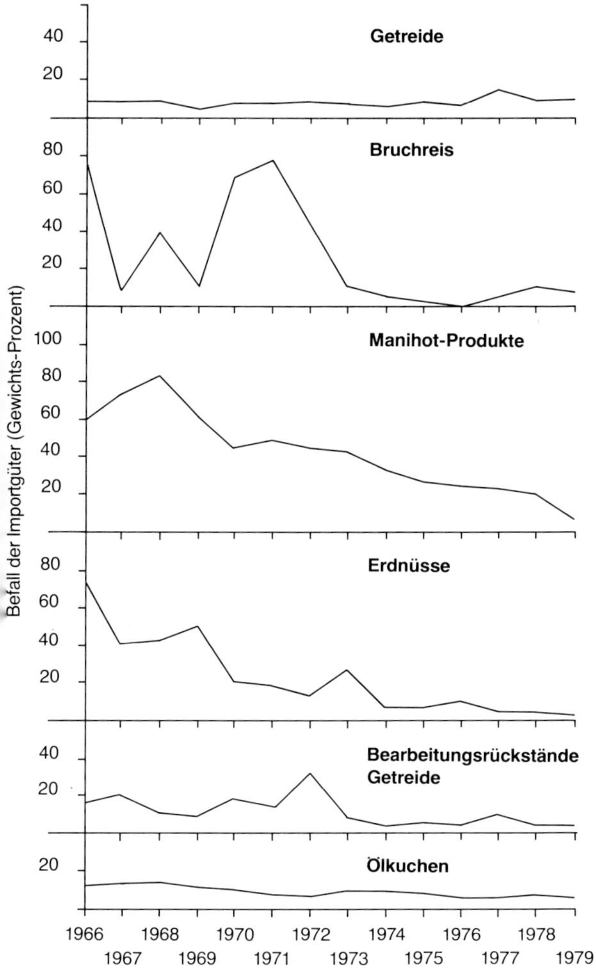

Abb. 63. Die Befallssituation bei Importen der Bundesrepublik Deutschland, dargestellt an den Ermittlungen der amtlichen Pflanzenbeschau (nach FINKBEIN 1967, 1969 und MENTZEL 1971a, 1971b, 1974, 1976, 1977, 1979, 1981).

Einlagerung im Frühjahr stehen die günstigen Bedingungen des Sommers bevor, während im Herbst die normalerweise niedrigen Temperaturen der Wintermonate eine Entwicklung verzögern. Bei einem Import im Frühjahr müssen deshalb strengere Maßstäbe bei der Beurteilung angelegt werden. Abb. 62 soll diese Beziehungen verdeutlichen.

Selbstverständlich ist für die Bewertung eines Befalles bei der Einfuhr auch die vorgesehene Lagerdauer bestimmend. In jedem Fall wird man eine Begasung anordnen müssen, wenn abzusehen ist, daß bei langer Lagerdauer die Gefahr der Ausbildung von neuen Generationen besteht.

Zusammenfassend kann gesagt werden, daß der Pflanzenbeschau innerhalb des vorbeugenden Vorratsschutzes eine große Bedeutung zukommt. Dies wird so lange der Fall sein, wie es nicht gelingt, die Ausfuhrbedingungen in den Exportländern und die Befallssituation während des Transportes zu verbessern. Die Befallszahlen in der abschließenden Abb. 63 zeigen aber, daß in den letzten Jahren bei den Gütern, die bevorzugt aus Ländern der Dritten Welt kommen, hier schon beträchtliche Verbesserungen erreicht werden konnten. Schädlingsfreiheit im internationalen Handel wird aber noch lange ein Wunschtraum sein.

4.1.6 Resistente Pflanzen (Substratresistenz)

Durch Anwendung bestimmter Substanzen oder Verfahren kann ein Lebensmittel für Vorratsschädlinge abstoßend, nicht attraktiv oder fraßhemmend gemacht werden. Man findet aber auch natürlicherweise vorkommende Sorten von sonst gefährdeten Produkten, die gar nicht oder nur schwach angegriffen werden, so daß hier bereits ein präadaptiver Schutz vorliegt.

Eine Ausnutzung solcher Sortenunterschiede kann als eine ausgezeichnete prophylaktische Maßnahme betrachtet werden, sofern die widerstandsfähigen Sorten die an Lebensmittel zu stellenden Qualitätskriterien erfüllen. Sind die resistenzformenden Komponenten bekannt, so ist es möglich, ein Zuchtprogramm aufzubauen, das eine Stärkung dieser Komponenten und damit einen erhöhten Schutz zur Folge hat. In der Pflanzenzucht ist die Resistenz gegenüber Schadorganismen des Freilandes (vor allem gegen Viren, Pilze und Insekten) für viele Zuchtprogramme bestimmend. Eine stärkere Ausnutzung für den Vorratsschutz wäre auch durchaus denkbar.

Schwierig wird eine solche gezielte Selektion allerdings dadurch, daß eine Resistenz gegenüber einem Schadorganismus – abgesehen von einer möglichen Qualitäts- oder Quantitätseinbuße – mit einer erhöhten Anfälligkeit gegenüber einem anderen verbunden sein kann. Da ein Zuchtprogramm auch immer über eine sehr lange Zeit laufen muß (wegen der langen Generationsdauer der Zuchtobjekte), sind also eine Reihe von Widerständen zu bewältigen, wodurch diese an sich elegante vorbeugende Methode im Vorratsschutz noch relativ selten eingesetzt werden kann. Daneben besteht selbstverständlich auch immer die Gefahr, daß der Schädling durch Ausbildung neuer Rassen eine bestehende Resistenz durchbrechen kann, denn auch sein Genbestand unterliegt über Mutationen hinweg der Anpassung.

Trotz dieser Problematik ist es aber sinnvoll, die natürlicherweise mögliche Resistenz wenigstens bei Pflanzenprodukten stärker auszunutzen als bisher. Dabei ist es zunächst rationeller, bereits vorhandene Sorten auf diese Eigenschaften hin zu prüfen. Vor allem bei Getreide und Reis gibt es auf der Welt eine große Anzahl verschiedener Sorten. So ist es auch nicht verwunderlich, daß die wichtigsten Resultate bei der Testung dieser Produkte erzielt wurden.

Eine zusammenfassende Darstellung verschiedener Ergebnisse zeigt Tab. 45. Als wichtigste Kriterien für eine Resistenz der Pflanzen gegenüber Vorratsschädlingen können daraus folgende genannt werden:

- Härte,
- Inhaltsstoffe,
- Geruch,
- Form,
- Hüllblätter.

Die Bedeutung dieser einzelnen Komponenten kann dabei von Schädling zu Schädling unterschiedlich sein, so daß eine allgemeine Resistenz gegenüber allen wichtigen Schadarten praktisch kaum zu erreichen sein wird.

Tab. 45. Beispiele für die Resistenz von Reis- und Getreidesorten gegenüber Vorratsschädlingen

Produkt und Schädling	negativ beeinflußtes Kriterium	Grund
Weizen		
Rhizoperta dominica	allgemeiner Befall	Härte
Sitophilus oryzae		Korngröße u. a. noch unbekannte Faktoren
Mais		
Plodia interpunctella	allgemeiner Befall	Härte, geringe Größe
Sitophilus oryzae	allgemeiner Befall	geringer Lysingehalt
	Schlüpfen	hoher Amylosegehalt
Sitophilus granarius	Gewicht der Imagines	hoher Amylosegehalt
Sitophilus zeamais	Fraß	Härte
Tribolium confusum	allgemeiner Befall	geringer Lysingehalt
Sorghum		
Sitophilus zeamais	allgemeiner Befall	Umhüllung
Reis		
Rhizoperta dominica	Eindringen	dichte Deckspelze
Sitophilus oryzae		
Sitotroga cerealella		
Lasioderma serricorne	Fraß	unbekannte Substanzen
Oryzaephilus surinamensis		
Sitotroga cerealella	allgemeiner Befall	niedriger Proteingehalt strenger Geruch

Die Tabelle zeigt aber auch, daß die Gründe für eine Sortenresistenz oft nur zu vermuten sind, und daß vor allem hinsichtlich einer möglichen stofflichen Grundlage (besonders wohl bei den Proteinen zu suchen) noch vieles unbekannt ist.

In Versuchen zeigte es sich, daß z. B. von 1536 getesteten Weizensorten aus aller Welt 53 mehr oder weniger resistent gegen *Sitophilus oryzae* waren oder von 1256 Sorten dieser Getreidesorte 48 gegen *Rhizopertha dominica* (7 Sorten waren es gegen beide Schädlinge). Dies macht klar, daß die Suche zwar schwierig, aber doch nicht ganz hoffnungslos ist. Es wäre schon viel gewonnen, wenn bei dem Aufbau von Züchtungsprogrammen auch Fragen des Vorratsschutzes mehr berücksichtigt würden. Dies könnte ein wichtiger Beitrag zu dem Bestreben sein, die Notwendigkeit eines chemischen Vorratsschutzes zu reduzieren.

4.1.7 Vorbeugender Schutz gegen Hausungeziefer

Viele Maßnahmen, welche das Auftreten von Hausungeziefer verhindern sollen, gleichen denen, die schon im Abschnitt über die Prophylaxe im Vorratslager genannt wurden, da viele Ungezieferarten auch als Vorratsschädlinge auftreten. So gelten die dichte Verpackung und der schnelle Verbrauch von Lebensmitteln für beide Schädlingsgruppen gleichermaßen.

Einige weitere Punkte, die in Verbindung mit Hausungeziefer wichtig sind, seien hier als Anleitung für eine Vorbeuge zusammengestellt.

Abfallbeseitigung: Organische Abfälle (tierischer oder pflanzlicher Herkunft) dienen vielen Ungezieferarten als Nahrungs- und Brutsubstrat. Ihre schnelle und vollständige Beseitigung entzieht also diesen Tieren die Lebensgrundlage. Es gilt deshalb, solche Abfälle, vor allem aus der Küche, in dichten Behältern, die regelmäßig und häufig geleert werden, außerhalb des Hauses aufzubewahren. Die Müllcontainer müssen nach der Leerung gesäubert werden, damit sie ihre geruchliche attraktive Wirkung verlieren und außerdem verschiedenen Insekten, vor allem Fliegen, eine Weiterentwicklung in haftengebliebenen Resten unmöglich gemacht wird.

Beseitigung von Staub: In einer Wohnung fällt Staub an, der in einem hohen Maße organische Anteile enthält. Beim täglichen Staubputzen kann zwar viel davon beseitigt werden, doch gibt es immer Stellen, an denen sich Staub auch über längere Zeit hinweg in dickeren Schichten ansammeln kann. Da sich in ihm besonders kleine Ungezieferarten, wie Staubmilben und Staubläuse, in größerer Zahl entwickeln können, ist seine Beseitigung eine wichtige Maßnahme. Solche Sammelstellen sind vor allem unter Betten, Schränken, Teppichen und an ähnlichen unzugänglichen Orten.

Reinigung von Textilgegenständen: Hier ist vor allem an Teppiche, Läufer, Brücken usw. gedacht, die – wenn sie aus Naturfasern bestehen – einmal Textilschädlinge beherbergen können, dann aber auch im aufgefangenen Staub anderem Hausungeziefer eine Lebensbasis schaffen (z. B. Larven von Haustierflöhen). Regelmäßiges Staubsaugen kann schon viel, wenn auch nicht alles erreichen. Oft ist das Ausklopfen – wenn es möglich ist – eine weit bessere Methode, die Ansiedlung von Ungeziefer zu verhindern.

Zum grundsätzlichen dauerhaften Schutz vor einem Befall von Wolle durch Textilschädlinge dient die Behandlung mit entsprechenden Präparaten (z. B. Eulan).

Beseitigung von Vogelnestern im und am Haus: Nester liefern, wie schon früher erwähnt, eine ganze Reihe von Materialschädlingen und Ungezieferarten. Sind sie in Hausnähe angebracht (z. B. Sperlingsnester, Taubenschläge), so besteht theoretisch die Möglichkeit, diese Quelle zu beseitigen.

Andererseits muß aber deutlich darauf hingewiesen werden, daß die positive psychologische Wirkung solch eines bewohnten Nestes im unmittelbaren Wohnbereich eine negative Auswirkung durch das Auftreten von Hausungeziefer meist weitgehend aufhebt. Es ist aber unbedingt zu raten, nach der relativ kurzen Brutzeit die nunmehr nicht länger benutzten, aber evtl. viele Schädlinge beherbergenden Nester zu entfernen. Daß Taubenhalter ihre Schläge ständig sauber halten, sollte eine Selbstverständlichkeit sein.

Baumaßnahmen: Oft können bauliche Veränderungen notwendig sein, um einen dauerhaften Schutz gegen Hausungezieferbefall zu erreichen. Die Doppelwände und -decken mitsamt der in ihnen enthaltenen organischen Dämmstoffe wurden schon wiederholt angesprochen. Durch Baumaßnahmen können aber auch feuchte Stellen beseitigt werden, die manchen Tieren günstiges Klima und Ernährung (Schimmelpilze) bieten. Schon kleine Veränderungen können Verstecke und somit Quellen einer ständigen Ungezieferbelästigung beseitigen.

Luftbarrieren: Eine Ausnutzung mechanischer Kräfte ist bei den Luftvorhängen gegeben, durch die der Einflug von Insekten in einen Raum verhindert werden soll. Bei horizontaler Führung der Strömung können bei einer Geschwindigkeit von 27 m/Sek. bis zu 100% der Fliegen am Einflug gehindert werden. Senkrechte Vorhänge sind weniger wirksam.

Wegen der hohen Unkosten (Anschaffung von Gebläsen, Strom) und der notwendigen hohen Luftgeschwindigkeiten (Belästigung der Menschen) wird sich dieses Verfahren wohl wenig durchsetzen.

Streifenvorhänge: Das Aufhängen von Streifen aus Leder oder Kunststoff und anderen Materialien vor Eingängen kann den Einflug von Fliegen, z. B. in Stallungen, wirksam reduzieren. Beim

Hindurchgehen werden außerdem von Haustieren noch die auf dem Rücken der Tiere sitzenden Fliegen heruntergebürstet. Sicherlich haben solche Vorhänge auch an Außentüren von Wohnungen eine gute Wirkung beim Abhalten von Fluginsekten.

Gestaltung der Umgebung: Hierzu gehören z. B. die Anordnung von Stallungen und Dunghaufen, um den Einflug von Fliegen in Wohnhäuser zu reduzieren, die Lage von Scheunen, Schuppen, Holzlagern u. ä. Gebäuden, in denen sich viel Ungeziefer ansammeln kann, aber auch die Gestaltung des Gartens. Durch einen Freiraum zwischen Rasen und Hauswand kann man das Einwandern von Milben, durch Einbetonieren von Platten und Verfugen der Zwischenräume die Ansiedlung von Ameisen weitgehend verhindern, um nur einige Maßnahmen zu nennen. Insgesamt gilt für den vorbeugenden Schutz gegen Hausungeziefer, daß man hier besonders beweglich sein muß, um die von Haus zu Haus wechselnden spezifischen Probleme in den Griff zu bekommen. Die oben geschilderten Maßnahmen können deswegen nur als Hinweise dienen, wo zuerst einmal anzufangen ist.

4.2 Bekämpfungsmaßnahmen

Wie geschildert, gibt es viele vorbeugende Maßnahmen, einen Befall von Vorräten oder das Eindringen von Ungeziefer in Häuser zu verhindern. Trotzdem wird es immer wieder vorkommen, daß auch die beste Vorkehr unzureichend war. Es gibt eben zu viele Befallsmöglichkeiten, wie in dem betreffenden Abschnitt dargelegt wurde. Es muß also auch Verfahren geben, die eingedrungene Schadorganismen vernichten.

Solche Bekämpfungsverfahren spielen heute bei dem praktischen Bestreben, Vorräte und Lebensmittel zu schützen, zweifellos die größte Rolle. Im wesentlichen kann man drei Verfahrensweisen unterscheiden:

- biologische,
- physikalische,
- chemische.

Daneben gibt es noch andere Möglichkeiten, wie integrierte oder biotechnische Verfahren, die man teilweise als Kombination der genannten drei Gruppen betrachten oder sie mit gewissen Einschränkungen dort einordnen kann. Auf sie wird aber auch noch einzugehen sein.

Bei allen Bekämpfungsverfahren müssen Grundforderungen erfüllt sein, wenn sie als brauchbar im Vorratsschutz empfohlen werden sollen:

1. *Sie müssen wirksam sein.* Das bedeutet im Vorratsschutz aber praktisch eine 100%ige Vernichtung vorkommender Schädlinge, da die besonderen Bedingungen eines Vorratslagers meist überlebenden Schädlingen eine Fortsetzung des Schadens und eine Weitervermehrung erlauben. Auf diese Probleme wurde schon im Abschnitt über die Schadensschwelle ausführlich eingegangen.

Die Wirksamkeit beinhaltet aber nicht nur den Wirkungsgrad, sondern auch die Wirkungsgeschwindigkeit. Entscheidend ist dabei, daß die Fraßtätigkeit und die Vermehrung des Schädlings eingestellt werden; eine schnelle Abtötung ist nicht unbedingt erforderlich.

2. *Sie müssen praktikabel sein.* Ihre Durchführung sollte in der Regel unter den normalen Bedingungen des praktischen Vorratsschutzes möglich sein, ohne daß zu weit gehende Vorbedingungen an den Anwender oder an die Räumlichkeit gestellt werden. – Es wird noch gezeigt werden, daß gerade diese Forderung bei der im Vorratsschutz wichtigsten Bekämpfungsmaßnahme, der Begasung, aus gutem Grund – nämlich wegen der hohen Giftigkeit der Gase – nicht zu realisieren ist. Dagegen wird sie z. B. bei den modernen Köderverfahren in geradezu idealer Weise erfüllt.

3. *Sie müssen rentabel sein.* Auch wenn eine ökonomische Schadensschwelle meist keine Rücksicht finden kann, müssen die Ausgaben für eine Bekämpfung in einer vertretbaren Relation zu den zu rettenden Vorräten stehen. Dabei ist nicht nur an die unmittelbar anfallenden Unkosten für die Bekämpfungsaktion zu denken, sondern auch an die Ausgaben für Herrichtung der Räume, Anschaffung von Geräten und für das Personal. In manchen Fällen sind aber auch hohe Kosten gerechtfertigt, wie sie z. B. bei dem Ausbau von gasdichten Räumen oder der Anschaffung von Trocknungs- und Kühlungsanlagen entstehen, weil sie eine permanente, problemlose Lagerung von Vorräten gewährleisten.

4. *Sie dürfen keine Schäden am Vorratsgut hervorrufen.* Ganz besonders gilt dies für die Qualität der behandelten Produkte. Bei der chemischen Bekämpfung ist dieser Faktor nicht so gravierend, weil die zugelassenen Mittel bei ordnungsgemäßer Anwendung keine Schädigung

garantieren. Eher sind schon Einbußen bei physikalischen Methoden möglich, z. B. Denaturierung von Lebensmitteln, Schädigung der Keim- und Backfähigkeit.

5. *Sie dürfen keine gesundheitsgefährdenden Veränderungen hervorrufen.* Diese Gefahr ist vor allem bei der Anwendung chemischer Mittel gegeben, die als Rückstände in den Lebensmitteln verbleiben können. Gesundheitsgefährdungen können aber auch durch die Anwesenheit von Tieren und tierischen Produkten in Vorräten auftreten. Beispiele und Hinweise hierauf finden sich im Abschnitt über die Art der Schäden. Aber auch im Zusammenhang mit der biologischen Bekämpfung muß hierauf noch einmal eingegangen werden, wo evtl. zusätzliche Organismen dem Vorratsgut zugeführt werden. Dieses Problem ist es auch, das im Grunde bei allen Bekämpfungsverfahren ansteht. Abgetötete Schädlinge verbleiben oft im behandelten Produkt, weil dieses entweder keinen weiteren Reinigungsverfahren unterworfen wird, oder weil solche Verfahren auch nicht in der Lage sind, die toten Tiere zu entfernen. Dies ist z. B. dann der Fall, wenn sich die Schädlinge im Innern von Getreide, Leguminosen, Nüssen, Trockenfrüchten usw. befinden und kann unter Umständen dazu führen, daß ein behandeltes Vorratsgut nach erfolgter Abtötung der Schädlinge nicht mehr für den menschlichen Genuß verwertet werden darf.

Daraus resultiert wieder: Auch eine noch so optimale Bekämpfungsmethode ist im Vorratsschutz, im Gegensatz zum Pflanzenschutz, eine Behelfslösung.

4.2.1 Biologische Schädlingsbekämpfung

Jeder lebende Organismus hat in der Natur Gegenspieler: Feinde, Krankheiten oder Konkurrenten. Sie sorgen durch die Vernichtung eines Teiles der Population dafür, daß die Dichte bestimmte Höchstwerte nicht überschreitet. Ein Ausfall oder ein begrenzter Einfluß solcher gegenwirkenden Komponenten kann bei optimalen Entwicklungsbedingungen aber dazu führen, daß zeitweise Massenvermehrungen einzelner Arten eintreten. Solche Kalamitäten brechen dann früher oder später zusammen, wobei wohl meist der Faktor Nahrungsmangel entscheidend ist. Gelegentlich können aber auch natürliche Gegenspieler dafür verantwortlich sein.

Je mehr Gegenspieler einer Art in deren Lebensgemeinschaft (Biozönose) vorkommen, umso geringer wird die Wahrscheinlichkeit einer ungestörten Massenvermehrung. Artenarme Gemeinschaften sind deshalb für ihre wenigen Mitglieder meist günstig.

Ein Vorratslager stellt nun normalerweise einen extrem artenarmen Lebensraum dar. Oft genug kommt nur eine einzige Schädlingsart vor, die sich bei optimalen Ernährungs- und meist günstigen abiotischen Bedingungen stark vermehren kann. Da natürliche Gegenspieler fehlen, ist es oft nur die eigene Konkurrenz, die über einen Verbrauch des Requisites Nahrung zum Zusammenbruch der Population führt. In dieser Phase ist das Vorratsgut aber schon völlig unbrauchbar geworden.

Nachdem im Abschnitt über die biotischen Faktoren schon die möglichen Gegenspieler der Vorratsschädlinge, Räuber, Parasiten, Krankheitserreger, besprochen wurden, soll nunmehr der Frage nachgegangen werden, ob sie zu einer Bekämpfung herangezogen werden können. Hierzu bieten sich zwei Möglichkeiten an:

1. Förderung vorhandener Gegenspieler
2. Ausbringung neuer Gegenspieler.

Beide Verfahren haben sich im Freiland zur Bekämpfung von Pflanzenschädlingen oder Parasiten von Haustieren und Menschen durchaus bewährt. Bezüglich Einzelheiten über die Prinzipien der biologischen Bekämpfung muß hier auf die entsprechende Spezialliteratur verwiesen werden (z. B. Franz und Krieg 1982).

Im Vorratslager liegen die Dinge aber etwas anders als im Freiland, was gleich zu erörtern sein wird.

Zunächst ist in Tab. 46 zu sehen, daß trotz der oben schon erwähnten ungünstigen Bedingungen in einem Vorratslager für einen natürlichen Befall eine relativ große Anzahl von Gegenspielern aufgefunden wurde. Dabei erhebt die Aufstellung selbstverständlich nicht einmal einen Anspruch auf Vollständigkeit.

Es würden sich also genug Nutzorganismen zum Einsatz bei der biologischen Bekämpfung anbieten. Beobachtungen und spezielle Versuche haben auch gezeigt, daß sie im Vorratslager durchaus effektiv sein können. Einige Beispiele mögen dies verdeutlichen.

Aus der Gruppe der Viren wurden vor allem Granuloseviren auf ihre Verwendbarkeit getestet, bei denen das eigentlich wirksame Virus durch eine aus Protein bestehende Kapsel geschützt ist, wodurch ihre Wirksamkeit über lange Zeit gesichert ist.

Tab. 46. Natürlicherweise im Zusammenhang mit Vorratsschädlingen vorkommende Gegenspieler (Beispiele nach zahlreichen Literaturangaben)

Nutzorganismus Gegenspieler	Vorratsschädling
Viren	
Granulose-Viren	*Plodia interpunctella*
Bakterien	
Bacillus thuringiensis	*Ephestia cautella*
	E. kuehniella
	Plodia interpunctella
Milben	
Cheyletus eruditus	*Acarus siro* u. a. Milben-Arten
	versch. Motten-Arten
Pediculoides ventricosus	*Ephestia kuehniella*
Seiulus muricatus	*E. kuehniella*
Typhlodromus tineaevorus	*E. kuehniella*
Protozoen	
Mikrosporidien	
Nosema spp.	*Ephestia* spp.
	Oryzaephilus surinamensis
	Rhizopertha dominica
	Tenebrioides mauritanicus
	Tribolium spp.
Plistophora manningeri	*Attagenus pellio*
Thelohania ephestiae	*Ephestia kuehniella*
T. nana	*Plodia interpunctella*
Schizogregarinen	
Farinocystis tribolii	*Tribolium* spp.
Mattesia trogodermae	*Trogoderma* spp.
M. dispora	*Ephestia* spp.
	Plodia interpunctella
Triboliocystis garnhami	*Tribolium* spp.
Kokzidien	
Adelina spp.	*Attagenus* spp.
	Cryptolestes ferrugineus
	Ephestia spp.
	Tribolium spp.
	Trogoderma granarium
Eugregarinen	
Gregarina polimorpha	*Ephestia kuehniella*
Staubläuse	
Liposcelis bostrychophilus	*Plodia interpunctella*
Wanzen	
Xylocoris flavipes	zahlreiche Vorratsschädlinge
Leptocoris campestris	zahlreiche Vorratsschädlinge
Hymenopteren	
Bracon (Habrobracon) hebetor	*Ephestia kuehniella*
	Plodia interpunctella
Habrobracon juglandis	*Ephestia* spp.
Nemeritis canescens	versch. Motten-Arten
Käfer	
Thaneroclerus buqueti	versch. Vorratsschädlinge
Fliegen	
Scenopinus fenestralis	Milben

Meist haben diese insektenpathogenen Viren eine strenge Wirtsspezifität, so daß andere Gegenspieler, wie Räuber und Parasiten, nicht geschädigt werden. Die Spezifität kann sich aber auch auf einzelne Vertreter einer Schädlingsgruppe beziehen. So war ein Isolat aus der Dörrobstmotte *(Plodia interpunctella)* nur gegen Larven dieser Art wirksam (mit einer 100 %igen Mortalität), nicht aber gegen die nahe verwandten *Ephestia*-Arten *elutella*, *cautella* und *figuliella*.

Versuche mit der Dörrobstmotte erbrachten auch weitere interessante Resultate: Um geschütteten Weizen oder Mais vor einem Befall zu schützen, genügt eine Behandlung der äußeren 10 cm, um praktisch eine 100 %ige Mortalität herbeizuführen. Bei 25 °C sank die Wirksamkeit des Präparates innerhalb eines Jahres nur unbedeutend. Bei höheren Temperaturen war der Rückgang allerdings wesentlich stärker.

Unter den insektenpathogenen Bakterien besitzt *Bacillus thuringiensis* eine herausragende Stellung, da es sich mit einer Vielzahl von Stämmen gegenüber zahlreichen Schmetterlingsarten als hochwirksam erwies. Es gehört zu den Sporenbildnern und ist durch das Vorkommen eines Endotoxins charakterisiert.

Von diesem Bakterium sind bereits eine Reihe von kommerziell hergestellten Präparaten im Handel, die in größerem Umfang im Pflanzenschutz angewandt werden. Es lag daher nahe, seine Anwendbarkeit auch im Vorratsschutz gegen verschiedene hier schädliche Motten zu prüfen. Aus den zahlreichen Versuchen können zusammenfassend folgende Schlüsse gezogen werden:

1. *Bacillus thuringiensis* wirkt hochtoxisch für vorratsschädigende Kleinschmetterlinge.

2. Die Wirksamkeit der Präparate ist über einen langen Zeitraum (mehrere Monate) gewährleistet.
3. Bei Getreide genügt eine Behandlung der Oberflächenschichten für eine volle Wirksamkeit.
4. *Bacillus thuringiensis* entfaltet seine Wirkung in allen Temperaturbereichen, die in der praktischen Getreidelagerung vorkommen.

Wegen der geringen Toxizität für Warmblüter ist in den Präparaten auf der Basis von *Bacillus thuringiensis* somit wahrscheinlich eine Möglichkeit gefunden, wenigstens bei der Bekämpfung von Kleinschmetterlingen im Getreidelager hochgiftige chemische Insektizide zu ersetzen. Die Zulassung solcher Bakterien-Präparate in den USA ist ein Hinweis für ihre Brauchbarkeit.

Viel geringer für eine praktische Anwendung sind die Aussichten bei den anderen Gruppen von Gegenspielern.

Obwohl eine große Anzahl von Protozoen als Krankheitserreger bei Vorratsschädlingen vorkommt (Tab. 46), sind befriedigende Versuche ihres Einsatzes in der biologischen Bekämpfung nicht bekannt. Dies ist wohl in erster Linie darin begründet, daß ihre abtötende Wirkung nur ungenügend ist. Auch stößt die Bereitstellung größerer Mengen wegen der Notwendigkeit einer Zucht in lebenden Organismen auf Probleme.

Ein Versuch mag die Möglichkeiten und Grenzen des Einsatzes von Protozoen beleuchten. Die Schizogregarine *Mattesia trogodermae* wurde in Pheromonfallen in Sporenform dem Käfer *Trogoderma glabrum* angeboten. Ein einmaliges Anbieten der Fallen für 48 Std. erwies sich dabei als ausreichend. In der 1. Generation trat im Versuch nur ein vierfacher Anstieg der Populationsdichte ein, während die unbehandelte Kontrolle eine 24fache Zunahme verzeichnete. In der 2. Generation kam es dann in der infizierten Population zu einem Abfall unter die Ausgangsdichte, während in der Kontrolle die Populationsdichte um das 100fache zunahm.

Die Übertragung des Protozoon auf die nächste Generation erfolgte durch Fraß der Larven an toten, befallenen Imagines oder über das Larvenfutter, das durch kontaminierte Imagines infiziert worden war.

Dieser Versuch zeigt zwar einerseits, daß eine erfolgreiche Durchseuchung einer Population eines Vorratsschädlings möglich ist, daß aber eine durchschlagende Wirkung erst nach mehreren Generationen erwartet werden kann. Eine bis dahin eintretende, wenn auch stark reduzierte Vermehrung kann aber im Vorratsschutz nicht in Kauf genommen werden, denn ein vierfacher Anstieg in der Folgegeneration (wie im vorliegenden Versuch) bedeutet vierfachen Fraß und vierfache Verunreinigung.

Hier sind schneller wirksame Maßnahmen vonnöten.

Räuberische Milben und Staubläuse wurden zu direkten Bekämpfungsaktionen nicht ausgenutzt, es liegen lediglich Berichte über ihre Wirksamkeit vor. So wurden z. B. über 70 % der Eier von *Plodia interpunctella* durch die Staublaus *Liposcelis bostrychophilus* vernichtet.

Die etwa 2 mm große Raubwanze *Xylocoris flavipes* (Reuter) war dagegen schon häufiger zum aktiven Einsatz gegen Vorratsschädlinge verwendet worden. Ihre Zucht, z. B. an Eiern und Junglarven von *Plodia interpunctella*, ist relativ einfach, so daß für praxisnahe Versuche auch genügend Tiere zur Verfügung stehen. Bei einer hohen Dichte des Räubers konnten Wirkungsgrade bis zu 95 % erreicht werden. Abb. 64 zeigt den Verlauf der Entwicklung einer Population von *Oryzaephilus surinamensis* in Ab- und Anwesenheit von *Xylocoris* in einem Lagerraum von 30 m^3.

Den Einfluß der Populationsdichte des Räubers ergab ein anderer Versuch (Tab. 47). Er zeigt, daß die Wirksamkeit oberhalb einer bestimmten

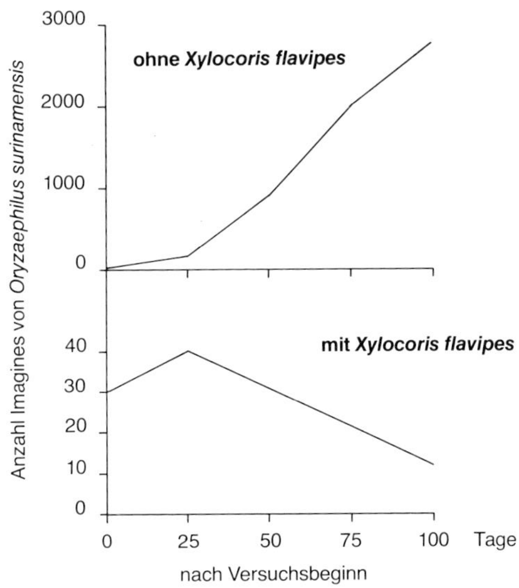

Abb. 64. Der Einfluß der Wanze *Xylocoris flavipes* auf die Entwicklung einer Population von *Oryzaephilus surinamensis* (nach LeCato 1977).

Tab. 47. Wirksamkeit der Wanze *Xylocoris flavipes* bei der Vernichtung von *Oryzaephilus surinamensis* in Abhängigkeit von der Dichte des Räubers (angegeben ist die Anzahl *O. surinamensis* 16 Wochen nach Einsatz der Wanze; Versuch in Mais) (nach ARBOGAST 1976)

Anzahl freigelassener *Xylocoris flavipes*	Anzahl der vorhandenen *Oryzaephilus surinamensis* (∅)	Reduktion von *Oryzaephilus surinamensis* im Vergleich zur Kontrolle (%)
0	2528	–,
5	84	96,7
10	29	98,9
20	18	99,3
30	25	99,0

Dichte nicht mehr zu steigern ist. Dies ist in der Praxis bei Fragen der Effektivität einerseits und der Kosten andererseits von Interesse.

Obwohl parasitische Schlupfwespen im Pflanzenschutz in der biologischen Bekämpfung eine große Rolle spielen, ist ihre Bedeutung im praktischen Einsatz gegen Vorratsschädlinge relativ gering.

Durchgeführte Untersuchungen beschränken sich im wesentlichen auf Versuche unter Laboratoriumsbedingungen. Die dabei erzielten Resultate zeigten im großen und ganzen, daß die Effektivität einer Freilassung von Parasitoiden oberhalb einer bestimmten Dichte meist nicht mehr gesteigert werden kann, und daß ein gewisser Prozentsatz der Wirte auch bei sehr hoher Parasitoiddichte überlebt. Immerhin konnten in solchen Versuchen mit künstlichen Bedingungen bis weit über 90 %ige Vernichtungen der Schädlinge (hauptsächlich Kleinschmetterlinge, wie *Ephestia kuehniella* und *Plodia interpunctella*) erreicht werden.

Ähnlich gute Resultate wurden, diesmal unter Praxisbedingungen, erzielt, wenn in Ställen Parasitoide (z. B. *Spalangia endius* oder *Nasonia vitripennis*) freigelassen wurden zur Bekämpfung der Stubenfliege *Musca domestica*.

Eine kritische Bewertung der biologischen Bekämpfung im Vorratsschutz muß leider zu dem Schluß kommen, daß ihre Bedeutung als wirksame Gegenmaßnahme recht gering ist, soweit es sich um den Einsatz von Räubern und Parasitoiden handelt. Hierfür sind mehrere Gründe entscheidend:

1. Die Wirkung ist – auch bei hoher Dichte der Feinde – nicht vollständig. Da bei der verbleibenden geringen Zahl von Wirten die Gegenspieler aussterben oder abwandern, überlebt ein Teil der Schädlinge und kann sich weitervermehren.

2. Wenn nicht mit einer Massenfreilassung von Nützlingen gearbeitet wird, benötigen die Gegenspieler mehrere Generationen, um eine wirksame Populationsdichte zu erreichen. In dieser Zeit verminderter Effektivität kann der Schädling aber seine Schädigung fortsetzen und evtl. sogar neue Generationen ausbilden.

3. Erfolgt eine Massenfreilassung von Nützlingen, so werden den Vorratsgütern neue Fremdorganismen hinzugefügt, die zwar nicht an den Produkten fressen, aber durch ihre Häutungsreste, Ausscheidungen und Leichen die Verunreinigung vergrößern. Dies kann aber aus hygienischen Gründen bei den meisten Produkten nicht geduldet werden. Es gibt nur wenige Fälle, in denen solch eine Massenfreilassung tolerierbar wäre, z. B. bei Saatgut.

4. Die meisten Parasiten und Räuber sind mehr oder weniger spezifisch, sei es, daß sie nur bestimmte Schädlinge oder Schädlingsgruppen vernichten, sei es, daß sie nur bestimmte Stadien angreifen. Dies müßte dazu führen, daß bei Befall durch verschiedene Schädlinge, z. B. Käfer und Motten, mehrere Nützlinge eingesetzt werden müßten bzw. daß sich nicht angegriffene Stadien weiterentwickeln könnten.

Die größte Aussicht, erfolgreich im Vorratsschutz verwendet zu werden, haben somit die Bakterien- und vielleicht auch noch die Viruspräparate. Bei manchen Produkten, bei denen durch Reinigungs- und Verarbeitungsmaßnahmen eine Beseitigung der ausgebrachten Präparate weitgehend garantiert ist (z. B. bei Getreide oder ungeschälten Nüssen), wäre eine Verwendung durchaus vertretbar.

Das Ausbringen von pathogenen Mikroorganismen ist allerdings, auch wenn sie nachgewiesenermaßen für den Menschen noch so harmlos sind, für viele Anwender sicher nicht allzu verlockend, und der Anblick von zwar toten, aber verjauchten oder verpilzten Schädlingen trägt nicht dazu bei, ein behandeltes Vorratsgut positiv zu beurteilen.

Weiterhin ist für eine wirksame Durchseuchung der Schädlingspopulation eine hohe Dichte mit häufigem Kontakt der Schädlinge untereinander erwünscht. Ist die Dichte aber erst einmal so hoch, dann müssen schlagartig wirkende Bekämpfungsmethoden eingesetzt werden, um weiteren Schaden zu verhüten. Im Hinblick darauf muß dann aber ein Vergleich mit der zweifellos wichtigsten Bekämpfungsmaßnahme im Vorratsschutz, der Begasung, angestellt werden, und dabei schneiden die Mikroorganismen allerdings sehr schlecht ab. Die mikrobiellen Präparate haben aber – was bei einem Vergleich auch berücksichtigt werden muß – den Vorteil, daß sie ungiftiger sind und über Monate hinweg gegen Neubefall wirksam sein können.

Schließlich muß noch gesagt werden, daß die abiotischen Bedingungen in einem normalen Vorratslager, besonders im Hinblick auf die Feuchtigkeit, recht ungünstig sind, wodurch eine schnelle Ausbreitung der Krankheit verhindert wird.

Ein zweifellos elegantes Verfahren zur Bekämpfung von Fliegen mit Krankheitserregern ist die „Feed-through"-Methode. Hierbei werden die Erreger (aber auch chemische Präparate) Haustieren mit dem Futter verabreicht. Nach der Darmpassage befallen die Pathogene die sich in den Exkrementen entwickelnden Fliegenmaden. Wenn Versuche mit *B. thuringiensis* bisher auch noch nicht zu einem befriedigenden Resultat geführt haben, weil die zu verfütternden Dosen zur Erzielung einer ausreichenden Abtötungsrate zu hoch liegen, so bietet das Verfahren doch gewisse Perspektiven. Aggressivere Stämme oder andere Erreger (die selbstverständlich alle für die Haustiere ungefährlich sein müssen) können die Erfolge evtl. verbessern.

Versuche, Ratten und Mäuse durch Krankheitserreger zu bekämpfen – nach dem Vorbild des Einsatzes von Myxomatose-Viren bei der Vernichtung von Kaninchen – haben bisher zu keinen befriedigenden Resultaten geführt und können im Hinblick auf ihre Anwendung im Lebensbereich des Menschen wegen der nahen Verwandtschaft innerhalb der Säugetiere auch nicht vertreten werden.

Wenn somit insgesamt der biologischen Bekämpfung im Rahmen der Gegenmaßnahmen im Vorratsschutz keine allzu große Bedeutung eingeräumt werden kann, so muß zum Schluß doch noch darauf hingewiesen werden, daß Räuber, Parasiten oder Krankheitserreger zeitweilig doch eine wichtige Rolle spielen können. Gedacht ist hier an die Reduktion oder gar Ausrottung von Vorratsschädlingen in permanenten Herden. Auf die Bedeutung dieser unbemerkten Quellen für einen Neubefall, z. B. in toten Winkeln von Maschinen, an unzugänglichen Verstecken oder in vergessenen Vorräten, wurde schon wiederholt hingewiesen. In diesen, manchmal sehr lange bestehenden Schädlingspopulationen kann sich in vielen Generationen eine Nützlingsfauna etablieren, deren Effektivität entsprechend groß ist. Es kann nachgewiesenermaßen dabei zur völligen Ausrottung der Schädlinge kommen. Unbekannt bleibt aber stets, wie oft ein Befall von Vorräten dadurch verhindert werden konnte und welche finanziellen Verluste erspart blieben.

Allerdings: Das Vorkommen solcher Herde sollte bei einer ordentlichen Vorratspflege gar nicht möglich sein, und so ist das Auftreten von Nützlingen in Vorräten fast immer ein Zeichen dafür, daß hier ein Befall schon viel zu lange bestanden hat.

Die genetische Methode

An dieser Stelle soll kurz auf eine Möglichkeit hingewiesen werden, durch Veränderung der Chromosomen, den Trägern der Erbanlagen, in die Populationsdynamik von Insektenpopulationen im reduzierenden Sinne einzugreifen. In erster Linie müssen hier die sogenannten Translokationen genannt werden. Durch chemische oder physikalische Behandlung (z. B. Bestrahlung mit γ-Strahlen) können intakte Chromosomen zerbrochen werden. Verschmelzen die entstehenden Bruchstücke wieder mit anderen Chromosomen (werden sie transloziert), so entstehen später Individuen mit einem geschädigten Chromosomensatz. Kopulieren diese Tiere mit normalen, so ist ein mehr oder weniger großer Teil der abgelegten Eier steril (Semisterilität).

Läßt man mit Translokationen versehene Schädlinge frei, so kann es demnach zu einem ähnlichen Effekt kommen wie bei dem Einsatz von γ-bestrahlten, sterilen Tieren (s. Seite 138).

Aus schon öfter erwähnten Gründen kann ein

solches Verfahren zur Bekämpfung von echten Vorratsschädlingen aber nicht zum Einsatz gelangen: ständige neue Freilassung behandelter Tiere erforderlich, nur langsame Reduzierung der Zahl der Schädlinge im Laufe mehrerer Generationen.

Bei Ungezieferarten könnte ein begrenzter Einsatz allerdings möglich sein, wenn eine Freilassung weiterer Tiere nicht bedenklich ist. So haben z. B. Untersuchungen mit Schaben ergeben, daß Translokationsheterozygote (homozygote Stämme sind noch nicht bekannt) hohe Mortalitäten hervorrufen können. Auch bei Stechmücken *(Culex pipiens)* können derartige Schädigungen des Erbgutes erfolgreich in Freilandpopulationen eingebracht werden.

Ob die Methode allerdings im Rahmen einer Bekämpfung von Ungezieferarten (und Parasiten) in der Praxis eingesetzt werden kann, muß abgewartet werden. Die Aussichten sind nicht gerade optimal.

4.2.2 Physikalische Schädlingsbekämpfung

Physikalische Kräfte können in mannigfaltiger Weise lebenszerstörend wirken. Man kann deshalb auch versuchen, sie zur Bekämpfung von Vorratsschädlingen und Ungeziefer einzusetzen. Im Zusammenhang mit den Fragen der toxikologischen Gefährdung von Mensch und Tier durch den Einsatz chemischer Mittel kommt ihnen eine ähnliche Bedeutung zu wie der biologischen Bekämpfung.

Eine große Anzahl von einzelnen Verfahren und Methoden wurde auf ihre Brauchbarkeit zur Bekämpfung hin untersucht. Viele davon erwiesen sich als wirkungslos oder höchstens im Versuch einsetzbar, weil eine Anwendung in der Praxis aus technischen, ökonomischen oder rechtlichen Gründen scheiterte.

Tab. 48 gibt zunächst einmal einen Überblick über die wichtigsten Verfahren. Eine Bewertung soll in der nachfolgenden Besprechung erfolgen.

Mechanische Fallen

Das Aufstellen von Fallen verschiedener Typen zum Fang von Schädlingen, vor allem von Mäusen und Ratten, ist vielleicht die älteste physikalische Bekämpfungsmethode (wenn man von dem Totschlagen mit der Hand oder verschiedenen Geräten absieht). Beköderte oder unbeköderte Fallen spielen auch heute noch eine Rolle, wenn es darum geht, z. B. einzelne Mäuse in Haushaltungen wegzufangen oder Vorkommen und Zusammensetzung von Nagetierpopulationen zu untersuchen.

Leimfallen

Das mechanische Festhalten von Schädlingen durch Leimfallen als eine Vernichtungsmethode wurde früher zum Fang von Fliegen viel eingesetzt. Die Bedeutung dieser Methode ist durch die Entwicklung chemischer Bekämpfungsmittel stark zurückgegangen. Die Leistungsfähigkeit dieser Fliegenfänger ist durchaus groß, wenn sie an den richtigen Stellen aufgehängt werden. Die Effektivität im Hinblick auf eine Reduktion der Populationsdichte ist aber meist ungenügend, da der Zuflug von Fliegen die weggefangenen Tiere bald ausgleicht. Als Beispiel hierfür sei in Abb. 65 das Resultat eines Versuches in einem Schweinestall wiedergegeben. Die aufgehängten Leimfallen mit insgesamt 1,2 m^2 Oberfläche waren bald schwarz von Fliegen, der Wirkungsgrad, bezogen auf die Gesamtpopulation im Stall, konnte aber 10 % nie übersteigen.

In völlig geschlossenen Räumen mit Fliegenentwicklung mag die Wirkung besser sein. Hier ist aber die Vernichtung der Brutstätten sicher eine wirksamere Methode. Neuerdings gewinnen diese Leimfallen wieder eine größere Bedeutung im Zusammenhang mit der Anwendung von Pheromonen zum Nachweis eines Mottenbefalles in Lagerräumen (s. Nachweismethoden).

Tab. 48. Die wichtigsten Möglichkeiten einer physikalischen Bekämpfung von Vorratsschädlingen

Mechanische Verfahren	
mechanische Fallen	Pneumatische Förderung
Leimfallen	Umwenden
Staubsauger	Prallmaschinen
Siebung	Vibratoren
Windsichtung	
Veränderungen abiotischer Bedingungen	
hohe Temperaturen	Trocknung
tiefe Temperaturen	Unterdruck
Strahlen	
γ-Strahlen	UV-Strahlen
Röntgenstrahlen	sichtbares Licht, Laser
Radiowellen	Infrarotstrahlen
Mikrowellen	Ultraschall
Kurzwellen	

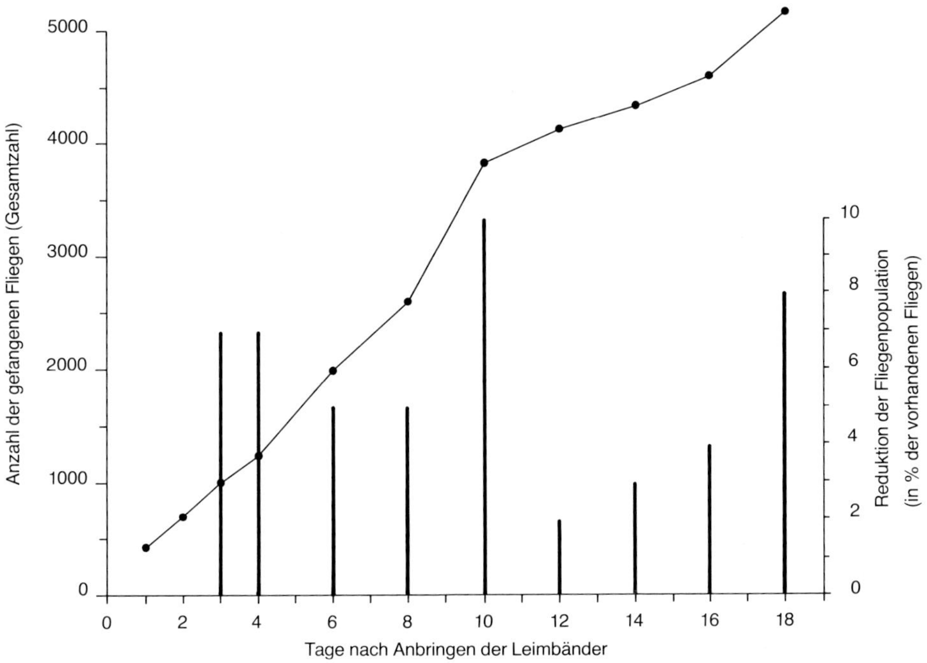

Abb. 65. Die Wirkung von Leimfallen bei Fang von Fliegen *(Musca domestica)* in einem Schweinestall (Größe des Stalles 20 m × 5 m × 2 m; Leimfallen: 2 Bänder von je 3,00 m × 0,2 m) (STEIN unveröff.).

Staubsauger

Zur direkten Bekämpfung von Schädlingen in Vorratsgütern kann ein Staubsauger nicht eingesetzt werden. Er hat aber seine Bedeutung bei der Reinigung von Lagern, wobei mit wirksamen Geräten auch sonst unerreichbare Stellen von Schädlingen befreit werden können (z. B. in Mühlen).

Siebung

Die Abtrennung von Vorratsschädlingen durch geeignete Siebe wurde schon im Abschnitt über Nachweismethoden angegeben. Als Bekämpfungsmaßnahme, z. B. bei kleinen Getreidepartien, erweist sie sich bei freilebenden Schädlingsarten als bedingt brauchbar, versagt aber naturgemäß, wenn die Schädlinge im Korn vorkommen.

Windsichtung

Ausgefressene Getreidekörner und freilebende Insektenstadien sowie Milben können durch Luftströme vom übrigen Gut abgetrennt werden. Quantitativ ist das Verfahren allerdings auch nicht, da Körner, die groß sind und deshalb auch noch besonders leicht befallen werden und solche, welche die Schädlinge im frühen Entwicklungsstadium enthalten, nicht erfaßt werden. Durch dieses Verfahren ist somit allenfalls eine Reduktion der Populationsdichte zu erzielen, nicht aber eine ausreichende Bekämpfung.

Pneumatische Förderung

Die pneumatische Förderung von Getreide ist nicht nur eine Transportmaßnahme, sondern wirkt – nebenbei oder direkt zur Vernichtung von Schädlingen eingesetzt – auch als Bekämpfungsmaßnahme. Durch die sich bewegenden Getreidekörner und an den Biegungen der Saugrohre oder auf Pralltellern werden frei vorkommende Stadien von Schädlingen, aber auch solche, die im Innern der Körner sind, im hohen Grade vernichtet.

Die Möglichkeiten dieses Verfahrens zeigten Untersuchungen, deren Resultate in Abb. 66 wiedergegeben sind. Es ist ihr zu entnehmen, daß der Wirkungsgrad je nach Lebensweise der Schädlinge unterschiedlich ist, daß aber meist doch ein sehr hoher Prozentsatz aller Stadien abgetötet werden kann.

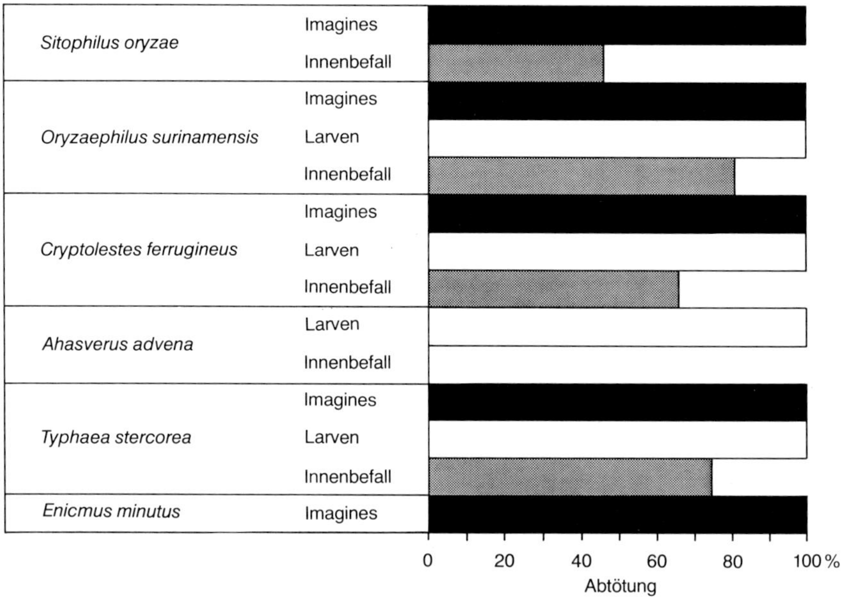

Abb. 66. Die Wirksamkeit einer pneumatischen Förderung hinsichtlich der Vernichtung von Vorratsschädlingen (Weizen, 19 bzw. 75 t/Std. Förderleistung) (nach BAHR 1973).

Eine regelmäßige Umlagerung von Getreide, auch innerhalb eines Lagers (sofern ausreichend Platz vorhanden ist), kann also durchaus als eine wirksame Maßnahme zur Bekämpfung angesehen werden. Ihre Durchführung bei Lufttemperaturen, die unter denen der Getreidepartie liegen, bewirkt noch zusätzlich eine entwicklungshemmende Abkühlung der Vorräte.

Als Nachteil dieses Verfahrens muß in Kauf genommen werden, daß Getreidekörner zerschlagen werden können und somit der Anteil an Bruchgetreide zunimmt.

Umwenden

Daß auch schon einfaches Umschaufeln von lagerndem Getreide eine Vernichtung von Vorratsschädlingen (neben einer gezielten Abkühlung) bewirkt, konnte ebenfalls nachgewiesen werden. Dadurch werden auch Stadien im Innern der Körner nachhaltig geschädigt. Selbstverständlich ist dieses Verfahren nur bei kleinen Partien zu empfehlen, z. B. bei Futtermitteln, die in landwirtschaftlichen Betrieben oft viele Monate lagern und leicht befallen werden.

Vibratoren

Durch Vibration von Getreidekörnern auf einem Rütteltisch mit 12,5 und 25 Schwingungen/Sek. konnte eine 100 %ige Abtötung der Puppen von *Tribolium confusum* erreicht werden. Ein Einsatz dieser Methode im praktischen Vorratsschutz dürfte aber wohl auf zahlreiche Probleme stoßen.

Prallmaschinen

Bei diesen Geräten, die in Mühlenbetrieben, Futtermittelfabriken und in der Teigwarenindustrie eingesetzt werden können, werden Insektenstadien und befallene Körner mechanisch zerstört.

Das zu behandelnde Gut fällt dabei zwischen zwei rotierende Platten und wird durch die Fliehkraft nach außen geschleudert. Am Rande der Platte stehen Stahlbolzen, an denen Schädlinge oder befallene Körner zerschlagen werden. Die Scheibe rotiert mit hohen Geschwindigkeiten (z. B. 1450 oder 3500 Umdrehungen pro Minute), wobei die niedrigere Geschwindigkeit für ganze Getreidekörner, die höhere Geschwindigkeit für feinere Produkte (wie Hundefutter, Mehl, Grieß) bestimmt ist.

Eine Einsatzmöglichkeit in Kombination mit anderen Geräten zeigt Abb. 67. Nach Durchgang durch einen Concentrator, der die Menge des noch zu prallenden Gutes reduziert, erfolgt das eigentliche Zerschlagen in der Prallmaschine (Sterilator). Die dabei freigelegten Insektenbruchstücke und Exkremente werden dann bei der anschließenden Aspiration vom Gut getrennt.

Die Prallmaschinen eignen sich auch besonders zur Vernichtung von Insekteneiern, die sich in vermahlenen Produkten befinden und später einen Neubefall, z. B. von Mehl, auslösen können.

Die damit erzielten Bekämpfungserfolge sind sicher gut. Bei Getreide, aus dem die zerschlagenen Schädlinge anschließend durch Reinigung entfernt werden können, läßt sich das Verfahren auch durchaus vertreten, sofern das erhöhte Auftreten von Bruchgetreide akzeptiert wird. Bei bereits vermahlenen Gütern muß es aber abgelehnt werden, da die Insektenfragmente (von Larven, Puppen und Imagines) nicht mehr vom Gut getrennt werden können.

Zum Zwecke der Schädlingsbekämpfung hat dieses Gerät in der Praxis offenbar an Bedeutung verloren. Es kann allerdings in den Futtermittelfabriken und in Mühlenbetrieben auch zum Vormahlen der Ausgangsprodukte eingesetzt werden, um eine bessere Ausbeute zu erlangen.

Veränderungen abiotischer Bedingungen

Unbelebte Faktoren beeinflussen Überleben, Entwicklung und Vermehrung von Schädlingen. Durch gezielte Manipulation dieser Faktoren kann es möglich sein, sie im Hinblick auf den Schädling negativ zu gestalten. Je mehr sie sich dem Pessimum nähern, desto besser ist der Bekämpfungserfolg.

Dabei ist es aber meist nicht angängig, sie in beliebiger Weise zu verändern, da die in Frage

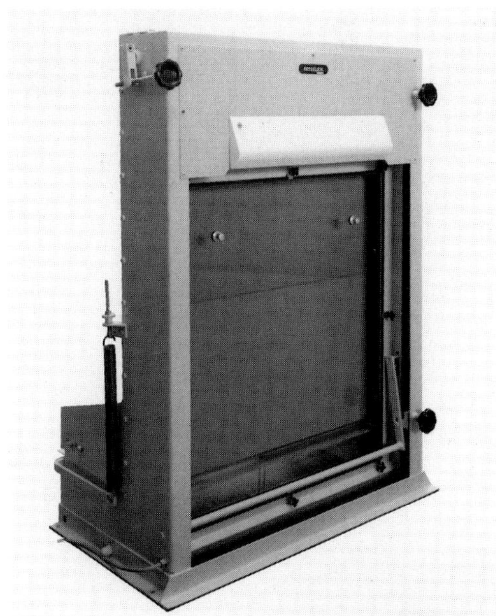

Abb. 67. Die Vernichtung von Innenbefall von Getreidekörnern durch das Prallverfahren. Nach Anreicherung der zu prallenden Fraktion im Concentrator (oben) wird das Getreide in der eigentlichen Prallmaschine (Sterilator, unten links) behandelt und im Aspirator (unten rechts) von Insektenfragmenten befreit (Aufn. Fa. Gebr. Bühler AG, Uzwil).

kommenden abiotischen Faktoren auch auf das zu schützende Vorratsgut Einfluß haben. Die Variation ist also nur so lange möglich, wie die Vorräte nicht negativ beeinträchtigt werden. Hierdurch sind die Grenzen der Anwendbarkeit dieser physikalischen Bekämpfungsmaßnahme aufgezeigt.

Veränderungen der Temperatur haben zweifellos in diesem Zusammenhang die größte Bedeutung. Hohe Temperaturen wirken dabei negativer auf die Schädlinge ein, weil die letalen Werte relativ schnell erreicht werden können. Tiefe Temperaturen sind dagegen meist günstiger für die Vorräte, weil durch sie weniger qualitative Veränderungen hervorgerufen werden.

Hohe Temperaturen. Konkrete Aussagen über die Temperaturen, die zur Abtötung einer Schädlingsart erforderlich sind, können nur sehr schlecht gemacht werden. Zuviele Komponenten beeinflussen die Wirkung. Genannt seien nur Einwirkungsdauer, Entwicklungsstadium, Alter eines bestimmten Entwicklungsstadiums, physiologischer Zustand und Grad der Akklimatisation des Schädlings, Unterschiede in der Empfindlichkeit zwischen Arten und Stämmen oder Beeinträchtigung durch andere Komponenten, wie z. B. die Luftfeuchtigkeit. Es ist deshalb nicht verwunderlich, daß Angaben in der Literatur sehr stark voneinander abweichen können.

Grundsätzlich kann wohl gesagt werden, daß Temperaturen oberhalb von 40–45 °C schon nach kurzer Zeit letal für die meisten Vorratsschädlinge sind. Hier kommt man aber auch schon in die Grenzbereiche hinein, die für die Vorräte selbst noch tolerierbar sind. Die Anwendung hoher Temperaturen zur Bekämpfung von Vorratsschädlingen ist also eine recht diffizile Angelegenheit, die einer genauen Kontrolle unterliegen muß.

Etwas unproblematischer ist die Anwendung hoher Temperaturen in Abwesenheit von Vorratsgütern. Dies ist zum Beispiel möglich, wenn versteckte Herde in Maschinen vernichtet oder wenn leere Verpackungsmaterialien (z. B. Säcke) entseucht werden sollen. Meist können hierbei Temperaturen von 60 bis 80 °C angewendet werden, weshalb die Einwirkungszeit kurz sein kann. Bei Maschinen muß allerdings beachtet werden, daß auch sie empfindliche Teile aufweisen können, z. B. Ölbuchsen, Dichtungen, Treibriemen, Holz- und Kunststoffteile.

Wenn zur Schonung der Vorräte die Temperaturen nicht bis zum Wärmetod des Schädlings hochgeführt werden dürfen, so gibt es aber auch schon bei tiefen Werten Schädigungen der Tiere, die einen Rückgang der Populationsdichte bewirken. Tab. 49 gibt einige Beispiele an. Sie zeigen, daß schon bei Temperaturen nicht weit oberhalb des Optimums irreversible Schädigungen auftreten können. Ähnliche, in der Tabelle nicht aufgeführte Ergebnisse wurden auch bei *Tribolium confusum*, *Ephestia cautella* und *Plodia interpunctella* erzielt. Die Produktion der Wärme kann auf verschiedene Art und Weise erfolgen. Im einfachsten Fall ist bei kleinen Partien (zum Beispiel bei der Behandlung von Säcken oder im Haushalt) ein Ofen ausreichend. Andere Geräte

Tab. 49. Einfluß subletaler hoher Temperaturen auf einige Vorratsschädlinge (nach KIRKPATRICK 1978a, 1978b)

Art und Stadium (Alter in Tagen nach Eiablage)	Temperatur (°C)	Reduktion der Schlüpfrate (% gegenüber Kontrolle)
Rhizopertha dominica		
Ei (0–3 Tage)	38,0	34
junge Larve (3–6 Tage)	38,0	30
ältere Larve (9–12 Tage)	38,0	20
Puppe (15–18 Tage)	38,0	23
Sitophilus oryzae		
Ei (0–3 Tage)	35,0	100
Puppe (15–18 Tage)	27,5	0
	30,0	40
	32,5	56
	35,0	93

Tab. 50. Versuchsergebnisse der Anwendung von Heißluft zur Bekämpfung von Vorratsschädlingen (nach Vardell und Tilton 1981 a, 1981 b)

Vorratsgut und Schädling	notwendige Temperatur für eine 100 %ige Mortalität	Haltezeit (Min.)	Aufheizzeit (Min.)
Weizen			
Rhizopertha dominica	67 °C	0	4,75
Sitophilus oryzae	60 °C	0	<4,75
Reis			
Rhizopertha dominica	62 °C	0	<4,3
Sitophilus oryzae	60 °C	0	<4,3

sind elektrisch oder durch Gas beheizte Apparaturen, Mikrowellen- und vor allem Infrarotstrahler.

Eine vermutlich aussichtsreichere Methode ist der Einsatz von heißer Luft (fluidized-bed heating). Mit Hilfe eines Gebläses wird dabei auf 60–80 °C erwärmte Luft für eine kurze Zeitspanne (ca. 2–5 Minuten je nach Temperatur) durch Getreide (oder Reis) geblasen. Tab. 50 zeigt die Ergebnisse von Laboratoriumsversuchen mit relativ kleinen Mengen behandelter Produkte.

Das Verfahren hat nach den bisherigen Erfahrungen folgende Vorteile:
- kurze Behandlungszeiten,
- keine Nachkühlung,
- genaue Dosierung möglich,
- hohe Effektivität,
- keine negative Beeinflussung von Backqualität und Teig bei Getreide,
- keine Reduktion des Feuchtigkeitsgehaltes bei Getreide,
- Betriebskosten vergleichbar denen einer Begasung,
- behandeltes Gut sofort wieder verwendbar.

Nachteilig sind sicher der Geräteaufwand und die Anschaffungskosten. Ökonomische Überlegungen und Versuche im großen Maßstab müssen zeigen, ob das Heißluftverfahren in Zukunft in der Praxis eine wichtige Rolle bei der Bekämpfung von Vorratsschädlingen spielen wird.

Tiefe Temperaturen. Ein Abweichen der Temperatur vom Optimum einer Tierart nach unten hat ebenfalls negative Auswirkungen. Diese Einflüsse sind sogar noch mannigfaltiger als bei den eben behandelten hohen Temperaturen, weil sie in bestimmten Bereichen nicht so destruktiv sind. Die Skala der Einflüsse tiefer Temperaturen reicht vom Rückgang der Fraß- und Bewegungsaktivitäten und der Entwicklungsgeschwindigkeit über das völlige Einstellen der Entwicklung (beim Entwicklungsnullpunkt) bis zum Kältetod.

Es ist deshalb naheliegend, daß man auch tiefe Temperaturen bei einer physikalischen Bekämpfung von Vorratsschädlingen einzusetzen versucht, zumal die Vorratsgüter meist viel weniger gefährdet sind als bei hohen Temperaturen.

Relativ selten wird versucht, Vorratsschädlinge durch tiefe Temperaturen abzutöten. Wie die Werte in Tab. 13 zeigen, können selbst Schädlinge aus tropischen Ländern sehr niedrige Temperaturen für eine mehr oder weniger lange Zeit aushalten. Um solche Werte aber zu erreichen, sind einmal umfangreiche technische Aufwendungen erforderlich, und zum andern sind die Energiekosten sehr hoch. Größere Partien von Vorratsgütern scheiden somit für solch eine Behandlung von vornherein aus.

Im kleinen Maßstab, zum Beispiel im Haushalt, ist eine Abtötung von Schädlingen aber leicht realisierbar. Befallene Vorräte und Materialien (z. B. vor allem Textilien) können bei einem mehrtägigen Aufenthalt in den heute fast überall vorhandenen Tiefkühltruhen von lebenden Schädlingen und Ungeziefer befreit werden. Eingepackt in Plastikbeutel kommen sie mit dem übrigen Gefriergut nicht in Berührung.

Auch bei manchen verpackten Produkten ist eine Abkühlung in Gefrierkammern vertretbar. Gute Erfahrungen wurden zum Beispiel bei Zigarren (gegen *Lasioderma serricorne*) und Popcorn (gegen *Plodia interpunctella*) gemacht.

Ein Beispiel für eine praxisnahe Anwendung niedriger Temperaturen lieferten Stratil und Reichmuth (1981). Süßwaren, die leicht von der Dörrobstmotte *Plodia interpunctella* befallen werden, können durch eine Lagerung von etwa drei Wochen von lebensfähigen Eiern dieses

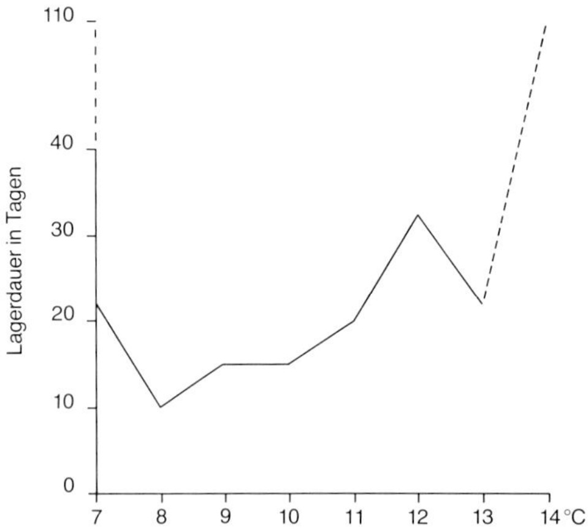

Abb. 68. Die zu einer 99,9 %igen Abtötung der Eier von *Plodia interpunctella* notwendige Lagerdauer in Abhängigkeit von der Temperatur (nach STRATIL und REICHMUTH 1981).

Schädlings befreit werden, wenn die Temperaturen um + 10 °C liegen. Die Beziehungen zwischen Temperatur und Mortalität zeigt Abb. 68.

Bei Massengütern, wie Getreide oder Expellern, hat solch ein Verfahren aber keine Aussicht auf praktischen Einsatz. Die Zeiten und die Temperaturen, die notwendig sind, um die wichtigsten an diesen Gütern auftretenden Schädlinge vollständig abzutöten, unterstreichen dies. Sie sind Tab. 51 zu entnehmen.

Das Hauptaugenmerk wird also auf jene Temperaturen zu richten sein, die zwar keine oder nur eine ungenügende Abtötung der Schädlinge bewirken, die ökonomisch und technisch aber zu verwirklichen sind.

Unter diesen Aspekten wäre also das Erreichen des Entwicklungsnullpunktes das anzustrebende Ziel. Aber die Werte in Tab. 23 demonstrieren deutlich, daß es auch hierbei noch Probleme geben muß, vor allem in wärmeren Ländern oder in gemäßigten Breiten während der Sommermonate.

Man wird die Ansprüche hinsichtlich der Verwendung von tiefen Temperaturen im Rahmen einer physikalischen Bekämpfung von Vorratsschädlingen also noch weiter zurückstecken müssen. Dabei ist klar, daß jedes Grad Celsius, das vom Entwicklungsoptimum in Richtung des Entwicklungsnullpunktes mehr erreicht werden kann, Vermehrung und Fraß und damit Schaden reduzieren hilft.

In diesem Zusammenhang hat sich der Begriff der *Sicherheitstemperatur* eingebürgert. Es handelt sich dabei um jene Temperatur, bei der eine bestimmte Schädlingsart innerhalb von 100 Tagen keine neue Generation ausbilden kann oder, anders ausgedrückt, bei der die Entwicklungsdauer vom Ei bis zum Schlüpfen des erwachsenen Tieres im Durchschnitt mehr als 100 Tage dauert. Diese Werte sind entsprechend den Temperaturansprüchen der einzelnen Schädlingsarten unterschiedlich, wie ein Blick auf Abb. 69 zeigt.

Solche Sicherheitstemperaturen sind, das muß man sich ganz klar vor Augen halten, ein Behelf. Die in den Vorräten enthaltenen Schädlinge bleiben nicht nur am Leben, sondern können sich, wenn auch langsam, weiterentwickeln. Gelangen die Vorräte wieder in günstigere Temperaturbedingungen, so kann jederzeit eine Massenvermehrung einsetzen. Der Wert einer Sicherheitstemperatur muß somit ernsthaft in Frage gestellt wer-

Tab. 51. Temperaturen und Zeiten für eine Abtötung aller Stadien verschiedener Vorratsschädlinge durch Kältebehandlung (Werte auf ganze °C umgerechnet) (nach COTTON und WILBUR 1974)

Schädling	notwendiger Aufenthalt (in Tagen) zur Abtötung aller Stadien						
	− 15 °C bis − 18 °C	− 12 °C bis − 15 °C	− 9 °C bis − 12 °C	− 7 °C bis − 9 °C	− 4 °C bis − 7 °C	− 1 °C bis − 4 °C	+ 2 °C bis − 1 °C
Oryzaephilus surinamensis	1	1	3	3	7	23	26
Sitophilus granarius	1	3	–	14	33	46	73
Sitophilus oryzae	1	1	1	3	6	8	16
Tribolium castaneum	1	1	1	1	5	8	17
Tribolium confusum	1	1	1	1	5	12	17
Ephestia kuehniella	1	3	4	7	24	116	–
Plodia interpunctella	1	3	5	8	28	90	–

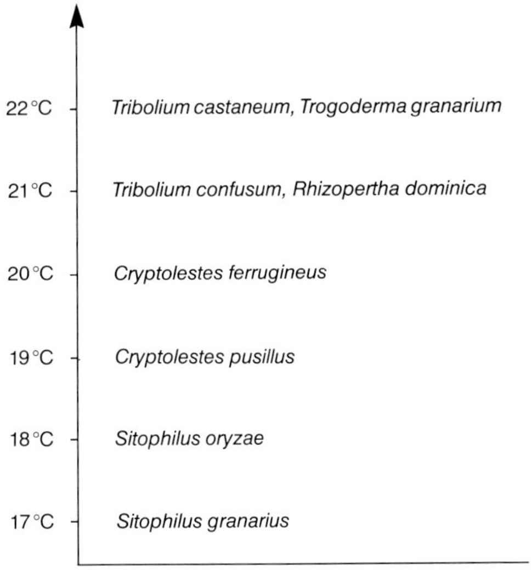

Abb. 69. Die Sicherheitstemperatur wichtiger Vorratsschädlinge (nach BURGES und BURRELL 1964).

den, wenn man die Anwesenheit von lebenden Schädlingen in Vorräten nicht akzeptieren will. Die prophylaktische Regel, daß ein Lager um so besser ist, je kühler es ist, wird durch diese Bedenken natürlich nicht tangiert.

Die technische Seite des Einsatzes von tiefen Temperaturen kann hier nur kurz berührt werden. Für kleinere und wertvollere Vorratsgüter stehen die üblichen Kühl- und Gefrieranlagen zur Verfügung. Wichtiger ist in diesem Zusammenhang aber die Kühlung von billigen Massengütern, vor allem von Getreide.

Die einfachste Möglichkeit zum Herabsetzen der Temperaturen ist die Ausnutzung eines Temperaturgefälles zwischen Außenluft und Lagerraum. In den Nachtstunden, an kalten Tagen und in den Wintermonaten können dabei schon beträchtliche Temperaturunterschiede auftreten. Das Öffnen von Fenstern in diesen Zeiten kann als zusätzliche Maßnahme durchaus empfohlen werden, zumal die Gefahr eines Einfluges von Vorratsschädlingen in kalten Perioden relativ gering ist. Der Wirkungsgrad des Verfahrens darf allerdings nicht allzu hoch eingeschätzt werden, weil von der kalten Luft allenfalls die äußeren Schichten einer dicht lagernden Ware erfaßt werden. Unbedingt zweckmäßig ist es deshalb, in solchen Zeiten Ventilatoren oder Gebläse einzusetzen, welche die kalte Luft in die Vorräte hineinpressen.

Eine weitere Verbesserung ist dadurch gegeben, daß vor der Einlagerung ein Leitungssystem installiert wird, welches das ganze Lager am Boden durchzieht und das durch feine Öffnungen die eingedrückte kalte Luft nach oben austreten läßt und dabei die warme Luft des Lagers aus den Vorräten heraustreibt.

Wirksam unterstützt wird solch ein Verfahren selbstverständlich durch den Einsatz von Kühlsystemen, deren Anschaffung zwar teuer, deren Rentabilität aber in vielen Fällen sicher gewährleistet ist, zumal wegen der schlechten Wärmeleitung des Getreides eine einmal erreichte tiefe Temperatur lange ohne weitere Kühlung gehalten werden kann. Voraussetzung für die Anwendung des Kühlverfahrens ist allerdings, daß die Lager gut isoliert sind, damit keine unnötigen Energieverluste auftreten. Zweckmäßig ist es auch, die abgekühlte Luft nach dem Durchströmen des Vorratsgutes wieder in den Kreislauf einzuleiten. Unter diesen Voraussetzungen konnten z. B. 1700 t Weizen in Stahlzellen in 7 Wochen von 34 °C auf unter 10 °C abgekühlt und für über 7 Monate auf dieser Temperatur gehalten werden. Der Energieverbrauch betrug dabei 2,7 kWh/t und Monat.

Steht ein festinstalliertes Kühlsystem nicht zur Verfügung, so kann die Luft auch durch Verwendung von Kühllanzen, die in das Gut eingestochen werden, mehr oder weniger gleichmäßig verteilt werden.

Da bei Abkühlvorgängen immer die Gefahr einer Kondenswasserbildung besteht, wird normalerweise empfohlen, Luft nur dann zu verwenden, wenn ihr relativer Feuchtigkeitswert unter 75 % liegt. Gegebenenfalls müßten also auch noch Trocknungsvorrichtungen eingesetzt werden.

Zusammenfassend kann zum Einsatz von tiefen Temperaturen als physikalische Bekämpfungsmaßnahme gesagt werden:

1. Jeder Rückgang der Temperatur unterhalb des Optimums kann die Aktivität und Vermehrung der Vorratsschädlinge und damit den Schaden reduzieren.
2. Eine Abtötung aller Stadien der Schädlinge findet nur selten statt und nur, wenn die Temperaturen sehr niedrig oder die Einwirkungszeiten sehr lang sind. Bei Eintreten günstigerer Bedingungen kann also jederzeit eine Reaktivierung der Schädlinge eintreten.
3. Ein effektiver Einsatz tiefer Temperaturen ist meist nur unter größeren technischen und

finanziellen Aufwendungen (wenigstens bei der Anschaffung der Einrichtungen) möglich. Die Rentabilitätsfrage muß von Fall zu Fall entschieden werden. Dabei sollte auch die prophylaktische Wirkung einer Temperaturherabsetzung ins Kalkül einbezogen werden.

Trocknung. Auf die Bedeutung der Trocknung von einzulagernden Gütern wurde schon wiederholt hingewiesen. In erster Linie ist also dieses Verfahren eine prophylaktische Maßnahme. Eine nachträgliche Reduktion des Wassergehaltes als Bekämpfungsmaßnahme wird sicher nur relativ selten in Frage kommen. Allerdings kann (oder muß) bei dem Einsatz von tiefen oder hohen Temperaturen zur Bekämpfung darauf geachtet werden, daß auch dieser abiotische Faktor für einen Erfolg der Maßnahmen von entscheidender Bedeutung sein kann. Solange die Qualität eines Vorratsgutes nicht gefährdet ist, kann jede Herabsetzung des Feuchtigkeitsgehaltes eine Reduktion der Lebensfähigkeit von Vorratsschädlingen bedeuten.

Unterdruck. Der Luftdruck als abiotischer Faktor wird relativ selten im Zusammenhang mit tierischem Leben berücksichtigt, weil seine Schwankungen nicht so offensichtlich sind wie die von Temperatur und Feuchtigkeit, und weil die Lebewesen im allgemeinen an die normalen Luftdruckschwankungen auch ohne besondere Schutzmaßnahmen angepaßt sind.

Als Grundlage einer Bekämpfung von Schädlingen können deshalb nur extreme, künstlich produzierte Abweichungen vom Normalzustand in Betracht gezogen werden.

Die Aufbewahrung im Vakuum hat bei Verpackungen schon eine häufige Anwendung gefunden. Zwar hat man dabei sicher nicht an Vorratsschädlinge gedacht, doch wirkt das Vakuum auch abtötend auf eingeschlossene Schädlinge. Geschieht dies nicht oder nur mit Verzögerung, so kann durch Penetratoren das Verpackungsmaterial von innen her zerstört werden, was natürlich ein Aufheben des Unterdruckes zur Folge hat. (Dasselbe geschieht selbstverständlich auch, wenn Penetratoren von außen her die Verpackungsfolie zerstören.)

Untersuchungen mit Vakuumkammern von 10 bis 20 l haben ergeben, daß bei 10–20 mm Hg nach Stunden bis Tagen eine 100 %ige Mortalität verschiedener Schädlinge eintritt. Variierend wirken dabei die Temperatur und das Stadium, auch zwischen den Arten gibt es Unterschiede.

An eine Anwendung des Verfahrens im Großen ist sicher wegen des technischen Aufwandes in absehbarer Zeit nicht zu denken. Es soll aber darauf hingewiesen werden, daß im Rahmen von Begasungen bestimmter Produkte Unterdruckkammern eine große Bedeutung haben (s. Vakuumkammern).

Strahlen

In der Bundesrepublik Deutschland ist der Einsatz von Strahlen aller Art zur Bekämpfung von Schädlingen bislang verboten. Andere Staaten haben Teilerlaubnisse für bestimmte Güter erteilt oder genehmigen die Einfuhr von bestrahlten Waren, wenn das Verfahren im Ursprungsland erlaubt ist.

Die Gründe für derartige restriktive Maßnahmen sind vor allem in den Befürchtungen zu suchen, daß in den bestrahlten Lebensmitteln qualitative, evtl. toxische Veränderungen auftreten, und daß sich reaktionsfähige Radikale bilden. Sicher spielt auch die allgemeine Strahlengefährdung der Anwender im Umgang mit den verschiedenen Strahlungsquellen eine Rolle bei den Überlegungen.

Über die tatsächlich auftretenden Veränderungen im bestrahlten Lebensmittel liegen noch keineswegs klare Ergebnisse vor. Selbst bei gleichartigen Produkten gibt es widersprüchliche Erfahrungen, was dem Gesetzgeber die Entscheidung über Zulassung bestimmter Bestrahlungsverfahren sicher nicht erleichtert. Allgemein kann man sagen, daß Veränderungen in Lebensmitteln durchaus auftreten können, daß sie aber von Strahlenart, Dosis und Nahrungsprodukt abhängen.

In Tab. 52 sind einige Veränderungen zusammengestellt, die nachgewiesen werden

Tab. 52. Mögliche Veränderungen in Lebensmitteln als Folge einer Bestrahlung

Bildung von Ionen und freien Radikalen	
Störung im Fermentsystem	
Einleitung von Oxidations- und Reduktionsprozessen	
Zerstörung von Aminosäuren und Vitaminen	
Beeinträchtigung von	Geschmack
	Geruch
	Farbe
	Konsistenz
	Backqualität bei Mehl
	Keimfähigkeit bei Saatgut

konnten. Da in anderen Versuchen derartige Abweichungen vom Normalzustand der Lebensmittel manchmal nicht auftreten, kann die Auflistung nur die möglichen Gefahren wiedergeben. Die meisten Resultate wurden bei Bestrahlungen mit harten γ-Strahlen erzielt, die bei dem ganzen Bekämpfungskomplex überhaupt die größte Bedeutung haben.

Die Palette der möglicherweise einsetzbaren Strahlenarten ist groß, die Bedeutung der einzelnen Typen aber sehr unterschiedlich, da manchen Verfahren hinsichtlich ihrer Wirkung enge Grenzen gesetzt sind.

Da der Einsatz von Strahlen im Vorratsschutz, wie erwähnt, zur Zeit noch gar keine oder höchstens sehr geringe Bedeutung besitzt, kann auf eine eingehendere Darstellung hier verzichtet werden. Es sollen aber für die einzelnen genannten Strahlungsarten Beispiele kurz angeführt werden, um Wirkungsweisen, Aufwendungen und Erfolgsaussichten zu demonstrieren. Es kann nämlich durchaus damit gerechnet werden, daß bei Erweiterung der Kenntnisse das eine oder andere Verfahren auch in der Bundesrepublik eine Einsatzmöglichkeit findet.

γ-Strahlen ($0{,}4 \cdot 10^{-9}$ bis 10^{-13} m). Die weitaus größte Zahl von Versuchen auf dem hier behandelten Gebiet wurde mit harten γ-Strahlen durchgeführt, da bei diesen Strahlen noch am ehesten eine negative Wirkung auf die Schädlinge zu erwarten ist.

Als Strahlungsquelle wird überwiegend ^{60}Kobalt eingesetzt. Die aufgewendeten Dosierungen schwanken in weiten Grenzen. Sie werden normalerweise in Krad angegeben (1 Krad = 1000 rad; rad = radiation absorbed dose). Die moderne Einheit ist allerdings 1Gy (= 100 rad).

Die – dosisabhängige – Wirkung der γ-Strahlen beruht vor allem auf Schädigungen von Zellen und Zellverbänden, die in einer starken Teilung begriffen sind, wie Keimdrüsen, andere Drüsen, sekretorische Zellen des Mitteldarmes usw. In generativen Zellen kommt es zu Chromosomenschäden (Verklumpungen in der Metaphase), Beeinträchtigungen von Nucleinsäuren, Enzymen und Aminosäuren und zu anderen sicher noch nicht restlos bekannten Prozessen. Die Folgen sind bei niedrigen Dosen zunächst in einem Rückgang der Fertilität bis zur vollständigen Sterilität zu erkennen, bei stärkeren Strahleneinwirkungen kommt es zur Mortalität oder die Lebensdauer ist wenigstens reduziert. In der nächsten Generation kann als später Folgeschaden ebenfalls die Fruchtbarkeit beeinträchtigt sein. Bei *Tribolium confusum* konnte beobachtet werden, daß Nahrungsaufnahme und Respiration negativ beeinflußt waren. Bei ungenügender Dosierung kann es manchmal sogar zu einer Verlängerung der Lebensdauer kommen (z. B. bei *Tribolium confusum* bekannt), wofür evtl. Verzögerungen bei physiologischen Alterungsprozessen oder Stimulierung von Regenerationsvorgängen verantwortlich zu machen sind. Gelegentlich kann sogar die Eizahl erhöht sein (z. B. bei *Acarus siro*). Auch eine eingetretene Sterilität kann, wenn auch sehr selten, wieder rückgängig gemacht werden *(Tribolium castaneum)*.

Die verschiedenen Vorratsschädlinge können gegen γ-Strahlen unterschiedlich empfindlich sein, wobei allgemein Schmetterlinge weniger stark reagieren als Käfer. Auch zwischen den Geschlechtern zeigen sich Unterschiede. Dabei sind die Weibchen fast immer empfindlicher als die Männchen. Von den Stadien reagieren die Eier meist stärker als die übrigen. Selbst innerhalb eines Stadiums treten erhebliche Differenzen in Abhängigkeit vom Alter auf, wie dies am Beispiel der Eier von *Plodia interpunctella* demonstriert wird (Abb. 70).

Aus der Vielzahl der durchgeführten Untersuchungen soll in Tab. 53 am Beispiel einiger wichtiger Vorratsschädlinge zusammengestellt werden, welche Beziehungen zwischen den angewandten

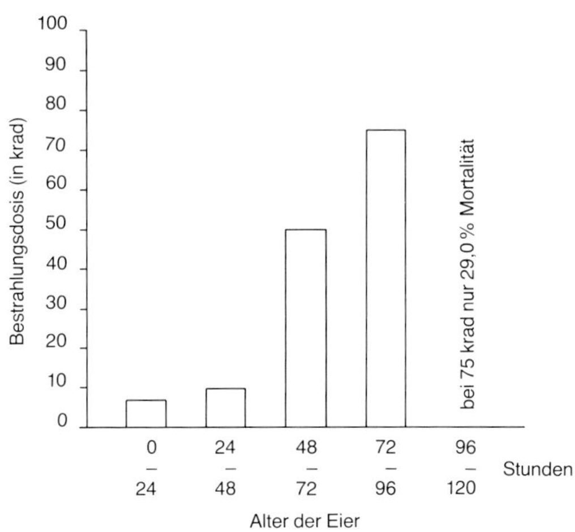

Abb. 70. Die Abhängigkeit der zur Erzielung einer 100%igen Mortalität notwendigen Dosis von γ-Strahlen vom Alter der Eier bei *Plodia interpunctella* (22 °C) (nach Wohlgemuth 1976).

Tab. 53. Einfluß von γ-Strahlen auf einige wichtige Vorratsschädlinge (Umrechnung: 1 krad = 10 Gy)

Schädlingsart	Bestrahltes Stadium	Dosis (krad)	Wirkung	Autor
Acarus siro	div. Stadien	5–10	mehr Eier als in Kontrolle	WATTERS 1972
		20	Eizahl reduziert	
		25–45	Adulte steril	
		40–100	Entwicklung eingestellt	
Tribolium castaneum	Ei, Larven	10	keine Entwicklung zur Imago	BROWER und TILTON 1973
	Puppen	5–100	einige Imagines schlüpften	
		≧ 20	Imagines steril	
	Imagines	≧ 30	Imagines steril	
Tenebrio molitor	Eier	2,5	keine Imagines schlüpften	BROWER 1973
	Larven	5	keine Imagines schlüpften	
	Puppen	≦ 50	einige Imagines schlüpften	
	Imagines	≧ 15	Imagines steril	
Plodia interpunctella	Larven	3,5	normale Entwicklung	ASHRAFI et al. 1972
	Imagines	25	Nachkommenzahl reduziert	
Plodia interpunctella	Imagines, ♂	42,5	50%ige Sterilität	BROWER 1975
	Imagines, ♂	67,0	99%ige Sterilität	
	Imagines, ♀	27,0	50%ige Sterilität	
	Imagines, ♀	45,0	99%ige Sterilität	
Plodia interpunctella	Imagines	45	Lebensdauer nicht beeinflußt	WATTERS 1972
Piophila casei	Imagines	10–50	Lebensdauer verkürzt	ZUSKA 1973
	Imagines	≦ 100	Eizahl reduziert	
	Imagines	≧ 150	keine Eiablage	

Strahlendosen, den behandelten Stadien und den Auswirkungen bestehen.

Der Einfluß bestrahlter Nahrung auf die sich an ihnen entwickelnden Vorratsschädlinge wurde, teilweise mit extrem hohen Dosierungen, untersucht. Die Ergebnisse sind durchaus unterschiedlich. So war eine Bestrahlung von Weizen mit bis zu 4300 Krad ohne signifikanten Einfluß auf *Sitophilus oryzae*, während eine Bestrahlung von Mehl mit den gleichen Dosen bei *Tribolium castaneum* eine Steigerung der Fruchtbarkeit hervorrief und *Plodia interpunctella* keine Beeinflussung zeigte. Umgekehrt konnte eine Reduktion der Entwicklung bei Zucht von *Oryzaephilus surinamensis* an bestrahlten Datteln festgestellt werden, wobei sich eine Korrelation zur Dosierung ergab, wie die Abb. 71 veranschaulicht.

Das Auftreten einer Resistenz gegenüber γ-Strahlen konnte bei echten Vorratsschädlingen, im Gegensatz zu *Drosophila* spp. und *Aedes aegypti*, auch nach einer Selektion über viele Generationen hinweg bisher noch nicht beobachtet werden. Bei einer häufigen Anwendung der Strahlen müßte aber wohl mit resistenten Individuen gerechnet werden.

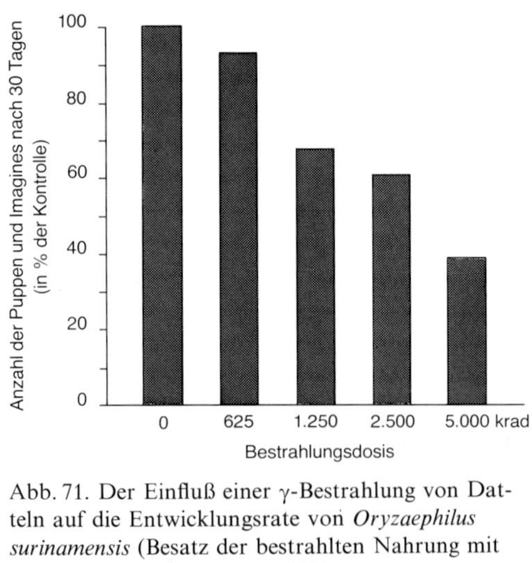

Abb. 71. Der Einfluß einer γ-Bestrahlung von Datteln auf die Entwicklungsrate von *Oryzaephilus surinamensis* (Besatz der bestrahlten Nahrung mit Eiern) (nach AHMED et al. 1977).

Zusammenfassend kann gesagt werden, daß ein Einsatz von γ-Strahlen zur Bekämpfung bei einigen freilebenden Vorratsschädlingen durchaus möglich erscheint. Allerdings ist die Anwendung auf solche Produkte beschränkt, die von den einzusetzenden Dosen mit größter Wahrscheinlichkeit nicht beeinträchtigt werden (z. B. Getreide und Getreideprodukte).

Röntgenstrahlen (10^{-7} bis 10^{-10} m). Die etwas weicheren, weil langwelligeren, Röntgenstrahlen haben eine ähnliche Wirkung wie γ-Strahlen, scheinen bei gleicher Dosierung aber sogar noch etwas biologisch wirksamer zu sein (gefunden bei Imagines von *Sitophilus granarius*). Insgesamt sind mit dieser Strahlenart noch zu wenig Versuche für eine konkrete Bewertung gemacht worden.

Radiowellen (10^{-3} bis 1 m). Die Wirkung dieses Wellentypes beruht auf einer Erhitzung des Inneren eines bestrahlten Schädlings bis zur Abtötungstemperatur. Da dieser Effekt umso größer ist, je höher der Wassergehalt ist, so wird das gleichzeitig bestrahlte, relativ trockene Vorratsgut nicht so hoch erhitzt und damit auch nicht so geschädigt.

Das Ansteigen der Temperaturen im Innern eines Insektes veranschaulichen Messungen, die an Larven des 6. Stadiums von *Tenebrio molitor* (Mehlkäfer) durchgeführt wurden. Die Werte in Tab. 54 lassen erkennen, daß schon eine Behandlung von wenigen Sekunden ausreicht, letale Temperaturen zu erreichen. Nicht abgetötete Tiere wiesen im Imaginalstadium Deformationen auf, die Lebensdauer war reduziert, die Fortpflanzung ebenfalls. Bei Insekten mit holometaboler Entwicklung sind die Imagines empfindlicher als die Larven, bei Hemimetabolen treten diese Unterschiede nicht auf.

Tab. 54. Temperaturanstieg im Thorax von Larven des Mehlkäfers (*Tenebrio molitor*, 6. Stadium) bei einer Bestrahlung mit Radiowellen (39 MHz) (nach Kadoum et al. 1967)

Bestrahlungszeit (Sek.)	gemessene Temperatur (°C)
1,1	34
2,1	41
3,0	45
4,0	50
5,0	53
6,0	55
7,1	57

Mikrowellen (10^{-3} m). Wie bei den Radiowellen handelt es sich auch bei der Wirkung dieser Strahlungsart um eine innere Erhitzung der Schädlinge. Auch sie ist abhängig vom Wassergehalt. Eine Bestrahlung (10 Sek., 2,45 GHz) von Weizen mit Innenbefall ergab bei verschiedenen Vorratsschädlingen hohe Abtötungsraten. Die Keimung war um 8 % reduziert. Bei Kakaobohnen war die Wirkung viel geringer. Bei diesen Strahlen ergaben Versuche mit heißer Luft oder Vakuum eine erhebliche Steigerung der Wirkung bis zur völligen Abtötung der Schädlinge.

Kurzwellen (0,1 – 1 m). Auch durch Kurzwellenbestrahlung kommt es zu einer Aufheizung bestrahlter organischer Materie und damit zum Hitzetod von Schädlingen. So bringt eine Bestrahlung mit 12,5-cm-Wellen in Mehl und Getreide schon nach 21 Sekunden bei $2{,}5 \times 10^9$ Hz eine Temperaturerhöhung auf 75 °C mit sich.

Aber auch bei dieser Strahlungsart ist man, wie bei den vorhergenannten, von einer praktischen Anwendung – nicht nur aus rechtlichen Gründen – noch weit entfernt.

Ultraviolette Strahlen, sichtbares Licht und Laserstrahlen (0,01-0,78 µm). UV kann, wie Versuche mit unterschiedlichen Intensitäten gezeigt haben, eine abtötende Wirkung haben. So werden Eier und Larven von *Plodia interpunctella*, Milben und Schaben negativ beeinflußt. Allerdings ist die Eindringtiefe der UV-Strahlen sehr gering, so daß praktisch nur eine Oberflächenbehandlung möglich ist. Eine große Bedeutung, auch schon in der Praxis, hat aber eine Kombination von UV-Strahlen mit normalem, sichtbarem Licht in Fanglampen, da sie eine besondere Anlockungskraft für viele fliegende Insekten haben. In diesen Lampen (Abb. 72) werden Lichtquellen mit intensivem UV-Anteil kombiniert mit einem unter Hochspannung stehenden Gitter, bei dem Plus- und Minus-Drähte miteinander abwechseln. Die durch das UV- und sichtbare Licht angelockten Insekten fliegen gegen das aufgeladene Gitter, erzeugen bei Berührung benachbarter Drähte einen Kurzschluß und verbrennen dabei. Die herabfallenden toten oder schwer geschädigten Tiere werden in einer Wanne aufgefangen, wobei eine Eiablage vor dem Tode durchaus noch

Abb. 72. Insektenfanglampe (Insect-O-Cutor, H. Simon Ltd, England) (Aufn. STEIN).

Tab. 55. Ergebnisse von Freilandfängen mit Insektenfanglampen (STEIN, unveröff.)

Insekten	gefangene Individuen Anzahl	Anteil am Gesamtfang
Blattläuse	262	4,1 %
Wanzen	400	6,2 %
Zikaden	103	1,6 %
Neuropteren	266	4,1 %
Hymenopteren	114	1,8 %
Wespen	30	
Lepidopteren	3093	47,9 %
Noctuiden	927	
Tortriciden	94	
div. Microlepidopteren	1021	
Dipteren	1906	29,5 %
div. Brachyceren	232	
div. Nematoceren	491	
Phoridae	950	
Syrphidae	37	
Culicidae	6	
Coelopteren	310	4,8 %
Cantharidae	46	
Coccinellidae	22	
Elateridae	15	
Curculionidae	8	
Carabidae	9	
Scarabaeidae	63	
Staphylinidae	24	
Chrysomelidae	22	
Tenebrionidae	2	
Silphidae	1	
Dytiscidae	1	
Cerambycidae	1	
Histeridae	2	
Anobiidae	2	

eintreten kann und die schlüpfenden Larven evtl. noch Lebensmittel aufsuchen können.

Die eingesetzte Hochspannung liegt in einem Bereich von über 3500 V. Wegen der geringen Stromstärken (etwa 10 mA) besteht für den Menschen aber normalerweise keine gesteigerte Gefährdung beim Umgang mit diesen Lampen.

Der Einsatz der Geräte zur Vernichtung von Gesundheitsschädlingen im Freiland (z. B. in Gärten, auf Terrassen, Balkons und Campingplätzen) führt aber einerseits nicht zu befriedigenden Erfolgen, da zum Beispiel Stechmücken durch von Warmblütern ausgehende geruchliche Reize viel stärker angelockt werden als vom Licht, andererseits werden durch die Strahlen so viele nützliche und indifferente Arten angelockt und vernichtet, daß man hierdurch Vergleiche mit sehr breitenwirksamen Insektiziden anstellen muß, deren Verwendung höchst unerwünscht ist.

Eine Vorstellung vom Fang solcher Lampen unter Freilandbedingungen mögen zusammengefaßte Resultate geben, die mit verschiedenen Geräten erzielt wurden. Bei Tab. 55 kommt es nur darauf an, die Breitenwirkung solcher UV-Lampen zu zeigen. Unter 6454 gefangenen Insekten waren lediglich 6 Stechmücken (Culiciden) zu finden.

Wirksamer ist sicher die Verwendung dieser Lampen im Innern von Räumen gegen eingeflogene Insekten, wie Wespen und Fliegen. Erstere reagieren relativ gut und können zum Beispiel in Bäckereien durchaus mit Erfolg vernichtet werden. Bei Fliegen ist die Wirkung nur dann günstig, wenn keine geruchlich stärker attraktiven Lebensmittel, wie z. B. Fleisch, eine Konkurrenz zu den Lichtstrahlen darstellen. In leeren Räumen sind die Fallen durchaus in der Lage, in wenigen Stunden eine Fliegenpopulation stark zu dezimieren. Voraussetzung ist allerdings, daß keine anderen Lichtquellen vorhanden sind. Tagsüber und in hell beleuchteten Geschäften ist die Wirkung deshalb ziemlich gering. Die Ergebnisse eines entsprechenden Freilassungsversuches mit der Stubenfliege *(Musca domestica)* zeigt Abb. 73.

Effektvoller im Hinblick auf eine Bekämpfung von fliegenden Vorratsschädlingen und Lästlingen mit solchen Lampen ist sicher, die Tiere am Eindringen in die Räume zu hindern. Außerdem können selbstverständlich nichtfliegende Arten nicht bekämpft werden. Schließlich ist noch zu erwähnen, daß die rechtliche Frage der Anwendung der Geräte in Räumen mit Lebensmitteln

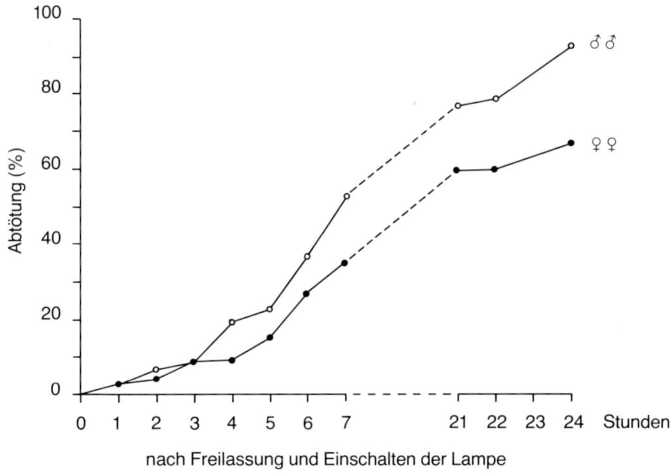

Abb. 73. Die Wirksamkeit einer Insektenfanglampe in einem geschlossenen Raum. Freilassung von je 100 ♂♂ und ♀♀ der Stubenfliege, *Musca domestica* (STEIN unveröff.).

noch durchaus ungeklärt ist, denn eine Bestrahlung von Lebensmitteln mit UV-Strahlen ist verboten. Bei geringer Effektivität und hohen Anschaffungskosten werden die in diese Lampen gesetzten Erwartungen im allgemeinen nicht erfüllt.

Noch weniger praktische Bedeutung haben Versuche erlangt, andersfarbiges Licht (z. B. Grünlicht) zur Anlockung oder Blitzlicht (bis zu 15000 Blitzen/Min.) zur Anlockung, Abschreckung und Vernichtung von Vorratsschädlingen und Lästlingen einzusetzen. Auch der Befund, daß sich Licht negativ auf Verhaltensweisen auswirken kann (z. B. Verhinderung einer Kopulation durch Dauerlicht), ist biologisch sicher von Interesse, spielt bei der praktischen Bekämpfung im Vorratsschutz aber keine Rolle.

Die wenigen mit Laser-Strahlen bisher durchgeführten Versuche zeigen, daß auch durch ihre Einwirkung Verhalten, Entwicklung und Fruchtbarkeit von Vorratsschädlingen negativ beeinflußt werden können. Bei Bestrahlung von *Tribolium confusum* mit Laserstrahlen von 4880 Å tritt z. B. nach 20 Min. (= 120 Joule) eine 100%ige Mortalität ein. Auch innerhalb der Körner werden Entwicklungsstadien abgetötet. Der Feuchtigkeitsgehalt von Weizen kann dabei etwas absinken, Keimung, Farbe und Beschädigungsgrad werden aber nicht verändert.

Infrarotstrahlung (0,78–1000 μm). Im Abschnitt über die Verwendung hoher Temperaturen wurde schon auf die Einsatzmöglichkeiten von Infrarotstrahlern hingewiesen. Die Wirkung beruht auf einer Erhitzung und dadurch bedingter Abtötung der Schädlinge. Der Einsatz dieser Strahlungsart wird vor allem dadurch begrenzt, daß die Eindringtiefe in das Substrat äußerst gering ist und meist nur wenige Millimeter beträgt. Infrarotstrahlen könnten also allenfalls für eine Oberflächenbehandlung von Lebensmitteln eingesetzt werden (sofern diese eine Erhitzung vertragen) oder – wie bereits früher erwähnt – zur Aufheizung von Maschinen und anderen Einrichtungen.

Eine Verbesserung der Wirkung konnte bei Weizen und *Rhizopertha dominica* und *Sitophilus oryzae* durch eine Kombination mit Vakuum (25 torr) erzielt werden. Bei Temperaturen um 54 °C war der Wasserverlust des Weizens (bis 1,7 %) allerdings größer als bei einer Behandlung mit Infrarot-Strahlen alleine.

Ultraschall und Schallwellen

Die negative Auswirkung von Ultraschall in hoher Stärke auf tierische Organismen ist bekannt. Es wird deshalb auch versucht, Geräte mit Aussendung dieser Strahlenart zur physikalischen Bekämpfung einzusetzen, wobei weniger an Insekten als vielmehr an Nagetiere gedacht wird. Bei Insekten konnten verzögerte Entwicklung und Reduzierung der Nachkommenzahl festgestellt werden.

Ratten reagieren mit Abnahme der Fraßaktivität und Flucht. In der Hauptsache werden Geräte mit 20–40 kHz bei dB-Werten um 100 eingesetzt. Je enger der kHz-Bereich ist, umso besser soll die Wirkung sein.

Widersprüchliche Ergebnisse zeigen, daß diese Methode zweifellos noch nicht ausgereift ist, so daß weitere Erfahrungen bis zu einer evtl. Ausnutzung gesammelt werden müssen.

Schallwellen. Es wurde auch versucht, mit kleinen Geräten Töne zu erzeugen, welche die Fluggeräusche von Stechmückenmännchen imitieren sollen. Dadurch sollen bereits befruchtete Weibchen in die Flucht getrieben werden. Der Erfolg dieser Geräte war aber praktisch gleich Null.

Einsatz steriler Männchen (Sterile male technique)

Ein Verfahren, das im Freiland schon durchaus mit Erfolg zur Bekämpfung von Pflanzenschädlingen und Parasiten eingesetzt werden konnte, sei hier zum Schluß der physikalischen Maßnahmen noch erwähnt und auf seine Brauchbarkeit im Vorratsschutz hin geprüft: die Sterilisation von Insekten-Männchen durch Bestrahlung und deren Freilassung in Wildpopulationen.

Das Prinzip dieser Methode ist folgendes: Die sterilen Männchen treten nach ihrer Freilassung in Konkurrenz zu den natürlicherweise vorkommenden Männchen. Die von ihnen begatteten Weibchen legen keine oder unfruchtbare Eier ab. Ist die Zahl der sterilen Männchen relativ groß im Verhältnis zu der der fertilen, so kommt es zu einem mehr oder weniger starken Rückgang der Populationsdichte schon in der nächsten Generation. Werden in jeder Generation bestrahlte Männchen ausgesetzt und ist der Zuflug normaler Männchen von außen her gering oder gar nicht vorhanden (ist die Population also sehr isoliert), so kann im günstigsten Falle eine Ausrottung des Schädlings erfolgen.

Erste Voraussetzung für das Funktionieren der Methode ist, daß sich die behandelten Männchen völlig normal verhalten, besonders im Hinblick auf Balz und Kopulation. Sonst sind sie mit den wildlebenden Männchen nicht konkurrenzfähig.

Vom Prinzip her wäre die Methode für den Vorratsschutz sicher sehr gut brauchbar, denn

1. lassen sich die zu bestrahlenden und freizulassenden Männchen sehr leicht in großen Mengen im Laboratorium züchten und
2. liegen bei einem Befall von Vorräten durch Schädlinge praktisch immer isolierte Populationen vor.

Laboratoriumsversuche zeigen denn auch, daß die Anzahl der lebensfähigen, fertilen Eier sehr stark zurückgeht, manchmal bis an die Grenze der totalen Unfruchtbarkeit von Weibchen einer Population. An einem Beispiel (Tab. 56) soll gezeigt werden, wie wirksam die Methode sein kann, wie wichtig aber auch das Verhältnis steriler zu fertilen Männchen im Hinblick auf den Erfolg ist. Es ist somit schon ein erheblicher Überschuß von sterilen Männchen notwendig, um einen hohen Grad von Reduktion zu erreichen.

Tab. 56. Auswirkung einer Freilassung von sterilen Männchen von *Callosobruchus maculatus* auf die Fruchtbarkeit der abgelegten Eier (Bestrahlung der ♂♂ mit 15 krad einer γ-Strahlung) (nach AHMED et al. 1977)

Verhältnis der Käfer im Versuch unbestrahlte ♀♀	bestrahlte ♂♂	unbestrahlte ♂♂	Sterilität der abgelegten Eier (%)
1	0	1	10,0
1	1	0	100,0
1	1	1	62,0
1	3	1	77,5
1	7	1	84,0
1	10	1	94,0
1	15	1	96,0

Einer erfolgreichen Anwendung der Methode im Vorratsschutz stehen nun aber einige entscheidende Gründe entgegen, die den Einsatz steriler Männchen zur Bekämpfung praktisch zum Scheitern verurteilen:

1. Eine 100%ige Sterilisation kann fast nie erreicht werden. Wird die Freilassung bestrahlter Männchen ausgesetzt, kann die Population deshalb jederzeit wieder eine hohe Dichte erreichen.

2. Um einen hohen Wirkungsgrad zu erzielen, sind Freilassungen über mehrere Generationen hinweg erforderlich. Die aus fertilen Eiern ausschlüpfenden Schädlinge vergrößern aber fortlaufend den Schaden.

3. Die freigelassenen sterilen Männchen fressen in den meisten Fällen und richten somit selbst Schaden an, auch wenn er im Verhältnis zu dem der Larven im allgemeinen geringer sein kann. Es gibt nur verhältnismäßig wenige Schädlinge, bei denen die Imagines nicht mehr fressen (z. B. Motten-Arten, *Trogoderma granarium*, *Acanthoscelides obtectus*, *Stegobium paniceum*).

4. Die Verunreinigung der Vorräte durch die freigelassenen Männchen ist wegen des Gebotes der Fremdstoff-Freiheit von Lebensmitteln nicht tolerierbar.

5. Durch eine Freilassung steriler Männchen kann jeweils nur eine Schädlingsart bekämpft

werden. Bei Auftreten mehrerer Arten müßten somit verschiedene Freilassungen durchgeführt werden.

Es ist also offenkundig, daß eine Anwendung der Sterile male technique im Vorratsschutz kaum vertretbar ist und auch mit anderen Verfahren nicht konkurrieren kann.

4.2.3 Chemische Schädlingsbekämpfung

Aus dem bisher Gesagten geht eindeutig hervor, daß es weder mit der biologischen noch mit der physikalischen Bekämpfung möglich ist, die Vernichtung von Vorratsschädlingen zufriedenstellend und wirksam herbeizuführen. Es bleibt deshalb in den weitaus meisten Fällen nichts anderes übrig, als chemische Mittel einzusetzen, die als Fremdsubstanzen im Körper der Schädlinge eine letale Wirkung entfalten.

Ist der Einsatz von Schädlingsbekämpfungsmitteln (Pestiziden) schon im Pflanzenschutz unter Freilandbedingungen eine Notwendigkeit, die zu bedauern ist, so gilt dies noch mehr für den Vorratsschutz. Im wesentlichen sind hierfür vier Gründe maßgebend:

1. Die ausgebrachten chemischen Mittel sind im Vorratslager weitgehend von reduzierenden Außeneinflüssen geschützt. Wind, Regen, Licht und hohe Wärmeeinstrahlung, also Faktoren, die einen Abbau der Präparate im wesentlichen bewirken, entfallen weitgehend im Lager.

2. Die zu behandelnden Vorratsgüter stehen meist wesentlich näher vor einem Verzehr durch den Menschen als noch im Freiland wachsende Produkte. Der Umfang der Verarbeitungsmethoden, die einen weiteren Abbau oder eine mechanische Beseitigung der chemischen Mittel bewirken könnten, ist bei manchen Produkten nur begrenzt.

3. Vorratsgüter müssen bei der chemischen Bekämpfung fast stets direkt behandelt werden, weil die Schädlinge in ihnen leben. Im Pflanzenschutz kann man dagegen häufig mit indirekten Methoden zum Ziel kommen, d. h. man muß die Ernteprodukte oft nicht selbst behandeln, sondern kann den Wirkstoff auf Wurzeln, Blättern oder Blüten, wenigstens aber auf Hülsen oder Spelzen, ausbringen.

4. Die Anwendung chemischer Mittel im Vorratsschutz muß notgedrungen in den meisten Fällen in Räumen durchgeführt werden. Dadurch findet aber eine erhöhte Gefährdung von Menschen und Haustieren statt.

Diesen Nachteilen gegenüber dem Pflanzenschutz steht allerdings bei der toxikologischen Betrachtung auch der Vorteil gegenüber, daß im Vorratsschutz bei der Anwendung chemischer Mittel keine Lebensgemeinschaften zerstört und nützliche oder indifferente Tiere vernichtet werden. Auf die hier schon kurz angeschnittenen toxikologischen Probleme muß in einem besonderen Kapitel noch ausführlicher eingegangen werden. Da sie aber bei allen chemischen Bekämpfungsaktionen im Vorratsschutz bestimmend sein müssen, sei hier nur folgendes vorweggenommen:

„Harmlose“ Schädlingsbekämpfungsmittel gibt es nicht. Sie sind alle entwickelt, lebende Organismen abzutöten und greifen deshalb in entscheidende Lebensprozesse ein. Auch der Mensch ist solchen allgemeinen physiologischen Abläufen unterworfen und dementsprechend gefährdet.

Selbstverständlich gibt es unter den Bekämpfungsmitteln hochgiftige Substanzen und solche, deren Giftigkeit im Bereich von Nahrungs- und Genußmitteln liegt (s. Tab. 75). Man sollte sich aber vor einer Verharmlosung hüten. Es ist bis heute nämlich viel zu wenig über subakute und chronische Wirkungen vieler Stoffe und vor allem von Stoffkombinationen bekannt.

Geht man mit dieser zu Gebote stehenden Vorsicht an eine chemische Bekämpfung von Vorratsschädlingen heran, so ist ihre Anwendung zu vertreten. Denn bei aller Skepsis ist eines klar:

Eine wirkungsvolle Bekämpfung von Vorratsschädlingen ist ohne chemische Mittel nicht möglich.

Ihr muß deshalb bei diesen Ausführungen der gebührende Raum gegeben werden. Allerdings ist es nicht Sinn dieses Buches, auf die gesamte Problematik, vor allem im Hinblick auf die Technik und die einzelnen Mittel, ausführlich einzugehen. Es muß auf die Spezialliteratur verwiesen werden. Hier können nur die Fragen gestreift werden, die für den Vorratsschutz von besonderer Bedeutung sind.

4.2.3.1 Anwendungsmethoden

Vorratsschutzmittel können im Prinzip in allen drei Aggregatzuständen (fest, flüssig, gasförmig) eingesetzt werden. Die Auswahl der Methode hängt von einer Reihe von Faktoren ab, deren wichtigste in einem Schema (Abb. 74) zusammengefaßt sind und nachfolgend kurz behandelt

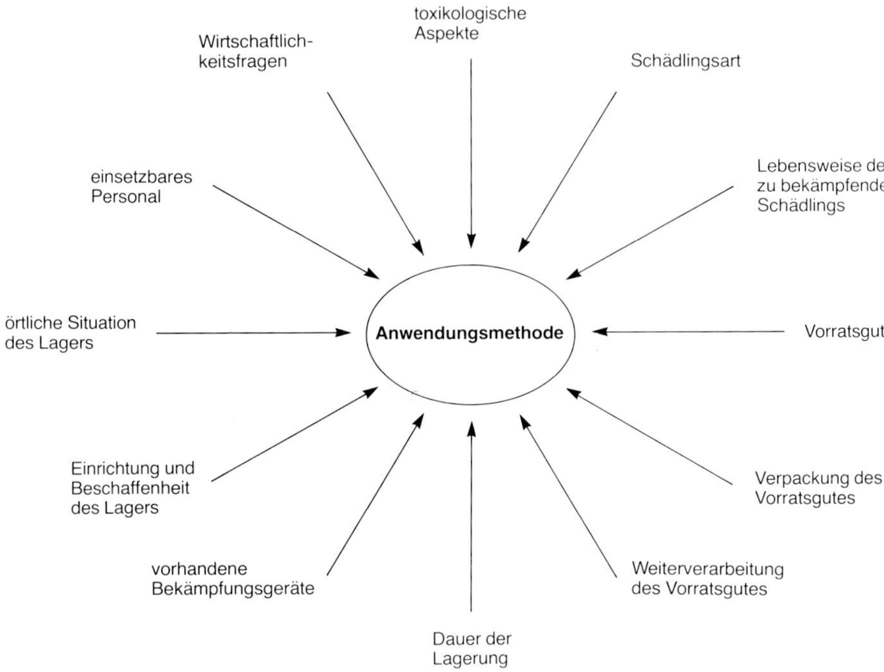

Abb. 74. Kriterien für die Auswahl einer chemischen Bekämpfungsmethode.

werden. Jeder Punkt sollte bei einer notwendigen Bekämpfung gut durchdacht werden, denn es ist gefährlich, wenn diese zu einer unüberlegten Routine wird.

Art des zu behandelnden Schädlings: Zunächst einmal ist es selbstverständlich ein Unterschied, ob Nagetiere oder niedere Tiere (Milben, Insekten) bekämpft werden sollen. Aber auch bei letzteren gibt es Unterschiede. So ist es manchmal auch schon bei den Verfahren (mehr noch bei den Mitteln) wichtig zu wissen, ob Milben, Käfer oder Motten vernichtet werden sollen.

Lebensweise des zu bekämpfenden Schädlings: Sie kann sehr entscheidend die Auswahl des Verfahrens bestimmen. Im Innern der Vorräte, (z.B. in Getreidekörnern oder in Leguminosen) lebende Arten oder Entwicklungsstadien verlangen evtl. andere Methoden als freilebende. Für fliegende Tiere bieten sich andere Möglichkeiten an als für solche, die nur laufen können. Unbewegliche Stadien (Eier, diapausierende Larven, Puppen) müssen mit Methoden bekämpft werden, welche das Gift an sie heranbringen, während bei laufenden oder fliegenden Stadien deren Aktivität evtl. eingeplant werden kann.

Art der Vorratsgüter: Beschaffenheit und chemische Zusammensetzung der Güter beeinflussen die Methode. So ist zum Beispiel loses Getreide mit pulverförmigen Bekämpfungsmitteln mischbar, nicht aber Preßrückstände. Fetthaltige Produkte absorbieren stärker Pestizide als reine Eiweiß- oder Stärkeprodukte, was bei der Auswahl der Mittel und damit auch evtl. bei der Methode von Bedeutung sein kann.

Verpackung der Vorratsgüter: Lose im Lager liegende Ware kann mit anderen Methoden behandelt werden als solche, die in Säcken, Kisten, Kartons, Tüten oder Plastikdosen verpackt ist.

Weiterverarbeitung der Vorräte: Hier ist entscheidend, ob das Vorratsgut bis zum Verzehr noch Prozesse durchläuft, in denen Rückstände abgebaut werden, oder ob es unmittelbar verzehrt wird, wie z.B. entkernte Nüsse, Rosinen und ähnliche Produkte. Mit der Wahl entsprechender Methoden kann man regulierend eingreifen, da die Rückstandsgefahr bei einzelnen Bekämpfungsverfahren unterschiedlich sein kann.

Dauer der Lagerung: Die Lagerdauer von Vorräten kann sehr unterschiedlich sein. Bei nur kurzzeitig gelagerten Produkten müssen Verfahren eingesetzt werden, bei denen die Gefahr einer Rückstandsbildung nur gering ist (z. B. Begasung). Andererseits muß bei längerer Lagerung ein Dauerschutz erreicht werden, den eine Begasung zum Beispiel nicht bieten kann. Hier sind andere Mittel und damit andere Methoden notwendig.

Einrichtung und Beschaffenheit des Lagers: Eine Anzahl von Kriterien, die den Lagerraum betreffen, in dem bekämpft werden soll, können die Wahl der Methode beeinflussen. Wenn er ohne großen Aufwand nicht gasdicht gemacht werden kann, muß eine Begasung unterbleiben. Sind elektrische Maschinen installiert oder rostende Teile vorhanden, entfällt die Anwendung von Flüssigkeit. In einem leeren Lager können andere Methoden eingesetzt werden als in einem, das Vorräte enthält. Das Baumaterial von Decken, Wänden und Fußböden kann dafür bestimmend sein, ob Wasser verwendet werden darf oder pulverförmige Mittel ausgebracht werden müssen.

Örtliche Situation des Lagers: Diese spielt bei einer Entscheidung vor allem dann eine Rolle, wenn begast werden soll oder Verfahren vorgesehen sind, bei denen Mittel mit einem hohen Dampfdruck zum Einsatz kommen sollen. In Lagern, die an Wohnungen oder Stallungen angrenzen, verbietet sich die Anwendung solcher Methoden, weil eine Gefährdung von Mensch und Haustier eintreten kann.

Andererseits hat es keinen Zweck, dort flüchtige Substanzen einzusetzen, wo durch ständig geöffnete Türen oder Fenster das Erreichen der notwendigen Konzentration nicht gewährleistet ist (z. B. bei Verwendung von Insektenstrips). Schließlich hängt die Wahl des Verfahrens davon ab, ob in dem betreffenden Lager ständig oder häufig Menschen leben müssen, oder ob es während der Dauer der Bekämpfung nicht betreten wird.

Vorhandensein von Bekämpfungsgeräten: Einmal angeschaffte Geräte zu Bekämpfungszwecken werden oft in erster Linie für die Auswahl des Verfahrens entscheidend sein. Dies kann natürlich dazu führen, daß eine unbrauchbare Methode eingesetzt wird, nur weil die dazu notwendigen Geräte schon vorhanden sind. In diesem Zusammenhang ist wichtig, daß auch daran gedacht werden muß, ob notwendige Schutzbekleidung oder Gasmasken vorhanden sind oder angeschafft werden müssen.

Einsetzbares Personal: Es gibt einfache und komplizierte Bekämpfungsverfahren. Der Ausbildungsstand des Personenkreises, der die Bekämpfung durchführen muß, ist deshalb bei der Wahl der Methode mit einzukalkulieren, damit Fehler und Fehlschläge vermieden werden können. Bei der Durchführung von Begasungen ist zu berücksichtigen, daß nur ganz bestimmte, lizensierte Personen eingesetzt werden dürfen, daß also meist das eigene Personal nicht zur Verfügung steht.

Wirtschaftlichkeitsfragen: Im Hinblick auf Folgeschäden, die auftreten können, wenn eine Bekämpfung nicht durchgeführt wird, verlieren reine Wirtschaftlichkeitsfragen im Vorratsschutz an Bedeutung. Das Wichtigste hierzu wurde schon im Abschnitt über die Schadensschwelle gesagt. Bei der Auswahl der Bekämpfungsmethoden können ökonomische Aspekte aber dennoch eine Rolle spielen, wenn es um Anschaffung von Geräten, Einsatz von Personal, Vorbereitungsarbeiten oder Auswahl der Präparate geht.

Toxikologische Aspekte: Fragen des Gesundheitsschutzes bestimmen bei der chemischen Bekämpfung nicht nur die Wahl der Präparate, sondern auch die der Verfahren. Oft regulieren Verordnungen und Bestimmungen schon, welche Methoden wo eingesetzt werden dürfen. Doch sollte auch bei zugelassenen Anwendungen stets aus eigener Initiative der gesundheitsgefährdende Aspekt im Vordergrund stehen. Manchmal muß auf das wirksamere Verfahren verzichtet werden, wenn die Sicherheit von Mensch und Haustier nicht gewährleistet ist. Dies gilt ganz besonders auch für die Bekämpfung von Ungeziefer in bewohnten Räumen.

4.2.3.2 Einzelne Verfahren

Theoretisch kann im Vorratsschutz eine Vielzahl von Bekämpfungsverfahren eingesetzt werden. In der Praxis zeigt es sich aber, daß relativ wenige eine wirkliche Bedeutung haben. Um einen umfassenden Überblick zu geben, sollen in den nachfolgenden Ausführungen aber auch jene genannt werden, die nur selten zum Einsatz kommen. Vorratsschutzmittel lassen sich – wie soeben schon erwähnt – in fester, flüssiger oder Gasform ausbringen. Daneben gibt es aber auch einige Verfahren, die sich nicht streng in dieses Schema einordnen lassen, weil bei ihnen mehr die Art der Wirkungsweise maßgebend ist und nicht die Konsistenz des Präparates. Sie sollen deshalb im Anschluß an die drei Gruppen behandelt werden.

Zu ihnen gehören Köder, Imprägnierung und das Kontaktverfahren.

4.2.3.2.1 Anwendung von Pestiziden in fester Form

Im wesentlichen sind es zwei Verfahren, die im Vorratsschutz eingesetzt werden: Stäuben und Streuen. Sie zeichnen sich dadurch aus, daß kein Wasser benötigt wird, was – wie gezeigt wird – einige Vorteile mit sich bringen kann.

Stäuben

Bei diesem Verfahren muß der Wirkstoff, also das Bekämpfungsmittel, bei normaler Temperatur eine feste Konsistenz haben. Die Größe der einzelnen Staubpartikel liegt unter 60 µm, oft sogar im Bereich der Aerosole (unter 1 µm).

Da auf einer bestimmten Flächeneinheit immer nur eine sehr kleine Menge des Wirkstoffes ausgebracht werden muß, würde es schwerfallen, diese gleichmäßig zu verteilen. Das ist aber für eine wirksame Bekämpfung unerläßlich, weil sonst evtl. Schädlinge an unbehandelten Stellen überleben würden. Die Menge eines auszubringenden Staubes kann durch Hinzufügen eines sogenannten Streckstoffes erhöht werden. Dieser ist eine neutrale, nicht aggressive Substanz, wie z. B. Kaolin, Kreide oder Ton. Er muß hinsichtlich der Teilchengröße die gleichen Bedingungen erfüllen wie der Wirkstoff.

Die Ausbringung der Stäube erfolgt mit Geräten verschiedener Größe und Gestalt. Im einfachsten Fall kann man einen blasebalgähnlichen Handzerstäuber für kleine Flächen verwenden. Größere, meist auf dem Rücken zu tragende Geräte mit entsprechend gesteigerten Kapazitäten haben Rührwerk oder Bürsten, die ein klumpenfreies und damit gleichmäßiges Ausbringen des Staubes ermöglichen sollen. Über Schlitze gelangt er in einen mittels Gebläse erzeugten Luftstrom und wird so ausgeblasen.

Die Vorteile dieses Verfahrens sind:

1. Der Wirkstoff kann trocken eingesetzt werden, also auch in solchen Räumen, in denen nicht mit Wasser gearbeitet werden darf (Gefahr des Rostens von Eisenteilen, Kurzschluß bei elektrischen Geräten).

2. Lagernde Vorräte können evtl. direkt zum vorbeugenden Schutz gegen Befall behandelt werden, wenn entsprechende Mittel hierfür zugelassen sind. Bei wasserhaltigen Präparaten ist so etwas meist nicht möglich.

3. Es können gebrauchsfertige Präparate gekauft werden. Dadurch entfallen Fehler beim Ansetzen, z. B. falsche Berechnung der Konzentration oder ungenügendes Durchmischen.

4. Die Präparate sind lange haltbar. Man kann ihnen also nach Bedarf die benötigte Menge entnehmen, ohne einen nicht verwertbaren Rest übrigzubehalten.

Nachteilig ist, daß bei lagernden Gütern die Eindringtiefe nicht sehr groß ist, weil die festen Staubpartikel bald abfiltriert werden. Beim Ausbringen ist die Gefahr einer Vergiftung relativ groß, da die feinen Teilchen eingeatmet werden können und evtl. sogar lungengängig sind. Das Tragen von Atemschutzmasken ist deshalb erforderlich.

Trotz der aufgeführten Vorteile findet das Verfahren im Vorratsschutz nur selten Anwendung. In der Bundesrepublik sind zur Zeit nur Einstäubemittel für lagerndes Getreide auf der Basis von Pyrethrum zugelassen.

Streuen

Diese Methode wird im Vorratsschutz zur Bekämpfung von Ratten eingesetzt. Bei Streupulvern sind die Teilchen größer als beim Staub. Der auf den Rattenwechseln ausgestreute Wirkstoff wird von den Tieren beim Darüberhinweglaufen mit Füßen und Fell aufgenommen. Beim Putzen gelangt dann das Gift in den Darmtraktus und kann seine Wirkung entfalten.

4.2.3.2.2 Anwendung von Pestiziden in flüssiger Form

Einfacher als die Stäubemethode sind Verfahren, bei denen die wirksame Substanz mit Hilfe einer Flüssigkeit, fast immer Wasser, ausgebracht wird.

Im Pflanzenschutz ist dies die häufigste Methode des Einsatzes von Bekämpfungsmitteln. Im Vorratsschutz ist ihre Einsatzmöglichkeit begrenzt, da das Behandeln der Vorräte mit Wasser nicht anwendbar ist. In leeren Lagerräumen kann sie dagegen eingesetzt werden, sofern für ein gutes Austrocknen gesorgt werden kann.

Die ausgebrachten Wirkstoffe brauchen selbst nicht flüssig zu sein, da es möglich ist, neben Lösungen auch Suspensionen und Emulsionen zu verwenden, wenn geeignete Maßnahmen getroffen werden, die eine Stabilität der Mischung erlauben (s. Abb. 75).

Bei Lösungen ist der Wirkstoff in Molekülform in einem Lösungsmittel, meist Wasser, verteilt.

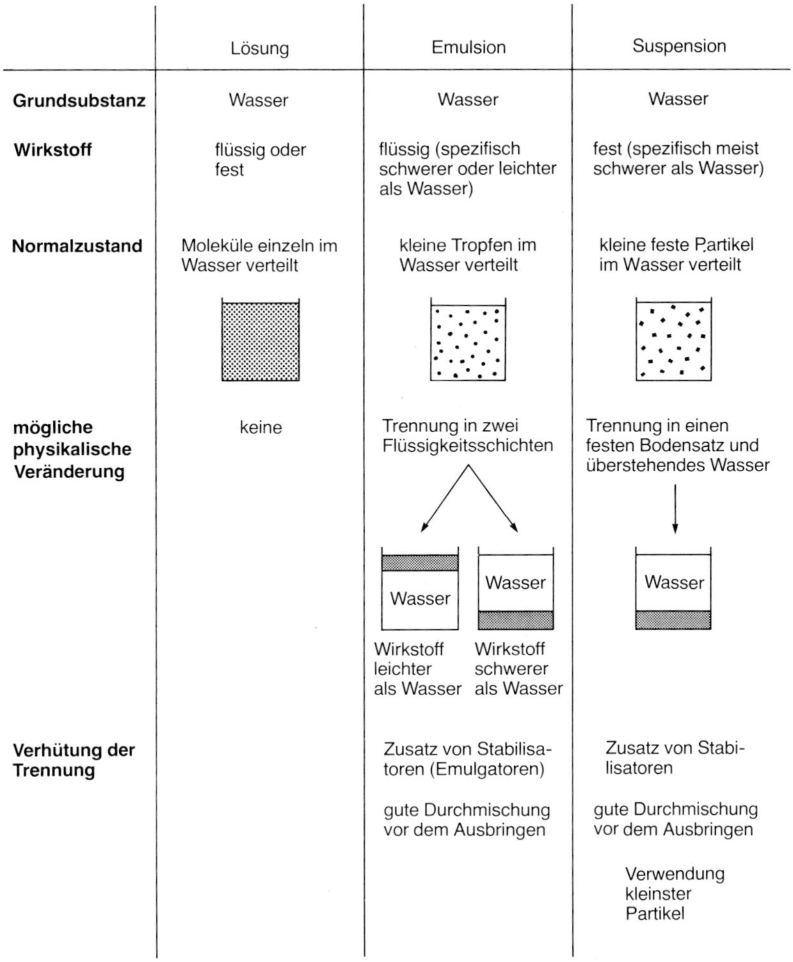

Abb. 75. Die Art einer Ausbringung von Pestiziden in flüssiger Form und damit verbundene Veränderungsmöglichkeiten.

Damit ist auch ein gleichmäßiges Ausbringen des Pestizides garantiert.

In Emulsionen ist der Wirkstoff flüssig, löst sich aber in Wasser nicht auf, sondern schwebt in kleinsten Tropfen. Dieses Schweben wird durch Zusatzmittel, den Emulgatoren (Gelatine, Stärke u. ä. Stoffe) ermöglicht. Die Gefahr einer Trennung der beiden Komponenten besteht aber trotzdem, wenn die Emulsionen länger stehen. Durch Zusammenfließen der Tröpfchen kann sich das auszubringende Mittel oben (wenn es spezifisch leichter) oder unten (wenn es spezifisch schwerer ist als Wasser) absetzen. Dann ist es möglich, daß einmal fast reines Wasser, einmal nahezu reiner Wirkstoff ausgebracht wird. Eine gute Durchmischung muß also bei der Anwendung gewährleistet sein.

Die dritte Form, die Suspension, erlaubt den Einsatz von solchen Bekämpfungsmitteln, die nur in festem Zustand existieren können. Sie schweben in den Suspensionen als fein verteilter Staub im Wasser. Dieser Schwebezustand ist um so stabiler, je kleiner die Partikel sind und je geringer der Unterschied im spezifischen Gewicht zwischen Wirkstoff und Wasser ist. Bei Suspensionen muß auch an die mögliche Trennung der beiden Komponenten gedacht werden. Eine gründliche Durchmischung vor der Ausbringung ist deshalb erforderlich, doch gibt es auch hier Stabilisatoren (Dispergierungsmittel).

Das Wasser hat in jedem der drei Fälle dieselbe Aufgabe wie der inerte Stoff bei den Stäuben, nämlich die eigentlich giftige Substanz, den Wirkstoff, so zu strecken, daß eine gleichmäßige Verteilung auf der zu behandelnden Oberfläche möglich ist.

Das Grundprinzip der Ausbringung flüssiger Mittel ist folgendes:

Vorratsbehälter → Leitung → Verteilerdüse → Bildung kleiner Tropfen → gleichmäßige Ausbringung.

Der Vorratsbehälter kann verschiedene Ausmaße haben. Da im Vorratsschutz relativ kleine Flächen oder Räume behandelt werden, schwankt seine Größe nur zwischen 0,5 und 10–20 l. Er kann zur Vermeidung von Entmischungen geeignete Zusatzeinrichtungen, wie Rührwerke, besitzen, doch fehlen diese meist bei den kleineren Geräten.

Die Flüssigkeit wird aus dem Vorratsbehälter mittels Luftdruck (erzeugt bei den hier zu besprechenden kleinen Geräten meist mit Hilfe von Handpumpen) in das Leitungssystem gepreßt. Beim Übertritt passiert sie ein Sieb, damit die an der Austrittsseite befindliche feine Düse nicht verstopft.

Diese Düse nun beeinflußt einmal die Tröpfchengröße, zum anderen auch den Austrittskegel, ähnlich wie man an einem Gartenschlauch durch Auf- und Zudrehen des Regulierers Tröpfchengröße und Strahlform verändern kann.

Entscheidend für die Größe der Tropfen ist bei dem Sprühverfahren aber auch, daß noch im Innern des Austrittsrohres ein zusätzliches Zerreißen durch einen Luftstrom (erzeugt durch ein Gebläse) stattfinden kann. Schließlich können noch kleinere Tropfen dadurch erzeugt werden, daß statt Wasser eine leichter verdampfbare Streckflüssigkeit verwendet wird, wodurch nach dem Austritt durch Verdunsten das Volumen des gebildeten Tropfens noch zusätzlich verringert wird.

Auf Grund der apparativ bedingten Tropfengrößen kann man drei Verfahren der Ausbringung von Pestiziden in flüssiger Form unterscheiden:

Spritzen	Tropfengröße $> 150\,\mu m$
Sprühen	Tropfengröße 50-150 μm
Nebeln	Tropfengröße $< 50\,\mu m$

Bedingt durch die Tröpfchengröße sind die Ausbringungsmengen bei den drei Verfahren sehr unterschiedlich. Dies rührt daher, daß aus einem gleichen Volumen einer Flüssigkeit mehr kleine als große Tropfen produziert werden können, daß aber die vielen kleinen Tropfen eine größere Fläche bedecken können als die relativ wenigen großen.

Tab. 57. Aufwandmengen bei den einzelnen Verfahren zum Einsatz von Pestiziden in flüssiger Form

Verfahren	Aufwandmengen
Spritzen	5–10 l/100 m^2 bei glatter Unterlage (Steinfußböden und Steinwände) 10–20 l/100 m^2 bei poröser Unterlage (z. B. Holz)
Sprühen	1 l/100 m^2
Nebeln	100–600 ml/100 m^3 (je nach verwendetem Präparat)

Die im Vorratsschutz notwendigen Ausbringungsmengen werden nicht nur durch das eingesetzte Verfahren, sondern auch noch durch den Untergrund bestimmt, wobei poröse Unterlagen wegen des Aufsaugeffektes mehr Flüssigkeit benötigen. Tab. 57 zeigt die Aufwandmengen für die einzelnen Verfahren. Dabei ist zu berücksichtigen, daß das Nebelverfahren vor allem gegen fliegende Vorratsschädlinge gerichtet ist, weil die kleinen Tropfen relativ lange in der Luft schweben bleiben. Deshalb werden die Aufwandmengen für ein Volumen und nicht für eine Fläche angegeben.

Der Grundsatz, daß auf die gleiche Fläche die gleiche Wirkstoffmenge auszubringen ist, führt notgedrungen dazu, daß mit abnehmender Aufwandmenge die Konzentration des Pestizids in der Flüssigkeit proportional erhöht werden muß. Ist sie zum Beispiel beim Spritzen mit 10 l/100 m^2 = 1, so muß sie beim Sprühen mit 1 l/100 m^2 = 10 sein. Beim Nebeln mit den recht kleinen Mengen sind die Konzentrationen entsprechend noch höher. Über sie gibt die Gebrauchsanweisung der einzelnen Präparate oder das Pflanzenschutzmittelverzeichnis der Biologischen Bundesanstalt für Land- und Forstwirtschaft Auskunft (s. Seite 204).

Neuerdings wird im Vorratsschutz zunehmend auch versucht, das im Pflanzenschutz schon lange bewährte Ultra-Low-Volume-Verfahren (ULV-Verfahren) einzusetzen, wobei fast reiner Wirkstoff ausgebracht wird.

Die Variationsbreite der Geräte, mit denen die drei Verfahren im Vorratslager und im Haus

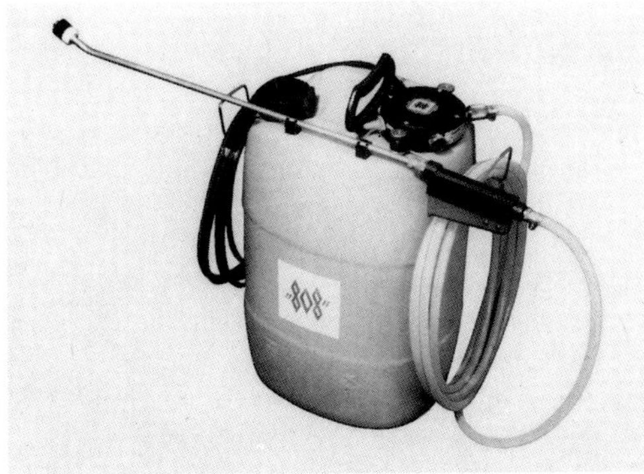

Abb. 76. Spritz- und Sprühgeräte für den Einsatz in Räumen. Links: Handdruckgerät (1 l); oben: Elektrospritze mit Pumpe (20 l) (808-Elektrospritze) (Aufn. STEIN bzw. Fa. Frowein, Albstadt).

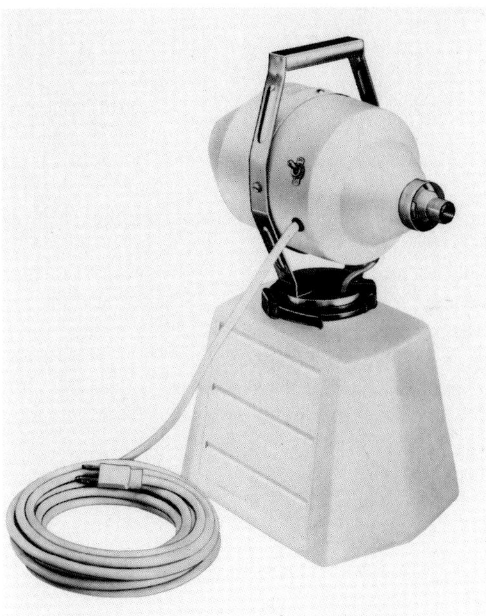

eingesetzt werden können, ist so groß, daß die angebotene Palette hier nur kurz skizziert werden kann. Sie reicht vom einfachen Handzerstäuber, Handspritz- und Sprühgerät mit 0,5 l Inhalt bis zu rückentragbaren Geräten mit 10- und 20-l-Behältern. Zur Behandlung von laufendem Getreide (Fördergutstrom) sind spezielle Geräte im Einsatz, ebenso wie zur Produktion von Nebeln im Heißnebelverfahren, bei dem das einzusetzende Präparat in Dampfform überführt wird und sich nach dem Ausbringen beim Abkühlen zu kleinen Nebeltropfen kondensiert. Zu Spezialgeräten gehören schließlich auch die vielen in kleinen Räumen einsetzbaren Spraydosen, bei denen ein unter Druck stehendes Treibgas das

Abb. 77. Sprüh- und Nebelgeräte zum Einsatz in Räumen. Links: Gerät zum stationären und mobilen Gebrauch (6 l) (Multi-Sprayer 1); links unten: tragbares Sprüh- und Nebelgerät (5 l) (Turbo-Sprayer 808); rechts unten: Kaltnebelgerät (2 l) (Microjet-109) (Aufn. Fa, Frowein, Albstadt).

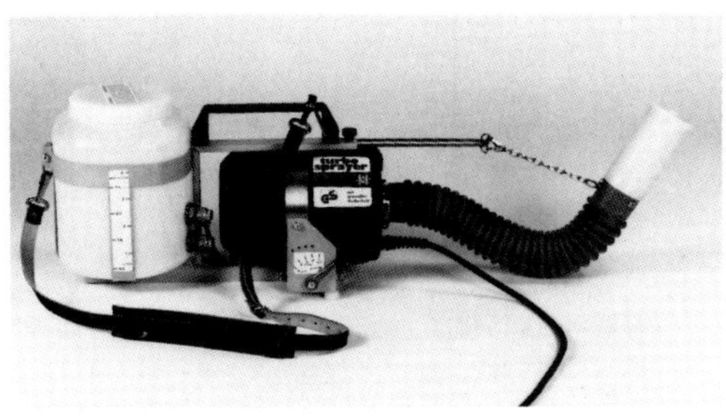

Bekämpfungsmittel über eine Düse austreibt (Abb. 76, 77).

Das Nebelverfahren hat gegenüber den beiden anderen zweifellos einige Vorteile: Die kleineren Tropfen verteilen sich besser im Raum und dringen auch in Ritzen und Spalten ein, in denen sich Insekten verbergen können. Sie bleiben ferner einige Stunden nach der Ausbringung in der Luft in der Schwebe, weswegen diese Methode auch in erster Linie zur Bekämpfung von fliegenden Schädlingen, also hauptsächlich von verschiedenen Mottenarten, eingesetzt wird.

Die als Spritz-, Sprüh- und Nebelmittel zugelassenen Pestizide können zur Zeit in drei Gruppen eingeteilt werden:

1. Präparate, die nur in leeren Räumen eingesetzt werden dürfen (z. B. Lindan, Bromophos, Malathion u. a.).
2. Präparate, die in Räumen mit lagernden Vorratsgütern verwendet werden dürfen (z. B. Dichlorvos, Pyrethrum, Malathion in Kombination mit anderen Mitteln).
3. Präparate zur Behandlung des Fördergutstromes (Getreide) (Pirimiphosmethyl).

Da sich die Zulassung der Mittel, der Verfahren und der Anwendungsbereiche ständig ändern kann, soll hier auf eine eingehendere Behandlung verzichtet werden unter Hinweis auf die jeweils geltenden Bestimmungen.

Für die Bekämpfung von Hausungeziefer gelten andere Bedingungen. Die sogenannten Entwesungsmittel und -verfahren bedürfen nicht der Zulassung, doch ist eine Anerkennung durch das Bundesgesundheitsamt möglich. Die anerkannten Mittel zum Spritzen, Sprühen und Nebeln können einer in Abständen neu erscheinenden Liste im Bundesgesundheitsblatt entnommen werden.

4.2.3.2.3 Anwendung gasförmiger Substanzen

Die bisher behandelten Bekämpfungsverfahren mit festen und flüssigen Substanzen sind bei der Hausungeziefervernichtung zwar z. Z. die wichtigsten, haben im Vorratsschutz aber nur eine begrenzte Bedeutung. Dies gilt vor allem dann, wenn Schädlinge in den Vorräten direkt abgetötet werden sollen.

In diesem Fall ist der Einsatz gasförmiger Wirkstoffe zweifellos das wichtigste Verfahren. Bei diesen Gasen handelt es sich um hochgiftige Verbindungen oder um neutrale Stoffe (Inertgase), die normale Bestandteile der Luft sind, deren Konzentrationen nur so verändert sind, daß sie letal für Lebewesen werden.

Zunächst soll aber auf die wichtigere Gruppe, die Giftgase und deren Anwendung eingegangen werden.

Das Hauptmerkmal der Gase ist, daß sie – als Einzelmoleküle gewissermaßen in der Luft gelöst – allen Gesetzmäßigkeiten folgen, denen auch die Luft unterworfen ist. Da normalerweise ein luftleerer Raum nicht vorkommen kann, bedeutet dies, daß auch die Gase überall hingelangen, wo eine normale Atmosphäre vorliegt und Lebewesen existieren können. Es ist deshalb möglich, mit Gasen Schädlinge auch tief in Vorräten oder Verstecken zu bekämpfen.

Auch das Begasungsverfahren kann hier nur kursorisch abgehandelt werden. Wegen seiner

Tab. 58. Die wichtigsten im Vorratsschutz verwendeten Giftgase und ihre Eigenschaften.

Name	chemische Formel	Mol.-Gew.	Dichte (Luft = 1)	Siedepunkt (°C)
Akrylnitril	$CH_2{=}CH{-}CN$	53,06	1,83	77,0
Blausäure*	HCN	27,03	0,90	26,0
Chlorpikrin	$CCl_3{-}NO_2$	164,39	5,68	112,0
Ethylendibromid	$CH_2Br{-}CH_2Br$	187,88	6,49	131,0
Ethylenoxid	C_2H_4O	44,05	1,52	10,7
Methylbromid*	CH_3Br	94,95	3,27	3,6
Phosphorwasserstoff*	PH_3	34,04	1,18	− 87,7
Schwefelkohlenstoff	CS_2	76,13	2,64	46,3
Tetrachlorkohlenstoff	CCl_4	153,84	5,32	77,0

* in der Bundesrepublik Deutschland zugelassen

Bedeutung sind aber einige Bücher, z. T. älteren Datums, erschienen, auf die zum weiteren Studium hingewiesen sei (z. B MONRO 1969, PETERS 1942).

Verwendete Giftgase
Bei den im Vorratsschutz eingesetzten Giftgasen handelt es sich um hochtoxische Verbindungen, deren Verwendung wegen ihrer Gefährlichkeit auch für Warmblüter umfangreiche Vorsichtsmaßnahmen verlangt. Auf diese Fragen wird noch wiederholt einzugehen sein. Tab. 58 zeigt die gebräuchlichsten Gase und einige für den allgemeinen Einsatz wichtige Eigenschaften. Da von den angegebenen Verbindungen in der Bundesrepublik nur Phosphorwasserstoff, Methylbromid und Blausäure zur Bekämpfung von Vorratsschädlingen zugelassen sind, werden sich die nachfolgenden Ausführungen auf diese drei Gase beschränken.

Allen Giftgasen ist gemeinsam, daß sie sehr niedrige Molekulargewichte besitzen. Dies ist für das Eindringungsvermögen auch in dicht gepackte Ware oder in Getreide- und Leguminosenkörner hinein von großer Wichtigkeit.

Abb. 78. Notwendige Abdichtungsarbeiten vor der Begasung eines Raumes (Aufn. Vorratsschutz GmbH, Laudenbach).

Wie die Tabelle zeigt, sind die Giftgase meist schwerer als Luft. Auch diese Eigenschaft fördert ein gutes Eindringen, bedingt aber gleichzeitig auch besondere Regeln bei der Anwendung.

Wichtige Eigenschaften eines brauchbaren Giftgases sind weiterhin chemische Stabilität, damit sie nicht zu leicht zerfallen und dann evtl. unwirksam werden und ein geringes Reaktionsvermögen mit anderen Stoffen. Dies ist einmal wichtig, damit keine qualitätsbeeinflussenden Veränderungen der behandelten Lebensmittel eintreten und zum anderen, damit keine Materialien in den begasten Räumen angegriffen werden.

Einrichtungen für Begasungen
Grundvoraussetzung für die Einsatzmöglichkeit von Giftgasen ist das Vorhandensein von geeigneten Räumen, die gasdicht sind oder die gasdicht zu machen sind. Dies ist unbedingt erforderlich, weil bei einem Austritt von Giftgasen während der Begasungszeit

1. Lebewesen in der Umgebung des begasten Raumes gefährdet werden können (die nach der Behandlung notwendige Entgasung muß dementsprechend mit besonderer Sorgfalt durchgeführt werden) und
2. die zur Abtötung notwendige Konzentration evtl. unterschritten wird, wodurch der Erfolg der Behandlung infrage gestellt sein kann.

Feste Gaskammern sind sicherlich am besten geeignet, aber auch andere Räume lassen sich mit verhältnismäßig einfachen Mitteln für eine gewisse Zeit hinreichend gasdicht machen. Dadurch wird diese wirksame Bekämpfungsmethode bei Wahrung bestimmter Vorschriften fast überall anwendbar. Sicherheitsabstände (mehrere Meter) sollten aber zu anderen bewohnten Räumen immer eingehalten werden. Die wichtigsten Räumlichkeiten, in denen in der Praxis Begasungen durchgeführt werden, seien nachfolgend kurz skizziert.

Normale Räume, Mühlen und Speicher: Diese Räumlichkeiten müssen vor der Begasung abgedichtet werden, weil sie notwendigerweise viele undichte Stellen enthalten. Es wurde schon darauf hingewiesen (s. Abschnitt Vorbeugende Maßnahmen), daß man bei dem Bau von Lagern gewisse Vorkehrungen treffen kann, welche den Einsatz von Giftgasen erleichtern (Dichtungen an Fenstern und Türen, undurchlässige Wandanstriche u.a.). Im allgemeinen werden aber noch zahlreiche Arbeiten notwendig sein, den erforderlichen Abschluß der Räume zur Umgebung zu erreichen. Dieses kann durch Verkleben von undichten Spalten mit Klebeband, Verschließen von Luftschächten und Ventilatoröffnungen und andere Vorkehrungen erreicht werden (Abb. 78).

Silozellen: Diese für die Lagerung von Getreide, Getreideprodukten, Futtermitteln und ähnlichen Vorräten bestimmte Behälter sind fast durchweg für eine Begasung geeignet, weil sie einen guten Abschluß des unter Gas stehenden Raumes gewährleisten bzw. dieser durch einfache Maßnahmen zu erreichen ist. Siloanlagen mit Kreislaufsystemen sind besonders günstig, weil sie ein schnelles Be- und Entgasen sowie eine gleichmäßige Verteilung des Gases in den Vorräten ermöglichen.

Schuten: Diese Wasserfahrzeuge spielen bei Begasungen im Hafen eine wichtige Rolle. Es handelt sich dabei um motorlose, flache Eisenkähne, die bei der Entladung von Schiffen eingesetzt werden. Sie sind an drei Seiten geschlossen und können durch Bohlen und Planen abgedeckt und so zu schwimmenden Gaskammern umfunktioniert werden. Sie werden vor allem dann hierzu verwendet, wenn im Rahmen der Pflanzenbeschau (s. Quarantäne) im Hafen eine Begasung angeordnet wurde. Zur Begasung werden sie in einen Teil des Hafens geschleppt, in dem wenig Verkehr herrscht.

Schiffe: Eine Begasung in den beladenen Schiffen selbst ist theoretisch zwar die einfachste Lösung, stößt in der Praxis aber auf Probleme. So sind die Laderäume – besonders auf älteren Schiffen – nicht dicht genug, um einen Einsatz von Giftgasen bei gleichzeitiger Anwesenheit der Mannschaft zu erlauben. Die Arbeiten zum Abdichten der Räume würden, wenn überhaupt möglich, enorm hohe Kosten verursachen. Diese würden auch entstehen, wenn das Schiff mehrere Tage lang im Hafen wegen einer Begasung festliegen müßte. Eine Begasung im Transit, d.h. also während der Fahrt von Hafen zu Hafen, stößt auf ähnliche Probleme. Da allerdings hiermit in Versuchsfahrten schon gute Erfolge erzielt werden konnten, mag dieses Verfahren in der Zukunft vielleicht einsetzbar sein, besonders dann, wenn bei Neubauten an diese Möglichkeit gedacht wird.

Es sei aber noch erwähnt, daß kleinere Schiffe, z. B. Küstenmotorschiffe (Kümos), vielfach auch problemlos (wie Schuten) begast werden können.

Eisenbahnwaggons: Befindet sich in einem Eisenbahnwagen befallenes Gut, was begast werden soll oder muß, so können auch diese Transportmittel nach vorhergehendem Abdichten und Abstellen auf Nebengleisen als Gaskammern verwendet werden.

Container: Diese immer häufiger eingesetzten Transporteinrichtungen können relativ einfach nach Abdichtungen von Luftschlitzen und anderen undichten Stellen für die Begasung hergerichtet werden. Es wurden sogar schon erfolgreiche Versuche durchgeführt, während des Transportes eine Begasung vorzunehmen, was wegen der Zeitersparnis besonders günstig ist. Offiziell ist dieses Verfahren in der Bundesrepublik jedoch noch nicht zugelassen.

Begasung unter Planen: Plastikplanen oder beschichtete Stoffplanen können in praktisch jeder beliebigen Größe und Form hergestellt werden. Damit lassen sich die verschiedenartigsten Gegenstände, wie Baumstämme, Sackstapel, Getreidehaufen oder ganze Häuser (zur Vernichtung von Ungeziefer) einigermaßen gasdicht umkleiden und begasen. Zum gasdichten Abschluß werden die Planen mit Sand- oder Wasserschläuchen oder Ketten am Boden festgelegt. Selbst wenn die Planen die Mindeststärke von 0,1 mm haben, können Gasverluste – je nach Dicke und Alter des Materials – relativ hoch sein (s. Abschnitt Dosis und Konzentration). Das hat Konsequenzen hinsichtlich der Örtlichkeit, wo diese Begasung durchgeführt werden kann, und hinsichtlich der notwendigen Dosierung. (Mit einer neu entwickelten Folie (Detia-Sperrfolie) kann die Gasdichte bei einer Planendicke von nur 0,04 mm wesentlich verbessert werden.)

Fahrbare Gaskammern: Stehen bei einer notwendig gewordenen Begasung keine geeigneten Räume zur Verfügung, so können fahrbare Kammern eingesetzt werden, die ein Fassungsvermögen bis zu etwa 20 m^3 haben. Sie besitzen ein Kreislaufsystem zur schnellen Be- und Entgasung (Abb. 79).

Vakuumkammern: Die Anwendung spezieller Gaskammern, die zudem noch evakuiert werden können, ist sicherlich das eleganteste Verfahren. Sie kommen vor allem dort zum Einsatz, wo

Abb. 79. Fahrbare Gaskammern mit 10, 4 und 20 m^3 Inhalt. Unten: Maschinenraum des Begasungswagens (Aufn. Degesch mbH, Frankfurt).

regelmäßig Begasungen durchgeführt werden und somit eine Amortisierung gewährleistet ist. Im speziellen Fall können sie sogar in ihrer Form und Größe an die Verpackung bestimmter Güter angepaßt sein.

Vakuumkammern können, je nach vorherrschendem Klima, im Freien oder in Hallen aufgestellt werden. Stehen mehrere Kammern nebeneinander, so kann durch farbliche Übereinstimmung von Armaturen, Zu- und Ableitungsrohren sowie Kammern ein hohes Maß an Sicherheit bei dem Betreiben erzielt werden (Abb. 80).

Die besonderen Vorteile einer Vakuumbegasung liegen darin, daß durch den Sauerstoffentzug die Atmung der Vorratsschädlinge verstärkt ist und damit die Wirkung des Giftgases verbessert wird, daß auch sehr dicht gepackte Ware (wie Tabak- und Baumwollballen, Trockenfrüchte, Mehlprodukte usw.) schnell vom Gas durchdrungen werden und daß die Be- und Entgasungszeiten sehr kurz sein können.

Anwendungsformen der Gase

Die drei in der Bundesrepublik Deutschland zugelassenen Giftgase unterscheiden sich hinsichtlich ihrer Anwendung sehr erheblich, so daß es zweckmäßig ist, die Methoden der Begasung nach den einzusetzenden Gasen einzuteilen.

Der Grund für die unterschiedliche Ausbringungsform liegt darin, daß

- Methylbromid bei Zimmertemperatur schon gasförmig ist,
- Blausäure in diesem Temperaturbereich noch flüssig ist,
- Phosphorwasserstoff erst entstehen muß.

Abb. 80. Vakuumbegasungsanlage. Kapazität je Kammer 15,5 m³. Durch farbliche Unterscheidung der Kammern und Leitungen ist eine gefahrlose Begasung einzelner Kammern von dem abgetrennten Geräteraum (links im Bild) möglich. (Aufn. Degesch mbH, Frankfurt).

Methylbromid: Da Methylbromid einen Siedepunkt von + 3,6 °C hat, liegt es unter normalen Bedingungen einer Begasung bereits als Gas vor. Wie alle Gase kann es durch hohen Druck verflüssigt und in Stahlflaschen in den Handel gebracht werden. Nach Öffnen des Ventiles tritt es in Form kleiner, sofort verdampfender Tropfen aus. Die Einbringung in den zu begasenden Raum erfolgt über Schläuche oder Rohre (Abb. 81).

Zur Begasung kleinerer Räumlichkeiten wird Methylbromid auch in nahtlosen Metalldosen von 500 ml Inhalt geliefert. Nach Einstechen eines Loches in die Dose fließt die Substanz aus und verdampft sofort.

Einige Materialien eignen sich nicht zur Begasung mit Methylbromid, da negative Veränderungen auftreten können. Zu ihnen gehören Gummi- und Lederwaren, Federn, Pelze, Wolle und einige andere Produkte.

Beim Einsatz von Methylbromid ist unbedingt unter Gasmaske zu arbeiten.

Da Methylbromid zu den Stoffen gehört, bei denen ein begründeter Verdacht auf krebserregendes Potential besteht, muß damit gerechnet werden, daß in Zukunft bei der Anwendung Einschränkungen oder Verbote ausgesprochen werden.

Blausäure: Bei einem Siedepunkt von 26,0 °C ist Blausäure bei normaler Temperatur gerade noch flüssig, geht aber wegen des hohen Dampfdruckes sehr schnell in die Gasphase über. Ein Transport wie bei einer hochsiedenden Flüssigkeit ist deshalb nicht möglich.

Blausäure wird in absolut dicht schließenden Blechdosen transportiert. In diesen befindet sich ein poröses Substrat (bierfilzähnliche Teller, Späne, Diatomeenerde o. ä. Stoffe), welche die Flüssigkeit aufsaugt. Beim Ausbringen dieser Trägerstoffe verdampft die Blausäure wegen des hohen Dampfdruckes und der großen Oberfläche der Stoffe augenblicklich, so daß der betreffende Raum in kurzer Zeit durchgast ist (Abb. 82).

Abb. 81. Begasung eines Mühlenbetriebes mit Methylbromid (Aufn. Degesch mbH, Frankfurt).

Nach der Ausgasung können die Teller leicht wieder eingesammelt werden. Späne und andere feine Trägersubstanzen werden zweckmäßigerweise auf Unterlagen ausgebracht.

Abb. 82. Ausbringungsmöglichkeiten für Blausäure (Aufn. Degesch mbH, Frankfurt).

Auch bei diesem Giftgas ist das Tragen einer Gasmaske unbedingt erforderlich.

Phosphorwasserstoff: Diese in hoher Konzentration leicht entzündbare Verbindung kommt nicht als Gas in den Handel, sondern entsteht erst nach dem Ausbringen fester Substanzen. Hierbei handelt es sich um Phosphide (vor allem um Aluminiumphosphid), die an der Luft mit der in ihr enthaltenen Luftfeuchtigkeit das gasförmige PH_3 nach folgender Formel bilden:

$$AlP + 3H_2O = PH_3 + Al(OH)_3.$$

Seltener verwendet wird Magnesiumphosphid.

Das Phosphid kommt in Pulverform in Beuteln oder als Pellets bzw. Tabletten geformt in den Handel. Letztere enthalten einen Zusatz: Ammoniumcarbamat. Aus diesem werden nach der Formel

$$H_2NCOONH_4 \rightarrow CO_2 + 2NH_3$$

Kohlendioxid und Ammoniak gebildet. Ersteres wirkt entzündungshemmend, letzteres besitzt we-

Abb. 83. Phosphorwasserstoffbegasung mit Plate-Bändern (Degesch-Strip) (Aufn. Degesch mbH, Frankfurt).

gen seines markanten und allbekannten Geruches eine gute Warnwirkung. Tritt nach dem Einsatz von Pellets oder Tabletten Ammoniakgeruch auf, so muß damit gerechnet werden, daß sich auch schon der giftige Phosphorwasserstoff gebildet hat.

Eine weitere Schutzmaßnahme ist das Einhüllen von Tabletten und Pellets mit Paraffin oder anderen wasserabstoßenden Substanzen, wodurch eine Verlangsamung der PH_3-Entwicklung gegeben ist.

Als andere und größere Verpackungseinheiten sind Plates (mit Magnesiumphosphid), Prepacs und Bag Blankets im Handel (Abb. 83).

Das sich bei der Zersetzung des Phosphids bildende Hydroxid, meist also Aluminiumhydroxid, ist ein toxikologisch unbedenklicher Staub, der entweder auf der Unterlage (s. unten) oder in den Beuteln zurückbleibt (Abb. 84). Aus dem Getreide wird das Hydroxid durch die normalen Reinigungsprozesse entfernt, die Beutel werden durch grobe Siebe zurückgehalten.

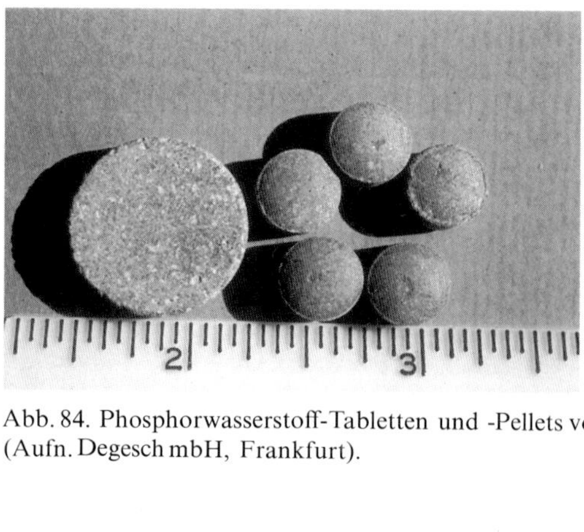

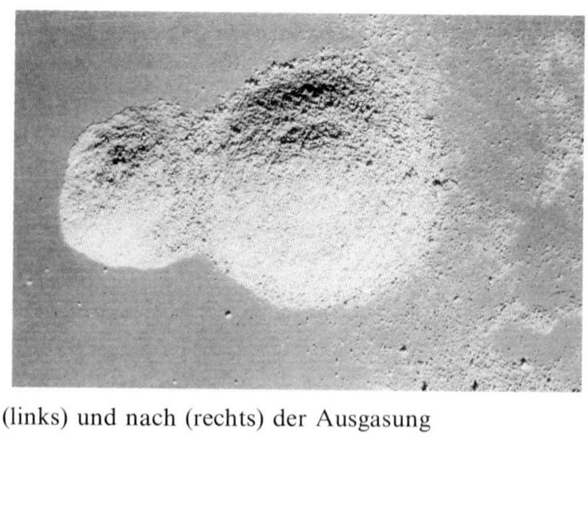

Abb. 84. Phosphorwasserstoff-Tabletten und -Pellets vor (links) und nach (rechts) der Ausgasung (Aufn. Degesch mbH, Frankfurt).

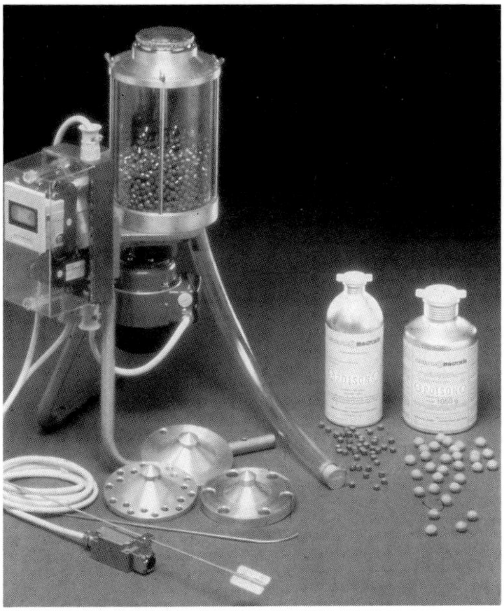

Abb. 85. Dosierautomat für Phosphorwasserstoff-Pellets (Aufn. Degesch mbH, Frankfurt).

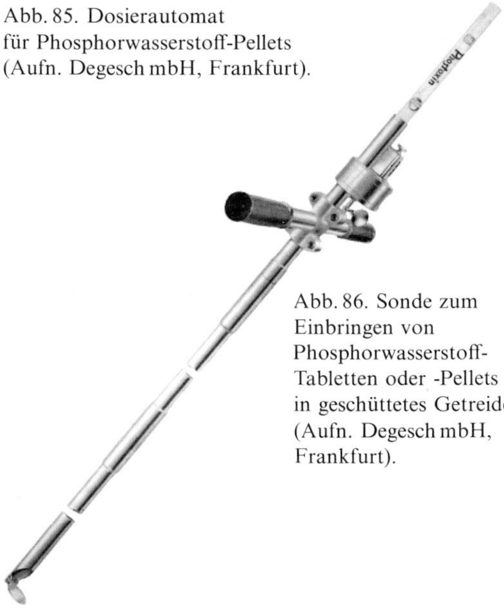

Abb. 86. Sonde zum Einbringen von Phosphorwasserstoff-Tabletten oder -Pellets in geschüttetes Getreide (Aufn. Degesch mbH, Frankfurt).

Bei der Anwendung von Phosphorwasserstoff ist zu berücksichtigen, daß – vor allem bei höheren Temperaturen und Konzentrationen – elektronische Einrichtungen, Schaltrelais usw. angegriffen werden können.

Da der Einsatz von Phosphorwasserstoff im Vorratsschutz zweifellos das wichtigste Verfahren ist, soll hier noch etwas näher auf einzelne Methoden eingegangen werden.

Abb. 87. Einbringen von Phosphorwasserstoff-Begasungsbeuteln von Hand in lagerndes Getreide (Aufn. Vorratsschutz GmbH, Laudenbach).

Abb. 88. Auslegen von Beutelrollen zur Begasung mit Phosphorwasserstoff (Aufn. Vorratsschutz GmbH, Laudenbach).

Von Wichtigkeit für die technische Durchführung einer Begasung mit PH_3 ist zunächst einmal, daß ohne Gasmaske gearbeitet werden kann. Dies rührt daher, daß sich das Giftgas erst einmal bilden muß. Damit diese Erleichterung aber ausgenutzt werden kann, ist Vorraussetzung, daß

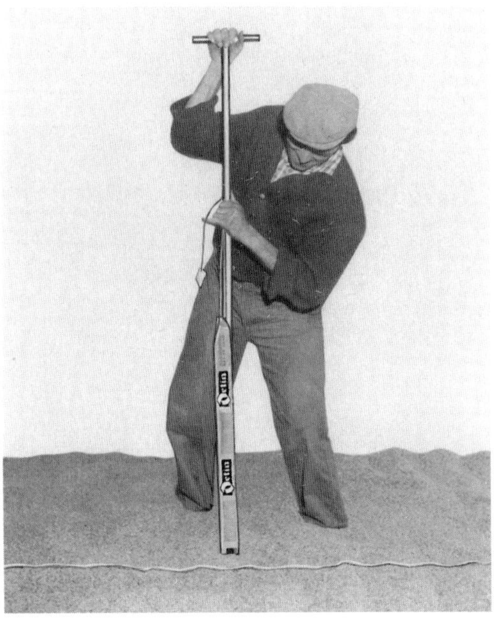

Abb. 89. Einbringen von Begasungsbändern zur Begasung mit Phosphorwasserstoff in geschüttetes Getreide (Aufn. Vorratsschutz GmbH, Laudenbach).

Abb. 90. Begasung von Sackstapeln mit Phosphorwasserstoff-Tabletten oder -Pellets (Aufn. Vorratsschutz GmbH, Laudenbach).

genügend Arbeitskräfte für das Ausbringen des Präparates zur Verfügung stehen, um die Arbeit bis zum Beginn der PH_3-Entwicklung zu beenden. Diese Anlaufzeit beträgt z. B. bei Tabletten etwa 4 Stunden, bei den kleineren Pellets 2 Stunden.

Von Vorteil bei diesem Verfahren ist auch, daß durch Pellets, Tabletten oder Beutel viele kleine Gasquellen entstehen, die bei sorgfältiger Ausbringung eine gleichmäßige Begasung des ganzen Gutes bewirken.

Soll eine Silobegasung durchgeführt werden, so können Tabletten, Pellets oder Beutel von Hand aus dem einlaufenden Gut in vorher festgelegter Dosierung zugegeben werden. Für Pellets und Tabletten gibt es spezielle Dosiergeräte, welche die Zugabe nach einem vorher festgelegten Programm automatisch regulieren (Abb. 85).

In geschüttetem Getreide können Tabletten oder Pellets mit röhrenförmigen Sonden ausgebracht werden. Die Sonden werden bis zur gewünschten Tiefe eingestochen und dann stufenweise nach oben gezogen. Die Tabletten oder Pellets werden bei jedem Halt von oben in die Sonden geworfen und gelangen am anderen Ende der Röhre in das Getreide. Bei sorgfältigem Arbeiten kann ein Getreidelager auf diese Weise homogen in allen drei Dimensionen mit vielen PH_3-Quellen beschickt werden (Abb. 86).

Abb. 91. Sackstapelbegasung mit Phosphorwasserstoff-Beutelketten und Abdecken der Stapel mit einer Plastikplane (Aufn. Vorratsschutz GmbH, Laudenbach).

Bei der Anwendung von Beuteln gibt es verschiedene Methoden. Einmal können sie bei einer älteren klassischen Methode von Hand aus in das Getreide eingesteckt werden. Jeder Beutel befindet sich dabei an einer 1 m langen Schnur, die wiederum an einer vorher über das Getreide gespannten Leine befestigt ist. Auch so ist eine genaue und gleichmäßige Ausbringung gewährleistet und außerdem ein praktisch quantitatives Zurückgewinnen der ausgegasten Beutel (Abb. 87).

Zur Auslage auf der Oberfläche von Getreide werden 100 Beutel in einem gasdurchlässigen Zellstoffband zur sogenannten Beutelrolle vereinigt, was eine einfache, schnelle Handhabung erlaubt (Abb. 88). In tiefere Lagen können Beutel oder Begasungsbänder mit Hilfe von Stäben eingebracht werden (Abb. 89).

Bei einer Begasung von Stapeln aus Kisten, Kartons oder Säcken unter Planen können Tabletten oder Pellets zwischen die Behälter gestreut oder von der Seite her auf einer Unterlage zwischen das Gut geschoben werden (Abb. 90). Beutel werden in Ketten von je 10 Stück, verbunden durch eine Schnur, über die Stapel gelegt oder an den Seiten aufgehängt (Abb. 91).

Die hier aufgeführten Beispiele zeigen nicht den gesamten Umfang der Palette der Einsatzmöglichkeiten von Giftgasen. Grundsätzlich sind sie überall dort bei der Bekämpfung von Vorratsschädlingen und Hausungeziefer zu verwenden, wo die erforderlichen, vorgeschriebenen Sicherheitsmaßnahmen getroffen und wo hinreichend gasdichte Räume geschaffen werden können.

Dosis und Konzentration

Für eine erfolgreiche Begasung ist es notwendig, daß eine bestimmte letal wirkende Menge des betreffenden Gases am Ort der Einwirkung vorhanden ist (= Konzentration). Um sie zu erreichen, muß wiederum eine bestimmte Menge des Gases eingesetzt werden (= Dosis).

Beide Werte stimmen nur selten oder nie überein, weil die wirklich vorhandene Konzentration durch verschiedene Einflüsse bestimmt wird. Bei herabgesetzter Konzentration ist aber die Wirkung vermindert und der Erfolg der Begasung in Frage gestellt. Die tatsächlich vorhandene Konzentration sollte deshalb während der Begasung bekannt sein. Sie kann mittels geeigneter Meßgeräte kontinuierlich oder in gewissen Zeitabständen kontrolliert werden. Da dieses Verfahren umständlich und teuer ist, wird in der Praxis allerdings meist darauf verzichtet und mit Erfahrungswerten gearbeitet.

Zwei Gründe sind im wesentlichen dafür verantwortlich, daß zwischen vorgelegter Dosis und vorhandener Konzentration eine mit der Dauer der Begasung zunehmende Differenz besteht:

1. Sorption durch Vorratsgut, Verpackung, Wände und Einrichtungen des Raumes,
2. Undichte des Raumes.

Bei der Sorption handelt es sich um eine Anlagerung von Gasmolekülen an andere Materie oder Lösung in ihr (Ad- und Absorption). Damit fallen diese Moleküle für eine Einwirkung auf die Schädlinge aus.

Der Sorption durch den Raum und seine Einrichtungen kann man durch geeignete Gegenmaßnahmen, wie Beseitigung unnötiger Gegenstände, Glättung von Oberflächen durch Anstriche, entgegenwirken. Auch bei dem Verpackungsmaterial sind evtl. Variationsmöglichkeiten vorhanden.

Wichtiger ist deswegen die nicht zu vermeidende Sorption durch die zu begasende Ware. Eine Reihe von Faktoren kann den Grad der Sorption beeinflussen. Die wichtigsten sind:

- Art des Gutes
- Inhaltsstoffe (besonders Fette)
- Zustand der Produkte
- Gaskonzentration
- Temperatur.

Tab. 59 gibt ein Beispiel für den Grad der Sorption durch das begaste Vorratsgut und seine Beeinflussung durch den Zustand, in dem das Gut vorliegt. Die Werte verschaffen eine klare Vorstellung von der Bedeutung, welche der Sorption bei einer Berechnung der vorzulegenden Dosis zukommt. Wenn mehr als die Hälfte des eingesetzten Gases evtl. durch die Vorräte der Einwirkung auf die Vorratsschädlinge entzogen wird, so ist bei ungenügender Dosierung der Erfolg der Bekämpfung stark gefährdet.

Tab. 59. Sorption von Methylbromid durch Kokosschrot innerhalb von 72 Stunden bei 10 °C (nach El-Lakwah 1978b)

Zustand des Gutes	Sorption (%)
feingemahlenes Schrot	64
grobgemahlenes Schrot	53
pelletierte Ware	47

Tab. 60. Permeabilität verschiedener Planen-Arten für Methylbromid nach 18stündiger Begasung (nach Phillips und Nelson 1957)

Planen-Art	Verlust CH_3Br (in %)
Polyvenylchlorid (0,01 mm)	10,3
Nylon, neoprenbeschichtet	13,8
Polyethylen (0,01 mm)	19,3
Polyethylen (0,005 mm)	22,2
Baumwolle, einseitig vinylbeschichtet	33,5
Nylon (2 verbundene Lagen)	38,2
Baumwolle, neoprenbeschichtet (gebrauchtes Material)	63,1

Auf die Verluste durch Austritt der Giftgase aus dem Raum wurde schon wiederholt hingewiesen. Sorgfältiges Abdichten vor der Begasung, Anstriche oder Verkleidung von Wänden, Decken und Fußböden (Kautschuk-, Plastikfarbe, Fliesen) oder die Wahl von Plastikfolien mit ausreichender Stärke sind Möglichkeiten, diese Verluste auf ein Minimum zu reduzieren.

Die Unterschiede in der Permeabilität der verwendeten Planen können recht erheblich sein. Als Beispiele sind in Tab. 60 einige Werte aus einem Versuch genannt.

Neben den erwähnten Verlusten sind aber noch verschiedene andere Punkte bei der Festlegung der notwendigen Dosis zu berücksichtigen. Die wichtigsten seien nachfolgend kurz skizziert.

Schädlingsart: Die Empfindlichkeit der einzelnen Vorratsschädlinge gegenüber einem bestimmten

Tab. 61. Mortalität von Imagines aus 6 Arten der Gattung *Cryptolestes* bei einer Begasung mit Methylbromid (5 mg CH_3Br/l, 30 °C, 80 % r. F. Durchschnitt aus 12 Begasungszeiten zwischen 2,0 und 7,98 Stunden) (nach Lefkovitch 1965)

Art	Mortalität (%) ♂♂	Mortalität (%) ♀♀
Cryptolestes capensis	29	25
C. ferrugineus	9	11
C. pusilloides	35	18
C. pusillus	73	93
C. turcinus	36	62
C. ugandae	20	27

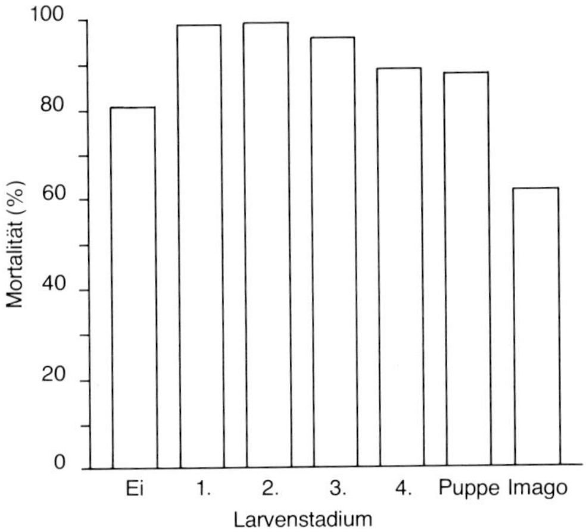

Abb. 92. Die unterschiedliche Empfindlichkeit der Stadien von *Sitophilus granarius* gegenüber Blausäure (nach MONRO et al. 1952).

oder verschiedenen Gasen ist nicht immer gleich. Es muß deshalb vor einer Bekämpfung bekannt sein, welche Schädlinge zu vernichten sind. Als Beispiel sei die unterschiedliche Empfindlichkeit von sechs Arten der Gattung *Cryptolestes* gegenüber Methylbromid in Tab. 61 wiedergegeben. Es geht aus ihr hervor, daß selbst bei sehr nahe verwandten Arten ein erheblicher Unterschied bestehen kann, dessen Nichtbeachtung zu Fehlschlägen bei der Begasung führen kann.

Entwicklungsstadium: Die einzelnen Entwicklungsstadien einer Art können sehr unterschiedlich in ihrer Empfindlichkeit gegenüber einem Giftgas sein. Bei zu niedriger Dosierung kann es deswegen vorkommen, daß bestimmte Stadien überleben und nach der Entgasung sich weiterentwickeln.

Tab. 62. Mortalität der Eier von *Ephestia cautella* bei einer Behandlung mit Phosphorwasserstoff (600 ppm = 0,91 mg/l) in Abhängigkeit vom Alter (25 °C, 70 % r. F., 24 Std. Einwirkungszeit) (nach PRICE und BELL 1981)

Alter der Eier vor der Behandlung (Std.)	Mortalität (%)
3	30,1
7	16,4
18	59,1
42	98,9

Als Beispiel ist in Abb. 92 die unterschiedliche Mortalität der verschiedenen Entwicklungsstadien von *Sitophilus granarius* gegenüber Blausäure dargestellt. Im allgemeinen sind jene Stadien am empfindlichsten, die aktiv sind, weil bei ihnen auch die Atmung und damit die Aufnahme des Giftgases am intensivsten ist.

Auch innerhalb eines Stadiums kann die Empfindlichkeit in Abhängigkeit vom Alter sehr unterschiedlich sein, wie die Tab. 62 ausweist.

Abiotische Bedingungen: Die einzusetzende Dosis kann auch durch solche Faktoren bestimmt werden, die auf die Lebensprozesse der Schädlinge Einfluß haben. Hierzu gehört in erster Linie die Temperatur. Normalerweise sollen Begasungen bei Temperaturen oberhalb von etwa + 10 °C durchgeführt werden, weil in diesem Bereich die Atmung des Schädlings eine ausreichende Aufnahme des Gases bewirkt. Im allgemeinen sind – bei gleicher Begasungsdauer – bei höheren Temperaturen geringere Konzentrationen für eine Abtötung notwendig. Allerdings kann es auch einmal umgekehrt sein, wie es z. B. bei diapausie-

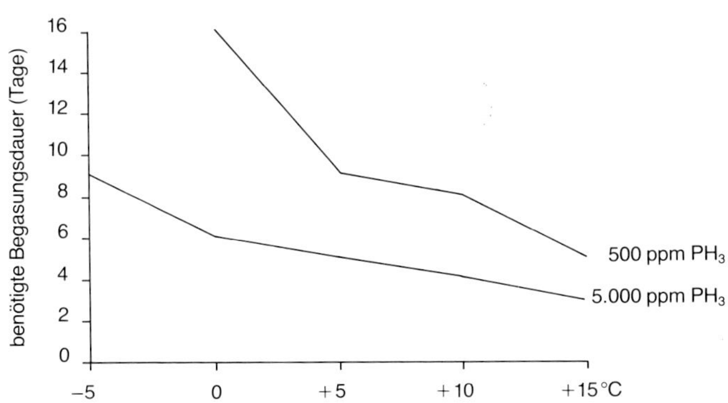

Abb. 93. Die Einsatzmöglichkeit von Phosphorwasserstoff bei tiefen Temperaturen gegen *Trogoderma granarium* (nach BOGS 1975).

renden Larven von *Ephestia elutella* und der Verwendung von Phosphorwasserstoff und Methylbromid der Fall ist.

Der Wunsch, auch oder gerade die Wintermonate für Begasungsaktionen auszunutzen, hat zu zahlreichen Untersuchungen über den Einfluß niedriger Temperaturen auf die Wirksamkeit der Bekämpfung geführt. Grundsätzlich dürfte eine Anwendung möglich sein, jedoch sind die einzusetzenden Gasmengen meist wohl zu hoch, um eine offizielle Zulassung der Methode zu erreichen. Als Beispiel seien in Abb. 93 die Einsatzmöglichkeiten von Phosphorwasserstoff gegen Larven von *Trogoderma granarium* dargestellt. Bei sehr niedrigen Temperaturen kommen zur Wirkung der Gase noch die schädigenden Einflüsse der Kälte hinzu.

Begasungen im Winter sind aber auch ohne Erhöhung der Dosis durchaus möglich, weil nicht die Außentemperatur entscheidend ist, sondern die in den Vorräten selbst herrschenden Bedingungen. Wegen der schlechten Wärmeleitfähigkeit zum Beispiel des Getreides wird hier die Temperatur noch vom Herbst her oft genug über dem zitierten Mindestwert von + 10 °C liegen.

Der Wassergehalt des Vorratsgutes und die relative Feuchtigkeit der Luft haben im allgemeinen keinen oder nur einen geringen Einfluß auf die anzuwendende Dosis. Die Bedeutung scheint aber bei höheren Temperaturen zu steigen, wie Untersuchungen mit *Sitophilus granarius* und *Trogoderma granarium* gezeigt haben.

Dauer der Begasung: Die einzusetzende Gasmenge kann durch Variation der Begasungsdauer verändert werden. Als allgemeine Richtlinie kann dabei die Formel gelten:

Konzentration × Zeit = konstant (= CT-Produkt)

Daraus ergibt sich, daß eine Verringerung der Konzentration eine Verlängerung der Begasungszeit erforderlich macht und umgekehrt eine Erhöhung der Konzentration eine Reduktion der Einwirkungszeit erlaubt. Die Praxis bestimmt, welcher Faktor der Gleichung verändert werden kann. Steht genügend Zeit zur Verfügung, so kann die verwendete Gasmenge in gewissen Grenzen gesenkt werden. Muß ein unter Gas stehender Raum schnell wieder weiterverwendet werden, so muß (im Bereich des Erlaubten) die Gasmenge erhöht werden.

Allerdings hat die obige Formel nur eine bedingte Gültigkeit. Eine Reihe von Faktoren führt dazu, daß sie nicht exakt ausgelegt werden kann. So ist sie bei kurzen Behandlungszeiten und geringen Konzentrationen ungenau. Auch stimmt die Beziehung nicht bei tiefen Temperaturen und schließlich ist, wie ausführlich dargelegt, der Faktor Konzentration nicht während der ganzen Begasungsdauer konstant. Wegen der Verringerung dieser Konzentration muß deshalb die Zeit im gleichen Maße ständig neu berechnet werden, das heißt, es muß praktisch länger begast werden als es bei Einsetzen der Anfangskonzentration (= Dosis) in die obige Formel eigentlich notwendig wäre.

Eine weitere Zeitzugabe oder Konzentrationserhöhung ist dann erforderlich, wenn bestimmte Stadien eines Schädlings besonders widerstandsfähig gegen das Gas sind. Es ist nämlich möglich, daß die CT-Produkte für die einzelnen Stadien stark voneinander abweichen, was z. B. auch aus Abb. 92 zu schließen ist.

Naturgemäß kann ein CT-Produkt auch beim Einsatz von Phosphorwasserstoff nicht angewendet werden, weil hier das Gas ja erst gebildet werden muß, was eine gewisse Zeit in Anspruch nimmt.

Notwendige Begasungszeiten

Aus dem bisher Gesagten geht hervor, daß viele Faktoren die Dauer einer Begasung beeinflussen können. Entscheidend ist in diesem Zusammenhang aber auch die Gasart selbst. Nachstehend werden deshalb nur Zeitbereiche genannt, die im Pflanzenschutzmittelverzeichnis (Stand 1984) aufgeführt sind. Die einzelnen Zeiten richten sich nach Anwendungsform, Begasungsort, zu begasendes Gut und Schädlingsart. Wegen weiterer Einzelheiten muß auf das genannte Verzeichnis verwiesen werden.

Phosphorwasserstoff	3–14 Tage
Methylbromid	16–48 Stunden (normal)
	2 Stunden (Vakuumkammer)
Blausäure	6–48 Stunden (Insekten)
	2–12 Stunden (Ratten)

Erfolgskontrolle

Eine Überprüfung, ob eine Begasung erfolgreich gewesen ist, d. h. ob alle vorkommenden Vorratsschädlinge abgetötet worden sind, läßt sich nach zwei Methoden durchführen. Einmal entnimmt man dem behandelten Gut aus verschiedenen

Bereichen eine genügende Anzahl von Proben und kontrolliert, ob noch lebende Schädlinge vorhanden sind. Oder man verteilt Proben des betreffenden Vorrates mit den zu bekämpfenden Schädlingen in abgeschlossenen, aber gasdurchlässigen Stoffbeuteln oder Behältern an kritischen Stellen des Raumes, sammelt sie nach der Begasung wieder ein und kontrolliert den Abtötungserfolg. Wichtig ist dabei, daß alle Stadien überprüft werden, was bei Eiern und Puppen, auch bei günstigen Weiterzuchtbedingungen, einige Tage, bei Innenbefall auch Wochen dauern kann.

Zusammenfassende Betrachtung

Abschließend sollen noch einmal die wichtigsten Punkte zusammengestellt werden, welche vor, während und nach einer Begasung zu berücksichtigen sind.

1. Empfindlichkeit des Schädlings und seiner Entwicklungsstadien
2. Verträglichkeit des Vorratsgutes
3. Abiotische Bedingungen während der Begasung
4. Verfahrensart
5. Spezifisches Gewicht des Gases
6. Entzündbarkeit des Gases
7. Korrosionsgefahr im Begasungsraum
8. Sorption durch das Vorratsgut
9. Desorption nach der Begasung
10. Toxikologische Probleme (sowohl bei der Anwendung als auch hinsichtlich der Rückstandsfragen)

Vor- und Nachteile der Begasung

Bei einer kritischen Bewertung des Begasungsverfahrens müssen Vor- und Nachteile gegeneinander abgewogen werden. Die wichtigsten Punkte sind in Tab. 63 gegenübergestellt. Letztlich muß eigentlich in jedem Einzelfall entschieden werden, ob auf den Einsatz von Giftgasen zurückgegriffen werden muß oder ob andere, weniger gefährliche Verfahren brauchbar sind. In vielen Fällen wird man aber die Vorteile – vor allem schnelle und sichere Abtötung auch an unzugänglichen Stellen und in festen Vorratsgütern – höher bewerten müssen als die Nachteile, denn letztlich ist die Begasung im Vorratsschutz die beste Bekämpfungsmethode, auf die bei allen Bedenken nicht verzichtet werden kann.

Anwendung von Neutralgasen

Die heute auf der Erde lebenden Organismen sind an die normale Zusammensetzung der Atmosphäre mit etwa 78 % Stickstoff, 20,9 % Sauerstoff, 0,03 % Kohlendioxid und den Edelgasen angepaßt. Eine Veränderung dieser Werte muß sich dementsprechend negativ auf die Lebewesen auswirken. Es liegt deshalb der Gedanke nahe, die gerade behandelten Giftgase durch die in der Atmosphäre vorkommenden neutralen Gase dadurch zu ersetzen, daß man ihre natürlichen Konzentrationen verändert. Dies muß allerdings auch in gasdichten Räumen erfolgen, weil sonst in kürzester Zeit ein Ausgleich mit der umgebenden Luft stattfinden würde.

Tab. 63. Vor- und Nachteile des Einsatzes von Giftgasen im Vorratsschutz

Vorteile
- Schnelle Wirkung
- Praktisch 100 %ige Abtötung
- Kurze Behandlungszeit
- Gutes Durchdringungsvermögen
- Baldige Verarbeitung der Vorräte möglich, Rückstandsprobleme im allgemeinen gering
- Schaffung gasdichter Räume oft leicht möglich (z. B. mit Planen)
- Gefahrlose Benutzung der Räume nach Begasung möglich
- Sachgemäße Durchführung der Begasung durch ausgebildetes Personal gesichert

Nachteile
- Kein Schutz vor Neubefall
- Hohe Giftigkeit der Gase, deshalb umfangreiche Schutzmaßnahmen erforderlich
- Bei den meisten Einsätzen Fremdpersonal erforderlich (Anwenderfirma), dadurch hohe Personalkosten
- Oft aufwendige Herrichtung der Räume notwendig (Personalkosten)

Zahlreiche Versuche bestätigen, daß durch erhebliche Veränderungen der Konzentrationen von Sauerstoff, Stickstoff und Kohlendioxid letale Wirkungen bei Vorratsschädlingen hervorgerufen werden können. Versuche mit Helium haben nur eine untergeordnete Bedeutung.

Obwohl der Einsatz inerter Gase in der Praxis bisher noch keine Verbreitung gefunden hat, soll hier darauf etwas ausführlicher eingegangen werden, weil die Zukunftsperspektiven in manchen Fällen recht günstig erscheinen.

Grundsätzlich hat sich gezeigt, daß der Anteil des Sauerstoffs für die Wirkung entscheidend ist. Bei einer Konzentration dieses für die Stoffwechselprozesse so wichtigen Gases unter 2 % sind die getesteten Schädlinge nicht mehr lebensfähig (bei Pilzen liegt die Grenze unter 0,2 % Sauerstoff).

Luftdichter Abschluß der Vorräte. Die einfachste Möglichkeit, letale Konzentrationen zu erreichen, besteht darin, befallene Vorräte luftdicht abzuschließen. Mit der Zeit wird der Sauerstoff durch die Atmung verbraucht und der Anteil des Kohlendioxids wird durch Ausscheidung erhöht.

In der Praxis primitiver Vorratshaltung wird dieses Verfahren bei der Lagerung von Getreide in Erdgruben schon seit langer Zeit angewendet. Analysen haben ergeben, daß – in Abhängigkeit von der Befallsstärke und dem Vorhandensein von Mikroorganismen – nach wenigen Wochen der Sauerstoffanteil der Luft in abgeschlossenen Erdlagern auf unter 2 % gesunken war. Da Feuchtigkeitsgehalt und Keimfähigkeit von Gerste beispielsweise noch nach einer Lagerzeit von 15 Monaten nur minimal verändert waren (in Argentinien war dies bei Weizen sogar nach siebenjähriger Lagerdauer noch der Fall), kann diese Art der Lagerung dort, wo die technischen Einrichtungen für eine moderne Lagerhaltung fehlen, durchaus empfohlen werden, sofern die Gruben trocken gehalten werden können. Bauern in Dörfern von Entwicklungsländern können auf diese Weise das Saatgut aus ihrer eigenen Produktion bis zur nächsten Saison aufheben und teure Ausgaben für den Kauf ersparen. Es spielt dabei sicher eine geringe Rolle, daß ein gewisser Teil des gelagerten Gutes zunächst einmal durch die zu Beginn der Lagerung noch lebenden Schädlinge vernichtet wird.

Bedenklicher ist die Weiterentwicklung allerdings dann, wenn es sich um Verbrauchsgetreide handelt. (Andere Güter als Samen kommen für diese Art der Lagerung kaum in Frage.) Wegen der zunächst noch eintretenden Vergrößerung des Schadens und vor allem wegen der Zunahme der Verunreinigung müßte hier dafür gesorgt werden, daß die notwendigen Konzentrationen früher erreicht werden, was durch Einleiten von Kohlendioxid oder Stickstoff in die gasdicht abgeschlossenen Lager möglich wäre.

Begasung mit Neutralgasen. Anhand einiger Versuchsergebnisse soll demonstriert werden, welche Möglichkeiten und Grenzen bei der Verwendung von Neutralgasen gegeben sind.

Einfluß der Konzentration: Als Beispiel für den Einfluß der unterschiedlichen Anteile der Neutralgase in der eingesetzten Atmosphäre sind in Abb. 94 Werte für den Mortalitätsverlauf für Kohlendioxid-Sauerstoff-Kombinationen angegeben. Je höher der Kohlendioxidgehalt oder – richtiger wohl – je niedriger der Sauerstoffanteil, umso schneller wird eine hohe Mortalität erreicht. Bereits nach zwei Tagen waren bei den Konzentrationen unter 10 % Sauerstoff alle Imagines des Reismehlkäfers abgestorben, aber auch bei 20 % O_2 und 80 % CO_2 lebten nur noch 2 % der Tiere.

Die dargestellten Ergebnisse sind allerdings äußerst günstig. In der Regel kann man davon ausgehen, daß zur vollständigen Vernichtung

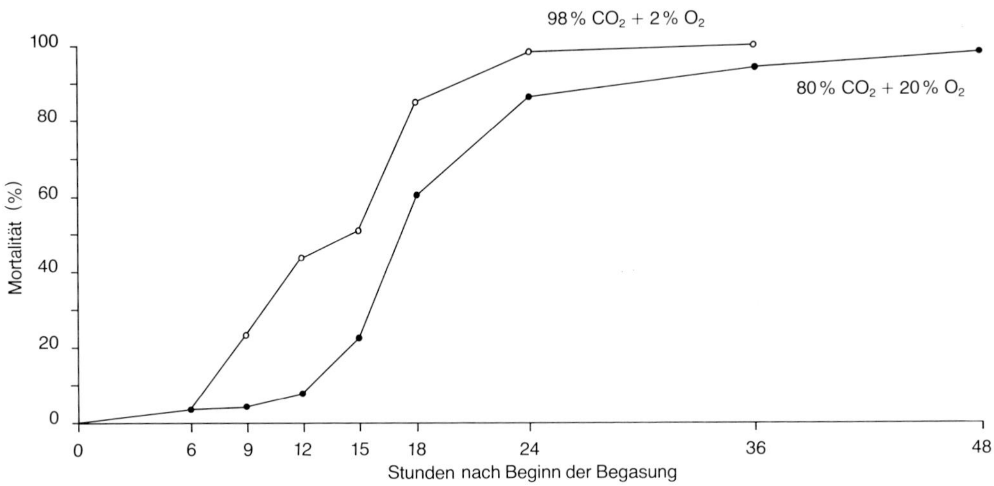

Abb. 94. Einfluß unterschiedlicher Kohlendioxid- und Sauerstoffkonzentrationen auf die Absterberate von *Tribolium confusum* (26,7 °C, 38 % r. F.) (nach ALINIAZEE 1971).

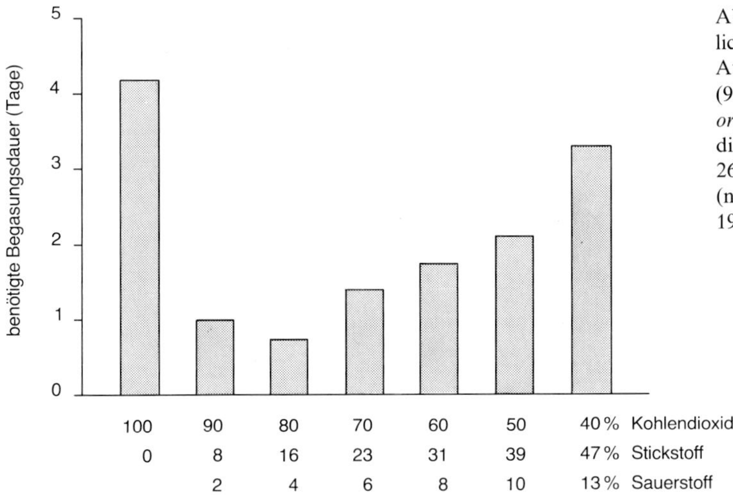

Abb. 95. Der Einfluß unterschiedlicher Zusammensetzung der Atmosphäre auf die Mortalität (95 %) der Imagines von *Sitophilus oryzae*. Angegeben ist die notwendige Behandlungszeit in Tagen bei 26,7 °C, 60–70 % r. F. und Weizen (nach LINDGREN und VINCENT 1970)

eines Befalles Begasungsdauern von 4 bis 7 Tagen veranschlagt werden müssen. Generell zeigt sich, daß 100 %ige Kohlendioxid- bzw. Stickstoffatmosphären eine geringere Wirkung haben als solche, in denen noch ein geringer Anteil von Sauerstoff enthalten ist (s. Abb. 95). Hierfür sind mit Sicherheit Regulationsmechanismen verantwortlich, welche die Atmung der Insekten steuern und bei Abwesenheit von Sauerstoff vermutlich einen kompletten Schluß der Stigmen veranlassen, so daß der Tod erst nach Verbrauch des im Tier noch enthaltenen Sauerstoffs eintritt, während bei fortgesetzter aktiver Atmung die Stoffwechselvorgänge nicht eingeschränkt werden.

Einfluß der Gasart: Zwischen den hauptsächlich zum Einsatz kommenden Neutralgasen Kohlendioxid und Stickstoff treten häufig Unterschiede in der Weise auf, daß das erstere Gas schneller zu einem Abtöten führt als Stickstoff. Dies liegt wohl daran, daß Kohlendioxid eben für den Organismus doch nicht so „neutral" ist, weil es bei der Atmungsregulation eine wichtige Rolle spielt. Haben Tiere beispielsweise eine Begasung überlebt, so ist der Sauerstoffverbrauch nach Kohlendioxid-Einsatz größer als nach Stickstoffanwendung.

In reinen Atmosphären beider Gase treten dagegen kaum Unterschiede in den Mortalitätszeiten ein.

Die Vorratsschädlinge können gegenüber einer Begasung mit Neutralgasen sehr unterschiedlich reagieren. Aus einer Vielzahl von durchgeführten Untersuchungen sollen in Tab. 64 Ergebnisse mit drei Mottenarten herausgegriffen werden, weil sie wegen der Identität der Bedingungen besonders gut vergleichbar sind.

Tab. 64. Unterschiede in der Empfindlichkeit von drei Mottenarten gegenüber einer reduzierten Sauerstoffkonzentration. (1,0 % Sauerstoff, 9–9,5 % Kohlendioxid, Rest Stickstoff, 27 °C, 50 % r. F., Imagines 1 Tag alt) (nach STOREY 1975 a)

Art	Mortalität nach 4 Std. (%)	100 % Mortalität nach Stunden
Plodia interpunctella	22	8
Ephestia cautella	75	8
Sitotroga cerealella	8	24

Die Begasungsdauer muß also an die zu bekämpfenden Arten angepaßt werden, weil bei einem zu frühen Aufhören evtl. eine Restpopulation überlebt, welche dann eine neue starke Population aufbauen kann.

Unterschiede in der Empfindlichkeit der Stadien: Die einzelnen Entwicklungsstadien der Vorratsschädlinge unterscheiden sich beträchtlich in ihrer Stoffwechsel- und damit Atmungsaktivität. Dementsprechend ist auch bei dem Einsatz von Neutralgasen eine unterschiedliche Reaktion zu erwarten. Wie beträchtlich sie sein kann, zeigen Untersuchungen mit *Sitophilus oryzae*, die in Tab. 65 dargestellt sind.

Die unempfindlichen Stadien sind über zehn-

Tab. 65. Unterschiede in der Empfindlichkeit verschiedener Stadien von *Sitophilus oryzae* gegenüber einer reduzierten Sauerstoffkonzentration (1 % Sauerstoff, 8,5–11,5 % Kohlendioxid, Rest Stickstoff, 27 ± 2 °C, 50 ± 5 % rel. Luftfeuchte) (nach STOREY 1975b)

Stadium	95 %ige Mortalität nach Tagen
Ei	2,91
1. Larvenstadium	3,30
2. Larvenstadium	4,05
3. Larvenstadium	5,77
4. Larvenstadium	10,26
Präpuppe	10,19
junge Puppe	10,05
mittlere Puppe	7,13
alte Puppe	4,46
Präimago	1,00
Imago	2,00

mal so tolerant wie das empfindlichste Stadium. Es ist selbstverständlich, daß man bei einer durchzuführenden Begasung die Zeit nach dem unempfindlichsten Stadium auszurichten hat.

Einfluß der Temperatur: Von den abiotischen Faktoren soll nur die Temperatur herausgegriffen werden, die sicher den wichtigsten Einfluß auf den Erfolg einer Begasung mit inerten Gasen hat. Abb. 96 zeigt ihre Bedeutung am Beispiel von

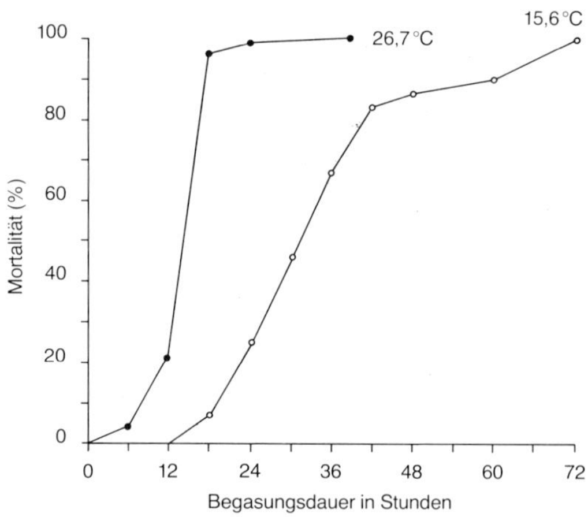

Abb. 96. Der Einfluß der Temperatur auf die Wirksamkeit einer Begasung von *Tribolium confusum* (Larven) mit Stickstoff (100 %) (38 ± 6 % r. F.) (nach ALINIAZEE 1972).

Tribolium confusum und einer Verwendung von 100 % Stickstoff. Je höher die Temperatur, umso schneller wirkt das inerte Gas. Bei 10 °C-Temperatursteigerung (von etwa 16 auf 27 °C) reduziert sich die Zeit bis zur Mortalität von 50 % der Versuchstiere etwa um die Hälfte.

Zusammenfassende Bewertung

Die aufgezeigten Resultate lassen den Schluß zu, daß der Anwendung von Neutralgasen im Vorratsschutz durchaus eine Bedeutung zukommen kann. Ihr Einsatz hat gegenüber dem der hochgiftigen Gase sicherlich einige Vorteile:

- Ungefährlich in der Anwendung. (Selbstverständlich können mit Kohlendioxid oder Stickstoff begaste Räume auch nicht betreten werden.)
- Anwendbarkeit in Räumlichkeiten, in denen wegen der Nähe bewohnter Räume ein Einsatz von Giftgasen nicht möglich oder nicht erlaubt ist. (Aber auch hier sind – besonders bei Kohlendioxid-Anwendung – Vorsichtsmaßnahmen am Platze.)
- Keine Rückstandsgefahr.
- Neutralgase sind frei im Handel zu kaufen, deshalb mit eigenen Arbeitskräften einsetzbar. (Aber dabei auch an die Gefahren denken, vor allem deswegen, weil nur eine ungenügende Warnwirkung bei hohen Kohlendioxid-Konzentrationen besteht.)

Zweifellos hat der Einsatz von Neutralgasen auch Nachteile gegenüber dem giftiger Gase. Hier ist in erster Linie die längere Begasungsdauer zu nennen, die nicht nur ökonomisch untragbar sein kann, sondern die auch bewirkt, daß sich bis zum endgültigen Abtöten der Tiere der Schaden noch vergrößert. Daneben besteht auch mit Sicherheit eine größere Gefahr, daß Schädlinge überleben als bei der Verwendung hochgiftiger Gase.

Schließlich muß darauf hingewiesen werden, daß auch noch einige Unklarheiten bestehen. Diese betreffen zum Beispiel die Beeinflussung der Qualität der Vorratsgüter bei einer längeren Lagerung unter Kohlendioxid oder Stickstoff, wenn vorliegende Resultate auch dafür sprechen, daß Inhaltsstoffe und Eigenschaften nicht oder nur geringfügig verändert werden. Hier sind auf jeden Fall noch weitere Untersuchungen erforderlich.

Auch die Resistenzfrage bedarf noch einer Klärung, obwohl sie auch bei den Giftgasen zur Zeit noch eine untergeordnete Bedeutung besitzt. Während hierin bisher immer ein Plus für die inerten Gase gesehen wurde, scheint ein Auftreten von erhöhter Widerstandsfähigkeit doch nicht ausgeschlossen. Jedenfalls konnte bei *Sitophilus granarius* in einem Versuch bei Selektion nach 7 Generationen ein Anstieg der Resistenz gegenüber Kohlendioxid um das Dreifache ermittelt werden.

Ob die Kostenfrage eine Entscheidung zugunsten der Neutralgase beeinflussen wird, ist zweifelhaft, denn die Personalkosten für das Abdichten der zu begasenden Räume bleiben die gleichen, wenn sie nicht auf Grund von hier möglicher Eigenarbeit unberechnet bleiben.

Unbeschadet aller noch bestehenden Zweifel und Unklarheiten muß aber gesagt werden, daß man dem Einsatz von Neutralgasen in der Praxis des Vorratsschutzes stärkere Beachtung widmen sollte. Lagerung in Silos unter Kohlendioxid- oder Stickstoff-Atmosphäre oder Begasung von Containern vor der Verschiffung sind Möglichkeiten zur Bekämpfung oder Prophylaxe, die keine größeren Probleme aufwerfen, aber wirksam sein können. Voraussetzung ist allerdings, daß die Silos über längere Zeit hinreichend gasdicht sind, was bei Betonsilos mit Segmentbauweise nicht immer der Fall sein muß.

Auch die Möglichkeit einer Kombination mit Giftgasen (z. B. mit Methylbromid) zwecks Reduktion der einzusetzenden Mengen dieser Gase kann ins Auge gefaßt werden.

Einsatz von Verdunstungsmitteln

Auch bei dieser Methode liegt im Endeffekt der wirksame Bestandteil als Gas vor. Ausgangspunkt ist allerdings eine Flüssigkeit oder ein fester Stoff, der allmählich verdunstet. Dadurch kann in der Atmosphäre eine Konzentration erreicht werden, die für dort lebende Schädlinge tödlich ist.

Die Anwendung von Verdunstungsmitteln setzt keine absolut gasdichten Räume voraus, da die wirksame Verbindung aus dem eingesetzten Vorrat stets neu verdunstet. Allerdings ist für eine erfolgreiche Anwendung des Verfahrens doch ein stärkerer Austausch der Luft zu vermeiden, weil sonst die zur wirksamen Bekämpfung notwendigen Konzentrationswerte nicht erreicht werden, da mehr Verdunstungsmittel abgeführt wird als nachgeliefert werden kann. Die Methode muß demnach dort versagen, wo ständig geöffnete Fenster oder Türen für Durchzug sorgen. Gelegentliches Lüften hat dagegen keinen längeren negativen Einfluß.

Besonders geeignet ist der Einsatz dieser Mittel zur Bekämpfung von fliegenden oder frei umherlaufenden Schädlingen. In Verstecken oder im

Abb. 97. Dichlorvos-Strips zur Bekämpfung von Kleinschmetterlingen im Getreidelager (Aufn. Vorratsschutz GmbH, Laudenbach)

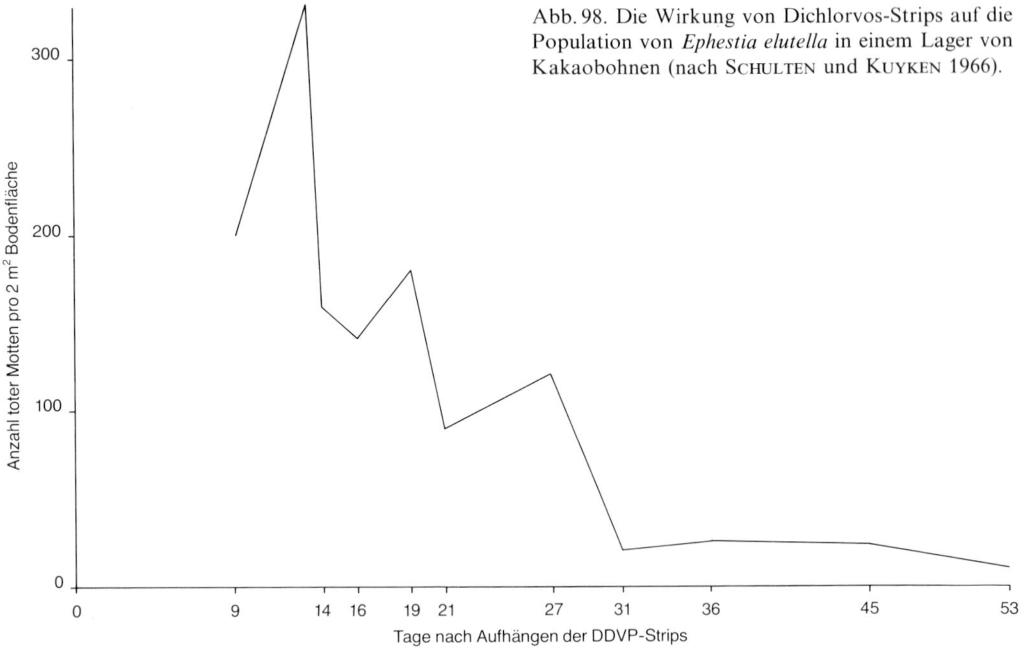

Abb. 98. Die Wirkung von Dichlorvos-Strips auf die Population von *Ephestia elutella* in einem Lager von Kakaobohnen (nach SCHULTEN und KUYKEN 1966).

Vorrat selbst lebende Tiere werden wegen des geringen Eindringungsvermögens der Substanzen schlechter oder gar nicht erfaßt.

Haupteinsatzgebiete für die Verdunstungsmittel sind Mühlen, Lagerräume und Haushaltungen. Besonders bewährt hat sich das Verfahren auch in Getreidelagern zur Bekämpfung fliegender Motten-Arten, wobei vor allem der vorbeugende Schutz gegen neu eingedrungene Falter eine Rolle spielt (Abb. 97). Im Haushalt können Fliegen, Motten und andere fliegende Lästlinge bekämpft werden.

Die Verwendung von Verdunstungsmitteln wurde durch die Entwicklung der sogenannten Strips wesentlich verbessert. Dabei ist der Wirkstoff, z. Z. ausschließlich Dichlorvos, hauptsächlich in eine Kunststoffmasse eingearbeitet. Er verdunstet nach Aufhängen der Strips langsam an der Oberfläche, wodurch über Wochen und Monate hinweg eine gleichmäßige Verteilung des Wirkstoffes erreicht werden kann.

Als Beispiel für die Wirksamkeit des Verfahrens zeigt Abb. 98 das Resultat eines Versuches mit Dichlorvos-Strips in einem Kakaobohnenlager. Fliegende Falter von *Ephestia elutella* waren bereits so geschädigt, daß es zu keiner Kopulation mehr kam. Eine vollständige Auslöschung des Befallsherdes war in wenigen Monaten möglich.

Zu den Verdunstungsmitteln sind auch jene zu rechnen, die vornehmlich zur Bekämpfung von Textil- und Pelzschädlingen eingesetzt werden. Das früher hauptsächlich verwendete Naphthalin (Mottenkugeln) wird heute durch andere Stoffe, vor allem Paradichlorbenzol, ersetzt. Auch die Strips können selbstverständlich verwendet werden.

Räucherverfahren

Die Räuchermittel gehören gleichfalls zu den Präparaten, die in der Gasphase wirken. Ihr Charakteristikum, der Rauch, ist nur ein Nebenprodukt. Er tritt beim Verbrennen der Begleitsubstanzen auf. Durch die dabei frei werdende Wärme wird die eigentliche Wirksubstanz in Gasform überführt und verteilt sich so im Raum.

Zur Bekämpfung von Vorratsschädlingen finden Präparate auf der Basis von Lindan Anwendung, jedoch dürfen sie nur in leeren Räumen eingesetzt werden. Die Wirksamkeit gegen Käfer und Motten ist unterschiedlich, was sich darin ausdrückt, daß gegen erstere die vierfache Menge pro Raumeinheit benötigt wird.

Gegen Hausungeziefer können auch Räucherspiralen (sogenannte coils) mit Pyrethrum und Pyrethroiden als Wirkstoff verwendet werden (Abb. 99).

Abb. 99. Pyrethrum-Räucherspirale (Vorratsschutz GmbH) (Aufn. STEIN).

In diesem Zusammenhang müssen auch die Verdampfer erwähnt werden. Diese kleinen Geräte werden an die Steckdose angeschlossen und erwärmen sich dabei (Abb. 100). Ein den Wirkstoff (Pyrethroide) enthaltendes Plättchen wird in das Gerät eingeschoben. Das verdampfende Insektizid erfüllt den ganzen Raum und tötet Fliegen, Mücken u. a. Insekten ab. Die Wirkungsdauer eines Plättchens beträgt mehrere Stunden.

Abb. 100. Steckdosengerät zum Verdampfen von Pyrethroiden (Vorratsschutz GmbH) (Aufn. STEIN).

4.2.3.2.4 Imprägnierungsverfahren

Bei Textilien und Verpackungen kann es nützlich sein, durch eine Imprägnierung, d. h. durch eine Oberflächenbehandlung mit wirksamen Substanzen, einen Fraß an ihnen oder ein Durchdringen von Schädlingen zu verhindern.

Auf die Möglichkeiten und Probleme bei Verpackungsmaterialien wurde schon auf Seite 109 hingewiesen.

Bei Textilien ist dieses Verfahren schon lange im Einsatz. Die Behandlung von Wollstoffen ist heute praktisch eine Selbstverständlichkeit und führt zu einem dauerhaften Schutz vor Fraß durch Wollschädlinge.

4.2.3.2.5 Kontaktverfahren

Zur Bekämpfung von Fliegen, Schaben, Stechmücken, Ameisen oder anderen Insekten können verschiedene Möglichkeiten eingesetzt werden, um die Schädlinge durch einen reinen Kontakt mit begifteten Flächen nach Aufnahme des Giftes abzutöten. Selbstverständlich ist solch eine Kontaktgiftwirkung auch bei der Verwendung von Spritz-, Sprüh-, Nebel- oder Stäubeverfahren gegeben, doch sollen in diesem Abschnitt bestimmte Ausbringungsformen zusammengefaßt werden, die von den oben genannten abweichen. Dies gilt z. B. für Anstrichsmittel, die wie normale Farben auf Wände aufgetragen werden können. In ihnen ist ein Insektizid enthalten, das nur langsam an der Oberfläche abgegeben wird. Sie sind deshalb sehr lange wirksam. So können sie zum Beispiel mit Kalk vermischt und bei einer Stallweißung eingesetzt werden. Sie können auch lokal zum Bestreichen bestimmter Stellen verwendet werden, wo sich die Schädlinge bevorzugt aufhalten. Auf Mittel, denen noch Locksubstanzen zugesetzt werden, wird noch im Abschnitt über Fliegenköder eingegangen.

In einem anderen Verfahren wirken Kugeln oder Streifen optisch anlockend, z. B. auf Fliegen. Beim Belaufen nehmen die Tiere das Kontaktgift mit den Füßen auf.

Vom Bundesgesundheitsamt geprüfte und anerkannte Mittel enthalten als Wirkstoff u. a. Bromophos, Chlorpyrifos, Diazinon, Propoxur oder Trichlorfon.

4.2.3.2.6 Biotechnische Verfahren

Unter dem Begriff biotechnische Verfahren werden verschiedene, meist moderne Methoden zusammengefaßt. Sie haben gemeinsam, daß die zu bekämpfenden Schädlinge mehr noch als bei den bisher besprochenen Bekämpfungsmethoden aktiv an ihrer eigenen Vernichtung beteiligt sind. Es werden nämlich die natürlichen Reaktionen der Tiere auf Umweltreize ausgenutzt. Am Ende dieser Reaktion steht dann die Vernichtung des Schädlings durch chemische oder physikalische Einwirkungen oder eine so starke Veränderung der physiologischen Prozesse im Tier oder seines Verhaltens, daß eine normale Entwicklung oder Fortpflanzung nicht mehr gegeben ist. Die Folge ist somit entweder eine Ausrottung ganzer Populationen oder eine Begrenzung der Vermehrung (Insektistasis; vgl. hierzu aber den Abschnitt über die wirtschaftliche Schadensschwelle).

Aus diesen letzten Sätzen läßt sich schon die Schlußfolgerung ziehen, daß die biotechnischen Verfahren in Abhängigkeit von ihrer Leistungsfähigkeit im Vorratsschutz eine sehr unterschiedliche Bedeutung haben. Es kann aber gezeigt werden, daß auch solche Methoden, die nicht mit einer weitgehenden Ausrottung der Schädlinge enden, für den Vorratsschutz und besonders für die Hausungezieferbekämpfung sehr wichtig sein können.

Manche der biotechnischen Verfahren sind noch in der Erprobung, und es läßt sich noch nicht abschätzen, welche Bedeutung sie einmal haben werden. Zweifellos wird sich in einigen Fällen zeigen, daß die Praxis keine Verwendung für die betreffende Methode hat. Das soll aber kein Grund sein, nicht alle Möglichkeiten zu verfolgen, die evtl. eine Reduktion der Anwendung giftiger Pestizide erbringen können.

Eine Übersicht über die wichtigsten Möglichkeiten zur Beeinflussung von Schädlingen durch biotechnische Verfahren zeigt Abb. 101.

Verwendung von Ködermitteln

Das Prinzip des Köderverfahrens ist recht einfach: Futter oder Wasser werden mit einer Giftsubstanz gemischt und den zu bekämpfenden Tieren geboten. Die Methode ist sehr alt und wurde schon vor vielen Jahrhunderten angewendet, vor allem zur Vernichtung von Säugetieren unter Einsatz bekannter Gifte, wie Strychnin oder Cyankali. Nicht selten kam es dabei vor, daß wegen leichtsinniger Anwendung auch Menschen und Haustiere zu Schaden kamen.

Das heute angewendete Köderverfahren ist dagegen, wenn alle Vorschriften beachtet werden, eines der sichersten und umweltfreundlichsten, das auch in bewohnten Räumen gefahrlos eingesetzt werden kann. Vor allem hat sich der Anwendungsbereich wesentlich erweitert, nachdem es gelang, geeignete Präparate auch zur Bekämpfung von Insekten zu entwickeln.

Ein gutes Ködermittel muß also eine Komponente enthalten, die von dem zu bekämpfenden Tier als Futter erkannt und gerne aufgenommen wird. Sie sollte andere in der Nähe befindliche Futterstoffe an Lockwirkung übertreffen und muß in der Lage sein, evtl. negative, d. h. abstoßende Effekte des eingesetzten Giftes zu überspielen.

Aus dieser Sicht ist es also nicht von der Hand zu weisen, daß die Selbstherstellung von Ködern einen gewissen Vorteil hat, weil man dabei die Annahme der Futterkomponente vorher über-

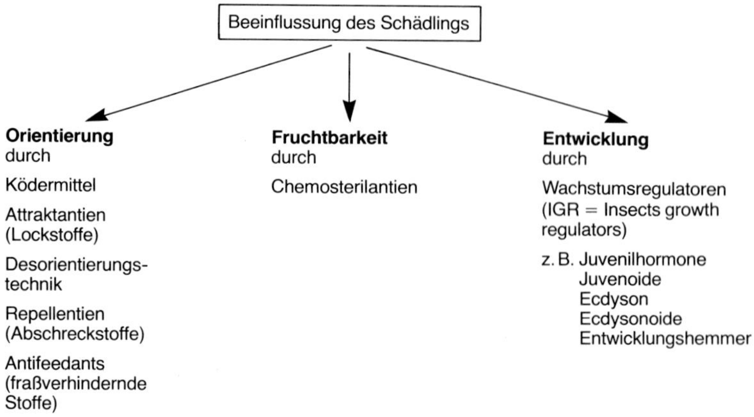

Abb. 101. Möglichkeiten des Einsatzes von biotechnischen Verfahren im Vorratsschutz

prüfen und so lange variieren kann, bis man die günstigste gefunden hat. Fehlermöglichkeiten, Vergiftungsgefahren und Zeitaufwendung bei dieser Selbstherstellung sind aber doch so groß, daß bei den modernen Köderverfahren fast nur noch Fertigköder verwendet werden, die von der Industrie für eine schon relativ große Anzahl von Schädlingen und Hausungezieferarten zur Verfügung gestellt werden. Sie sind in Zusammensetzung und Anwendungsweise das Ergebnis langer Untersuchungsarbeit, die der einzelne gar nicht aufwenden könnte.

Wie bei allen biotechnischen Verfahren, so ist auch beim Ködern die genaue Kenntnis der Biologie des zu bekämpfenden Tieres eine Grundvoraussetzung für den Erfolg. Aus dieser Sicht kommt der Grundlagenforschung also auch eine sehr praxisnahe Bedeutung zu.

Köderverfahren gegen Insekten. Mit der Ködermethode werden vor allem solche Insekten bekämpft, die eine verborgene oder nächtliche Lebensweise haben und die im Lebensraum des Menschen vorkommen, wo eine sonst erforderliche großflächige Anwendung von Pestiziden Gefahren für Menschen und Haustiere mit sich bringen kann.

Als besondere Ziele einer Bekämpfung mit Ködermitteln seien genannt: Ameisen, Schaben, Grillen oder Silberfischchen, aber auch Fliegen können angelockt und vernichtet werden.

Besondere Bedeutung hat das Verfahren bei der Bekämpfung von Ameisen. Die aus dem Nest bei der Nahrungssuche ausschwärmenden Arbeiterinnen tragen das als Futter angesehene Ködermittel in die Nester ein und verfüttern es hier an die Nestinsassen (Brut, Königin, andere Kasten). Voraussetzung für eine durchschlagende Wirkung ist, daß der insektizide Bestandteil eine ausreichend lange Wirksamkeit besitzt, damit er auf dem Wege der Nahrungsweitergabe nicht schon inaktiviert wird, z. B. im Kropf der Arbeiterinnen. Hier haben sich Ködermittel auf der Basis von Chlordecon oder Trichlorfon allgemein durchgesetzt. Als Locksubstanzen dienen verschiedene Proteine und Kohlenhydrate. Ameisenköder haben eine sehr lange Wirkungszeit (9–12 Monate).

Schaben und Grillen können gemeinsam bekämpft werden, da sie bei ähnlicher Lebensweise oft zusammen vorkommen. Allerdings setzt die Vernichtung der Schaben intensivere Anwendung der Köderpräparate voraus, da sie auf Grund ihrer Laufaktivität praktisch in allen Räumen eines befallenen Gebäudes auftreten können. Da die aufgenommenen Köder von den Schaben und Grillen sofort gefressen werden, brauchen die wirksamen Komponenten nicht so stabil zu sein.

Die Erfolgskontrolle bei Schaben ist nicht einfach, weil die Tiere fast stets in ihren unzugänglichen Verstecken verenden. Die Beköderung muß bei manchen Arten auch nach dem letzten Auftauchen von Tieren noch fortgesetzt werden, weil aus abgelegten Eikokons oft erst nach Wochen Jungtiere schlüpfen können.

In der Schabenbekämpfung finden Köderpräparate mit dem Wirkstoff Propoxur und Chlorpyrifos Verwendung.

Auch zur Bekämpfung der an feuchten Orten lebenden Silberfischchen, die in manchen Wohnungen sehr lästig werden können, gibt es Ködermittel.

In allen bisher genannten Fällen können die Ködermittel zweckmäßigerweise in Dosen ausgebracht werden, die nur den zu bekämpfenden Insekten durch entsprechend kleine Öffnungen den Zugang zu dem Köder erlauben. Diese Dosen können in den Räumen gezielt ausgebracht werden, vorübergehend (z. B. beim Reinemachen) entfernt werden und reduzieren die Gefährdung von Kindern und Haustieren auf ein Minimum (Abb. 102).

Auch zur Bekämpfung von Fliegen können – allerdings offen dargeboten – Köder eingesetzt werden. Sie sind dann besonders wirksam, wenn wenig andere Nahrung mit ihnen in Konkurrenz tritt, also zum Beispiel in bestimmten Wohnräumen, Büros usw. Als Nahrungssubstrat dient dabei oft Zucker, der zunächst selbst keine Attraktivität für Fliegen besitzt. Das erste Auffin-

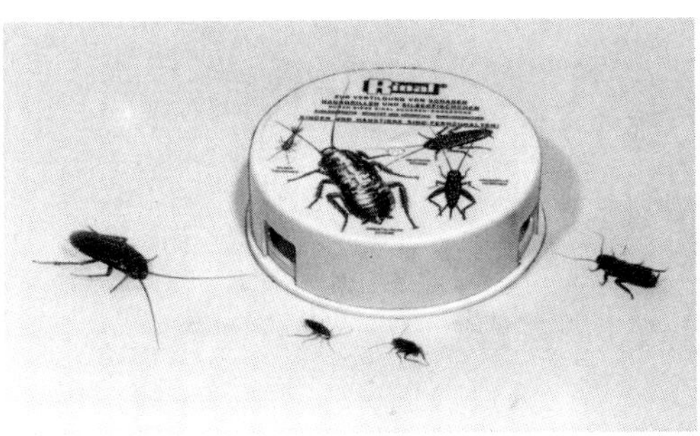

Abb. 102. Köderdose zur Bekämpfung von Schaben und anderem Hausungeziefer (Aufn. Vorratsschutz GmbH, Laudenbach).

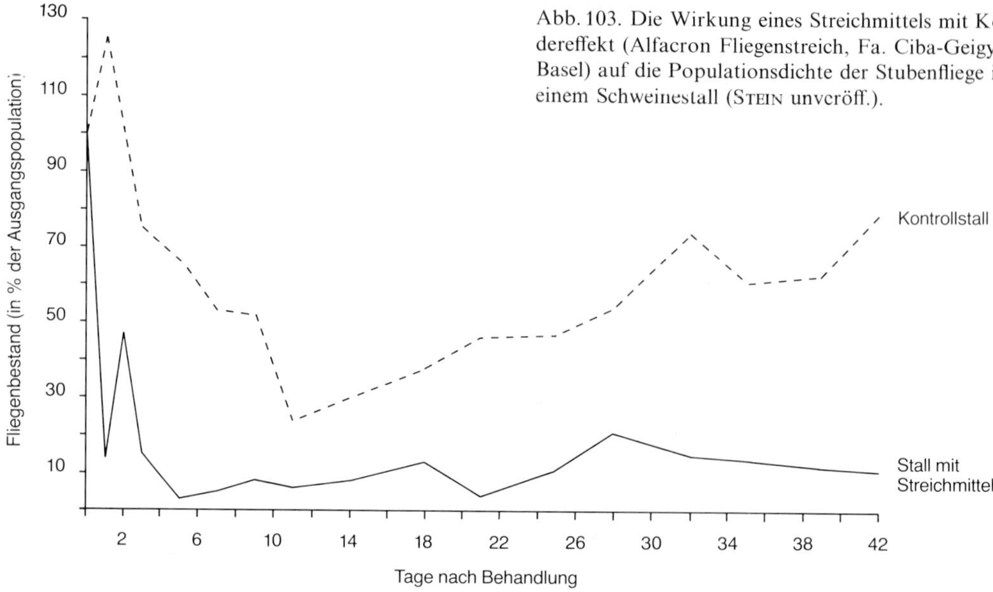

Abb. 103. Die Wirkung eines Streichmittels mit Ködereffekt (Alfacron Fliegenstreich, Fa. Ciba-Geigy, Basel) auf die Populationsdichte der Stubenfliege in einem Schweinestall (STEIN unveröff.).

den geschieht optisch, weswegen es zweckmäßig ist, das Ködermittel dort auszubringen, wo sich Fliegen bevorzugt aufhalten. Nach dem ersten Auffinden durch Fliegen erhält der Köder dann aber eine zusätzliche attraktive Wirkung durch den sogenannten „fly factor", über dessen genaue Identität noch Unklarheit herrscht. Vermutlich sind mehrere Komponenten an seiner Zusammensetzung beteiligt, wie Speichel und Exkremente der Fliegen oder Umwandlungsprodukte des Nahrungsmittels. Ferner wird der Anflug der Insekten einfach rein optisch durch die Anwesenheit anderer Fliegen erhöht (Herdentrieb).

Eine Köderwirkung kann auch manchen Streichmitteln zugeschrieben werden, die – auf relativ kleinen Flächen ausgebracht – z. B. in Stallungen ausgezeichnete Dienste leisten. Die Abb. 103 bringt entsprechende Versuchsergebnisse.

Als insektizide Basis für Fliegenköder werden u. a. Trichlorfon, Propoxur und Azamethiphos verwendet.

Köderverfahren gegen Nagetiere. Die größte Bedeutung hat die Anwendung von Ködern zweifellos bei der Bekämpfung von Nagetieren und hier insbesondere von Ratten. Schon der alte Fang mit Schlagfallen ist eine Ködermethode (Verwendung von Käse oder Wurst), doch ist eine wirksame Bekämpfung von Nagetieren auf großen Flächen nur möglich mit dem Einsatz moderner Giftköder.

Rattenköder: Die Selbstherstellung von Ködern, wie sie früher üblich war, ist im Prinzip heute auch noch möglich und hat sogar den Vorteil, daß man die Annahme der Locksubstanz mit einem unbegifteten Köder (vor allem Getreideprodukte, evtl. unter Zusatz von Zucker) erst ausprobieren kann, doch haben die käuflichen Fertigprodukte bei weitem die größte Bedeutung. Ihre Zusammensetzung ist so verbessert, daß eine Ablehnung durch Rattenpopulationen kaum vorkommt.

Fertigköder gibt es als Streu- oder als Fest- (= Form-)köder. Sie werden an den Orten angebracht, die erfahrungsgemäß von den Ratten belaufen werden, z. B. direkt neben den Wechsel. Dabei ist als oberster Grundsatz zu beachten, daß diese Präparate nicht offen ausgelegt werden, damit sich Unbefugte (Kinder, aber auch Haustiere) nicht vergiften können. Entsprechende abgedeckte Auslegeplätze können leicht selbst hergestellt werden, z. B. unter umgedrehten und beschwerten Obststeigen. Sie können aber auch fertig aus Holz oder Plastik gekauft werden und sind dann vor dem Zugriff Unbefugter besonders gut geschützt, zumal sie z. T. abschließbar sind (Beispiel s. Abb. 104).

Nagetiergifte können aber auch zusammen mit Wasser in Form sogenannter Tränkgifte ausgebracht werden. Sie sind aber nur dort von ausrei-

Abb. 104. Köderbox für die Anwendung von Fertigködern zur Bekämpfung von Ratten (Aufn. Vorratsschutz GmbH, Laudenbach).

chender Wirkung, wo Wassermangel herrscht, weil sonst die notwendige regelmäßige Aufnahme des Giftes nicht gewährleistet ist, da die Ratten ihren Wasserbedarf anderweitig decken. Durch Zugabe von Zucker kann die Annahme verbessert werden. Dargeboten wird das Tränkgift z. B. in Kükentränken. Auch hier muß dafür gesorgt werden, daß die Köderstellen nicht von anderen Tieren aufgesucht werden können.

Als Giftkomponenten der Rattenködermittel dienen in erster Linie sogenannte Antikoagulantien. Das sind Verbindungen, welche die Blutgerinnung hemmen. Daneben finden, wenn auch nur in untergeordnetem Maße, noch Akutgifte, wie Thalliumsulfat und Zinkphosphid, zur Herstellung von Fraß- und Tränkgiften Verwendung.

Mäuseköder: Grundsätzlich eignen sich zur Bekämpfung von Hausmäusen auch die Präparate zur Vernichtung von Ratten, jedoch ist der Erfolg nicht immer gegeben. Mäuse sind gegenüber den Antikoagulantien nicht so empfindlich, und die zum Abtöten notwendige Menge des Giftes wird oft nicht aufgenommen, weil die Mäuse den Köder nur wenig befressen. Auch kann es geschehen, daß rangniedere Tiere einer Population von den Ködern weggebissen werden und so überleben. In neueren Präparaten konnte allerdings die Wirkung erheblich gesteigert werden durch Hinzufügen eines Synergisten. Dadurch reicht meist schon eine einmalige Giftaufnahme aus, um Hausmäuse zu töten.

Es findet deshalb zur Bekämpfung von Mäusen auch heute noch Giftgetreide Anwendung, wobei das Getreide mit einem Akutgift (Thalliumsulfat) behandelt ist. Auch diese Köder müssen so ausgebracht werden, daß Unbefugte oder Haustiere keinen Zugang zu ihnen haben.

Schneckenköder: Gegen Schnecken, die gelegentlich in Vorratslagern (z. B. an Kartoffeln) vorkommen können, werden Ködermittel (z. B. Tierkörpermehl u. a. Substanzen) in Verbindung mit Methaldehyd eingesetzt.

Attraktantien (Lockstoffe)

Bei den eben besprochenen Köderverfahren wirken die eingesetzten Nahrungsmittel zwar auch anlockend, doch sollen, wie allgemein üblich, unter dem Begriff Attraktantien (attractants) solche Stoffe behandelt werden, die normalerweise von den Tieren selbst produziert werden, um andere Artgenossen anzulocken. Während diese Substanzen bei schädlichen Nagetieren für eine Bekämpfung (bisher) praktisch ohne Bedeutung sind, spielen die entsprechenden Stoffe der Insekten eine größere Rolle bei biotechnischen Verfahren. Diese Attraktantien gehören zu den Pheromonen, das sind von Insekten ausgeschiedene Stoffe, welche verschiedene Funktionen haben können, wovon hier allerdings nur die Lockwirkung behandelt werden soll. (Bezüglich der anderen Eigenschaften der Pheromone muß auf die umfangreiche Literatur verwiesen werden.) Auch können, der derzeit noch begrenzten Bedeutung der Attraktantien entsprechend, nur einige wichtige Punkte herausgegriffen werden.

Von Bedeutung sind vor allem die von den Weibchen ausgeschiedenen Sexualpheromone, die eine Anlockung der Männchen bewirken. Am Beispiel einer vorratsschädigenden Motte ist in Abb. 105 – vereinfacht – die natürliche Wirkungsweise solch eines Pheromons dargestellt.

Es ist also möglich, mit Hilfe der Pheromone Männchen der gleichen Art (s. dazu aber weiter unten) anzulocken. Bei dem biotechnischen Einsatz wird diese Tatsache nun zum Fang der Männchen ausgenutzt, indem man entweder Weibchen oder, wesentlich besser und wirksamer, künstlich hergestellte Pheromone mit einer Fangeinrichtung koppelt. Am besten bewährt haben sich bisher Leimbänder (Fliegenfänger), an denen eine kleine Kapsel mit dem Pheromon angebracht ist (Abb. 48).

Die anzuwendende Menge des Pheromons ist dabei äußerst gering. So wurden in den Fallen zwischen 10^{-3} und 500 µg ZETA mit Erfolg eingesetzt. Die Ergebnisse einer Versuchsreihe mit *Ephestia kuehniella* mit verschiedenen Konzentrationen sind in Abb. 106 dargestellt. Dabei ergab sich gleichzeitig, daß auch der Fang an unbeköderten Fallen eine Abhängigkeit von der

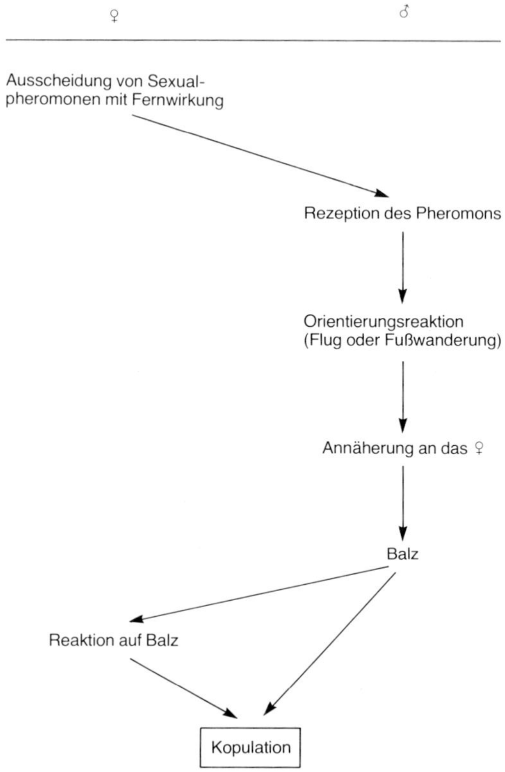

Abb. 105. Die Wirkung von Sexualpheromonen.

Konzentration der beköderten Fallen aufweist, was auf eine allgemeine Stimulation des Fluges der Falter durch die besonders wirksamen Konzentrationen schließen läßt.

Bei diesen Leimfallen wird der in Abb. 105 geschilderte Vorgang also vor der Balz dadurch abgebrochen, daß das Männchen auf dem Leim festgehalten wird.

Da Pheromone von den Weibchen vor allem vor einer Kopulation ausgeschieden werden, könnte theoretisch also die Ausbildung einer neuen Generation durch Abfangen der Männchen verhindert werden. In der Praxis zeigt sich aber, daß die Effektivität dieser Methode doch nicht so groß ist, daß der im Vorratsschutz benötigte Vernichtungsgrad erreicht wird. Viele Faktoren sind hierfür verantwortlich, z. B. Alter der Weibchen und Männchen, Tageszeit, Populationsdichte, abiotische Bedingungen, physiologischer Zustand des Schädlings, Art der Falle, vor allem auch Störung der Lockwirkung der Falle durch Pheromonabgabe natürlicherweise vorkommender Weibchen. So ist z. B. der Einsatz von Pheromon-Insektizid-Kombinationen in Viehställen gegen Fliegen mit einer hohen Populationsdichte ein absoluter Fehlschlag, weil die Präparate der Konkurrenz der vorhandenen Weibchen unterlegen sind.

Wenn also, nach allem was bisher bekannt ist, die Pheromone für eine Bekämpfung mit durchgreifendem Erfolg nicht eingesetzt werden können, so bleiben doch viele Verwendungsmöglichkeiten, welche die Attraktivstoffe in Zukunft im Vorratsschutz zu unentbehrlichen Substanzen machen werden. Die Aufstellung in Tab. 66 gibt die wichtigsten Einsatzmöglichkeiten an, doch kann es als sicher gelten, daß ihr Kreis sich noch vergrößern wird, wenn das Grundlagenwissen über diese Substanzen noch erweitert werden kann.

Eine Besprechung der einzelnen Punkte, die im Rahmen dieses Buches nur kurz sein kann und

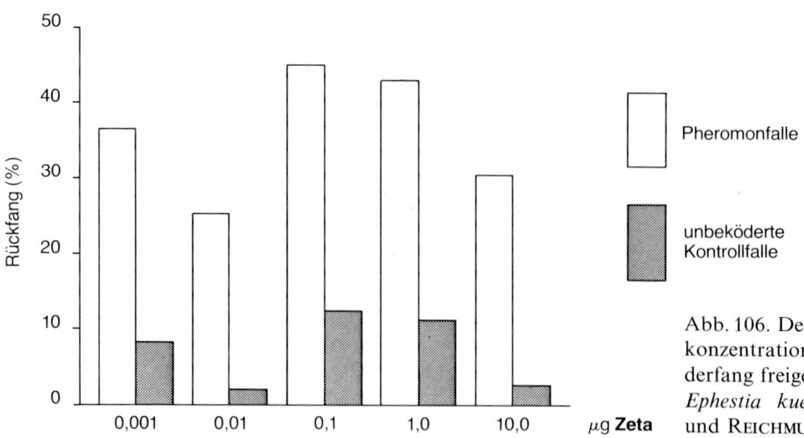

Abb. 106. Der Einfluß der Pheromonkonzentration (ZETA) auf den Wiederfang freigelassener Männchen von *Ephestia kuehniella* (nach BOMMER und REICHMUTH 1980).

sich auf einige Beispiele beschränken muß, wird noch weitere wichtige Eigenschaften der Pheromone erkennen lassen.

Untersuchungen des Artenbestandes: Die verborgene Lebensweise vieler Vorratsschädlinge macht die Entwicklung von Methoden notwendig, sie aus den Verstecken zu locken. Im Abschnitt Untersuchungsmethoden wurde hierauf näher eingegangen. Pheromone können dabei wichtige Hilfen leisten.

Da es sich praktisch um insekteneigene Substanzen handelt, sollte man meinen, daß sie auch entsprechend artspezifisch wären. Dies ist aber nur begrenzt richtig, wie einige Beispiele zeigen sollen. So ist bekannt, daß die Kleinschmetterlinge (Unterfamilie Phycitinae) *Ephestia cautella, E. kuehniella, E. elutella, E. figuliella* und *Plodia interpunctella* durch einen Pheromonbestandteil ((Z,E)-9,12-Tetradecadienylacetat = TDA = ZETA) gemeinsam angeködert werden können.

Diese Tatsache läßt sich dadurch erklären, daß die Pheromone in sehr vielen, wenn nicht den meisten Fällen, Gemische verschiedener Verbindungen sind. So konnte auch die erwähnte Verbindung in den Pheromonen der fünf genannten Arten nachgewiesen werden. Andere Komponenten können als Synergisten die Wirkung einer Hauptlocksubstanz unterstützen, oder sie hemmen die Anlockung von Männchen anderer Arten.

So ist die Reaktion verschiedener Vorratsschädlinge auf das Pheromon der Weibchen von *Trogoderma granarium* unterschiedlich, wie Tab. 67 zeigt.

Erfolgt trotzdém eine Anlockung fremder Arten, so sorgen dann unterschiedliche Balzverhaltensweisen und zuletzt die Differenzierungen in den Kopulationsorganen dafür, daß eine biologisch unsinnige, weil wegen des Mißerfolges energieverschwendende Kopulation nicht stattfindet.

Tab. 66. Einsatzmöglichkeiten von Sexual- und Aggregationspheromonen im Vorratsschutz

Untersuchungen zum Artenbestand
Erkennen eines Befalles
Erfolgskontrolle nach Bekämpfungen
Abschätzungen der Populationsdichte
Ermittlungen der Populationsdynamik
Verbesserung der Fangwirkung von verschiedenen Fallen

Tab. 67. Reaktion verschiedener Vorratsschädlinge auf das Pheromon der Weibchen von *Trogoderma granarium* (nach Yinon und Shulov 1969)

Art	Positive Reaktion
Callosobruchus maculatus	57,2 %
Sitophilus oryzae	55,2 %
Ephestia cautella	51,2 %
Lasioderma serricorne	46,8 %
Oryzaephilus surinamensis	38,8 %
Dermestes maculatus	31,2 %
Tribolium castaneum	6,4 %
Tenebrio molitor	3,2 %

Die praktischen Aspekte dieser – begrenzten – Unspezifität der Anlockung liegen darin, daß zum Nachweis der wichtigsten Vorratsschädlinge einige wenige Fallentypen ausreichen. Für quantitative Aussagen müssen dann allerdings spezifische Pheromone eingesetzt werden.

Erkennen eines Befalles: Zwar reagieren nicht alle Männchen einer Art auf das spezifische Pheromon durch Anflug oder Anlauf, aber mit Sicherheit ein großer Teil. Kommt eine Schädlingsart also unbemerkt in einem Vorratslager vor, so wird man durch Pheromonfallen seine Anwesenheit recht bald ermitteln können. In diesem Sinne können Pheromonfallen auch zur Erfolgskontrolle bei Bekämpfungsaktionen dienen, zumal diese Fallen 24 Stunden am Tag fangfähig sind und auf andere aufwendige Untersuchungsmethoden verzichtet werden kann.

Eine besondere Hilfe können Pheromonfallen in der Quarantäne bieten. Werden Laderäume auf Schiffen oder Container im Exportland vor dem Verschließen mit ihnen bestückt, so kann im Ankunftshafen ein Befall der Güter mit großer Sicherheit durch eine schnelle Kontrolle der Fallen festgestellt werden.

Als praktisches Beispiel für eine Pheromonfalle zum Nachweis sei auf die Trogo-trap in Abb. 49 hingewiesen.

Selbst wenn man berücksichtigt, daß der Fangerfolg mit Pheromonfallen von vielen Faktoren abhängig ist (s. oben), so lassen sich doch in gewissen Grenzen Abschätzungen der Populationsdichte eines Schädlings anstellen. Voraussetzung dafür ist, daß einmal genügend Erfahrungen vorliegen und zum anderen, daß die Methode vereinheitlicht wird. Fallenform, Pheromonmenge, Abstand der Fallen im Raum voneinander, Anzahl der Fallen pro Raumeinheit oder Oberfläche (z. B. bei Käferfang) müssen übereinstimmen. Es ist zu hoffen, daß hier auf Grund eingehender Versuche standardisierte Methoden erarbeitet werden.

Ermittlung der Populationsdynamik: Werden die Fänge über einen längeren Zeitraum durchgeführt und die Fangzahlen in regelmäßigen Abständen ermittelt, so kann man auch gewisse Anhaltspunkte über die Befallsdynamik erhalten. Voraussetzung dafür ist allerdings, daß die Fänge nicht wesentlich durch andere aktivitätsbeeinflussende Faktoren (z. B. Temperatur) beeinträchtigt werden und daß die Fängigkeit der Fallen (Klebwirkung, Pheromonkonzentration) gleichbleibend ist.

Ob diese Methode und die davor geschilderte über die Ermittlung der Populationsdichte allerdings im Vorratsschutz eine größere Bedeutung erlangen wird, ist sehr fraglich. Denn, wie schon öfter betont, müssen bei einer Ermittlung eines Befalles – ohne Rücksicht auf dessen Höhe – Gegenmaßnahmen zur Vernichtung eingeleitet werden, d. h. Fragen der Populationsdichte und der Populationsdynamik sind also von sekundärem Interesse.

Massenfang zur Bekämpfung: Für den Einsatz von Pheromonen zur direkten Bekämpfung von Vorratsschädlingen muß das gleiche gesagt werden. Auch wenn es möglich sein kann, mit geeigneten Fallen den größten Teil der vorkommenden Tiere abzufangen – wobei noch zu berücksichtigen ist, daß mit den Sexualpheromonen hauptsächlich nur die Männchen erfaßt werden – so bleibt doch ein gewisser Restbestand, der in einem Vorratslager nicht toleriert werden kann. Dies gilt auch dann, wenn über die Reduktion der Kopulationshäufigkeit durch Abfangen der Männchen vor der Kopulation allmählich eine Ausrottung einer Population erreicht werden könnte, wie es in Versuchen durchaus möglich gewesen ist. Mehrere Generationen sind aber im Vorratsschutz nicht tolerabel, auch wenn die Dichte ständig reduziert wird.

Verbesserung der Fangwirkung von verschiedenen Fallen: Bei dem Vergleich von Leimfallen mit und ohne Pheromonköder, wie er den meisten der oben geschilderten Versuche zugrundeliegt, konnte im allgemeinen eindeutig die bessere Wirksamkeit der Pheromonfallen bewiesen werden. Dies kann somit dort ausgenutzt werden, wo derartige Leimfallen zur Bekämpfung von Insekten eingesetzt werden, z. B. beim Fliegenfang.

Pheromone bieten sich aber auch zur Verbesserung der Fängigkeit von Lichtfallen an, so daß diese nicht nur optisch, sondern auch olfaktorisch wirksam sind.

Auf den Einsatz von Fallen zum Fang des Khaprakäfers, bei dem thigmotaktische und Pheromonwirkung gekoppelt sind, wurde schon hingewiesen (s. Abb. 49).

Dort, wo eine totale Vernichtung von Schädlingen nicht unbedingt anzustreben ist, also hauptsächlich bei Lästlingen und Ungeziefer, können die einsetzbaren Fallen durch Hinzugabe von Pheromonen somit verbessert werden.

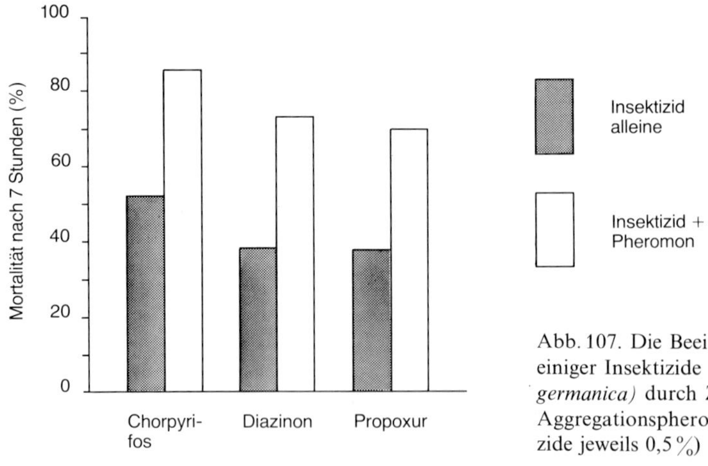

Abb. 107. Die Beeinflussung der repellenten Wirkung einiger Insektizide auf die Deutsche Schabe *(Blattella germanica)* durch Zugabe eines Aggregationspheromones (Konzentration der Insektizide jeweils 0,5 %) (nach RUST und REIERSON 1977).

Überwindung der Insektizidrepellenz: Einige Insektizide wirken abstoßend auf bestimmte Schädlinge. Da diese hierdurch nicht mit dem abtötenden Agens in Kontakt kommen können, ist der Effekt einer Bekämpfungsaktion evtl. infrage gestellt.

Hier besteht die Möglichkeit, durch gleichzeitige Applikation eines Pheromons diese Repellenz durch die stärkere Attraktivität des Lockstoffes auszuschalten und so eine Verbesserung der Insektizidwirkung zu erreichen. Als Beispiel hierfür sind in Abb. 107 Laboratoriumsuntersuchungen mit der Deutschen Schabe *(Blattella germanica)* wiedergegeben. Sie zeigen einen deutlichen Anstieg der Abtötungsrate nach Zugabe eines Aggregationspheromons zu den getesteten Insektiziden.

Zusammenfassend kann gesagt werden, daß dem Einsatz von Pheromonen im Vorratsschutz eine große Bedeutung zukommen kann, wenn die Möglichkeiten ausgeschöpft werden, die sich anbieten. Andererseits soll man von diesen Substanzen aber auch nicht zu viel erwarten. Eine erforderliche hochwirksame Bekämpfung von Vorratsschädlingen wird durch sie nicht ermöglicht werden, auch wenn sich Vorratslager wegen der relativ geringen Zahl von Schädlingsarten und der günstigen Anwendungsmöglichkeit von gasförmigen Substanzen besonders gut dafür eignen würden. Bis zum Einsatz von Pheromonen im großen Rahmen sind allerdings noch Arbeiten notwendig zur Isolation und künstlichen Synthese vieler Verbindungen und zur Entwicklung effektvoller Fallen.

Andere Attraktantien

Neben den Pheromonen gibt es auch andere Stoffe mit Lockwirkung. So soll der Samen des Johannisbrotbaumes, besonders nach einer Hitzebehandlung, stark attraktiv für eine Reihe von Vorratsschädlingen sein. Wespen und Essigfliegen können durch verschiedene Verbindungen, wie Aldehyde, Ketone, Alkohole, angelockt werden. Für den praktischen Einsatz dieser Substanzen gilt das gleiche, was schon bei den Pheromonen gesagt wurde.

Desorientierungstechnik

Auch bei diesem biotechnischen Verfahren werden Pheromone eingesetzt. Da hierbei aber nicht ihre attraktive Wirkung zum Fang von Vorratsschädlingen ausgenutzt wird, soll es in einem gesonderten Abschnitt kurz vorgestellt werden.

Bei dieser Methode wird der Luftraum so mit einem Pheromon überladen, daß den Männchen kein gerichtetes, durch Geruchsstoffe bedingtes Aufsuchen der Weibchen mehr möglich ist. Die notwendige hohe Konzentration kann durch Versprühen im Raum oder durch das Ausbringen von zahlreichen Duftquellen erzielt werden.

Das Verfahren ist zweifellos mit einigen Problemen behaftet, und es dürfte in absehbarer Zeit wohl kaum zu einer Anwendung im größeren Rahmen kommen. So könnte zum Beispiel eine Sorption der Pheromone durch behandelte Vorräte stattfinden, die später in einer bevorzugten Anlockung von Schädlingen ihren Ausdruck findet.

Das Ziel, eine Kopulation zu verhindern, kann vielleicht einfacher durch die Anwendung von Pheromoninhibitoren (Pheromonhemmern) erreicht werden, doch ist über diese Stoffgruppe noch so wenig bekannt, daß ein Einsatz im praktischen Vorratsschutz vorerst nicht in Betracht kommt.

Repellentien (Abschreckstoffe)

Ein Befall von Vorräten kommt vor allem dadurch zustande, daß Schädlinge durch olfaktorische, d.h. geruchlich wirksame Inhaltsstoffe angelockt werden. Eine Ausschaltung dieser Stoffe durch Veränderung der Nahrungsmittel ist sicher nur höchst selten möglich, weil sie meist wichtige Qualitätsmerkmale darstellen. Der aromadichte Abschluß der Lebensmittel durch eine entsprechende Verpackung stößt auf Schwierigkeiten, wie im Kapitel Verpackung dargelegt.

Es bietet sich also als eine letzte Möglichkeit an, die Lebensmittel unattraktiv zu machen, ohne sie zu verändern. Dies kann durch den Einsatz von solchen Substanzen geschehen, welche die Schädlinge fernhalten, also Gegenspieler der Lockstoffe sind. Diese Verbindungen sind die Repellentien.

Ihre Anwendbarkeit zur Behandlung von Verpackungen wurde schon erwähnt. Es hatte sich gezeigt, daß einige Verbindungen zwar eine recht gute Wirkung besitzen, daß eine praktische Anwendung aber noch nicht realisiert werden konnte. Sie haben zudem noch den Nachteil, daß nur die jeweils verpackte Ware geschützt wird, nicht aber solche, die im gleichen Raum lagert und deren Verpackung nicht mit Repellentien behandelt ist.

Wünschenswert wären deshalb Repellentien, welche das Eindringen von Vorratsschädlingen in ein ganzes Lager verhindern könnten. Voraussetzung ist allerdings, daß sie toxikologisch unbedenklich und für Benutzer des Raumes akzeptabel sind. Ein solches Verfahren steht aber jetzt und in naher Zukunft nicht zur Verfügung.

Auf die repellente Wirkung von Insektiziden und die damit verbundenen Nachteile wurde bereits im Kapitel Attraktantien hingewiesen. Vielleicht lassen sich hieraus aber auch gelegentlich Vorteile ziehen. So könnten z. B. die für Warmblüter relativ ungefährlichen Inhaltsstoffe des Niembaumes *(Azadirachta indica)*, darunter das Tetranortriterpenoid Azadirachtin, auf ihre Repellenz hin erprobt werden. Sie wirken nämlich abstoßend auf folgende Vorratsschädlinge:

Tribolium spp.
Oryzaephilus surinamensis
Sitophilus oryzae
Attagenus megatoma
Acheta domesticus
Musca domestica

Auch das ähnlich toxikologisch günstige Pyrethrum wirkt gegen eine Reihe von Schädlingen repellent, was zum Beispiel bei Schaben einen Austreibeffekt aus Verstecken hat.

Bessere Einsatzmöglichkeiten von Repellentien gibt es schon seit längerer Zeit bei der Mückenabwehr, wenngleich auch hier optimale Verbindungen sicher noch nicht gefunden sind. Sie haben teils öligen Charakter und können die Kleidung leicht beschmutzen, oder sie sind aggressiv und können Reizungen an Schleimhäuten (Mund, Nase, Augen) hervorrufen. Vom Bundesgesundheitsamt geprüfte und anerkannte Mittel, die eine Wirkungsdauer von mindestens 6 Stunden haben, besitzen als wirksames Repellens Diethyltoluamid oder Dimethylphthalat.

Antifeedants (Fraßhemmer)

Gewisse Geruchsstoffe der Nahrungsmittel bewirken, wie oben besprochen, eine Anlockung von Vorratsschädlingen aus einer mehr oder weniger großen Entfernung. Bevor die Tiere aber nun mit dem Fraß beginnen, greifen andere Stoffe der Nahrungsmittel regulierend in den Verhaltensablauf ein (s. hierzu Abb. 32). Sie bestimmen im unmittelbaren Nahbereich, ob nun gefressen wird oder nicht. Substanzen, die letzteres bewirken, werden als Fraßhemmer oder Antifeedants bezeichnet. Das Ergebnis ihrer Auswirkung ist, daß die Tiere verhungern, wenn sie nicht rechtzeitig anderweitig eine zusagende Nahrung finden.

In der Natur vorkommende Fraßhemmer haben oft eine spezifische Wirkung, indem sie nur bestimmte Arten vom Fraß an dem betreffenden Produkt abhalten, auf andere aber keinen Einfluß haben. Auf diese Weise kommt es zur Ausbildung von Nahrungsspektren und Nahrungsspezialisten.

Ein künstlicher Einsatz von Fraßhemmern könnte bewirken, daß auch sonst geeignete Produkte nicht mehr gefressen werden. Die Antifeedants müssen aber – entsprechend ihrer Wirkungsweise – direkt auf die Lebensmittel oder auf die Verpackung, die evtl. durchfressen wird, aufgebracht werden, wenn der Erfolg wirklich befriedigend sein soll.

Selbst wenn es gelingt, Substanzen mit ausreichender Wirkung zu finden, müssen toxikologische Aspekte letztlich über die Verwendungsmöglichkeit entscheiden.

Die bisherigen Versuche haben insgesamt noch zu keinem für die Praxis brauchbaren Resultat geführt. Zwar sind eine Reihe von Verbindungen bekannt – z. B. Triazine, Carbamate und pflanzliche Produkte, wie das schon als Repellenz genannte Azadirachtin – doch sind die erzielten Erfolge noch unbefriedigend. Selbst wenn toxikologisch unbedenkliche Substanzen mit sehr guter Hemmwirkung gefunden werden sollten, wird ihre Anwendungsmöglichkeit doch recht begrenzt bleiben.

Wachstumsregulatoren

Im Bestreben, die Anwendung der meist auch für Warmblüter recht giftigen Pestizide einzuschränken, versucht man auch Substanzen einzusetzen, die spezifisch für Insekten sind, weil sie in den komplizierten Mechanismus ihrer Entwicklung eingreifen.

Um die Wirkung der hierbei verwendeten Wachstumsregulatoren (auch insect growth regulators (= IGR)genannt) zu verstehen, muß zunächst der Ablauf der hormonal gesteuerten Insektenmetamorphose in vereinfachter Weise geschildert werden.

Beteiligt sind an den Vorgängen folgende Organe des Insekts:

1. Die neurosekretorischen Zellen. Sie liegen im Gehirn und geben mit ihrem zyklischen Ausscheiden des sogenannten adenotropen Hormons den Anstoß zu einer Häutung.
2. Die Prothorax-Drüsen. Auch diese, in der Brustregion liegenden Drüsen arbeiten zyklisch und scheiden das eigentliche Häutungshormon (Ecdyson) aus, das auf die Epidermis wirkt.

3. Die Corpora allata. Sie befinden sich im Bereich zwischen Gehirn und Prothorax und liefern bei ihrer zyklischen Veränderung das Juvenilhormon.

Bei den Häutungen arbeiten die drei Organe in folgender Weise zusammen:
- Die neurosekretorischen Zellen scheiden das adenotrope Hormon aus.
- Dieses veranlaßt die Prothoraxdrüsen zur Absonderung des Häutungshormones Ecdyson, das mit seiner Wirkung auf die Insektenepidermis den Häutungsvorgang startet.
- Die Entscheidung über die Art der Häutung hängt nun von der Tätigkeit der Corpora allata ab: Produzieren sie das Juvenilhormon in ausreichender Menge, so kommt es zu einer Häutung zu einem weiteren Larvenstadium. Haben sie aber die Produktion dieses Hormons weitgehend eingestellt, so ist der nächste Häutungsschritt eine Häutung zur Puppe (nur bei den Holometabolen) oder zur Imago. Bei den Holometabolen nimmt die Produktion des Juvenilhormons plötzlich ab, bei den Hemimetabolen dagegen allmählich.

Durch Eingriffe in diesen Mechanismus ist es möglich, die normale Entwicklung des Insektes so zu stören, daß keine fortpflanzungsfähigen Stadien mehr auftreten und die Population im Laufe der Zeit ausstirbt.

Das Hauptaugenmerk bei diesem Eingriff richtet sich auf die Juvenilhormone und Ecdysone. In sehr aufwendigen Untersuchungen gelang es, natürlich vorkommende Verbindungen zu analysieren und künstlich herzustellen. Letztere werden als Juvenoide bzw. Ecdysonoide bezeichnet. Nur sie haben eine Chance, im Rahmen biotechnischer Verfahren eingesetzt zu werden, weil natürlich vorkommende Hormone nicht in ausreichender Menge und zu diskutablen Preisen bereitgestellt werden können.

Bei einer Bekämpfung geht es darum, die betreffenden Substanzen zum falschen Zeitpunkt und/oder in falschen Konzentrationen in den Stoffwechsel des zu vernichtenden Schädlings einzubringen und so die normale Entwicklung zu stören.

Die größte Bedeutung von beiden Wirkstoffgruppen haben zweifellos die Juvenoide, von

Tab. 68. Beeinflussung von Vorratsschädlingen durch die Anwendung von Juvenoiden

Juvenoid	Schädling	Behandlung und Ergebnis	Autor
Methopren	*Oryzaephilus surinamensis* *Rhizopertha dominica*	5 mg/kg Weizen oder Weizenmehl: Abtöten der Eier, hohe Mortalität bei erwachsenen Larven, Nachkommenzahl reduziert	Mian und Mulla 1982
Methopren	*Sitotroga cerealella*	Behandlung von Mais mit Puppen oder von Puppen direkt: Reduktion der Schlüpfrate der Imagines	Stockel und Edwards 1981
Methopren Hydropren	*Tribolium castaneum* *T. confusum*	Getreide und Getreideprodukte mit 1–20 mg/kg: Schlüpfen der Imagines reduziert oder verhindert, Eiablage verhindert, überzählige Larvenhäutungen	Loschiavo 1976
	Oryzeaphilus mercator *O. surinamensis*	Mißbildungen, Zwischenstadien, Schlüpfen der Imagines verhindert	
	Sitophilus granarius *S. oryzae*	Nachkommenzahl reduziert oder verhindert, Schlüpfen ganz verhindert	
Epofenonan	*Tribolium castaneum*	Mehl mit 0,03–30 mg/kg gemischt; Behandlung des letzten Larvenstadiums: deformierte Imagines, Zwischenformen (Puppe/Imago), überzählige Larvenhäutungen, Eiablage verhindert	Hoppe 1981

denen eine große Zahl bekannt ist. Die wichtigsten Folgeerscheinungen ihres Einsatzes sind:
- Bildung von Zwischenformen (Larve-Puppe),
- Häutungsstörungen (oft letal),
- überzählige Larvenstadien,
- erhöhte Mortalität in späteren Stadien,
- Mortalität der Embryonen bei Behandlung der Eier,
- Sterilität der Eier bei Behandlung älterer Stadien,
- Beeinflussung des Verhaltens.

Wichtig dabei ist, daß die Einwirkung meist in ganz bestimmten Phasen der Entwicklung stattfinden muß. Dies kann sich wiederum negativ auf den Effekt einer Behandlung auswirken, weil in einer Population praktisch immer verschiedene Stadien unterschiedlichen Alters nebeneinander vorkommen.

Ein besonderer Vorteil der Juvenoide liegt darin, daß sie meist eine äußerst geringe Warmblütertoxizität besitzen. So hat das am meisten verwendete Methopren (11-Methox-3,7,11-trimethyl-2,4-dodecadiensäure-isopropylester) eine LD_{50} von 10200 mg/kg Ratte per oral. Langzeitverfütterungen haben daher bei Warmblütern auch keine negativen Folgen erbracht.

Aus der Fülle der Untersuchungen mit Vorratsschädlingen werden in Tab. 68 einige Resultate zusammengefaßt, aus denen die Wirkungsbreite der Juvenoide zu ersehen ist. Die Aufstellung zeigt, daß ein weiter Kreis von Insekten (Schaben, Ameisen, Fliegen, Schmetterlinge, Käfer) mit recht unterschiedlichen Methoden durch Juvenoide negativ beeinflußt werden kann.

Der Abbau unter den Bedingungen der Vorratshaltung erfolgt relativ langsam. Methopren war in Weizen 12 Monate nach der Anwendung erst zu etwas mehr als 60 % abgebaut. Ob ihr Einsatz in der Praxis des Vorratsschutzes einmal eine Rolle spielen wird, läßt sich noch nicht abschätzen. Neben Fragen der Effektivität werden dabei auch sicherlich ökonomische Aspekte (Preis der Substanzen) eine Rolle spielen. Frei in den Vorräten lebende Schädlinge werden dabei sicher eher das Ziel einer Bekämpfung sein als solche, die im Innern der Vorräte leben.

Unbeantwortet muß auch noch die Frage bleiben, ob gewisse beobachtete Resistenzerscheinungen eine Bedeutung erlangen werden.

Im Vergleich zu den Juvenoiden haben die Häutungshormone und ihre Analoge (Ecdysonoide) nur wenig Resonanz in der Forschung des Vorratsschutzes gefunden.

Aussichtsreicher kann dagegen der Einsatz des künstlichen Entwicklungshemmers Dimilin (Diflubenzuron) beurteilt werden. Die sehr wenig warmblütertoxische Substanz wirkt so störend auf den Häutungsvorgang ein, daß die Tiere meist nicht den Prozeß überleben. Sie erwies sich u. a. als wirksam gegen *Sitophilus oryzae*, *S. granarius*, *S. zeamais*, *Rhizopertha dominica*, *Tribolium confusum* und *Oryzaephilus surinamensis*.

Bei Anwendung in Weizen waren von Dimilin nach 23 Monaten nur 40–50 % abgebaut. Die Langzeitwirkung ist also hervorragend.

Zusammenfassend muß gesagt werden, daß die Wachstumshemmer bei allen guten Eigenschaften und Wirksamkeiten im Vorratsschutz wohl doch nicht so erfolgreich eingesetzt werden können, daß sie eine echte Alternative zu den Pestiziden herkömmlicher Art darstellen. Wesentlich günstiger sind dagegen wohl die Aussichten bei einigen Ungezieferarten, bei denen eine schlagartige und vollkommene Vernichtung nicht angestrebt werden muß.

Chemosterilantien

Zu den biotechnischen Verfahren soll auch die Anwendung der sogenannten Chemosterilantien gerechnet werden, da diese, ähnlich wie die Wachstumsregulatoren ausgebracht, interne Entwicklungsprozesse der Insekten beeinflussen. Das Ergebnis ist eine mehr oder weniger weitgehende Reduzierung der Fruchtbarkeit der behandelten Tiere, so daß ein Rückgang der Populationsdichte bis zum Aussterben erreicht werden kann.

Entgegen der schon besprochenen Sterilisation durch γ-Strahlen hat die Chemosterilisation zwei wichtige Vorteile:
1. Eine zusätzliche Freilassung von sterilen Männchen mit allen Nachteilen ist nicht erforderlich.
2. Chemosterilantien wirken auch auf die Weibchen.

Die größte Bedeutung haben alkylierte Substanzen wie Thiotepa, Tepa, Metepa, Hempa u. a., die bei einer Reihe von Vorratsschädlingen Wirkungen gezeigt haben. So werden z. B. Mitosevorgänge bei der Spermatidenbildung beeinflußt, was zur Unfruchtbarkeit der Männchen führt.

Chemosterilantien können wie Pestizide ausgebracht, den Futterstoffen beigemischt oder in Pheromonfallen den angelockten Insekten angeboten werden.

Für die praktische Anwendung im Vorratsschutz ist aber neben gewissen toxikologischen Bedenken auch wiederum die nur langsame Wirkung dieser Präparate (evtl. über mehrere Generationen hinweg) ein Haupthinderungsgrund. Es muß deshalb fraglich sein, ob der Einsatz von Chemosterilantien, auch wenn die wirtschaftlichen Probleme der Herstellung größerer Mengen gelöst sind, jemals im Vorratsschutz eine Bedeutung erlangen wird. Günstiger sieht es dagegen bei mehr oder weniger abgeschlossenen Populationen von Ungezieferarten aus.

4.2.3.3 Im Vorratsschutz eingesetzte Pestizide

Im Verfahrensteil dieses Buches wurden schon hin und wieder Bekämpfungsmittel genannt, ohne auf sie näher einzugehen. Die wichtigsten von ihnen sollen hier kurz charakterisiert werden, wobei auf eine Vollständigkeit verzichtet werden muß, zumal sich ständig Änderungen durch Hinzukommen neuer oder Streichung alter Mittel ergeben.

Zur Zeit (1984) sind im Amtlichen Pflanzenschutzmittelverzeichnis 11 Wirkstoffe gegen Insekten und 10 (+ Vitamin D_2) gegen Nagetiere mit zahlreichen Firmenpräparaten zur Verwendung im Vorratsschutz aufgeführt. Die Zahl der nicht zulassungspflichtigen Wirkstoffe gegen Ungezieferarten, Hygiene- und Materialschädlinge ist wesentlich größer und nur schwer zu erfassen.

Zunächst sollen jedoch zum besseren Verständnis einige allgemeine Erläuterungen gegeben und bestimmte Begriffe erklärt werden. Zum weiteren Studium sei auf die spezielle Literatur verwiesen.

4.2.3.3.1 Wirkungsbereich und Wirkungsweise

Im Abschnitt Systematik wurde dargelegt, daß Vorratsschädlinge und Hausungeziefer hauptsächlich zu den Milben, Insekten und Nagetieren gehören. Zu ihrer Bekämpfung werden in den meisten Fällen spezifisch wirkende Mittel eingesetzt. Sie haben, in Anlehnung an den Begriff Pestizide (-zide, lat. caedere = töten) die Bezeichnungen:

Akarizide = gegen Milben (Acari)
Insektizide gegen Insekten (Insecta)
Rodentizide = gegen Nagetiere (Rodentia).

Die Spezifität ist aber meist nicht unbedingt auf die jeweilige Gruppe von Tieren begrenzt. So können durchaus manche Insektizide voll wirksam gegen Milben sein oder (wie Gase) gegen Nagetiere eingesetzt werden.

Die Giftsubstanzen können hinsichtlich ihrer allgemeinen **Wirkungsart** wie folgt unterteilt werden:

Fraßgifte: Sie müssen von dem zu bekämpfenden Schädling durch Fressen oder Lecken in den Verdauungstraktus aufgenommen werden und entfalten von hier ihre Wirkung.

Kontaktgifte: Bei ihnen ist eine Aufnahme durch bloße Berührung über die Oberfläche möglich. Bei den Insekten spielen hierbei hauptsächlich solche Stellen eine Rolle, an denen der Chitinpanzer relativ dünn ist, z. B. an Füßen und Intersegmentalhäuten.

Atemgifte: Der Wirkstoff ist bei ihnen dank eines hohen Dampfdruckes gasförmig und gelangt über die Atemorgane in den Körper.

Bei vielen Pestiziden liegt eine kombinierte Aufnahmemöglichkeit vor. So können manche Insektizide sogar als Fraß-, Kontakt- und Atemgifte fungieren (z. B. Lindan).

Zur Beurteilung eines Pestizides können noch folgende **Wirkungskriterien** herangezogen werden:

Selektive Wirkung: Hiervon spricht man, wenn von einem Pestizid nur bestimmte systematische oder verhaltensmäßig einheitliche Gruppen von Schädlingen vernichtet werden. Im Vorratsschutz eingesetzte Mittel haben aber meist eine große Breitenwirkung, so daß die ganze Palette der Schädlinge getroffen wird. Allerdings spielt bei den biotechnischen Verfahren die Selektivität eine größere Rolle.

Initialwirkung: Dies ist die Anfangswirkung. Mittel mit einer hohen Initialwirkung töten Schädlinge sehr schnell ab oder machen sie inaktiv (Knock-down-Effekt). Sie sind wegen ihrer hohen Reaktionsfähigkeit (hoher Dampfdruck, chemische Umsetzung) allerdings meist nicht lange wirksam.

Dauerwirkung: Sie bezieht sich auf die Zeit, in der ein Pestizid seine Wirksamkeit behält. Sehr persistente Mittel haben somit eine lange Wirkungsdauer.

Um die Giftigkeit der einzelnen Pestizide gegenüber dem zu bekämpfenden Schädling oder gefährdeten Warmblütern miteinander vergleichbar zu machen, sind zwei Begriffe im Vorratsschutz von Wichtigkeit:

LD_{50} = letale (tödliche) Dosis für 50% der betreffenden Tierart (ermittelt im Versuch). Für toxikologische Fragen wird der LD_{50}-Wert meist für die Ratte nach per oraler Aufnahme (s. unten) angegeben.

LC_{50} = letale Konzentration für 50 % der Versuchstiere. Dieser Wert ist für die Giftigkeit von Gasen von Bedeutung.

Die LD_{50}-Werte werden in mg/kg des Versuchstieres angegeben, um eine Vergleichbarkeit der Zahlen herbeizuführen, die LC_{50}-Werte in mg/m^3 Luft. (Die früher allgemein üblichen Angaben in ppm = parts per million usw. waren irreführend. Z. B. bedeutet ppb = parts per billion, im Deutschen aber Teile pro Milliarden und nicht pro Billionen. 1 ppm = 1 mg/kg oder 1 kg/t usw.)

Im Hinblick auf die **Giftwirkung für Warmblüter** (Mensch und Haustier) sind noch folgende Begriffe wichtig:

Perorale Toxizität: Giftwirkung nach Aufnahme durch den Mund.

Dermale Toxizität: Giftwirkung nach Aufnahme über die Haut.

Karzinogene Wirkung: Erzeugung von Krebs.

Teratogene Wirkung: Erzeugung von Mißbildungen.

Wirkungsweise der Pestizide im Schädling

Die Wirkungsmechanismen der Pestizide im Schädling, die letztlich zu seiner Abtötung führen, sind fast durchweg sehr kompliziert und meist noch nicht restlos geklärt. Einige Wege seien kurz genannt.

Der chlorierte Kohlenwasserstoff Lindan wirkt auf das zentrale Nervensystem ein, führt zu Stoffwechselschäden und Veränderungen des Gewebes.

Die organischen Phosphorverbindungen (und auch die Carbamate) hemmen ein wichtiges Ferment, die Cholinesterase. Sie hat im normalen Stoffwechsel die Aufgabe, das bei einer Reizleitung entstehende Acetylcholin wieder zu spalten (in Cholin und Essigsäure). Geschieht dies nicht, so hält die Reizung des Nervensystems an, es kommt zu einer Dauererregung, die schließlich zu Lähmungserscheinungen führt und bei Aufnahme der letalen Dosis mit dem Tod des Schädlings endet. (Dieser Wirkungsmechanismus ist nach bisherigen Erkenntnissen bei Insekten und Säugetieren gleichartig.)

Auch das Pyrethrum und die Pyrethroide sind Nervengifte und bewirken Lähmungserscheinungen.

Unter den Giftgasen reagiert das Methylbromid vor allem mit Eiweißsubstanzen und schädigt dadurch wichtige Stoffwechselfunktionen.

Die Blausäure wirkt hauptsächlich auf die Zellatmung ein, indem sie Atmungsfermente und damit die Sauerstoffaufnahme hemmt.

Ähnlich wirkt auch Phosphorwasserstoff auf die Atmung. Er greift in das Redoxsystem in den Mitochondrien ein und unterbricht dort die Atmungskette, hat aber vermutlich auch noch andere Einflüsse.

Die zur Bekämpfung von Nagetieren eingesetzten Cumarinderivate haben eine zweifache Wirkung, die schließlich zum Tod führt: Sie machen die Blutgefäßwandungen brüchig und damit durchlässig, und sie hemmen die Blutgerinnung. Dadurch kommt es in wenigen Tagen zu einer inneren Blutung und damit zum Tode.

Bei der Blutgerinnung läuft normalerweise folgender (vereinfacht wiedergegebener) Vorgang ab:

Thrombokinase → Prothrombin → Thrombin → Fibrinogen → Fibrin → Blutgerinnung

Für die Prothrombinbildung in der Leber ist das Vitamin K notwendig. Die Cumarinderivate treten nun mit diesem Vitamin in Konkurrenz und verhindern die Prothrombinbildung. Die Kette wird an dieser Stelle nun unterbrochen und eine Blutgerinnung unterbleibt weitgehend.

4.2.3.3.2 Zusammensetzung der Präparate

Die Pestizide werden nur selten in reiner Form angewendet. Meistens enthalten die käuflichen Präparate noch andere Beimischungen, welche bestimmte Aufgaben zu erfüllen haben. Nachfolgend sollen die wichtigsten genannt werden, auf einige wurde früher schon hingewiesen.

Wirkstoff: Die eigentlich abtötende Substanz.

Streckstoff: Ein neutraler Stoff, der für eine bessere Verteilung von festen oder flüssigen Wirkstoffen sorgt (Inertmaterial wie Kreide, Ton, Kaolin bzw. Wasser).

Stabilisatoren: Emulgierungs- oder Suspendierungsmittel, die zur Stabilisierung von Emulsionen oder Suspensionen zugefügt werden.

Warnstoff: In einigen Fällen ist es notwendig, auf die Anwesenheit eines Giftstoffes aufmerksam zu machen, weil sie von Menschen geruchlich oder optisch nur unzureichend wahrnehmbar sind. Durch Hinzufügen von toxikologisch unbedenklichen, aber durch markanten Geruch oder durch Farbe auffallende Stoffe kann vor dem Vorhandensein von Giftstoffen gewarnt werden. Erwähnt sei hier das bereits bei den Gasen angesprochene Ammoniak, das bei Anwendung bestimmter PH_3-bildender Präparate auftritt oder die violettrote Anfärbung von Giftgetreide zur Mäusebekämpfung.

Netzmittel: Dies sind Zusätze zur besseren Benetzung von Oberflächen (Entspannungsmittel), die z. B. bei der Behandlung von Fliesen mit Kontaktinsektiziden Verwendung finden können.

Haftmittel: Leimstoffe, die feste Pestizide für längere Zeit auf einer Unterlage festhalten sollen.

4.2.3.3.3 Einzelne Pestizide

Auf die zur Bekämpfung von Vorratsschädlingen und Hausungeziefer eingesetzten Pestizide kann hier nur in stichwortartiger Form eingegangen werden. In der nachfolgenden Tab. 69 sind die Wirkstoffe mit kurzen Charakteristika angeführt, die z. Zt. von der Biologischen Bundesanstalt (= BBA) zur Bekämpfung von Vorratsschädlingen zugelassen sind. Die LD_{50}-Werte sind der Zusammenstellung des Industrieverbandes Pflanzenschutz (1982) entnommen. Abweichungen hiervon in anderen Publikationen sind möglich. Auch die chemischen und physikalischen Angaben entstammen dieser Publikation. In der Spalte „Anwendungsgebiet" sind die Angaben enthalten, die in dem Pflanzenschutzmittelverzeichnis der BBA angeführt sind.

Diese Daten umreißen nur grob die Einsatzmöglichkeiten. Näheres dazu, wie z. B. Konzentration, Behandlungsdauer, Wirkstoffkombina-

Tab. 69. Zugelassene Pestizide zur Bekämpfung von Vorratsschädlingen (Angaben nach Biologische Bundesanstalt 1984 und Industrieverband 1982)

Wirkstoff	physikalische Eigenschaften (bei 20 °C) (Dichte: Luft = 1)	LD 50 (mg/kg) peroral Ratte	wichtigste Anwendungsbereiche und bekämpfbare Schädlinge
Zugelassene Mittel zur Bekämpfung von Insekten			
Blausäure	farblose Flüssigkeit, Sdp. 26 °C Dichte 0,969	10–15	Begasung, leere und belegte Räume, besonders Mühlen, Vorratsschädlinge allgemein
Bromophos	weiße Kristalle	3750–8000	Spritz- und Sprühmittel, leere Räume, Vorratsschädlinge allgemein
Dichlorvos	farblose bis gelbliche Flüssigkeit, Sdp. 84 °C (bei 1,32 mbar)	56–80	Spritz-, Sprüh-, Vernebelungs- und Verdunstungsmittel, leere und belegte Räume, Vorratsschädlinge allgemein
Lindan	farblose Kristalle	88–225	Spritz-, Sprüh-, Vernebelungs- und Räuchermittel, leere Räume, Vorratsschädlinge allgemein
Malathion	klare gelbe bis braune, ölige Flüssigkeit, Sdp. 156–157 °C (bei 0,93 mbar)	1375–2800	Spritz- und Sprühmittel (in leeren Räumen), Vernebelungsmittel (auch in belegten Räumen), Vorratsschädlinge allgemein
Methylbromid	farbloses Gas, Sdp. 3,6 °C Dichte 3,27		Begasungsmittel, belegte Räume und Vorratsgüter direkt Vorratsschädlinge allgemein
Phosphorwasserstoff	farbloses Gas, Sdp. – 87,5 °C Dichte 1,183	–	Begasungsmittel, belegte Räume und Vorratsgüter direkt, Vorratsschädlinge allgemein
Phoxim	hellgelbe, ölige Flüssigkeit	1400–> 3000	Spritz- und Sprühmittel, leere Räume, technische Geräte, Vorratsschädlinge allgemein

Wirkstoff	physikalische Eigenschaften (bei 20 °C) (Dichte: Luft = 1)	LD 50 (mg/kg) peroral Ratte	wichtigste Anwendungsbereiche und bekämpfbare Schädlinge
Pirimiphos-methyl	hellgelbe Flüssigkeit	2050	Spritz- und Sprühmittel, leere Räume, leere Säcke, Vorratsgüter direkt im Fördergutstrom, Vorratsschädlinge allgemein
Piperonyl-butoxid	gelbe, ölige Flüssigkeit, Sdp. 180 °C (bei 1 mbar)	7950	Synergist für Pyrethrum
Pyrethrum	gelbe bis dunkelbraune, ölige Flüssigkeit, Sdp. 170–200 °C (bei 0,1 mbar)	584–900	Vernebelungsmittel (leere und belegte Räume), Einstäubemittel (Getreide direkt) Vorratsschädlinge allgemein
Tetrachlor-vinphos	weiße Kristalle	4000–5000	Spritz- und Sprühmittel leere Räume, technische Geräte, Vorratsschädlinge allgemein
Zugelassene Mittel zur Bekämpfung von Ratten und Hausmaus			
Bromadiolon	gelbes Pulver	1,125	Fraßgift. Ratten und Hausmaus
Chlorphacinon	weiße Kristalle	20,5	Haftgift, Fraßgift Ratten und Hausmaus
Cumatetralyl	gelbliche Kristalle	15–30	Haftgift, Fraßgift Ratten und Hausmaus
Difenacoum	–	–	Fraßgift Hausmaus
Pindon	gelbe Kristalle	280	Fraßgift Ratten und Hausmaus
Sulfachinoxalin	farblose Kristalle	> 1000	Haftgift, Fraßgift (in Kombination mit anderen Rodentiziden) Ratten und Hausmaus
Thalliumsulfat	weiße Kristalle	10–25	Fraß- und Tränkgift, Giftgetreide Ratten und Hausmaus
Warfarin	farblose Kristalle	1–323 (je nach Verabreichungsdauer und -häufigkeit)	Haftgift, Fraßgift, Tränkgift Ratten und Hausmaus
Zinkphosphid	schwarzes Pulver	45	Fraßgift Ratten
Blausäure	s. o.	s. o.	Begasung von Räumen mit Ratten- und Hausmausbefall

tion, Beschränkungen usw., sind dem Pflanzenschutzmittelverzeichnis und den Gebrauchsanweisungen zu entnehmen.

Zur Bekämpfung des Hausungeziefers können Wirkstoffe eingesetzt werden, die vom Bundesgesundheitsamt (= BGA) geprüft und anerkannt werden und deren Wirksamkeit somit gesichert ist. Da die in der z. Zt. gültigen Liste enthaltenen Entwesungsmittel so zahlreich sind, daß eine Wiedergabe und Kurzbeschreibung hier nicht möglich ist, sollen in Tab. 70 nur die wichtigsten Wirkstoffe und ihre Einsatzmöglichkeiten aufgeführt werden. Hinsichtlich der einzelnen Anwendungsverfahren, Wirkstoffkombinationen usw. muß auf die jeweils im Bundesgesundheitsblatt erscheinende Liste verwiesen werden.

Tab. 70. Die wichtigsten zur Bekämpfung von Hausungeziefer einzusetzenden Pestizide (nach Bundesgesundheitsamt 1983)

Wirkstoff	wirksam gegen (teilweise in Kombination)									
	Ameisen	Bettwanzen	Fliegen	Flöhe	Kleiderläuse	Kopfläuse	Pharao-Ameise	Schaben	Stechmücken	Zecken
Bendiocarb								+		
Bromophos			+					+		
Chlordecon							+			
Chlorpyrifos								+		
Diazinon		+	+					+		
Dichlorvos		+	+	+				+	+	+
Lindan		+	+		+			+		
Malathion								+		
Metoxychlor			+					+	+	
Phoxim									+	
Propoxur	+	+	+	+				+	+	+
Pyrethrum und Pyrethroide		+	+		+	+		+	+	+
Trichlorfon	+		+							

Namentlich in der Liste nicht aufgeführte Arten wie Staubläuse, Silberfischchen, Asseln, Ohrwürmer usw. können meist mit den breitenwirksamen Kontaktinsektiziden der Tabelle ebenfalls bekämpft werden.

4.2.3.4 Resistenz von Vorratsschädlingen gegenüber Pestiziden

Schon wenige Jahre, nachdem chemische Mittel in größerem Umfang gegen Schadorganismen eingesetzt wurden, stellten sich Fehlschläge bei der Bekämpfung ein: die Wirkung ließ sehr stark nach, viele Schädlinge überlebten.

Bei der Suche nach den Gründen ergab sich dann, daß die betreffenden Stämme des Schädlings eine vererbbare Widerstandsfähigkeit gegenüber den angewandten Pestiziden entwickelt hatten, so daß die üblicherweise benutzten Dosierungen wirkungslos blieben.

Die echte Widerstandsfähigkeit oder Resistenz ist, da vererbbar, genetisch fixiert. Teilweise ist sie durch Veränderung eines einzelnen Genes bedingt, teilweise hat sie eine multifaktorielle Basis (z. B. Warfarin-Resistenz bei Hausratten). Resistenz entsteht bei den normalerweise auftretenden, ungerichteten Mutationen in einer Population, wird dann aber durch den Einsatz des Pestizides herausselektiert: Die nichtmutierten, empfindlichen Individuen werden abgetötet, die unempfindlichen überleben und vererben ihre Fähigkeit weiter. Nach einigen Generationen hat sich diese Resistenz in fast der ganzen Population durchgesetzt, und eine Bekämpfung nach der herkömmlichen Weise wird problematisch oder gar unmöglich. Der Vorgang wird in Abb. 108 in einem einfachen Schema erläutert.

Der Zeitpunkt, wann eine Resistenz sich in der praktischen Schädlingsbekämpfung bemerkbar macht, ist unterschiedlich und von zahlreichen Faktoren abhängig. In einer räumlich abgeschlossenen Population kann man bei kontinuierlicher Anwendung eines bestimmten Mittels nach etwa 10–15 Generationen mit dem Auftreten merklicher Resistenz rechnen. Umgekehrt kann – vorausgesetzt, daß die resistenten Individuen heterozygot im Hinblick auf die Resistenz sind – nach dem Aufhören der Selektion durch die Pestizideinwirkung im gleichen Zeitraum wieder eine nahezu normale Sensibilität der Population erreicht werden.

Die Ursachen einer Insektizidresistenz sind

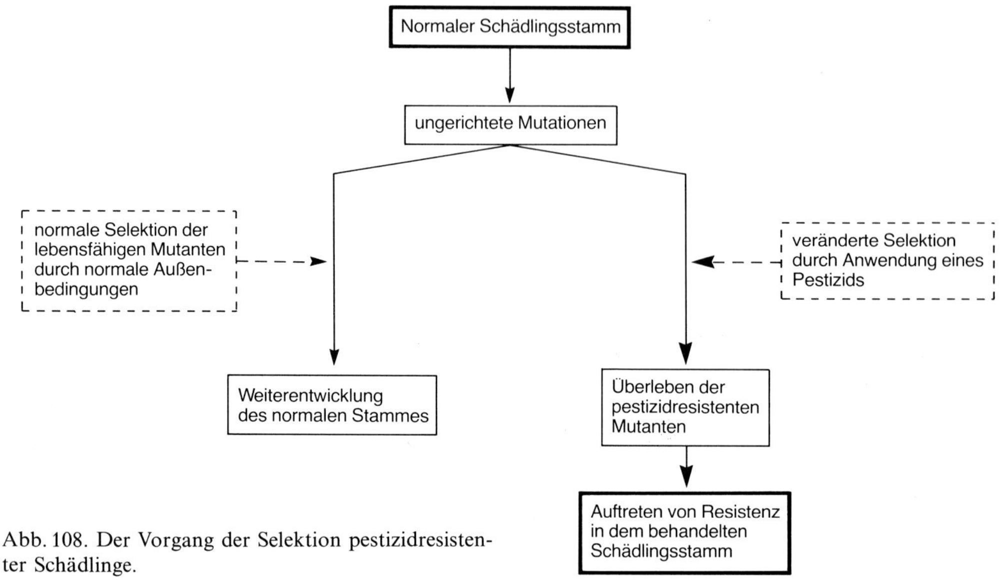

Abb. 108. Der Vorgang der Selektion pestizidresistenter Schädlinge.

verschiedener Art. Im wesentlichen kommen drei Gruppen in Frage:

1. Resistenz auf Grund *morphologischer Veränderungen.* Hier seien Verstärkung der Behaarung und Verdickung der Kutikula genannt, wodurch das Eindringen von Kontaktinsektiziden erschwert wird.

2. Resistenz auf Grund *physiologischer Veränderungen:* Aufgenommene Pestizide werden stärker als beim normalen Tier abgebaut, anderweitig inaktiviert, gespeichert oder ausgeschieden.

3. Resistenz auf Grund von *Verhaltensänderungen.* Mutierte Individuen weisen zum Beispiel eine verstärkte Mobilität auf, wodurch ein Kontakt mit begifteten Unterlagen verkürzt wird und letale Mengen des Pestizids nicht aufgenommen werden. Oder der Knock-down-Effekt (Fallen in die Rückenlage als Zeichen einer beginnenden Vergiftung) tritt früher als normal ein, wodurch die Tiere aus dem Bereich des Giftes herausgebracht werden können. – Auch ein gesteigertes Aufsuchen von Verstecken oder Eindringen ins Innere der Nahrung ist hier zu nennen.

Es kann vorkommen, daß eine aufgetretene Resistenz nicht nur gegen das eingesetzte Pestizid – das somit als Selektionsfaktor wirkt – entwickelt wird, sondern auch gegen andere Verbindungen. Man spricht von Gruppenresistenz, wenn durch einen genetischen Mechanismus gegen eine Gruppe von chemisch verwandten Wirkstoffen (z. B. chlorierte Kohlenwasserstoffe oder organische Phosphorpräparate) eine Unempfindlichkeit entwickelt wird oder von Kreuzresistenz, wenn durch eine Mutation auch gegenüber anderen Wirkstoffgruppen Resistenz in Erscheinung tritt (z. B. Resistenz gegen chlorierte Kohlenwasserstoffe nach einer Selektion durch organische Phosphorverbindungen). Eine multiple Resistenz liegt vor, wenn ein Stamm mehrere unabhängige Mechanismen gegen verschiedene Pestizide entwickelt hat.

Diese Fälle sind naturgemäß für die praktische Schädlingsbekämpfung besonders gravierend, weil ein Ausweichen auf einen anderen Wirkstoff zwecks Durchbrechen der Resistenz problematisch oder gar unmöglich werden kann.

Resistenz tritt vor allem dann auf, wenn lange Zeit ununterbrochen mit demselben Wirkstoff bekämpft wird. Dadurch kann die Selektion in gleicher Richtung über viele Generationen wirken. So ist es auch erklärlich, daß Schadarten mit einer kurzen Entwicklungsdauer relativ schnell widerstandsfähig werden können. Dies ist zum Beispiel dann gegeben, wenn bei der Anwendung von Anstrichmitteln in Stallungen die verwendeten Pestizide über viele Monate hin wirksam bleiben und sich in dieser Zeit eine große Anzahl von Fliegengenerationen (Entwicklungsdauer 3–4 Wochen) herausbilden kann.

Eine vorbeugende Maßnahme gegen das Auf-

Tab. 71. Resistenz von wichtigen Vorratsschädlingen gegenüber insektiziden Substanzen unter Praxisbedingungen (nach CHAMP und DYTE 1976, ergänzt)

	Wirkstoffe								
Schädling	Bromophos	Dichlorvos	Lindan	Malathion	Pyrethrum und Pyrethroide	Blausäure	Methylbromid	Phosphorwasserstoff	Juvenilhormone
Milben									
Acurus siro			+						
Schaben									
Blattella germanica					+				
Schmetterlinge									
Ephestia cautella				+	+				
Phthorimaea operculella			+						
Plodia interpunctella				+	+				
Sitotroga cerealella			+						
Käfer									
Caryedon serratus			+						
Dermestes lardarius			+						
D. maculatus			+	+					
Oryzaephilus mercator		+	+	+					
O. surinamensis		+	+	+	+				
Rhizopertha dominica		+	+	+			+	+	
Sitophilus granarius		+	+	+	+			+	
S. oryzae		+	+	+	+			+	
S. zeamais			+	+			+		
Tribolium castaneum	+	+	+	+	+	+	+	+	+
T. confusum			+	+	+	+	+	+	
Trogoderma granarium				+					

treten von Resistenz kann demnach in vielen Fällen ein rechtzeitiger Wechsel des Pestizids sein. Allerdings kann diese Methode versagen, wenn z. B. – wie oben schon erwähnt – eine Kreuzresistenz gegen das neue Mittel vorliegt.

Wenn es möglich ist, sollte eine Bekämpfung diskontinuierlich durchgeführt werden, d. h. der Einsatz von Pestiziden sollte zeitweise ausgesetzt werden, um den Selektionsdruck auf die Population aufzuheben und die Entwicklung empfindlicher Individuen zu ermöglichen, was bei einer homozygoten Vererbung der Resistenz und fehlender oder mangelhafter Zuwanderung von nicht-resistenten Tieren schwierig ist.

In keinem Fall sollte man versuchen, durch ständige Steigerung der Anwendungskonzentration die Wirksamkeit eines Mittels aufrecht erhalten zu wollen. Dies wird mit Sicherheit Rückstandsprobleme erbringen, die selbstverständlich nicht vertretbar sind.

4.2.3.4.1 Resistenz bei vorratsschädigenden Insekten

Resistenz spielt auch im Vorratsschutz eine nicht geringe Rolle. Zahlreiche Untersuchungen befassen sich mit ihrem Auftreten in allen Teilen der Welt. Das Bild, das sich daraus ergibt, zeigt, daß fast alle Arten und ein hoher Prozentsatz der Stämme der einzelnen Vorratsschädlinge eine gesteigerte Unempfindlichkeit gegenüber den wichtigsten eingesetzten Kontaktinsektiziden

Tab. 72. Häufigkeit des Auftretens von Resistenz gegenüber Lindan und Malathion bei einigen Vorratsschädlingen (nach CHAMP und DYTE 1976)

Schädling	Lindan				Malathion			
	Länder		Stämme		Länder		Stämme	
	untersucht	mit Resistenz (%)	untersucht	mit Resistenz (%)	untersucht	mit Resistenz (%)	untersucht	mit Resistenz (%)
Oryzaephilus mercator	18	61,1	34	50,0	19	15,8	36	8,3
Oryzaephilus surinamensis	52	88,5	152	73,7	53	18,9	181	7,7
Rhizopertha dominica	51	80,4	137	66,4	50	46,0	158	31,6
Sitophilus granarius	28	50,0	157	22,3	28	14,3	163	8,6
Sitophilus oryzae	58	91,4	235	74,9	59	16,9	257	12,8
Sitophilus zeamais	48	95,8	186	78,5	52	9,6	203	3,0
Tribolium castaneum	76	98,7	497	93,2	78	96,2	505	86,9
Tribolium confusum	34	67,6	94	40,4	33	81,8	119	31,9

aufweisen. Eine Übersicht in Tab. 71 soll das bisher bekannte Vorkommen von Resistenz unter Praxisbedingungen aufzeigen, und in Tab. 72 sind am Beispiel von Malathion und Lindan Untersuchungen der FAO (Food and Agriculture Organization der Vereinten Nationen) über die Häufigkeit der Resistenz bei einigen wichtigen Vorratsschädlingen wiedergegeben.

Während somit die Situation bei den Kontaktmitteln im großen und ganzen recht bedenklich ist, sieht das Bild bei den Begasungsmitteln – zur Zeit jedenfalls noch – besser aus, was im Hinblick auf deren Bedeutung im Vorratsschutz äußerst günstig ist.

Resistenz gegenüber Phosphorwasserstoff, Methylbromid oder Blausäure ist zwar bei einigen Schädlingen bekannt, doch wurde sie meist im Laboratorium unter verschärften Bedingungen ausgelöst. Anzeichen einer Unwirksamkeit der Gase unter Praxisbedingungen sind aber durchaus vorhanden, so zum Beispiel für eine PH_3-Resistenz bei *Rhizopertha dominica*, *Tribolium confusum* und *T. castaneum*. Dabei muß aber gesagt werden, daß gerade gegenüber diesem Mittel die Empfindlichkeit der verschiedenen Stämme stark schwanken kann, eine echte Resistenz also nur schwer nachzuweisen ist. Neuerdings scheint aber ein ernst zu nehmender Fall von PH_3-Resistenz in Lagerhäusern in Bangladesch aufgetreten zu sein, wo *Sitophilus oryzae*, *Cryptolestes* spp. und *Oryzaephilus surinamensis* nur schwer zu bekämpfen waren.

Wenn bei einer sachgemäßen Durchführung der Begasung fast stets eine 100 %ige Mortalität auftritt und somit Resistenzbildung kaum entstehen kann, so muß dem Problem doch in Zukunft erhöhte Aufmerksamkeit gewidmet werden, da ein Versagen der Begasungsmittel unabsehbare Konsequenzen für den Vorratsschutz haben würde.

In den Tabellen sind die Fliegen nicht aufgeführt. Es läßt sich nämlich sagen, daß sie – vor allem die Stubenfliege *Musca domestica* – gegen praktisch alle eingesetzten Insektizide Resistenz entwickelt haben. Bei ihnen ist sogar eine gesteigerte Unempfindlichkeit dem Entwicklungshemmer Dimilin gegenüber festgestellt worden. Bekämpfungsprobleme sind also fast immer zu erwarten, wenn es um die Vernichtung dieser Schädlings- und Ungezieferarten geht.

Zum Schluß dieses Kapitels sei noch einmal an die Bedeutung der Quarantäne in diesem Zusammenhang erinnert. Da in vielen Exportländern wesentlich häufiger Pestizide eingesetzt werden und sich so eine Resistenz leicht ausbilden kann, ist immer die Möglichkeit gegeben, daß resistente Stämme in die Importländer eingeschleppt werden und eine evtl. notwendige Bekämpfung später sehr erschwert wird. Durch eine wirksame Quarantäne kann diese Gefahr wesentlich eingeschränkt werden.

4.2.3.4.2 Resistenz bei Nagetieren

Auch bei Warmblütern kann eine vererbbare Resistenz gegen eingesetzte Bekämpfungsmittel auftreten. Im Hinblick auf die nur wenig verwendeten Akutgifte (wie Thalliumsulfat) ist das Problem ohne Bedeutung, nicht dagegen bei Einsatz der Antikoagulantien. Schon bald nach dem erfolgversprechenden Beginn der Bekämpfung mit diesen Mitteln traten Anzeichen einer Resistenz auf: 1958 in Schottland, 1960 in England und Wales, 1962 in Dänemark. In allen Fällen handelte es sich um eine Resistenz der Wanderratte gegenüber Warfarin. Seit 1961 (England) ist diese Widerstandsfähigkeit auch bei der Hausmaus bekannt. Inzwischen sind Resistenzfälle auch aus anderen Teilen der Welt (besonders aus den USA) gemeldet worden, wobei Haus- und Wanderratten, in geringerem Umfang auch Hausmäuse, betroffen sind. Auch richtet sich die Resistenz nicht allein gegen das am häufigsten angewandte Warfarin. Besonders bei Hausmäusen ist Resistenz gegen Cumachlor, Chlorphacinon und Cumatetralyl bekannt.

Die Gründe für die Resistenz gegenüber Antikoagulantien sind sehr komplexer Natur und noch keineswegs restlos geklärt. Auf die einzelnen Theorien einzugehen, kann nicht Gegenstand dieser Ausführungen sein. Lediglich das Grundprinzip, über das weitgehende Übereinstimmung herrscht, soll hier kurz erläutert werden.

Auf Seite 178 wurden in vereinfachter Form die Auswirkungen der Antikoagulantien bei normalempfindlichen Nagetieren auf den Prozeß der Blutgerinnung dargestellt. Bei resistenten Ratten muß nun ein Mechanismus einsetzen, der den Eingriff des Rodentizids in den Ablauf der Vorgänge verhindert. Dies ist dann möglich, wenn die Konkurrenz des Antikoagulans mit dem Vitamin K um einen Bindungsort an dem Enzym, das für die Bildung bestimmter Gerinnungsfaktoren notwendig ist, zugunsten des Vitamin K verschoben ist. Es besteht also bei den resistenten Nagern eine größere Affinität zum körpereigenen Vitamin K als zum hinzutretenden Antikoagulans, und letzteres bleibt von den biochemischen Prozessen der Blutgerinnung ausgeschlossen.

Die Resistenz kann – theoretisch – unter anderem dann aufgehoben oder wenigstens reduziert werden, wenn es gelingt, durch Anwendung anderer Substanzen die Konkurrenz zwischen Vitamin K und Antikoagulans zugunsten des letzteren zu verschieben. Wege hierzu sind zum Beispiel künstlich hervorgerufener Vitaminmangel, Ausschaltung des vorhandenen Vitamin K, Einsatz von neuen Rodentiziden, deren Affinität zum Enzym größer ist als die des Vitamin K. Mit Cumatetralyl können resistente Ratten noch am ehesten bekämpft werden, obgleich auch hier schon Fälle von Resistenz bekannt geworden sind.

Eine Verbesserung der Wirkung von Rodentiziden gegenüber resistenten Nagetieren ist durch bestimmte Zusätze zu den üblichen Ködermitteln möglich. Als solche Substanzen haben sich Calciferol, Difenacoum und Brodifacoum erwiesen. Sie werden in kleinsten Mengen den üblichen Präparaten zugesetzt (0,005 %).

Zweifellos wird die Suche nach neuen Mitteln notwendig sein, wenn der Einsatz der hochgiftigen Akutgifte nicht wieder zunehmen soll.

4.2.3.5 Abweichende Insektizid-Toleranz bei den verschiedenen Entwicklungsstadien und Geschlechtern

Resistenz und Toleranz sind zwei Begriffe, die in der Literatur nicht immer scharf getrennt werden und sicher manchmal auch nicht klar zu trennen sind. Hier soll unter Toleranz jene Widerstandsfähigkeit verstanden werden, welche manche Tiere a priori besitzen, die aber nicht durch den Selektionsdruck eines angewandten Pestizides in einer Population verstärkt wird. Sie ist, wie alle Eigenschaften, selbstverständlich auch genetisch bedingt, ist aber auch bei normalen, „nicht selektierten“ Tieren vorhanden.

Als Pseudoresistenz ist die Toleranz eine allgemeine Widerstandsfähigkeit eines Tieres, die sich auch gegen andere Faktoren richten kann, z. B. gegen hohe oder tiefe Temperaturen, Trockenheit oder Nahrungsentzug.

Oft liegt nur bei gewissen Entwicklungsstadien eine abweichende Toleranz gegenüber Pestiziden vor. Ein Beispiel wurde bereits in Abb. 92 wiedergegeben, als es um Fragen der Dosierung bei Begasungen ging. Hier seien noch einige

Tab. 73. Unterschiedliche Empfindlichkeit der verschiedenen Stadien von *Trogoderma granarium* gegenüber Phosphorwasserstoff (35 °C, 72 Std. Exposition, der geringste Wert = 1 gesetzt) (nach Borah und Chahal 1979)

Stadium	LD 50 (♀ Puppe = 1,00)
Ei	8,58
1. Larvenstadium	6,67
2. Larvenstadium	7,05
3. Larvenstadium	11,27
4. Larvenstadium	31,29
♀ Puppe	1,00
♂ Puppe	1,37

weitere Beispiele genannt, um die Bedeutung dieser Erscheinung für den praktischen Vorratsschutz herauszustellen.

Tab. 73 gibt die Ergebnisse einer Untersuchung wieder, welche die LD_{50}-Werte für die verschiedenen Stadien von *Trogoderma granarium* bei einer Behandlung mit Phosphorwasserstoff ermittelte. Es ergab sich zum Beispiel, daß die weiblichen Puppen mehr als 30mal so empfindlich waren wie die erwachsenen Larven. Die Überlebensmöglichkeit dieses Stadiums bei ungenügender Konzentration auch in nichtresistenten Populationen ist also ganz offenkundig.

Als besonders tolerant gegenüber Insektiziden erweisen sich oft diapausierende Larven *(Ephestia elutella, Plodia interpunctella)*.

Aber auch innerhalb eines bestimmten Stadiums ist die Empfindlichkeit durchaus unterschiedlich. Als Beispiel sind in Abb. 109 die LD_{50}-Werte für verschieden alte Eier von vier vorratsschädigenden Mottenarten dargestellt. Mit dem Alter der Eier nimmt die Toleranz bei allen vier Arten zu.

Daß die verschiedenen Stadien darüber hinaus noch sehr große Abweichungen in der Empfindlichkeit gegenüber einzelnen Pestiziden zeigen, belegen Untersuchungsergebnisse, die in Tab. 74 wiedergegeben sind. Während die Toleranz gegenüber Methylbromid bei *Ephestia cautella* zunimmt, ist sie gegenüber Phosphorwasserstoff im Larven- und Puppenstadium im Vergleich zum Ei stark reduziert.

Tab. 74. Unterschiede in der Toleranz der präimaginalen Stadien von *Ephestia cautella* gegenüber zwei Gasen (nach Bell 1979)

Gas	LD 100 (mg × Std./l) Ei	Larve	Puppe
Methylbromid	26	31	50
Phosphorwasserstoff	77	1,4	2,6

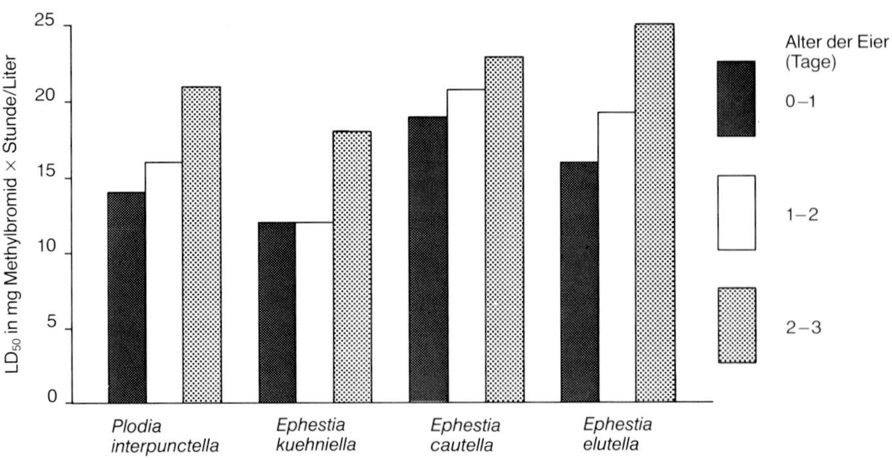

Abb. 109. Die Abhängigkeit der Toleranz vom Alter bei Eiern von vier Mottenarten gegenüber Methylbromid (nach Bell 1976).

Schließlich kann die Toleranz auch noch bei beiden Geschlechtern unterschiedlich sein. Die Werte für männliche und weibliche Puppen von *Trogoderma granarium* in Tab. 73 deuten dies schon an. Die Unterschiede sind aber bei den einzelnen Vorratsschädlingen und verschiedenen Pestiziden absolut nicht einheitlich, wie die nachfolgende Aufstellung verschiedener Literaturangaben zeigt:

Vorratsschädling	Pestizid
Weibchen empfindlicher als die Männchen	
Sitophilus granarius	Lindan
Tribolium castaneum	Phosphorwasserstoff
Tribolium confusum	Blausäure
Männchen empfindlicher als die Weibchen	
Sitophilus granarius	Methylbromid
Tribolium castaneum	Lindan, Malathion, Pyrethrine
Tribolium confusum	Methylbromid

4.2.3.6 Bekämpfungsversuche mit verschiedenartigen Substanzen

Im Bestreben, warmblütertoxische Pestizide durch harmlose Substanzen zur Vernichtung von Vorratsschädlingen einzusetzen, wurden zahlreiche natürlich vorkommende Substanzen auf ihre Wirksamkeit getestet. Auf das Azadirachtin (einem Stoff des Niem-Baumes *Azadirachta indica*) wurde verschiedentlich in anderem Zusammenhang schon hingewiesen, und Silica-Verbindungen spielten bei Arbeiten zur Imprägnierung von Verpackungsmaterial schon vor vielen Jahren eine Rolle.

In einer Aufstellung sollen nun noch einige weitere Versuche angeführt werden, die zu einer erfolgreichen Niederhaltung von Vorratsschädlingen geführt haben. Wenn sie auch weltweit sicher nicht in absehbarer Zeit mit den „echten“ Pestiziden konkurrieren können, so soll mit ihrer Nennung doch dokumentiert werden, daß vielleicht noch manche Möglichkeiten nicht ausgeschöpft sind. Vor allem in Entwicklungsländern kann die eine oder andere, billig zu gewinnende Substanz vielleicht von Bedeutung werden.

Substanz	Anwendungsweise und Wirkung
Inerte Stäube (Oxide, Gesteinsmehl, Aktivkohle)	Mortalität bei verschiedenen Vorratsschädlingen
Lehmmineralien	Behandlung von Saatgut, Getreide, Leguminosen, Behandlung von Säcken. Wirksam gegen verschiedene Vorratsschädlinge
Schwarzer Pfeffer	Azetonauszug. Kontaktgift für verschiedene Vorratsschädlinge
Kokosnuß, Erdnuß, Sesam, Sonnenblumen	Öl. Verhindert oder reduziert die Eiablage von Schädlingen an Leguminosen
Sojabohne, Mais	Öl. Verhindert das Schlüpfen von Eiern bei Leguminosenschädlingen
Acorus calamus	Öl, Dämpfe und Schnitzel der Wurzelstöcke. Wirkt bei verschiedenen Vorratsschädlingen sterilisierend
Annona sp. (Flaschenbaum)	Pulver aus Samen. Wirkt gegen Leguminosenschädlinge
Tabak, *Vitex negundo*, *Polygonum serrulatus*	Pulver. Repellent gegen Vorratsschädlinge

5 Toxikologische Probleme bei der Anwendung von Pestiziden und Möglichkeiten zu ihrer Lösung

Der Einsatz chemischer Mittel zur Bekämpfung von Vorratsschädlingen darf nicht eine einseitige Maßnahme sein, bei der nur der Vernichtungserfolg interessiert. Menschen und Haustiere (aber auch andere nützliche und neutrale Tiere) können im Prinzip durch die angewandten Präparate gefährdet werden, so daß alle nur erdenklichen und praktisch realisierbaren Vorsichtsmaßnahmen getroffen werden müssen, um Gesundheitsschäden während und nach der Anwendung unmöglich zu machen.

Grundsätzlich kann hierzu gesagt werden, daß bei Berücksichtigung aller gesetzlichen Vorschriften und Anweisungen der Hersteller der Einsatz von chemischen Mitteln im Vorratsschutz und in der Ungezieferbekämpfung – nach dem heutigen Stand des Wissens – keine gesundheitlichen Gefahren für Mensch und Haustier mit sich bringt.

Neue wissenschaftliche Erkenntnisse über negative Auswirkungen müssen darüber hinaus aber jederzeit berücksichtigt werden. Die gesetzlichen Grundlagen hierzu sind gegeben.

Selbstverständlich ist zunächst einmal jeder einzelne, der Pestizide einsetzt, verantwortlich dafür, daß er sich selbst und andere nicht gefährdet. Da man diese Verantwortung aber nicht ausschließlich dem Anwender überlassen kann, greift der Gesetzgeber hier durch Gesetze, Verordnungen oder auch nur durch Rat ein:

- Die einsetzbaren Pestizide zur Bekämpfung von Vorratsschädlingen müssen amtlich zugelassen werden.
- Pestizide zur Bekämpfung von Hausungeziefer werden amtlich geprüft und anerkannt.
- Einsetzbare Geräte werden amtlich geprüft und anerkannt.
- Der Personenkreis der Anwender kann eingeschränkt werden (z. B. bei Begasungen).
- Das Anwendungsgebiet und die Anwendungsmenge werden bei Pestiziden zur Bekämpfung von Vorratsschädlingen vorgeschrieben.
- Duldbare Rückstandsmengen in Lebensmitteln sind vorgeschrieben.
- Der Abbau von Pestiziden in Lebensmitteln bis auf die duldbaren Rückstandsmengen ist durch Wartezeiten gesichert.
- Vorschriften für den Hersteller von Pestiziden sichern eine gute Information des Anwenders.

Die so zweifellos gegebene Sicherheit für Anwender von Pestiziden und Konsument von Lebensmitteln kann aber nicht garantieren, daß nicht doch gesundheitliche Schäden auftreten: Leichtsinn, Fahrlässigkeit, Überheblichkeit oder Absicht (Motto: Viel hilft viel!) können Gefahren heraufbeschwören, welche die Anwendung von Pestiziden heute noch zu einem (notwendigen) Übel machen. Toxikologische Fragen müssen deshalb bei der Bekämpfung von Vorratsschädlingen und Hausungeziefer zu einem zentralen Problem werden. Die wichtigsten Gesichtspunkte sollen in den nächsten Abschnitten diskutiert werden.

5.1 Giftigkeit der einsetzbaren Pestizide

Zugelassene oder anerkannte Pestizide sind zwar grundsätzlich als gesundheitsgefährdend anzusehen, der Grad ihrer Giftigkeit ist aber sehr unterschiedlich. Als Maßstab hierfür kann die LD_{50} angesehen werden, die bei Verabreichung mit dem Futter bei 50 % der Versuchstiere Mortalität hervorruft. Als Versuchstier gilt hier durchweg die weiße Ratte, die im Laboratorium leicht zu züchten und zu halten ist.

Die LD_{50}-Werte für die zugelassenen Vorratsschutz-Pestizide sind in Tab. 69 angegeben. Sie zeigen, daß sie je nach Präparat in weiten Grenzen schwanken können, d. h. der Grad der Giftigkeit ist sehr unterschiedlich. Die „harmloseren" Pestizide können dabei in Bereichen liegen, die sogar bei Nahrungs- und Genußmitteln auftreten, wie dies eine Gegenüberstellung in Tab. 75 deutlich macht. Einige Genußmittel liegen dabei sogar im Bereich hochgiftiger Pestizide, sind also auch durchaus nicht ungefährlich. Auch bei ihnen ist – wie bei den Pestiziden – eben entscheidend, daß die aufgenommene Menge für die Giftigkeit einer Substanz maßgebend ist.

Nimmt man einmal an, daß der Mensch gegenüber den Pestiziden genauso empfindlich ist wie die Ratte (es wird später gezeigt, daß der Gesetzgeber diese Annahme nicht macht, obwohl sie wegen der relativ nahen Verwandtschaft der beiden Säugetiere in den meisten Fällen keineswegs

Tab. 75. Giftigkeit einiger Pestizide, Nahrungs- und Genußmittel

Verbindung	LD 50 (Ratte, mg/kg, per oral)
Pestizide	
Bromophos	3750–8000
Dichlorvos	56– 80
Lindan	88– 225
Malathion	1375–2800
Pyrethrum	584– 900
Nahrungsmittel	
Kochsalz	3750 (nüchtern)
	6140 (normal)
Genußmittel	
Coffein	233
Nicotin	55

so abwegig ist), so würden die in Tab. 76 angegebenen Mengen notwendig sein, um einen 60 kg schweren Menschen (mit einer Wahrscheinlichkeit von 50 %) zu töten.

Von sehr giftigen Verbindungen sind zur lebensgefährlichen Vergiftung nur sehr geringe Mengen notwendig, die evtl. leicht erreicht werden können, von anderen Wirkstoffen dagegen sind es Quanten, die kein Mensch unbeabsichtigt zu sich nehmen kann.

Tab. 69 gibt bei einigen Substanzen einen sehr weiten Spielraum hinsichtlich der LD_{50}-Werte an. In anderen Angaben wird man noch weitere Werte finden können. Hierfür gibt es eine Reihe von Erklärungen, die teilweise in der Testsubstanz bedingt sind (z. B. Reinheitsgrad, Lösungsmittel), teilweise im Versuchstier (z. B. Stamm, physiologischer Zustand, Haltungsbedingungen, individuelle Empfindlichkeit).

Tab. 76. Vergleich der Giftigkeit verschiedener Pestizide (Werte errechnet für einen 60 kg schweren Menschen nach LD 50-Werten, peroral, für die Ratte)

Pestizid	letale Menge für einen Menschen
Blausäure	0,75 g
Dichlorvos	4,08 g
Lindan	9,36 g
Malathion	125,28 g
Bromophos	352,50 g

Die Gefährlichkeit eines Präparates ist normalerweise einem Anwender nicht bekannt. Es muß deshalb Kriterien geben, die ihm schon beim Kauf eines Präparates Anhaltspunkte zu dieser Frage geben. Internationalen Vereinbarungen entsprechend können diese Präparate eines der in Abb. 117 wiedergegebenen Gefahrensymbole mit Gefahrenbezeichnung tragen. Mittel, welche solche Markierungen auf der Verpackung nicht tragen, sind – immer bei sachgemäßer Anwendung – für den Menschen relativ ungefährlich. Trotzdem ist auch bei ihnen, wie schon betont, bei der Anwendung und Lagerung größtmögliche Vorsicht geboten.

Die in diesem Abschnitt gemachten Angaben beziehen sich auf die Gefährlichkeit einzelner Wirkstoffe. Nicht angesprochen wurde bisher ein Problem besonderer Art: die Wirkung von Kombinationen verschiedener Verbindungen. Hierbei ist nicht nur an die Pestizide zu denken, sondern an die Vielzahl von chemischen Substanzen, welche der Mensch über die Nahrung, die Atemwege oder die Haut normalerweise oder in bestimmten Situationen (z. B. Medikamente) aktiv oder passiv zu sich nimmt. Die Kenntnisse über die Auswirkungen solcher Kombinationen sind bisher minimal, da einmal ihre theoretisch mögliche Anzahl fast unbegrenzt ist (es können nicht nur 2, sondern 3 und mehr Stoffe kombiniert werden!) und zum anderen viele Faktoren variierend eingreifen können, z. B. Konzentration, Aufnahme zugleich oder nacheinander, Empfindlichkeit des einzelnen Menschen für bestimmte Substanzen, allgemeiner physiologischer Zustand usw.

Die Wirkung verschiedener Verbindungen kann sich addieren, multiplizieren, gegenseitig aufheben oder abschwächen. So kann es evtl. passieren, daß zwei einzeln aufgenommene harmlose Substanzen in der Kombination hoch giftig sind. Besonders schwerwiegend ist dabei – wie selbstverständlich auch bei den Einzelverbindungen – die chronische Schädigung, deren Ausmaß erst spät, oft zu spät, erkannt werden kann.

Zusammenfassend muß gesagt werden, daß bei einem Umgang mit Pestiziden ein Zuviel an Vorsicht besser ist als ein Zuwenig, weil trotz aller Fortschritte auf dem Gebiet der Toxikologie noch viele Fragen offen sind. Allerdings muß auch vor einer Hysterie gewarnt werden. Den zuständigen Stellen, welche für die Genehmigung von Pestiziden für den Vorratsschutz letztlich zuständig sind (BBA und BGA), sollte Vertrauen entgegengebracht werden, da sie nach bestem Wissen und Gewissen und nach dem neuesten Stand der Erkenntnisse urteilen. Letztere zu erweitern ist allerdings eine dringende Aufgabe der Forschung.

5.2 Rückstandsfragen

Der normale Verbraucher kommt mit Pestiziden zweifellos am ehesten dadurch in Berührung, daß sich von der Anwendung her noch Rückstände an oder in den Nahrungsmitteln befinden. Das Vorhandensein von Rückständen in der Nahrung kann im wesentlichen drei Gründe haben:

1. Das betreffende Gut wurde bei der Vorratshaltung direkt mit Pestiziden behandelt.
2. Das Gut hat Pestizide aus der Umgebung aufgenommen (z. B. von behandelten Unterlagen).
3. Das Gut wurde schon vor der Vorratshaltung behandelt (z. B. Pflanzen auf dem Felde, Tiere bei der Stallhaltung).

Dieser letzte Punkt zeigt, daß man bei Fragen, die Rückstände bei Vorräten betreffen, nicht nur an die im Vorratsschutz zugelassenen Wirkstoffe denken darf, sondern auch die mit einbeziehen muß, die an den Pflanzen vor der Ernte oder an den Tieren vor der Schlachtung zur Anwendung kommen können.

Die Reduktion der Rückstände beginnt praktisch sofort nach ihrer Ausbringung. Ihr Abbau geht auf normalem Wege vor sich oder kann – wie weiter unten geschildert – durch bestimmte Prozesse beschleunigt werden. Trotzdem muß ihnen im Vorratsschutz eine besondere Aufmerksamkeit gewidmet werden:

1. Manche Vorratsgüter werden vor dem Verzehr nicht mehr verarbeitet, sondern roh gegessen (z. B. Obst, manche Gemüsesorten, Nüsse, Rosinen). Der Weg zwischen Behandlung und Konsum ist somit sehr kurz und die Abbaumöglichkeiten der Rückstände gering.
2. Der Abbau im Vorratslager verläuft langsamer als im Freiland, weil eine Reihe von abbaufördernden Faktoren ausfallen oder nur vermindert wirken, vor allem klimatische Einflüsse, wie Niederschläge, Sonneneinstrahlung (UV-Strahlung, Temperaturerhöhung) oder Wind sind hier zu nennen.

Aus der Sicht der Rückstandsbildung sollten deshalb im Vorratsschutz drei Grundregeln beachtet werden:

1. Nicht mehr Pestizide anwenden als unbedingt notwendig ist.
2. Die Anwendungsvorschriften genau beachten.
3. Überwachung rückstandsgefährdeter Vorräte durch amtliche Kontrollen, da der Verbraucher nicht in der Lage ist, Rückstände qualitativ oder quantitativ zu ermitteln.

5.2.1 Allgemeine Rückstandssituation

Zunächst soll kurz die Frage erörtert werden, welche Rückstände in der Praxis tatsächlich in Vorräten vorkommen. Ähnlich wie bei den Schäden durch Vorratsschädlinge sind hier nun aber auch keine Zahlen zu erhalten, die einen kompletten Überblick über die gesamte Rückstandssituation ergeben würden.

Jede Untersuchung eines Lebensmittels auf Pestizidrückstände ist ein langwieriges und teures Verfahren. Hochkomplizierte Geräte, vor allem Gaschromatographen, und ausgebildete Fachkräfte sind erforderlich, um exakte Werte ermitteln zu können. So ist es erklärlich, daß nur ein ganz geringer Bruchteil aller Nahrungsmittel, die zum Verkauf anstehen, erfaßt werden können. (Man denke nur einmal an das Angebot auf Wochenmärkten und in einem Supermarkt.)

Angaben zur allgemeinen Rückstandssituation sind demnach mehr oder weniger Stichprobenresultate. Es soll deshalb auch hier darauf verzichtet werden, Einzelergebnisse zu nennen, da sie doch keine weitreichende Aussagekraft hätten.

Eine allgemeine Beurteilung der Rückstandssituation ergibt für den Bereich der Bundesrepublik Deutschland nach Befunden der amtlichen Lebensmittelkontrolle, daß im Durchschnitt 0–2 % der untersuchten Proben Rückstände aufwiesen, die über den zugelassenen Höchstmengen (s. dort) liegen. Hierzu ist noch zu bemerken, daß in erster Linie solche Lebensmittel geprüft werden, bei denen schon ein Verdacht auf zu hohe Rückstände vorliegt. Im Schnitt sämtlicher Produkte werden die Prozentzahlen für Überschreitung also weit niedriger liegen. In durchschnittlich 70–80 % der Proben werden normalerweise mit den eingesetzten Methoden überhaupt keine Rückstände gefunden.

Im Hinblick auf die Art der Nahrungsmittel kann gesagt werden, daß solche mit einem hohen Gehalt an Lipoiden besonders gefährdet sind, weil die meisten Pestizide fettlöslich sind. Aber auch ein hoher Wassergehalt ist bei wasserlöslichen Bekämpfungsmitteln rückstandsfördernd.

Zu den Nachweismethoden muß noch ein Wort gesagt werden. Die moderne chemische Analytik erlaubt den Nachweis von Mengen, die vor einigen Jahren noch gar nicht erfaßbar waren. So kommt es, daß heute Lebensmittel als kontaminiert erkannt werden, die früher als rückstandfrei bezeichnet worden wären. Es ist zum Beispiel möglich, bei manchen Wirkstoffen noch Mengen von 0,001 mg/kg nachzuweisen (das entspricht dem Auffinden eines Weizenkornes unter 1 Billion Körner, d. h. in ca. 35 t Weizen). Trotzdem ist es klar, daß kleinste Mengen sich evtl. einer Analyse auch heute noch entziehen. Es ist deshalb falsch, davon zu sprechen, daß ein Produkt frei von Rückständen sei. Es muß richtiger heißen, daß Rückstände nicht nachweisbar sind.

Wenn heute gelegentlich öfter Rückstände als früher gefunden werden sollten, so bedeutet das also noch keineswegs, daß sich die Situation allgemein verschlechtert hat. Gerade das Gegenteil scheint nach allgemeinen Befunden der Fall zu sein, was auf die teilweise weltweiten Verbote von manchen besonders persistenten Wirkstoffen zurückzuführen ist, aber auch auf ein Ansteigen des Bewußtseins, daß ein rücksichtsloser Verbrauch von Pestiziden Schäden in der Umwelt hervorrufen kann, die manchmal nicht mehr repariert werden können. Hinzukommt, daß es sich wegen dieses gesteigerten Bewußtseins der Gefahren Produzenten, aber auch ganze Exportländer gar nicht mehr erlauben können, einen Rückstandsskandal zu riskieren. Ein Boykott ihrer Ware für lange Zeit wäre mit Sicherheit die Folge.

Die rapide ansteigende Zahl der Menschen auf der Erde, verbunden mit einem durch wissenschaftliche Erkenntnisse bedingten verbesserten Bewußtsein für die Bedeutung der Qualität eines Lebensmittels verlangen nun aber einmal die Produktion und die Bereitstellung von mehr und besserer Nahrung. Dieses Ziel kann aber – leider – nur mit einem chemischen Pflanzen- und Vorratsschutz erreicht werden. Der Mensch muß hier also einen Kompromiß eingehen. Dieser schließt aber eine scharfe Überwachung der eingesetzten chemischen Mittel und Verfahren ein, damit die durch sie verursachten möglichen Schäden nicht größer werden als jene, welche bei einem totalen Verzicht auf chemische Bekämpfung mit Sicherheit eintreten würden.

5.2.2 Rückstandsproblematik bei den wichtigsten Wirkstoffen

Nachfolgend sollen einige Angaben darüber gemacht werden, wie die Rückstandssituation bei einigen wichtigen im Vorratsschutz und der Hausungezieferbekämpfung eingesetzten Pestiziden ist. Angegebene Werte sind aber auch hierbei, wie oben schon angedeutet, nur als Beispiele zu werten und nicht zu verallgemeinern.

Lindan: Da dieses Mittel nur noch in leeren Räumen eingesetzt werden darf und die Anwendung chlorierter Kohlenwasserstoffe in der Schädlingsbekämpfung ganz allgemein sehr stark zurückgegangen ist, spielen Lindan-Rückstände in Lebensmitteln, wenn überhaupt, nur eine ganz geringe Rolle. Allgemeine Probleme ergeben sich durch diesen Wirkstoff mit Sicherheit nicht. Sollten sich Rückstände in der Nahrung befinden, z. B. durch unsachgemäße Anwendung, so ist allerdings mit einem nur sehr langsamen Abbau dieser persistenten Verbindung zu rechnen, da sie z. B. in Stärkekörnern des Getreides festgehalten wird.

Malathion: Auch Malathion wird heute in der Bundesrepublik praktisch nur noch zur Behandlung leerer Räume eingesetzt. Die Gefahr, daß Lebensmittel kontaminiert werden, ist also ebenfalls gering.

In Getreidekörnern wird Malathion vor allem in Teilen mit hohem Lipidgehalt gespeichert, d. h. besonders im Keim und im Scutellum, weniger im Endosperm.

Dichlorvos: Da dieses Mittel besonders in Form der Strips bei der Getreidelagerung und in Haushaltungen eingesetzt wird, ist eine Gefahr der Rückstandsbildung durchaus gegeben. Glücklicherweise macht sich hier die für eine Bekämpfung negative Tatsache des geringen Eindringungsvermögens in lagernde Güter positiv bemerkbar. Werden Strips zur Bekämpfung von Motten in Getreidelagern aufgehängt, so finden sich merkliche Rückstände nur in einer Getreidetiefe von vielleicht 0–10 cm. Aber auch diese Werte liegen noch weit unter der zugelassenen Höchstmenge. Da bei der Auslagerung zudem noch eine Vermischung mit nichtkontaminiertem Getreide der unteren Schichten eintritt, ist bei diesem Wirkstoff das Rückstandsproblem gering, zumal der Abbau relativ schnell abläuft und die Gefahr einer Akkumulation somit nicht gegeben ist.

Untersuchungen von Speisen, die in einer Küche mit aushängendem DDVP-Strips angerichtet wurden, enthielten ebenfalls Rückstände, die unter der zugelassenen Menge von 0,1 mg/kg (0,5 mg für Getreideerzeugnisse) lagen. Durchgeführte Versuche, deren Ergebnis in Tab. 77 dargestellt ist, ergaben auch, daß zwischen Nahrungsmittelart und Herstellungsweise einerseits und der Rückstandsmenge andererseits kein Zusammenhang zu bestehen schien.

Tab. 77. Dichlorvos-Rückstände in Speisen und Getränken aus einer Küche mit Dichlorvos-Strips (nach ELGAR et al. 1972)

Tage nach Aufhängen der Strips	Rückstände (Durchschnitt)
7	0,02–0,03 mg/kg
42	0,02–0,03 mg/kg
70	< 0,01–0,02 mg/kg

Blausäure: Die Reaktionsneigung dieses Begasungsmittels mit Lebensmitteln ist relativ gering, so daß nach dem Lüften nur noch geringe Rückstände verbleiben, die in den Geweben zudem noch schnell zu Thiocyanaten abgebaut werden. Etwas höhere Rückstände können in behandelter Kleie auftreten. Bei normaler Anwendung wird die Keimfähigkeit von Getreide nicht beeinträchtigt, übernormale Konzentrationen riefen dagegen bei Mais einen Rückgang hervor. Auch mit Inhaltsstoffen, z. B. Fructose, kann Blausäure reagieren, so daß Begasungen von Trockenfrüchten und ähnlichen Produkten nicht möglich sind.

Methylbromid: Unter den zugelassenen Begasungsmitteln ist die Gefahr einer Rückstandsbildung zweifellos bei dem Methylbromid am größten, da das Gas mit Inhaltsstoffen Verbindungen eingehen kann. So sind vor allem Reaktionen mit Proteinen zu verzeichnen, die sich z. B. in einem Rückgang der Keimfähigkeit von behandeltem Saatgut ausdrücken. Reaktionen mit Inhaltsstoffen von Lebensmitteln führen auch zu Hydrolyseprodukten, Bildung anorganischen Broms und anderen Umwandlungsprodukten, die aber wohl kaum toxische Bedeutung besitzen, da Langzeitversuche mit Verfütterung begaster Nahrungsmittel bei Tieren keine schädlichen Nebenwirkungen ergaben.

Phosphorwasserstoff: Die Rückstandsgefahr ist bei diesem Gas sehr gering, da nach einer Lüftung keine nennenswerten PH_3-Mengen mehr im Gut nachgewiesen werden können. (Bei Tabletten- oder Pelletanwendung kann bei Aluminiumphosphid allerdings etwa 1 % unzersetztes Phosphid als Rückstand vorkommen, der bei der weiteren Verarbeitung dann aber auch umgesetzt wird. Bei Magnesiumphosphid ist diese Gefahr noch geringer.) Auch ist Phosphorwasserstoff relativ träge hinsichtlich der Reaktion mit Inhaltsstoffen der Lebensmittel. So findet praktisch kein Rückgang der Keimfähigkeit bei Samen statt. Allenfalls wurde z. B. eine leichte Beeinträchtigung der Katalaseaktivität beobachtet. Eine Oxidierung des Phosphorwasserstoffes zu Phosphaten scheint stattzufinden, wobei die gebildeten Phosphatmengen allerdings nur Bruchteile der natürlicherweise vorkommenden darstellen.

Die wenigen herausgegriffenen Beispiele mögen genügen, um aufzuzeigen, daß die Rückstandsgefahr bei behandelten Vorratsgütern nicht allzu groß ist – immer eine sachgemäße Anwendung der Mittel vorausgesetzt. Diese hohe Sicherheit ist eine Folge der scharfen Auslese bei der Zulassung von Präparaten im Vorratsschutz, da hierbei die Rückstandsfrage ein wichtiges Kriterium bildet.

5.2.3 Aufnahme von Rückständen aus der Unterlage

Werden Vorräte direkt mit Pestiziden behandelt, so sind mögliche Rückstandsprobleme einigermaßen überschaubar. Wirkstoffe, Anwendungszeit und Dosierung sind bekannt. Anders ist es dagegen, wenn eine indirekte Kontamination von Gütern möglich ist, weil sie selbst zwar nicht behandelt sind, aber mit Pestizidrückständen in Lagern, Transportmitteln oder Verpackungen in Berührung kommen. Dieser Fall ist umso bedenklicher, weil zur Behandlung leerer Räume auch Wirkstoffe zugelassen sind, die bei Vorräten selbst nicht eingesetzt werden dürfen.

Ein Übergang des Pestizids von der Unterlage in das Lebensmittel ist allerdings meist nur in den unmittelbar angrenzenden Schichten gegeben. In diesem Bereich können zwar Rückstandsmengen auftreten, welche die Toleranzgrenze überschreiten, meistens findet bei der Entnahme der Vorräte aber eine Durchmischung statt, so daß letztlich Durchschnittsrückstandsmengen auftreten, die unterhalb der Bedenklichkeitsgrenze liegen und bei großen Partien kaum noch nachweisbar sind.

Am Beispiel des Malathions soll die Aufnahme durch Weizen bei Lagerung auf einer behandelten Hartholzunterlage in Abb. 110 veranschaulicht werden. Selbst in der unmittelbar angrenzenden Schicht liegen die ermittelten Malathionwerte weit unter der zugelassenen Höchstmenge von 3,0 mg/kg.

Die Stärke der Aufnahme ist abhängig von der Unterlage (poröse Materialien wie Holz oder Beton nehmen mehr vom Wirkstoff auf und geben ihn langsamer ab als glatte), dem eingesetzten Wirkstoff (flüchtige Substanzen gehen leichter in die Vorräte über) und vom Vorratsgut (fett- und ölhaltige Produkte sorbieren stärker).

Gelegentlich wird der Vorschlag gemacht, die Unterlage mit Insektizid zu behandeln, um darauf lagerndes Getreide vor Befall zu schützen. Dieses Verfahren ist einerseits nicht unbedenklich aus den oben erörterten Problemen der Rückstandsbildung, andererseits ist die Wirkung in der Praxis der Getreidelagerung stark reduziert, weil bei der üblichen wirtschaftlichen Lagerweise in höheren Schichten das Getreide am Boden, also dort, wo es wegen ausreichend hoher Dosis des Pestizids tatsächlich geschützt sein könnte, meist den geringsten oder gar keinen Befall aufweist.

Wenn insgesamt also die Gefahr einer Rückstandsbildung durch Aufnahme von Pestiziden aus behandelten Unterlagen vielleicht nicht allzu groß ist, so sollte doch an diese Möglichkeit gedacht werden, z. B. besonders bei partieller Entnahme von Vorräten, da hierbei evtl. der Verdünnungseffekt durch Mischung entfällt. Oder bei einer nachträglichen Pestizidbehandlung eines Vorrates, weil jetzt eine zusätzliche Rückstandsbildung eintritt und möglicherweise Toleranzwerte überschritten werden.

5.2.4 Anstieg der Rückstandsmenge während der Lagerung

Die Möglichkeit der Rückstandserhöhung während der Lagerung muß hier noch erwähnt werden, die auf den ersten Blick paradox erscheint, weil sie eintreten kann, auch wenn keine weiteren Pestizide angewendet wurden und auch sonst keine Aufnahme aus der Umgebung erfolgen konnte. Sie kommt nämlich dann zustande, wenn der eingesetzte Wirkstoff selbst sehr persistent ist und über längere Zeit hin nicht oder kaum abnimmt, das Vorratsgut aber einen Gewichtsverlust erleidet. Dies ist z. B. möglich durch Veratmung von Kohlenhydraten, sonstigen Abbau von Inhaltsstoffen oder durch Wasserverlust.

Eine solche relative Zunahme der Rückstandsmenge wird normalerweise nicht sehr gravierend sein, kann aber bei manchen Vorräten (z. B. bei Obst und Gemüse) in unglücklichen Fällen zu einem Überschreiten der Toleranzgrenzen führen.

5.2.5 Rückstandsverluste während der Lagerung

Der Normalfall ist zweifellos, daß die Pestizidrückstände während der Lagerperiode mehr oder weniger stark abnehmen. Der Grad dieser Verluste kann sehr unterschiedlich sein und hängt im wesentlichen von den Lagerbedingungen, der Lagerdauer, der Art der Vorräte und dem Pestizid ab.

Einfluß der Lagerbedingungen

Von den abiotischen Bedingungen während der Lagerung eines kontaminierten Vorratsgutes hat theoretisch zweifellos die Temperatur den größten Einfluß. Sie wirkt direkt auf die Verdunstung

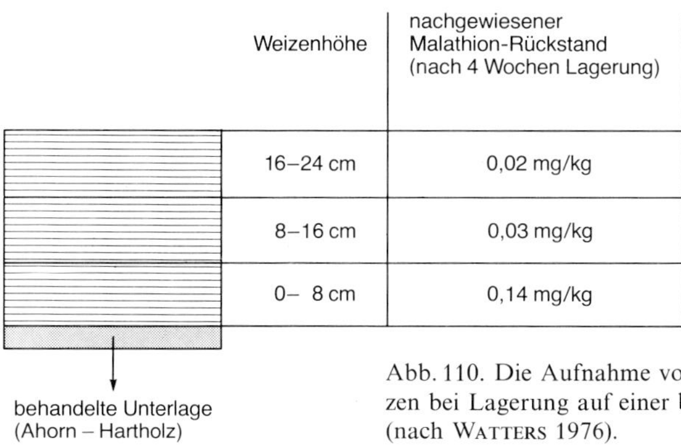

Abb. 110. Die Aufnahme von Malathion durch Weizen bei Lagerung auf einer behandelten Unterlage (nach WATTERS 1976).

eines Wirkstoffes und indirekt (nach der Reaktionsgeschwindigkeits-Temperatur-Regel) auf die Stoffwechselvorgänge ein, die zu einem chemischen Abbau führen. Das heißt also: je höher die Temperatur liegt, umso schneller geht die Reduktion der Rückstände vonstatten. Als Beispiel hierfür ist in Abb. 111 die Halbwertszeit von vier Pyrethroiden bei 25 und 35 °C eingetragen. Bei einem Anstieg um 10 °C war meist nur etwa die Hälfte der Zeit notwendig, den Rückstand auf 50 % der Ausgangsmenge zu reduzieren.

Nun ist es aber in der Praxis der Lagerung kaum möglich, diesen Faktor auszunutzen, da eine niedrige Temperatur angestrebt werden muß, weil auch die Vorgänge, die zu einer Qualitätsminderung und einem Verderb der Vorräte führen, denselben Prinzipien folgen wie der Abbau der Pestizide. Sie werden also auch bei höheren Temperaturen beschleunigt.

Somit wird es kaum möglich sein, durch Regelung der Lagertemperaturen die Abbauprozesse zu steuern. So nutzt z. B. die Erkenntnis nichts, daß Malathion in Erdbeeren nach 2 Tagen bei + 4 °C um 60 %, bei + 20 °C aber um fast 90 % abgebaut wird, weil die Erdbeeren nach dieser Zeit bei der höheren Temperatur mit Sicherheit durch den Pilz *Botrytis* vernichtet sind.

Bei Minustemperaturen (Gefrierlagerung) ist allgemein überhaupt nicht mit einem Rückgang von Rückständen zu rechnen. So verändert sich bei – 18 °C in drei Monaten der Gehalt des als Verdunstungsmittel eingesetzten Dichlorvos nicht.

Im Zusammenhang mit der Temperatur ist auch die Feuchtigkeit zu sehen. Abbauvorgänge werden normalerweise in wasserhaltigen Vorräten schneller ablaufen, weil hier die chemischen Prozesse beschleunigt sind. In Trockenvorräten, wie z. B. Getreide, wird deshalb auch schon von der Feuchtigkeit her der Pestizidrückgang verlangsamt sein. Eine Steuerung von Abbauprozessen durch Veränderung des Wassergehaltes eines Vorratsgutes ist aus Gründen der Haltbarkeit der Vorräte nicht möglich.

Es ist bekannt, daß manche Pestizide, z. B. Pyrethrum, lichtempfindlich sind, weil der Abbau durch UV-Strahlung beschleunigt wird. Doch auch dieser Faktor ist hinsichtlich der Reduktion von Rückstandsmengen während der Lagerzeit kaum wirksam, weil die Eindringtiefe des Lichtes in das Vorratsgut selbst und in untere Schichten nur sehr begrenzt ist. Darüber hinaus sei daran erinnert, daß die künstliche Bestrahlung von Lebensmitteln mit UV verboten ist.

Insgesamt muß also gesagt werden, daß nur wenige Möglichkeiten bestehen, über eine Veränderung der Lagerbedingungen Einfluß auf den Abbau von Pestizidrückständen auszuüben, weil die Anforderungen von Seiten des Vorratsgutes hinsichtlich der Bedingungen stets den Vorrang haben.

Einfluß der Lagerdauer

Bei günstigen Lagerbedingungen verlaufen, wie geschildert, die Abbauprozesse zwar langsam

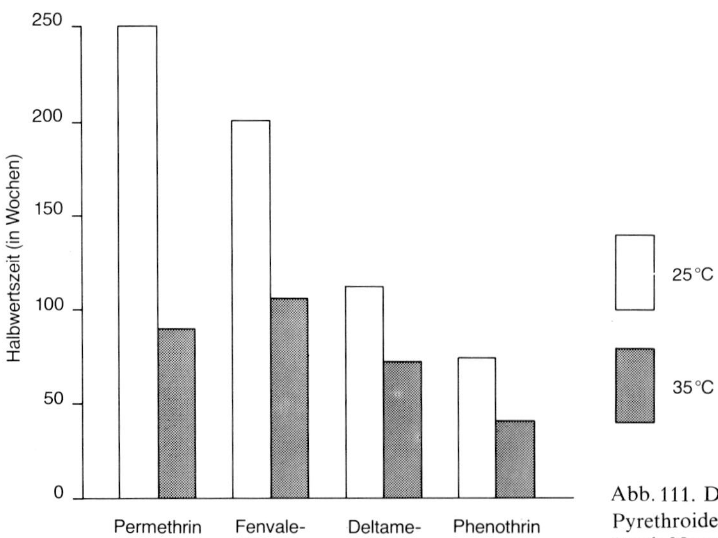

Abb. 111. Die Halbwertszeiten von vier Pyrethroiden bei verschiedenen Temperaturen (nach NOBLE et al. 1982).

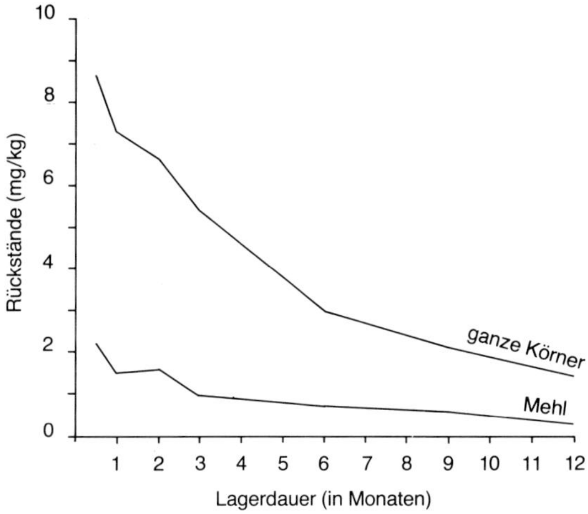

Abb. 112. Der Einfluß der Lagerdauer von Weizen und Weizenmehl auf die Höhe der Rückstände von Malathion (26 °C, 60 % r. F.) (nach Kadoum und LaHue 1977).

(wenn man von der Gefrierlagerung mit praktischem Stillstand der Prozesse absieht), aber doch immerhin merkbar. Eine Lagerdauer wird deshalb am Ende zu einem gewissen Rückgang der Pestizidmengen führen.

Als Beispiel hierfür ist in Abb. 112 der Abbau von Malathion in Weizenkörnern und in Weizenmehl dargestellt. In diesem Versuch wirken sich allerdings die hohen Lagertemperaturen besonders günstig aus. Dieser Vorteil ist zweifellos nicht immer gegeben, und besonders bei Gemüse und Obst muß bei der üblichen Kühllagerung mit einem wesentlich langsameren Rückgang gerechnet werden.

Einfluß der Vorräte

Das Vorratsgut selbst kann in verschiedener Weise die Abnahme der in ihnen enthaltenen Rückstände beeinflussen.

So halten fett- und ölhaltige Produkte die Pestizide länger fest. Dies gilt auch für Teile von Vorräten, welche diese Lipidstoffe in besonderem Maße enthalten, z. B. die sogenannten Ölgänge in Möhren.

Vorratsgüter beeinflussen auch die Eindringtiefe der Pestizide und damit ihren Abbau. Bleibt ein Wirkstoff nur in den äußeren Schichten und wird nicht in tiefere abgeleitet, so kann auch die Abnahme beschleunigt sein. (Hierbei spielt aber auch die Interaktion Pestizid – Vorratsgut eine besondere Rolle.)

Als Beispiel für den Einfluß des Gutes sei in Tab. 78 der Malathionabbau in verschiedenen Getreidearten angeführt.

Auch bei Obst und Gemüse können erhebliche Unterschiede im Abbau von Pestiziden auftreten. So werden viele im Freiland eingesetzte Wirkstoffe bei Spinat wesentlich schneller und vollständiger abgebaut als in Wurzelgemüsen, wie z. B. Möhren.

Einfluß des Pestizides

Die unterschiedlichen chemischen und physikalischen Eigenschaften der Wirkstoffe (aber manchmal auch die verschiedenartigen Formulierungen und Anwendungsformen eines Wirkstoffes) lassen schon erwarten, daß bei ihnen erhebliche Abweichungen in der Abbaurate auftreten. Vor allem der Dampfdruck spielt eine Rolle: leicht flüchtige Substanzen werden meist schnell aus einem Vorratsgut entfernt. Dies gilt z. B. für viele organische Phosphorpräparate; so geht z. B. Dichlorvos in Getreide während einer Lagerung sogar im Winter zu etwa 85 % verloren. Chlorierte Kohlenwasserstoffe sind dagegen oft sehr persistent. Bekanntestes Beispiel ist das DDT, dessen Einsatz deswegen auch fast weltweit verboten ist.

Eine wichtige Rolle spielt in diesem Zusammenhang allerdings auch die Eindringtiefe in das Vorratsgut. Einige Wirkstoffe können auf Grund ihrer Eigenschaften tief in pflanzliches Gewebe (und damit auch in Vorräte pflanzlicher Herkunft) eindringen, andere bleiben an der Oberfläche haften oder dringen nur wenige Zellschichten tief ein. Zu letzteren gehören hauptsächlich wieder chlorierte Kohlenwasserstoffe, während die organischen Phosphorester oft systemisch oder halbsystemisch sind und tief im Gewebe zu finden sind. (Systemisch: Ein Stoff wird in das Leitungssystem einer Pflanze aufgenommen und gelangt so in die meisten Teile, also z. B. auch in das

Tab. 78. Einfluß der Getreideart auf den Abbau von Malathion (Lagerbedingungen: 26,7 °C, 15 % Getreidefeuchte) (nach Kadoum und LaHue 1976)

Getreideart	Rückstände (in % der Ausgangsmenge) nach 24 Std.	nach 28 Tagen
Mais	74,7	30,5
Weizen	90,4	37,2
Sorghum	93,1	61,4

geerntete Obst und Gemüse.) Auf diese Frage wird im Zusammenhang mit den Rückstandsverlusten durch Verarbeitung im folgenden Abschnitt noch eingegangen werden.

Zusammenfassend kann gesagt werden, daß Rückstände von Pestiziden in Vorratsgütern schon bei der normalen Lagerung abnehmen können, daß aber aus verschiedenartigen Gründen diese Abnahme sehr unterschiedlich sein kann. Sie muß vor allem bei jenen Gütern bekannt sein und beachtet werden, die vor dem Verzehr nicht mehr einer weiteren Bearbeitung unterworfen sind. Dieser Umstand findet allerdings auch schon bei der Festlegung der Toleranzwerte eine Berücksichtigung, er sollte aber von allen Personen, die vor oder nach der Ernte Lebensmittel mit Pestiziden behandeln wollen, in die Überlegungen einbezogen werden.

5.2.6 Rückstandsverluste bei der Verarbeitung

Müssen Vorräte vor dem Verzehr noch in irgendeiner Form verarbeitet werden, so kann man fast immer davon ausgehen, daß diese Prozesse eine reduzierende Wirkung auf vorhandene Pestizidrückstände ausüben. Bei manchen Verfahren kann das so weit führen, daß die Nachweisgrenze unterschritten wird und ein Lebensmittel somit rückstandsfrei erscheint.
Das Getreide verliert auf dem normalen Verwendungsprozeß

Lagerung → Reinigung → Vermahlen → Verbacken

meist so viele der evtl. vorhandenen Rückstände, daß im Brot oder in den Backwaren nur noch äußerst geringe Mengen nachweisbar sind.

In Tab. 79 ist am Beispiel eines mit Malathion-Staub behandelten Roggens die Rückstandssituation in den einzelnen Phasen der Verarbeitung dargestellt.

Tab. 79. Rückstandssituation bei Roggen während der verschiedenen Phasen der Verarbeitung zu Brot nach einer Behandlung mit Malathion-Staub (nach Bressau 1966)

Verarbeitungsstand	Rückstand in mg/kg
Lagerung	
3 Tage nach Behandlung	9,5
11 Monate nach Behandlung	3,3
Reinigung	
gereinigter Roggen (Anteil 96,7 %)	3,0
Schmachtkorn (Fein- und Halbkorn, Anteil 2,8 %)	6,7
Flugkleie (Staub, Anteil 0,3 %)	60,0
Filterstaub (Feinstaub, Anteil 0,002 %)	6,0
Vermahlung	
Grobmehl, Type 1150	1,9
Feinmehl, Type 815	1,2
Blaumehl (aus Korninnern)	0,6
Futtermehl (aus Randschichten des Kornes)	13,5
Kleie	16,8
Verbackung	
Flachbrot aus Type 1150 (bezogen auf Mehlanteil)	0,4
Flachbrot aus Type 815 (bezogen auf Mehlanteil)	0,2

Insgesamt zeigen die Resultate, daß vom Zeitpunkt der Behandlung bis zum Genuß des Brotes die Rückstandsmenge um 98 % abgenommen hat. Gleichzeitig ist aber auch zu erkennen, daß in manchen Fraktionen eine Anreicherung des Pestizids stattgefunden hat, was bei einer Verfütterung dieser Substanzen an Haustiere zu bedenken ist. (Vergiftung der Tiere, aber bei persistenten Wirkstoffen auch Übergang in die genutzten Teile wie Fleisch und Fett.)

Ein weitgehender Abbau vorhandener Rückstände findet nicht nur beim Backen statt, sondern auch bei der anderen wichtigen Verwendungsart, der Bierherstellung aus Braugerste. Hier tritt der Abbau vor allem bei den hohen Temperaturen während des Mälzprozesses ein.

Sehr wichtig für die Frage nach Rückständen bei den zu verzehrenden Vorräten sind auch die Verarbeitungsprozesse, die normal in der Küche ablaufen. Durch Kochen, Backen, Einkochen oder Herstellung von Marmelade oder Säften, aber auch durch einfache Reinigungsprozesse können Pestizidrückstände beseitigt werden. Der Effekt hängt auch hier vom Pestizid, vom Lebensmittel und von dem Verarbeitungsverfahren ab.

Nachdem auf die Reduzierung der Rückstände in Getreideprodukten beim Verbacken von Mehl bereits hingewiesen wurde, interessieren jetzt vor allem andere Lebensmittel wie Obst, Gemüse oder Kartoffeln. Da auf diese Produkte während der Vorratshaltung normalerweise keine neuen Pestizidrückstände gelangen, sind nur solche Wirkstoffe von Wichtigkeit, die bereits im Zusammenhang mit Pflanzenschutzmaßnahmen auf dem Felde ausgebracht werden und noch auf Vorräten vorhanden sein können.

Da die hierdurch auftretenden Probleme zwar nicht den Vorratsschutz im engeren Sinne tangieren, wohl aber für die allgemeinen toxikologischen Fragen in Haushaltungen oder Großküchen von Bedeutung sind, soll auf eine Behandlung in diesem Buch nicht ganz verzichtet werden. Es ist aber eine Begrenzung auf einige Beispiele erforderlich.

An Reinigungsverfahren kommen vor allem das Putzen und das Waschen in Betracht. Bei Wirkstoffen, die nicht tief in das Gewebe eindringen, kann zweifellos ein großer Teil der in den äußeren Schichten (Hüllblättern, Schalen) vorhandenen Rückstände durch deren Entfernen beseitigt werden.

So konnten durch Entblättern von Blumenkohl bei einigen Pestiziden bis zu 60 % der Rückstände entfernt werden. Das Schaben von Möhren kann manchmal zur vollständigen Reduzierung führen, und auch bei Äpfeln und Tomaten können über 90 % eines Rückstandes durch Abschälen beseitigt werden. In anderen Fällen beträgt die Abnahme aber nur wenige Prozent, weil der Wirkstoff, besonders bei längerer Lagerung, in das Innere des Obstes oder Gemüses eingedrungen ist. Einheitliche Angaben lassen sich deshalb nicht machen.

Dementsprechend liefert auch das Waschen unterschiedliche Resultate. Hier sind auch die Produktunterschiede besonders groß, weil sich z. B. Tomaten oder Äpfel beim Waschen auch noch abreiben lassen, während andererseits Salat oder Pfirsiche nur eine ganz vorsichtige Behandlung zulassen. Auf jeden Fall ist es klar, daß sorgfältiges Waschen (ob mit oder ohne Detergentien) in vielen Fällen eine merkliche Rückstandsabnahme bewirken kann.

Wesentlich effektiver ist selbstverständlich die Entfernung von Pestizidresten, wenn im Zuge der Zubereitung der Nahrung Hitze eingesetzt wird. Dabei ist der Erfolg beim Dämpfen, Dünsten oder Blanchieren geringer als beim Kochen oder Einkochen. Daß aber auch bei letzterem Verfahren der Erfolg sehr unterschiedlich sein kann, demonstriert Abb. 113, in der die Abnahme der Rückstände beim Kochen von Spinat und Aprikosen dargestellt ist.

Hohe Rückstandsverluste treten normalerweise auch bei anderen haushalts- und industrieüblichen Verfahren auf. Einige Beispiele sind in Tab. 80 genannt. Das gleiche gilt aber auch für die Herstellung von Marmeladen und Gelees sowie für das Dörren, wobei der Effekt allerdings in

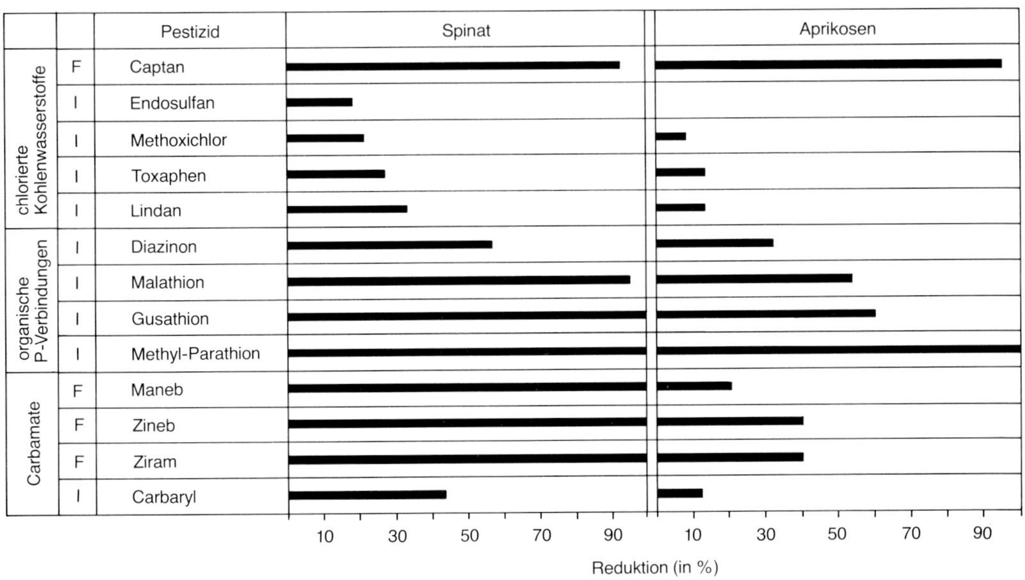

Abb. 113. Die Reduktion verschiedener Pestizidrückstände durch Kochen von Spinat (122 °C, 66 Min.) und Aprikosen (103 °C, 50 Min.). F = Fungizid, I = Insektizid (nach ELKINS et al. 1972).

Tab. 80. Einfluß verschiedener Verarbeitungsverfahren auf die Malathion-Rückstände bei Äpfeln (nach Koivistoinen et al. 1964)

Behandlung	Rückstandsverlust (%)
Einkochen (30 Min. bei 120 °C)	90
Breiherstellung (40 Min. bei 100 °C, Sieben, Aufkochen)	87
Dampfsaftherstellung (60 Min.)	92
Preßsaftherstellung (Auspressen, 10 Min. bei 80 °C pasteurisieren)	96

Abhängigkeit von Behandlungsdauer und angewandter Temperatur unterschiedlich sein kann.

Bei Lebensmitteln tierischer Herkunft (Fleisch, Wurstwaren, Milch, Fisch in den verschiedenen angebotenen Formen) können immer noch chlorierte Kohlenwasserstoffe Rückstandsprobleme bilden, auch wenn der Einsatz dieser Wirkstoffe stark zurückgegangen ist. Die Persistenz und die dadurch bedingte weltweite Verbreitung dieser Verbindungen, zusammen mit der Anreicherung in der Nahrungskette und der Speicherung in fetthaltigen Körperteilen, sind für diese Probleme verantwortlich.

Hier läßt sich sagen, daß die Rückstandsminderung durch die üblichen Herstellungs- und Behandlungsverfahren (Kochen, Braten, Räuchern, Pökeln usw.) doch recht begrenzt sein kann und manchmal überhaupt keine Abnahme zu verzeichnen ist oder sogar eine Zunahme eintritt, wenn der Fettanteil mit den darin enthaltenen Pestiziden durch ein bestimmtes Verfahren angereichert wird.

Ähnlich liegt das Problem bei der Milch, einem Produkt, das auf Grund der modernen Konservierungsverfahren heute ja auch lange haltbar ist und damit zu einem echten Vorratsgut wurde. Rückstände sind besonders gravierend wegen der Bedeutung der Milch in der Ernährung von Säuglingen, Kindern und Kranken.

Zusammenfassend kann gesagt werden, daß die üblichen Zubereitungsverfahren von Nahrungsmitteln zwar in vielen Fällen eine starke bis sogar vollständige Reduktion von Pestizidrückständen bewirken können, daß es aber – in Abhängigkeit von Produkt, Pestizid und Verfahren – sehr viele Ausnahmen geben kann.

Darum kommt folgenden Postulaten besondere Bedeutung zu:

1. Rückstände von Bekämpfungsmitteln in Lebensmitteln durch Anwendung nicht-chemischer Bekämpfungsverfahren gänzlich unmöglich machen. Oder
2. Zulassung solcher Pestizide, deren Abbau bis zum Verzehr der Lebensmittel weitgehend gesichert ist (Zulassungsverfahren). Oder
3. zugelassene Rückstandsmengen begrenzen (Höchstmengenverordnung).

Diese Höchstmengen und die mit ihnen zusammenhängenden Fragen sollen im nächsten Abschnitt behandelt werden.

5.2.7 Zulässige Höchstmengen (Toleranzen)

Rückstände von Bekämpfungsmitteln können, wie wohl deutlich geworden ist, von sehr vielen Faktoren abhängen. Ein Anwender kann deshalb nie klar absehen, welche Mengen eines Wirkstoffes auf dem behandelten Gut noch vorhanden sein können, wenn es in den Handel kommt. Gänzlich unmöglich ist es darüber hinaus, alle Nahrungsgüter vor dem Verzehr auf Pestizidrückstände hin zu untersuchen.

Es muß deshalb nach Möglichkeiten gesucht werden, den Verbraucher vor Schäden zu bewahren, und zwar nicht nur vor akuten durch eine einmalige Aufnahme von Giften, sondern auch vor chronischen, die durch ständige Zufuhr geringer Pestizidmengen auftreten können.

Eine ganze Reihe von Gesetzen und Verordnungen sind hierzu von staatlichen Stellen erlassen, weil diese lebenswichtigen Fragen nicht der Entscheidung des Einzelnen überlassen werden können.

Direkt mit den Rückständen von Pestiziden befaßt sich die sogenannte Pflanzenschutzmittel-Höchstmengenverordnung (Kurzform; s. auch Abschnitt Gesetze, Verordnungen, Richtlinien). Sie soll gewährleisten, daß in oder auf Lebensmitteln höchstens nur so viele Rückstände vorhanden sind, daß bei permanenter Aufnahme dieser Mengen nach dem heutigen Stand der Erkenntnis keine Schäden irgendwelcher Art beim Menschen auftreten können. Da sich dieses Wissen ständig erweitert, ist es verständlich, daß sich auch die Verordnung bzw. ihre Anlagen ständig verändern müssen. Neue Substanzen finden Aufnahme, alte werden herausgenommen oder Höchstmengen werden geändert, weil die Giftigkeit eines Wirkstoffes auf Grund neuer Forschungsunterlagen anders eingeschätzt wird.

Maßgebend für die Festlegung der tolerierbaren Höchstmengen sind u. a. Giftigkeit der einzelnen Wirkstoffe, normale Verarbeitungsmethoden des jeweils betrachteten Lebensmittels und die Verzehrgewohnheiten des Menschen.

Trotz aller Fortschritte auf dem Gebiet der duldbaren Wirkstoffmengen besteht noch eine Schwachstelle: Sie sind nur für Einzelverbindungen festgelegt, nicht aber für Kombinationen von Schadstoffen. Auf dieses Problem wurde bereits früher hingewiesen.

Eine weitere Unsicherheit liegt selbstverständlich in der Überwachbarkeit. Rückstände sind in fast allen Fällen äußerlich nicht erkennbar und schon gar nicht in ihrer Höhe abschätzbar. Ihr qualitativer und quantitativer Nachweis ist nur mit komplizierten Analysemethoden möglich, d. h. nur ein ganz geringer Bruchteil der im Handel befindlichen Lebensmittel kann auf Höchstmengen überprüft werden. Aber die Überwachung der Einhaltung ist wohl auch bei anderen Gesetzen und Verordnungen immer problematisch.

Die oben bereits angesprochenen Verzehrgewohnheiten sind für eine einheitliche Festlegung von Höchstmengen ein Hindernis. Sie weichen von Land zu Land zum Teil sehr beträchtlich voneinander ab, ja selbst innerhalb eines einzigen Landes kennt man erhebliche Unterschiede. Ein Lebensmittel, das in einem Land zur täglichen Nahrung gehört, ist in einem anderen eine Seltenheit im Speiseplan. Man denke zum Beispiel nur an den Kartoffelverbrauch in Mittel- und Südeuropa.

Ein Lebensmittel, das aber tagtäglich in großer Menge verzehrt wird, darf nicht so viel Pestizidrückstände enthalten wie eines, von dem nur minimale Mengen in der Nahrung vorkommen, weil sonst die absolut aufgenommene Pestizidmenge evtl. erheblich sein kann. Beispiele: Kartoffeln oder Getreideprodukte auf der einen, Gewürze auf der anderen Seite.

Um zu brauchbaren Höchstmengenwerten zu gelangen, muß für ein bestimmtes Gebiet (z. B. für ein Land) eine durchschnittliche Verzehrgewohnheit angenommen werden. Wie stark dabei die Unterschiede von Land zu Land sein mögen,

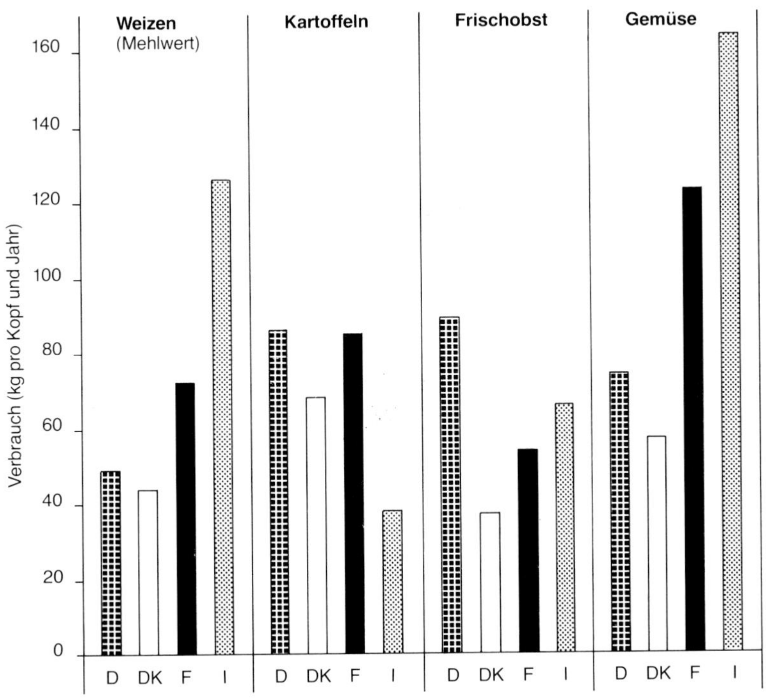

Abb. 114. Die Verzehrgewohnheiten in verschiedenen Ländern Europas (Angaben für 1979/80) (nach THIEDE 1981).

verdeutlicht anhand des Durchschnittsprokopfverbrauches (in kg/Jahr) in vier europäischen Ländern verschiedener geographischer Lage Abb. 114.

Daß sich aber auch die Verzehrgewohnheiten in einem einzigen Land im Laufe der Zeit stark ändern können, mag ein Vergleich des Verbrauches verschiedener Lebensmittel in der Bundesrepublik Deutschland von 1979/80 mit dem der Zeit von vor 1933 zeigen (Abb. 115).

Beide Abbildungen machen deutlich, daß mit den Verzehrgewohnheiten sich auch die Rückstandsprobleme ändern können, und zwar einmal von Land zu Land, dann aber auch im Laufe der Zeit. Sinnvolle Höchstmengen müssen deshalb diesen Gegebenheiten angepaßt sein bzw. von Zeit zu Zeit angepaßt werden.

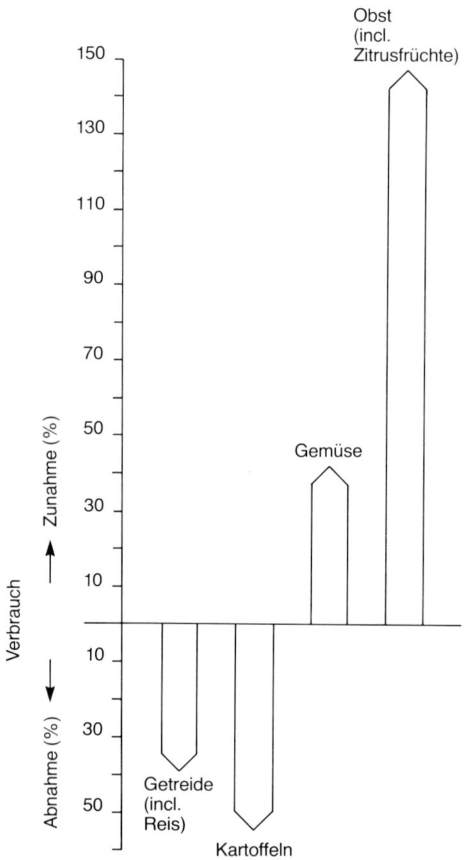

Abb. 115. Die Veränderung der Verzehrgewohnheiten in Deutschland im Laufe der Jahrzehnte. Vergleich Deutsches Reich (Vorkriegszeit) mit Bundesrepublik (1979/80) (nach THIEDE 1981).

Als ein weiterer Punkt, der bei der Festlegung von Höchstmengen maßgebend ist, muß das Gewicht eines Menschen, der die rückstandsgefährdete Nahrung zu sich nimmt, berücksichtigt werden. Als Durchschnitt werden hier 70 kg angenommen. Bei der Errechnung der Höchstmengen werden darüber hinaus aber auch leichtere Menschen (z. B. Kinder) berücksichtigt wie anschließend gezeigt wird (Sicherheitsfaktor).

Nachfolgend soll kurz der Weg beschrieben werden, der zur Festlegung der amtlich genehmigten Höchstmengen führt:

1. Zunächst wird der **„no effect level“** bestimmt, die „unwirksame Höchstdosis“. Das ist die Dosis des zu prüfenden Wirkstoffes, die bei einer lebenslangen täglichen Aufnahme keine nachweisbaren Veränderungen im Körper des Testtieres hervorruft. Dieser Fütterungsversuch läuft etwa zwei Jahre mit Ratten und einer zweiten empfindlichen Tierart (z. B. Hund). Nach dieser Zeit werden Gehirn, Nerven, innere Organe, Drüsen, Blut, Muskeln usw. auf Veränderungen hin untersucht.

No effect level: mg Wirkstoff/kg Tier und Tag

2. Der so ermittelte Wert wird durch 100 geteilt, in der Annahme, daß der Mensch empfindlicher ist als das Versuchstier, und damit Kinder, Kranke und alte oder andere empfindliche Menschen berücksichtigt werden.

Dieser Wert, der also 1/100 der am Tier nachgewiesenermaßen ungefährlichen Dosis darstellt, gilt für den Menschen als annehmbare Tagesdosis (**„acceptable daily intake“** = ADI-Wert).

Acceptable daily intake: mg Wirkstoff/kg Mensch und Tag

$$= \frac{\text{no effect level}}{100}.$$

3. Unter Berücksichtigung von Körpergewicht eines Menschen (Durchschnitt 70 kg), Tagesverzehr eines betrachteten Lebensmittels (in kg) und ADI-Wert wird die „duldbare Rückstandsmenge“ (= **„permissible level“**) festgelegt. Es ist also die Rückstandsmenge, die auf Grund des jeweils gegenwärtigen Standes der Erkenntnis bei täglicher lebenslanger Aufnahme durch einen Menschen keine Veränderungen hervorruft.

Permissible level: mg Wirkstoff/kg Nahrungsmittel

$$= \frac{\text{ADI-Wert} \times 70}{\text{Tagesverzehr des Lebensmittels in kg}}$$

4. Nach diesen theoretisch duldbaren Rückstandsmengen wird dann die geduldete Rückstandsmenge (= **„permitted level“**) (= Höchst-

menge oder Toleranz) errechnet. Sie liegt unter Berücksichtigung der in der Praxis üblichen und notwendigen Anwendungsmenge noch unter den nach Punkt 3 ermittelten duldbaren Werten.

Permitted level: mg Wirkstoff/kg Nahrungsmittel.

Es sind, wie ersichtlich, sehr viele Sicherheitsmomente eingebaut, um den Menschen vor Schäden durch Pestizide zu schützen.

Die festgelegten Höchstmengen gehen darüber hinaus davon aus, daß diese Pestizidmengen Tag für Tag vom Menschen aufgenommen werden. Da dies aber praktisch nie geschieht (selbst die Grundnahrungsmittel wie Getreideprodukte und Kartoffeln werden ja nicht täglich in gleich großer Menge verzehrt), ist hier noch eine weitere Sicherheitsspanne vorhanden, die durch den zwischenzeitlichen Abbau und das Ausscheiden der aufgenommenen Wirkstoffmengen bedingt ist.

Tab. 81 soll in einem Auszug aus der Höchstmengenverordnung einige Beispiele für Wirkstoffe geben, die im Vorratsschutz eingesetzt werden.

In dieser Verordnung sind alle Lebensmittel pflanzlicher Herkunft erfaßt, auch wenn sie nicht namentlich genannt werden. Entweder gilt die auch in der Tabelle angegebene Formulierung „andere pflanzliche Lebensmittel", oder es gilt jeweils ein Zehntel der niedrigsten bei einem bestimmten Wirkstoff angegebenen Menge, mindestens jedoch 0,01 mg/kg. (Für Gewürze, Rohkaffee, Tee, teeähnliche Produkte und Ölsaat gilt jeweils die höchste angegebene Menge.)

In der gleichen Höchstmengenverordnung werden auch die zulässigen Rückstandsmengen für Lebensmittel tierischer Herkunft festgesetzt.

Zum Abschluß des Kapitels soll an einem Beispiel gezeigt werden, welche Sicherheit durch die festgelegten Höchstmengen für den Verbraucher gegeben ist:

Dichlorvos, das z. B. in Strip-Form zur Bekämpfung von Motten in lagerndem Getreide eingesetzt wird, hat eine

- zulässige Höchstmenge von 0,5 mg/kg Getreideerzeugnisse
  Die
- LD_{50} p. o. für Ratten beträgt im Durchschnitt 68 mg/kg. Nimmt man nun einmal an, daß dieser Wert auch für den Menschen gilt (was sicher kein allzu großer Fehler ist), so beträgt die für den

Tab. 81. Zulässige Höchstmengen für einige im Vorratsschutz eingesetzte Wirkstoffe (Auszug aus der Pflanzenschutzmittel-Höchstmengenverordnung vom 24. Juni 1982)

Wirkstoff	Höchstmengen (mg/kg)	Lebensmittel (Beispiele)
Blausäure	15,0	Getreide (außer Reis), Gewürze
	6,0	Getreideerzeugnisse, Reis, Hülsenfrüchte, Erdnüsse
Methylbromid	400,0 Br	Gewürze
	50,0 Br	Getreide, Getreideerzeugnisse, Hülsenfrüchte, Trockengemüse, Trockenobst, Nüsse, Erdnüsse, Mandeln, Ölsaat, Tapioka
Dichlorvos	2,0	Getreide
	0,5	Getreideerzeugnisse
	0,1	andere pflanzliche Lebensmittel
Lindan	0,1	Getreide, Hülsenfrüchte
Malathion (+ Malaoxon)	3,0	Getreide
Phosphorwasserstoff + Phosphide	0,1	Getreide
	0,01	Getreideerzeugnisse, Gewürze
Piperonylbutoxid	10,0	Getreide
	3,0	Gewürze
	0,5	andere pflanzliche Lebensmittel
Pyrethrine	3,0	Getreide
	0,5	andere pflanzliche Lebensmittel

- durchschnittlich empfindlichen Menschen von 70 kg tödliche Dosis 4.760 mg.

Auf Grund der Höchstmengenverordnung darf diese Menge, die der Mensch mit einem Mal zu sich nehmen muß, um vergiftet zu werden, in

- 9520 kg Getreideerzeugnissen

vorkommen.

Setzt man voraus, daß ein Mensch pro Tag etwa 200 g Getreideerzeugnisse verzehrt (was nach der Abbildung 107 hochgegriffen ist), so nimmt er (die fast nie vorkommende Voraussetzung gemacht, daß die aufgenommenen Getreideerzeugnisse tatsächlich die Höchstmengen an Dichlorvos enthalten)

- pro Tag $\frac{1}{47600}$ der letalen Dosis zu sich.

Wenn man dann bedenkt, welche Bedeutung der chemische Vorratsschutz für eine ausreichende Ernährung der Menschen hat, muß man doch wohl einsehen, daß das Risiko einer Schädigung, das nun einmal damit verbunden ist, verschwindend gering ist.

Aber nur, wenn der Mensch die ihm damit in die Hand gegebenen Möglichkeiten verantwortungsbewußt ausschöpft, kann der chemische Vorratsschutz zu einem nutzbringenden Hilfsmittel werden.

5.2.8 Zulässige Konzentrationen von Gasen in der Atemluft (MAK-Werte)

In Tab. 81 wurden Rückstandswerte für die im Vorratsschutz eingesetzten Giftgase angegeben, die für den Verbraucher von Interesse sind. Der Vollständigkeit halber sei hier noch erwähnt, daß es auch festgelegte Höchstmengen gibt, die in der Atemluft vorkommen dürfen. Sie sind für solche Personen von Bedeutung, die in giftgasproduzierenden Betrieben oder in Räumen mit begasten Vorräten arbeiten müssen.

Diese Konzentrationen werden als „maximale Arbeitsplatzkonzentrationen" bezeichnet (abgekürzt MAK) und gehen davon aus, daß sich ein Beschäftigter während eines 8-stündigen Arbeitstages in einer Atmosphäre mit einem gewissen Giftanteil aufhalten muß.

Die entsprechenden Werte betragen:
Phosphorwasserstoff:
0,1 ml/m³ Luft = 0,15 mg/m³
Methylbromid:
5,0 ml/m³ Luft = 20,0 mg/m³
Blausäure:
10,0 ml/m³ Luft 311,0 mg/m³

An gefährdeten Arbeitsplätzen muß demnach (kontinuierlich oder in kurzen Abständen) die Konzentration des betreffenden Gases gemessen werden, und bei Überschreitung der MAK-Werte müssen Gegenmaßnahmen zu ihrer Erniedrigung eingeleitet werden.

Schließlich gibt es auch sogenannte MIK-Werte, die bei Vorratsschutzfragen allerdings keine Bedeutung haben. Diese maximalen Immissionskonzentrationen (MIK) gelten für einen 24-stündigen Aufenthalt in der Atmosphäre und berücksichtigen alle Teile der Bevölkerung, also auch Säuglinge, Kranke und Alte. Diese MIK-Werte liegen selbstverständlich niedriger als die MAK-Konzentrationen.

5.3 Wartezeiten

Hierunter versteht man die Zeit zwischen der letzten Anwendung eines Pestizides und dem Verzehr der Lebensmittel. Sie soll die Gewähr bieten, daß der Wirkstoff so weit abgebaut wird, daß die zugelassene Höchstmenge erreicht und unterschritten werden. Wartezeiten sind für den Pflanzenschutz festgelegt. Im Vorratsschutz gibt es keine, weil man davon ausgeht, daß als Vorräte eingelagerte Produkte jederzeit verzehrt werden können und somit ständig die Höchstmengen unterschritten sein müssen.

5.4 Entwicklung und Zulassung eines neuen Bekämpfungsmittels

Es wurde wiederholt darauf hingewiesen, daß Mittel zur Bekämpfung von Vorratsschädlingen durch die Biologische Bundesanstalt zugelassen werden müssen. Das betrifft nicht nur die Wirkstoffe, sondern jedes einzelne von einer Firma in den Handel gebrachte Präparat, also jede einzelne Formulierung.

In kurzen Zügen soll hier dargestellt werden, welchen Weg ein Mittel von der ersten Testung in einer produzierenden Firma bis zum zugelassenen Verkauf zurückzulegen hat. Es wird sich zeigen, daß die Wirkung auf die zu bekämpfenden Schädlinge zwar zunächst einmal entscheidend dafür ist, ob ein Präparat der Herstellung zugeführt werden soll oder nicht, daß dann aber das weitere Schicksal in erster Linie von seinen toxikologischen Eigenschaften abhängt.

5.4.1 Entwicklung

Das Auffinden völlig neuer Wirkstoffe ist heute höchst selten. Meist werden bekannte pestizidwirksame Verbindungen durch gezielte Veränderungen am Molekül umgebaut, um ihnen gewünschte Eigenschaften zu verleihen.

Die Chancen, daß eine neue Verbindung zu einem verkaufsfertigen Produkt werden kann, sind sehr niedrig und liegen bei etwa 1:10000, d. h. von 10000 ursprünglich in die Kette der Testungen aufgenommenen Produkten kommt vielleicht eines am Ende in den Verkauf, die anderen werden früher oder später fallen gelassen. Daraus ist ersichtlich, daß nur wenige Firmen neue Wirkstoffe entwickeln können. Die Unkosten für ein einziges verkaufsfertiges Präparat liegen im Durchschnitt bei etwa 15–20 Millionen DM. Kleinere Firmen können für die Herstellung eigener Präparate Lizenzen für einzelne Wirkstoffe erhalten und eigene Formulierungen für bestimmte Anwendungsmöglichkeiten entwickeln.

Der Weg, den ein neues Mittel in der Entwicklung durchlaufen muß, ist indirekt durch verschiedene Gesetze, Verordnungen und Richtlinien vorgeschrieben, weil sie bestimmen, welche Unterlagen bei der Zulassung vorgelegt werden müssen.

Nachfolgend sollen in Stichworten die wichtigsten Schritte genannt werden, die ein Mittel während der Entwicklung durchlaufen muß. Man kann sie in drei Phasen einteilen, die aus Gründen der Zeitersparnis teilweise nebeneinander herlaufen:

1. Chemische Arbeiten (Entwicklung einer neuen Verbindung).
2. Biologische Untersuchungen (Prüfung der Wirksamkeit der neuen Verbindung an den zu bekämpfenden Objekten).
3. Untersuchungen zum Schutz von Gesundheit und Umwelt (Prüfungen über toxikologische Fragen und Verhalten der neuen Verbindung in der Umwelt).

   Die wichtigsten Einzelarbeiten sind:

- Synthese im Laboratorium.
- Screening-Versuche über Wirkung, Wirkungsbreite und Wirkungsdauer, benötigte Aufwandmengen und günstigste Formulierungen. Einfluß von abiotischen Außenfaktoren.
- Praxisnahe Versuche in etwas größerem Maßstab.
- Untersuchungen über entstehende Abbauprodukte (Metaboliten). (Sie können evtl. giftiger sein als die Ausgangsprodukte.)
- Arbeiten zum Nachweis von Rückständen und Abbauprodukten (Rückstandsanalytik).
- Untersuchungen zum Verhalten der neuen Verbindung im Boden und in Gewässern.
- Toxikologische Untersuchungen. Diese umfassen unter anderem folgende Bestimmungen:
  - Akute und subakute Toxizität nach Aufnahme über Mund, Haut und Atemorgane,
  - chronische Toxizität,
  - Augen- und Hautreizung,
  - Allergieverhalten (Sensibilisierung),
  - Erregung von Krebs, Mißbildungen oder Mutationen,
  - Zell- und Nerventoxizität.

Ergibt sich auf Grund aller dieser Untersuchungen, daß eine Produktion des geprüften Mittels aussichtsreich erscheint, so kann die Zulassung bei der BBA beantragt werden.

5.4.2 Zulassung

Alle Präparate, die im Vorratsschutz eingesetzt werden sollen, müssen in der Bundesrepublik Deutschland zugelassen sein, gleichgültig ob sie im Lande produziert oder eingeführt werden. Die Entscheidung über diese Genehmigung der Verwendung trifft die Biologische Bundesanstalt in Zusammenarbeit mit dem Bundesgesundheitsamt.

Der Antrag der herstellenden oder importierenden Firmen muß u. a. folgende Angaben enthalten (nach Verordnung über die Prüfung und Zulassung von Pflanzenschutzmitteln):

- Bericht über die Wirksamkeit des Mittels in den beantragten Anwendungsgebieten.
- Die im letzten Abschnitt aufgeführten toxikologischen Angaben und solche über das Verhalten des Mittels auf Vorräten, insbesondere über das Rückstandsverhalten.
- Angaben über das Verhalten in Böden und Gewässern.
- Analysenmethoden zum Nachweis des Wirkstoffes sowie der Abbau- und Reaktionsprodukte.
- Verschiedene Angaben, die nach dem Pflanzenschutzgesetz vorgeschrieben sind, z. B. Bezeichnung und Zusammensetzung des Mittels, Anwendungsgebiet und -gefahren, Gebrauchsanweisung, Art der Verpackung.

Die BBA legt dann fest, welche Prüfungen mit dem Präparat noch durchgeführt werden müssen.

Nach Abschluß aller Untersuchungen entscheidet ein Sachverständigenausschuß über die

Abb. 116. Kennzeichen für zugelassene Pestizide.

Zulassung. Sie wird normalerweise für 10 Jahre ausgesprochen, kann aber auch im Einzelfall einen kürzeren Zeitraum umfassen. Nach Ablauf der Frist kann die Zulassung erneut erteilt werden. Treten neue Gesichtspunkte auf, die gegen eine Zulassung sprechen, so kann diese jederzeit widerrufen werden.

Die so zugelassenen Mittel erhalten eine Nummer, die unter dem in Abb. 116 wiedergegebenen Zeichen, an dem man die ordnungsgemäße Zulassung erkennen kann, steht und müssen auf den Behältnissen und der Verpackung u. a. folgende Angaben aufweisen:
- Bezeichnung des Mittels,
- Zulassungsnummer,
- Art und Menge des wirksamen Bestandteils,
- evtl. ein Verfallsdatum,
- Gebrauchsanweisung.

Die Mittel werden nach Zulassung in das Amtliche Pflanzenschutzmittel-Verzeichnis aufgenommen, das im Abstand von einem oder mehreren Jahren neu erscheint und folgende Aussagen über das betreffende Präparat enthält:
- Anwendungsgebiet,
- Wirkstoff,
- Name des Präparates,
- Zulassungsnummer,
- Wirkstoffmenge,
- Gefahrenklasse,
- Anwendungsvorschriften,
- Bekämpfungsobjekt.

Zum Schluß sei noch einmal darauf hingewiesen, daß Mittel zur Bekämpfung von Lästlingen und Ungeziefer, wie Ameisen, Schaben oder Fliegen, nicht regelrecht zugelassen, sondern nur auf ihre Wirksamkeit geprüft und anerkannt werden können. Ihre Publikation erfolgt in Abständen im Bundesgesundheitsblatt. Bei der Suche nach solchen Mitteln ist es ratsam, sich nach diesen Listen zu richten, weil die Wirksamkeit bei sachgemäßer Anwendung gewährleistet ist (sofern nicht lokal ungewöhnliche Resistenzerscheinungen auftreten).

5.5 Schutzmaßnahmen

Die nun einmal bei Pestiziden auftretende Toxizität oder biologische Wirksamkeit unterschiedlichen Grades für den Menschen erfordert die Beachtung aller erdenklichen Vorsichtsmaßnahmen beim Umgang mit diesen Mitteln.

Folgende allgemeine Richtlinien sollten beachtet werden:

Wahl des Mittels
1. Bei gleich guter Wirkung sollte von verschiedenen zur Verfügung stehenden Mitteln das ungiftigere gewählt werden.
2. Auf Gefahrensymbole und -bezeichnungen (Abb. 117) sollte besonders geachtet werden.
3. Nicht auf Vorrat kaufen (evtl. nachlassende Wirkung, unnötige Lagerungsprobleme).

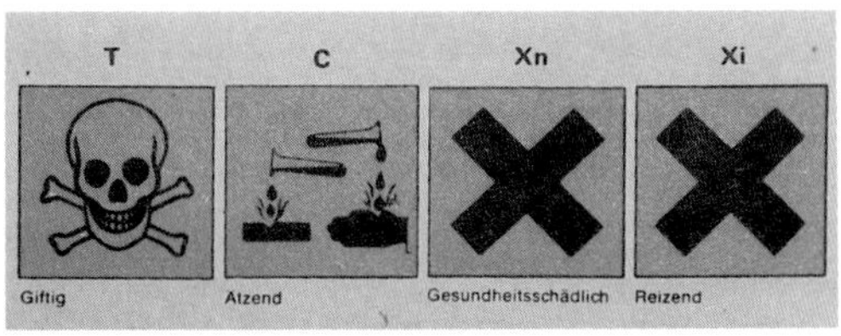

Abb. 117. Gefahrensymbole und Gefahrenbezeichnungen (Untergrund orange).

Lagerung
1. Lagerungsort soll kühl und gut lüftbar sein.
2. Keine Aufbewahrung in bewohnten Räumen. (Entwicklung von giftigen Gasen bei vielen Präparaten möglich.)
3. Strikte Trennung von Pestizid und Lebens- oder Futtermitteln.
4. Nicht sofort gebrauchte Mittel oder Reste unter dichtem Verschluß halten, damit Unbefugte (Kinder!) keinen Zugriff haben.
5. Aufbewahrung nur in der Originalverpackung, damit keine Verwechselungen möglich sind.

Anwendung
1. Sich über Giftigkeit des Mittels und anderweitige Gefährdung vor der Arbeit informie-

ren. Etikett und Gebrauchsanweisung gut durchlesen.

2. Bei der Arbeit nicht essen, trinken oder rauchen. Vor allem Alkohol vor, während und unmittelbar nach der Anwendung meiden.
3. Hände und Augen schützen (Schutzkleidung, Handschuhe, Brille).
4. Wenn giftige Gase oder Dämpfe auftreten können, Atemschutzgeräte tragen.
5. Bei notwendiger Vorbereitung der Mittel (Spritz-, Sprüh- und Nebelmittel, Köder u. dgl.) nicht mehr ansetzen als verbraucht wird. Besser ist es, mehrmals kleine Mengen zuzubereiten; sonst kann es Probleme bei der Vernichtung überschüssiger Reste geben (s. Punkt 9).
6. Ansatz möglichst im Freien oder in gut gelüfteten Räumen durchführen.
7. Überdosierung vermeiden. Der Grundsatz „Viel hilft viel" ist falsch!
8. Leere Behälter unbrauchbar machen.
9. Überschüssige Mittel, die später nicht mehr verwertet werden können, dürfen nicht in Abflüsse, Gewässer, Entwässerungs- und Straßengräben usw. entleert werden (Gefahren der Verunreinigung von Gewässern und Grundwasser!). Ihre Beseitigung ist ebenso wie die der leeren Behältnisse durch eine Arbeitsvorschrift der Ländergemeinschaft Abfall geregelt. Sie kann hier nicht im einzelnen wiedergegeben werden. Es empfiehlt sich, in jedem Fall bei Auftreten von Resten und Abfällen bei den für die Abfallbeseitigung zuständigen kommunalen Stellen nachzufragen, welche Beseitigungsmöglichkeiten erlaubt und vorgeschrieben sind.
10. Ansatzgefäße und Geräte gründlich reinigen. (Auch für die Spülflüssigkeit gilt das unter Punkt 9 Gesagte.)
11. Bei der Ausbringung nur von der BBA geprüfte und anerkannte Geräte, die sich selbstverständlich in einem ordentlichen Zustand befinden müssen, einsetzen.
12. Nach der Ausbringung gründlich waschen. Schutzkleidung reinigen.
13. Falls erforderlich oder vorgeschrieben, notwendige Warntafeln anbringen (z. B. Abb. 118).
14. Selbstverständlich ist es, daß bei den Vorsichtsmaßnahmen auch an die im und am Haus gehaltenen Haus- und Nutztiere zu denken ist.

Abb. 118. Warnschild bei Begasungen (Warnsymbol schwarz auf orangefarbenem Grund).

Hilfe bei Vergiftungen

Auch wenn alle Vorsichtsmaßnahmen beachtet werden, kann es immer einmal zu Vergiftungen kommen. Es ist unmöglich, hier Symptome solcher Vergiftungen und die speziellen Gegenmaßnahmen für alle anwendbaren Wirkstoffe zu geben. Einige wichtige Regeln sind:

1. Vergiftete Personen sofort aus dem unmittelbaren Gefahrenbereich bringen und für frische Luft sorgen.
2. Vergiftete in ruhige, stabile Seitenlage bringen.
3. Wenn das Mittel in den Magen gelangt sein kann, für Erbrechen sorgen.
4. Bei Hautkontaminationen verunreinigte Stelle mit viel Wasser und Seife reinigen. Durchtränkte Kleidung ausziehen.
5. Arzt holen. Ihm sollte die Originalpackung des Präparates vorgelegt werden, damit er sich über dessen chemische Zusammensetzung informieren und die Gegenmaßnahmen gezielt ansetzen kann. Zur Orientierung über Gegenmaßnahmen kann die Publikation des Industrieverbandes Pflanzenschutz (1982) empfohlen werden.

Informations- und Behandlungszentren für Vergiftungsfälle

Da Vergiftungsfälle mit Pestiziden glücklicherweise relativ selten sind, können auch hinzugezogene Ärzte bei der großen Zahl von Wirkstoffen hinsichtlich einer fallgerechten Behandlung überfordert sein. Es wurden deshalb in der Bundesrepublik Deutschland sogenannte Informations- und Behandlungszentren eingerichtet, die in Vergiftungsfällen zu jeder Tages- und Nachtzeit Auskünfte über die zu treffenden Maßnahmen und zu verabreichenden Gegenmittel geben.

Aus der Zusammenstellung am Schluß des Buches kann die jeweils nächstgelegene Stelle entnommen werden.

6 Gesetze, Verordnungen, Richtlinien

Fragen des Vorratsschutzes sind in einer Fülle von Vorschriften behandelt, die auf Bundes-, Länder- oder Gemeindeebene erlassen sind. Es ist unmöglich, sie hier alle auch nur mit Namen zu nennen, geschweige denn ihre Texte zu zitieren. Es muß deshalb genügen, die wichtigsten anzuführen und ihren Inhalt, sofern er für den Vorratsschutz Bedeutung hat, kurz zu skizzieren.

Pflanzenschutzgesetz
Zweck dieses Gesetzes ist es unter anderem, Pflanzenerzeugnisse vor Schadorganismen zu schützen (Vorratsschutz) und Schäden abzuwenden, die im Rahmen des Vorratsschutzes entstehen könnten.

Es ermöglicht den Erlaß von Rechtsverordnungen hinsichtlich:
- Meldepflicht über das Auftreten bestimmter Schadorganismen und die Anwendung bestimmter Pflanzenbehandlungsmittel und -verfahren.
- Verfügung zur Bekämpfung bestimmter Schadorganismen
- Vorschriften oder Verbote der Anwendung von Mitteln, Geräten oder Verfahren.
- Anordnung von Vernichtung, Entseuchung oder Entwesung von Pflanzenerzeugnissen bzw. Entseuchung oder Entwesung von Räumen und Gebäuden.
- Vorschriften zur Lagerung bestimmter Pflanzenerzeugnisse.
- Verbote oder Beschränkungen der Einfuhr, Durchfuhr oder Ausfuhr von Schadorganismen oder deren Trägern.
- Anordnung von Untersuchungen, Entseuchungen, Entwesungen oder Beibringen von Gesundheitszeugnissen bei der Einfuhr, Durchfuhr oder Ausfuhr.
- Verbote oder Beschränkungen der Anwendung bestimmter Mittel.

Ein Paragraph regelt die Zulassung, den Vertrieb und die Einfuhr der Mittel.

Die BBA erhält auf Grund des Gesetzes folgende Aufgaben für den Bereich des Vorratsschutzes zugewiesen: Forschung, Prüfung und Zulassung von Mitteln, Prüfung von Verfahren und Geräten, Entwicklung von Verfahren.

Die Aufgaben der Länder sind festgelegt, z. B. Überwachung des Versandes von Pflanzenerzeugnissen, Beratung, Prüfung von Mitteln, Geräten und Verfahren.

Schließlich sei noch auf den Paragraphen hingewiesen, der die Rechte jener Personen umschreibt, die zur Durchführung der im Gesetz geregelten Aufgaben eingesetzt werden (z. B. hinsichtlich des Betretens von Grundstücken, Gebäuden und Räumen).

Verordnung über die diätetischen Lebensmittel (Diätverordnung)
In dieser Verordnung ist u. a. geregelt, daß diätetische Lebensmittel für Säuglinge oder Kleinkinder nicht mehr als 0,01 mg/kg Pflanzenschutz-, Schädlingsbekämpfungs- und Vorratsschutzmittel enthalten dürfen, soweit andere lebensmittelrechtliche Vorschriften keine strengere Regelung treffen.

Gesetz über den Verkehr mit DDT (DDT-Gesetz)
Nach diesem Gesetz ist es verboten, DDT herzustellen, einzuführen, auszuführen, in den Verkehr zu bringen, zu erwerben und anzuwenden.

Verordnung über die Prüfung und Zulassung von Pflanzenschutzmitteln
Diese Verordnung reguliert Einzelheiten zur Prüfung und Zulassung, welche durch das Pflanzen-

schutzgesetz vorgesehen sind, z. B. die erforderlichen Unterlagen, den Umfang der Prüfung und den Sachverständigenausschuß betreffend.

Verordnung über Höchstmengen an Pflanzenschutz- und sonstigen Mitteln sowie anderen Schädlingsbekämpfungsmitteln in oder auf Lebensmitteln und Tabakerzeugnissen (Pflanzenschutzmittel-Höchstmengenverordnung)
Die auf Grund des DDT-Gesetzes und des Lebensmittel- und Bedarfsgegenständegesetz erlassene Verordnung setzt die zulässigen Höchstmengen für jeden Stoff und jedes Lebensmittel bzw. für Tabakerzeugnisse fest.

In der Anlage 1 sind die zulässigen Rückstandsmengen für DDT und seine Abbauprodukte, in Anlage 2 die für andere Stoffe angegeben, die in oder auf Lebensmitteln tierischer Herkunft bei gewerbsmäßigem Inverkehrbringen nicht überschritten sein dürfen. Anlage 3 enthält diese Angaben für Lebensmittel pflanzlicher Herkunft. In Anlage 4 sind die Höchstwerte für Tabakerzeugnisse aufgeführt.

Verordnung über Anwendungsverbote und -beschränkungen für Pflanzenbehandlungsmittel
Diese auf Grund des Pflanzenschutzgesetzes erlassene Verordnung regelt die Verwendung einiger im Vorratsschutz wichtiger Wirkstoffe.

So ist z.B. die Anwendung von Ethylenoxid, Acrylnitril, Chloroform, Chlorpikrin und Tetrachlorkohlenstoff verboten (Anlage 1). Diese Verbindungen hatten früher, in manchen Ländern auch heute noch, eine größere Bedeutung als Begasungsmittel im Vorratsschutz.

In der Anlage 2 wird die Einsatzmöglichkeit von Blausäure, Methylbromid, Phosphorwasserstoff, Thalliumsulfat und Zinkphosphid als Begasungsmittel bzw. zur Nagetierbekämpfung genau umrissen.

Pflanzenbeschauverordnung
Diese Rechtsverordnung wurde auf Grund des Pflanzenschutzgesetzes erlassen und regelt die Einfuhr, Ausfuhr und Durchfuhr von Pflanzen und Pflanzenerzeugnissen. Im Hinblick auf den Vorratsschutz ist vor allem wichtig, daß in dieser Verordnung die Pflanzenerzeugnisse aufgeführt sind (s. Tab. 41), die kontrolliert werden können, wenn der Verdacht besteht, daß sie von den in Tab. 43 genannten Vorratsschädlingen befallen sind (Anlage 10 bzw. 11).

Auch die möglichen Anordnungen (Entseuchung, sofortige Verarbeitung oder Wiederausfuhr) sind hier festgelegt.

Gesetz über den Verkehr mit Lebensmitteln, Tabakwarenerzeugnissen, kosmetischen und sonstigen Bedarfsgegenständen (Lebensmittel- und Bedarfsgegenständegesetz)
Auch dieses Gesetz hat Bedeutung für den Vorratsschutz und die Bekämpfung von Ungeziefer. Es gilt u. a. für Lebensmittel und Gegenstände, die mit Lebensmitteln in Berührung kommen können. Es wird hier die Einsatzmöglichkeit von Stoffen und Verfahren geregelt. Auf Grund dieses Gesetzes können Hygienevorschriften erlassen werden, um eine ekelerregende Beeinflussung von Lebensmitteln zu verhindern, die z. B. durch Verunreinigungen durch Vorratsschädlinge, deren Leichen, Häutungsreste und Ausscheidungsprodukte verursacht werden kann. Ebenso werden hier Verbote und Genehmigungen von Lebensmittelbestrahlungen geregelt.

Auf dieses Gesetz geht auch im wesentlichen der Erlaß der Höchstmengenverordnung zurück. Schließlich werden in dem Gesetz oder auf Grund des Gesetzes zahlreiche andere Fragen, die für den Vorratsschutz von Bedeutung sind, geregelt, wie Verbote bestimmter Stoffe, Reinheitsanforderungen, Warnhinweise, Sicherheitsvorschriften, Maßnahmen zur Entwesung von Räumen und Gegenständen, die mit Lebensmitteln in Verbindung kommen können.

Spezielle Regelungen bei Begasungen
Um weitere Sicherheit bei der Anwendung der Giftgase zu gewährleisten, gibt es eine Reihe zusätzlicher Regelungen unterschiedlicher Art. So werden in Rundschreiben des Bundesministers für Gesundheitswesen Empfehlungen für die Anwendung von phosphorwasserstoffentwickelnden Tabletten bzw. Beuteln herausgegeben; Biologische Bundesanstalt und Bundesgesundheitsamt veröffentlichen Richtlinien über Vorsichtsmaßnahmen bei der Anwendung von Methylbromid. Es existiert ein Erlaß zum Gebrauch von Blausäure und eine Verordnung über die Schädlingsbekämpfung mit hochgiftigen Stoffen.

Giftverordnungen
Auf Grund von Gesetzen der einzelnen Bundesländer werden für den Handel und den Umgang mit Giften besondere Länderverordnungen erlassen. Als Beispiel sei hier die Bayerische Landesverordnung über Gifte und hochgiftige Stoffe

erwähnt, sofern sie für Fragen des Vorratsschutzes von Bedeutung ist. Handelserlaubnis, Aufbewahrung, Abgabe und Kennzeichnung (Gefahrensymbole Abb. 117) sind in besonderen Paragraphen geregelt. In einer umfangreichen Anlage sind die Gifte, ihre Gefahrensymbole, besondere Gefahren und Sicherheitsratschläge angeführt.

Die Gase Blausäure, Phosphorwasserstoff und Methylbromid werden neben anderen als „hochgiftige Stoffe" eingestuft. Für ihre Anwendung muß – von einigen Ausnahmen abgesehen – eine besondere Erlaubnis vorliegen, deren Erteilung von bestimmten Voraussetzungen abhängig ist, z. B. Lehrgangsteilnahme, Giftprüfung, Mindestalter des Anwenders von 18 Jahren. Die Vorschriften für die Anwendung dieser Gase sind allgemein und dann auch noch für jede einzelne Substanz speziell festgelegt. Dabei geht es um Vorsichtsmaßnahmen, Durchgasung und Freigabe von begasten Räumen, Begasungsanlagen und andere wichtige Punkte.

Gesetz zur Verhütung und Bekämpfung übertragbarer Krankheiten beim Menschen (Bundes-Seuchengesetz)

Das Gesetz befaßt sich mit Krankheiten, die mittelbar oder unmittelbar auf den Menschen übertragen werden können. In einer Auflistung der meldepflichtigen Krankheiten stehen viele, die durch verschiedene Ungezieferarten übertragen werden können (s. Tab. 8). Demzufolge hat dieses Gesetz auch im Rahmen der hier zu behandelnden Thematik seine Bedeutung. So regelt denn auch ein Paragraph die Maßnahmen, die zur Bekämpfung von tierischen Schädlingen getroffen werden müssen, die nach Art, Lebensweise oder Verbreitung Krankheitserreger auf Menschen übertragen können. Sie richten sich gegen Auftreten, Vermehrung und Verbreitung der Schädlinge und beinhalten Vernichtungsverfahren.

Spezieller Teil

Die wichtigsten Vorrats- und Materialschädlinge sowie Ungezieferarten

Die Anzahl der Tierarten, die als Vorratsschädlinge, Materialschädlinge oder Hausungeziefer auftreten können, ist sehr groß. Weidner (1982) führt in seinem Bestimmungsbuch über 700 Arten auf. Trotzdem kann man festhalten, daß insgesamt nur etwa 30 bis 50 Arten in dem Lebensraum, der in diesem Buch behandelt wird, als häufige und wichtige Schadorganismen auftreten. Der Rest kommt mehr fakultativ vor, kann aber von Fall zu Fall evtl. doch erhebliche Bedeutung erlangen.

Hier im Speziellen Teil sollen nur einige wichtige Arten näher behandelt werden. Neben Vorratsschädlingen und ausgesprochenem Hausungeziefer werden dabei auch einige Materialschädlinge erwähnt, die häufiger in Häusern auftreten und deswegen den Charakter von Hausungeziefer haben. Sieht man von den behandelten wichtigen Arten ab, so muß die getroffene Auswahl notgedrungen etwas willkürlich sein. In diesen Fällen ist sie bedingt durch die persönliche Erfahrung des Autors.

Bei den Darstellungen der einzelnen Arten handelt es sich nicht um völlig erschöpfende Informationen. Vielmehr sollen die kurzgefaßten und thematisch gegliederten Angaben dazu dienen, sich für praktische Belange schnell einen Überblick über Vorkommen, Aussehen und Biologie der einzelnen Schädlinge zu verschaffen. Viele Einzelangaben würden dabei nur verwirren. Gegenmaßnahmen sind nur dann aufgeführt, wenn sie für die behandelte Art charakteristisch sind und von den im Allgemeinen Teil geschilderten abweichen. Andernfalls wäre eine ständige Wiederholung unvermeidbar.

Bei der Wiedergabe von Zahlen mußte fast stets ein Kompromiß geschlossen werden. Zahl der Eier, Entwicklungsdauer, Lebensdauer und andere Angaben schwanken meist sehr stark, bedingt durch Stamm, Nahrung, Versuchsanstellung und viele andere Faktoren. Gerade bei solchen Werten sieht man aber deutlich, daß noch sehr viele Lücken in der Kenntnis selbst der häufigsten Arten zu schließen sind.

Spezielle Literatur zu den einzelnen Arten wurde nur gelegentlich genannt, wenn ausführlichere monographische Arbeiten vorliegen. Auf die Angabe von Examensarbeiten über einzelne Schädlinge wurde verzichtet, da sie normalerweise meist doch nicht zu beschaffen sind. Für weitere Einzelheiten über eine betreffende Art sei auch auf die neuen ausführlicheren Bearbeitungen von Becker (Materialschädlinge) und Weidner (Vorratsschädlinge) in Heinze (1983) verwiesen, wo auch entsprechende Literatur angeführt ist. Zur Ergänzung der Angaben wurde bei jedem Schädling auf jene Abbildungen und Tabellen des Allgemeinen Teiles hingewiesen, in denen weitere Einzelheiten über die betreffende Art zu finden sind.

Obwohl der nachfolgende Teil nicht den Charakter eines Bestimmungsbuches hat (hierzu dient das Werk von Weidner 1982), wird es sicher oft möglich sein, an Hand der Abbildungen einen Befall von Vorräten oder das Auftreten von Ungeziefer zu identifizieren. Um dies zu erleichtern, soll in der nachfolgenden Aufstellung angegeben werden, welche Arten an welchen Vorräten am ehesten anzutreffen sind. Das gleiche gilt für Materialschädlinge und Hausungeziefer.

Getreide: *Acarus siro*, Mehlmilbe (Seite 213), *Trogoderma granarium*, Khaprakäfer (Seite 230), *Tenebrioides mauritanicus*, Getreidenager (Seite 233), *Oryzaephilus surinamensis*, Getreideplattkäfer (Seite 235), *Cryptolestes ferrugineus*, Leistenkopfplattkäfer (Seite 237), *Rhizopertha dominica*, Getreidekapuziner (Seite 239), *Tribolium castaneum*, Rotbrauner Reismehlkäfer (Seite 246), *Tribolium confusum*, Amerikanischer Reismehlkäfer (Seite 248), *Sitophilus granarius*, Kornkäfer (Seite 254), *Sitophilus oryzae*, Reiskäfer (Seite 255), *Sitotroga cerealella*, Getreidemotte (Seite 256), *Ephestia kuehniella*, Mehlmotte

(Seite 259), *Nemapogon granellus*, Kornmotte (Seite 264).

Getreideprodukte und andere Lebensmittel pflanzlicher Herkunft: *Acarus siro*, Mehlmilbe (Seite 213), *Tenebrioides mauritanicus*, Getreidenager (Seite 233), *Oryzaephilus surinamensis*, Getreideplattkäfer (Seite 235), *Rhizopertha dominica*, Getreidekapuziner (Seite 239), *Stegobium paniceum*, Brotkäfer (Seite 241), *Tribolium castaneum*, Rotbrauner Reismehlkäfer (Seite 246), *Tribolium confusum*, Amerikanischer Reismehlkäfer (Seite 248), *Tenebrio molitor*, Mehlkäfer (Seite 251), *Ephestia kuehniella*, Mehlmotte (Seite 259), *Plodia interpunctella*, Dörrobstmotte (Seite 261).

Leguminosen: *Acanthoscelides obtectus*, Speisebohnenkäfer (Seite 252).

Schokoladenerzeugnisse: *Stegobium paniceum*, Brotkäfer (Seite 241), *Ephestia elutella*, Kakaomotte (Seite 258), *Ephestia cautella*, Dattelmotte (Seite 260), *Plodia interpunctella*, Dörrobstmotte (Seite 261).

Trockenfrüchte: *Carpoglyphus lactis*, Backobstmilbe (Seite 213), *Glycyphagus domesticus*, Hausmilbe (Seite 213), *Tenebrioides mauritanicus*, Getreidenager (Seite 233), *Carpophilus hemipterus*, Backobstkäfer (Seite 234), *Plodia interpunctella*, Dörrobstmotte (Seite 261).

Gewürze: *Stegobium paniceum*, Brotkäfer (Seite 241), *Ptinus tectus*, Diebskäfer (Seite 244).

Lebensmittel tierischer Herkunft: *Necrobia rufipes*, Koprakäfer (Seite 226), *Dermestes maculatus*, Dornspeckkäfer (Seite 227), *Dermestes lardarius*, Gemeiner Speckkäfer (Seite 228), *Piophila casei*, Käsefliege (Seite 265).

Textilien, andere Bekleidung, Teppiche u. ä. Gegenstände: *Attagenus pellio*, Pelzkäfer (Seite 228), *Anthrenus scrophulariae*, Teppichkäfer (Seite 231), *Anthrenus verbasci*, Kabinettkäfer (Seite 233), *Tinea pellionella*, Pelzmotte (Seite 262), *Tineola bisselliella*, Kleidermotte (Seite 262).

Holzschädlinge: *Reticulitermes flavipes*, Bodentermite (Seite 221), *Lyctus brunneus*, Splintholzkäfer (Seite 238), *Anobium punctatum*, Holzwurm (Seite 240), *Hylotrupes bajulus*, Hausbock (Seite 251).

Hausungeziefer: *Porcellio scaber*, Kellerassel (Seite 211), *Oniscus asellus*, Mauerassel (Seite 211), Neubaumilben (Seite 213), Freilandmilben (Seite 214), Hausstaubmilben (Seite 214), *Lepisma saccharina*, Silberfischchen (Seite 215), *Forficula auricularia*, Ohrwurm (Seite 216), *Blatta orientalis*, Küchenschabe (Seite 218), *Periplaneta americana*, Amerikanische Schabe (Seite 219), *Blattella germanica*, Deutsche Schabe (Seite 220), *Supella longipalpa*, Braunbandschabe (Seite 221), *Acheta domesticus*, Hausgrille (Seite 222), *Liposcelis* spp., Bücherläuse (Seite 223), *Lasius niger*, Wegameise (Seite 224), *Monomorium pharaonis*, Pharao-Ameise (Seite 224), *Gibbium psylloides*, Kugelkäfer (Seite 242), *Niptus hololeucus*, Messingkäfer (Seite 243), *Thaumatomyia notata*, Halmfliege (Seite 266), *Drosophila* spp., Taufliegen (Seite 267), *Musca domestica*, Stubenfliege (Seite 268), *Fannia canicularis*, Kleine Stubenfliege, *Sarcophaga* spp., Fleischfliegen, *Lucilia* spp., Goldfliegen *Calliphora* spp., Schmeißfliegen, *Phormia* spp., Glanzfliegen (Seite 268).

Abkürzungen

Stadien: E = Ei, L_1 usw. = 1. Larvenstadium, N = Nymphe, P = Puppe, I = Imago
Geschlecht: ♂ = Männchen, ♀ = Weibchen

Klasse: Gastropoda, Schnecken
Ordnung: Stylommatophora, Landlungenschnecken
Familie: Limacidae

Limax flavus Linné, Kellerschnecke
(engl. Tawny garden slug)

Vorkommen: Gelegentlich in Kellerräumen an dort lagernden Vorräten. In Südeuropa auch im Freiland.

Nahrung: Saftreiche pflanzliche Produkte, wie Obst, Gemüse, Pilze, Kartoffeln.

Schaden: Neben dem reinen Fraß spielt auch die Beschädigung der Nahrung eine Rolle, weil hierdurch für Sekundärschadorganismen (Fäulniserreger) Befallsmöglichkeiten geschaffen werden. Durch Schleimausscheidungen können lagernde Vorräte unappetitlich werden, ebenso durch den Kot.

Aussehen: Die Nacktschnecke ist etwa 8 bis 10 cm lang und ähnelt in der Form den bekannten roten Wegschnecken. Ihre Färbung ist variabel und reicht von Schmutziggelbgrün über Dunkelorange bis zum Dunkelbraun. Die Eier sind elliptisch (4 bis 5 mm × 6 bis 8 mm), durchsichtig gelbbraun und an den Polen meist zu Zipfeln ausgezogen. Der Schleim ist gelblich.

Entwicklung: Die Eier benötigen für die Entwicklung 3 bis 5 Wochen. Die Tiere sind nach 10 bis 12

Monaten geschlechtsreif. Die Lebensdauer kann bis zu 2,5 Jahre betragen.
Biologie und Verhalten: Die Eier werden in lockeren Klumpen von maximal 60 bis 80 Stück, oft perlschnurartig, abgelegt. Insgesamt können es etwa 300 sein. Die Schnecken fressen in den Nachtstunden und leben am Tage verborgen in Schlupfwinkeln, in denen die Feuchtigkeit groß genug ist.
Gegenmaßnahmen: Die Bekämpfung erfolgt mit Metaldehydködern (Kleie als Nahrungsmittel), die in kleinen Haufen ausgelegt werden.
Literatur: Godan (1980)

Klasse: Crustaceae, Krebstiere
Ordnung: Isopoda, Asseln

Die nachfolgend genannten beiden Arten *Porcellio scaber* (Latreille), Kellerassel (Fam. Porcellionidae), und *Oniscus asellus* (Linné), Mauerassel (Fam. Oniscidae), haben eine ähnliche Lebensweise und kommen gelegentlich auch zusammen vor. *P. scaber* tritt in der Regel etwas häufiger auf.

Vorkommen: An feuchten, dunklen Orten, z. B. Kellerräumen. Vor allem bei der Überwinterung. Sonst im Freiland.
Nahrung: Kartoffeln, Obst, Gemüse, in der Hauptsache an faulenden pflanzlichen Substanzen.
Schaden: Fraßschaden an den genannten Vorräten. In den meisten Fällen aber wohl nur Bedeutung als Hausungeziefer.
Aussehen: *P. scaber:* grau bis schwarzgrau, flach, oval, durch Segmente gegliedert, Oberfläche körnig und rauh. Größe bis 1,5 cm. *O. asellus:* Oberseite glatt, hellbraun-grau mit zwei Reihen gelblich glänzender Flecke (Abb. 119).

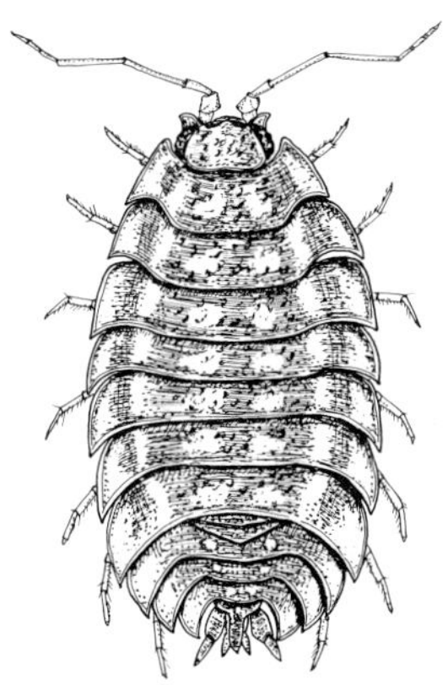

Abb. 119. Mauerassel, *Oniscus asellus*.

Entwicklung: Während der Jugendentwicklung aber auch noch im fortpflanzungsfähigen Stadium treten Häutungen auf. Die Entwicklungsdauer beträgt bei normalen Temperaturen mehrere Monate. Die Lebensdauer kann mehrere Jahre erreichen.
Biologie und Verhalten: Die Eier (zwischen 50 und 90 mit einem Mal) werden vom ♀ in einem Brutbeutel an der Körperunterseite bis zum Schlüpfen der Jungtiere getragen.
Ökologie: Asseln sind an eine hohe Feuchtigkeit gebunden und treten dementsprechend auf Dauer nur an solchen Orten auf, an denen die Luftfeuchtigkeit hoch ist und tropfbares Wasser zur Verfügung steht. Die Tiere sind lichtscheu und halten sich tagsüber an dunklen Orten verborgen.

Klasse: Arachnida, Spinnentiere
Ordnung: Acari, Milben

Milben an Vorräten

An Vorräten aller Art tritt eine große Anzahl von Milbenarten auf, die für den Nichtspezialisten meistens kaum zu unterscheiden sind, zumal ihre Größe durchweg unter 1 mm liegt. Sie werden deshalb oft übersehen, wenn sie sich nicht gerade als ein zusammenhängender, weißlicher Film bewegen.

Der Schaden, der durch sie angerichtet wird, ist verschiedener Natur:
1. Fraßschaden
2. Veränderungen von Geschmack und Geruch des Lebensmittels
3. Veränderungen der Eigenschaften des Lebensmittels, z. B. der Backqualität bei Mehl
4. Ekelerregung
5. Echte Gesundheitsschäden nach Verzehr befallener Lebensmittel bei Mensch und Haustier. (Näheres hierzu s. bei *Acarus siro.*)

Milben benötigen allgemein wegen ihrer relativ großen Oberfläche und dünnen Kutikula eine hohe Feuchtigkeit, weswegen sie häufig erst sekundär auftreten (z. B. in Hot spots), oder sich nur auf einem engumgrenzten Raum innerhalb eines Lagers stärker vermehren können. In diesem hohen Feuchtigkeitsanspruch liegt gleichzeitig aber auch die beste Möglichkeit, durch gezielte Veränderung des Milieus wirksame Gegenmaßnahmen einzuleiten.

Nachfolgend sollen drei häufige und wichtige Arten von Vorräten als Beispiele etwas näher beschrieben werden.

Familie: Acaridae

Acarus siro (L.), Mehlmilbe
Tyroglyphus farinae (L.) (engl. Flour mite, franz. Acarien de la farine, span. Acaro de la harina)

Vorbemerkung: In der älteren Literatur (vor 1963) wird *A. siro* als eine Art geschildert, die sowohl im Freiland als auch im Lager vorkommen kann. Inzwischen hat sich herausgestellt, daß es sich um zwei sehr nahe verwandte Arten handelt. *A. siro* ist die echte Mehlmilbe der Vorräte, *A. farris* ist die Freilandart, die in Heu und Stroh auf dem Felde usw. vorkommt.
Vorkommen: Getreidelager, alte, feucht gewordene Vorräte.
Nahrung: Getreide und Getreideprodukte, andere Lebensmittel pflanzlicher und tierischer Herkunft (z. B. besonders Milchprodukte), Pilze verschiedener Arten.
Schaden: Schädigung der Keimfähigkeit bei Getreide, Änderung des pH-Wertes bei Futtermitteln, qualitative Veränderungen (Abbau von Aminosäuren), Backfähigkeit des Mehles reduziert, Auftreten eines süßlichen Geruches, Erzeugung von Gesundheitsschäden bei Menschen (Jucken, Hautausschlag, Entzündungen verschiedener Art, Schnupfen, Kopfschmerzen, Atemnot, Darmerkrankungen) und Haustieren (Kolik bei Pferden, Verkalben bei Rindern, Fehlgeburten bei Schweinen).
Aussehen: *Ei:* länglich oval (etwa 0,1 mm), *Larve:* 0,15 mm, *Adulte:* 0,3 (♂) bis 0,5 (♀) mm (s. Abb. 15). Farbe weißlichgrau mit gelblich bis rötlichbraunen Beinen und Mundpartie.
Entwicklung: Normalerweise verläuft die Entwicklung über ein 6beiniges Larven- und zwei Nymphenstadien zur Adulten, also Ei – Larve – Nymphe_1 – Nymphe_2 – Adulte. Zwischen N_1 und N_2 kann (sehr selten) ein sogenanntes Hypopusstadium (Wandernymphe) eingeschaltet sein, das gegen ungünstige Bedingungen besonders widerstandsfähig ist.

Die Entwicklungsdauer beträgt bei Zimmertemperatur etwa 2 bis 2,5 Wochen, die Lebensdauer der Adulten kann 6 Wochen erreichen.
Biologie und Verhalten: Die Angaben über die Zahl der Eier schwanken in beträchtlichen Grenzen (20 bis mehrere hundert). Der Fraß beginnt beim Getreidekorn am Keimling und kann von dort auf den Mehlkörper übergehen. Die Mehlmilbe kann im Unterschied zu ähnlich lebenden anderen Milbenarten auch tiefer in das Vorratsgut eindringen.
Ökologie: *Temperatur:* Geringe Minustemperaturen können für einige Tage ertragen werden. Die Entwicklung kann noch bei Temperaturen etwas unter 5 °C ablaufen, das Optimum liegt bei 25 °C und die obere Grenze etwas über 30 °C. Massenvermehrungen können im Bereich zwischen 15 und 30 °C vorkommen, wenn die Feuchtigkeit ausreichend hoch ist.

Feuchtigkeit: Bei der weiten Spanne der Temperaturtoleranz ist die Feuchtigkeit für die Entwicklung der Populationen wesentlich wichtiger. Bei einem Feuchtigkeitsgehalt des Getreides unter 13 bis 14 % oder einer r. F. unter 60 % findet keine Entwicklung in größerem Umfang mehr statt. Bei höheren Temperaturen (um 30 °C) sind sogar noch höhere Werte erforderlich (über 70 % r. F.). Der optimale Bereich liegt zwischen 75 und 85 % r. F. Oberhalb und unterhalb dieses Bereiches ist die Empfindlichkeit der Mehlmilbe gegenüber Feuchtigkeitsunterschieden sehr ausgeprägt, so daß noch Differenzen in der r. F. zwischen 0,1 und 0,25 % wahrgenommen werden. Durch Wanderungen können die Mehlmilben deshalb recht schnell wieder tolerierbare Bereiche aufsuchen.
Nahrung: Da die Mehlmilben in feuchten Zonen der Nahrung vorkommen, sind sie oft mit Pilzen verschiedener Arten vergesellschaftet. Die sich dabei herausbildenden Beziehungen können für *A. siro* positiv oder negativ sein. So können manche Pilze als Nahrung genutzt werden, andere verzögern die Entwicklung, reduzieren die Fruchtbarkeit und erhöhen die Mortalität.
Gegenmaßnahmen: Trocknen und Trockenhalten der Vorräte. Bei stärkerem Befall großer Partien Begasungen. Stark befallene Partien vernichten, nicht verfüttern. Das Mischen mit gesundem Futter ist nur ein Behelf. Milben in kleineren Partien können durch Erhitzen (z. B. im Backofen) abgetötet werden.
Weitere Angaben: Tab. 13, 23, 28, 40, 46, 53, 71.
Literatur: HUGHES 1976.

Familie: Carpoglyphidae

Carpoglyphus lactis (L.), Backobstmilbe (engl. Driedfruit mite)

Vorkommen: In verschiedenen Obstprodukten (z. B. Marmeladen, getrockneten Früchten, Obstsäften).
Nahrung: Praktisch alle zuckerhaltigen Produkte mit einem relativ hohen Wassergehalt.
Schaden: Beeinträchtigung des Wertes der befallenen Produkte, unangenehmer Geruch, Hervorrufen von Dermatitis beim Menschen. (Der direkte Fraßschaden ist meist unbedeutend.)
Aussehen: Typische Milbenform, aber etwas länglicher als Mehlmilbe, Adulte durchsichtig, mit schwachrötlichen Beinen und Kopfregion, 0,4 mm.
Entwicklung: Wie bei der Mehlmilbe. Ein Hypopusstadium (Wandernymphe) wird nur selten gefunden. Entwicklungsdauer bei Zimmertemperatur etwa 2 bis 3 Wochen, Lebensdauer der erwachsenen Milben mehrere Wochen.
Biologie und Verhalten: Die Eier werden mit Hilfe eines schnell erhärtenden Stieles an das Substrat gelegt. In 5 bis 6 Wochen können vom Weibchen mehrere hundert Eier produziert werden.
Ökologie: Die Entwicklung ist bei normalen Temperaturen an Feuchtigkeitswerte von über 60 % r. F. gebunden. Bei günstigen Feuchtigkeitsbedingungen kann die Milbe längere Zeit hungern. Die Anlockung an die Nahrung wird vor allem durch Gärungsprodukte (wie Milch- und Essigsäure) begünstigt.
Gegenmaßnahmen: Entscheidend für eine wirksame Bekämpfung der Milbe ist eine Reduktion der Feuchtigkeit. Das Substrat soll dabei einen Gehalt unter 17 % haben, die Luftfeuchtigkeit soll unter 50 % liegen.

Familie: Glycyphagidae

Glycyphagus domesticus (DeGeer), Hausmilbe (engl. Grocer's itch mite, House mite, Furniture mite)

Vorkommen und Nahrung: Vor allem in Getreide und an getrockneten Früchten, aber auch an anderen pflanzlichen Stoffen wie Heu oder Polstermaterial, auch an Produkten tierischer Herkunft.
Schaden: Verschlechterung der Backqualität, Gesundheitsschäden (Allergien, Jucken, Ausschlag).
Aussehen: Milbenform mit sehr langen Haaren, Beine etwas rötlich, Größe etwa 0,4 mm.
Entwicklung: Wie bei *Acarus siro*. Evtl. ist zwischen N_1 und N_2 ein unbewegliches Hypopusstadium eingeschaltet, dessen Dauer je nach Bedingungen zwischen 5 Tagen und mehreren Jahren betragen kann. Entwicklungsdauer bei Zimmertemperatur etwas über 3 Wochen.
Biologie und Verhalten: Die Eizahl ist stark von der Temperatur abhängig, durchschnittlich werden wohl 30 Eier gelegt.
Ökologie: Die Bindung an hohe Feuchtigkeit ist wie bei den anderen behandelten Milben sehr groß. Getreide mit einem Feuchtigkeitsgehalt von unter 13 % wird nur wenig befallen.
Gegenmaßnahmen: Trocknen und Trockenhalten der Vorräte. In Wohnungen heizen und zugleich lüften.

Ähnlich lebt die Pflaumenmilbe *Lepidoglyphus (= Glycyphagus) destructor* (Schrank), die besonders häufig an Getreide anzutreffen ist.

Milben als Hausungeziefer

Eine größere Anzahl von Milbenarten verschiedener Familien tritt in Häusern auf, ohne hier Beziehungen zu Vorräten zu haben. Sie sind als Ungeziefer zu betrachten, können aber auch evtl. erhebliche gesundheitliche Bedeutung erlangen.

Nachfolgend sollen drei Gruppen dieser Milben herausgestellt werden.

Neubaumilben: Sie kommen normalerweise im Freien vor, können aber in Häusern in Massen auftreten und sich dort unter bestimmten Umständen längere Zeit halten und vermehren. Es handelt sich bei ihnen um Schimmelfresser, die in Neubauten dann geeignete Bedingungen antreffen, wenn sich hier in der Phase, in der aus Beton und Verputz noch sehr viel Wasser frei wird, an manchen Stellen Pilzrasen bilden können, z. B. an feuchten Wänden, unter Fußböden, unter Bodenbelägen. Da sie hier einmal optimale abiotische und trophische Bedingungen antreffen, zum anderen vor den (im Freiland sehr wichtigen) natürlichen Feinden weitgehend geschützt sind, können in den Häusern zahlreiche Generationen in rascher Folge auftreten.

Der Befall ist normalerweise ein halbes bis ein Jahr nach Bezug der Wohnung wegen der fortschreitenden Austrocknung verschwunden.

Die Neubaumilben haben eine Größe unter

1 mm. Sie fallen deshalb meist erst nach Beginn der Massenvermehrung auf. Eine wichtige Art ist *Kleemannia plumigera* (Oudemans) (Fam. Ameroseiidae), doch kommen auch noch verschiedene andere Arten vor.

Das Auftreten von Neubaumilben ist wegen der modernen Bauweise mit Betonfertigteilen und Verwendung von anorganischen Dämmstoffen (Glaswolle, Steinwolle usw.) stark zurückgegangen.

Als Gegenmaßnahmen sind alle jene geeignet, welche die Schimmelbildung verhindern. Durch Heizen und gleichzeitiges Lüften kann das frei werdende Wasser schnell abgeführt werden. Tote Räume mit stagnierender Luft müssen vermieden werden, d. h. Gegenstände müssen von der Wand abgedrückt werden, Scheuerleisten erst später angebracht und Bodenbeläge erst dann gelegt werden, wenn die Luftfeuchtigkeit im Haus bereits deutlich gesenkt ist.

Eine chemische Bekämpfung ist wenig sinnvoll, da die eigentlichen Befallsherde meist doch nicht erreicht werden können.

Freilandmilben: Es gibt eine Reihe von Milbenarten, die normalerweise im Freiland an verschiedenen Pflanzen leben, gelegentlich aber massenweise in Häuser eindringen können. Hier gehen sie dann nach kurzer Zeit ein, weil sie keine zusagende Nahrung finden.

Am bekanntesten sind Vertreter der Gattung *Bryobia* (Grasmilben), z. B. *B. graminum* (Schrank) (Fam. Tetranychidae). Sie leben an jungen, wachsenden Gräsern, wie sie in den häufig geschnittenen Rasen in Hausnähe fast immer vorkommen. In bestimmten Phasen ihrer Entwicklung klettern sie an senkrechten Gegenständen empor, normalerweise an Bäumen, Pfählen usw. Sind Hauswände erreichbar, so werden auch diese angenommen. Von hier gelangen sie dann durch Fenster in die Räumlichkeiten.

Seitdem man die Lebensgewohnheiten der Grasmilben erkannt hat und deshalb Gegenmaßnahmen gezielt einsetzen kann, sind Meldungen über Belästigungen stark zurückgegangen.

So weiß man, daß sich das Eindringen vermeiden läßt, wenn der Rasen nicht unmittelbar an die Hauswand angrenzt, sondern 1 bis 2 m zurückgenommen wird. Den entstandenen Streifen kann man mit Kies bestreuen oder mit Pflanzen besetzen, die von den Milben nicht befallen werden. In der nachfolgenden Aufstellung sind einige wichtige Gartenpflanzen genannt, die von *Bryobia* befallen oder nicht befallen werden (nach LANGENSCHEID 1966):

a) Wirtspflanzen: An ihnen ist eine Vermehrung möglich. Sie sollten deshalb nicht an Hauswände angrenzen: Tränendes Herz, Osterglocken, Mohn, Primeln, Phlox, Steinkraut.
b) Nichtwirtspflanzen: An ihnen findet keine Vermehrung statt. Sie können deshalb auch in der Nähe von Hauswänden angepflanzt werden: Fichte, Eibe, Wacholder, Goldlack, Rosen, Petunien, Geranien, Zinnien.

Droht eine Einwanderung in Häuser, weil die genannten vorbeugenden Maßnahmen nicht durchgeführt wurden, so können die Außenwände im unteren Bereich mit Akariziden (Pestizide zur Milbenvernichtung) eingespritzt werden.

Hausstaubmilben: In diese Gruppe gehört eine große Anzahl von Arten, die so klein sind, daß man sie meist nicht wahrnimmt. Oft genug wird deswegen ihre gesundheitsschädigende Wirkung falsch diagnostiziert.

Staubmilben treten im Haus dort auf, wo sich Staub ansammelt, z. B. besonders häufig unter Betten. In diesem Staub ist immer genügend organisches Material enthalten, das den Milben als Nahrung dienen kann. In 1 g Staub konnten über 10000 Milben gefunden werden. Auch in Lagern von Haustieren treten praktisch die gleichen Arten auf. Die wichtigsten gehören zur Gattung *Dermatophagoides* (Fam. Pyroglyphidae).

Hausstaubmilben vermehren sich am stärksten in feuchtwarmen Sommermonaten. Die ungünstige trockene Winterzeit wird im Tritonymphenstadium überlebt, von dem im nächsten Frühjahr die erneute Vermehrung ausgeht.

Die Folgen eines Befalles sind beim Menschen Erkrankungen der Atemwege, wie Allergien oder Bronchialasthma. Auch eine Allergie gegenüber Haustieren kann in Wirklichkeit oft durch Staubmilben bedingt sein.

Die sicherste Gegenmaßnahme ist die Beseitigung von Staubansammlungen. Vorbeugend können diese vermieden werden, wenn unter den Betten keine Teppiche verlegt werden oder wenn unter Matratzen eine Auflage aus Plastikfolie ein Herabrieseln von organischem Staub verhindert.

Klasse: Insecta, Insekten
Ordnung: Zygentoma, Fischchen
Familie: Lepismatidae, Wohnungsfischchen

Lepisma saccharina (L.), Silberfischchen (engl. Silverfish)

Vorkommen: In feuchten Wohnungen an dunklen und warmen Orten. Im Freien in Vogelnestern.
Nahrung: Stärke- und zuckerhaltige Produkte wie Mehl, Grieß, Teigwaren, Zucker u. ä., aber auch Hefe, Reis, getrocknetes Fleisch usw.
Schaden: Da die Nahrungsprodukte oft als Zusatzstoffe verwendet werden, kann ein Fraßschaden an verschiedenen Objekten auftreten. So werden Tapeten, Bucheinbände, Bilder, Akten, Herbarpflanzen, gestärkte Textilien und viele andere Dinge beschädigt. An dickeren Gegenständen erfolgt ein oberflächlicher Schabefraß, an dünneren ein Lochfraß.

Da Silberfischchen oft in Badewannen, Waschbecken und ähnlichen Orten angetroffen werden (in die sie nachts hineingefallen sind), rufen sie bei vielen Menschen ein durchaus ernst zu nehmendes Unbehaglichkeitsgefühl hervor, so daß diese Tiere nicht nur zu den häufigsten, sondern auch zu den wichtigsten Ungezieferarten gehören.

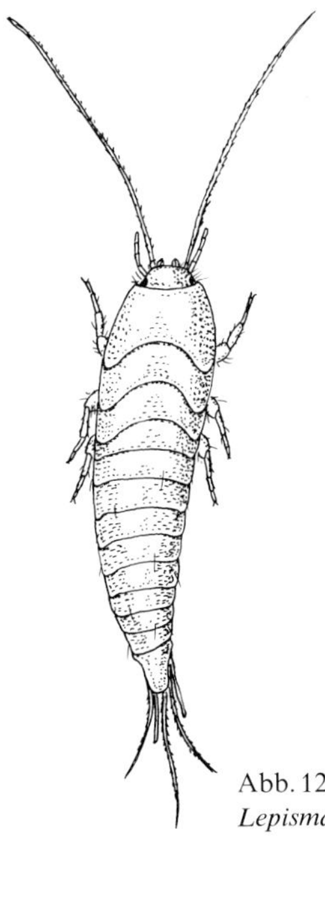

Abb. 120. Silberfischchen, *Lepisma saccharina*.

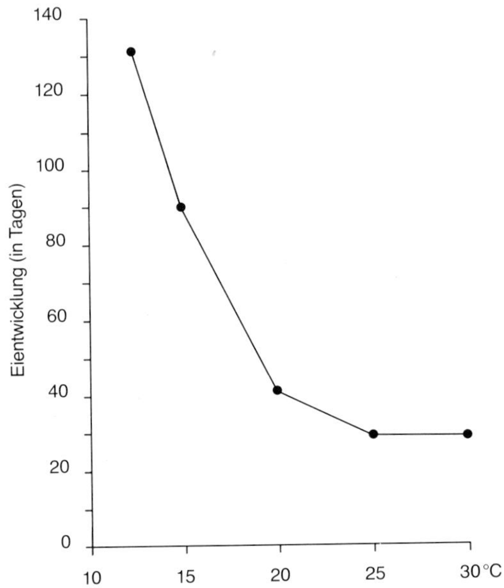

Abb. 121. Die Abhängigkeit der Eientwicklung bei *Lepisma saccharina* von der Temperatur (nach LAIBACH 1952).

Aussehen: *Ei:* oval, etwa 1 mm lang, weißlich, im älteren Stadium skulpturiert und hellbraun bis rötlich.
Larve: Junge Larven sind weiß und ohne Schuppen. Diese treten erst nach der 2. Häutung auf.
Imago: Das erwachsene Tier ist 8 bis 10 mm lang und besitzt 3 etwa 3 mm lange Schwanzfäden (Abb. 120). Auf weißem bis schwärzlichem Untergrund stehen leicht abreibbare, perlmuttartig glänzende Schuppen. Als Urinsekt sind Silberfischchen primär flügellos.
Entwicklung: Nach dem Eistadium folgen 6 bis 7 Larvenstadien, aber auch das erwachsene Tier häutet sich während des ganzen Lebens etwa alle 2 bis 3 Wochen (je nach Lebensdauer bis zu 40mal). Die Entwicklungsdauer ist relativ lang. Die Eizeiten sind für verschiedene Temperaturen in Abb. 121 angegeben. Bei 25 °C dauert das Larvenstadium 3,5 bis 4 Monate. Die Lebensdauer des erwachsenen Silberfischchens kann mehrere Jahre (maximal sind fast 4 Jahre bekannt) dauern.
Biologie und Verhalten: Die Eier werden in Spalten und Ritzen gelegt, gelegentlich auch frei angeklebt. Die durchschnittliche Eizahl liegt bei 70, doch können auch zwei- bis dreimal so viele produziert werden.

Larven und erwachsene Tiere führen eine nächtliche Lebensweise. Das 1. und 2. Larvenstadium nimmt noch keine Nahrung zu sich. Den Winter über halten sich die Silberfischchen verborgen.
Ökologie: *Temperatur:* Die untere Grenze für die Aktivität liegt unter 10 °C. Bei hohen Temperaturen (über 35 °C) tritt bald der Tod bei allen Stadien ein.
Feuchtigkeit: Die dünnhäutigen Tiere benötigen eine hohe Feuchtigkeit (Werte über 75 % r. F. sind am günstigsten). Bei 30 % sterben sie bald ab.
Licht: Larven und Imagines sind ausgesprochen negativ phototaktisch.
Nahrung: Die Imagines können lange Hungerperioden ertragen. Bekannt sind Zeiten bis zu 10 Monaten.
Gegenmaßnahmen: Gute Belüftung, Trockenheit und Licht sind Bedingungen, die vom Silberfischchen nicht ertragen werden. Das Verfugen von Ritzen und Spalten nimmt ihnen die am Tage benötigten Verstecke.
Weitere Angaben: Tab. 11,12.
Literatur: LAIBACH 1952.

Lepismodes inquilinus Newman, Ofenfischchen
Thermobia domestica (Packard)

Vorkommen: In sehr warmen Räumen, wie Bäckereien und Brauereien. Besonders in der Nähe von Öfen. Viel seltener als das Silberfischchen.
Nahrung: Im großen und ganzen wie *Lepisma*, in Bäckereien an Mehl.
Schaden: Wie *Lepisma*.
Aussehen: Im Gesamtbild ähnlich dem Silberfischchen. Die erwachsenen Tiere sind 10–13 mm lang, dunkel, die Oberseite ist mit gelblichen, glänzenden Schuppen in Flecken und Bändern versehen. Die drei Brustringe sind heller als der Hinterleib. Die Fühler sind kräftig und länger als der Körper. Die seitlichen Schwanzfäden stehen fast senkrecht ab. Alle drei Fäden sind hell und dunkel geringelt. Das Ei ist elliptisch (1,0 mm × 0,8 mm).
Entwicklung: Die Gesamtentwicklung einer Generation kann bei 37 °C in 3 Monaten beendet sein, davon entfallen auf das Eistadium 2 Wochen. Als Larve häutet sich das Ofenfischchen 12 bis 15mal, während des etwa 1,5 Jahre dauernden Lebens dann weiter alle 9 bis 14 Tage.
Biologie und Verhalten: Eine Kopulation ist nach jeder Häutung erforderlich, da vermutlich das Receptaculum seminis mit abgestreift wird. Die Zahl der abgelegten Eier liegt normalerweise zwischen 100 und 150. Die Lebensweise ist nächtlich.
Ökologie: *Temperatur:* Der Entwicklungsnullpunkt liegt, entsprechend den hohen Anforderungen des Ofenfischchens an die Temperatur, sehr hoch. Für die Eier werden 24 °C angegeben. Normalerweise hält sich *L. inquilinus* an Orten auf, welche über 32 °C warm sind. Zur Nahrungssuche werden aber auch kühlere Stellen aufgesucht.
Feuchtigkeit: Bei niedrigen Luftfeuchtigkeiten (30 bis 40 % r. F.) ist das Vorhandensein von Trinkwasser (z. B. Kondenswasser) für einen Aufenthalt Voraussetzung.
Gegenmaßnahmen: Wie bei *Lepisma*, vor allem auch Verhinderung von Kondenswasserbildung bei ausreichender Trockenheit.

Ordnung: Dermaptera, Ohrwürmer
Familie: Forficulidae, Ohrwürmer

Forficula auricularia (L.), Gemeiner Ohrwurm (engl. European earwig)

Vorkommen: Kann vom Freiland aus in Häuser, Lebensmittellager usw. eindringen.
Nahrung: Allesfresser an tierischen und pflanzlichen Produkten. Auch räuberisch und kannibalisch.
Schaden: In Lebensmittelbetrieben ist er vor allem ein hygienisches Problem, hervorgerufen durch das Aufsuchen von Verstecken (Verpackung!). Verschiedene Materialien können angefressen werden. Im Haus ruft sein Vorkommen Unbehagen bis zu Angstgefühlen hervor.
Aussehen: *Ei:* 1 mm, weiß bis gelblich, elliptisch.
Larve: Zunächst grau, aber mit zunehmender Chitinisierung immer dunkler braun werdend.
Imago: Dunkelbraun, ♀ bis 16 mm, mit kleiner Zange, ♂ etwas größer, mit großer Zange. Vorderflügel kurze Deckflügel, Hinterflügel gefaltet, hautartig. Gesamtfärbung dunkelbraun (Abb. 122).
Entwicklung: Nach der Kopulation im Spätherbst werden im zeitigen Frühjahr die Eier abgelegt. Die Larvenentwicklung mit 4 Stadien erfolgt im Laufe des Sommers. Bei besonders günstigen Bedingungen kann im Spätsommer eine 2. Generation auftreten.

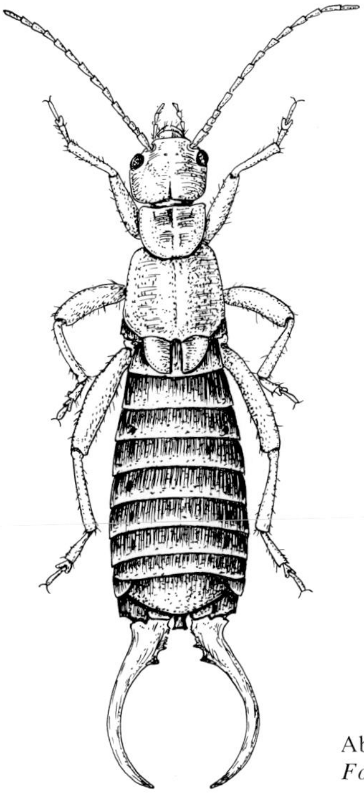

Abb. 122. Ohrwurm, *Forficula auricularia.*

Biologie und Verhalten: Die Eier werden in die Erde in eine gegrabene Vertiefung oder an andere geschützte Orte (z. B. in verrottendes Holz von Baumstümpfen) gelegt. Durch eine Brutfürsorge (regelmäßiges Wenden) sind die Eier besonders geschützt. Diese Fürsorge wird auch auf die heranwachsenden Larven ausgedehnt. Die Aktivität der Ohrwürmer ist auf die Nachtstunden konzentriert, in denen bei günstigen Bedingungen sogar ein Flug stattfinden kann. Tagsüber leben die Tiere versteckt an dunklen und feuchten Orten mit möglichst viel Kontakt nach allen Seiten (positive Thigmotaxis).

Ökologie: Als Freilandtiere stellen die Ohrwürmer keine besonderen Ansprüche an die Temperatur; sie bevorzugen aber Räume mit hoher Feuchtigkeit. Sie können allerdings auch an trockenen Stellen (z. B. in leeren Vogelnestern) in großen Mengen vorkommen.

Gegenmaßnahmen: Das Kontaktbedürfnis kann man zum Fang der Tiere ausnutzen, indem man vergiftete Verstecke dort aufstellt, wo Ohrwürmer zahlreich vorkommen.

Ordnung: Blattodea, Schaben

Allgemeines

Verschiedene Schabenarten haben als Ungeziefer eine große Bedeutung. Sie besitzen eine Reihe von gemeinsamen Eigenschaften, die zunächst geschildert werden sollen, so daß bei den später zu behandelnden einzelnen Arten nur noch auf spezifische Merkmale, Eigenschaften und Verhaltensweisen eingegangen werden muß.

Vorkommen: Schaben können überall dort auftreten, wo ihre Nahrung vorkommt, Temperatur und Feuchtigkeit ausreichend hoch sind und über lange Zeiten des Tages Dunkelheit herrscht. Man findet sie deshalb in Häusern vor allem in besonders warmen Räumen (Backstuben, Heizungsräumen, Schächten mit Warmwasserrohren usw.) und im Freien in Ablagerungen von verrottenden Abfällen. Besonders häufig tritt Befall in Krankenhäusern, Sanatorien, Heimen, Hotels, Restaurants, Großküchen und ähnlichen Betrieben, aber auch in zoologischen Gärten und Tierhandlungen auf.

Nahrung: Schaben sind Allesfresser. Bevorzugt werden weiche und wasserhaltige pflanzliche Stoffe. Angenommen werden aber auch Produkte tierischer Herkunft, wie Fäkalien, Aas, Artgenossen und viele weitere Substanzen.

Schaden: Die schädlichen Auswirkungen eines Schabenbefalles sind mannigfaltig. Folgende Punkte sollen besonders herausgestellt werden:

1. Fraßschäden an Vorräten.
2. Schäden durch Befressen von verschiedenen Materialien (Leder, Textilien, Papier).
3. Verunreinigungen von Vorräten und Gegenständen (Kot, Kropfinhalt, Exkrete von Stinkdrüsen).
4. Übertragung von vorratsschädigenden und pathogenen Mikroorganismen durch Kot oder Kontakt. Hierzu gehören Bakterien, Pilze, aber auch Entwicklungsstadien tierischer Parasiten wie Protozoen, Würmer und Milben (s. Tab. 8).
5. Hervorrufen von Allergien (Schaben enthalten Allergene).
6. Hervorrufen von psychischen Störungen beim Menschen. (Schaben gelten richtigerweise als Anzeiger für unhygienische Verhältnisse.)
7. Beunruhigung von Stalltieren und dadurch Verluste im Fleisch- und Milchertrag.

Aussehen: Die als Vorratsschädlinge und Hausungeziefer wichtigen Arten sind relativ groß (1 bis 3 cm). Ihre Gestalt ist mehr oder weniger oval, sie sind flach und haben lange Fühler und Hinterleibsanhänge. Ihre Färbung liegt zwischen Hellbraun und fast Schwarz. Flügel können bei den erwachsenen Tieren vorhanden sein oder fehlen. Die Larven sehen den erwachsenen Schaben ähnlich, doch fehlen ihnen in jedem Fall die Flügel. Typisch für die Schaben ist die sogenannte Oothek, eine Kapsel, in welcher sich die Eier nach dem Austritt aus dem Weibchen bis zum Schlüpfen der Larven befinden. Da die Schaben zu den Hemimetabolen gehören, fehlt ihnen ein Puppenstadium.

Biologie und Verhalten: Allen hier zu behandelnden Schabenarten ist das negativ-phototaktische Verhalten gemeinsam, das in normal beleuchteten Räumen zu einer abgegrenzten nächtlichen Lebensweise führt. Wegen eines ausgeprägten Kontaktbedürfnisses halten sie sich tagsüber in engen Verstecken auf. Gleichzeitig erlaubt ihnen dieses Bedürfnis auch, sich bei der Ausbreitung und bei der Futtersuche durch enge Spalten hindurchzuzwängen, was Gegenmaßnahmen außerordentlich erschwert.

Ökologie: Die vier behandelten Schabenarten stammen aus tropischen und subtropischen Gebieten und sind dementsprechend wärmebedürftig. Ihr Vorkommen ist deshalb im wesentlichen auf beheizte Räumlichkeiten beschränkt. Im Freiland können sie nur dort auftreten, wo die Temperaturen ebenfalls erhöht sind, also hauptsächlich auf Mülldeponien. In Mitteleuropa im Freiland lebende Schabenarten haben als Ungeziefer und Schädlinge nur äußerst selten eine Bedeutung.

Gegenmaßnahmen: Wegen der versteckten Lebensweise der Schaben ist eine Bekämpfung oft sehr problematisch. Ein Dauererfolg ist deshalb, vor allem in großen Gebäudekomplexen, wie Krankenhäusern, Hotels, Wohnheimen, oft nicht gegeben, weil an unzugänglichen Stellen Restpopulationen überleben können. Auch die Eier können in den Ootheken eine chemische Bekämpfung überleben und nach einigen Wochen, wenn die Larven schlüpfen, zu einem Wiederaufleben des Befalles führen. Eine Behandlung mit chemischen Präparaten (Sprüh-, Nebel- oder Stäubemittel) ist an den meisten Orten mit Schabenbefall oft nicht durchführbar, zum Beispiel dann, wenn Krankenhäuser, Sanatorien oder Hotels ganzjährig belegt sind. Hinzu kommt, daß manche wirksame Insektizide, wie Pyrethrum oder Propoxur, eine Repellenz gegenüber Schaben besitzen, so daß behandelte Flächen gemieden werden. Eine allgemeine Kontamination von Räumen mit chemischen Präparaten kann bei dem Köderverfahren vermieden werden (Abb. 102), das besonders bei Nahrungsmangel sehr wirksam sein kann. Die Köderdosen müssen aber lange genug stehen bleiben, damit auch die später aus den Ootheken erscheinenden Larven erfaßt werden. Eine weitere gute Methode ist das Plattenverfahren. Dabei werden künstliche Verstecke (Platten) mit einem insektiziden Lack (Wirkstoff z. B. Chlorpyrifos) behandelt und an Stellen angebracht, die von Schaben während der Helligkeitsperioden zum Verbergen aufgesucht werden. Durch den stundenlangen Kontakt mit der begifteten Unterlage kommt es zu einer wirksamen Vernichtung der Schaben.

Die Problematik der chemischen Bekämpfung könnte meist umgangen werden, wenn vorbeugende Maßnahmen ein Auftreten der Schaben verhindern würden. Die Praxis zeigt aber, daß auch diese Möglichkeiten begrenzt sind. Es gibt allerdings eine Reihe von Maßnahmen, welche zumindest die Wahrscheinlichkeit eines Befalles reduzieren und einen bestehenden Befall begrenzen können:

1. Sauberkeit. Beseitigung von Abfällen in allen Räumen des Hauses oder wenigstens doch Lagerung in dicht abschließenden Behältern und wenn möglich im Freien.
2. Beseitigung von Versteckmöglichkeiten (z. B. Altpapier, leere Kartons usw.). Bei Maschinen, Geräten, Einrichtungsgegenständen usw. für genügend Boden- und Wandfreiheit sorgen, damit Verunreinigungen gut beseitigt werden können.
3. Durchgangsstellen, zum Beispiel von Etage zu Etage laufende Leitungsschächte, so gut wie möglich abdichten.
4. Kontrolle eingehender Ware, z. B. Wäsche in Krankenhäusern, Transportbehälter usw.

Literatur: Guthrie und Tindall (1968).

Familie: Blattidae, Hausschaben

Blatta orientalis L., Küchenschabe,
Orientalische Schabe
(engl. Oriental cockroach, franz. Blatte orientale, span. Cucaracha oriental)

Vorkommen: Besonders in feucht-warmen Räumen, z. B. Toiletten, Gastwirtschaften, Großküchen, Wäschereien.

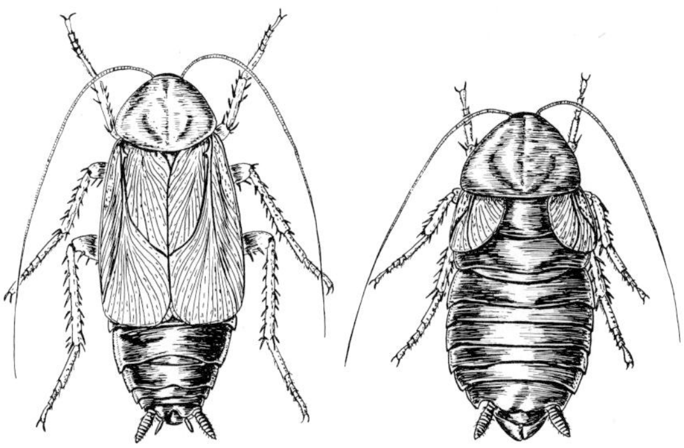

Abb. 123. Küchenschabe, *Blatta orientalis*.

Nahrung und Schaden: s. Allgemeines über Schaben.
Aussehen: *Oothek* etwa 10 mm × 5 mm, rotbraun, später fast schwarz.
Larven (beim Schlüpfen etwa 6 mm) zunächst hellbraun, später fast schwarz.
Imago: ♂ 21 bis 25 mm, dunkelbraun, mit voll entwickelten Flügeln, ♀ 22 bis 28 mm, fast schwarz, mit Stummelflügeln (Abb. 123).
Entwicklung: *Ei:* bei 30 °C etwa 6 Wochen, bei Zimmertemperatur rund 12 Wochen.
Larve: Bei 30 °C ♂ 4 bis 6 Monate, ♀ 9 bis 10 Monate. Bei Zimmertemperatur 10 bis 18 Monate. Die Gesamtentwicklung kann bei niedrigeren Temperaturen bis zu 2 Jahren oder noch länger dauern. Dabei werden von den ♂♂ 7, von den ♀♀ 10 Larvenstadien durchlaufen. Die Lebensdauer der erwachsenen Tiere liegt bei 5 bis 6 Monaten.
Biologie und Verhalten: Die Ootheken werden vom ♀ nur ein paar Tage getragen und dann an geschützten Orten abgelegt. In einer Kapsel befinden sich meist 16 Eier. Von einem ♀ können maximal bis über 20 Ootheken produziert werden, meist sind es 8 bis 10. Die Küchenschabe kann gut an senkrechten Wänden emporklettern. Die ♂♂ sind zu einem begrenzten Flug (Gleitflug) in der Lage.
Ökologie: Gegenüber niedrigen Temperaturen sind die Küchenschaben nicht so empfindlich wie die anderen genannten Arten. Sie können durchaus in kühleren Räumen vorkommen und in gemäßigten Breiten sogar im Freien überwintern. Sie vertragen auch Wassermangel relativ gut.

Periplaneta americana (L.), Amerikanische Schabe
(engl. American cockroach, franz. Coquerelle des caves, span. Cucaracha americana)

Vorkommen: Mehr in Hafenanlagen, gewerblichen Betrieben und zoologischen Gärten, weniger in Privathäusern.
Nahrung und Schaden: s. Allgemeines über Schaben.
Aussehen: *Oothek:* 8 mm × 5 mm, braun, später fast schwarz.
Larve: 1. Larvenstadium 3,5 mm.
Imago: hell- bis mittelrotbraun, ♂ 35 bis 40 mm, ♀ 29 bis 37 mm, Flügel gut entwickelt (Abb. 124).
Entwicklung: Die Eier entwickeln sich in den Ootheken bei 30 °C in etwa 5 Wochen, bei 25 °C in 9 Wochen und bei 17 °C in rund 13 Wochen. Die Larven brauchen zu ihrer Entwicklung bei 30 °C etwa ein halbes Jahr, bei niedrigen Temperaturen kann die Gesamtentwicklung mehrere Jahre dauern. Die Zahl der Larvenstadien kann je nach Dauer der Entwicklung zwischen 6 und 13 schwanken. Die Lebensdauer der erwachsenen Tiere ist mit 1 bis 1,5 Jahren recht lang.
Biologie und Verhalten: Die Ootheken erscheinen 10 bis 14 Tage nach der Kopulation, werden vom ♀ aber nur einige Tage umhergetragen und dann fallen gelassen oder in der Nähe der Nahrung mit einem Mundsekret, oft in Spalten, angeheftet oder, wenn möglich, abgedeckt. Die Eizahl je Ootheke beträgt 15 bis 20, die Zahl der von einem ♀ produzierten Ootheken kann maximal bis 90 betragen, liegt im Schnitt aber wohl bei 50 bis 60

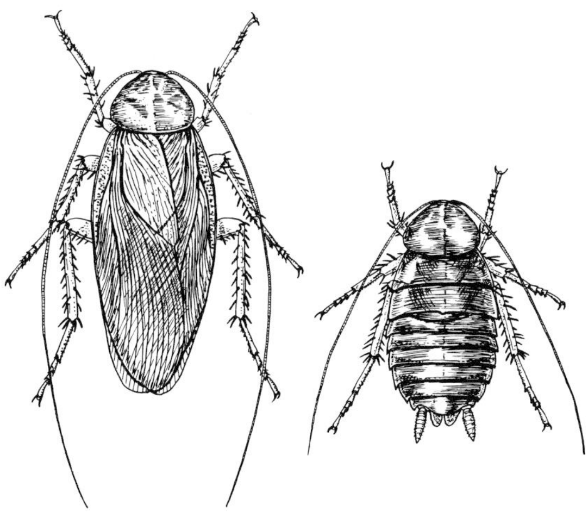

Abb. 124. Amerikanische Schabe, *Periplaneta americana.* Links: erwachsenes Tier; rechts: Larve.

oder noch darunter. Die Kokons können im Abstand von 1 Woche gebildet werden.
Ökologie: Die Amerikanische Schabe stellt an Temperatur und Feuchtigkeit hohe Anforderungen, was ihr begrenztes Vorkommen erklärt. Bei 20 °C werden keine Ootheken mehr gebildet. Besonders dafür ist eine hohe Feuchtigkeit erforderlich.
Literatur: Bell und Adiyodi (1981).

Familie: Blattellidae

Blattella germanica (Linné), Deutsche Schabe (engl. German cockroach, franz. Blatte germanique, span. Cucaracha germanica)

Vorkommen: Die häufigste Schabe in Räumlichkeiten aller Art, die geheizt sind. Im Freien oft in nicht zu alten Rottedeponien.
Schaden und Nahrung: s. Allgemeines über Schaben.
Aussehen: *Oothek:* flach, länglich (etwa 6 mm × 3 mm × 2 mm), an den Ecken und Seiten abgerundet, hellbraun bis mittelbraun.
Larve: Eilarve etwa 3 mm, fast schwarz, spätere Stadien heller (Abb. 125)
Imago: 10 bis 15 mm lang, gelbbraun, Halsschild mit 2 typischen, dunkelbraunen Längsstreifen. Geflügelt (Abb. 125).
Entwicklung: Die Eier verbleiben in der Oothek mehrere Wochen, bei 25 °C etwa 1 Monat, bei 30 °C 2 bis 2,5 Wochen. Die Gesamtentwicklung kann wegen der großen Unterschiede in der zur Verfügung stehenden Nahrung in weiten Grenzen schwanken. Im Laboratorium bei konstanten Temperaturen und gleichbleibendem Futter erzielte Resultate sind deshalb nur bedingt auf natürliche Verhältnisse übertragbar. Bei 30 °C und 70 % r. F. beträgt die Generationsdauer knapp 3 Monate. Normalerweise sind wesentlich längere Zeiten gegeben. Im gleichen Maße schwankt die Zahl der Larvenstadien zwischen 5 und 10, wobei die ♀♀ in der Regel 1 oder 2 Stadien mehr haben als die ♂♂. Die Lebensdauer der erwachsenen Tiere kann einige Monate betragen.
Biologie und Verhalten: Einige Tage nach dem Schlüpfen der erwachsenen Schaben erfolgt die Kopulation und 1 bis 2 Wochen später wird die erste Oothek ausgebildet. Sie enthält meist 30 bis 40 Eier. Diese Zahl nimmt bei später gebildeten Ootheken ab. Bei durchschnittlich 4 bis 6 Eikapseln je ♀ werden somit 150 bis 200 Eier produziert. Die Ootheken werden vom ♀ bis unmittelbar vor dem Schlüpfen der Larven im Hinterleib haftend herumgetragen. Werden die Ootheken zu früh abgeworfen oder stirbt das ♀, so können bei ausreichender Feuchtigkeit evtl. noch einige Eier schlüpfen. Die erwachsenen Tiere laufen sehr schnell. Ein wegen der kompletten Ausbildung der Flügel theoretisch möglicher Flug findet nie (?) statt. Die Tiere laufen normalerweise entlang von Wänden u. a. Gegenständen (eine Berücksichtigung dieser Tatsache ist bei der chemischen Bekämpfung wichtig) und können mit Hilfe von Hafteinrichtungen an den Füßen auch an glatten Wänden (z. B. Glas oder Kacheln) emporlaufen.
Ökologie: Trotz der Bindung an hohe Temperaturen ist die Deutsche Schabe auch in der Lage, in

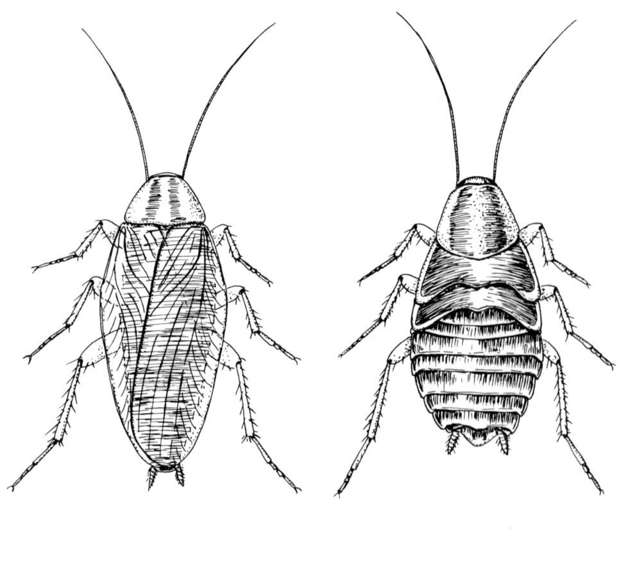

Abb. 125. Deutsche Schabe, *Blattella germanica*. Links: erwachsenes Tier; rechts: Larve.

gewissen Grenzen niedrige Werte zu ertragen. Sicher sind Temperaturen unter 0 °C fast durchweg in kurzer Zeit letal wirkend, doch können die Tiere nachgewiesenermaßen auch im Freiland überwintern, wenn die Mortalität dabei auch sehr hoch ist. Sie wurden auch in Kühlschränken bei 7 bis 12 °C regelmäßig angetroffen. Unter 4 °C wird die Bewegung eingestellt und oberhalb von etwa 42 °C tritt der Wärmetod ein. Hungerzeiten können relativ lange überlebt werden. Bei ausreichender Feuchtigkeit werden je nach Stadium und Geschlecht bei Zimmertemperatur 10 bis 40 Tage ohne Nahrung ertragen.
Weitere Angaben: Tab. 11, 29, 71.

Supella longipalpa (Fabricius), Braunbandschabe (engl. Brownbanded cockroach)

Vorkommen: In den letzten Jahrzehnten aus dem Mittelmeerraum und den USA eingeschleppt, kommt die Art in Mitteleuropa noch relativ selten vor. Mit einer Ausbreitung muß aber gerechnet werden. Im Haus ist die Verbreitung ähnlich wie die der Deutschen Schabe.
Nahrung und Schaden: s. Allgemeines über Schaben.
Aussehen: Die Braunbandschabe gleicht in Größe und Gestalt der Deutschen Schabe, hat aber auf dem Halsschild einen runden, schwarzen Fleck. In der Farbe ist sie meist dunkler. Die Oothek hat eine Größe von etwa 4 mm × 2,5 mm.
Entwicklung: Die Eier brauchen zur Entwicklung bei 28 °C etwa 7 Wochen, bei 22 °C über 3 Monate. Bei der höheren Temperatur dauert die Larvenentwicklung rund 3 Monate, in denen 6 bis 8 Larvenstadien durchlaufen werden. Die erwachsenen Tiere leben mehrere Monate.
Biologie und Verhalten: Die Ootheken werden nicht lange vom ♀ herumgetragen, sondern nach 1 bis 1,5 Tagen in Ritzen abgelegt oder an Gegenstände angekittet. In einer Eikapsel befinden sich 14 bis 16 Eier. Die Anzahl der von einem ♀ produzierten Ootheken beträgt je nach Jahreszeit 6 bis 15, manchmal auch noch mehr. Die ♂♂ können gut fliegen, die ♀♀ wegen kürzerer Flügel dagegen nicht.
Ökologie: Das Verhalten gegenüber abiotischen Bedingungen ist ähnlich wie das der Deutschen Schabe, jedoch braucht die Braunbandschabe etwas höhere Temperaturen.

Ordnung: Isoptera, Gleichflügler
Familie: Rhinotermitidae, Nasentermiten

Das Vorkommen der im Haus schädlich werdenden Termitenarten ist normalerweise auf wärmere Gebiete konzentriert. In den USA z. B. kann bei

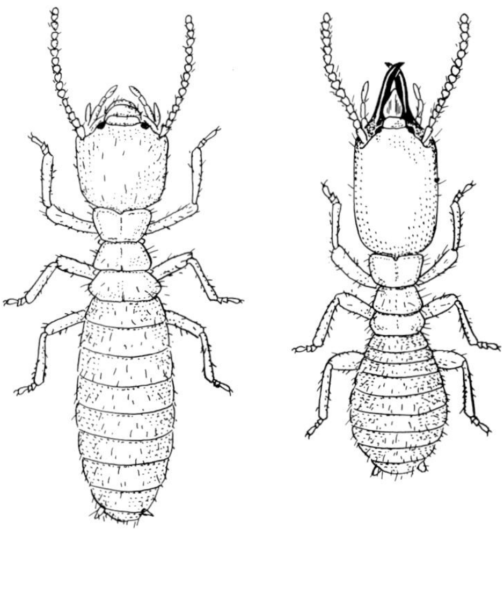
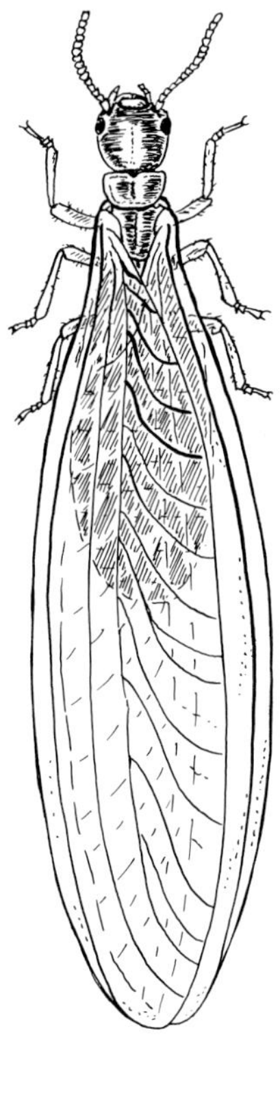

Abb. 126. Gelbfüßige Bodentermite. *Reticulitermes flavipes*. Von links: Arbeiterin, Soldat, Geschlechtstier.

einigen Arten aber eine zunehmende Tendenz zur Ausbreitung nordwärts beobachtet werden, und auch in Mitteleuropa können Termiten gelegentlich eingeschleppt werden und sich hier sogar für eine längere Zeit halten. Aus diesem Grunde sollen hier einige Angaben über eine noch am häufigsten vorkommende Art gemacht werden. Die Gesamtproblematik muß allerdings in entsprechenden speziellen Büchern nachgelesen werden.

Reticulitermes flavipes (Kollar), Gelbfüßige Bodentermite
(engl. Eastern subterranean termite)

Vorkommen: In der Bundesrepublik bisher in Hamburg und Mannheim gefunden. In Häusern und in Örtlichkeiten, die mit Häusern in Verbindung stehen (Heizungskanäle usw.).
Schaden: Ausfressen von Holz, wobei zerfallendes Holz bevorzugt wird.
Aussehen: Es treten verschiedene Stadien und Kasten auf, die z. T. unterschiedliches Aussehen haben (wie z. B. die Soldaten mit großen Köpfen). Folgende Formen können unterschieden werden: Ei, Larve, Arbeiterin, Soldat, geflügelte Geschlechtstiere, Geschlechtstiere, die ihre Flügel abgeworfen haben, Ersatzgeschlechtstiere (Abb. 126).

Biologie und Verhalten: *R. flavipes* baut keine festumrissenen Nester, sondern lebt im Erdboden oder im Holz, das mit der Erde in Kontakt steht. Gelangen sie aus der Erde oder aus dem Holz heraus, so bauen sie überdeckte Gänge (Galerien), durch die oft erst ein Befall entdeckt wird. In den bisher bekannt gewordenen Fällen war der Befall lokal begrenzt geblieben, im Falle Hamburg konnten sich die Termiten allerdings über mehrere Jahre hinweg halten. In den USA ist das Vorkommen in den Oststaaten durch die Minimumisotherme von $-30\,^{\circ}C$ begrenzt, d. h. sie geht etwa bis zur kanadischen Grenze. Die Überwinterung findet im Boden statt.
Gegenmaßnahmen: Theoretisch kann eine Bodenbehandlung mit Pestiziden durchgeführt werden, doch sollte bei einem Auftreten von Termiten unter den Verhältnissen der Bundesrepublik eine von den Behörden organisierte umfassende Bekämpfung durchgeführt werden.

Ordnung: Ensifera, Grillen
Familie: Gryllidae, Grillen

Acheta domesticus (L.), Hausgrille, Heimchen
Gryllus domesticus L.
(engl. House cricket)

Vorkommen: Im Haus in warmen und trockenen Räumlichkeiten (Küchen, Heizungskellern, Bäckereien, Brauereien usw.). Wird hier durch

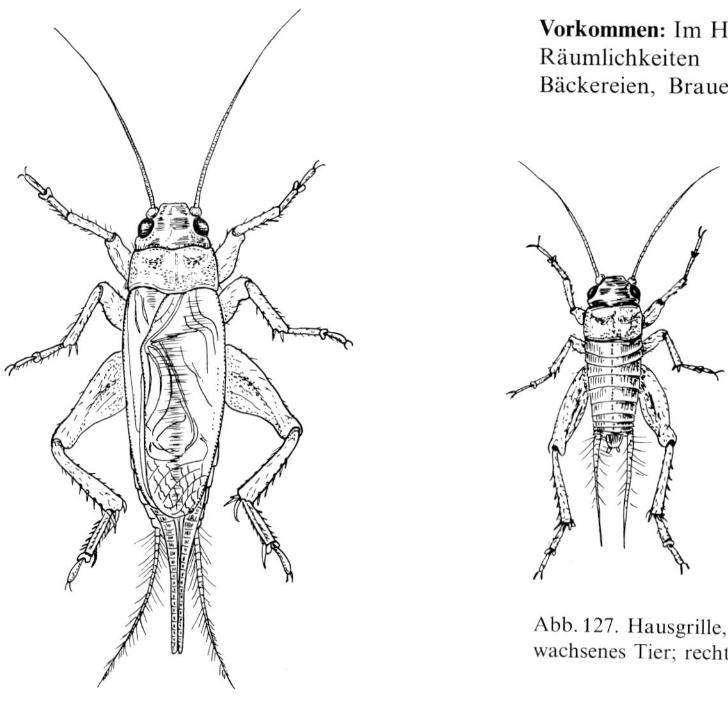

Abb. 127. Hausgrille, *Acheta domesticus.* Links: erwachsenes Tier; rechts: Larve.

die moderne Bauweise gefördert (Zentralheizung: ganztägig warm und trocken). Im Freien vor allem auf Mülldeponien.
Nahrung: Allesfresser mit Bevorzugung pflanzlicher Kost. Vor allem breiartige Nahrung.
Schaden: Ungeziefer in Lebensmittelbetrieben, Lästlinge im Haus, ständiges Zirpen im Haus als störendes Geräusch, Zerstörung von Material (Textilien, Leder).
Aussehen: *Ei:* weißlichgelb, länglich (2,5 mm × 0,5 mm).
Larve: frisch geschlüpft grau, 2,5 mm, später den Imagines immer ähnlicher (Abb. 127).
Imago: 11 bis 15 mm, mit Flügeln bis 20 mm, Antennen länger als Körper. Gelblich mit dunkelbraunen Zeichnungen, Hinterbeine verdickt (Abb. 127). Beim ♀ ist die Legeröhre am Hinterende auffallend.
Entwicklung: Bei ungefähr 8 bis 10 Häutungen im Larvenstadium dauert die Gesamtentwicklung bei Zimmertemperatur 30 bis 35 Wochen, unter den warmen Bedingungen einer Bäckerei oder einer Mülldeponie etwa 10 bis 15 Wochen. Die Lebensdauer der Imagines kann bis zu 10 Wochen erreichen.
Biologie und Verhalten: Die Eier werden etwa 1 Woche nach dem Schlüpfen der Imagines und 1 bis 2 Tage nach der Kopulation mit Hilfe des Legebohrers in die Erde in Spalten gelegt. In einer Legeperiode können es über 150 Stück je ♀ sein, in mehreren Perioden also einige hundert (bis etwa 800). Die Imagines sind, besonders nachts, bei günstigen Temperaturbedingungen sehr aktiv. Flug findet über 20 °C statt, auch evtl. über mehrere Kilometer hinweg. Das ♀ fliegt hauptsächlich im befruchteten Zustand, aber wenn die Eier noch nicht entwickelt sind. Bei dem schnellen Laufen werden auch kurze Sprünge gemacht. Die Grillen des Freilandes dringen im Sommer und Herbst in die Häuser ein.
Ökologie: Die ökologische Valenz der Grillen ist recht groß: sie können zwischen 5 und 35 °C aktiv sein, die Eientwicklung findet zwischen 16 und 35 °C statt. Auch Minustemperaturen können für einige Stunden von allen Stadien ertragen werden. Luftfeuchtigkeitswerte zwischen 50 und 100 % werden toleriert. Zur Wasseraufnahme werden aber oft weite Wege zurückgelegt, vor allem dann, wenn die Nahrung trocken ist. Insgesamt sind aber Wärme und höhere Feuchtigkeit als optimal anzusehen. Licht wird gemieden und die Hauptaktivitätszeiten liegen in den Nachtstunden.
Gegenmaßnahmen: Zur Bekämpfung im Haus sind die Maßnahmen durchzuführen, die auch bei Schaben wirksam sind (s. dort).

Ordnung: Psocoptera, Staubläuse
Familie: Liposcelidae, Bücherläuse

Liposcelis spp., Bücherläuse
(engl. Cereal psocid, Book lice)

Die in früherer Literatur häufig genannte Art *Lisposcelis divinatorius* (Müller) wird heute in mehr als 20 schwer zu unterscheidenden Arten aufgeteilt, von denen etwa die Hälfte in Häusern auftreten kann.
Vorkommen: In feuchten Wohnungen, Neubauten, Büchereien, Sammlungen, alten Polstermöbeln und vielen anderen Verstecken.
Nahrung: Schimmelfresser, aber auch an vielen Vorratsprodukten wie Getreide, Getreideprodukte, Teigwaren, andere Lebensmittel. Daneben auch räuberisch an Insekteneiern.
Schaden: Fraßschäden an Nahrungsmitteln, Büchern, Tapeten, Insektensammlungen, Herbarien usw., Verschmutzungen durch Kot und Häutungsreste. Hausungeziefer.

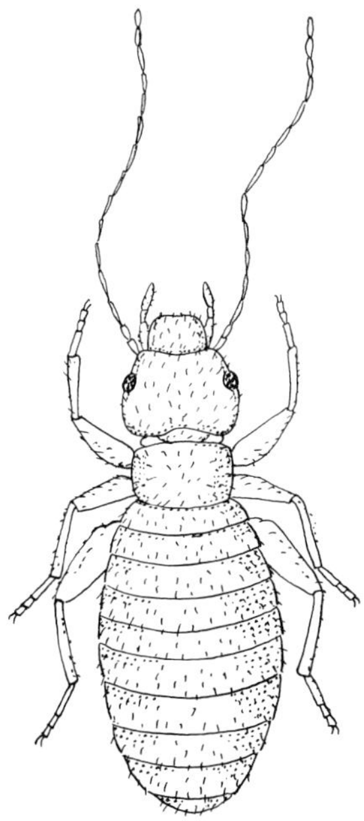

Abb. 128. Bücherlaus, *Liposcelis* sp.

Aussehen: Die erwachsenen Tiere sind 1 bis 1,5 mm groß, gelblich bis bräunlich. Die Hinterschenkel sind flach und verbreitert. Flügel fehlen (Abb. 128). Bei manchen Arten kommen ♂♂ vor, andere vermehren sich nur parthenogenetisch (d. h. ♂♂ fehlen). Da die Bücherläuse zu den Hemimetabolen gehören, sind die Larven den erwachsenen Tieren sehr ähnlich.
Entwicklung: Zwischen Ei und Imago sind 3 Larvenstadien eingeschaltet. Die Entwicklungsdauer liegt im Sommer zwischen 20 und 40 Tagen, bei konstant 27 °C und 65 % r. F. umfaßt sie etwa 30 Tage, wovon 7 auf die Eier entfallen. Im Jahr können 6 bis 8 Generationen ausgebildet werden. Die Lebensdauer der erwachsenen Tiere kann 10 bis 12 Wochen betragen.
Biologie und Verhalten: Die Eier werden einzeln an der Unterlage angeheftet. Die Fortpflanzung erfolgt das ganze Jahr über, doch werden im Winter weniger Eier produziert (etwa 20 gegenüber 50 bis 60). Die Bücherläuse laufen sehr schnell, können aber auch dank ihrer verdickten Hinterschenkel kurze Sprünge ausführen.
Ökologie: Die Bücherläuse sind an hohe Luftfeuchtigkeiten gebunden (75 bis 95 %), doch ist ein zeitlich begrenztes Vorkommen (z. B. in trockenem Mehl) auch bei Werten bis etwa 60 % herab möglich.
Gegenmaßnahmen: Durch Austrocknen der befallenen Räume (Heizen und Lüften zugleich) kann eine Beseitigung der Tiere herbeigeführt werden. Insektizide dürfen nur dann eingesetzt werden, wenn Lebensmittel nicht kontaminiert werden.

Ordnung: Hymenoptera, Hautflügler
Familie: Camponotidae, Schuppenameisen

Lasius niger (Linné), **L. brunneus** (Latreille), Wegameise
(engl. Garden ant)

Vorkommen: In Häusern, vor allem in ebenerdigen Räumen. Normalerweise aber im Freiland.
Nahrung: In den Häusern vor allem zuckerhaltige Nahrungsmittel.
Schaden: Fraß, Verunreinigungen der Nahrung durch Leichen, Lästling.
Aussehen: Die in den Häusern hauptsächlich vorkommenden Arbeiterinnen sind bei beiden Arten etwa 4 mm groß (Abb. 129). Ihre Farbe

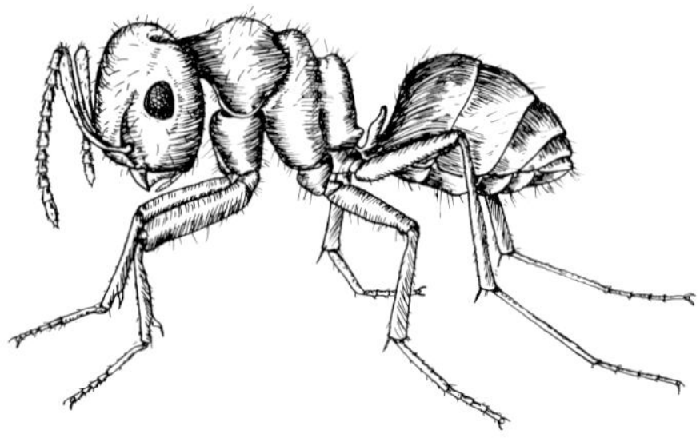

Abb. 129. Schwarze Wegameise, *Lasius niger.*

schwankt je nach Art zwischen Gelblichbraun und Schwarzbraun.
Biologie und Verhalten: Beide genannten Arten haben normalerweise ihre Nester im Freien unter Steinen, Baumstümpfen, im Haus hinter Einbauschränken usw. Auf der Nahrungssuche dringen die Ameisen auf festgelegten Straßen in die Häuser bis zu den Nahrungsquellen vor.
Gegenmaßnahmen: Dringen die Ameisen nur vom Freiland in die Häuser ein, so ist eine Bekämpfung mit pulverförmigen Insektiziden, die auf die leicht erkennbaren Wege gestreut werden, relativ einfach. Auch gibt es Ködermittel (s. nächste Art). Sind die Nester im Haus selbst gebaut, so sind meist bauliche Maßnahmen unumgänglich.

Familie: Myrmicidae, Knotenameisen

Monomorium pharaonis (Linné), Pharao-Ameise (engl. Pharaoh ant)

Vorkommen: In Räumen mit konstant hohen Temperaturen oder in der Nähe warmer Orte, z. B. in Krankenhäusern, Bäckereien, Tierhäusern.
Nahrung: Alle eiweiß- oder zuckerhaltigen Stoffe. Allesfresser tierischer und pflanzlicher Produkte in fester oder flüssiger Konsistenz.
Schäden: Von Bedeutung vor allem als Überträger von Krankheiten und als Lästlinge in Krankenhäusern. Die Ameise kann wegen ihrer geringen Größe in medizinische Geräte, sterile Packungen und Wundverbände eindringen. Sie verursacht Schäden durch Zernagen von Dichtungen usw.
Aussehen: *Arbeiterinnen:* 1,5 bis 2,5 mm, bernsteingelb mit dunkler Hinterleibspitze (Abb. 130). *Königin:* 3,5 bis 4,5 mm, dunkelbraun, *Männchen:* 2,8 bis 3,0 mm, schwarz.

Entwicklung: Ein Volk hat zahlreiche Königinnen (bis einige hundert oder noch mehr). Haploide Eier (die zu Arbeiterinnen werden) treten immer auf, diploide (die zu Männchen werden) nur in der Phase der Sexualtieraufzucht, was einmal im Jahr der Fall ist. Die ♂♂, die lebenslang geflügelt sind, leben nur 2 bis 3 Wochen, die Königinnen, die nach der Kopulation die Flügel abwerfen, etwa 3 Monate (oder noch länger).

Biologie und Verhalten: *Nestgründung:* Normalerweise werden Zweignester aus den alten heraus gegründet, doch sind auch verschiedene andere Varianten möglich. Ein Hochzeitsflug findet nicht statt, die Kopulation erfolgt im Nest.

Nestaufbau: Im Zentrum befinden sich Eier und Puppen, größere Larven in den Randbezirken. Die ♀♀ kommen in allen Teilen des Nestes vor. Straßen innerhalb des Nestes dienen vor allem den Königinnen zur Fortbewegung.

Aufzucht: Die Arbeiterinnen füttern die Königinnen, die ♂♂, die Arbeiterinnen im Innendienst und die Larven.

Straßen außerhalb des Nestes: Nach Auffinden einer neuen Futterquelle werden die Wege dorthin mit einem Spurpheromon markiert. Die Wege können über 20 m lang sein.

Ausbreitung: Aktiv findet unter den Bedingungen Mitteleuropas eine Ausbreitung nur innerhalb des Hauses statt. Eine passive Verschleppung, die naturgemäß in erster Linie die Arbeiterinnen betrifft, kann mit verschiedenen Gegenständen (Lebensmitteln, in Krankenhäusern ist vor allem die Wäsche von Bedeutung) erfolgen. Eine neue Nestgründung erfolgt durch die Verschleppung wohl nur selten, da die Voraussetzungen hierfür in der Regel nicht erfüllt sind (Mitverschleppung von Königinnen).

Ökologie: *Temperatur:* Die Orte des Vorkommens sprechen schon für einen hohen Wärmebedarf. Die Nesttemperatur beträgt 26 bis 28 °C. Außerhalb des Nestes werden allerdings auch niedrigere Temperaturen toleriert, wenn sie auf der Futtersuche durchlaufen werden müssen.

Nahrung: Hungerperioden können nur für ein paar Wochen überlebt werden, wobei zwischen Arbeiterinnen und Königinnen kein Unterschied besteht.

Gegenmaßnahmen: Die versteckte Lage der Nester und die Nahrungskette Arbeiterin – Königin machen eine chemische Bekämpfung mit normalen Insektiziden und Verfahren recht schwierig. Ein Abtöten der Arbeiterinnen außerhalb des Nestes bringt wenig Erfolg, da im Nest recht bald Ersatz geschaffen wird. Insektizide, die von den Arbeiterinnen ins Nest getragen werden, müssen in der Nahrungskette in letalen Dosen bis zu den Königinnen gelangen, müssen also bei der notgedrungen erfolgenden Reduktion der Menge noch wirksam sein, dürfen aber auch nicht zu schnell wirken, weil sonst nur die ersten Glieder der Kette abgetötet würden. Die Folge wäre eine zeitweilige Hungerphase, die aber vom Nest insgesamt ertragen werden könnte. Am besten wirken hier z. Z. wohl die Ködermittel auf der Basis von Chlordecon (Kepone), die in kleinen Dosen dargeboten werden. Bauliche Maßnahmen haben, wenn nicht das komplette Nest vernichtet werden kann, nur wenig Aussicht auf Erfolg, da die Ameisen wegen ihrer geringen Größe meist doch wieder Wege zur Nahrung finden.

Weitere Angaben: Tab. 2.

Familie: Vespidae, Faltenwespen

Paravespula vulgaris (Linné), Gemeine Wespe,
P. germanica (Fabricius), Deutsche Wespe
Vespa vulgaris L. bzw. *Vespa germanica* F.
(engl. Wasp, Yellowjacket, franz. Guêpe)

Nahrung: Pflanzliche und tierische Nahrung, vor allem Früchte und Fleisch. Lebende Insekten.

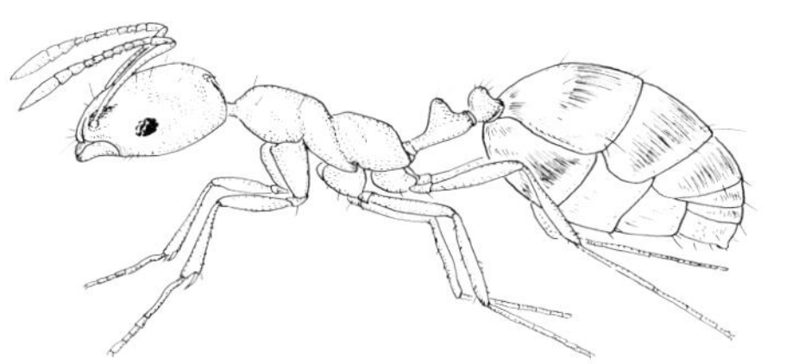

Abb. 130. Pharao-Ameise, *Monomorium pharaonis.*

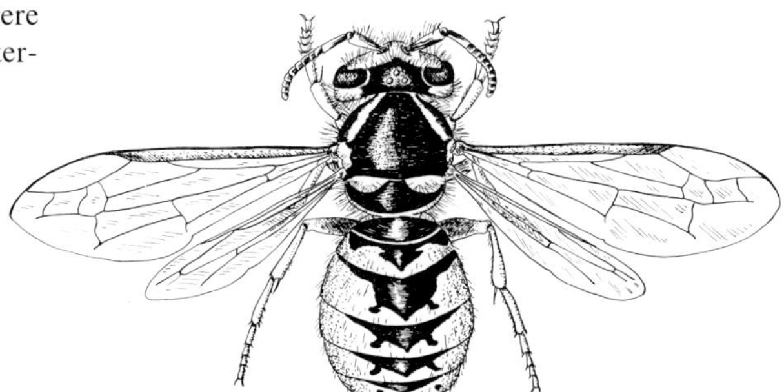

Abb. 131. Gemeine Wespe, *Paravespula vulgaris.*

Schaden: Fraß an reifen Früchten und Fleisch. Auslösen von Sekundärschäden (Fäulnis). Übertragung von Mikroorganismen (vorratsschädigende und pathogene), die an Aas und Exkrementen aufgenommen werden. Belästigung von Tieren und Menschen. Gesundheitsschäden durch Stiche.
Aussehen: Da Eier, Larven und Puppen in den Nestern leben und normalerweise mit dem Menschen nicht in Kontakt kommen, soll auf eine Beschreibung verzichtet werden. Die umherfliegenden bekannten Wespen sind die nahrungs- und Baumaterial suchenden Arbeiterinnen. Sie sind stark chitinisiert, gelb und schwarzbraun gezeichnet und erreichen eine Größe von 15 mm (Abb. 131).
Entwicklung: Die hier genannten Wespen gehören zu den staatenbildenden Arten. Die Entwicklung erfolgt in einem abgeschlossenen Nest in oder über der Erde. Die einzelnen Phasen der Entwicklung haben für die anstehenden Fragen keine Bedeutung. Es sei deshalb auf die Spezialliteratur verwiesen.
Biologie und Verhalten: Nur die begattete Königin überlebt den Winter und gründet im nächsten Frühjahr ein neues Nest. Die ersten von ihr abgelegten Eier entwickeln sich zu Arbeiterinnen, die dann die Nest- und Larvenpflege übernehmen, so daß sich die Königin dann nur noch der Eiablage widmen kann. Im Herbst treten dann auch ♂♂ und junge Königinnen auf. Nach der Befruchtung sterben die ♂♂ ab. Die Königinnen überwintern an geschützten Stellen.
Ökologie: Wespen sind vor allem dann von Bedeutung, wenn sie regelmäßig und in großer Zahl auftreten. Entscheidend für die Stärke des Auftretens sind vor allem folgende Kriterien:
Winter: Tiefe Temperaturen können von den Königinnen ertragen werden (bis einige Grad unter Null), häufiger Wechsel zwischen kalten und warmen Perioden reduziert die Überlebenschance.
Frühjahr: Plötzliche Kälteeinbrüche wirken sehr negativ auf die schon aktiven Königinnen und damit auf die Entwicklung des künftigen Staates. Bei konstant günstigen Temperaturen ist dagegen die Grundlage für ein Wespenjahr gelegt.
Sommer und Frühherbst: Hohe Temperaturen und viel Sonnenschein bewirken ein starkes Anwachsen der Wespenvölker, Niederschläge haben dagegen nur eine untergeordnete Bedeutung.
Gegenmaßnahmen: Die unmittelbare Belästigung oder Gefährdung des Menschen kann dadurch wesentlich eingeschränkt werden, daß anlockende Substanzen beseitigt oder unter Verschluß gehalten werden (z. B. Obst- und Obstabfälle, Marmelade u. ä.). Das Abfangen mit gärenden Flüssigkeiten ist bei starkem Flug nicht sehr effektiv. (Wirksamer ist die Methode schon, wenn im Herbst damit die fliegenden Geschlechtstiere vernichtet werden, was eine Auswirkung auf die Stärke im nächsten Jahr hat.) Insektizide lassen sich in verschiedener Weise einsetzen. So können die Bewohner in den Nestern durch Stäube oder Flüssigkeiten (Einbringen durch die Öffnungen in den Nachtstunden) abgetötet werden. Vor allem Verbindungen mit einem hohen Dampfdruck sind hierbei zu verwenden. – In Bäckereien hat sich das Besprühen der Fensterscheiben von innen mit Pyrethrum-Präparaten bewährt, da sich hier die eingeflogenen Wespen bei dem Versuch, wieder nach außen zu gelangen, ansammeln. (Dabei muß beachtet werden, daß bei dem Einsatz der Insektizide keine Lebensmittel behandelt werden!) Die hier gezeigte positive phototaktische Verhaltensweise kann auch bei dem Einsatz von Insektenfanglampen (UV-Licht) ausgenutzt werden.
Weitere Angaben: Tab. 8.
Literatur: KEMPER und DÖHRING (1967).

Ordnung: Coleoptera, Käfer
Familie: Cleridae, Buntkäfer

Necrobia rufipes (DeGeer), Koprakäfer, Rotbeiniger Schinkenkäfer
(engl. Copra beetle, Red legged ham beetle, franz. Nécrobia à pattes rouges, span. Escarabajo del tocino)

Vorkommen: Besonders häufig in Hafennähe, hier auch im Freiland zu beobachten. Diese geographische Konzentration ist dadurch bedingt, daß *N. rufipes* in erster Linie durch Schiffe eingeschleppt wird und beim Entladen bei günstiger Witterung sich fliegend ausbreitet. Eine Einschleppung ins Binnenland ist selbstverständlich möglich, erlangt aber nur selten Bedeutung.
Nahrung: In erster Linie Kopra und Produkte tierischer Herkunft, wie Schinken, Wurst, Käse, Trockenei, Häute, Felle, aber auch pflanzliche Produkte, wie Trockenobst, Mehl, Expeller. Dabei ist es aber auch möglich, daß in Wirklichkeit andere hier vorkommende Schädlinge dem Koprakäfer als Nahrung dienen, denn die Entwick-

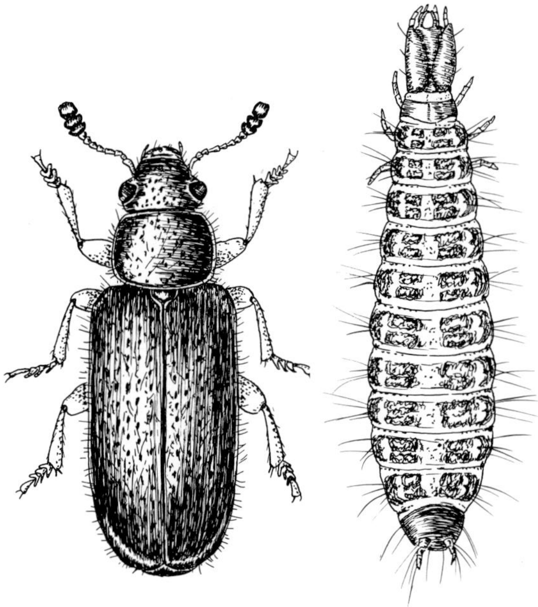

Abb. 132. Koprakäfer, *Necrobia rufipes*.

lung läuft bei Insektenlarven als Futter besonders gut ab.

Schaden: Fraß durch Larven und (weniger) Imagines. Bei Verpuppung auch Zerstörung von Materialien möglich.

Aussehen: *Ei:* gekrümmt, 1 mm × 0,5 mm.

Larve: schlank, graubraun, erwachsen etwa 10 mm (Abb. 132).

Imago: bis 5 mm groß, blaugrün mit roten Beinen (Abb. 132).

Entwicklung: Bei 3 oder 4 Larvenstadien dauert die Gesamtentwicklung bei 25 °C 1,5 bis 4 Monate (in Abhängigkeit von der Nahrung). – Die Lebensdauer der Imagines kann 1 Jahr und länger betragen.

Biologie und Verhalten: Die Eier werden in Gruppen an und in die Nahrung gelegt. Die Anzahl der Eier kann sehr hoch sein. (Werte bis über 3000 je ♀ sind bekannt.) Die Larven bohren sich in die Nahrung ein, oft in größerer Zahl gemeinsam. Sie leben auch räuberisch von anderen Insektenlarven. Die Verpuppung findet entweder im Inneren der Nahrung in einer dünnen Puppenwiege statt oder an trockenen Stellen in weicheren Materialien. Die Imagines fliegen gut bei Temperaturen über etwa 15 °C.

Ökologie: *Temperatur:* Der Entwicklungsnullpunkt liegt mit etwa 18 bis 20 °C sehr hoch. Daher ist in Mitteleuropa mit einer Massenvermehrung außerhalb beheizter Lagerräume meist nicht zu rechnen.

Nahrung: Neben Räubertum kann auch Kannibalismus auftreten. Larven und Imagines können mehrere Wochen hungern.

Gegenmaßnahmen: Bei der Entladung von Schiffen wird empfohlen, die Luken außen und innen vor dem Öffnen mit Pyrethrum-Präparaten zu behandeln, um den Abflug der Käfer zu verhindern.

Weitere Angaben: Tab. 1, 5, 12, 23.

Familie: Dermestidae, Speckkäfer

Dermestes maculatus DeGeer, Dornspeckkäfer
D. vulpinus Fabricius
(engl. Hide beetle, franz. Destructeur du cuir, span. Dermeste púa del tocino)

Vorkommen: In Wohnungen, fleischverarbeitenden Betrieben, Darm- und Fellhandlungen. Im Freien an Aas und in Nestern.

Nahrung: Tierische Produkte aller Art, wie fetthaltige Stoffe, Rauchfleisch, Federn, Felle. Aber auch andere Nahrung, z. B. Futter, Trockenobst, Nüsse, wenn tierische Nahrung ebenfalls vorhanden ist.

Schaden: Fraßschäden, wie Lochfraß an Textilien, Haarausfall bei Pelzen, Fraß an Lebensmitteln, Befall von Geflügel (besonders in Wunden). Oberflächliche Zerstörung von Materialien bei der Anlage der Puppenwiegen. Gesundheitsschäden (Allergien, Darmerkrankungen) durch die Haare der Larven.

Aussehen: *Ei:* etwa 1 mm × 0,5 mm, weiß.

Larve: Eilarve etwa 2 mm, erwachsene Larve bis 15 mm. Stark behaart.

Imago: 8 bis 11 mm, ganz schwarz, Unterseite weiß, Flügeldecken hinten zu Spitzen ausgezogen.

Entwicklung: Bei 27 °C dauert die Gesamtentwicklung etwa 1,5 bis 2 Monate. 6 oder mehr Larvenstadien kommen vor.

Biologie und Verhalten: Die Eier werden in Gruppen von etwa 10 Stück in Spalten abgelegt. Die Gesamtzahl kann einige hundert betragen (bis 800). Larven und Imagines fressen gemeinsam. Die Imagines fliegen bei höheren Temperaturen (über 25 °C) gut und oft. Zur Verpuppung in der letzten aufgeplatzten Larvenhaut bohren sich die Larven in weicheres Material ein.

Ökologie: *Temperatur:* Bei Temperaturen etwas über 0 °C werden die Larven und Imagines inaktiv, können aber 4 bis 5 Monate überleben. Eine Überwinterung in Mitteleuropa ist möglich.
Nahrung: Ältere Larven (5. und 6. Stadium) können mehrere Monate ohne Nahrung auskommen. Kannibalismus und Fraß an toten Artgenossen kommt vor.
Weitere Angaben: Tab. 11, 67, 71. Abb. 22, 35.

Dermestes lardarius Linné, Gemeiner Speckkäfer (engl. Larder beetle, franz. Dermeste du lard, span. Dermeste del tocino)

Vorkommen, Nahrung und Schaden: s. Angaben bei *D. maculatus*
Aussehen: *Ei:* weiß, länglich (2 mm × 0,6 mm)
Larve: Eilarve 2 bis 3 mm, erwachsene Larve bis etwa 13 mm (Abb. 133). Unterseits hell, oberseits bräunlich. Am vorletzten Segment eine zweizinkige Horngabel, nach hinten gerichtet. Oberseits mit zahlreichen langen, rotbraunen Haaren.
Imagines: 8 mm, dunkelbraun, Flügeldeckenvorderhälfte mit gelblicher Haarbinde, Hinterhälfte schwarz (Abb. 133).
Entwicklung: Die Gesamtentwicklung dauert bei 25 °C etwa 1,5 Monate, bei 15 °C fast 5 Monate. Die Zahl der Larvenstadien kann schwanken, meist haben die ♂♂ 4 bis 5, die ♀♀ 5 bis 6. Die Lebensdauer beträgt unter normalen Bedingungen mehrere Monate.
Biologie und Verhalten: Nach der Überwinterung (meist in der Puppenhülle) beginnen die Imagines im Frühjahr mit dem Fraß. Die ♀♀ legen dann bis 150 Eier einzeln oder in kleinen Haufen in oder an das Nährsubstrat. Auch bei konstant hohen Temperaturen beginnt die Eiablage relativ spät nach dem Schlüpfen. Die Larven leben meist gesellig am und im Substrat. Die Verpuppung findet außerhalb der Nahrung in festem Material statt, oder die Puppen bleiben in der letzten Larvenhaut, die am Rücken aufplatzt. Die Imagines besitzen ein gutes Flugvermögen, das sie oft in die Wohnung hineinführt.
Ökologie: *Temperatur:* Larven und Imagines überwintern und können deshalb auch Minustemperaturen für längere Zeit tolerieren. Als obere Grenze für Eiablage und Entwicklung kann 30 °C gelten. Das Optimum liegt etwas tiefer. Die untere Entwicklungsgrenze ist etwa 15 °C. Die Imagines entwickeln sich bei dieser Temperatur noch normal, die ♀♀ legen aber keine Eier mehr.
Feuchtigkeit: D. lardarius ist in einer weiten Spanne der Luftfeuchtigkeit lebensfähig (30 bis 90 %). Bei Zugang zu Wasser werden aber mehr Eier produziert.
Licht: Der Speckkäfer ist nachtaktiv.
Nahrung: An pflanzlichen Produkten findet normalerweise nur dann eine Entwicklung statt, wenn auch Nahrung tierischer Herkunft zur Verfügung steht (Deckung des Sterolbedarfes). Die essentiellen Stoffe können evtl. auch durch Kannibalismus erworben werden.
Weitere Angaben: Tab. 13, 24, 71, Abb. 35.

Attagenus pellio (Linné), Gefleckter Pelzkäfer (engl. Fur beetle, franz. Charançon de la fourrure, span. Carcoma de las alfombras)

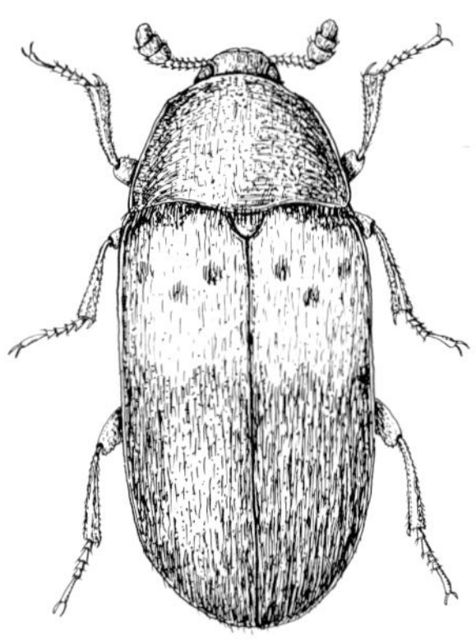

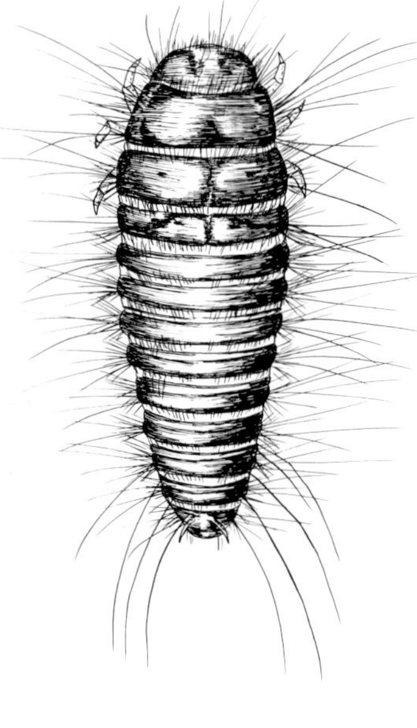

Abb. 133. Gemeiner Speckkäfer, *Dermestes lardarius.*

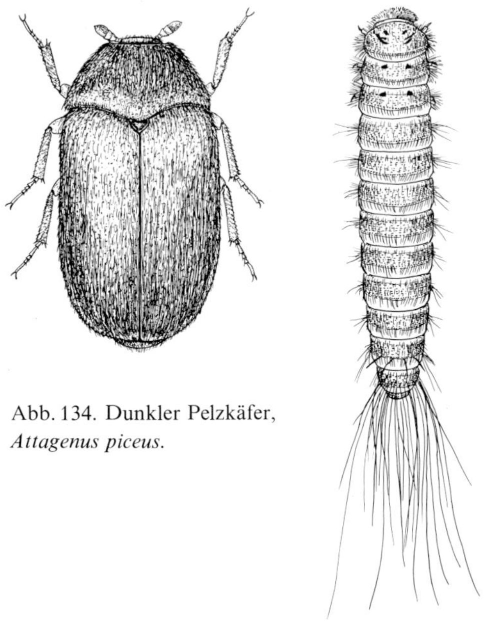

Abb. 134. Dunkler Pelzkäfer, *Attagenus piceus.*

Vorkommen: Larven im Haus an verschiedenen Lebensmitteln und tierischen Produkten sowie an organischen Füllmaterialien von Wänden und Decken. Im Freien in verschiedenen Nestern. Die Imagines werden vorwiegend auf Blüten (besonders auf Doldengewächsen) angetroffen.
Nahrung: Larvenfraß vor allem an Lebensmitteln tierischer Herkunft (Fleisch- und Fischwaren, Eipulver, Kasein), aber auch an pflanzlichen Produkten (Getreideprodukte). Daneben werden verschiedene Materialien gefressen, wie Häute, Felle, Pelze, Federn, Teppiche, Wollsachen usw. Die Imagines nehmen wohl nur Pollen und Nektar zu sich.
Schaden: Lochfraß in Textilien, Abbeißen von Pelzhaaren am Grunde, so daß sie büschelweise ausfallen. Geschädigt wird auch mit Stärkeappretur versehene Kunstseide. Gaze in Müllersieben kann durch Lochfraß unbrauchbar gemacht werden.
Aussehen: *Ei:* 0,8 mm.
Larve: Eilarve goldgelb, später werden die Larven rötlicher. Sie sind stark behaart und haben am Hinterende lange Haarbüschel (gold- bis bronzefarben). Brust und Hinterleib sind mit gelblichen, metallisch glänzenden Schuppen bedeckt.
Puppe: 5 mm, fein behaart.
Imago: 4 bis 5 mm, schwarz und braunschwarz behaart, mit weißen Haarbüscheln auf der Oberseite. Die Abb. 134 zeigt den verwandten und ähnlich lebenden Dunklen Pelzkäfer *A. piceus* (= *A. unicolor* = *A. megatoma*).
Entwicklung: Die Gesamtentwicklung dauert unter normalen Temperaturbedingungen 1 Jahr oder länger. Es treten 9 oder mehr Larvenstadien auf.
Biologie und Verhalten: Die Zahl der Eier je ♀ kann bis zu 100 betragen. Die Larven verhalten sich negativ phototaktisch und werden deswegen leicht übersehen, so daß der Schaden erst im fortgeschrittenen Stadium bemerkt wird. Die Verpuppung kann, wie häufig bei Dermestiden, in der letzten Larvenhaut erfolgen, aber auch frei. Die Imagines können sehr lange inaktiv leben, z. B. vom Herbst bis zum Frühjahr. Sie können fliegen.
Ökologie: Über die ökologischen Ansprüche dieser Art liegen erstaunlich wenige Angaben vor, so daß hier auf Einzelheiten verzichtet werden muß.
Weitere Angaben: Tab. 46.

Trogoderma angustum (Solier), (deutscher Name fehlt noch)
(franz. Charançon élancé des greniers)

Vorkommen: In trockenen, gut beheizten Wohnungen. In Insektensammlungen.
Nahrung: Zahlreiche Lebensmittel, Drogen, Nüsse, Expeller, Getreide und Getreideprodukte. Auch Waren tierischer Herkunft, wie Käse, Milchpulver, Trockenfisch, Textilien.
Schaden: Als Vorratsschädling bisher von nicht allzu großer Bedeutung. Schädling in Sammlungen. Ungeziefer in Wohnungen. Erreger von Allergien der Atemwege.
Aussehen: *Larven:* erwachsen 7 bis 8 mm, hellbraun, am Hinterende mit Pfeilhaaren und einem langen Haarbüschel.
Imago: 2 bis 3 mm, schmal-oval, dunkelbraun mit 3 helleren Querbinden auf den Flügeldecken.
Entwicklung: Die Dauer des Eistadiums liegt zwischen 77 Tagen bei 15 °C und etwas mehr als 1 Woche bei 32 °C. Die Gesamtentwicklung beträgt bei Zimmertemperatur etwa 4, bei 25 °C etwa 3 Monate, ist aber in sehr starkem Maße von der zur Verfügung stehenden Nahrung abhängig. Die Lebensdauer der erwachsenen Käfer liegt bei 2 bis 3 Wochen (Zimmertemperatur).
Biologie und Verhalten: Die Eiablage beginnt 1 bis 2 Tage nach dem Schlüpfen der Imagines aus der Puppenhaut. Maximal bis zu 80 Eier (im Schnitt 40 bis 50) werden in mehreren Schüben abgelegt. Die Larvenentwicklung kann durch eine Diapau-

se sehr verlängert werden (evtl. bis zu mehreren Jahren). Die Imagines fliegen.
Ökologie: *Temperatur:* Minustemperaturen (bis zu −8 °C) können durchaus ertragen werden, sogar für eine Reihe von Tagen. Eine Überwinterung kann deshalb auch in ungeheizten Räumen möglich sein. Die Eiablage endet bei Temperaturen zwischen 10 und 15 °C, die Entwicklung insgesamt kann zwischen 15 und 35 °C ablaufen. *Feuchtigkeit:* Relative Luftfeuchtewerte zwischen 5 und 100 % werden toleriert, doch ist bei höheren Werten die Lebensdauer verlängert. Die Eizahl ist dagegen kaum beeinflußt.
Weitere Angaben: Tab. 2.

Trogoderma granarium Everts, Khaprakäfer (engl. Khapra beetle, franz. Trogoderma du grain, span. Trogoderma del grano)

Vorkommen: Vor allem in Räumen, in denen längere Zeit höhere Temperaturen (über 25 °C) herrschen, z. B. in Mälzereien, in Silos mit warm eingelagertem Getreide. In Importen von Preßrückständen.
Nahrung: Getreide und Getreideprodukte, daneben noch eine große Anzahl von Produkten tierischer und pflanzlicher Herkunft.
Schaden: Getreidekörner werden bis auf die Schale ausgefressen, wodurch Sekundärschädlingen der Weg zu weiteren Schäden bereitet wird. Verpackungsmaterialien verschiedener Art werden angefressen (Papier, s. Abb. 135, Textilien, Holz). Durch Larvenhaare (besonders durch Pfeilhaare) und leere Larvenhäute können gesundheitliche Schäden entstehen (Allergien). Die Imagines fressen nicht mehr, können möglicherweise aber geringfügig Lebensmittel und Gegenstände benagen.
Aussehen: *Ei:* weiß, länglich (etwa 0,9 mm × 0,2 mm) mit einem spitzen und einem abgerundeten Pol, ersterer mit einigen Anhängen.
Larve: Eilarve 1,8 mm, erwachsene Larve 3 bis 4 mm lang, gelblichbraun mit langen braunen Haaren. Die Zwischenhäute und die Unterseite hell. An den letzten Abdominalsegmenten Büschel von pfeilförmigen Haaren (Abb. 136).
Puppe: etwa 4 mm.
Imago: 2 bis 3 mm groß (♀♀ meist deutlich größer als die ♂♂), dunkelbraun mit helleren Streifen und Flecken auf den Flügeldecken (Abb. 136).

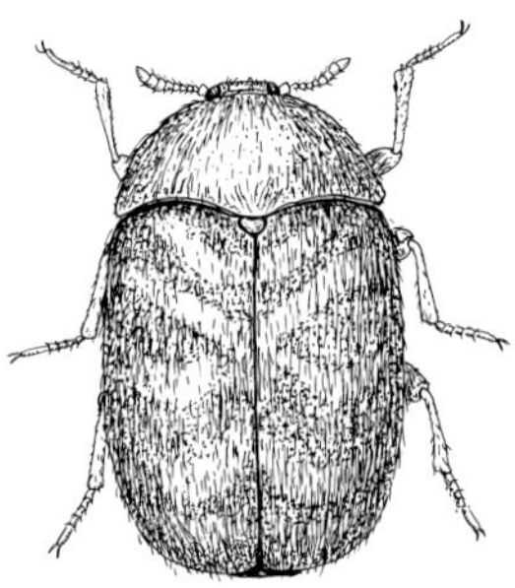

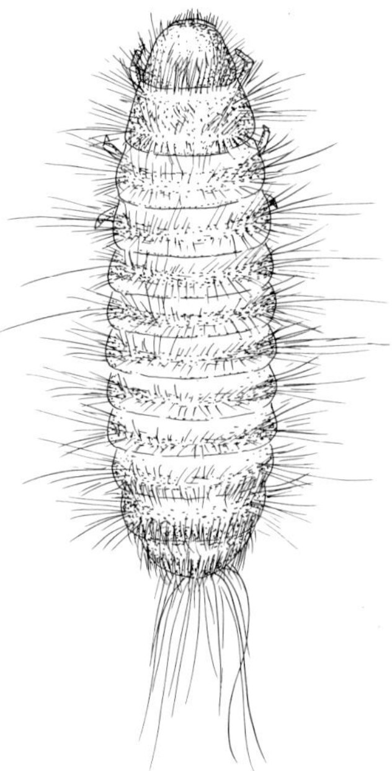

Abb. 136. Khaprakäfer, *Trogoderma granarium.*

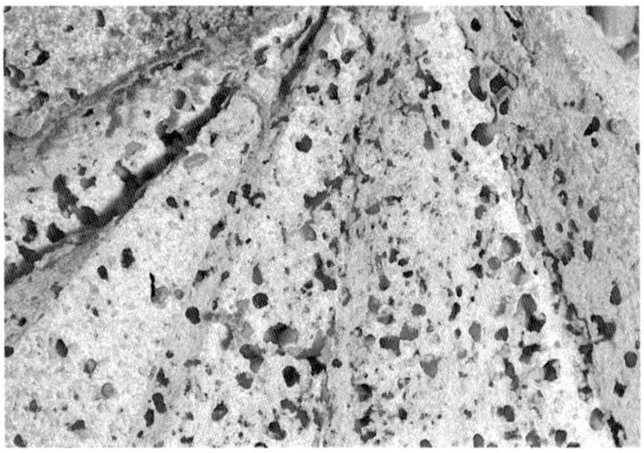

Abb. 135. Fraß von Larven des Khaprakäfers, *Trogoderma granarium*, an Papier (Aufn. Stein).

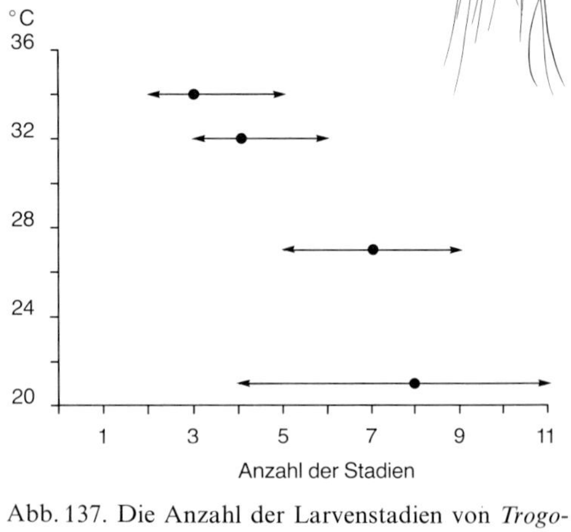

Abb. 137. Die Anzahl der Larvenstadien von *Trogoderma granarium* in Abhängigkeit von der Temperatur (Durchschnitt und Streubreite) (nach Lindgren et al. 1955).

Entwicklung: Die Entwicklungsdauer kann, besonders bei niedrigeren Temperaturen (20 bis 30 °C) durch eine Diapause verlängert sein. Zwischen 30 und 35 °C braucht eine Generation etwa 4 bis 5 Wochen für die Gesamtentwicklung. Oberhalb des Entwicklungsnullpunktes (20 °C) beträgt diese Zeit (ohne Diapause) 7 bis 8 Monate. Die Zahl der Larvenstadien ist stark temperaturabhängig, wie Abb. 137 zeigt. Die ♂♂ häuten sich etwas seltener als die ♀♀. Da die Imagines nicht mehr fressen, ist ihre Lebensdauer besonders im Aktivitätsbereich, relativ gering. Normale, begattete ♀♀ leben oberhalb von 25 °C etwa 2 bis 3 Wochen.
Biologie und Verhalten: Die Kopulation kurz nach dem Schlüpfen reicht aus, um bis zum Lebensende befruchtete Eier zu legen. Diese werden nach einer Präovipositionsdauer von einigen Tagen lose in das Fraßsubstrat gelegt. Die Höchstzahl pro ♀ liegt bei 100. Die jungen Eilarven beginnen den Fraß am Getreidekorn an weichen Stellen, an geschädigten Körnern oder an Bruchgetreide. Vom 2. Stadium ab werden dann auch intakte Körner angegriffen und ausgefressen. Daran kann sich eine große Anzahl von Larven je Korn beteiligen. Sie besitzen ein stark ausgeprägtes thigmotaktisches Verhalten, so daß man oft auch frei in der Nahrung in Gruppen zusammensitzende Larven antreffen kann. Die Verpuppung findet in der letzten Larvenhaut frei in der Nahrung oder an geschützten Stellen statt. Die Imagines sind nach 1 bis 2 Tagen ausgefärbt, bleiben dann aber, besonders bei niedrigen Temperaturen, noch eine Zeitlang am Ort der Verpuppung. Die Eilarven können weite Wanderungen auf der Suche nach Nahrung durchführen, ältere Larven neigen dagegen zu unregelmäßigen Wanderungen zwischen Nahrung und Verstecken. Diese Ortsveränderungen werden vermutlich durch eigene Ausscheidungen ausgelöst. Nach einiger Zeit gewinnt dann aber wohl die geruchliche Anlockung der Nahrung die Oberhand und führt die Larven zum Futter zurück.
Ökologie: *Temperatur:* Obwohl *T. granarium* ein ausgesprochen wärmeliebendes Insekt ist, können von bestimmten Stadien, vor allem von erwachsenen Larven, sehr tiefe Temperaturen ausgehalten werden. Selbst Werte weit unter −10 °C können von Larven einige Tage lang toleriert werden.

Im Oberbereich führen Temperaturen um 40 °C noch nicht zum sofortigen Absterben, doch treten dabei schädigende Effekte auf, wie Verlassen der Nahrung durch die Larven oder Abnahme der Fruchtbarkeit der Eier.
Feuchtigkeit: Die Ansprüche an diesen ökologischen Faktor sind nicht sehr hoch. Auch sehr trockene Nahrung wird noch angenommen.
Licht: Die Eiablage ist bei Dauerbelichtung reduziert. Ältere Larven sind stärker negativ-phototaktisch als junge.
Nahrung: Mangel an Futter kann, vor allem von älteren Larven, sehr lange ausgehalten werden. Überlebenszeiten von mehreren Jahren ohne Fortgang der Entwicklung sind bekannt geworden. Die fakultative Diapause der Larven kann durch verschiedene Faktoren ausgelöst werden, z. B. tiefere Temperaturen (unter 30 °C), extreme Feuchtigkeitswerte, Übervölkerung und Anreicherung von Ausscheidungen.
Weitere Angaben: Tab. 2, 10, 13, 33, 43, 46, 71, 73. Abb. 35, 41, 44, 69, 93.

Anthrenus scrophulariae (Linné), Teppichkäfer (engl. Common carpet beetle, franz. Rongeur des tapis, span. Carcoma de las alfombras)

Vorkommen: Diese *Anthrenus*-Art kommt vor allem in Häusern vor. Die Imagines sind im Freien auf Blüten anzutreffen.
Nahrung: Produkte tierischer Herkunft, wie Wolle, Haare, Federn, tote Vögel und Insekten, Pelze, Knochen, Leder. Daneben auch pflanzliche Produkte, wie Getreideprodukte. Die Imagines nehmen Nektar und Pollen zu sich.
Schaden: Zerstörung von Textilien, Pelzen usw. und sehr schädlich in Insektensammlungen.
Aussehen: *Ei:* weiß, 0,7 mm × 0,3 mm, die Form kann aber stark schwanken, am Ende mit lappenartigen Fortsätzen.
Larve: bis 5 mm, rötlichbraun, dicht mit dunklen, z. T. büschelig angeordneten Haaren besetzt. Mit Pfeilhaaren.
Imagines: Der Flügelnahtstreifen besteht aus roten Schuppen, gelbe Schuppen sind eingestreut, die Flügeldecken haben drei weiße Binden, der Untergrund ist schwärzlichgrau. Länge 3 bis 4 mm. Abb. 138 zeigt die verwandte Art *A. fasciatus*.
Entwicklung: Die Entwicklungsdauer der einzelnen Stadien bei 27 °C ist Abb. 139 zu entnehmen. Bei Zimmertemperatur dauert die Gesamtentwicklung etwa 3,5 Monate, unter ungünstigen Umständen auch über 1 Jahr. Die Zahl der Larvenstadien liegt zwischen 6 und 12. Nach dem Schlüpfen bleibt der Käfer noch evtl. sehr lange (2

bis 3 Monate) in der alten Larvenhaut. Die Lebensdauer danach beträgt dann nur noch wenige Tage. Kommt der Käfer früher heraus (nach etwa 3 Wochen), so ist auch die Dauer des freien Lebens verlängert (etwa 1 Monat).

Biologie und Verhalten: Nach dem Schlüpfen führen die Käfer einen Reifungsfraß auf Blüten durch und kehren dann zur Ablage der etwa 40 bis 60 Eier in das Haus zurück. Die erwachsenen Larven verpuppen sich in der letzten Larvenhaut, die am Rücken aufplatzt. In ungeheizten Räumen überwintert die Art als Larve, die dann manchmal im Frühjahr den Fraß noch fortsetzt, oder auch als Käfer in der alten Larvenhaut.

Ökologie: Die frisch geschlüpften Käfer sind positiv phototaktisch und gelangen so von den Entwicklungsorten ins Freie. Nach dem Reifungsfraß fliegen die Käfer dann, zu dieser Zeit negativ phototaktisch gestimmt, wieder in die Räume zurück.

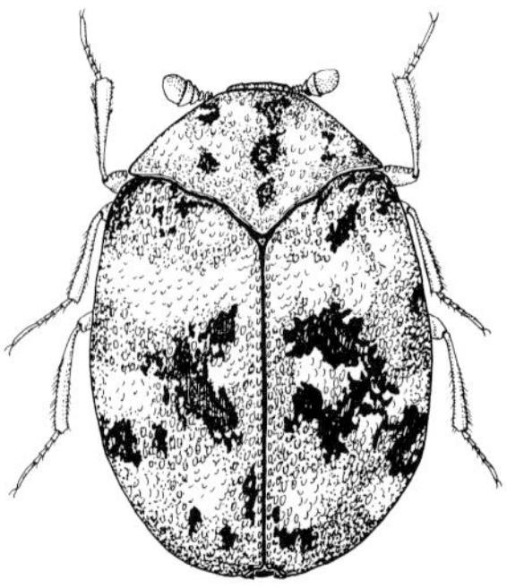

Abb. 138. *Anthrenus fasciatus.*

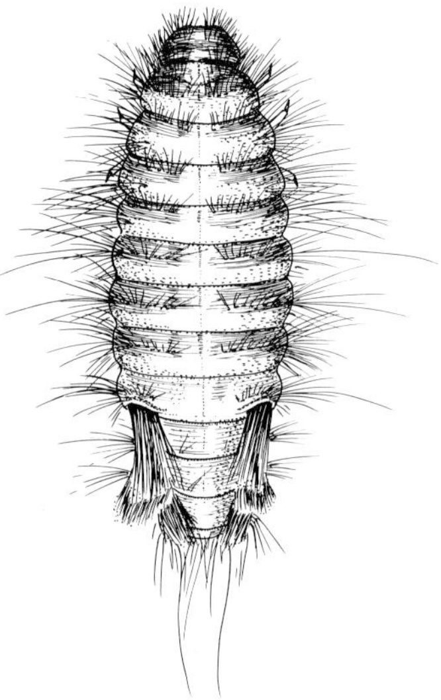

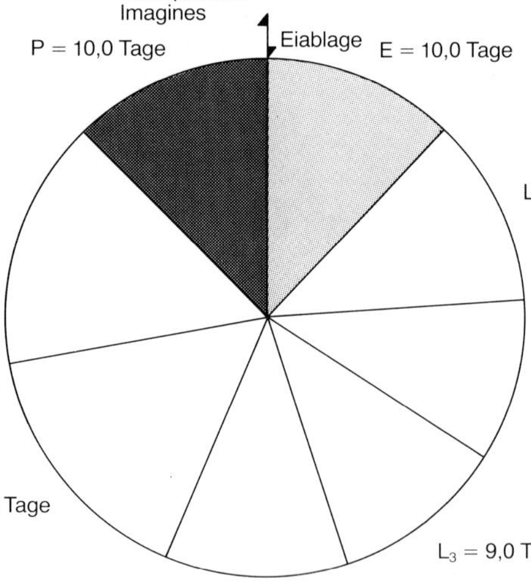

Abb. 139. Die Entwicklungsdauer der einzelnen Stadien von *Anthrenus scrophulariae* (27 °C) (Nach GRISWOLD 1941).

Anthrenus verbasci (Linné), Wollkrautblütenkäfer, Kabinettkäfer
(engl. Varied carpet beetle. franz. Charançon des vêtements, span. Gorgojo des las alfombras)

Vorkommen: In Wohnungen, zoologischen Sammlungen. Im Freien auf Blüten und in Vogelnestern.
Nahrung und Schaden: siehe Angaben bei *A. scrophulariae*.
Aussehen: *Ei:* weiß bis cremefarben, länglich oval (0,6 mm × 0,3 mm), an einem Pol mit 6 Borsten.
Larve: Eilarve cremefarben, knapp 1 mm, erwachsene Larve 4 bis 5 mm, hinten breiter als vorne, oben hellbraun, unten gelblichweiß, Behaarung braun, am Hinterende lange Haarbüschel (Pfeilhaare).
Puppe: 4 mm, in der letzten Larvenhaut liegend.
Imago: 2 bis 3 mm, dunkel mit vielen hellen Zeichnungen (weiß, gelblich, bräunlich).
Entwicklung: Die Entwicklungsgeschwindigkeit hängt sehr stark von der verschiedenartigen Nahrung ab. Bei den direkt vom Futter unabhängigen Stadien, den Eiern und Puppen, betragen die Zeiten bei 20 °C: 10 bis 11 Tage (Eier) und etwa 12 Tage (Puppen). Bei der gleichen Temperatur brauchen die Larven 8 bis 12 Monate, an ungünstigem Futter können aber auch 2 bis 3 Jahre bis zur Verpuppung vergehen. Etwa 7 Larvenstadien werden durchlaufen, doch kann die Zahl auch noch höher liegen (bis zu 12). Nach dem Schlüpfen bleiben die Imagines noch einige Tage in der alten Larvenhaut, in der die Verpuppung stattgefunden hat. Eventuell überwintern sie hier auch. Die Lebensdauer der erwachsenen Käfer beträgt 1 bis 2 Wochen, bei ausreichendem Futter und Wasser etwas länger.
Biologie und Verhalten: Die Kopulation findet nach dem Schlüpfen statt. Nach einigen Tagen werden bis zu 100 Eier an geschützten Stellen in das Nährsubstrat gelegt. Die Kopulation kann auf den Blüten stattfinden, wenn die Imagines dort einen Reifungsfraß durchführen. (Bevorzugt werden weiße Blüten und Blütenstände, vor allem Doldenblüten.) Dieser Fraß ist allerdings nicht unbedingt erforderlich, so daß die Tiere gleich an einer zusagenden Nahrung bleiben können (z. B. in abgeschlossenen Insektenkästen).
Ökologie: *Temperatur:* Ein Überleben ist, meist als erwachsene Larve, auch in harten Wintern möglich.
Feuchtigkeit: Die relative Luftfeuchte hat nur einen geringen Einfluß, denn schon bei 20 % ist eine Entwicklung möglich, die gegenüber 75 % nur unwesentlich verlängert ist.
Licht: Die Imagines sind unmittelbar nach dem Schlüpfen positiv phototaktisch, was sie im normalen Entwicklungsrhythmus ins Freie und zu den Blüten führt. Nach der Gonadenreife schlägt das Verhalten dann um, und die Käfer können so in dunkle Räume einfliegen.
Nahrung: Eine Eiablage ist auch ohne Nahrungsaufnahme durch die Imagines möglich. Wasser und Honig können aber die Zahl der Eier etwas erhöhen.

Familie: Ostomidae, Flachkäfer

Tenebrioides mauritanicus (Linné), Schwarzer Getreidenager
Tenebroides mauritanicus (L.) (engl. Cadelle, franz. Cadelle, span. Carcoma grande de los granos)

Vorkommen: In Bäckereien, Lagern, Mühlen, Futterhandlungen. In Taubenschlägen. Im Freien in Nestern und unter Rinde (?).
Nahrung: Getreide und Getreideprodukte, Nüsse, Trockenobst und andere Lebensmittel tierischer und pflanzlicher Herkunft.
Schaden: Fraß durch Larven und Imagines. Festsetzen in Mahlsystemen in engen Durchgängen. Schäden an Verpackungsmaterialien und durch Einbohren in Holz.
Aussehen: *Ei:* etwa 1,2 mm × 0,3 mm.
Larve: weißlich mit schwarzem Kopf- und zweigeteiltem Halsschild. Eilarve 1,5 mm, erwachsene Larve bis 20 mm lang (Abb. 140).
Puppe: 7 bis 10 mm.

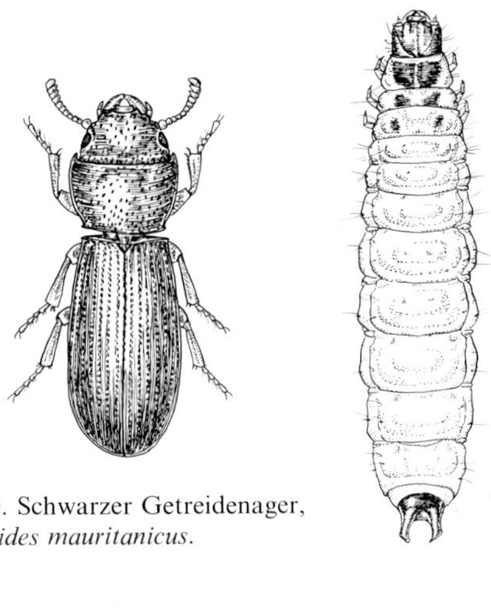

Abb. 140. Schwarzer Getreidenager, *Tenebrioides mauritanicus*.

Imago: 6 bis 11 mm, schwarz bis schwarzbraun, Unterseite, Fühler und Beine rötlich (Abb. 140).
Entwicklung: Unter günstigen Bedingungen (25 °C) kann die Gesamtentwicklung in 3 Monaten beendet sein. Bei niedrigeren Temperaturen dauert sie aber 1 Jahr oder noch länger. Die Zahl der Larvenstadien beträgt normalerweise 3 oder 4, sie kann aber bis über 10 ansteigen. Eine Lebensdauer der erwachsenen Käfer bis zu 3 Jahren konnte beobachtet werden.
Biologie und Verhalten: Die sehr große Anzahl von Eiern (einige hundert, gelegentlich werden über 1000 angegeben) wird entweder frei in die Nahrung oder in Spalten und andere enge Räume gelegt, meist zu Gruppen von 30 bis 40. Die ausschlüpfenden Larven fressen zunächst hauptsächlich mehlartige Substanzen, ältere dann auch gröbere. Bei Getreidekörnern wird vor allem der Keimling, dann auch der Mehlkörper bevorzugt. Die Schale bleibt weitgehend erhalten. Zur Verpuppung stellen die Larven eine Puppenwiege her, wozu sie Holz und andere weiche Substanzen anfressen. Nach außen wird die Vertiefung dann mit Bohrmehl und anderen Partikeln abgeschlossen. Die Käfer können, wenn auch nicht sehr gut, fliegen. Sie bleiben vor dem Schlüpfen aber noch mehrere Tage in der Puppenwiege. Larven und Imagines neigen zur räuberischen und kannibalischen Lebensweise.
Ökologie: Während Eier und Puppen ziemlich kälteempfindlich sind, sollen Larven und Imagines eine gewisse Zeit bei Minustemperaturen überleben (Derartige Angaben bedürfen allerdings einer Überprüfung, da Verwechslungen mit einer Freilandart *(T. fuscus)* vorkommen können.)
Weitere Angaben: Tab. 40, 43, 44, 46, Abb. 22.

Familie: Nitidulidae, Glanzkäfer

Carpophilus hemipterus (Linné), Backobstkäfer, Saftkäfer
(engl. Dried fruit beetle, franz. Charançon des magasins, span. Gorgojo de las frutas)

Vorkommen: In Lagern von getrockneten Früchten. Im Freien gelegentlich am Saftstrom beschädigter Pflanzen. In wärmeren Gebieten auch an reifen Früchten im Freien. Vorkommen relativ selten.
Nahrung: Backobst, Bananen, Rosinen, Nüsse, Drogen u. ä. pflanzliche Produkte.
Schaden: Fraßgänge der Larven im Fruchtfleisch.
Aussehen: *Ei:* 1 mm × 0,3 mm.
Larve: weiß mit gelblicher Kopfkapsel, erwachsen bis etwa 7 mm lang.
Puppe: etwa 3 mm.
Imago: 2 bis 4 mm lang, Flügeldecken hinten schräg abgestutzt, die letzten beiden Hinterleibssegmente bleiben dabei frei und sind von oben sichtbar. Dunkelbraun mit einem kleinen gelblichbraunen Fleck am Vorderrand der Flügeldecken und einem gleichfarbigen, größeren am Hinterrand.
Entwicklung: Gesamtdauer bei 25 °C etwas mehr als 1 Monat.
Biologie und Verhalten: Die mehr als 1000 Eier je ♀ werden tief in das Fleisch der Früchte gelegt, in dem die Larven minieren. Die Verpuppung findet am Boden oder zwischen den Vorräten statt. Die Imagines können fliegen.
Ökologie: Die Art ist recht wärmebedürftig, so daß eine Überwinterung in Mitteleuropa in ungeheizten Räumen nicht möglich ist.

Familie: Cucujidae, Plattkäfer

Ahasverus advena (Waltl), Tropischer Schimmelplattkäfer
(engl. Foreign grain beetle)

Vorkommen: Getreidelager. Auch in Mitteleuropa im Freien.
Nahrung: Normalerweise Schimmelfresser. Auch an toten Insekten. Kann sich aber auch an pilzfreien pflanzlichen Produkten (z. B. an Erdnüssen) entwickeln.
Schaden: In erster Linie Bedeutung als Hausungeziefer, wenn geeignete Nahrung vorhanden ist.
Aussehen: *Larve:* etwa 3 mm, Aussehen ähnlich wie Larve von *Oryzaephilus surinamensis* (s. Abb. 142).
Imago: 2 bis 2,5 mm, rötlichgelb, länglich-oval. Halsschild mit zahnförmig vorgezogenen Vorderecken. Fühlerkeule dreigliedrig.
Entwicklung: Bei 30 °C dauert die Entwicklung einer Generation ungefähr 1 Monat.
Biologie und Verhalten: Anzahl der pro ♀ abgelegten Eier etwas über 100.
Weitere Angaben: Abb. 66.

Oryzaephilus mercator (Fauvel), Erdnußplattkäfer
(engl. Merchant grain beetle, franz. Ver denté des arachides, span. Carcoma dentada del cacahueta)

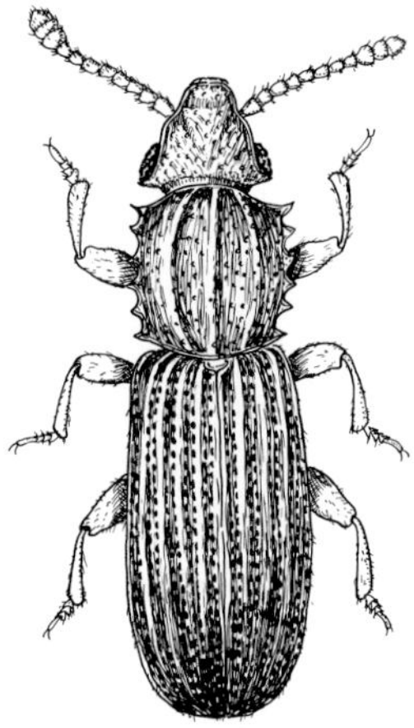

Abb. 141. Erdnußplattkäfer, *Oryzaephilus mercator*.

Vorkommen: In Haushaltungen, in Lagern.
Nahrung: Vor allem ölhaltige Produkte, wie Erdnüsse, Nüsse, Mandeln, Kopra, Expeller, aber auch andere Lebensmittel, wie Getreide, Getreideprodukte, Trockenfrüchte, Gewürze.
Schaden: Fraß.
Aussehen: *Ei:* 0,7 mm × 0,3 mm.
Larve: Eilarve 1,0 mm, erwachsene Larve bis 4 mm, Aussehen wie *O. surinamensis* (s. Abb. 142).
Puppe: etwa 3 mm.
Imago: ähnlich *O. surinamensis*, aber hinter den Augen nur ein Zahn und keine schräge oder parallele Kante (Abb. 141).
Entwicklung: Die Dauer der Eientwicklung liegt zwischen 13 Tagen bei 20 °C und etwa 3 Tagen bei 35 °C. Auch die Entwicklung der 4 Larvenstadien ist relativ kurz und kann bei 30 °C in 15 Tagen durchlaufen werden, bei 35 °C sind es sogar nur knapp 10 Tage. Die Puppe braucht bei dieser Temperatur 3 Tage. Bei normaler Lagertemperatur kann sich eine Generation in etwa 1 Monat entwickeln.
Biologie und Verhalten: Zwischen 200 und 300 Eier werden während der Haupteiablagezeit (20. bis 45. Tag des Imaginallebens) produziert.
Die Imagines können gelegentlich fliegen.
Sonst ähnlich *O. surinamensis*.
Ökologie: *Temperatur:* Eine Entwicklung ist ab 20 °C oder etwas darunter möglich. Das Optimum liegt über 30 °C und die obere Grenze bei 37 °C. Eine Überwinterung in einem ungeheizten Lager ist in Mitteleuropa nicht möglich.
Feuchtigkeit: Die Entwicklung läuft bei 70 % r. F. schneller ab als bei 90 %, auch niedrige Werte werden noch gut vertragen.
Weitere Angaben: Tab. 23, 27, 28, 43, 44, 68, 71, 72, Abb. 22, 43.

Oryzaephilus surinamensis (Linné), Getreideplattkäfer
(engl. Sawtoothed grain beetle, franz. Ver denté des grains, span. Carcoma dentada de los granos)

Vorkommen: Getreidelager, Lebensmittelbetriebe, Haushaltungen.
Nahrung: Getreide, Getreideprodukte, Nüsse, Mandeln, Drogen und zahlreiche andere Lebensmittel, vor allem kohlenhydratreiche Produkte.
Schaden: Bei Getreide vor allem Fraß am Keimling. Meist als Sekundärschädling zusammen mit anderen Vorratsschädlingen an Getreide, aber auch alleiniges Vorkommen, besonders wenn der Anteil Bruchgetreide hoch ist. Larven und Imagines richten Schaden an. Wegen der geringen Größe können Larven, aber auch Imagines, in verpackte Lebensmittel eindringen. Dadurch kommt es zu einer hohen Wegwerfquote und (meist unberechtigt) zu einer Schädigung des Rufes des Herstellers.
Aussehen: *Ei:* länglich (0,8 mm × 0,2 mm), weiß.
Larve: Eilarve etwa 1 mm, erwachsene Larve 3 bis 4 mm, gelblich, glänzend (Abb. 142).
Puppe: 3 mm.
Imago: 3 mm, braun, flach (Abb. 142).

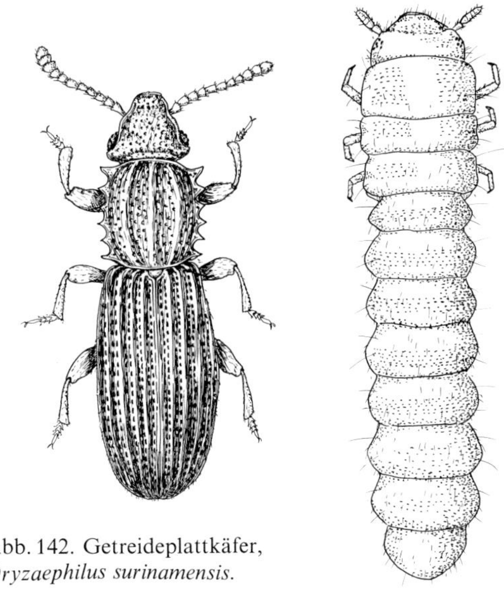

Abb. 142. Getreideplattkäfer, *Oryzaephilus surinamensis*.

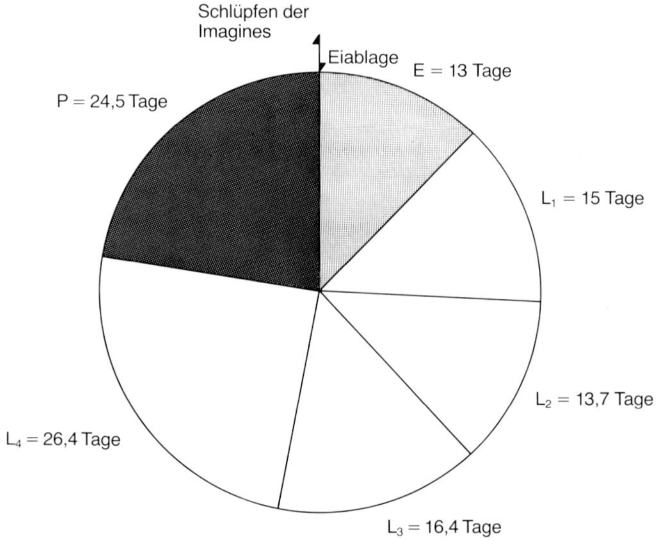

Abb. 143. Die Entwicklungsdauer der einzelnen Stadien von *Oryzaephilus surinamensis* (18 °C, 70–80 % r. F., Haferflocken) (nach LERGENMÜLLER 1958).

Entwicklung: Die Entwicklung der einzelnen Stadien bei 18 °C ist in Abb. 143 dargestellt, die Gesamtentwicklung in ihrer Abhängigkeit von der Temperatur in Abb. 144. Die Lebensdauer der erwachsenen Käfer kann bis zu 3 Jahren betragen, liegt normalerweise aber wohl bei 6 bis 9 Monaten.

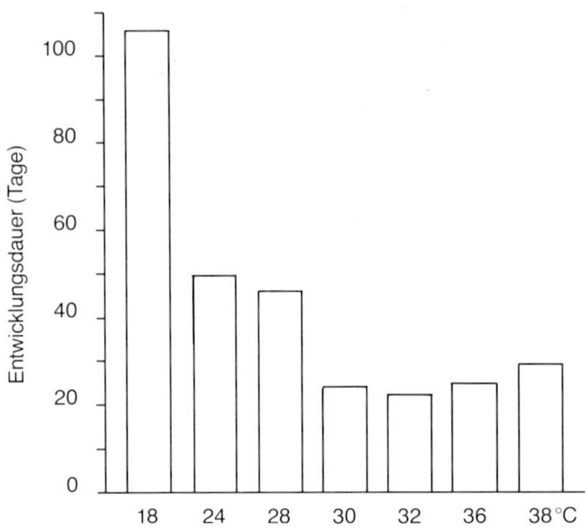

Abb. 144. Die Dauer der Gesamtentwicklung von *Oryzaephilus surinamensis* und ihre Abhängigkeit von der Temperatur (70–80 % r. F., Haferflocken) (nach LERGENMÜLLER 1958).

Biologie und Verhalten: Nach einer Präovipositionsdauer von einigen Tagen bis einigen Wochen werden die Eier lose oder in Vertiefungen, z. B. in Risse oder Furchen bei Samen, gelegt. Bis zu 300 Eier können von einem ♀ produziert werden. Die erwachsenen Larven verpuppen sich in der Nahrung oder in Spalten in einem nicht sehr dichten Kokon, in dem auch Nahrungsreste eingebaut sind. Die Käfer haben ein vermutlich begrenztes Flugvermögen. Sie können im Getreide auch in größeren Tiefen vorkommen (bis zu 5 m gefunden), wo sich vor allem Bruchgetreide und Mehl ansammeln und ihnen gute Ernährungsbedingungen bieten.

Ökologie: *Temperatur:* Gegen mäßig niedrige Werte ist *O. surinamensis* relativ unempfindlich. Bei Temperaturen zwischen 0 und 10 °C kann ein großer Teil der Population längere Zeiten (bis zu mehrere Monate) überleben. Im Minusbereich (bis etwa − 5 °C) ist auch ein Überleben für einige Tage möglich. Es muß also damit gerechnet werden, daß auch in ungeheizten Räumen vorkommende Schädlinge im Winter nicht aussterben. Auch wiederholte Freilandfunde lassen sich so erklären. Oberhalb von 40 °C liegt der letale Bereich, in dem alle Stadien schon nach wenigen Stunden abgetötet werden. Die Entwicklung findet zwischen 15 und 38 °C statt, das Optimum liegt etwas oberhalb von 30 °C.

Feuchtigkeit: Der Optimalbereich erstreckt sich von 30 bis 90% r. F. Bei trockneren Bedingungen steigt die Dauer der Entwicklung an und die Zahl der produzierten Eier nimmt ab.
Nahrung: Bei qualitativ schlechter Nahrung wird die Entwicklung der Larven verlängert und die Zahl der Stadien erhöht (auf 5). Die Imagines können bei Temperaturen unter 30°C mehrere Wochen hungern. Bei 16°C kann es 2 Monate dauern, bis alle Individuen einer Population abgestorben sind.
Weitere Angaben: Tab. 10, 11, 12, 13, 23, 24, 29, 31, 40, 43, 44, 45, 46, 47, 51, 67, 68, 71, 72. Abb. 22, 26, 35, 64, 66, 71.

Cryptolestes ferrugineus (Stephens), Rotbrauner Leistenkopfplattkäfer
Laemophloeus ferrugineus Stephens
(engl. Rusty grain beetle, franz. Tribolium à tête bordée, span. Carcoma achatada de los granos)

Vorkommen: Vor allem in Getreidelagern. Im Freien in Gängen von Borkenkäfern.
Nahrung: Alle Arten von Getreide, auch Getreideprodukte.
Schaden: Fraßschäden vor allem durch Vernichtung des Keimlings. Verursacht Hot spots. Das Ausmaß des Schadens steigt bei einem hohen Anteil an Bruchgetreide.

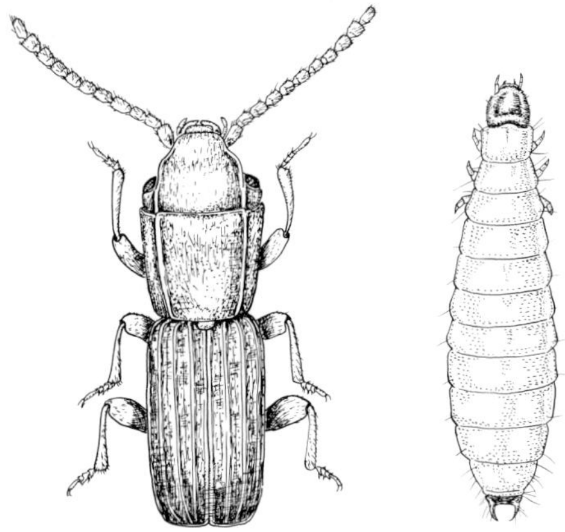

Abb. 145. Rotbrauner Leistenkopfplattkäfer, *Cryptolestes ferrugineus.*

Aussehen: *Ei:* zylindrisch, 0,7 mm × 0,2 mm, weiß. *Larve:* Eilarve 0,7 mm, erwachsene Larve bis 4 mm (Abb. 145).
Imago: bis 2,0 mm, braun, Halsschild jederseits mit feiner Linie (Abb. 145).
Entwicklung: Die Entwicklung läuft über 4 Larvenstadien. Ihre Dauer bei 27°C zeigt die Abb. 146. Bei 21°C dauert die ganze Entwicklung etwa 2,5 Monate, bei 38°C etwas mehr als 3 Wochen. Die Lebensdauer der Käfer kann auch bei hohen Temperaturen bis zu 1 Jahr betragen.

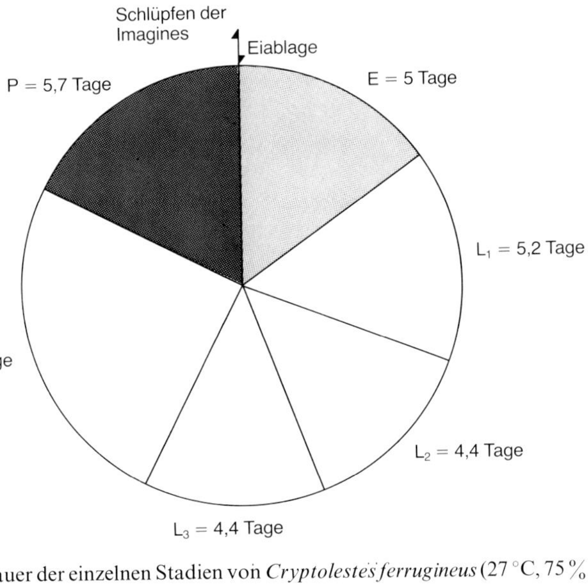

Abb. 146. Die Entwicklungsdauer der einzelnen Stadien von *Cryptolestes ferrugineus* (27°C, 75% r. F.) (nach RILETT 1949).

Biologie und Verhalten: Die Kopulation erfolgt kurz nach dem Schlüpfen, die Eiablage beginnt einige Tage (bis etwa 10 Tage) später. Die Anzahl der Eier soll maximal über 300 liegen. Sie werden in schmale Spalten, z. B. in Beschädigungen der Getreidekörner gelegt. Die Larven beginnen meist ihren Fraß am Keimling und bleiben in einer Fraßhöhle im Korn, wo auch die Verpuppung in einem Kokon stattfindet, nachdem sie vorher verschlossen wurde. Sonst verpuppen sich die Larven zwischen der Nahrung oder im Raum in Spalten.

Die Imagines sind relativ gute Flieger.

Ökologie: *Temperatur:* Obwohl das Optimum mit etwa 32 °C sehr hoch liegt und noch eine Entwicklung bei 38 °C möglich ist, kann die Art relativ gut Kälte, auch Minustemperaturen, ertragen. So sollen – 5,5 °C von den Imagines fast 3 Wochen lang ausgehalten werden. Eine Überwinterung in ungeheizten Lagern kann demnach auch in Mitteleuropa stattfinden.

Feuchtigkeit: Eine Entwicklung ist auch unter 50 % r. F. (= 12 % Feuchtegehalt des Getreides) möglich, doch sind 65 bis 90 % r. F. besonders günstig.

Licht: Das negativ-phototaktische Verhalten führt dazu, daß an der Oberfläche der Vorräte nur ein Bruchteil der gesamten Population zu sehen ist.

Weitere Angaben: Tab. 10, 11, 13, 24, 28, 31, 43, 46, 60, Abb. 66, 69.

Familie: Lyctidae, Splintholzkäfer

Lyctus brunneus (Stephens), Brauner Splintholzkäfer
(engl. Brown Lyctus beetle)

Vorkommen: Besonders in importiertem Holz, z. B. mit Andenken verschleppt.

Nahrung: Hölzer, die reich an Stärke sind (z. B. Limba, Abachi, Eiche, Nußbaum). Wenig oder gar nicht befallen: Ahorn, Kirsche, Pappel, Rotbuche, allgemein Kernholz und Nadelholz, ebenso getrocknetes Holz, da hier der Abbau der Stärke stattgefunden hat.

Schaden: Fraßgänge im Innern des Holzes. Fluglöcher an der Oberfläche. Durchfressen von Abdeckungen durch Imagines beim Schlüpfen.

Aussehen: *Ei:* lang-zylindrisch mit Fortsätzen, weißlich (1,2 mm × 0,2 mm).

Larve: elfenbeinfarben, Eilarve langgestreckt, ab

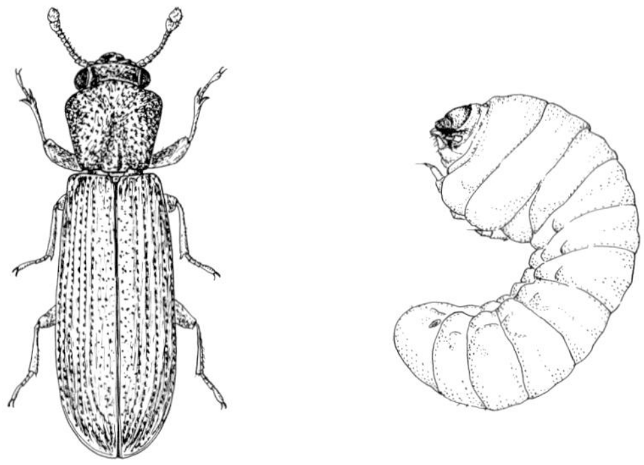

Abb. 147. Brauner Splintholzkäfer, *Lyctus brunneus.*

L_2 Thorax verdickt, Larve dann engerlingsförmig. Maximal bis 6 mm lang (Abb. 147).

Imago: Braun, mit schwarzem Kopf und Halsschild. Länge bis 7 mm (Abb. 147).

Entwicklung: Die Dauer hängt stark vom Nährwert des Holzes ab. Unter optimalen Bedingungen (Eichensplintholz mit hohem Nährwert) beträgt sie bei 21 °C 3,5 bis 4,5 Monate, unter ungünstigeren bis 1,5 Jahre.

Die Imagines leben günstigenfalls einige Wochen.

Biologie und Verhalten: Die Kopulation erfolgt bald nach dem Schlüpfen, die Eiablage beginnt 2 bis 3 Tage später. Die Eier werden mit Hilfe eines langen Legebohrers in Risse und Spalten des Holzes gelegt, wobei Nährstoffgehalt und Porengröße von Bedeutung sind. In ein Loch (z. B. auch alte Fluglöcher) können mehrere Eier gelegt werden. Die Gesamtzahl der Eier je ♀ schwankt sehr stark, soll aber zum Teil über 200 liegen.

Die Larven treiben den Fraßgang vorwiegend in Faserrichtung vor. Er ist fest mit Fraßmehl verstopft und verbleibt immer unterhalb der Holzoberfläche. Die Verpuppung erfolgt in einer Puppenwiege dicht unter der Oberfläche.

Die Imago frißt sich nach außen durch, wobei die Fluglöcher mit einem Durchmesser von 0,8 bis 1,5 mm entstehen. Beim Ausschlüpfen fällt Fraßmehl heraus, wocurch ein Befall offenkundig wird. Tagsüber sind die Käfer versteckt und fliegen erst in der Dunkelheit. Durch einen Nagefraß quer zur Faserrichtung wird der Nährstoffgehalt des Holzes als Vorbereitung für die Eiablage untersucht.

Ökologie: *Temperatur:* Eine Überwinterung im Freiland ist möglich, wobei vor allem ältere Larven und Puppen überleben. Das Temperatur-

optimum liegt bei 26 °C, bei 30 °C ist eine Entwicklung zwar noch möglich, die Mortalität ist aber sehr hoch.
Feuchtigkeit: Entscheidenden Einfluß auf die Entwicklung hat die Holzfeuchte. Das Optimum liegt bei 14 %, die untere Grenze bei 7 bis 8 % (ca. 30 % r. F.), die obere bei 23 % (ca. 90 % r. F.).
Gegenmaßnahmen: Abfallholz in Lager und Werkstatt kann eine Quelle für einen ständigen Befall sein. Regelmäßige Beseitigung ist deshalb wichtig. Holz sollte vor dem endgültigen Verarbeiten mit Holzschutzmitteln durch Streichen, Spritzen oder Tauchen behandelt werden. Auch Erhitzen und Begasen können als übliche Bekämpfungsmaßnahmen eingesetzt werden.

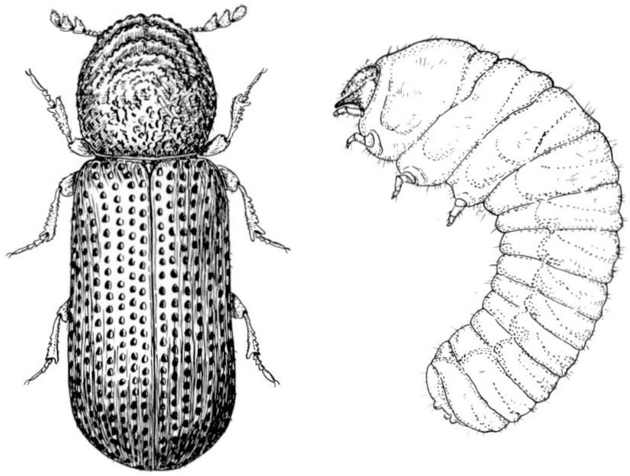

Abb. 148. Getreidekapuziner, *Rhizopertha dominica.*

Familie: Bostrychidae, Bohrkäfer

Rhizopertha dominica (Fabricius), Getreidekapuziner
Rhyzopertha dominica (Fabricius)
(engl. Lesser grain borer, franz. Capucin des grains, span. Capuchino de los granos)

Vorkommen: In Getreidelagern.
Nahrung: Getreide und Getreideprodukte, Leguminosen, Drogen u. a. pflanzliche Produkte.
Schaden: Der normale Fraßschaden am Getreide wird dadurch wesentlich erhöht, daß ein großer Teil des Kornes nur zerkaut, aber nicht aufgenommen wird. Der Staubanteil steigt dadurch stark an. Die Käfer dringen auch in die Körner ein und fressen sie bis auf die harte Schale aus (Abb. 2).

Das Substrat nimmt bei einem Befall einen honigartigen Geruch an. Materialien, wie Leder und Papier, können angefressen werden.
Aussehen: *Ei:* zunächst weiß-glänzend, später rosa mit runzliger Oberfläche. Die längliche Form (etwa 0,6 mm × 0,2 mm) kann stark variieren.

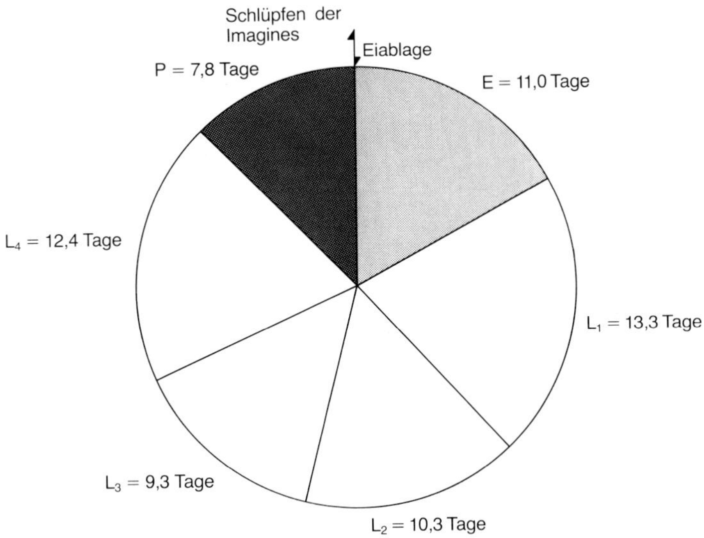

Abb. 149. Die Entwicklungsdauer der einzelnen Stadien von *Rhizopertha dominica* (25 °C, 70 % r. F., Weizen) (nach Howe 1950)

Larve: Eilarve 0,8 mm, erwachsene Larve etwa 3 mm, engerlingsartig (Abb. 148).
Puppe: 3 mm.
Imago: 3 mm, dunkelrotbraun (Abb. 148).
Entwicklung: Als Beispiel für die Dauer der Entwicklung sind in Abbildung 149 die Zeiten für die einzelnen Stadien bei 25 °C dargestellt. Bei 28 °C läuft die Gesamtentwicklung an Weizenmehl in 40 Tagen ab. (In ganzen Körnern ist sie etwas schneller.)

Die Lebensdauer der Käfer kann bis zu 1 Jahr betragen.
Biologie und Verhalten: Nach einer Präovipositionsdauer von einigen Tagen werden die Eier meist in kleinen Gruppen, seltener einzeln, in Spalten oder frei abgelegt. Die Gesamtzahl ist mit einigen hundert (maximal 500 bis 600) recht hoch.

Die ausschlüpfenden schlanken Eilarven laufen gut umher und fressen zunächst hauptsächlich mehlartiges Futter. Vom 2. Stadium ab bohren sie sich in die Nahrung ein, wo sie dann nach der nächsten Häutung eine engerlingsähnliche Gestalt annehmen. Zum Umherlaufen sind sie deshalb nicht mehr in der Lage.

Die Verpuppung findet im Korn statt, wo sich auch der erwachsene Käfer hauptsächlich aufhält und es ausfrißt. Die Imagines sind gute Flieger und können sich bei günstigen Temperaturen im Lager, in den Tropen auch im Freiland, ausbreiten.
Ökologie: *Temperatur: R. domestica* ist vor allem an höhere Temperaturen angepaßt. Der Entwicklungsnullpunkt liegt bei 16 °C und das Optimum um 34 °C. Diesem Wärmebedürfnis kommt die moderne Erntetechnik mit Mähdreschern entgegen, wenn dabei das Getreide nach einer evtl. notwendigen Trocknung mit höheren Temperaturen eingelagert wird. Der Getreidekapuziner hat deshalb in den letzten Jahren stellenweise an Bedeutung zugenommen.

Tiefe Temperaturen um den Gefrierpunkt werden einige Tage ertragen, wobei die Larven toleranter sind als die Imagines.
Feuchtigkeit: Getreide mit nur geringen Feuchtigkeiten (um 10 %) kann noch befallen werden. Höhere Werte beschleunigen allerdings die Entwicklung.
Nahrung: Ältere Larven können einige Wochen (2 bis 3) ohne Nahrung auskommen und sich evtl. sogar noch verpuppen.
Weitere Angaben: Tab. 1, 10, 11, 12, 13, 23, 24, 28, 29, 31, 39, 40, 43, 45, 46, 49, 50, 68, 71, 72. Abb. 22, 26, 35, 59, 69.

Familie: Anobiidae, Nagekäfer

Anobium punctatum (DeGeer), Gewöhnlicher Nagekäfer, Totenuhr, Holzwurm
(engl. Furniture beetle)

Vorkommen: In verbautem und verarbeitetem Holz (Möbel, Türrahmen, Schnitzwerk usw.). Im Haus besonders in feuchten Räumen. Im Freiland an stehenden, lufttrockenen Stämmen.
Nahrung: Nadel- und Laubholz.
Schaden: Fraßgänge der Larven im Innern des Holzes, Ausfluglöcher der Imagines.
Aussehen: *Ei:* etwas länglich (ca. 0,5 mm), oft deformiert.
Larve: Eilarve langgestreckt, erwachsene Larve engerlingsartig, mit verdicktem Vorderende, bis 6 mm lang (Abb. 150).
Imago: braun, 3 bis 6 mm lang (Abb. 150).
Entwicklung: Gesamtdauer 2 bis 3 Jahre.
Biologie und Verhalten: Die Kopulation findet sofort nach dem Schlüpfen der Imagines statt, und die Eiablage beginnt einen Tag später. Etwa 50 Eier werden an rauhen Oberflächen, in Rissen des Holzes und in alten Fluglöchern abgelegt. Die ausschlüpfende Larve bohrt sich sofort in das Holz ein, kann wegen ihrer langgestreckten Gestalt aber noch gut kriechen. Die kreisrunden Fraßgänge (Durchmesser 2 bis 3 mm) enthalten viel Bohrmehl. Die Verpuppung findet dicht unter der Oberfläche statt, so daß sich der erwachsene Käfer schnell nach außen durchbohren kann. Aus dem Ausschlupfloch (1 bis 2 mm Durchmesser) werden kleine Haufen des weißlichen Bohrmehls ausgestoßen.

Der Käfer kann gut fliegen.

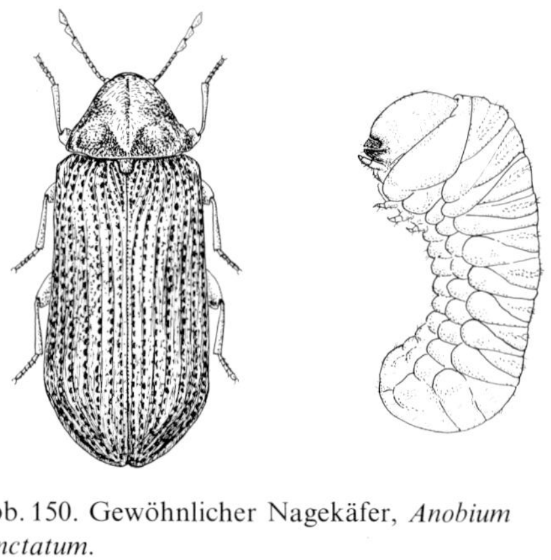

Abb. 150. Gewöhnlicher Nagekäfer, *Anobium punctatum*.

Ökologie: Für die Entwicklung ist vor allem die Feuchtigkeit des Holzes entscheidend. Bei einer Substratfeuchte von 10 bis 15% (d. h. unter 50% r. F.) hört die Entwicklung auf. Holz in feuchten Räumen und solches, das oft feucht gereinigt wird, kann besonders stark befallen sein.

Temperaturen über 25 °C werden von *A. punctatum* nicht gut vertragen.

Gegenmaßnahmen: Trockenhalten der Räume wirkt vorbeugend, größere Einzelteile können mit flüssigen Mitteln behandelt werden, z. B. durch Injektion in die Fluglöcher.

Lasioderma serricorne (Fabricius), Kleiner Tabakkäfer
(engl. Cigarette beetle, franz. Lasioderme du tabac, span. Carcoma del tabaco)

Vorkommen: In Tabaklagern, in tropischen Gebieten auch im Freien.

Nahrung: Neben Tabak auch Lebensmittel tierischer und pflanzlicher Herkunft verschiedener Art, wie Drogen, Gewürze, ferner Expeller.

Schaden: Fraß der Larven, Ausfluglöcher der Imagines.

Aussehen: *Ei:* oval (0,5 mm × 0,2 mm), weiß.
Larve: Eilarve gestreckt (0,5 mm), ältere Larven gekrümmt, gelblichweiß, bis 5 mm (Abb. 151).
Puppe: 3 mm.
Imago: 2 bis 4 mm, rotbraun, behaart (Abb. 151).

Entwicklung: Die Gesamtdauer ist bei konstanten Temperaturen sehr stark von der Nahrung abhängig. Sie kann bei 20 °C von 70 bis 120 Tage schwanken, bei 25 °C von 30 bis 70 und bei 30 °C von 18 bis 100 Tage. Die Zahl der Larvenstadien kann zwischen 4 und 6 liegen.

Die Lebensdauer der Imagines beträgt bei Temperaturen zwischen 20 und 30 °C etwa 1 bis 1,5 Monate.

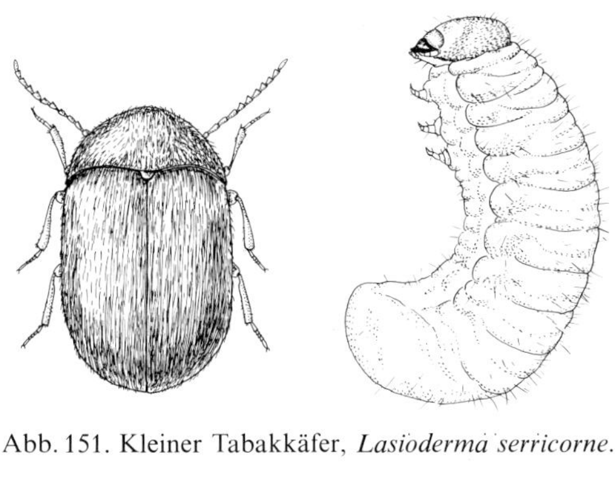

Abb. 151. Kleiner Tabakkäfer, *Lasioderma serricorne.*

Biologie und Verhalten: Nach einer Präovipositionsdauer von einigen Tagen werden maximal bis 100 Eier (im Schnitt wohl 40 bis 60) einzeln in Spalten oder an das Fraßsubstrat gelegt. Die Ablage ist nach 2 Wochen praktisch beendet.

Die ausschlüpfende Eilarve kann einige Tage hungern. Sie dringt in die Nahrung ein und frißt dort in Gängen. Im Laufe der Entwicklung kommt es zur Umgestaltung der Form in Anpassung an die Lebensweise.

Die erwachsenen Larven fertigen an festen Gegenständen (Holz, Innenseite von Säcken u. ä.) einen Kokon aus Sekret, Nahrung und Abfällen an. In ihm verpuppen sie sich nach einigen Tagen.

Die Imagines fressen vermutlich nicht, können aber wenigstens Material benagen. Sie bleiben vor dem Schlüpfen noch einige Tage im Kokon. Sie können gut fliegen, was in warmen Ländern im Freiland von Bedeutung ist.

Ökologie: *Temperatur:* Minustemperaturen werden nur für kurze Zeit ertragen (Stunden bis einige Tage). Werte zwischen 0 und 10 °C werden dagegen einige Wochen toleriert. Aktivität, Eiablage und Entwicklung beginnen bei etwa 15 °C. Das Optimum liegt um 30 °C, und die obere Grenze der Entwicklung schwankt je nach Herkunft zwischen 37 und 41 °C.
Feuchtigkeit: Auch niedrige Luftfeuchtigkeiten werden relativ gut ertragen. Eiablage, Eidauer und Larvenentwicklung sind allerdings etwas negativ beeinflußt.

Weitere Angaben: Tab. 1, 10, 11, 24, 45, 67. Abb. 22.

Stegobium paniceum (Linné), Brotkäfer
Sitodrepa panicea L.
(engl. Drugstore beetle, franz. Vrilette du pain, span. Escarabajo del pan)

Vorkommen: In verschiedenen Räumlichkeiten mit zusagender Nahrung, z. B. Haushaltungen, Apotheken, Drogenhandlungen. Im Freien in Vogelnestern.

Nahrung: Ein großes Spektrum pflanzlicher und tierischer Produkte, z. B. Backwaren, Drogen, Gewürze, Schokoladenerzeugnisse, Trockenfisch, Tiernahrung u. v. m.

Schaden: Fraß der Larven, Beeinträchtigung des Aussehens der befallenen Produkte durch Fraßhöhlen und Ausschlupflöcher (Abb. 5). Schäden in Herbarien und Tiersammlungen. Zerstörung von Verpackungen u. a. Materialien.

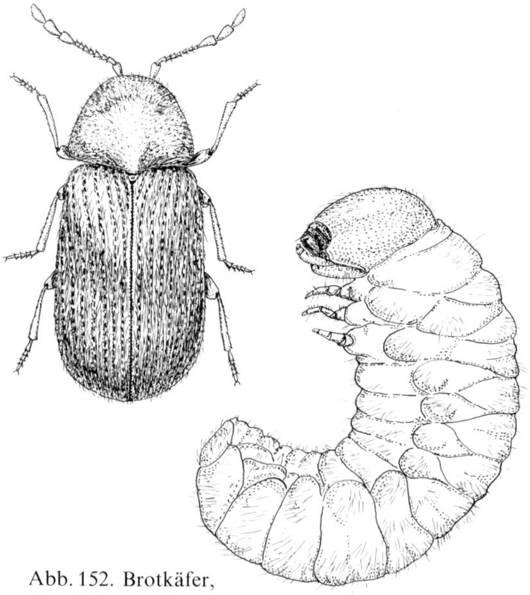

Abb. 152. Brotkäfer, *Stegobium paniceum*.

Aussehen: *Ei:* oval, opalisierend (0,4 mm × 0,25 mm), Form nicht konstant, milchig-weiß. *Larve:* Eilarve 0,4 mm, erwachsene Larve 5 mm. L_1 lang und flach mit Nachschiebern, ab L_2 engerlingsartig gekrümmt, Beine verkürzt, ohne Nachschieber (Abb. 152).
Imago: 2 bis 3 mm, rötlichbraun, behaart (Abb. 152).
Entwicklung: Die Entwicklungsdauer des Brotkäfers ist sehr unterschiedlich und hängt – gleiche Temperatur vorausgesetzt – entscheidend von der Art der Nahrung ab. Es können zwischen 3 und 8 Larvenstadien auftreten.

Einige Beispiele für die Gesamtentwicklung seien genannt:
17 °C: 79–231 Tage
20 °C: 90–219 Tage
25 °C: 47– 62 Tage
30 °C: 38–110 Tage
32 °C: 47–103 Tage

Die Lebensdauer der Käfer kann 1 bis 2 Monate betragen.
Biologie und Verhalten: Die Kopulation findet bald nach dem Schlüpfen statt. Bei der Eiablage, die ein paar Tage später beginnt, werden etwa 100 Eier einzeln oder in Gruppen abgelegt, oft in Spalten oder Vertiefungen. Die ausschlüpfenden Eilarven sind sehr beweglich und bohren sich in die Nahrung ein. Hier leben die Larven während der gesamten Entwicklung in einer Fraßhöhle, die ständig vergrößert wird und innen mit einem Kokon aus Sekret, Nahrungsteilen und Kot ausgekleidet ist. In losen Substraten haben die Höhlungen oft einen Kontakt mit der Wandung als Widerlager.

Die Verpuppung findet auch in dieser Höhle statt. Der ausschlüpfende Käfer bleibt noch ein paar Tage (bis maximal 2 Wochen) in der Höhle und beißt sich dann nach außen durch. Er nimmt keine Nahrung zu sich. Der Käfer ist ein guter Flieger und kann so seine Substrate für die Eiablage aufsuchen.
Ökologie: *Temperatur:* Da der Brotkäfer in Europa auch im Freien vorkommt und hier überwintern kann, muß er gegenüber tiefen Temperaturen (auch Frost) tolerant sein. Werte um 0 °C können einzelne Stadien für Tage oder Wochen aushalten. Hohe Temperaturen (um 30 °C) werden nur dann ausgehalten, wenn auch die Feuchtigkeit hoch ist (über 60 % r. F.). Der Entwicklungsnullpunkt liegt bei 15 bis 17 °C.
Feuchtigkeit: Eine Entwicklung ist ab 30 % r. F. möglich, höhere Werte beschleunigen aber die Entwicklung und reduzieren die Mortalität.
Licht: Die Imagines verhalten sich nur unmittelbar nach dem Schlüpfen positiv phototaktisch, nach der Kopulation suchen sie dann zur Eiablage dunkle Orte auf.
Nahrung: In den USA ist eine Tabakrasse bekannt, die sich nur dann entwickeln kann, wenn Tabak oder wenigstens der Geruch von Tabak vorhanden ist. Sie unterscheidet sich von der normalen Getreiderasse in Größe, Farbe, Eiablage und einigen anderen Kriterien. Es hat den Anschein, als wenn hier die Abspaltung einer neuen Art in die Wege geleitet sei.
Weitere Angaben: Tab. 1, 10, 24, 29, 39. Abb. 22, 35.

Familie: Ptinidae, Diebskäfer

Gibbium psylloides (Czenpinski), Kugelkäfer (Buckelkäfer)
(engl. Shiny spider beetle)

Vorkommen: Vor allem in Altbauten mit dunklen, feuchten Gebäudeteilen. In Bäckereien und Getreidelagern. Im Freien an Tierprodukten (Exkremente, Gewölle), in Tierbauen und Vogelnestern.
Nahrung: Allesfresser von Produkten tierischer und pflanzlicher Herkunft (Getreide und Getrei-

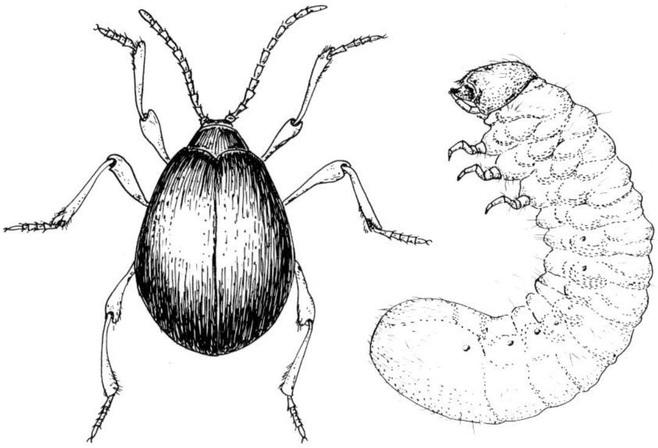

Abb. 153. Kugelkäfer, *Gibbium psylloides.*

deprodukte, Drogen, Futtermittel, Tiermehle, Felle usw.).
Schaden: Fraßschaden an Lebensmitteln gering; bei der Verpuppung treten evtl. Materialschäden ein. Auch Schäden an Textilien durch Fraß. Sonst in der Hauptsache wegen seines Auftretens in allen Räumen eines Hauses als Hausungeziefer von Bedeutung.
Aussehen: *Ei:* weiß, oval (0,6 mm × 0,5 mm), mit klebriger Oberfläche.
Larve: weiß, bis 3,5 mm (Abb. 153).
Imago: 2 bis 3 mm, braunrot, glänzend, fast kugelig, hoch gewölbt (Abb. 153).
Entwicklung: Die gesamte Entwicklung dauert bei 23 °C an Fischmehl 3 Monate, bei 25 °C an Weizen 2,5 Monate. Im Optimalbereich von 33 °C kann sie in 1,5 Monaten beendet sein. 4 Larvenstadien werden durchlaufen.

Die Lebensdauer der Käfer kann fast 1 Jahr erreichen, wobei die ♀♀ wohl wesentlich länger leben als die ♂♂.
Biologie und Verhalten: Die Zahl der Eier, die einzeln in das Substrat gelegt werden, beträgt etwa 200. Die Verpuppung erfolgt in einem Kokon aus Speichelsekret. Nach dem Schlüpfen verbleiben die Imagines noch ein paar Tage im Kokon. Später sind sie in der Dämmerung aktiv, sie können aber nicht fliegen. Die Larven entfalten eine Spinntätigkeit.
Ökologie: Der Kugelkäfer kann Trockenheit zwar recht lange gut vertragen, sucht aber häufig feuchte Orte auf.
Weitere Angaben: Tab. 1, 12, 24, Abb. 26, 35.

Niptus hololeucus (Faldermann), Messingkäfer (engl. Golden spider beetle, franz. Ptine doré, span. Cascarudo amarilento)

Vorkommen: Vor allem in alten, feuchten Häusern, besonders wenn Fußböden und Wände mit organischen Dämmstoffen (Heu, Stroh, Häcksel) gefüllt sind. In Lagern von Drogen und Produkten tierischer Herkunft (Häute, Felle, Knochen, Leder), Brauereien usw. Tritt häufig auf, wenn z. B. Futtermittel lange unkontrolliert aufbewahrt werden.
Nahrung: Zahlreiche Produkte pflanzlicher und tierischer Herkunft, wie Getreideprodukte, Drogen, Gewürze, die oben genannten tierischen Stoffe und viele andere Substanzen.
Schaden: Die Bedeutung des Messingkäfers als Vorratsschädling ist gering. Wichtiger ist er als Zerstörer von Materialien wie Textilien, Leder,

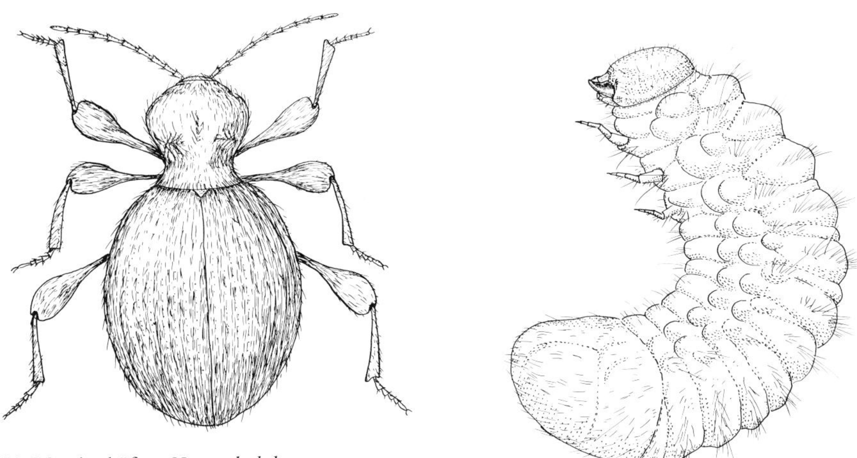

Abb. 154. Messingkäfer, *Niptus hololeucus.*

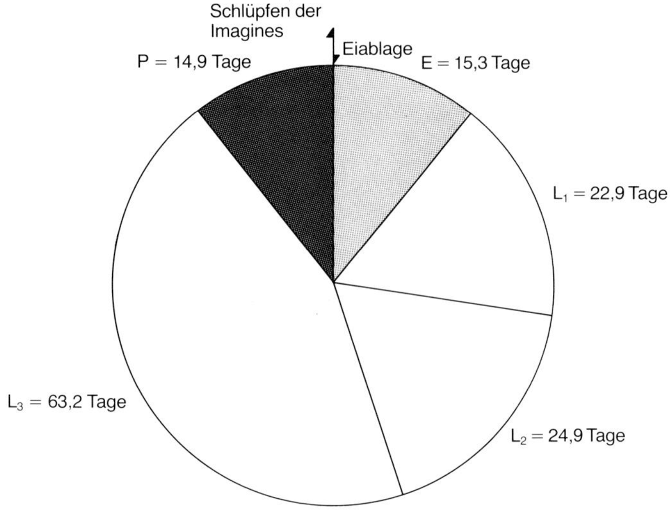

Abb. 155. Die Entwicklungsdauer der einzelnen Stadien von *Niptus hololeucus* (20 °C, 70 % r. F., Weizen) (Nach HOWE und BURGES 1952).

Papier, Verpackung aller Art. Bei einem Massenauftreten in allen Räumen eines Hauses, was wegen seiner verborgenen Entwicklungsorte häufig vorkommen kann, ruft er bei Hausbewohnern starkes Unbehagen bis zu psychischen Schäden hervor.

Aussehen: *Ei:* weiß, später gelblich, 0,6 mm × 0,5 mm, mit klebriger Oberfläche.
Larve: Eilarve 1,5 mm, erwachsene Larve 5 bis 7 mm lang, weißlich bis gelblich (Abb. 154).
Puppe: 3 bis 4 mm.
Imago: etwa 4 mm, messingfarben auf Grund einer dichten Behaarung (Abb. 154).

Entwicklung: Die Entwicklungsdauer der einzelnen Stadien bei 20 °C ist Abb. 155 zu entnehmen. Die Generationsdauer beträgt somit bei Zimmertemperatur knapp ein halbes Jahr. Die Anzahl der Larvenstadien kann bei ungünstigeren Bedingungen erhöht sein.

Die Lebensdauer der Käfer kann mehrere Monate betragen.

Biologie und Verhalten: Die Eier werden mit Hilfe eines Sekretes auf der Unterlage festgeklebt. Die Anzahl der Eier dürfte 100 je ♀ selten überschreiten. Die fertig entwickelten Larven wandern zur Verpuppung meist ab und befestigen einen Kokon an Gegenständen. Aber auch im Fraßsubstrat ist eine Verpuppung möglich.

Die Imagines wandern sehr viel umher. Ihre Nahrung ist mit der der Larven identisch. Sie können nicht fliegen.

Ökologie: *Temperatur:* Minustemperaturen können ertragen werden. Das Optimum liegt relativ niedrig (etwa 20 bis 22 °C) und ab 25 °C sind die Lebensprozesse (Eiablage, Entwicklung, Überleben) meist schon negativ beeinträchtigt. Der Entwicklungsnullpunkt ist etwa 10 °C.
Feuchtigkeit: Der Messingkäfer kann einerseits Trockenheit vertragen, bevorzugt andererseits aber eine gewisse Feuchtigkeit.

Die Imagines nehmen Wasser auf, wodurch die Zahl der Eier wesentlich erhöht werden kann.
Licht: Die Käfer sind dämmerungs- und nachtaktiv.
Nahrung: Die erwachsenen Käfer können längere Zeit ohne Nahrung leben.

Gegenmaßnahmen: Wirksam sind nur Vernichtung am Entwicklungsort, was oft mit baulichen Veränderungen verbunden ist, z. B. Beseitigung von organischen Materialien in Decken und Wänden.

Weitere Angaben: Tab. 2, 11, 12, 24. Abb. 35.

Ptinus tectus Boieldieu, Australischer Diebskäfer
P. ocellus Brown
(engl. Australian spider beetle, franz. Ptine vêtu, span. Escarabajo australiano)

Vorkommen: Drogerien, Apotheken, Mühlen, Speicher, Bäckereien, in alten Wohnhäusern. Im Freien in Vogelnestern.

Nahrung: Gewürze, Getreideprodukte, Lebens-

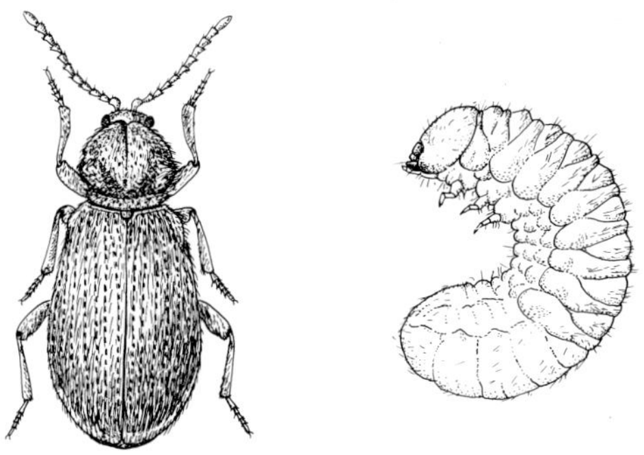

Abb. 156. Australischer Diebskäfer, *Ptinus tectus*.

mittel aller Art, Tierfutter und viele andere Produkte tierischer und pflanzlicher Herkunft.

Schaden: Fraß der Larven. An Getreide als Sekundärschädling. Imagines benagen Gegenstände aller Art aus Papier und Textilien. Benagen von weichen Gegenständen zum Bau der Puppenwiege.

Aussehen: *Ei:* 0,5 mm × 0,3 mm, weiß, klebrig. *Larve:* leicht engerlingsartig gekrümmt, 4 bis 5 mm (Abb. 156).
Imago: 2 bis 4 mm, dunkelbraun mit goldbrauner Behaarung (Abb. 156).

Entwicklung: Die Entwicklungsdauer der einzelnen Stadien bei 25 °C zeigt die Abbildung 157. Bei Zimmertemperatur dauert die Gesamtentwicklung etwa 3 Monate.

Die erwachsenen Käfer können bei 20 °C etwa 8 Wochen leben, bei niedrigeren Temperaturen entsprechend länger, z. B. bei 13 °C und Angebot von Trinkwasser über ein Jahr.

Biologie und Verhalten: Eine größere Anzahl von Eiern (einige hundert, maximal sollen es fast 1000 sein) werden frei abgelegt oder an der Oberfläche festgeklebt.

Die Larven können während ihrer Fraßtätigkeit spinnen, was bei tierischer Nahrung schon früh beginnt, bei pflanzlicher erst in älteren Stadien.

Zur Verpuppung suchen die erwachsenen Larven positiv phototaktisch geschützte Orte auf.

Die Imagines fliegen nicht, neigen aber zu ausgedehnten Wanderungen.

Ökologie: *Temperatur:* Normale im Winter auftretende Minustemperaturen werden von den Larven und besonders von den Imagines auch über längere Zeit gut vertragen, so daß eine Überwinterung auch in ungeheizten Räumen und im Freiland möglich ist. Das Entwicklungsoptimum liegt recht niedrig zwischen 22 und 25 °C, der Entwicklungsnullpunkt bei etwa 10 °C.
Feuchtigkeit: Eine Entwicklung ist zwar noch bei 30 % r. F. möglich, doch verlängern höhere Werte die Lebensdauer, beschleunigen die Entwicklung und steigern die Eizahl.
Licht: Aktivität und Eiablage werden durch Dunkelheit gefördert. Tagsüber sind die Käfer in Verstecken verborgen.

Weitere Angaben: Tab. 2, 13. Abb. 35.

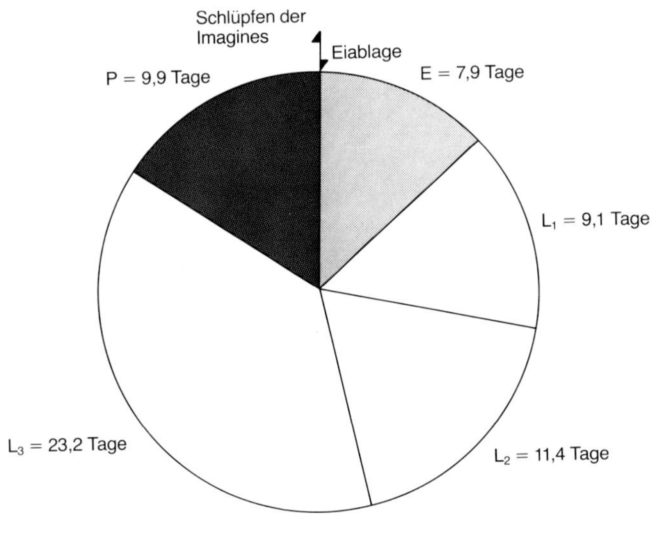

Abb. 157. Die Entwicklungsdauer der einzelnen Stadien von *Ptinus tectus* (25 °C, 70 % r. F.) (nach HOWE 1943).

Ptinus fur Linné, Kräuterdieb
(engl. White marked spider beetle, franz. Ptine des herbes, span. Carcoma arana)

Vorkommen: In Vorratsräumen und besonders in Drogenlagern. Im Freiland in altem Holz, unter feuchtem Laub, in Vogelnestern. Das Vorkommen hat in den letzten Jahrzehnten abgenommen.
Nahrung: Tierische und pflanzliche Nahrung verschiedener Art.
Schaden: Fraß der Larven im Innern der Vorräte. Beschädigung von Verpackungen beim Ausbohren der Käfer.
Aussehen: *Larve:* weiß mit gelblicher Kopfkapsel, engerlingsartig gekrümmt.
Imago: 2 bis 4 mm, ♂♂ rotbraun, mit langparallelen Flügeldecken, ♀♀ dunkelbraun, oval mit 2 deutlichen hellen Binden auf den Flügeldecken.
Entwicklung: Die Entwicklung der Larven kann durch eine Diapause erheblich (um mehrere Monate) verlängert sein. Im Optimum bei 23 °C dauert eine Generationsentwicklung etwa 4 Monate. 3 bis 5 Larvenstadien treten auf.

Die Lebensdauer der Imagines kann bei Angebot von Nahrung und Wasser einige Monate betragen.
Biologie und Verhalten: Die Eier werden an das Fraßsubstrat geklebt. Ihre Gesamtzahl wird mit etwa 40 je ♀ angegeben.

Die Larven, die als Eilarve noch gut beweglich sind, fressen später in der Nahrung oft in einer Fraßhöhle.

Die Verpuppung erfolgt in einem festen Kokon aus Sekret und Nahrungsteilchen.

Die Imagines bleiben nach dem Schlüpfen noch einige Zeit im Puppenkokon. Die ♂♂ sind in der Lage zu fliegen, bei den ♀♀ sind die zum Flug nötigen Hinterflügel verkümmert.
Ökologie: Temperaturen bis etwa −10 °C können von diapausierenden Larven und den Imagines für einige Wochen ertragen werden.
Weitere Angaben: Tab. 12. Abb. 35.

Familie: Tenebrionidae, Schwarzkäfer

Blaps mortisaga (Linné), Totenkäfer

Vorkommen: In feuchten Räumen (Keller, Abort, Stallungen). Relativ selten.
Nahrung: Gemüse, Kartoffeln, Rüben, Obst.
Schaden: Hauptsächlich Ungeziefer, gelegentlich Fraßschädling an eingelagertem Obst und Gemüse. Verbreitet unangenehmen Geruch.
Aussehen: Die Larven sind mehlwurmähnlich, die erwachsenen Käfer sind 2 bis 3 cm lang, schwarz und haben schwanzförmig nach hinten verlängerte Flügeldecken.

Tribolium castaneum (Herbst), Rotbrauner Reismehlkäfer
(engl. Red flour beetle, franz. Tribolium rouge de la farine, span. Tribolio castano)

Vorkommen: Getreide- und Futterlager, Haushaltungen, allgemein Lebensmittellager. Einige Male im Freiland gefunden.
Nahrung: Sehr großes Spektrum pflanzlicher Produkte, vor allem Mehl, Trockenobst, Tierfutter, Nüsse, Expeller u. a.
Schaden: Fraß durch Larven und Imagines. Befallenes Gut nimmt unangenehmen Geruch an. Backfähigkeit von Mehl beeinträchtigt.
Aussehen: *Ei:* 0,7 mm × 0,4 mm, meist mit Staub umhüllt (Sekretschicht vorhanden).
Larve: Zunächst weiß, später gelblich, bis zu 6 mm lang (ähnlich Abb. 160).
Puppe: 3,5 mm.
Imago: 3 bis 4 mm lang, braunrot, Antennen mit 3 verdickten Endgliedern (Abb. 158).
Entwicklung: Temperatur, rel. Luftfeuchte und Art der Nahrung bestimmen nicht nur die Dauer der Entwicklung, sondern evtl. auch die Zahl der Larvenstadien. Sind alle Faktoren fast optimal, so kann die Generationsdauer 27 bis 35 Tage betragen. Abb. 159 zeigt die Werte für die einzelnen Stadien bei 30 °C, 75 % r. F. und einem guten Mischfutter als Larvenaufzuchtsubstrat.

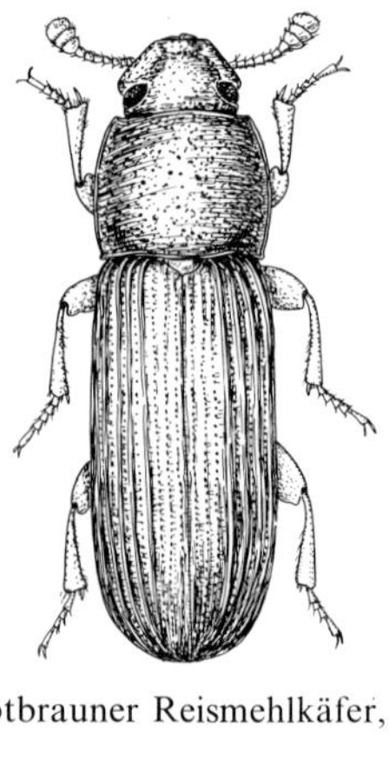

Abb. 158. Rotbrauner Reismehlkäfer, *Tribolium castaneum*.

Tab. 82. Entwicklungsdauer von *Tribolium castaneum* bei verschiedener Temperatur, relativer Luftfeuchte und Nahrung (nach VAIVANIJKUL 1973)

Nahrung	Entwicklungsdauer (Tage)				
	75% r. F.			30°C	
	25°C	30°C	35°C	85% r. F.	95% r. F.
Mischfutter*	44,9	36,1	36,9	30,9	27,1
Mais	58,0	40,0	43,0	40,0	35,8
Reis	78,0	70,3	71,9	67,8	62,0
Tapiokamehl	89,0	75,0	76,9	70,8	65,0

* Maismehl, Weizenmehl, Weizenkleie, Glycerin, Honig

Die Zahl der Larvenstadien kann auf 8 erhöht sein. Die Entwicklung ist dementsprechend verlängert, wie die Angaben in Tabelle 82 zeigen. Aus ihr ist auch der Einfluß der Temperatur und der relativen Luftfeuchte zu entnehmen.

Die Lebensdauer der Imagines ist sehr lang und kann bei tieferen Temperaturen mindestens 1,5 Jahre erreichen.

Biologie und Verhalten: Die Eier werden an das Nahrungssubstrat gelegt. Ihre Zahl kann sehr hoch sein (400 bis 500 je ♀), schwankt aber mit der Nahrung, an der sich die Elterntiere entwickelt haben. An ganzen Getreidekörnern geht die Entwicklung der Larven nur langsam vonstatten, jedoch kann die Art nicht nur als Sekundärschädling betrachtet werden. Die Larven wie auch die Imagines können relativ lange ohne Nahrung auskommen (1 bis 2 Monate wurden beobachtet). Kannibalismus kann auftreten.

Die Imagines können ziemlich gut fliegen und wurden auch im Freiland beobachtet. Eine Überwinterung dürfte hier aber nur selten möglich sein.

Ökologie: Niedrige Temperaturwerte können nur sehr schlecht ertragen werden. Schon Werte um und etwas über 0°C sind bei einem längeren Aufenthalt für alle Stadien letal. Bei Minustemperaturen genügen bereits einige Stunden zur Abtötung.

Weitere Angaben: Tab. 1, 5, 10, 28, 31, 39, 43, 44, 51, 53, 67, 68, 71, 72. Abb. 9, 11, 22, 35, 69.

Literatur: SOKOLOFF 1972, 1974, 1977.

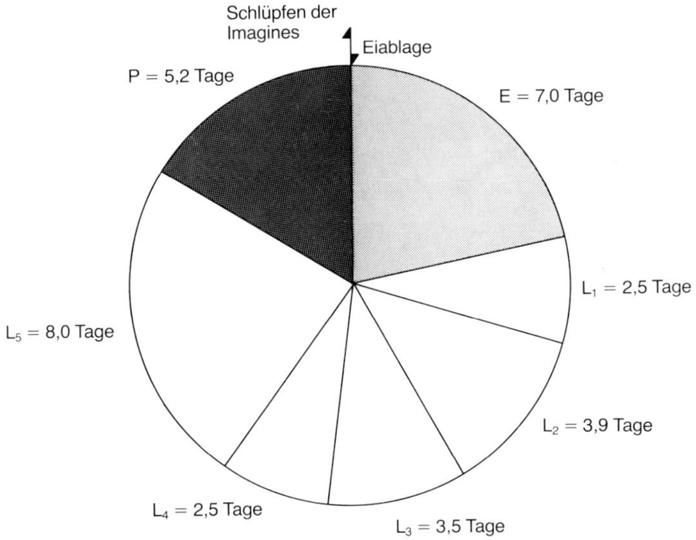

Abb. 159. Die Entwicklungsdauer der einzelnen Stadien von *Tribolium castaneum* (30°C, 70% r.F., Mischfutter) (nach VAIVANIJKUL 1973).

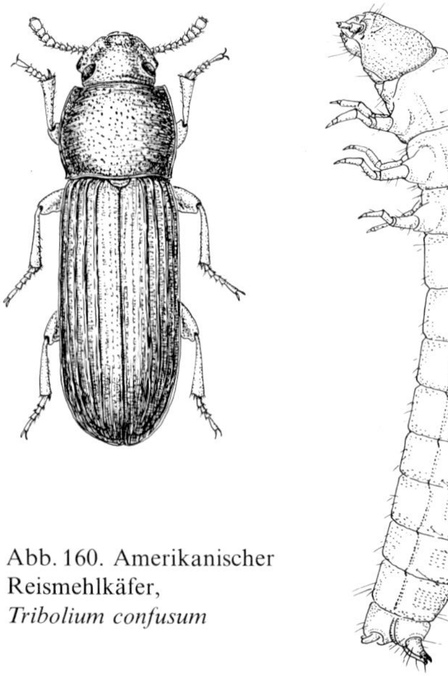

Abb. 160. Amerikanischer Reismehlkäfer, *Tribolium confusum*

Tribolium confusum Jacqueline du Val, Amerikanischer Reismehlkäfer
(engl. Confused flour beetle, franz. Tribolium de la farine, span. Gorgojo de la harina de arroz)

Vorkommen: s. Angaben bei *T. castaneum*, aber nicht so häufig wie diese Art.
Nahrung und Schaden: s. Angaben bei *T. castaneum*.
Aussehen: s. Angaben bei *T. castaneum*. Die Imagines (Abb. 160) sind von dieser Art dadurch zu unterscheiden, daß die Fühlerglieder sich allmählich zur Spitze verdicken (keine dreigliedrige Keule vorhanden). Insgesamt unterscheiden sich die beiden Arten nur in Feinheiten, auf deren Wiedergabe hier verzichtet werden soll. Beispiele für Länge und Kopfkapselbreite der einzelnen Larvenstadien gibt Abb. 161.
Entwicklung: Die Dauer der einzelnen Entwicklungsstadien für eine Temperatur von 30 °C ist Abb. 162 zu entnehmen. Die Gesamtentwicklung beträgt im optimalen Temperaturbereich von etwa 32 °C 27 Tage und erreicht bei Zimmertemperatur etwa 3,5 Monate. Die Zahl der Larvenstadien kann bis zu 11 erhöht sein.

Die Imagines können sehr lange leben. Die längste bisher bekannte Lebensdauer beträgt 3 Jahre und 9 Monate. 200 bis 300 Tage dürften bei nicht allzu hohen Temperaturen (normale Raumtemperatur) der Normalfall sein.

Biologie und Verhalten: Die Kopulation erfolgt bald nach dem Schlüpfen der Imagines; spätestens ein paar Tage danach beginnt die Eiablage, die im wesentlichen nach 2 bis 3 Wochen abgeschlossen ist. Die Anzahl der pro Weibchen abgelegten Eier liegt um 400. Ihre Zahl kann durch wiederholte Kopulation gesteigert werden.

Die Larven verpuppen sich im Futter.

Die ausschlüpfenden Imagines können fliegen, allerdings kann dies nur selten beobachtet werden.

Larven und Imagines neigen bei hoher Populationsdichte zum Kannibalismus an Eiern, Larven und Puppen.
Ökologie: *Temperatur:* Temperaturen um und unter 0 °C werden nur sehr schlecht ertragen. Normalerweise sind alle Stadien innerhalb weniger Stunden tot. Allerdings scheint es lokale Unterschiede zu geben, denn in Großbritannien überlebten Tiere bei Temperaturen bis – 7 °C für ein paar Tage. Eine Überwinterung in ungeheizten Räumen ist aber normalerweise nicht möglich. Insgesamt ist diese Art nicht ganz so kälteempfindlich wie *T. castaneum*. Hohe Temperaturen begünstigen die Eiablage: Bei einem Anstieg von 22 auf 32 °C erhöht sich die Zahl der pro Tag abgelegten Eier um etwa das Fünffache.

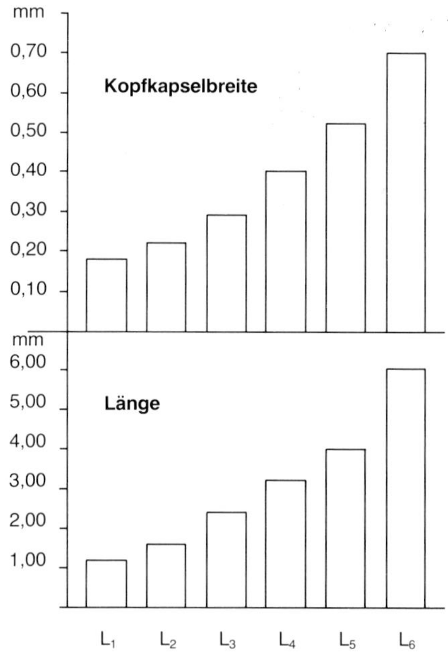

Abb. 161. Länge und Kopfkapselbreite der verschiedenen Larvenstadien von *Tribolium confusum* (nach BRINDLEY 1930).

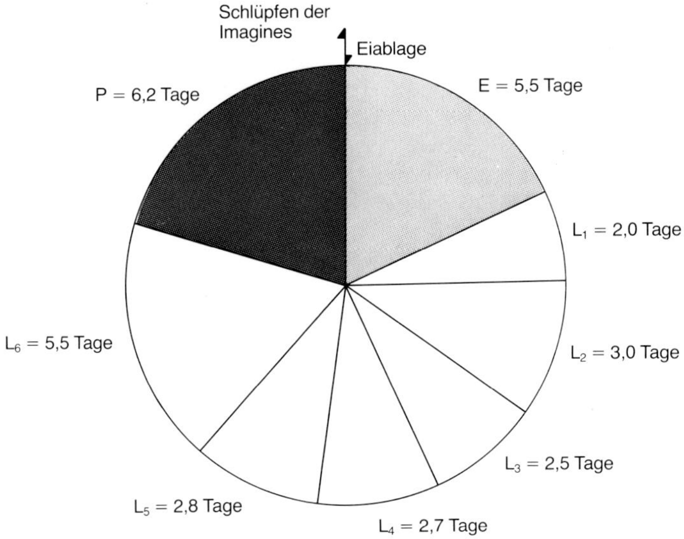

Abb. 162. Die Entwicklungsdauer der einzelnen Stadien von *Tribolium confusum* (30 °C, 73 % r. F., Weizenmehl) (nach BRINDLEY 1930).

Feuchtigkeit: Das Optimum der rel. Luftfeuchte liegt bei 75 %. Eier und Puppen werden durch eine etwas niedrigere, Larven durch eine etwas höhere Feuchtigkeit begünstigt.
Weitere Angaben: Tab. 10, 28, 31, 43, 44, 45, 51, 68, 71, 72. Abb. 22, 26, 28, 69, 94, 96.
Literatur: s. *T. castaneum.*

Alphitobius diaperinus (Panzer), Glänzendschwarzer Getreideschimmelkäfer
(engl. Lesser mealworm, franz. Petit Tenebrion brillant, span. Carcoma negra de los hongos)

Vorkommen: In Lagern von Futtermitteln, in Geflügel- und Schweineställen, in feuchten Küchen.
Nahrung: Verschiedene pflanzliche Substrate, besonders wenn diese schimmeln (vor allem Getreide und Getreideprodukte). Aber auch Fraß von Larven und Imagines an toten Tieren.
Schäden: Fraß ohne Bedeutung, aber Überträger von Krankheiten, vor allem bei Geflügel. Beschädigung von Materialien durch Einbohren von Larven zum Bau der Puppenwiegen und von Imagines.
Aussehen: *Ei:* weißlich, elliptisch, 1,5 mm lang, mit klebriger Oberfläche.
Larve: Eilarve 2 mm, erwachsene Larven bis 12 mm lang, ältere Larven gelblichbraun, ähneln einem kleinen Mehlwurm (Abb. 163).
Puppe: etwa 7 mm.
Imago: 6 mm, schwarz bis schwarzbraun, glänzend (Abb. 163).
Entwicklung: Die Dauer der Entwicklung der einzelnen präimaginalen Stadien zeigt Abb. 164 (bei 24 °C). Bei 32 °C beträgt sie ca. 4,5 Wochen. Die Zahl der Larvenstadien ist unterschiedlich (7 bis 10).

Die Lebensdauer der Imagines kann fast 3 Jahre erreichen.

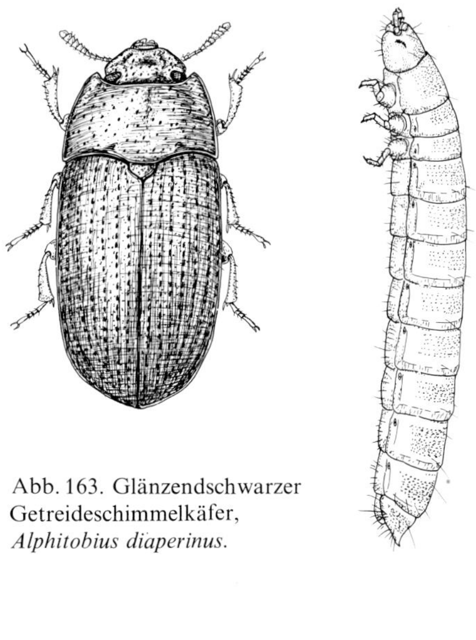

Abb. 163. Glänzendschwarzer Getreideschimmelkäfer, *Alphitobius diaperinus.*

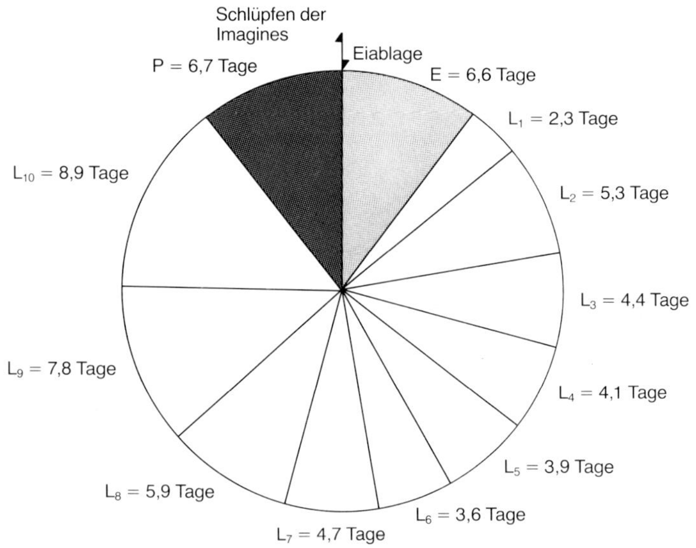

Abb. 164. Die Entwicklungsdauer der einzelnen Stadien von *Alphitobius diaperinus* (24 °C, 60 % r. F., grobgemahlener Weizen) (nach BAHR 1983).

Biologie und Verhalten: Die Kopulation findet zum ersten Mal einige Tage nach dem Schlüpfen statt, die Eiablage beginnt etwa 1 Woche später. Die Eier werden einzeln in das Substrat gelegt. Ihre Gesamtzahl kann sehr hoch sein (es wurden bis über 2600 gezählt). Die Larven verhalten sich negativ phototaktisch und leben deshalb im Substrat. Sie suchen kurz vor der Verpuppung einen geschützten Ort auf.

Auch die Imagines meiden das Licht. Sie haben gut entwickelte Flügel, konnten aber noch nicht beim Flug beobachtet werden. Eine einmalige Kopulation reicht für die Ablage fruchtbarer Eier während des ganzen Lebens.

Ökologie: *Temperatur:* Das Wärmebedürfnis der Art bedingt, daß eine Überwinterung und Entwicklung im Freien wohl nicht stattfindet, auch wenn die Tiere hierhin oft mit der Einstreu gebracht werden. Temperaturen von etwa 0 °C werden von Larven und Imagines für 2 bis 4 Tage, unter 0 °C nur für etwa 1 Tag ertragen, bei 40 °C kann die Art einige Tage überleben.

Feuchtigkeit: r. F.-Werte unter etwa 70 % setzen die Lebensdauer, Eizahl und Entwicklungsrate stark herab, ebenso hohe Werte (um 95 %).

Nahrung: Ohne Futter können die Imagines bei 24 °C etwa 3 Wochen leben, Wasser erhöht die Lebensdauer dabei auf etwa 5 Wochen.

Gegenmaßnahmen: Abdichten der Wände, Decken und Böden. Chemische Bekämpfung mit den üblichen Spritz- und Sprühmitteln, in Geflügelstallung vor dem Einstallen der Küken, wenn die Temperatur aber bereits hoch ist, damit die Käfer aktiv sind.

Weitere Angaben: Tab. 12, 23, 24. Abb. 38.

Gnathocerus cornutus (Fabricius), Vierhornkäfer (engl. Broadhorned flour beetle, franz. Charançon cornu des ceréales, span. Escarabajo cornudo de los cereales)

Vorkommen: Vor allem in Mühlen und Bäckereien.

Nahrung: Getreide und Getreideprodukte, besonders Mehl.

Schaden: Fraß, Verunreinigung von Mehl und Backwaren.

Aussehen: *Ei:* länglich-oval, zunächst weiß, später gelblich.

Larve: bis 10 mm lang, langgestreckt, hellbraun (mehlwurmähnlich).

Imago: 4 mm, rötlichbraun, mit hornartigen Vorsprüngen am Kopf.

Entwicklung: Die Entwicklung (über 6 oder mehr Larvenstadien) dauert bei günstigen Bedingungen 6 bis 8 Wochen. Die Lebensdauer der Käfer kann 1 Jahr überschreiten.

Biologie und Verhalten: Ein ♀ legt zwischen 100 und 200 Eier.

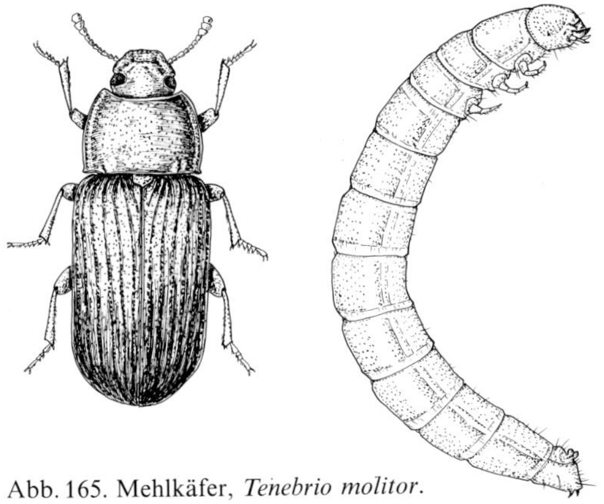

Abb. 165. Mehlkäfer, *Tenebrio molitor.*

Ökologie: In ungeheizten Räumen findet keine Überwinterung statt, Temperaturen unter dem Gefrierpunkt können nur wenige Stunden ertragen werden. Die untere Überwinterungsgrenze liegt bei 10 °C. Der Eiweißbedarf der Larven kann durch Kannibalismus gedeckt werden.

Tenebrio molitor Linné, Mehlkäfer
(engl. Yellow mealworm, franz. Ver de la farine, span. Gusano de la harina)

Vorkommen: In Bäckereien, Lagern von Getreideprodukten, Futtermittelhandlungen, Wohnungen, Taubenschlägen. Im Freien besonders in Vogelnestern. Die Larven (= Mehlwürmer) finden als Futter für verschiedene Tiere Verwendung.
Nahrung: Mehl und andere Getreideprodukte, aber auch viele andere Produkte tierischer und pflanzlicher Herkunft.
Schaden: Fraß, auch an morschen und von Schädlingen befallenem Holz.
Aussehen: *Ei:* glänzend weiß, 1,8 mm × 0,7 mm, mit klebriger Oberfläche.
Larve: gelblichbraun, stark chitinisiert, rund, bis 30 mm lang (Abb. 165).
Puppe: knapp 20 mm.
Imago: bis 18 mm groß, schwarzbraun (Abb. 165).
Entwicklung: Die Gesamtentwicklungszeit beträgt schon bei optimalen Temperaturen 5 bis 6 Monate. Bei normalen Raumbedingungen liegt sie bei 1 Jahr oder mehr. Dabei entfallen auf Ei und Puppe jeweils etwa 2 Wochen.

Die Zahl der Larvenstadien schwankt in einem weiten Bereich zwischen 5 und 14.

Die Lebensdauer der erwachsenen Käfer beträgt etwa 4 bis 6 Wochen, kann aber auch einige Monate erreichen.
Biologie und Verhalten: Die Eier (maximal einige hundert pro ♀) werden einzeln oder in Gruppen direkt an die Nahrung gelegt. Nach Abschluß der Larvenentwicklung findet die Verpuppung am Ort des Fraßes statt. Die Imagines, die wie die Larven fressen, sind gute Flieger (Flugzeit im Freien ab Juni) und gelangen so häufig in die Häuser, wo sie wegen ihrer Größe leicht auffallen.
Ökologie: *Temperatur:* Als Freilandart ist der Mehlkäfer in der Lage, auch unter härteren Bedingungen den Winter zu überstehen. Dabei ist die Puppe am widerstandsfähigsten. Der Entwicklungsnullpunkt der Art liegt bei 10 °C.
Feuchtigkeit: Gegen Trockenheit sind eigentlich nur die jungen Larven empfindlich. Ältere Larven, Puppen und Imagines können bei Luftfeuchtigkeiten zwischen 10 und 100 % existieren. Junge Imagines sammeln sich an feuchten Stellen an.
Nahrung: Obwohl in der Hauptsache pflanzliche Kost aufgenommen wird, kann Nahrung tierischer Herkunft für die Entwicklung förderlich sein.
Gegenmaßnahmen: Sie sind nur selten notwendig, da die Tiere wegen ihrer Größe schnell auffallen und wegen ihrer langsamen Entwicklung nicht zu Massenvermehrung neigen.
Weitere Angaben: Tab. 53, 54, 67. Abb. 22, 35.

Familie: Cerambycidae, Bockkäfer

Hylotrupes bajulus (L.), Hausbock
(engl. House longhorn beetle, Oldhouse borer (USA), franz. Capricorne des maisons)

Vorkommen: Vor allem in Holz von Dachstühlen, seltener in Möbeln. Im Freiland in Leitungsmasten, Zaunpfählen usw. Fehlt in maritimen Klimagebieten.
Nahrung: Trockenes, eiweißreiches Nadelholz *(Ptinus, Abies, Larix, Picea).*
Schaden: Fraßgänge im Holz, vor allem im peripheren Teil. Imagines durchbohren bei Ausschlüpfen Abdeckungen aus anderen Materialien. Fluglöcher der Imagines im Holz selbst.
Aussehen: *Ei:* walzenförmig (2 mm × 0,5 mm).
Larve: weißlich mit gedrungenem, verdicktem Vorderteil und reduzierten Extremitäten, bis 30 mm lang (Abb. 166).

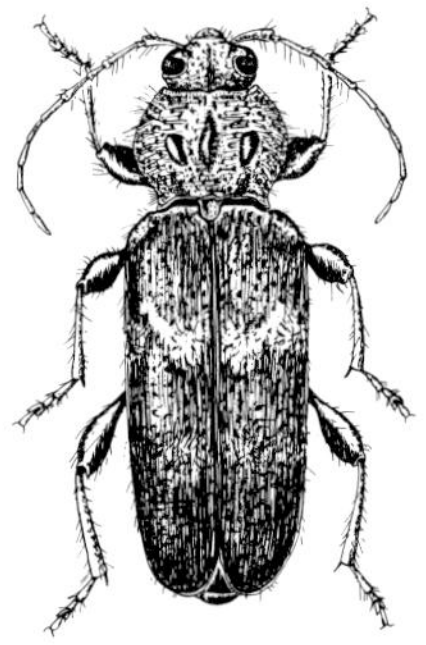
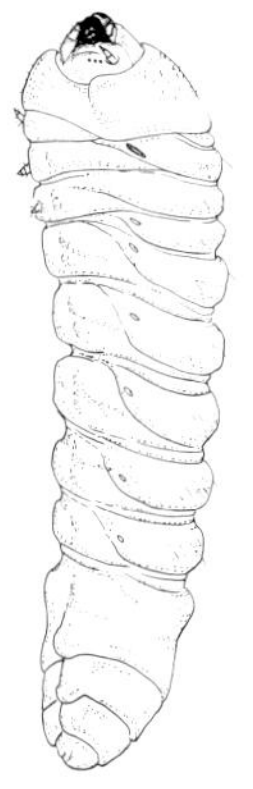

Abb. 166. Hausbock, *Hylotrupes bajulus.*

Imago: ♀ bis 25 mm, ♂ bis 15 mm. Schwarz bis braunschwarz mit weißen Haaren auf Kopf, Halsschild und Flügeldecken (Abb. 166).

Entwicklung: Je nach Ernährungsbedingungen kann die Entwicklung zwischen 2 und 14 Jahre dauern. Unter normalen Bedingungen eines Dachstuhles sind es meist wohl 4 bis 7 Jahre.

Die Lebensdauer der Imagines nach dem Verlassen des Holzes beträgt 2 bis 3 Wochen.

Biologie und Verhalten: Die Eier (pro ♀ etwa 150 bis 200, manchmal auch mehr) werden in Spalten und Trockenrisse des Holzes abgelegt, so daß die Larve gleich nach dem Schlüpfen mit dem Fraß beginnen kann. Der im Querschnitt ovale Fraßgang führt von den äußeren eiweißreichen Splintholzschichten später tiefer in das Holz, erreicht aber nur selten das Kernholz. Ausgefüllt ist der Gang mit Kot und einem staubförmigen Bohrmehl. Die Oberfläche des befallenen Holzes wird nicht durchbrochen.

Die Verpuppung erfolgt dicht unter der Oberfläche. Von der Puppenwiege führt ein Schlüpfgang nach außen, der mit gröberen Holzspänen verstopft ist.

Der ausgeschlüpfte Käfer verläßt die Puppenwiege erst nach einigen Tagen bis mehreren Wochen (evtl. sogar Monaten) durch das vorgefertigte Flugloch, das er allerdings auch selbst herstellen kann. Das ovale, etwa 5 mm × 3 mm große Flugloch ist meist das erste Anzeichen, an dem ein Befall erkannt wird. Der Käfer frißt dann nicht mehr, nimmt aber, sofern möglich, bei Trockenheit noch Wasser zu sich.

Als Tagtier fliegt er bei günstigen Temperaturbedingungen in den Sommermonaten.

Ökologie: *Temperatur:* Tiefe Temperaturen (bis unter −10 °C) können von den Larven ertragen werden. Die obere Grenze liegt bei etwa 38 °C, das Optimum bei 28 bis 30 °C. Der Fraß wird bei 10 °C eingestellt.

Feuchtigkeit: Ein höherer Feuchtigkeitsgehalt des Holzes (25 bis 30 %) ist besonders günstig für die Entwicklung; eine im Laufe des Jahres auftretende Trockenheit (Absinken auf etwas unter 10 %) wird aber noch ertragen.

Nahrung: Ein Befall erfolgt nur in abgestorbenem Holz, allerdings wird altes Holz (50 Jahre und älter) nur selten befallen. Eine bestimmte Eiweißmenge ist für die Entwicklung erforderlich. Ist der Gehalt des Holzes nur gering, so dauert die Fraßperiode entsprechend länger.

Laubholz wirkt auf junge Larven giftig, so daß in ihm auch keine Entwicklung stattfinden kann.

Gegenmaßnahmen: Die Ermittlung des Befalles vor Auftreten der Fluglöcher ist schwierig. Man kann dazu die äußeren Holzpartien abbeilen oder anreißen (Messer, Schraubenzieher). Ferner können elektroakustische Horchgeräte eingesetzt werden, um die Fraßtätigkeit der Larven festzustellen.

Zur Bekämpfung sollte aus Sicherheitsgründen ein Spezialist herangezogen werden, welcher auch den Grad der Beschädigung des Holzes feststellen kann. Die Bekämpfung kann (wenn vom Raum her möglich) mit einer Blausäurebegasung erfolgen. Sinnvoller ist allerdings die Anwendung von amtlich geprüften und anerkannten Holzschutzmitteln, durch die auch ein Neubefall verhindert werden kann.

Eine Heißluftanwendung muß für mehr als 60 Minuten eine Temperatur von über 55 °C an allen Stellen des Holzes erreichen lassen. Sie tötet die Larven zwar ab, kann aber einen Neubefall selbstverständlich (wie die Begasung) nicht verhindern.

Eine Behandlung des Holzes vor der Verarbeitung mit geprüften Holzschutzmitteln ist beim Hausbock, wie bei allen anderen Holzschädlingen, auf jeden Fall die beste Methode zur Verhütung eines Befalles.

Weitere Angaben: Abb. 35.

Familie: Bruchidae, Samenkäfer

Acanthoscelides obtectus (Say), Speisebohnenkäfer
(engl. Bean weevil, franz. Bruche des haricots, span. Gorgojo de las judias)

Vorkommen: In Lagern. Kann auch im Freiland auftreten, wenn befallene Bohnen als Saatgut ausgebracht wurden.
Nahrung: Befallen werden Busch- und Stangenbohnen *(Phaseolus vulgaris* und *P. multiflorus)*. Ein Vorkommen ist aber auch an Erbsen, Saatwicken, Kichererbsen, Sojabohnen und anderen Leguminosen möglich. Saubohnen *(Vicia faba)* verursachen eine hohe Mortalität der Junglarven.
Schaden: Von den Larven werden die Bohnen ausgefressen (die Käfer fressen nicht mehr). Das Aussehen der Bohnen wird durch die Schlupflöcher der Imagines nachteilig verändert (Abb. 4). Die Keimfähigkeit von Saatgut kann beeinflußt sein: Bei 1 Larve je Bohne findet eine Reduktion um 25 %, bei 5 um 70 % und bei 10 um 100 % statt.

Ausschlüpfende Käfer können Verpackungsmaterial zernagen.
Aussehen: *Ei:* rundlich-länglich (0,6 mm × 0,25 mm), gelblichweiß.
Larve: Eilarve etwa 0,6 mm lang, dünn, langgestreckt, mit gut entwickelten Beinen. Spätere Stadien sind gekrümmt und engerlingsartig, die Extremitäten sind zurückgebildet. Die erwachsene Larve wird etwa 4 mm lang (Abb. 167).
Puppe: etwa 3,5 mm.
Imago: 2,5 bis 4 mm lang. Oberseite gelblichgrün bis bräunlich, behaart, mit hellen und dunklen Längsbinden. Die Flügel bedecken nicht ganz den Hinterleib und lassen das sogenannte Pygidium frei. Letzteres fällt beim ♂ senkrecht, beim ♀ schräg ab (Abb. 167).
Entwicklung: Die Gesamtentwicklung mit 4 Larvenstadien läuft bei 30 °C in knapp 4 Wochen ab, wovon etwa 6 Tage auf das außerhalb der Bohnen befindliche Eistadium fallen. Bei 20 °C ist die Entwicklung auf 2,5 bis 3 Monate verlängert.

Die Lebensdauer der Käfer beträgt bei Zimmertemperatur etwa 2 bis 3 Wochen; sie können in den Bohnen bei kälteren Bedingungen aber auch einige Monate überleben.

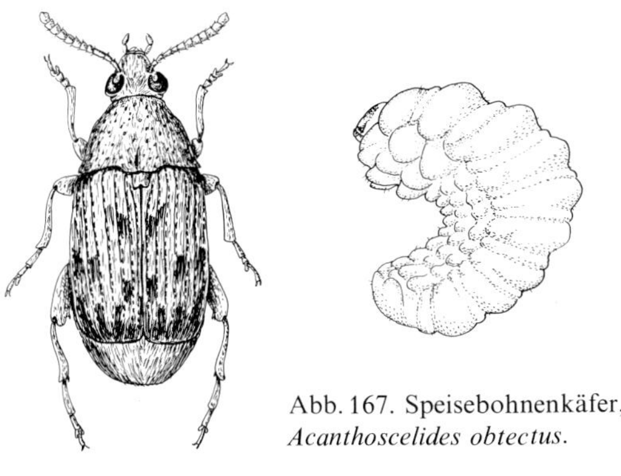

Abb. 167. Speisebohnenkäfer, *Acanthoscelides obtectus.*

Biologie und Verhalten: Die Kopulation der Käfer findet kurz nach dem Schlüpfen statt. 1 bis 2 Tage danach beginnt die Eiablage. Etwa 50 bis 100 Eier werden von einem ♀ lose einzeln oder in kleinen Gruppen außen an die Bohnen gelegt. (Auf dem Felde werden die Eier in die Schoten hineingelegt.)

Die Eilarve bohrt sich in die Bohne ein und die weiteren Larvenstadien fressen an den Kotyledonen. Je nach Größe der Bohne können sich bis über 20 Larven in einer Bohne entwickeln. Die Verpuppung findet im Innern unmittelbar unter der Außenhaut statt. Diese Stellen erscheinen dann als dunkle, geschlossene Fenster. Der geschlüpfte Käfer frißt sich nach außen durch. Auf Grund einer positiven Phototaxis und eines guten Flugvermögens kann er das Lager verlassen, um im Freien auf Blüten Nektar aufzunehmen oder auf den Feldern Eier abzulegen. Die Eiablage kann aber auch ohne diesen Flug innerhalb des Lagers oder sogar der Verpackung erfolgen.
Ökologie: *Temperatur:* Der Entwicklungsnullpunkt liegt bei 12 °C. Die Kältetoleranz aller Stadien ist sehr begrenzt. Bei Temperaturen um den Gefrierpunkt beträgt die Überlebenszeit höchstens ein paar Wochen. Überlebende sind meist geschädigt und sterben später frühzeitig, ausschlüpfende Imagines können evtl. nicht mehr fortpflanzungsfähig sein. Eine Überwinterung im Freien ist deshalb in Mitteleuropa normalerweise nicht möglich, und auch in einem kalten Lager sterben alle Stadien ab.

Die Eiablage kann auch bei höheren Temperaturen noch erfolgen (bis 40 °C), doch sind Werte über 35 °C für Entwicklung und für das Schlüpfen der Imagines ungünstig.

Der Flug findet ab 20 bis 21 °C statt.
Feuchtigkeit: Als optimaler Bereich kann eine relative Luftfeuchte von 60 bis 80 % gelten.
Weitere Angaben: Tab. 10, 23. Abb. 35, 36.
Literatur: LABEYRIE (1981).

Caryedon serratus (Olivier), Erdnußsamenkäfer (engl. Groundnut borer, franz Bruche des arachides, span. Gorgojo del cacahueta)

Vorkommen: In Lagern von Erdnüssen. In den Tropen auch im Freiland.
Nahrung: Hauptsächlich Erdnüsse, vor allem ungeschälte.
Schaden: Fraß.

Aussehen: *Ei:* etwa 1 mm × 0,8 mm.
Larve: Eilarve 0,8 mm, erwachsene Larve bis 8 mm, dick, gekrümmt.
Imago: 4 bis 7 mm, dunkelrotbraun, mit kleinen dunklen Flecken, Hinterleibsende von oben sichtbar. Länglich-oval.
Entwicklung: Die Gesamtentwicklungszeit beträgt bei 25 °C 2 bis 3 Monate.

Die Lebensdauer der Käfer erreicht 2 bis 3 Wochen.
Biologie und Verhalten: Die aus den Eiern (etwa 100 je ♀) schlüpfenden Larven dringen sofort in die Erdnüsse ein und verlassen sie erst wieder zur Verpuppung, die in einem Kokon wenige Tage nach dem Ausbohren der Larven erfolgt.
Ökologie: Die Art ist wärmebedürftig mit einem Optimum um 30 °C.
Weitere Angaben: Tab. 24, 71.

Familie: Curculionidae, Rüsselkäfer

Sitophilus granarius (Linné), Kornkäfer
Calandra granaria L.
(engl. Grain weevil, franz. Charançon de blé, span. Gorgojo del trigo)

Vorkommen: Getreidelager.
Nahrung: Getreide aller Art. Imagines können auch an Getreideprodukten und anderen ähnlichen pflanzlichen Vorräten fressen. Eine Entwicklung findet auch in Eicheln statt.
Schaden: Ausfressen der Getreidekörner durch die Larven, Anfressen durch die Imagines (Abb. 168). Oft als Primärschädlinge Wegbereiter für andere Schädlinge. Verursachen Hot spots. Beeinträchtigung der Backqualität des Mehles.

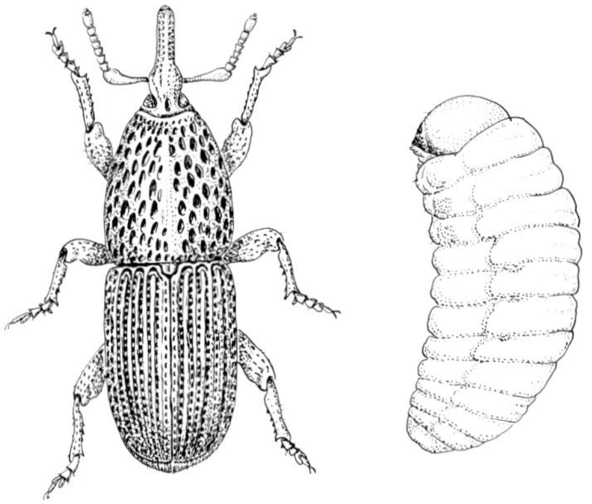

Abb. 169. Kornkäfer, *Sitophilus granarius.*

Aussehen: *Ei:* länglich, weiß, etwa 0,6 mm × 0,3 mm.
Larve: Fußlose Made mit gelblicher Kopfkapsel (Abb. 169).

Länge der einzelnen Stadien: L_1: 0,5 mm, L_2: 0,7 mm, L_3: 1,1 mm, L_4: 2,3 mm.
Puppe: etwa 4 mm.
Imago: 4 bis 5 mm, hellbraun bis fast schwarz (je nach Alter) (Abb. 169).
Entwicklung: Die Entwicklungsdauer der drei präimaginalen Stadien bei verschiedenen Temperaturen zeigt Abb. 170.

Die Lebensdauer der erwachsenen Käfer liegt bei Temperaturen zwischen 20 und 30 °C zwischen 5 und 12 Monaten. Bei 10 bis 12 °C können die Käfer evtl. über 2 Jahre am Leben bleiben.
Biologie und Verhalten: Einige Tage nach dem Schlüpfen findet die Kopulation statt. Nach einer Präovipositionsdauer von 4 bis 10 Tagen beginnt das ♀ mit der Ablage der meist wohl 200 bis 300

Abb. 168. Fraßschäden der Imagines (links) und Schlupflöcher (rechts) des Kornkäfers *Sitophilus granarius* an Weizen (Aufn. STEIN).

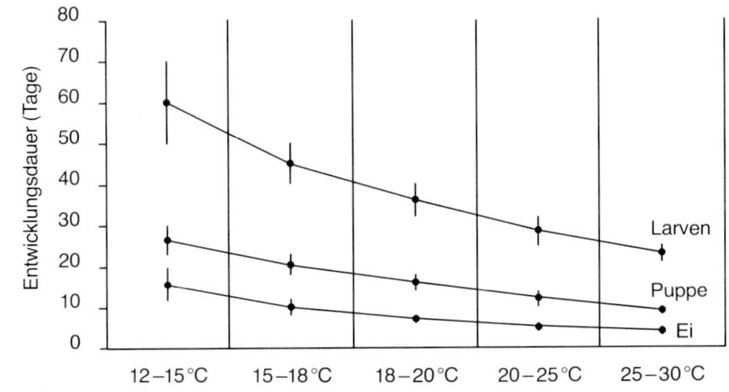

Abb. 170. Die Entwicklung von Ei, Larven und Puppe von *Sitophilus granarius* bei verschiedenen Temperaturen (zusammengestellt nach verschiedenen Literaturangaben und STEIN unveröff.).

Eier. Zur Eiablage frißt es einen kurzen Kanal in das Korn, legt das Ei hinein und verschließt die Öffnung mit einem Sekretpfropf. Die ausschlüpfende Larve beginnt mit dem Fraß und höhlt im Laufe der Entwicklung das Korn zum Teil aus. In dieser Kammer findet auch die Verpuppung statt, und der frisch geschlüpfte Käfer bleibt noch für ein paar Tage dort bis zur Erhärtung. Dann frißt er sich nach außen durch (Abb. 168).

Die fußlose Larve braucht zum Fressen ein Widerlager. Deshalb ist die Entwicklung in losen Substraten, z. B. Mehl, gar nicht oder nur sehr selten möglich (z. B. an den Wandungen der Behälter oder Verpackungen).

Die Imagines können nicht fliegen, da ihnen die Hinterflügel fehlen.

Ökologie: *Temperatur:* Gegenüber Minustemperaturen sind alle Stadien des Kornkäfers nicht sehr empfindlich. Noch bei −10 °C können 1 bis 2 Wochen überlebt werden, bei −15 °C ist es noch etwa ein halber Tag. Diese Toleranz erklärt, warum *S. granarius* vor allem in den gemäßigten Klimagebieten der häufigste und wichtigste Schädling ist. Eine Überwinterung ist unter normalen Bedingungen in einem ungeheizten Getreidelager kein Problem. Sie ist auch im Freiland an geschützten Stellen in einem normalen Winter möglich. Der Entwicklungsnullpunkt liegt bei 9 bis 10 °C, die Aktivität wird noch ein paar Grade tiefer eingestellt. Das Optimum für die Entwicklung liegt im Bereich von 25 bis 27 °C, oberhalb von 30 °C hören Eiablage und Entwicklung auf, und zwischen 33 und 38 °C ist die allgemeine Aktivität reduziert. Bei 40 °C tritt der Wärmetod ein.

Feuchtigkeit: Unter 30 bis 40 % r. F. werden keine Eier mehr gelegt, die Entwicklungsdauer ist verlängert und die Lebensdauer der Imagines reduziert.

Nahrung: Die verschiedenen Getreidesorten beeinflussen auf unterschiedliche Weise den Kornkäfer. So entstehen in Gerste (ohne Spelzen) die größten Tiere, und die Überlebensrate ist am größten. In Weizen ist das Geschlechterverhältnis der ausschlüpfenden Käfer zu Gunsten der ♂♂ verschoben, im Roggen zu Gunsten der ♀♀. Die Möglichkeit des Kornkäfers, sich in Eicheln zu entwickeln, läßt einen Schluß auf seine Herkunft zu.

Das Hungervermögen der Imagines hängt stark von der Temperatur ab und kann im Aktivitätsbereich einige Monate betragen.

Gegenmaßnahmen: Gegen die im Innern der Körner befindlichen Stadien können mit befriedigendem Erfolg nur Gase zur Vernichtung eingesetzt werden.

Weitere Angaben: Tab. 1, 2, 10, 13, 23, 24, 26, 28, 29, 31, 43, 44, 45, 51, 68, 71, 72. Abb. 12, 22, 26, 35, 40, 69, 92.

Literatur: ANDERSEN (1938).

Sitophilus oryzae (Linné), Reiskäfer
Calandra oryzae L.
(engl. Rice weevil, franz. Charançon du riz, span. Gorgojo del arroz)

Vorkommen: In Lagern von Getreide und größeren Samen. In wärmeren Ländern auch im Freien an Getreide.

Nahrung und Schaden: Entspricht praktisch dem bei *S. granarius* Gesagten.

Aussehen: Die Larven gleichen denen von *S. granarius* (Abb. 169).

Die Imagines sind etwas kleiner als der Kornkäfer (2,5 bis 3,5 mm) und haben je zwei rötliche Flecke auf den Flügeldecken (Abb. 171).

Entwicklung: Die Entwicklungsdauer der einzelnen präimaginalen Stadien ist für die Bedingun-

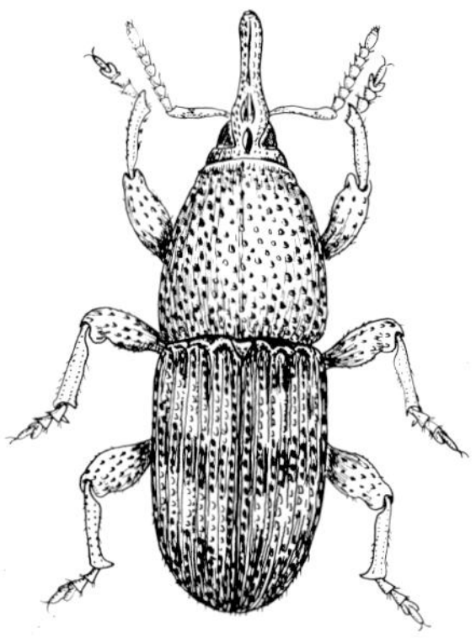

Abb. 171. Reiskäfer, *Sitophilus oryzae*.

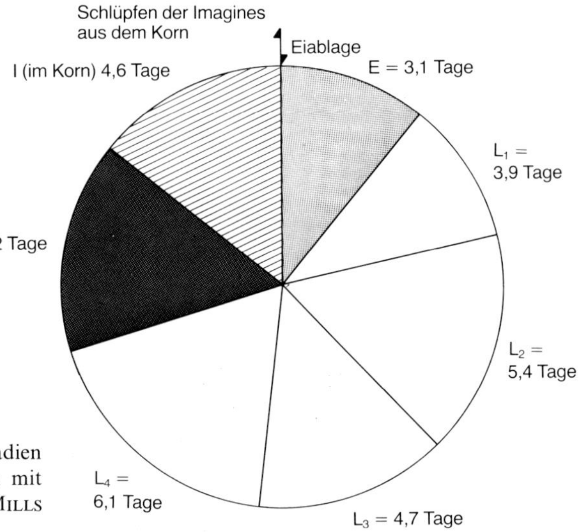

Abb. 172. Die Entwicklungsdauer der einzelnen Stadien von *Sitophilus oryzae* (27 °C, 70 % r. F., Weizen mit 13,4 % Feuchtigkeitsgehalt) (nach SHARIFI und MILLS 1971).

gen 27 °C, 70 % r. F. und 13,4 % Feuchtigkeit des Weizens in Abb. 172 dargestellt. Bei 18 °C müssen für eine Generation etwa 3 Monate gerechnet werden. Die erwachsenen Käfer leben bei normalen Temperaturen etwa 3 bis 4 Monate.

Biologie und Verhalten: Auch hier kann das gelten, was bereits bei *S. granarius* gesagt wurde. Bei älteren Angaben liegt mit Sicherheit oft auch eine Verwechslung mit dem ähnlich aussehenden *S. zeamais* vor. Der Reiskäfer ist flugfähig.

Ökologie: *Temperatur:* Bei Temperaturen um den Gefrierpunkt können alle Stadien etwa 1 Woche überleben, darunter sind es meist nur ein paar Tage bis einige Stunden. In milden Wintern kann deshalb aber auch in ungeheizten Räumen mit einer Überwinterung gerechnet werden. Hohe Temperaturen über 32 °C reduzieren die Entwicklungsrate sehr stark, und bei 35 °C tritt keine neue Generation mehr auf.

Feuchtigkeit: Zur Entwicklung wird ein Feuchtigkeitsgehalt des Getreides von etwa 14 % verlangt.

Nahrung: Für die Eiablage wird Weizen vor Reis, Sorghum und Mais bevorzugt. Erwachsene Käfer können bei Zimmertemperatur etwa 1 Woche hungern.

Weitere Angaben: Tab. 4, 10, 13, 24, 29, 31, 43, 44, 45, 49, 50, 51, 64, 67, 68, 71, 72. Abb. 9, 22, 26, 66, 69, 95.

Sitophilus zeamais Motschulsky, Maiskäfer
(engl. Corn weevil, franz. Charançon du mais, span. Gorgojo del maiz)

Vorkommen: In Getreidespeichern. In wärmeren Ländern auch im Freien.

Nahrung: Getreide aller Art, bevorzugt Mais, dann weiter Weizen, Reis, Sorghum.

Schäden, Entwicklung, Biologie und Verhalten: Entspricht praktisch dem bei *S. granarius* Gesagten. *S. zeamais* kann fliegen.

Aussehen: Wie *S. oryzae*, aber etwas größer.

Ökologie: *Temperatur:* Werte um 0 °C und etwas darunter können von allen Stadien für eine gewisse Zeit toleriert werden.

Nahrung: Die Käfer können je nach Temperatur einige Tage bis etwa 3 Wochen hungern.

Weitere Angaben: Tab. 13, 43, 45, 71, 72. Abb. 22.

Ordnung: Lepidoptera, Schmetterlinge
Familie: Gelechiidae, Palpenmotten

Sitotroga cerealella (Olivier), Getreidemotte
(engl. Angoumois grain moth, franz. Mite angoumoise du grain, span. Palomita de los cereales)

Vorkommen: In Getreidelagern. In Südeuropa auch schon auf dem Felde an Getreide.

Nahrung: Getreidesorten einschließlich Reis. Auch an Leguminosen und anderen Samen.

Schäden: Ausfressen der Körner, Beeinträchtigung von Geruch und Geschmack der befallenen Güter.

Aussehen: *Ei:* länglich (etwa 0,6 mm × 0,3 mm), zunächst weiß, später rötlich.
Larve: Eilarve noch schlank und gut beweglich, spätere Stadien in den Samen kurz und rund mit reduzierten Beinen.

Größen: L_1 = 1,0 mm, L_2 = 1,6 mm, L_3 = 4,3 mm, L_4 = 7,0 mm. Die rötliche Farbe der Eilarven geht später in eine gelbliche über (Abb. 173).
Puppe: 5 mm.
Imago: Vorderflügel gelblich, Hinterflügel grau, Spannweite etwa 15 mm (Abb. 173).
Entwicklung: In Abhängigkeit von der Temperatur liegt die Entwicklungsdauer zwischen etwa 4 Monaten (bei 17 °C) und 1 Monat (bei 28 °C).

Normalerweise treten 4 Larvenstadien auf, doch können es je nach Nahrung auch mehr sein.

Die Falter werden 1 bis 2 Wochen alt.
Biologie und Verhalten: Die Eier werden einzeln oder in Gruppen (bis zu 20) an die Nahrung gelegt. Die Anzahl pro ♀ kann 200 bis 300 erreichen, meist sind es aber wohl weniger. Die ausschlüpfenden Eilarven bohren sich in die Samen ein. Hier findet dann die weitere Entwicklung statt bis zum Ausschlüpfen der Imagines. Vor der Verpuppung beseitigt die erwachsene Larve das Endosperm bis zur Schale, die dann auch noch im fast vollständigen Umkreis des so entstehenden Fensters durchfressen wird. Unter diesem Fenster findet dann die Verpuppung statt. Die ausschlüpfenden Imagines fliegen während der Dämmerung. Normalerweise kommt es in einem Getreidekorn nur zur Entwicklung einer Puppe, in größeren Samen, z. B. in Mais, können sich auch mehrere Larven entwickeln.

Ein Überwandern auf ein neues Getreidekorn scheint möglich zu sein, wenn die Larve beim Fraßvorgang die Außenschicht durchbricht und das andere Korn fest anliegt. Der Übergang erfolgt mit Hilfe eines gesponnenen Tunnels.

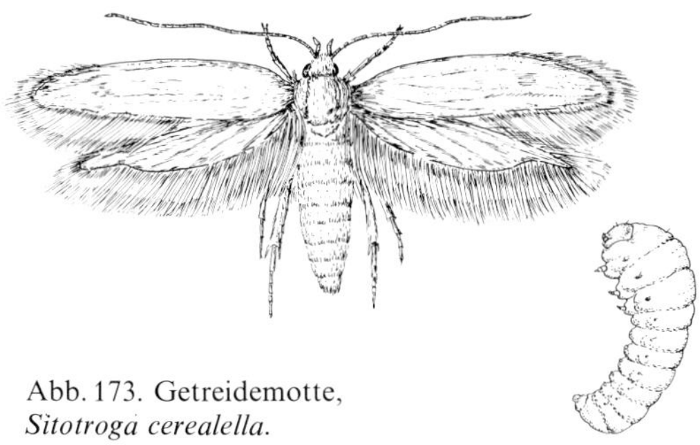

Abb. 173. Getreidemotte, *Sitotroga cerealella.*

Ökologie: *Temperatur:* Minustemperaturen können über längere Zeit nicht ertragen werden, doch muß damit gerechnet werden, daß eine Überwinterung eines Teiles einer Population auch in einem ungeheizten Lager möglich ist.
Feuchtigkeit: Getreide von einem Feuchtigkeitsgehalt unter 12 % wird nur wenig befallen. Die Lebensdauer und Fruchtbarkeit der Falter kann durch trinkbares Wasser erhöht werden.
Weitere Angaben: Tab. 2, 5, 23, 24, 31, 40, 43, 45, 64, 68, 71. Abb. 3, 35.

Phthorimaea operculella (Zeller), Kartoffelmotte (engl. Potato tuber worm, franz. Teigne de la pomme de terre)

Vorkommen: In Kartoffellagern nach dem Einschleppen mit importierten Kartoffeln (Quarantäneschädling). In warmen Ländern auch im Freien.
Nahrung: Kartoffeln, aber auch andere Solanaceen und einige andere Pflanzen.
Schaden: Fraß der Larven in den Knollen, Verfaulen der Kartoffeln, schlechter Geschmack.
Aussehen: *Ei:* rundlich (etwa 0,4 mm Durchmesser), weißlich, später dunkler.
Larve: gelblichweiß mit schwarzer Kopfkapsel, ältere Larven rötlich. Erwachsene Larven bis 16 mm lang.
Imago: Die schmalen Vorderflügel sind bräunlichgrau mit ockerfarbenen Binden. In der Ruhe dachförmig über dem Hinterleib zusammengelegt.
Entwicklung: Die Gesamtentwicklung in den Knollen dauert bei 20 °C etwa 35 Tage, bei der normalen Lagerung entsprechend wesentlich länger.

Die Falter leben 1 bis 2 Wochen.
Biologie und Verhalten: Die Eier (bei günstigen Bedingungen bis 150 je ♀, im Schnitt knapp 100) werden an Vertiefungen der Knolle, vornehmlich an die Augen, gelegt. Die Larven bohren sich dort ein und fressen in Gängen oder an platzähnlichen Stellen. Zur Verpuppung verlassen die erwachsenen Larven meist die Knolle und spinnen in Vertiefungen der Schale oder in der Umgebung in Spalten einen dünnen, seidigen Kokon.

Auf dem Felde leben die Larven auch in den Stengeln der Pflanzen.
Ökologie: *Temperatur:* Der Entwicklungsnullpunkt liegt zwischen 10 und 14 °C. Aber auch bei niedrigeren Temperaturen können die Larven in den Knollen für eine längere Zeit überleben. Eine

Überwinterung in Mitteleuropa in Kartoffelmieten ist durchaus möglich.
Licht: Durch Dauerlicht wird die Eiablage verhindert.
Gegenmaßnahmen: Es gilt, vor allem die Einfuhr von befallenen Kartoffeln durch eine sorgfältige Beschau zu verhindern.
Weitere Angaben: Tab. 23, 43, 71. Abb. 45.

Familie: Phycitidae, Fruchtzünsler

Ephestia elutella (Hübner), Speichermotte, Kakao-, Heu- oder Tabakmotte
(engl. Tobacco moth, franz. Pyrale du cacao, span. Polilla del cacao)

Vorkommen: In Getreidespeichern, Mühlen, Betrieben der Süßwarenindustrie. Auch im Freiland.
Nahrung: Getreide und Getreideprodukte, Nüsse, Trockenfrüchte, Drogen, Gewürze, Ölkuchen, Schokolade und Schokoladenerzeugnisse und an vielen anderen Lebensmitteln pflanzlicher Herkunft.
Schäden: An Getreide vor allem durch Fraß am Keimling, Verunreinigung durch Kot und Spinntätigkeit. Schäden an Strohdächern.
Aussehen: *Ei:* gelblichweiß mit rauher Oberfläche, 0,6 mm × 0,3 mm.
Larve: zuerst gelblichweiß, später je nach Nahrung weiß, gelblich, rötlich, Kopf- und Nackenschild gelbbraun bis rotbraun. L_1: 1,2 mm, erwachsen bis 15 mm lang.
Imago: Vorderflügel grau bis graubraun mit hellen Querbinden, Hinterflügel hellgrau. Spannweite etwa 20 mm (ähnlich Abb. 175).
Entwicklung: Eine fakultative Diapause im Larvenstadium kann die normale Entwicklung wesentlich verlängern. Während die Dauer von Ei und Puppe bei Zimmertemperatur jeweils etwa 2 bis 2,5 Wochen beträgt, kann die Dauer des Larvenstadiums bei diesen Bedingungen zwischen 2 und 10 Monaten schwanken. Die Zahl der Larvenstadien ist ebenfalls uneinheitlich und liegt zwischen 5 und 9.

Die Lebensdauer der Falter kann günstigstenfalls (bei Aufnahme von Wasser) 2 bis 3 Wochen betragen.
Biologie und Verhalten: Nach einer baldigen Kopulation beginnen die ♀♀ 1 bis 3 Tage nach dem Schlüpfen mit der Eiablage an rauhen Oberflächen. Die Zahl der Eier dürfte im Schnitt bei etwa 150 je ♀ liegen. Nach der Entwicklung im Nährsubstrat wandern die erwachsenen Larven zur Verpuppung unter starker Spinntätigkeit umher und suchen dunkle, versteckte Orte auf. Die Verpuppung findet in einem seidigen Kokon statt.

Die Flugzeit der Imagines liegt in einem nor-

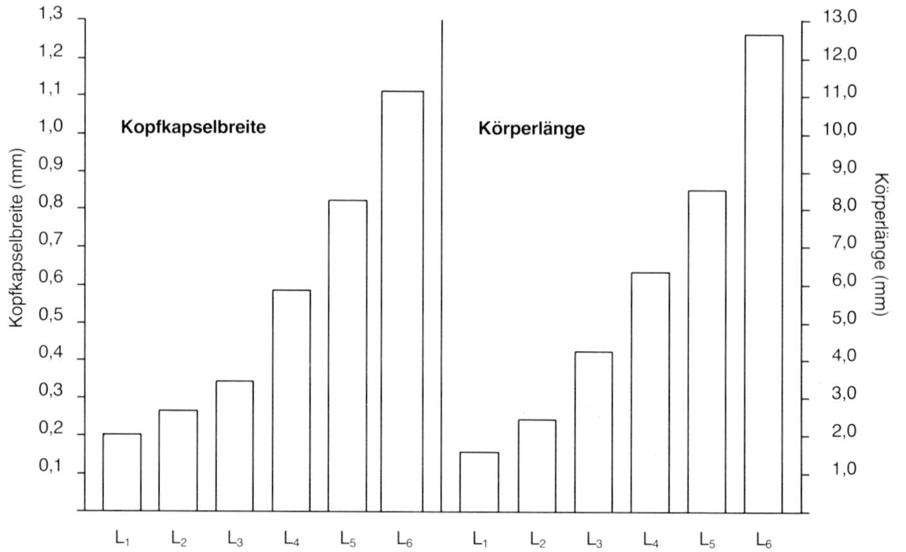

Abb. 174. Durchschnittliche Kopfkapselbreite und Körperlänge der Larvenstadien von *Ephestia kuehniella* (30 °C, 73% r.F., Weizenmehl) (nach Brindley 1930).

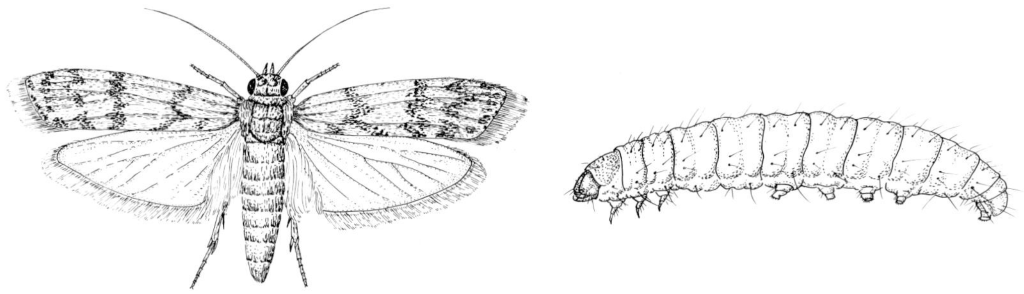

Abb. 175. Mehlmotte, *Ephestia kuehniella.*

malen Getreidespeicher im späten Frühling. Die Überwinterungsform ist die erwachsene Larve.
Ökologie: *Temperatur:* Gegen tiefe Temperaturen ist *E. elutella* nicht allzu empfindlich. Vor allem die erwachsenen Larven im Diapausestadium können sehr tiefe Werte für längere Zeit aushalten, was bei einer Überwinterung unter Freilandbedingungen selbstverständlich sein muß.

Die fakultative Diapause kurz vor der Verpuppung wird in Verbindung mit der Temperatur vor allem durch die Helligkeit beeinflußt: Bei langer Dunkelperiode tritt ein großer Teil der Population in Diapause ein, bei Langtag (über 15 Stunden Beleuchtung) geht die Entwicklung konstant vor sich. Das heißt, unter den Bedingungen einer Lagerhalle muß ab September mit dem Eintritt der Diapause gerechnet werden. Fehlt ein Hell-Dunkel-Rhythmus, so ist die Temperatur alleine entscheidend: zwischen 15 und 25 °C kann die Diapause allgemein eintreten, bei 30 °C nur bei einem kleinen Prozentsatz der Population.
Weitere Angaben: Tab. 2, 13, 24. Abb. 98.

Ephestia kuehniella (Zeller), Mehlmotte
Anagasta kuehniella (Zeller)
(engl. Mediterraneum flour moth, franz. Pyrale de la farine, span. Polilla de la harina)

Vorkommen: In Mühlen, Bäckereien, Nährmittelfabriken, Getreidelagern, Haushaltungen.
Nahrung: Mehl und andere Getreideprodukte, Getreide, Mandeln, Nüsse, Schokolade, Back-

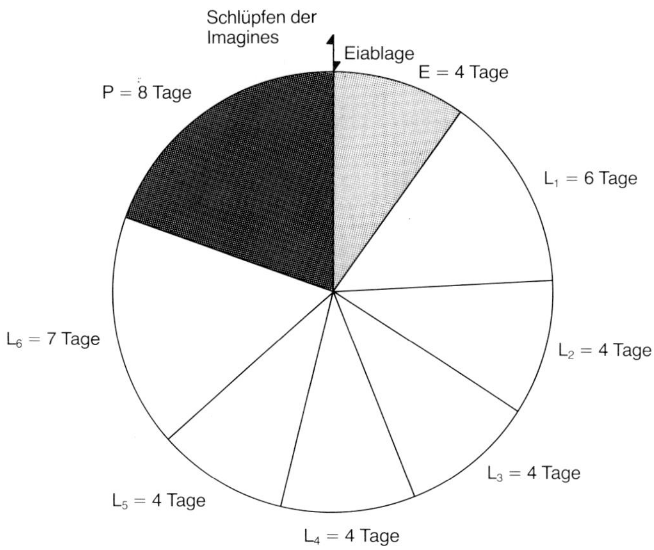

Abb. 176. Die Entwicklungsdauer der einzelnen Stadien von *Ephestia kuehniella* (30 °C, 73 % r. F., Weizenmehl) (nach Brindley 1930).

waren, Hülsenfrüchte und viele andere Lebensmittel.
Schaden: Fraß, Verunreinigung der Nahrung mit Gespinsten aus Fäden, Nahrung und Kot. Verstopfen von Transportrohren in Mühlenbetrieben durch Gespinste.
Aussehen: *Ei:* weißlich, später dunkler gelb, 0,6 mm × 0,3 mm.
Larve: Die Kopfkapselbreiten und Körperlängen der einzelnen Stadien sind in Abb. 174 enthalten. Die Farbe ist je nach Nahrung schmutzigweiß, rötlich oder grünlich, Kopfkapsel und Nackenschild sind braun (Abb. 175).
Puppe: etwa 9 mm.
Imago: Vorderflügel grau mit dunklen Querbinden, Hinterflügel weißlichgrau (die Zeichnung ist aber sehr variabel). Spannweite 20 bis 25 mm (Abb. 175).
Entwicklung: Als Beispiel für die Dauer der Entwicklung der einzelnen Stadien sind in Abb. 176 die Werte für 30 °C angegeben. Bei 20 °C dauert die Gesamtentwicklung rund 2 Monate. Die Falter können bis zu 2 Wochen alt werden.
Biologie und Verhalten: Die Kopulation findet meist schon am Tage des Schlüpfens bei Beginn der Dämmerung statt. Die Eiablage setzt einen Tag später ein. Die Eier werden einzeln oder in kleinen Ketten an die Nahrung gelegt. Mehrere hundert Eier (maximal etwa 600) können von einem ♀ produziert werden. Die ausschlüpfenden Eilarven können 1 bis 2 Tage hungern, beginnen meist aber sofort mit dem Fressen und dem Spinnen. Sie leben frei in der Nahrung oder in einer Fraßröhre aus Gespinst, Nahrung und Kot. Zur Verpuppung kriechen sie an die Oberfläche und fertigen einen Kokon an, in den Mehl und Kot eingebaut sind. Meist werden dunkle Winkel und Spalten mit einer festen Oberfläche aufgesucht.

Die Imagines fliegen, kopulieren und legen die Eier in der Dämmerung und sitzen tagsüber vor allem an senkrechten Wänden.
Ökologie: *Temperatur:* Minustemperaturen, wie sie in einem ungeheizten Lager im Winter auftreten können, werden – besonders von älteren Larven – gut überstanden, aber auch Eier können dies in bestimmten Phasen ihrer Entwicklung. So kann eine Population Temperaturen bis −10 °C für einige Tage überleben.

Weitere Fixpunkte in der Temperaturskala sind:

Entwicklungsnullpunkt:	10–12 °C
Eiablage:	12–30 °C
Larvenentwicklung:	bis 30 °C
Verpuppung:	12–30 °C
Kopulation	ab 12–13 °C
Optimum:	25–28 °C

Feuchtigkeit: Niedrige r. F.-Werte können von der Mehlmotte im allgemeinen recht gut ertragen werden, doch muß unter 30 bis 40 % mit einer Zunahme der Entwicklungsdauer, der Sterilität und der Mißbildungen gerechnet werden.
Nahrung: Die Bedeutung der Art der Nahrung für die Entwicklung einer Population ist in Tab. 83 dargestellt. Unterschiede in der Dauer der Generation und der Schlüpfrate sind erheblich und geben einen Hinweis dafür, daß auch der Schaden an den einzelnen Produkten sehr unterschiedlich sein kann.

Kannibalismus ist möglich.
Weitere Angaben: Tab. 13, 23, 24, 40, 46, 51. Abb. 35, 37, 106.

Tab. 83. Die Beziehungen zwischen Nahrung, Entwicklungsdauer und Entwicklungsrate bei *Ephestia kuehniella* (nach Kunike 1938)

Nahrung	Entwicklungsdauer (Tage)	Entwicklungsrate (%)
Hafer	64	0,6
Backobst	81	1,0
Erdnüsse	62	3,9
Kakaobohnen	96	9,6
Haferflocken	42	15,4
Grünkernmehl	37	16,9
Mandeln	65	24,2
Roggen	46	28,4
Roggenmehl	51	38,3
Maismehl	40	40,8
Weizen	48	48,3

Ephestia cautella (Walker) Tropische Speichermotte, Dattelmotte
Cadra cautella (Walker)
(engl. Almond moth, chocolate moth, franz. Pyrale des amandes, span. Polilla de los almondros)

Vorkommen: Betriebe der Süßwarenindustrie, Lebensmittellager. In warmen Gebieten auch im Freiland.
Nahrung: Trockenfrüchte, Schokolade und vor

allem fetthaltige pflanzliche Produkte (wie Kakaobohnen, Kopra, Nüsse). Auch an Getreide.
Schaden: Fraß, Verunreinigung durch Kot und Spinntätigkeit (letztere nicht so intensiv wie bei *Plodia interpunctella*).
Aussehen: *Ei:* gelblichweiß mit Oberflächenstruktur, 0,4 mm × 0,3 mm.
Larve: gelblichweiß mit braunem Kopf- und Halsschild.
L_1 = 1 mm, erwachsen bis 15 mm lang.
Imago: Vorderflügel bräunlich bis grau mit Querbändern, Hinterflügel hell. Spannweite bis 20 mm (ähnlich Abb. 175).
Entwicklung: Die Gesamtentwicklung dauert bei 20 °C rund 2 Monate, davon entfallen auf das Eistadium 10, die Larvenstadien 35 und das Puppenstadium 18 Tage. Für 25 °C sind die entsprechenden Werte: Ei 5, Larve 20, Puppe 9 Tage. Die Zahl der Larvenstadien schwankt zwischen 5 und 8.

Bei 20 °C kann eine Entwicklungsruhe eintreten, die einige Monate dauern kann, oberhalb von 25 °C wird diese Ruhe nur selten beobachtet.

Die Lebensdauer der Falter liegt bei 1 bis 2 Wochen.
Biologie und Verhalten: Die Kopulation kann auch in engen Räumen zwischen den Vorräten stattfinden. Die Zahl der abgelegten Eier liegt normalerweise bei etwa 250 je ♀, doch können auch höhere Werte registriert werden.
Ökologie: *Temperatur:* Die Kälteresistenz der Art ist relativ gering, mäßige Minustemperaturen werden nur für kurze Zeit (1 bis 2 Tage) von allen Stadien ertragen. Eine Überwinterung in einem ungeheizten Lager ist deshalb kaum möglich. Der Entwicklungsnullpunkt liegt bei 14 °C, die obere Grenze etwas über 35 °C, das Optimum zwischen 25 und 30 °C.
Feuchtigkeit: Im optimalen Temperaturbereich ist eine Entwicklung bei einer weiten Spanne der rel. Luftfeuchtigkeit möglich (20 bis 90 %). Bei niedrigen Werten ist allerdings die Dauer verlängert, die Mortalität höher und die Fruchtbarkeit reduziert.
Weitere Angaben: Tab. 23, 24, 40, 46, 62, 64, 67, 71, 74. Abb. 35, 68.

Plodia interpunctella (Hübner), Dörrobstmotte (engl. Indian meal moth, franz. Pyrale des fruits secs, span. Polilla de la fruta seca)

Vorkommen: Getreidespeicher, Lagerhäuser, Silos, Mühlen, Wohnungen.

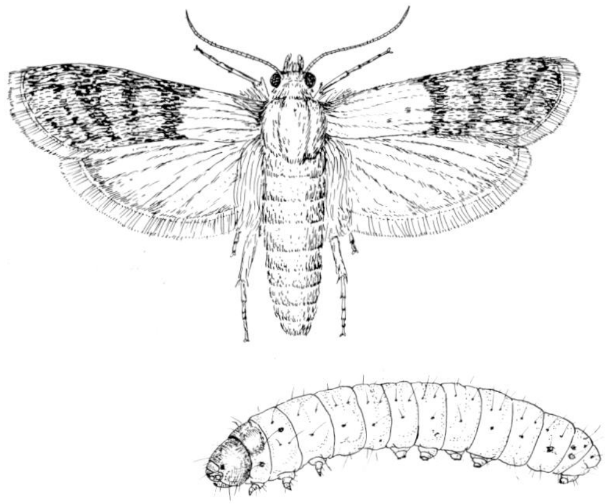

Abb. 177. Dörrobstmotte, *Plodia interpunctella.*

Nahrung: Trockenobst, Nüsse, Schokolade, Getreide und Getreideprodukte und zahlreiche andere pflanzliche Produkte.
Schäden: Fraß, Verunreinigung durch Spinntätigkeit und Kot (Abb. 6 und 8). Auch Beschädigung von Sammlungen mit tierischen und pflanzlichen Objekten.
Aussehen: *Ei:* weiß, oval (etwa 0,5 mm × 0,3 mm), mit netzartiger Skulpturierung, klebrig.
Larve: L_1: 1 bis 1,5 mm, erwachsen 14 bis 17 mm. Farbe je nach Nahrung weißlich, grünlich, rötlich. Kopfkapsel und Nackenschild braun (Abb. 177).
Puppe: 6 bis 8 mm.
Imago: Spannweite 15 bis 20 mm. Vorderflügel innen silbergrau, außen rötlich bis broncefarben, getrennt durch ein schwarzes Band. Hinterflügel grau (Abb. 177).
Entwicklung: Als Entwicklungszeiten für die einzelnen Stadien lassen sich für verschiedene Temperaturen z. B. folgende Werte angeben (Abweichungen können je nach Nahrung auftreten):

20 °C: Ei 8 Tage, Larve 50 Tage, Puppe 16 Tage = 74 Tage gesamt; 25 °C: Ei 5 Tage, Larve 28 Tage, Puppe 9 Tage = 42 Tage gesamt; 30 °C: Ei 3 Tage, Larve 20 Tage, Puppe 7 Tage = 30 Tage gesamt.

Normalerweise treten 5 Larvenstadien auf, die Zahl kann aber bis 7 erhöht sein.

Die Lebensdauer der Falter beträgt bei Zimmertemperatur 2 bis 3 Wochen.
Biologie und Verhalten: Nach Kopulation und Präovipositionsdauer legt das ♀ bereits wenige Stunden bis einige Tage nach dem Schlüpfen insgesamt etwa 200 bis 400 Eier an die Nahrung.

Dabei nimmt die tägliche Rate schon bald stark ab.

Die Larven fressen unter fortwährendem Spinnen vor allem in den Außenschichten der Nahrung. Nach Beendigung des Fressens schließt sich eine Wanderphase der erwachsenen Larven an, die je nach Temperatur 3 bis 10 Tage dauert und zum Aufsuchen der Verpuppungsorte führt. Diese sind Spalten und andere geschützte Stellen. Im Puppenkokon können die Larven in eine Diapause eintreten, die sich über mehrere Monate erstrecken kann. Diese Diapause kann durch niedrige Temperaturen, kurze Helligkeitsperioden oder hohe Populationsdichte ausgelöst werden.

Ökologie: *Temperatur:* Gegenüber tiefen Temperaturen ist die Dörrobstmotte nicht sehr empfindlich. Werte um und unter −10 °C können, vor allem von den Larven, für ein paar Tage ertragen werden. Eine Überwinterung in ungeheizten Vorratsräumen ist somit durchaus möglich. Im oberen Bereich wirken Temperaturen etwas oberhalb von 30 °C schon reduzierend auf die Lebenstätigkeiten.

Feuchtigkeit: Hohe Feuchtigkeiten und vor allem trinkbares Wasser können die Lebensdauer der Falter verlängern und deren Fruchtbarkeit erhöhen.

Weitere Angaben: Tab. 5, 23, 24, 39, 45, 46, 51, 53, 64, 71. Abb. 70.

Familie: Tineidae, Motten

Tinea pellionella Linné, Pelzmotte
(engl. Casebearing (casemaking) clothes moth, franz. Teigne des draps, span. Polilla tejedoca de la ropa)

Vorkommen: In feuchten und wenig beheizten Wohnungen. Besonders im Gebiet mit maritimem Klima. Im Freiland in Nestern. Wird in modernen, zentralbeheizten Wohnungen heute weitgehend durch die Kleidermotte ersetzt.

Nahrung: Pelze, Felle, Rohwolle (weniger an Wollwaren), Federn.

Schaden: Fraß der Larven.

Aussehen: *Ei:* oval, weiß, mit Längsrippen.

Larve: weiß, Kopfkapsel, Nackenschild und Analschild dunkelbraun bis schwarz, bis 10 mm lang (Abb. 178).

Imago: Vorderflügel gelblichbraun mit einigen dunklen Flecken, Hinterflügel gelblichgrau. Spannweite bis etwa 17 mm (Abb. 178).

Entwicklung: In nicht beheizten Wohnungen können sich im Jahr 2 bis 3 Generationen entwickeln.

Biologie und Verhalten: Die Larve lebt in einem selbstgesponnenen Köcher, der etwa körperlang wird, mit dem Untergrund nicht verbunden ist, sondern von der Larve beim Umherlaufen getragen wird. Zum Fressen und Laufen werden Kopf und 1. Brustsegment mit dem 1. Beinpaar hervorgestreckt. Die Larve kann sich auch im Köcher umdrehen und so an beiden Enden fressen.

Die Verpuppung findet im Köcher statt, nachdem beide Enden verschlossen wurden (Abb. 178).

Der Falter fliegt nur über kurze Entfernungen.

Ökologie: Die Pelzmotte hat einen hohen Feuchtigkeitsbedarf, was ihre Verbreitung und den Rückgang in den letzten Jahrzehnten erklärt.

Tineola bisselliella (Hummel), Kleidermotte
T. biselliella
(engl. Common clothes moth, franz. Teigne des fourrures et de la laine, span. Polilla de la ropa)

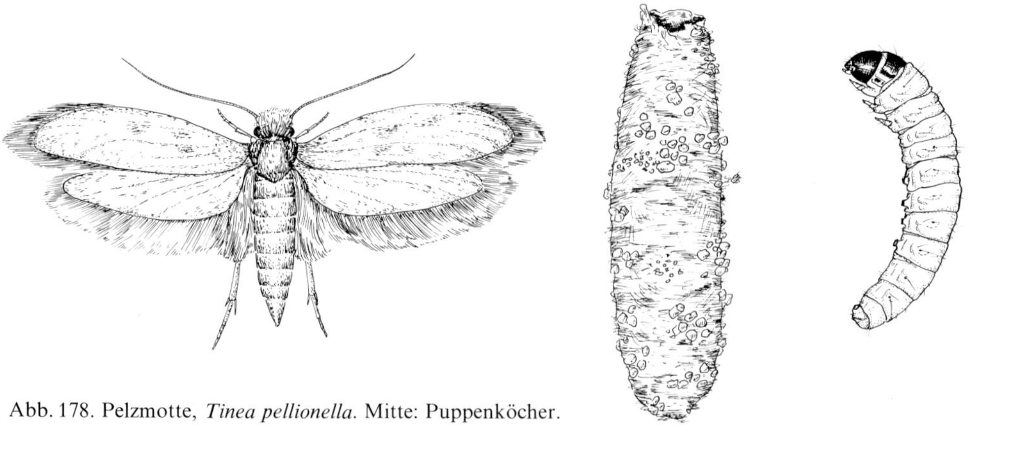

Abb. 178. Pelzmotte, *Tinea pellionella*. Mitte: Puppenköcher.

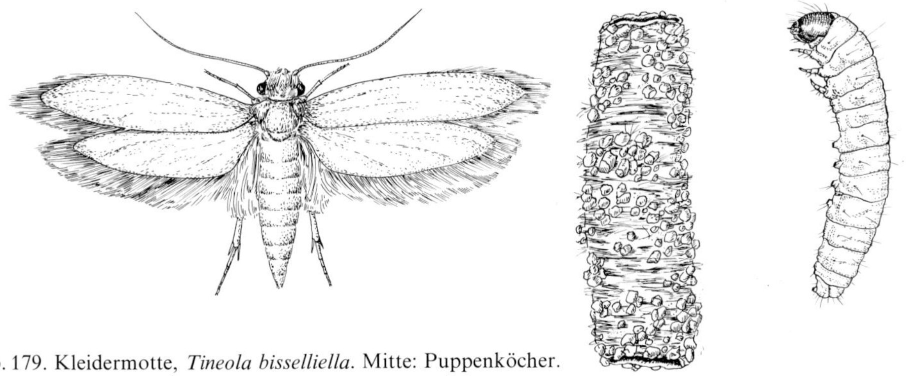

Abb. 179. Kleidermotte, *Tineola bisselliella*. Mitte: Puppenköcher.

Vorkommen: In trockenen und warmen Wohnungen. Zunahme seit Übergang auf Zentralheizung.
Nahrung: Keratinhaltige Stoffe, wie Wolle, Pelze, Federn, Haare verschiedener Herkunft. In Kleidung besonders an Stellen, die verunreinigt sind (durch Urin, Kot, Schweiß, Speisereste).

An Mischwolle tritt die Kleidermotte nur auf, wenn der Wolleanteil hoch (über 20 %) ist. Keratinfreie Stoffe (Getreide, Mehl, Casein, Fischmehl und Textilien aus Nessel, Jute, Baumwolle) werden nur zur Not angenommen.
Schaden: Lochfraß. Pelzhaare werden am Grunde abgebissen, so daß sie büschelartig ausfallen. Verschiedene andere Stoffe können, besonders beim Bau des Puppenkokons, zernagt werden.
Aussehen: *Ei:* elfenbeinfarben, mit Oberflächenstruktur, 0,6 mm × 0,3 mm.

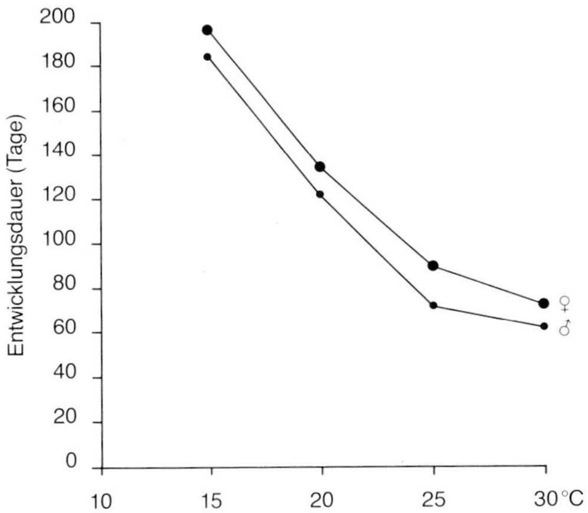

Abb. 180. Die Dauer der Gesamtentwicklung der Männchen und Weibchen von *Tineola bisselliella* in Abhängigkeit von der Temperatur (nach Weidner 1970).

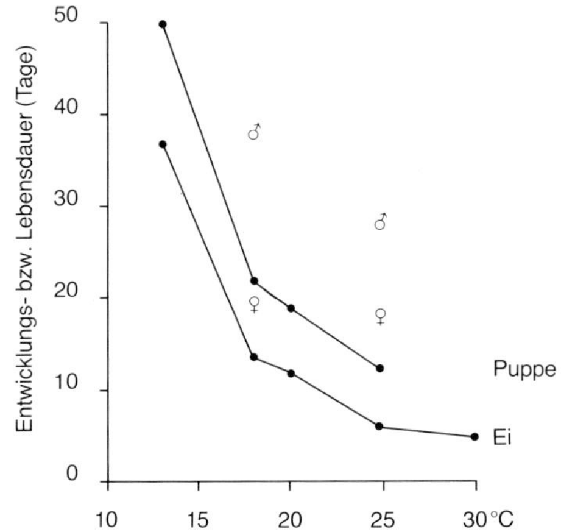

Abb. 181. Die Entwicklungsdauer von Ei und Puppe sowie die Lebensdauer der Imagines (im Diagramm ♂ bzw. ♀) von *Tineola bisselliella* in Abhängigkeit von der Temperatur (nach verschiedenen Literaturangaben zusammengestellt).

Larve: gelblichweiß, Kopf-, Nacken- und Analschild braun, Darm je nach Futter gefärbt durchschimmernd. Erwachsen bis 10 mm lang (Abb. 179).
Puppe: etwa 7 mm lang.
Imago: Vorderflügel goldgelb, etwas glänzend, Hinterflügel graugelb. Spannweite bis 16 mm (Abb. 179).
Entwicklung: Die Dauer der Larvenstadien ist sehr stark von der Nahrung abhängig (2 Monate bis mehrere Jahre). Ebenso die Zahl der Larvenstadien (5 bis 12, evtl. auch noch mehr). Der Einfluß der Temperatur wird durch die Angaben in Abb. 180 verdeutlicht, ebenso die Tatsache, daß die ♀♀ eine längere Zeit für die Entwicklung brauchen. Die Entwicklungs- bzw. Lebensdauer

der nicht fressenden Stadien in ihrer Abhängigkeit von der Temperatur zeigt die Abb. 181.

Biologie und Verhalten: Kurz nach dem Schlüpfen kopulieren die Imagines und die Eiablage beginnt ein bis mehrere Tage danach. Die 100 bis 200 Eier je ♀ werden einzeln oder in kleinen Gruppen lose bevorzugt an rauhe Oberflächen, in Falten oder in Vertiefungen abgelegt.

Die ausschlüpfenden Eilarven spinnen einen Köcher, in den auch Kot, Häutungsreste und Nahrungsteile eingebaut sein können. In ihm leben die Larven bis zur Verpuppung. Auf der Suche nach neuer Nahrung kann er auch zeitweise verlassen werden. Er ist an der Unterlage befestigt, die beiden Enden sind offen, so daß die Larve nach beiden Seiten hin fressen kann. Die Länge des Köchers kann das Zehn- bis Zwölffache der Körperlänge erreichen.

Die Verpuppung findet in einem anderen Köcher statt, der dichter und fester, 15 bis 20 mm lang und an beiden Enden geschlossen ist (Abb. 179).

Die ausschlüpfenden Falter nehmen keine Nahrung mehr zu sich. Sie sind in der Dämmerung aktiv. Die ♂♂ können recht gut fliegen, die ♀♀ nur, wenn sie die Eier bereits abgelegt haben. In der Hauptsache bewegen sich die Tiere aber durch Laufen und kleine Sprünge fort. (Im Haus umherfliegende „Motten" sind in den meisten Fällen harmlose Kleinschmetterlinge, die aus dem Freien eingedrungen sind.)

Ökologie: *Temperatur:* Der Entwicklungsnullpunkt liegt im Bereich von 10 bis 12 °C, die obere Entwicklungsgrenze bei etwa 33 °C. Minustemperaturen bis zu −5 °C können – je nach Stadium unterschiedlich – auch über längere Zeit ertragen werden. Selbst bei −10 bis −15 °C soll ein längeres Überleben (bis zu 3 Wochen) möglich sein.

Feuchtigkeit: Luftfeuchtigkeitswerte zwischen 20 und 100% haben im allgemeinen keinen Einfluß auf die Entwicklung der Kleidermotte. Das Optimum liegt bei 70% r. F. Direkte Nässe führt bald zum Tode.

Licht: Die Sonneneinstrahlung wirkt bei allen Stadien, besonders bei den Eiern, schädlich. Die Art ist ein ausgesprochener Lichtflüchter.

Gegenmaßnahmen: Gefährdete Bekleidung kann durch Aufbewahren in Plastikumhüllungen relativ gut vor einem Befall geschützt werden. Verdunstungsmittel (besonders auf der Basis von Dichlorvos) können dabei den Schutz wesentlich verbessern. Die lose abgelegten Eier können durch Ausklopfen leicht entfernt werden. Bei Lüften kann die abtötende Wirkung der Sonnenstrahlen ausgenutzt werden. Eine regelmäßige Kontrolle läßt Schäden frühzeitig erkennen, dabei ist bei Teppichen, Wandbehängen u. ä. Gegenständen besonders auf die dem Licht abgewandte Seite zu achten, bei Teppichen auch auf jene Stellen, die z. B. ständig unter Möbeln liegen. Der beste vorbeugende und permanente Schutz ist eine Behandlung der Wollfasern schon bei der Herstellung von Produkten mit einem Präparat (z. B. Eulan), das einen Fraß der Larven verhindert.

Nemapogon granellus (Linné), Kornmotte
Tinea granella Linné
(engl. European grain moth, franz. Teigne des grains, span. Polilla de los granes)

Vorkommen: Vor allem in alten, ungeeigneten Lagerräumen an wenig beachteten Vorräten. Im Freien an Pilzen.

Nahrung: Getreide aller Art, besonders aber Roggen. An Getreideprodukten und verschiedenen anderen Lebensmitteln pflanzlicher Herkunft.

Schaden: Durch Spinntätigkeit und Kot kommt es zu einer Verklumpung der befallenen Nahrung (Abb. 7), die zudem einen unangenehmen Geruch annimmt. Bei der Verpuppung kann Holz und anderes Material oberflächlich zerstört werden.

Aussehen: *Ei:* fast kugelrund (etwa 0,28 mm × 0,23 mm), glänzend.

Larve: gelblichweiß, erwachsen 9 bis 10 mm.

Puppe: 6 mm.

Imago: Vorderflügel cremefarben mit dunklen Flecken und Zeichnungen. Hinterflügel grau. Spannweite 10 bis 15 mm.

Entwicklung: Bei einer Gesamtentwicklungsdauer von 2 bis 3 Monaten entfallen auf das Eistadium etwa 10 bis 12 Tage, auf die Larve 2 Monate (bei etwa 23 °C); die Zeit kann allerdings in Abhängigkeit von der Nahrung sehr stark schwanken.

Die Lebensdauer der Falter beträgt 1 bis 2 Wochen.

Biologie und Verhalten: Zwischen 100 und 200 Eier werden von dem ♀ frei an die Nahrung gelegt oder angeklebt. Die ausschlüpfende Larve frißt bei Getreidekörnern meist zunächst am Keimling und bohrt sich dann auch in die Körner ein. Zur Verpuppung wandert die erwachsene Larve gewöhnlich aus der Nahrung aus und sucht Spalten und Fugen auf. Sie kann sich auch in älteres, weiches Holz einbohren, das sie evtl. mit ihren gelblichen Kokons überzieht. Die erwachsene Larve ist auch das Überwinterungsstadium.

Die Imagines fliegen in den Abend- und Nachtstunden.

Ökologie: *Temperatur:* Als Freilandart kann die Kornmotte in Mitteleuropa auch die Winterbedingungen ertragen.

Feuchtigkeit: Höhere Luftfeuchtigkeit, die z. B. in verschimmelnden Nahrungspartien vorkommt, wirkt besonders günstig auf die Entwicklung und Vermehrung.

Weitere Angaben: Tab. 13.

Familie: Oecophoridae, Faulholzmotten

Hofmannophila pseudospretella (Stainton), Samenmotte
(engl. Brown house moth, Seed moth)

Vorkommen: Getreidelager, Ölfabriken, Haushaltungen. Im Freien in Vogelnestern. Vor allem in maritimen Gebieten.

Nahrung: Eine große Zahl von tierischen und pflanzlichen Produkten, wie Lebensmittel, Getreide, Gewürze, Textilien, Leder, Kork.

Schaden: Fraß an Vorräten und Materialien. Spinntätigkeit der Larven.

Aussehen: *Ei:* weiß bis gelblich, 0,5 mm × 0,3 mm.

Larve: weißlich, erwachsen bis etwa 15 mm.

Imago: Vorderflügel schmal, oval, bronzefarben mit schwarzen Flecken. Spannweite um 20 mm.

Entwicklung: Durch eine fakultative Diapause im Larvenstadium kann die Entwicklung wesentlich verlängert werden. Bei Zimmertemperatur beträgt sie im günstigsten Fall etwa 4 Monate (Ei = 14 Tage, Larve = 80 Tage, Puppe = 25 Tage). Bei 15 °C sind es schon etwa 7 Monate und unter Freilandbedingungen kann sich im Laufe eines Jahres nur 1 Generation entwickeln.

Die Lebensdauer ist, wie bei den meisten Kleinschmetterlingen, kurz und überschreitet bei 20 °C selten den Zeitraum von 2 Wochen.

Biologie und Verhalten: Wenige Stunden nach dem Schlüpfen findet die Kopulation statt, und kurz danach beginnt die Ablage der Eier (mehrere hundert). Die Larven leben in einem Kokon aus Gespinstfäden und Nahrungspartikeln.

Ökologie: Gegen niedrige Temperaturen sind vor allem die Eier empfindlich. Wesentlicher ist für die gesamte Entwicklung und das Überleben allerdings die Feuchtigkeit. Schon bei 60 % r. F. tritt eine Hemmung der Entwicklung ein und die Mortalität liegt hoch. Das Optimum von 85 bis 95 % bedingt, daß das Vorkommen der Samenmotte vor allem auf feuchte Klimabereiche begrenzt ist.

Weitere Angaben: Abb. 42.

Ordnung: Diptera, Zweiflügler, Fliegen im weiteren Sinne
Familie Culicidae, Stechmücken

Verschiedene Arten der Gattungen Anopheles, Culiseta und Culex

Vorkommen: Im Sommer in der allgemeinen Aktivitätsperiode Einflug in die Wohnungen. Im Herbst Eindringen von Überwinterern (befruchteten ♀♀), die im Frühjahr das Haus wieder verlassen.

Schaden: Neben den Stichen wirkt vor allem ihr Flug mit dem markanten Fluggeräusch sehr belästigend.

Entwicklung: Die Entwicklung aller dieser Arten findet im Wasser statt.

Gegenmaßnahmen: Eine mechanische Vernichtung der eingedrungenen umherfliegenden oder an den Wänden sitzenden Mücken ist meist leicht möglich.

Die Vermehrung in der unmittelbaren Umgebung der Wohnungen kann durch Beseitigen von Kleinstgewässern (z. B. stehendes Wasser in Radspuren, Dachrinnen, Blumenuntersätzen usw.) oder durch Einsetzen von Fischen in Gartenteiche eingedämmt werden.

Im Freien ist ein wirksamer Schutz vor dem Anfliegen vor allem durch abschreckende Mittel (Repellentien) zum Einreiben zu erreichen. Insektenfanglampen oder akustische Geräte haben praktisch keine Wirkung.

Familie: Piophilidae, Käsefliegen

Piophila casei (Linné), Käsefliege
(engl. Cheese skipper)

Vorkommen: In Schlachthäusern, Geflügelfarmen, fleischverarbeitenden Betrieben, Käsefabriken. Im Freiland auch an Aas und Exkrementen. Wegen der Verbesserung der hygienischen Bedin-

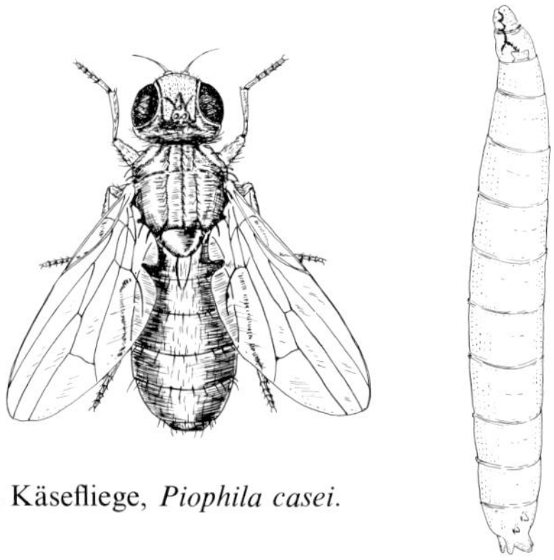

Abb. 182. Käsefliege, *Piophila casei.*

gungen allgemein ist die Bedeutung und das Vorkommen der Käsefliege stark zurückgegangen.

Nahrung: Produkte tierischer Herkunft aller Art, besonders Fleisch, Fleischwaren, Käse, Fisch.

Schaden: Fraß durch die Larven, Übertragung von Mikroorganismen durch die Imagines.

Aussehen: *Ei:* milchigweiß, etwas gekrümmt, 0,6 mm × 0,1 mm.

Larve: fußlose Made, spindelförmig, zuerst glashell, später elfenbeinfarbig. Bis 8 mm lang (Abb. 182).

Puppe: rotbraune, typische Fliegentönnchenpuppe, 4 bis 6 mm.

Imago: glänzend schwarz mit roten Augen, 4 bis 5 mm (Abb. 182).

Entwicklung: Bei Zimmertemperatur dauert die Entwicklung mit 3 Larvenstadien vom Ei bis zur Fliege etwa 3 bis 4 Wochen.

Die Imagines leben 1 bis 2 Wochen.

Biologie und Verhalten: Die Kopulation findet bald nach dem Schlüpfen statt und die Eiablage beginnt in den nächsten 24 Stunden. Die schon relativ weit entwickelten Eier werden in Gruppen an oder in die Nähe der Nahrung gelegt. Die Gesamtzahl pro ♀ kann 500 erreichen, beträgt im Schnitt aber 100 bis 200. Die ausschlüpfenden Larven bohren sich in die Nahrung oder fressen an den Außenschichten. Die Fortbewegung erfolgt bei jüngeren Tieren spannerartig, bei älteren nimmt die Neigung zum Springen zu. (Dabei haken die Mundhaken in das letzte Hinterleibsegment ein, beim Loslassen schnellt der unter Spannung stehende Körper fort.) Diese Sprünge, die bis zu 20 cm weit gehen können, führen die erwachsene Larve aus der feuchten Nahrung heraus an dunkle und trockene Orte, wo dann die Verpuppung stattfindet.

Ökologie: *Temperatur:* Die Käsefliege ist sehr widerstandsfähig gegenüber tiefen und höheren Temperaturen.

Feuchtigkeit: Die Larven leben in einer sehr feuchten Umgebung. (Auflösung des Nährsubstrates durch Enzyme und Wirkungen von angesiedelten Bakterien.) Der Wasserbedarf der Imagines ist gering, durch Zuckerwasser kann die Lebensdauer aber verlängert werden.

Nahrung: Entwickeln sich die Larven an eiweißfreier Nahrung, so ist die Ausbildung der Eier verzögert und die Eizahl reduziert.

Weitere Angaben: Tab. 5, 53.

Familie: Chloropidae, Halmfliegen

Thaumatomyia notata (Meigen), Halmfliege (engl. Grass stemfly)

Vorkommen: An und in Gebäuden, die hell aus der Umgebung hervorragen (z. B. vor Waldrändern). Hier vor allem in den oberen Etagen und an den Seiten, die morgens und abends von der Sonne beschienen werden. Besonders stark kann das Vorkommen sein, wenn Rasen- oder Wiesenflächen in unmittelbarer Nähe sind.

Nahrung: Gräser, z. B. *Poa annua* oder *Lolium perenne.*

Schaden: In diesem Zusammenhang interessiert nur das massenhafte Auftreten als Hausungeziefer in und an den Häusern.

Aussehen: Die erwachsenen Fliegen, die alleine mit dem Menschen in Kontakt kommen, sind etwa 2 mm groß, gelb mit 3 schwarzen Streifen auf dem Rücken (Abb. 183).

Entwicklung: Die Larven entwickeln sich in Gräsern. Die Lebensdauer der Imagines beträgt bei Überwinterung im Haus 6 bis 8 Monate.

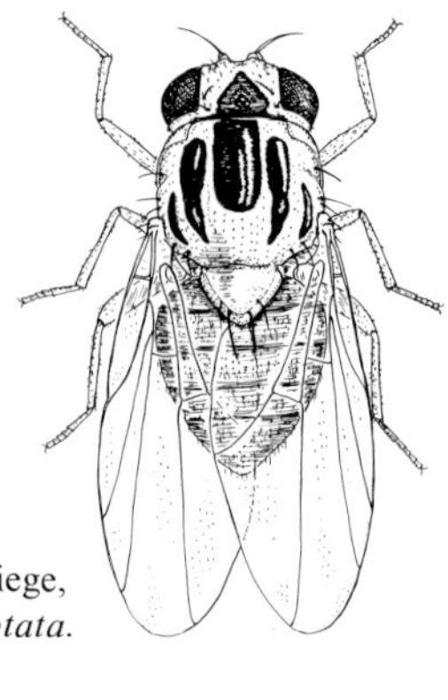

Abb. 183. Halmfliege, *Thaumatomyia notata.*

Biologie und Verhalten: Nach dem Schlüpfen aus den Gräsern konzentrieren sich die erwachsenen Fliegen im Herbst an den oben genannten Gebäuden und dringen dabei zur Überwinterung in die Häuser ein. Dabei handelt es sich fast ausschließlich um ♀♀. In geheizten Räumen gehen sie bei ständiger Aktivität und ohne Nahrung allerdings bald ein. Sie können dann evtl. in zentimeterdicker Schicht die Gegenstände der Wohnung bedecken.
Ökologie: Die Fliegen sind sehr wenig kälteempfindlich und können noch bei 0 °C aktiv sein. Tiefe Wintertemperaturen werden auch im Freiland ertragen.
Gegenmaßnahmen: Während der Anflugzeit im Herbst sollten die Fenster geschlossen gehalten werden. Spalten und andere mögliche Öffnungen im Rahmen müssen dabei zusätzlich abgedichtet werden. Der Fensterrahmen außen und die nähere Umgebung kann mit einem Insektizid mit Dauerwirkung eingesprüht werden.

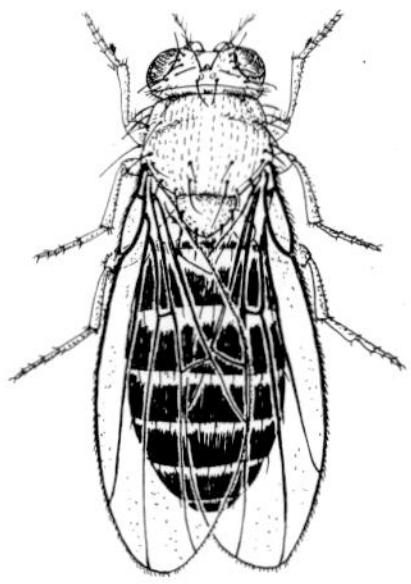
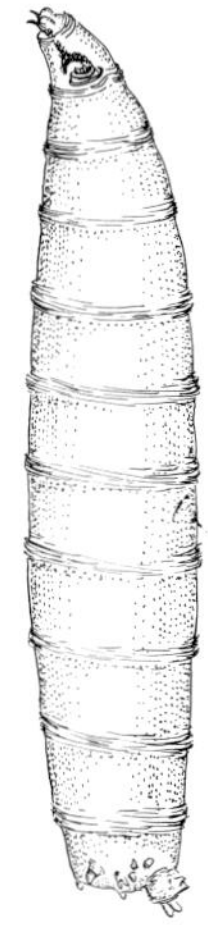

Abb. 184. Kleine Essigfliege, *Drosophila melanogaster*.

Familie: Drosophilidae, Tau- oder Obstfliegen

Drosophila spp., Essigfliegen, Taufliegen
(engl. Vinegar flies)

Zu dieser Gattung gehört eine Anzahl von Arten, die auch in Häusern regelmäßig auftreten. Am bekanntesten, wenn auch nicht immer am häufigsten, ist die ausgesprochen synanthrope *D. melanogaster* Meigen, die Kleine Essigfliege.
Vorkommen: An allen Orten, an denen pflanzliche Stoffe (im Haus also vor allem Obst und Gemüse) vorkommen.
Nahrung: Pflanzenstoffe aller Art, vor allem in Zersetzung übergegangene oder verarbeitete Substrate (Obst, Gemüse, Wein). Hauptsächlich ernähren sich die Larven aber wohl von den hier gleichzeitig vorkommenden Mikroorganismen (Bakterien, Hefen, Pilze).
Schaden: Vorkommen der Larven in Lebensmitteln, Übertragung von Mikroorganismen, welche Lebensmittel zersetzen, Belästigung bei stärkerem Flug.
Aussehen: *Ei:* länglich (etwa 0,5 mm × 0,2 mm), weiß bis gelblich, mit fadenförmigen Anhängen.
Larve: kopf- und fußlose Maden, erwachsen 5 bis 6 mm lang (Abb. 184).
Puppe: 3 bis 4 mm, mit Fortsätzen am Vorderende. (Die eigentliche Puppe befindet sich im Innern des Pupariums, das durch die letzte Larvenhaut gebildet wird.)
Imago: Je nach Art 2 bis 4 mm lang, mit schwarzen, dunkelbraunen und gelben Zeichnungen. Die Ausfärbung ist von Art zu Art verschieden (Abb. 184).
Entwicklung: Die Entwicklungsdauer beträgt bei 25 °C etwa 10 Tage (Ei = 1 Tag, Larve (3 Stadien) = 4 bis 5 Tage, Puppe = 4 Tage). Die Lebensdauer der Fliegen kann mehrere Wochen umfassen.
Biologie und Verhalten: Die Eier (pro ♀ mehrere hundert) werden an das Substrat gelegt, in dem sich anschließend die Larven entwickeln. Die Puppen finden sich häufig an trockenen Stellen nebeneinander angeheftet, z. B. an den Wandungen der Gefäße.
Ökologie: Die Entwicklung der *Drosophila*-Arten ist gewöhnlich in einem Temperaturbereich von etwa 10 °C bis über 30 °C möglich. Die Überwinterung findet je nach Art in den Räumen oder im Freiland statt.

Die Reaktion auf Geruchsreize ist sehr ausgeprägt, wobei mit Sicherheit eine Vielzahl von Stoffen attraktiv wirkt, die von den Nährsubstraten im intakten und im Zustand der Fäulnis abgegeben werden.

Feuchtigkeit ist für die Entwicklung der Larven eine unbedingte Voraussetzung. Selbst in Flüssigkeiten, wie Essig, Wein oder Milch, sind die Larven lebensfähig.
Gegenmaßnahmen: In erster Linie müssen hier Sauberkeit bei der Arbeit und schnelles Beseitigen von Abfällen genannt werden, damit die Quellen

einer geruchlichen Anlockung weitgehend entfernt werden. Zubereitete Nahrungsmittel müssen, wenn eine Aufbewahrung im Kühl- oder Gefrierschrank nicht möglich ist, durch Folie oder feinmaschige Gaze abgedeckt werden, damit eine Eiablage nicht erfolgen kann.
Weitere Angaben: Tab. 7.

Familie: Muscidae (Fliegen im engeren Sinne)
Familie: Calliphoridae, Schmeißfliegen

Zu diesen beiden Familien gehören einige Arten, die häufig in Häusern vorkommen können. Einige von ihnen sind weitgehend an den Lebensraum des Menschen gebunden, andere treten nur zeitweilig mit ihm in Kontakt (s. hierzu auch den Abschnitt über Synanthropie). Der Grad des Kontaktes und damit die Bedeutung der einzelnen Arten kann lokal stark schwanken und hängt weitgehend von der näheren Umgebung ab.

Eine Einzeldarstellund der verschiedenen wichtigen Arten würde hier zu weit führen. Deshalb sollen nachfolgend einige gemeinsame Kriterien herausgestellt werden, die für die Praxis interessant sind, und nur gelegentlich auf bestimmte Arten hingewiesen werden. Die Bestimmung vieler Arten ist ohnehin problematisch und für den Nichtspezialisten oft gar nicht möglich.

Einige wichtige Arten sind:

Muscidae: *Musca domestica* Linné, Stubenfliege; *Fannia canicularis* (Linné), Kleine Stubenfliege.

Calliphoridae: *Sarcophaga* spp., Fleischfliegen; *Lucilia* spp., Goldfliegen; *Calliphora* spp., Schmeißfliegen; *Phormia* spp., Glanzfliegen.

Vorkommen: Alle genannten Arten treten besonders dann in Häusern auf, wenn in der Nähe Haustiere gehalten werden und Anreicherungen von Abfällen vorkommen, also in der Nähe von Stallungen, Misthaufen, Mülldeponien, Anschwemmungen usw.
Nahrung: In erster Linie dienen den Arten sich zersetzende, organische Substanzen als Nahrung, wobei die Musciden mehr pflanzliche Stoffe bevorzugen, die Calliphoriden mehr Substrate tierischer Herkunft (besonders Aas).
Schaden: Direkter Schaden kann durch die Entwicklung der Fliegen an Nahrungsmitteln, vor allem an Fleisch und Fleischwaren, Fisch und Käse hervorgerufen werden. Indirekt können sie an solchen Lebensmitteln Folgeschäden auslösen, indem sie fett-, kohlenhydrat- und eiweißzersetzende Mikroorganismen übertragen, die sie an Abfällen aufnehmen (Vektorleistung). Diese Übertragung kann auch pathogene Mikroorganismen betreffen, die bei Mensch und Haustier Krankheiten hervorrufen (s. Abb. 10). Larven der *Lucila*-Arten können in Wunden vorkommen (Myiasis-Erreger). Schließlich können die erwachsenen Tiere als Lästlinge das Wohlbefinden von Menschen und Haustieren wesentlich beeinträchtigen, was bei letzteren z. B. zur Reduktion von Milch- und Fleischleistung führen kann.
Aussehen: Die Eier aller Arten sind mehr oder weniger länglich (1 bis 2 mm lang) und weiß.

Die Larven sind kopf- und fußlose Maden (s. Abb. 13).

Die eigentlichen Puppen sind im Innern der letzten, erhärteten und braun gefärbten Larvenhaut verborgen (Tönnchenpuppe) (s. Abb. 14).

Die Imagines haben ein unterschiedliches Aussehen. Gemeinsam ist ihnen nur die Umwandlung des 2. Flügelpaares zu den Schwingkölbchen. Die Musciden sind meist schwarz mit grauer Bestäubung, die Basis des Hinterleibes ist bei den beiden Stubenfliegen gelb (Abb. 185). Von den Calliphoriden sind die *Lucilia*-Arten (Abb. 186) goldgrün oder goldblau glänzend, *Phormia* dunkelblau glänzend, *Calliphora* dunkelblau matt (Blauer Brummer) und die *Sarcophaga*-Arten grau bis schwarz mit entsprechenden fleckenartigen Mustern.
Entwicklung: Die Entwicklung der verschiedenen Arten verläuft durchweg recht schnell, zumal die Temperatur in den Brutsubstraten auf Grund der Zersetzungsvorgänge meist erhöht ist. Im Som-

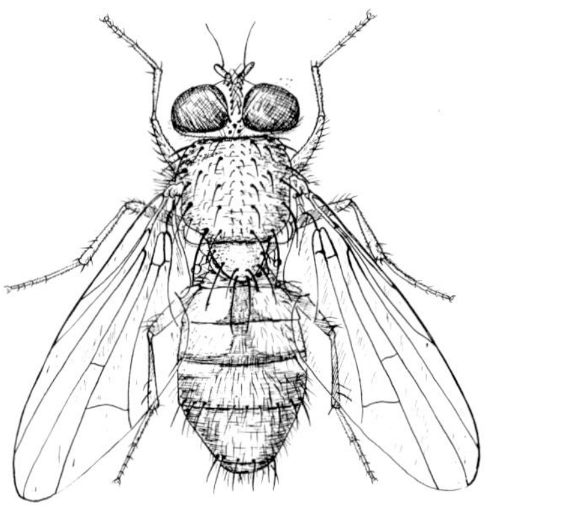

Abb. 185. Kleine Stubenfliege, *Fannia canicularis*.

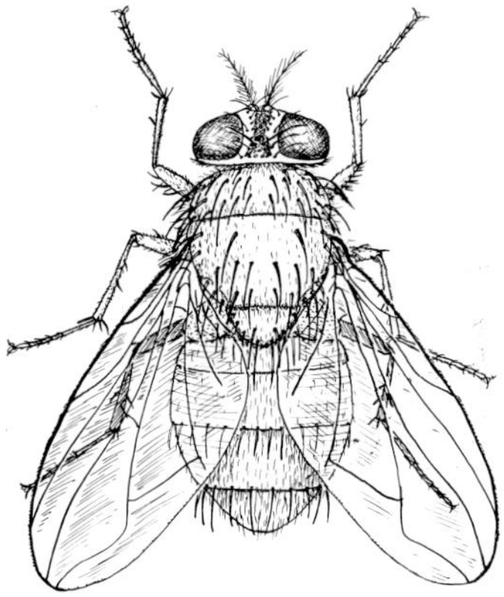

Abb. 186. Goldfliege, *Lucilia* sp.

mer kann alle 2 bis 3 Wochen mit einer neuen Generation gerechnet werden. Meist existieren 3 Larvenstadien.

Biologie und Verhalten: Die Eier werden durchweg in größeren Gelegen (50 bis 150 Stück) direkt an die Nahrung (meist gegen Austrocknung geschützt) gelegt. Die Gesamtzahl je ♀ ist gewöhnlich sehr hoch und beträgt nicht selten mehr als 2000. Manchmal *(Sarcophaga)* enthalten die frisch abgelegten Eier fast schlüpfreife Larven, so daß die Eidauer dann nur Stunden beträgt.

Die ausschlüpfenden Maden bohren sich sofort in das Nährsubstrat ein und leben hier oft in Fraßgemeinschaften. Die erwachsenen Larven wandern, wenn möglich, aus und verpuppen sich an trockneren Orten.

Gegenmaßnahmen: In erster Linie muß hier an die Beseitigung der Brutstätten gedacht werden. Auch Mülldeponien können heute so angelegt werden, daß eine Entwicklung von Fliegen weitgehend unterbleibt.

In den Haushaltungen muß dafür gesorgt werden, daß anlockende Geruchsquellen entfernt werden, d.h. Abfälle sind in dicht schließenden Behältern aufzubewahren und gefährdete Lebensmittel (auch für nur kurze Zeit) zu verpacken oder in Kühleinrichtungen zu lagern.

Wenn ständig mit dem Einflug von Fliegen zu rechnen ist, sind Fliegengitter in abnehmbaren Rahmen an den Fenstern zweckmäßig. Zur chemischen Bekämpfung gibt es eine große Zahl von Methoden und Mitteln, über deren Einsatz in jedem Einzelfall entschieden werden muß. Dabei ist auch besonders an das häufige Auftreten von Resistenz gegenüber Insektiziden zu denken.

Weitere Angaben: Tab. 30. Abb. 25, 73.

Klasse: Mammalia, Säugetiere
Ordnung: Rodentia, Nager
Familie: Muridae, Langschwanzmäuse

Mus musculus (domesticus) (Rutty), Hausmaus

Vorkommen: In Häusern, Lebensmittelhandlungen und -betrieben aller Art, in Getreidelagern. Auch im Freien anzutreffen.

Nahrung: Obst, Gemüse, Kartoffeln, Getreide und überhaupt Lebensmittel aller Art tierischer und pflanzlicher Herkunft.

Schaden: Fraßschäden an Lebensmitteln. Zernagen von Gegenständen, Papier und Textilien zur Gewinnung von Nestmaterial. Übertragung von Krankheiten durch Kot, Urin und befressene Lebensmittel.

Aussehen: 10 bis 15 cm lang, grau bis schwärzlich, unterseits heller grau. Schwanz meist etwas länger als Körper.

Biologie und Verhalten: Hausmäuse leben in kleinen Familienverbänden, wobei ein ♂ mehrere ♀♀ in den Revieren hat. Heranwachsende ♂♂ wandern ab.

Lebensdauer bis 1,5 Jahre möglich, aber meist wesentlich kürzer. Im Sommer auch im Freien.

Tragzeit: 19 bis 21 Tage. In den 5 bis 8 Würfen pro Jahr jeweils etwa 6 Junge.

Gegenmaßnahmen: Bei vereinzeltem Auftreten im Haus kann auch heute noch die beköderte Falle eingesetzt werden.

An geschützten Stellen (für Kinder und Haustiere unerreichbar) kann Giftgetreide ausgebracht werden.

Gegen normale Rodentizide auf Cumarinbasis sind Mäuse weniger empfindlich als Ratten. Es müssen deshalb größere Mengen davon aufgenommen werden. Durch Zusatz eines Synergisten kann die Wirksamkeit der Köderpräparate wesentlich verbessert werden.

Rattus norvegicus (Berkenhout), Wanderratte
Rattus rattus (Linné), Hausratte
(engl. Norway rat bzw. Roof rat)

Vorkommen: *Wanderratte:* Hauptsächlich an Wasser gebunden. Als Siedlungsfolger tritt sie vor allem an Gräben, Kanälen, Teichen, Flüssen und Bächen auf und gelangt über die Kanalisation in den unmittelbaren Lebensbereich des Menschen. Sie kommt auf Mülldeponien und in Stallungen vor, kann aber auch an trockenen Orten (z.B.

Getreidespeichern, Mehllagern, Futter- und Lebensmittelbetrieben) gefunden werden.
Hausratte: Liebt warme und trockene Orte, z. B. Speicher, Hausböden u. a. höher gelegene Räume, Schiffe und Container. Auch sie kommt in Silos und Getreidelagern vor, ist aber als Kulturfolger weniger häufig im Freien anzutreffen.

Mit Änderung der Bau- und Lebensweise des Menschen erweiterte sie aber zunehmend ihren Lebensraum und kann auch in tiefer gelegenen Stockwerken neben der Wanderratte vorkommen.

Nahrung: *Wanderratte:* Bevorzugt Stoffe tierischer Herkunft, tötet und frißt kleine Haustiere, aber auch Aas. Sämereien (Getreide) und saftige Pflanzenteile werden ebenfalls angenommen.
Hausratte: Bevorzugt Stoffe pflanzlicher Herkunft, wie Getreide und Getreideprodukte, Obst, Gemüse. Tierische Kost wird seltener angenommen.

Schaden: Die Schäden sind bei beiden Arten praktisch gleich. Durch Fraß an Lebensmitteln wird mehr vernichtet als tatsächlich gefressen, denn angefressenes Gut wird wohl in fast allen Fällen weggeworfen.

Die Verschmutzung von Vorräten ist bei diesen großen Schädlingen naturgemäß wesentlich größer als bei Insekten. Deshalb spielen Kot und Urin von Ratten bei der Reinheitsbeurteilung von Lebensmitteln eine große Rolle.

Durch die Nagetätigkeit können auch erhebliche Materialschäden entstehen. Schließlich haben die Ratten eine überragende Bedeutung als Überträger von Krankheiten auf Menschen und Haustiere (s. Tab. 8).

Aussehen: Die wichtigsten Merkmale der beiden Arten sind in der Tabelle 84 zusammengestellt. Eine Unterscheidung alleine an der Ausfärbung des Felles kann manchmal nicht möglich sein, da zahlreiche Varianten auftreten. Ebenso ist es mit der Schwanzlänge. Zur genauen Bestimmung sollten deshalb mehrere Merkmale herangezogen werden (Gebiß s. Abb. 21).

Biologie und Verhalten: *Wanderratte:* 2 bis 3 Würfe im Jahr mit durchschnittlich 8 Jungen. Schwimmt und taucht gut, kann am Grunde von Gewässern laufen. Rudel größer als bei Hausratte.

Kot in der Regel gehäuft in Ecken.

Empfindlicher gegen Veränderungen im Revier, aber schnelle Gewöhnung wegen ihrer hohen Intelligenz.

Kann zwischen Bau und Futterquelle längere Wege zurücklegen.

Hausratte: 1 bis 2 Würfe im Jahr mit 5 bis 8 Jungen.

Klettert und springt gut.

Rudel kleiner als bei Wanderratte.

Kot in der Regel verstreut unter Balken u.ä.

Nester im Gebälk von Dachböden und in Zwischenböden.

Scheuer als Wanderratte.

Revier engmaschiger von Wechseln durchzogen als bei der Wanderratte. Wechsel vor allem entlang der Wände.

Ansiedlung in der Nähe des Futters.

Tab. 84. Die wichtigsten Unterscheidungsmerkmale von Haus- und Wanderratte

Merkmal	Hausratte	Wanderratte
Körper	schlank	plumper
Färbung	Oberseite: braunschwarz Unterseite: braunschwarz oder etwas heller (Färbung kann stark variieren)	Oberseite: rötlich graubraun Unterseite: hellgrau bis fast weiß
Gewicht	bis 220 g	bis 500 g
Länge (Kopf und Körper)	meistens unter 20 cm	meistens über 20 cm
Schnauze	spitzer	stumpfer
Augen	groß	klein
Ohr	groß	klein
Füße	schwärzlich	fleischfarbig
Schwanz	länger als Rumpf 250–260 Ringe	kürzer als Rumpf etwa 200 Ringe oder weniger, fast nackt

Ökologie: Die Wanderratte verträgt Kälte und Nässe gut.

Die Hausratte hat ein größeres Wärmebedürfnis. Bei Fehlen von Trinkwasser verläßt sie bald den Standort.

Gegenmaßnahmen: Die Bekämpfung beider Rattenarten erfolgt heute in der Hauptsache mit Cumarin-Präparaten im Köderverfahren oder mit Streupulvern. Letztere sollten in Lebensmittelbetrieben dort nicht eingesetzt werden, wo auch Nahrungsmittel vorhanden sind, da die Gefahr einer Kontamination gegeben ist. Werden nicht die üblichen Fertigköder verwendet, so können als Nahrungsbasis für Giftköder Getreide oder grobkörnige Getreideprodukte eingesetzt werden, die durch Zugabe von 5% Puderzucker verbessert werden. Bei der Wanderratte können auch Fisch und Fleisch eingesetzt werden. Ein Zuckerzusatz (5%) kann auch die Wirkung von Gifttränken erhöhen.

Vorbeugende Maßnahmen betreffen vor allem bauliche Veränderungen, die übersichtliche Räume schaffen, keine Versteckmöglichkeiten bieten und das Eindringen von außen erschweren. Wichtig in der Prophylaxe ist auch das kontinuierliche Beseitigen von Abfällen (täglich!) in dicht schließende Container außerhalb des Hauses.

Auch im Freien, z. B. in Mülldeponien, müssen Gegenmaßnahmen getroffen werden, wenn die Gefahr einer Einwanderung in Gebäude besteht.

Literaturverzeichnis

Da es nicht möglich ist, alle für dieses Buch berücksichtigten Angaben hier zu zitieren, werden nachstehend nur weiterführende Bücher, Monographien einzelner Arten und die Belegangaben für die Abbildungen und Tabellen angeführt.

1. Bücher und Monographien

ANDERSEN, K.TH. (1938): Der Kornkäfer (*Calandra granaria* L.) Biologie und Bekämpfung. Monographien zur angewandten Entomologie Nr. 13. Beiheft zur Zeitschrift für angewandte Entomologie 24, 108 S.

BECKER, G. (1983): Materialschädlinge. In HEINZE, K. (s.d.), 269–348.

BELL, W.J., und ADIYODI, K.G. (ed.) (1981): The American cockroach. Chapman and Hall, London, New York, 529 S.

CHAMP, B.R., und DYTE, C.E. (1976): Report of the FAO global survey of pesticide susceptibility of stored grain pests. FAO Pl. Prod. and Prot. Ser. No. 5, Rom, 297 S.

EBELING, W. (1978): Urban entomology. Div. Agric. Sci., Univ. of California, Berkeley, 695 S.

FRANZ, J.M., und KRIEG, A. (1982): Biologische Schädlingsbekämpfung. Verlag P. Parey, Berlin und Hamburg, 3.Aufl., 252 S.

GODAN, D. (1980): Schadschnecken und ihre Bekämpfung. Verlag E. Ulmer, Stuttgart, 467 S.

GUTHRIE, D.M., und TINDALL, A.R. (1968): The biology of the cockroach. E. Arnold (Publ.) Ltd., London, 408 S.

HALL, D.W. (1970): Handling and storage of food grains in tropical and subtropical areas. FAO Agric. Devel. Pap. No. 90, 350 S.

HEINZE, K. (ed.) (1983): Leitfaden der Schädlingsbekämpfung. Bd. IV: Vorrats- und Materialschädlinge (Vorratsschutz). Wissensch. Verl.-Ges. mbH., Stuttgart, 348 S.

HUGHES, A.M. (1976): The mites of stored food and houses. Techn. Bull. 9. Her Majesty's Stat. Off., 2.Aufl., London, 400 S.

INDUSTRIEVERBAND PFLANZENSCHUTZ e.V. (ed.) (1982): Wirkstoffe in Pflanzenschutz- und Schädlingsbekämpfungsmitteln. Physikalisch-chemische und toxikologische Daten. Bintz-Verlag, Offenbach, 375S.

KEMPER, H., und DÖHRING, E. (1967): Die sozialen Faltenwespen Mitteleuropas. Verlag P. Parey. Berlin und Hamburg, 180 S.

LABEYRIE, V. (ed.) (1981): The ecology of bruchids attacking legumes (pulses). Proc. Intern. Symp. Tours (France) 1980. Series Entomologica 19, Dr. W. Junk B.V. Publ. Den Haag, 233 S.

LAIBACH, E. (1952): *Lepisma saccharina* L., das Silberfischchen. Z. hyg. Zool. Schädl.-Bek. 40, 1–50.

MONRO, H.A.U. (1969): Manual of fumigation for insect control. FAO Agric. Stud. No. 79, 2.Ausg. Rom, 381 S.

MONRO, J.W. (1966): Pests of stored products. Verl. Hutchinson, London, 234 S.

PETERS, G. (1942): Die hochwirksamen Gase und Dämpfe in der Schädlingsbekämpfung. I. Einführung und allgemeiner Teil. Samml. chem. und chem.-techn. Vorträge, NF., Heft 74a, Verlag Enke, Stuttgart, 142 S.

SCHMIDT, H.-U. (1980): Verpackung bzw. Packstoffe und Insekten, insbesondere Vorratsschädlinge. Eine Bibliographie. Mitt. BBA, Heft 195, 113 S.

SOKOLOFF, A. (1972, 1974, 1977): The biology of *Tribolium*. With special emphasis on genetic aspects. Vol. 1 (1972), 300 S., Vol. 2 (1974), 610 S., Vol. 3 (1977), 612 S. Clarendon Press, Oxford (UK).

WEIDNER, H. (1982): Bestimmungstabellen der Vorratsschädlinge und des Hausungeziefers Mitteleuropas. Verlag G. Fischer, Stuttgart und New York, 4.Aufl., 251 S.

WEIDNER, H. (1983): Vorratsschädlinge. In HEINZE, K. (s.d.) 9–226.

2. Literaturnachweis für Tabellen und Abbildungen (sofern nicht unter 1 schon genannt)

AHMED, M.S.H., LAMOOZA, S.B., OUDA, N.A., und FARKAS, J. (1977a): The effect of irradiated dates on the development of *Oryzaephilus surinamensis* (L.) Coleoptera Cucujidae. Acta Alimentaria 6, 187–192.

AHMED, M.Y.Y., YOUNES, M.W.F., und AL-ARAB, K.T. (1977b): Sexual competition of gamma sterilized male of *Callosobruchus maculatus* (F.) (Col., Bruchidae) Z. angew. Entomol. 84, 295–298.

ALINIAZEE, M.T. (1971): The effect of carbon dioxide gas alone or in combinations on the mortality of *Tribolium castaneum* (Herbst) and *T. confusum* du Val (Coleoptera, Tenebrionidae) J. stored Prod. Res.7, 243–252.

ALINIAZEE, M.T. (1972): Susceptibility of the confused and red flour beetle to anoxia produced by helium and nitrogen at various temperatures. J. econ. Entomol. 65, 60–64.

ARBOGAST, R.T. (1976): Suppression of *Oryzaephilus surinamensis* (L.) (Coleoptera: Cucujidae) on shelled corn by the predator *Xylocoris flavipes* (Reuter)

(Hemiptera: Anthocoridae). J. Georgia entomol. Soc. 11, 67–71.

Ashrafi, S.H., Brower, J.H., und Tilton, E.W. (1972): Gamma radiation effects on testes and mating success of the Indian meal moth, *Plodia interpunctella*. Ann. entomol. Soc. America 65, 1144–1149.

Back, E.A. (1941): Weevils in beans and peas. USDA Farm. Bull. 1275, 37 S.

Back, E.A. (1946): Silverfish. USDA leaflet no. 149, 4 S.

Bahr, I. (1973): Untersuchungen über die Verminderung des Schädlingsbesatzes im Getreide durch pneumatische Förderung. Nachr.-Bl. Dtsch. Pflanzenschutzdienst (Berlin) N.F. 27, 232–237.

Bahr, I. (1975): Über das Schadauftreten des Getreidekapuziners (*Rhizopertha dominica* F.) und die Wirkung eines Saug- und Druckgebläses auf den Befall im Getreide. Nachr.-Bl. Pflanzenschutz in der DDR 29, 228–231.

Bahr, I. (1978): Überwinterungsversuche mit Schadinsekten der Getreidevorräte in ungeheizten Räumen. Nachr.-Bl. Pflanzenschutz in der DDR 32, 224–230.

Bahr, P. (1983): Biologie und Verhaltensweise von *Alphitobius diaperinus* (Panz.) (Coleoptera: Tenebrionidae). Diss. Giessen.

Baker, J.E., und Lum, P.T.M. (1973): Development of aposymbiosis in larvae of *Sitophilus oryzae* (Coleoptera: Curculionidae) by dietary treatment with antibiotics. J. stored Prod. Res. 9, 241–245.

Bell, C.H. (1975): Effects of temperature and humidity on development of four pyralid moth pests of stored products. J. stored Prod. Res. 11, 167–175.

Bell, C.H. (1976): The tolerance of immature stages of four stored product moths to methyl bromide. J. stored Prod. Res. 12, 1–10.

Bell, C.H. (1979): Limiting concentrations for fumigation efficiency in the control of insect pests. Proc. 2nd Intern. Work. Conf. Stored-Prod. Entomol. 1978 Ibadan, Nigeria. Savannah, Georgia, USDA 182–192.

Biologische Bundesanstalt für Land- und Forstwirtschaft (1984): Pflanzenschutzmittel-Verzeichnis 1984, Teil 5 Vorratsschutz. ACO Druck GmbH, Braunschweig, 32. Aufl., 62 S.

Bogs, D. (1975): Zur Wirksamkeit von Phosphorwasserstoff gegen Vorratsschädlinge bei niedrigen Temperaturen. Nachr.-Bl. Pflanzenschutz in der DDR 29, 225–228.

Bollow, H. (1962): Textil- und Pelzschädlinge. Dtsch. Drogisten-Ztg. 17, 16 S.

Bommer, H., und Reichmuth, Chr. (1980): Pheromone der vorratsschädlichen Motten (Phycitinae, speziell Mehlmotte *Ephestia kühniella* Zeller) in der biologischen Schädlingsbekämpfung. Bibliographie und Versuche. Mitt. BBA Heft 198, 144 S.

Borah, B., und Chahal, B.S. (1979): Development of resistance in *Trogoderma granarium* Everts to phosphine in the Punjab. Plant Pro. Bull. FAO 27, 77–80.

Bressau, G. (1966): Über Rückstände von Vorratsschutzmitteln – insbesondere Malathion – in Getreide. Dtsch. Lebensmittel-Rundschau 62, 390–395.

Brindley, T.A. (1930): The growth and development of *Ephestia kuehniella* Zeller (Lepidoptera) and *Tribolium confusum* Duval (Coleoptera) under controlled conditions of temperature and relative humidity. Ann. entomol. Soc. America 23, 741–757.

Broodryk, S.W. (1971): Ecological investigations on the potato tuber moth, *Phthorimaea operculella* (Zeller) (Lepidoptera: Gelechiidae). Phytophylactica 3, 73–84.

Brooks, M.A., und Richards, A.G. (1955): Intracellular symbiosis in cockroaches. I. Production of aposymbiotic cockroaches. Biol. Bull. 109, 22–39.

Brower, J.H. (1973): Sensitivity of *Tenebrio molitor* and *T. obscurus* to gamma irradiation. J. econ. Entomol. 66, 1175–1179.

Brower, J.H. (1975): Gamma irradiation of adult *Plodia interpunctella:* effects on mating, sterility, and number of progeny. Ann. entomol. Soc. America 68, 1086–1090.

Brower, J.H., und Tilton, E.W. (1973): Comparative gamma radiation sensitivity of *Tribolium madens* (Charpentier) and *T. castaneum* (Herbst). J. stored Prod. Res. 9, 93–100.

Brown, W.B. (1938): The changes of moisture content of dried fruit during storage. J. Soc. chemic. Ind. 57, 31–36.

Buckland, P.C. (1981): The early dispersal of insect pests of stored products as indicated by archaeological records. J. stored Prod. Res. 17, 1–12.

Bundesgesundheitsamt (1983): Liste der vom Bundesgesundheitsamt geprüften und anerkannten Entwesungsmittel und -verfahren zur Bekämpfung tierischer Schädlinge (Gliedertiere (Arthropoden)). Bundesgesundheitsbl. 26, 176–184.

Burges, H.D., und Burrell, N.J. (1964): Cooling bulk grain in the British climate to control storage insects and to improve keeping quality. J. Sci. Food Agric. 15, 32–50.

Burrell, N.J. (o.J.): The chilled storage of grain. Ceres 5, 6 S.

Buss, R. (1974): Die Fähigkeit von *Drosophila melanogaster* Meig. zur äußerlichen Übertragung von vorratsschädig. Mikroorganismen. Dipl.-Arb. Gießen.

Buss, R. (1977): Die hygienische Bedeutung von synanthropen Fliegen (Dipt., Muscidae, Calliphoridae) in Freizeit- und Erholungsgebieten. Diss. Gießen.

Calderon, M. (1981): The ecosystem approach for apprehending the extent of postharvest grain losses. Phytoparasitica 9, 157–167.

Calderon, M., Donahaye, E., und Navarro, S. (1967): The life cycle of the groundnut seed beetle *Caryedon serratus* (Ol.) in Israel. Israel J. Agric. Res. 17, 145–148.

Cline, L.D., und Highland, H.A. (1977): Penetration by adult lesser grain borers through multiwall kraftbags. J. econ. Entomol. 70, 156–158.

CLINE, L.D., und HIGHLAND, H.A. (1981): Minimum size of holes allowing passage of adults of stored-product Coleoptera. J. Georgia entomol. Soc. 16, 525–531.

COOMBS, C.W. (1978): The effect of temperature and relative humidity upon the development and fecundity of *Dermestes lardarius* L. (Coleoptera, Dermestidae). J. stored Prod. Res. 14, 111–119.

COTTON, R.T., und WILBUR, D.A. (1974): Insects. In CHRISTENSEN, C.M. (ed.): Storage of cereal grains and their products. Americ. Assoc. Cereal Chemists, St.Paul, Minn., 194–225.

ECKEL, D. (1981): Der Einfluß von Bruchgetreide auf die Entwicklungsmöglichkeiten von *Tribolium confusum* duVal. Dipl.-Arb. Gießen.

EL-DESSOUKI, S.A., und EL-KIFL, A.H. (1976): *Sitotroga cerealella* infestation and its influence on certain chemical and physical properties of stored wheat in Egypt. Z. angew. Entomol. 80, 83–88.

ELGAR, K.E., MATHEWS, B.L., und BOSIO, P. (1972): Dichlorvos residues in food arising from the domestic use of dichlorvos PVC strips. Pest. Sci. 3, 601–607.

ELKINS, E.R., FARROW, R.P., und KIM, E.S. (1972): The effect of heat processing and storage on pesticide residues in spinach and apricots. J. Agric. Food Chem. 20, 286–291.

EL-LAKWAH, F. (1978a): Einfluß der Nahrung auf die Vermehrung des Khaprakäfers (*Trogoderma granarium* Everts) und die Empfindlichkeit der Larven gegen hochgiftige Gase. Anz. Schädl. kde, Pflanzensch., Umweltsch. 51, 148–151.

EL-LAKWAH, F. (1978b): Untersuchungen über das Sorptionsverhalten verschiedener Expeller und Extraktionsschrote bei Methylbromidbegasung. Nachr. bl. Pflanzenschdienst 30, 1–7.

FABER, W. (1962): Der Getreidekapuziner, ein Vorratsschädling mit Honiggeruch. Pfl. Arzt 15, 116–117.

FAO (1977): Reducing post-harvest food losses. FAO Comm. Agric., 4th Sess., 20–28 April, Rom.

FDA (1982): The food defect action levels. FDA Admin., US Dept. Health and Human Serv., Publ. Health Serv., 20 S.

FINKBEIN, R. (1967): Pflanzenbeschau 1966 in Zahlen. Ges. Pflanzen 19, 252–254.

FINKBEIN, R. (1969): Pflanzenbeschau 1967 und 1968 in Zahlen. Ges. Pflanzen 21, 167–171.

FOERSTER, H. (1939): Einiges über die Mehlmotte. Mitt. Ges. für Vorratsschutz 15, 69–74.

FRANCIS, B.J., und ADAMS, J.M. (1980): Loss of dry matter and nutritive value in experimentally-infested wheat. Trop. Sci. 22, 55–68.

FREEMAN, J.A. (1952): *Laemophloeus* spp. as major pests of stored grain. Plantpathol. 1, 69–76.

FROWEIN, W. (1957): Wichtige Tabakschädlinge und ihre Bekämpfung. Frowein, Umdruck, 14 S.

GHANEM, S.S. (1976): Untersuchungen zur Übertragung von Mikroorganismen durch *Lucilia sericata* (Meig.) (Dipt., Calliphoridae) unter Laboratoriumsbedingungen. Diss. Gießen.

GREGOR, F., und POVOLNÝ, D. (1958): Versuch einer Klassifikation der synanthropen Fliegen (Diptera). J. Hyg., Epidemiol., Microbiol., Immunol. 2, 205–216.

GRISWOLD, G.H. (1941): Studies on the biology of four common carpet beetles. II. The old-fashioned carpet beetle (*Anthrenus scrophulariae* L.). Cornell Univ. Agric. Exp. Stat., 58–75.

HANSSEN, E., ULRICH, W., und SCHEWITZ, I. (1971): Über den Nachweis von tierischen Verunreinigungen („Filth") an Früchten, ungemahlenen Gewürzen, in kandierten und zuckerreichen Fruchtzubereitungen, Sirupen, Zucker und Salzen. Z. Lebensmittel-Untersuchung und Forschung 145, 158–166.

HOCKIN, D.C. (1979): The invertebrate fauna of bird's nests with special reference to Microlepidoptera and stored-products' Coleoptera. Entomol. monthly Magaz. 115, 139–144.

HOPPE, T. (1981): Alternative Bekämpfungsmethoden gegen *Tribolium*, *Plodia* und *Cadra*. Diss. Zürich.

HOWE, R.W. (1943): Life history data for *Ptinus tectus* Boie. (Coleoptera, Ptinidae) at 70% relative humidity at 21 °C and 25 °C. Proc. Royal entomol. Soc. 18, 63–65.

HOWE, R.W. (1950): The development of *Rhizopertha dominica* (F.) (Col., Bostrichidae) under constant conditions. Entomol. monthly Magaz. 86, 1–5.

HOWE, R.W. (1957): A laboratory study of the cigarette beetle, *Lasioderma serricorne* (F.) (Col., Anobiidae) with a critical review of the literature on its biology. Bull. entomol. Res. 48, 9–56.

HOWE, R.W., und BURGES, H.D. (1951): Studies on beetles of the familiy Ptinidae. VI. The biology of *Ptinus fur* (L.) and *P. sexpunctatus* Panzer. Bull. entomol. Res. 42, 499–511.

HOWE, R.W., und BURGES, H.D. (1952): Studies on the beetles of the family Ptinidae. VII The biology of five ptinid species found in stored products. Bull. entomol. Res. 43, 153–186.

HUGER, A. (1956): Experimentelle Untersuchungen über die künstliche Symbionteneliminatin bei Vorratsschädlingen: *Rhizopertha dominica* F. (Bostrychidae) und *Oryzaephilus surinamensis* L. (Cucujidae). Z. Morphol. Ökolog. Tiere 44, 626–701.

HYDE, M.B. (1965): Principles of wet grain conservation. J. Proc. Inst. Agric. Engin. 21, 75–82.

HYDE, M.B. (1966): Behaviour in store. Farm. Weekly 2 S.

JACOB, T.A., und COX, P.D. (1977): The influence of temperature and humidity on the life-cycle of *Ephestia kuehniella* Zeller (Lepidoptera: Pyralidae). J. stored Prod. Res. 13, 107–118.

JANISCH, E. (1926): Der Blaue Schinkenkäfer (*Necrobia rufipes* de Geer). Mitt. Ges. für Vorratsschutz 2, 21–23.

JOSHI, G.P. (1975): Über die Abhängigkeit der Eizahl und Entwicklung des Getreideplattkäfers, *Oryzaephilus mercator* Fauv. (Col., Cucujidae) von der Nahrung. Anz. Schädlingskde, Pflanzensch., Umweltsch. 48, 119–120.

JOUBERT, P.C. (1966): Field infestations of stored product insects in South Africa. J. stored Prod. Res. 2, 159–161.

KADOUM, A.M., und LAHUE, D.W. (1976): Degradation of malathion in corn, wheat, and sorghum grain of high moisture content. J. econ. Entomol. 69, 205–206.

KADOUM, A.M., und LAHUE, D.W. (1977): Degradation of malathion in wheat and milling fractions. J. econ. Entomol. 70, 109–110.

KADOUM, A.M., NELSON, S.O., und STETSON, L.E. (1967): Mortality and internal heating in radio frequency-treated larvae of *Tenebrio molitor*. Ann. entomol. Soc. America 60, 885–889.

KANAUJIA, K.R., und LEVINSON, H.Z. (1981): Phagostimulatory responses and oviposition behaviour of *Sitophilus granarius* L. to newly harvested and stored wheat grains. Z. angew. Entomol. 91, 417–424.

KHAN, M.A. (1983): Effect of relative humidity on adults of 10 different species of stored product beetles. Z. angew. Entomol. 95, 217–227.

KHARE, B.P. (1966): Starvation resistance of some coleopterous insect pests of stored grain. Indian J. Entomol. 27, 489.

KHARE, B.P., und AGRAWAL, N.S. (1970): Effect of temperature, relative humidity and food material on the biology of *Sitophilus oryzae* Linnaeus and *Rhizopertha dominica* Fabricius (Coleoptera: Curculionidae and Bostrychidae). Beitr. Entomol. 20, 183–188.

KIRITANI, K., MATSUZAWA, H., und ATARASI, N. (1957): The field infestation of standing crops by the rice weevil, *Calandra oryzae* L., in Japan. Botyukagaku 22, 241–247.

KIRKPATRICK, R.L. (1878a): *Sitophilus oryzae:* Survival and reproduction at 30–35 °C. J. Georgia entomol. Soc. 13, 105–108.

KIRKPATRICK, R.L. (1978b): Heat sensitivity of immature rice weevils and lesser grain borers. J. Georgia entomol. Soc. 13, 177–181.

KLEIN, H.Z. (1930): Zur Lebensgeschichte und Epidemiologie der Getreidemotte *Sitotroga cerealella* Oliv. Anz. Schädl. kde 6, 97–101.

KNÜLLE, W. (1961): Die Luftfeuchte-Unterschiedsempfindlichkeit der Mehlmilbe (*Acarus siro* L.). Z. vergl. Physiol. 44, 463–477.

KOCH, A. (1933): Über das Verhalten symbiontenfreier *Sitodrepa*-Larven. Biol. Ztbl. 53, 199–203.

KOIVISTOINEN, P., KÖNÖNEN, M., KARINPÄÄ, A., und ROINE, P. (1964): Stability of malathion residues in foodprocessing and storage. J. Agric. Food. Chem. 12, 557–560.

KRALL, S. (1981): Ökofaunistische Untersuchungen der Insekten in Nestern der Stadttaube (*Columba livia domestica* L.) unter besonderer Berücksichtigung schädlicher und lästiger Arten. Entomol. Mitt. Zool. Museum Hamburg 7, 29–44.

KUNIKE, G. (1938): Die Feststellung des Nährwertes verschiedener Stoffe durch Fraßversuche mit Vorratsschädlingen. Anz. Schädl. kde 14, 101–105.

LAGENSCHEIDT, M. (1966): *Bryobia* als Eindringling in Neubauten und Hinweise auf Bekämpfungsmöglichkeiten. Anz. Schädl. kde. 39, 149–151.

LECATO, G.L., COLLINS, J.M., und ARBOGAST, R.T. (1977): Reduction of residual populations of stored-product insects by *Xylocoris flavipes* (Hemiptera: Anthocoridae). J. Kansas entomol. Soc. 50, 84–88.

LEFKOVITCH, L.P. (1965): Differences between six species of *Cryptolestes* (Coleoptera, Cucujidae) in susceptibility to methyl bromide vapour. Bull. entomol. Res. 56, 197–200.

LERGENMÜLLER, E. (1958): Ökologische Untersuchungen am Getreideplattkäfer *Oryzaephilus surinamensis* L. Z. angew. Zool. 45, 31–97.

LIMA, C.P.F. DE (1979): The assessment of losses due to insects and rodents in maize stored for subsistence in Kenya. Trop. stored Prod. Inform. 38, 21–26.

LINDGREN, D.L., und VINCENT, L.E. (1970): Effect of atmospheric gases alone or in combination on the mortality of granary and rice weevils. J. econ. Entomol. 63, 1926–1929.

LINDGREN, D.L., VINCENT, L.E., und KROHNE, H.E. (1955): The khapra beetle, *Trogoderma granarium* Everts. Hilgardia 24, 1–36.

LINSLEY, E.G. (1944): Natural sources, habitats, and reservoirs of insects associated with stored food products. Hilgardia 16, 187–224.

LOSCHIAVO, S.R. (1976): Effects of the synthetic insect growth regulators methoprene and hydroprene on survival, development or reproduction of six species of stored-products insects. J. econ. Ent. 69, 395–399.

MACELJSKI, M., und KORUNIĆ, Z. (1973): Contribution to the morphology and ecology of *Sitophilus zeamais* Motsch. in Yugoslavia. J. stored Prod. Res. 9, 225–234.

MADEL, W. (1937): Neue und wenig bekannte Beobachtungen über den Australischen Diebskäfer *Ptinus tectus* Boield. Mitt. Ges. für Vorratsschutz 13, 70–73.

MATHLEIN, R. (1961): Studies on some major storage pests in Sweden, with special reference to their cold resistance. Statens Växtskyddsanstalt, Mitt. 12:83, 49 S.

MENTZEL, W. (1971a): Pflanzenbeschau in Zahlen – 1969 und 1970. Ges. Pflanzen 23, 31–34.

MENTZEL, W. (1971b): Pflanzenbeschau in Zahlen. Ges. Pflanzen 23, 167–169.

MENTZEL, W. (1974): Pflanzenbeschau in Zahlen 1971 bis 1973. Ges. Pflanzen 26, 189–193.

MENTZEL, W. (1976): Pflanzenbeschau in Zahlen 1974 und 1975. Ges. Pflanzen 28, 172–176.

MENTZEL, W. (1977): Pflanzenbeschau in Zahlen 1976. Ges. Pflanzen 29, 208–210.

MENTZEL, W. (1979): Pflanzenbeschau in Zahlen 1977 und 1978. Ges. Pflanzen 31, 324–328.

MENTZEL, W. (1981): Pflanzenbeschau in Zahlen. Ges. Pflanzen 33, 19–22.

MIAN, L.S., und MULLA, M.S. (1982): Biological activity of IGRs against four stored-product coleopterans. J. econ. Entomol 75, 80–85.

MONRO, H. A. U., CUNNINGHAM, C. R., und KING, J. E. (1952): Hydrogen cyanide and methyl bromide as fumigants for insect control in empty cargo ships. Sci. Agric. 32, 241–265.

NOBLE, R. M., HAMILTON, D. J., und OSBORNE, W. J. (1982): Stability of pyrethroids on wheat in storage. Pest. Sci. 13, 246–252.

NUORTEVA, P. (1963): Synanthropy of blowflies (Dipt., Calliphoridae) in Finland. Ann. entomol. Fenn. 29, 1–49.

OTZEN, W., und SCHAEFER, M. (1980): Untersuchungen zur Überwinterung von Arthropoden in Vogelnestern. Ein Beitrag zur Winterökologie. Zool. Jb. Syst. 107, 435–448.

PHILLIPS, G., und NELSON, H. D. (1957): Permeability to methyl bromide of plastic films and plastic- and rubber-coated fabrics. J. econ. Entomol. 50, 452–454.

PILTZ, H. (1976): Untersuchungen bei der Ein- und Ausfuhr. Jahresber. Inst. Angew. Bot. Univers. Hamburg 91/92, 146–150.

PILTZ, H. (1977): Extinction of losses in stored agricultural products at Port Sudan. Ber. Fachtagung Vorratsschutz und Nacherntеprobleme, Hamburg, 87–92.

PIXTON, S. W., HYDE, M. B., und AYERST, G. (1964): Long-term storage of wheat. J. Sci. Food Agric. 15, 152–161.

POPENDIKER, K. (1956): Die in Vogelnestern lebenden Insekten unter besonderer Berücksichtigung der als Haus- und Vorratsschädlinge auftretenden Arten. Mitt. Hamburg. Zool. Mus. Inst. 54, 49–127.

PRICE, N. R., und BELL, C. H. (1981): Structure and development of embryos of *Ephestia cautella* (Walker) during anoxia and phosphine treatments. Int. J. Invertebrate Reprod. 3, 17–25.

RILETT, R. O. (1949): The biology of *Laemophloeus ferrugineus* (Steph.). Can. J. Res., Sec. D. 27, 112–148.

RUST, M. K., und REIERSON, D. A. (1977): Increasing blatticidal efficacy with aggregation pheromone. J. econ. Entomol. 70, 693–696.

SCHMIDT, H.-U. (1981): Verpackungsschutz gegen Vorratsschädlinge. Neue Verpackung, 1598–1609.

SCHNEIDER, H. (1956): Morphologische und experimentelle Untersuchungen über die Endosymbiose der Korn- und Reiskäfer (*Calandra granaria* L. und *Calandra oryzae* L.). Z. Morphol. Ökol. Tiere 44, 555–625.

SCHULTEN, G. G. M., und KUYKEN, W. (1966): Dichlorvos resin strips for control of cocoa moth *Ephestia elutella*. Intern. Pest Contr. 8, 18–19, 21, 23.

SCHULZE, K. (1937): Einfluß von Temperatur und Luftfeuchtigkeit auf die Eiablage und Entwicklungsdauer des Kornkäfers. Mitt. Ges. Vorratsschutz 13, 34–36.

SHAHEN, A. A. (1982): Intra- und interspezifische Konkurrenz zwischen synanthropen Fliegen (Diptera: Muscidae, Calliphoridae). Diss. Gießen.

SHARIFI, S., und MILLS, R. B. (1971): Developmental activities and behavior of the rice weevil inside wheat kernels. J. econ. Entomol. 64, 1114–1118.

SINGH, K. N., AGRAWAL, R. K., und SRIVASTAVA, P. K. (1978): Infestation of grain moth *Sitotroga cerealella* Oliv. and maize weevil *Sitophilus zeamais* Mots. on standing crops in the field. Bull. Grain Techn. 16, 125–127.

SINHA, R. N. (1964a): Effect of low temperature on the survival of some stored products mites. Acarology 6, 336–341.

SINHA, R. N. (1964b): Ecological relationships of stored-products mites and seed- borne fungi. Acarology 6, 372–389.

SINHA, R. N. (1965): Development of *Cryptolestes ferrugineus* (Stephens) and *Oryzaephilus mercator* (Fauvel) on seed-borne fungi. Entomol. exp. appl. 8, 309–313.

SINHA, R. N. (1966): Development and mortality of *Tribolium castaneum* and *T. confusum* (Coleoptera: Tenebrionidae) on seed-borne fungi. Ann. entomol. Soc. America 59, 192–201.

SINHA, R. N. (1971): Fungus as food for some stored-product insects. J. econ. Entomol. 64, 3–6.

SINHA, R. N., und WALLACE, H. A. H. (1966): Ecology of insect-induced hot spots in stored grain in western Canada. Res. Pop. Ecol. 8, 107–132.

SKIERSKA, B. (1976): Several observations of the survival of a population of *Dermestes maculatus* Degeer, 1774, in unfavourable trophic conditions. Bull. Inst. Maritime Tropical Med. in Gdynia 27, 313–320.

SOLOMON, M. E., und ADAMSON, B. E. (1955): The powers of survival of storage and domestic pests under winter conditions in Britain. Bull. entomol. Res. 46, 311–355.

STEIN, W. (1983): Verbesserung in der Hygienesituation der Abfallbeseitigung durch neue Behälter. Forum Städte-Hygiene 34, 148.

STOCKEL, J. (1967): Problèmes posés par l'alucite des céréales dans le Sud-Ouest. – Rev. Zool. agric. appl. 66, 33–44.

STOCKEL, J., und EDWARDS, J. P. (1981): Susceptibility of *Sitotroga cerealella* (Oliv.) (Lepidoptera: Gelechiidae) to two insect juvenile hormone analogues. J. stored Prod. Res. 17, 137–141.

STOJANOVIĆ, T., KOSOVAC, V., und STANKOVIĆ, A. (1971): Ursachen der Massenerscheinung von *Tribolium castaneum* Hbst. und einigen anderen schädlichen Insekten auf eingelagerten Sonnenblumensamen in Jugoslawien. Proc. XIII Intern. Congr. Entomol., Moscow 1968, 2, 393–394.

STOREY, C. L. (1975a): Mortality of three stored product moths in atmospheres produced by an exothermic inert atmosphere generator. J. econ. Entmol. 68, 736–738.

STOREY, C. L. (1975b): Mortality of *Sitophilus oryzae* (L.) and *S. granarius* (L.) in atmospheres produced by an exothermic inert atmosphere generator. J. stored Prod. Res. 11, 217–221.

STOREY, C.L., SAUER, D.B., ECKER, O., und FULK, D.W. (1982): Insect infestations in wheat and corn exported from the United States. J. econ. Entomol. 75, 827–832.

STRATIL, H., und REICHMUTH, CHR. (1981): Zur integrierten Bekämpfung von *Plodia interpunctella* Hbn. in der Süßwarenindustrie, insbesondere unter Einsatz von Kälte (> 0 °C). Mitt. Dtsch. Ges. allgem. angew. Entomol. 2, 238–241.

SWAMINATHAN, M. (1977): Effect of insect infestation on weight loss, hygienic condition, acceptability and nutritive value of foodgrains. Indian J. Nutr. Diet. 14, 205–216.

SWATONEK, F. (1970): Zur Biologie des Glänzendschwarzen Getreideschimmelkäfers (*Alphitobius diaperinus* Panz. = *A. piceus* Oliv.). Anz. Schädl. kde. 43, 101–104.

SWATONEK, F. (1975): Untersuchungen zur Biologie des Kornkäfers, *Sitophilus granarius* (L.). I. und II. Teil. Bodenkultur 26, 278–290, 379–398.

THAL, J. (1977): Massenauftreten der Kartoffelmotte in Marokko. Ges. Pflanzen 29, 227–278.

THIEDE, G. (1981): Nahrungsgewohnheiten in Europa. Unterschiedliche Strukturen und unterschiedliche Entwicklungen. AID Verbraucherdienst 26, 171–180.

THIERY, D. (1982): Influence de la teneur en eau et de la dureté du tégument des graines de *Phaseolus vulgaris* sur la fréquence de pénétration des larves néonates d'*Acanthoscelides obtectus*. Entomol. exp. appl. 32, 141–145.

TZANAKAKIS, M.E. (1959): An ecological study of the Indian-meal moth *Plodia interpunctella* (Hübner) with emphasis on diapause. Hilgardia 29, 205–246.

UHLMANN, E. (1937): Unsere Material- und Vorratsschädlinge in ihrer Beziehung zum Freilandleben. Mitt. Ges. Vorratsschutz 13, 57–60.

VAINANIJKUL, P. (1973): Die mit Tapioka nach Deutschland eingeschleppten Vorratsschädlinge und ihre Bedeutung für die Lagerhaltung. Entomol. Mitt. Zool. Museum Hamburg 4, 351–394.

VARDELL, H.H., und TILTON, E.W. (1981a): Heat sensitivity of the lesser grain borer, *Rhyzopertha dominica* (F.). J. Georgia entomol. Soc. 16, 116–121.

VARDELL, H.H., und TILTON, E.W. (1981b): Control of the lesser grain borer, *Rhyzopertha dominica* (F.) and the rice weevil, *Sitophilus oryzae* (L.) in wheat with a heated fluidized bed. J. Kansas entomol. Soc. 54, 481–485.

WATTERS, F.L. (1972): Control of storage insects by physical means. Trop. stored Prod. Inform. No. 23, 13–28.

WATTERS, F.L. (1976): Persistance and uptake in wheat of malathion and bromophos applied on granary surfaces to control the red flour beetle. J. econ. Entomol. 69, 353–356.

WEIDNER, H. (1952): Die Insekten der „Kulturwüste". Mitt. Hamburg. Zool. Mus. Inst. 51, 89–173.

WEIDNER, H. (1958): Die Entstehung der Hausinsekten. Z. angew. Entomol. 42, 429–447.

WEIDNER, H. (1963–1966): Hausinsekten-Probleme im Wandel der Zeit. Städtehygiene, verschiedene Aufsätze.

WEIDNER, H. (1970): Die Kleidermotte, *Tineola bisselliella* (Hummel, 1823). Prakt. Schädl. bek. 22, 70–76.

WEIDNER, H. (1978): Neuere Literatur über Ökologie und Bekämpfung von Schädlingen an lagerndem Getreide. Z. Pflanzenkr. Pflanzensch. 85, 424–446.

WEIDNER, H. (1979): Der Brotkäfer *Stegobium paniceum* (Linnaeus, 1761). Prakt. Schädl. bek. 31, 59–64.

WHITE, G.D. (1956): Studies on separation of weevilinfested from noninfested wheat by flotation. USDA, AMS 1, 10 S.

WOHLGEMUTH, R. (1976): Untersuchungen zur Bekämpfung des Mottenbefalles (*Plodia interpunctella* = Dörrobstmotte) an Süßwarenprodukten durch ionisierende Strahlen. Anz. Schädl. kd., Pflanzensch., Umweltsch. 49, 25–30.

WOHLGEMUTH, R., und REICHMUTH, CHR. (1977): Erhebungen über den Befall von Importgütern durch Vorratsschädlinge bei der Einfuhr in die Bundesrepublik (Jahre 1975 und 1976). Mitt. BBA Heft 179, 52 S.

WOODROFFE, G.E. (1951): A life-history study of the brown house moth, *Hofmannophila pseudospretella* (Staint.) (Lep., Oecophoridae). Bull. entomol. Res. 41, 529–553.

WOODROFFE, G.E. (1952): The biological origin of our domestic insect pests. Biology and Human Affairs 18, o.S.

WOODROFFE, E.G. (1961): Natural sources of domestic insects: A fundamental approach for the stored products entomologist. Sanitarian, o.S.

YINON, U., und SHULOV, A. (1969): Response of some stored-product insects to *Trogoderma granarium* pheromones. Ann. entomol. Soc. America 62, 172–175.

ZACHER, F. (1922): Eingeschleppte Vorratsschädlinge. Gefahren für unser Wirtschaftsleben. Umschau *26*, 1–4.

ZACHER, F. (1932): Die tierischen Samenschädlinge in Freiland und Lager. Spinnentiere, Käfer und Hautflügler. Wissensch. Techn. Gartenbau, Heft 5, 78 S.

ZACHER, F. (1940a): Wie wirkt der Frost auf die Vorratsschädlinge? Mitt. Ges. Vorratsschutz 16, 17–23.

ZACHER, F. (1940b): Achtung auf die kleinsten Vorratsschädlinge, die Milben! Mitt. Ges. Vorratsschutz 16, 57–63.

ZACHER, L. (1936): Wie macht sich der Messingkäfer bemerkbar? – Mitt. Ges. Vorratsschutz 12, 15–19.

ZUSKA, J. (1973): Longevity of gamma-irradiated adults of *Piophila casei* (Diptera, Piophilidae). Acta entomol. bohemoslov. 70, 189–195.

Informations- und Behandlungszentren für Vergiftungsfälle

(Stand 1984)

Berlin: Beratungsstelle für Vergiftungserscheinungen an der Universitäts-Kinderklinik.
Heubnerweg 6, 1000 Berlin 19
Tel.: 030 – 3023022

Bonn: Informationszentrale gegen Vergiftungen, Universitäts-Kinderklinik.
Adenauerallee 119, 5300 Bonn
Tel.: 0228 – 2606211

Braunschweig: Medizinische Klinik des Städt. Krankenhauses.
Salzdahlumer Str. 90, 3300 Braunschweig
Tel.: 0531 – 62290

Bremen: Klinikum für Innere Medizin, Intensivstation.
St.-Jürgen-Str., 2800 Bremen
Tel.: 0421 – 4975268 oder 4973688

Freiburg: Informationszentrale für Vergiftungen, Universitätskinderklinik.
Mathildenstr. 1, 7800 Freiburg
Tel.: 0761 – 2704361

Göttingen: Universitätskinderklinik und Poliklinik.
Humboldtallee 38, 3400 Göttingen
Tel.: 0551 – 396239 oder 396241

Hamburg: Giftinformationszentrale, I. Mediz. Abtl. des Krankenhauses Barmbek.
Rübenkam 148, 2000 Hamburg 60
Tel.: 040 – 6385345/346

Homburg/Saar: Informationszentrale für Vergiftungen, Universitätskinderklinik.
6650 Homburg/Saar
Tel.: 06841 – 162257 oder 162846

Kiel: Zentralstelle zur Beratung bei Vergiftungsfällen, I. Mediz. Universitätsklinik.
Schittenhelmstr. 12, 2300 Kiel
Tel.: 0431 – 5974268

Koblenz: I. Mediz. Klinik, Städt. Krankenhaus, Koblenzer Str. 115–155,
5400 Koblenz-Moselweiß
Tel.: Kinder bis 14 J.: 0261 – 499676, Erwachsene: 0261 – 499648

Ludwigshafen: Entgiftungszentrale, Städt. Krankenanstalten.
Bremserstr. 79, 6700 Ludwigshafen
Tel.: 0621 – 503431

Mainz: Zentrum für Entgiftung und Giftinformation, II. Mediz. Klinik und Poliklinik der Universität.
Langenbeckstr. 1, 6500 Mainz
Tel.: 06131 – 232467

München: Giftnotruf München, II. Mediz. Klinik der Technischen Universität.
Ismaninger Str. 22, 8000 München 80
Tel.: 089 – 41402211

Münster: Beratungs- und Behandlungsstelle für Vergiftungserscheinungen, Mediz. Klinik und Poliklinik.
Albert-Schweitzer-Str. 33, 4400 Münster
Tel.: 0251 – 836245/836259 – 836188

Nürnberg: Toxikologische Abteilung/Giftinformation, II. Mediz. Klinik der Städt. Krankenanstalten.
Flurstr, 17, 8500 Nürnberg 5
Tel.: 0911 – 3982451

Papenburg: Marienhospital-Kinderabteilung (kein durchgehender 24-Stunden-Dienst).
Hauptkanal rechts 75, 2990 Papenburg
Tel.: 04961 – 831 (Weitervermittlung an den diensthabenden Arzt der Kinderabteilung)

Sachregister